ES

Verkehrswesen in der kommunalen Praxis

Band II

Förderung und Finanzierung

Herausgegeben von

Dipl.-Ing. Wilhelm Kolks

Leitender Ministerialrat
im Ministerium für Wirtschaft
und Mittelstand, Technologie
und Verkehr des Landes
Nordrhein-Westfalen

mit Beiträgen von

Ass.-jur. Ursula Brohl-Sowa
Dipl.-Ing. Klaus Endrigkeit
Dipl.-Ing. Jürgen Hambuch
Dipl.-Ing. Heribert Jäger
Dipl.-Ing. Wilhelm Kolks

Rechtsanw. Reiner Metz
Ass.-jur. Kurt Oberlinger
Dipl.-Ing. Ernst Salein
Ass.-jur. Roland Thomas
Ass.-jur. Siegfried Vogt

ERICH SCHMIDT VERLAG

Die Deutsche Bibliothek – CIP-Einheitsaufnahme

Verkehrswesen in der kommunalen Praxis / hrsg. von Wilhelm
Kolks. – Berlin : Erich Schmidt
ISBN 3-503-03974-0

Bd. II. Förderung und Finanzierung / mit Beitr. von Ursula Brohl-
Sowa ... – 1998
ISBN 3-503-03973-2

ISBN 3 503 03973 2

Dieses Papier erfüllt die Frankfurter Forderungen
der Deutschen Bibliothek und der Gesellschaft für das Buch
bezüglich der Alterungsbeständigkeit und entspricht sowohl den
strengen Bestimmungen der US Norm Ansi/Niso Z 39.48-1992
als auch der ISO Norm 9706.

Satz: multitext, Berlin
Druck: Regensberg, Münster

Vorwort

Fragen der Förderung und Finanzierung bestimmen immer mehr die Organisation und Gestaltung des kommunalen Verkehrs. Die Finanznot der Kommunen und Verkehrsbetriebe, die weitere Öffnung der Verkehrsmärkte für den Wettbewerb sowie die Zusammenführung der Aufgaben- und Finanzverantwortung für den öffentlichen Personennahverkehr verstärken das Gewicht der Finanzierungsfragen und verlangen frühzeitige Lösungen.

Die Vielzahl von Förderinstrumenten des Bundes, der Länder sowie auch der Europäischen Union erschwert die Übersicht. Für die notwendige Beratung und Information müssen zahlreiche verstreute Quellen des Finanz-, Haushalts- und Beitragsrechtes sowie des Straßen- und Verkehrsrechtes berücksichtigt und unter Beachtung der aktuellen Ergänzungen aus der Regionalisierung des Schienenpersonennahverkehrs angewandt werden.

Für eine effiziente Aufgabenerledigung und Finanzierung sind gut organisierte und gut vorbereitete Verwaltungsverfahren unverzichtbar. Dabei geht es insbesondere um die Erfüllung gesetzlicher Anspruchs- und Verwendungsbestimmungen, die mit den Regelungen der Verantwortlichkeiten und dem wirtschaftlichen Mitteleinsatz zusammenhängen. Die Kenntnis der Rahmenbedingungen erleichtert die Vorbereitung von Förderungsmaßnahmen und minimiert mögliche Konflikte.

Informationsdefizite über staatliche Fördermöglichkeiten im Verkehrsbereich und ihre Abwicklung führen nicht nur zu Versäumnissen bei der Antragstellung, sondern auch zu einer wenig effizienten Verwaltungsabwicklung und Mängeln bei der Nutzung verfügbarer Finanzquellen.

Für die Praxis sind klare, auf die wesentlichen substantiellen Vorgaben beschränkte Fördervorschriften von großer Bedeutung. Antrags-, Bewilligungs- und Kontrollverfahren sollten sowohl im Interesse des Zuschußgebers als auch des Zuschußnehmers überschaubar und einfach gestaltet sein.

Gleichwohl ist die Regelungsdichte begründet mit der Steigerung der Effizienz des Mitteleinsatzes und der Klärung von Zweifelsfragen immer größer geworden. Das Vertrauen auf die Lenkungswirkung der Fördermittel für die Umsetzung politischer und planerischer Ziele ist bei Bund, Ländern und der Europäischen Union ungebrochen. Die Zahl der „Fördertöpfe" hat mit der weiteren Ausdifferenzierung von Förderzielen und Förderinhalten weiter zugenommen.

Die umfassende Kenntnis der Förder- und Finanzierungsinstrumente bleibt auch in Zukunft für die Finanzierung kommunaler Verkehrsinvestitionen und ihre organisatorische Abwicklung von großer Bedeutung.

Dieses Buch will den Verantwortlichen in den Kommunen und Verkehrsunternehmen Ratgeber und Arbeitshilfe sein.

Bocholt im Mai 1998   Der Herausgeber

Inhaltsverzeichnis

Inhaltsverzeichnis

KAPITEL 2:
Beiträge, Benutzungsentgelte, Gebühren

Roland Thomas

Zweiter Abschnitt: Benutzungsentgelte und Gebühren 151
Roland Thomas

Inhaltsverzeichnis

KAPITEL 3:
Nutzen-Kosten-Untersuchungen, öffentliches Auftragswesen

Klaus Endrigkeit

Inhaltsverzeichnis

Inhaltsverzeichnis

Zweiter Abschnitt: Gemeindeverkehrsfinanzierungsgesetz.... 255

Siegfried Vogt

Vierter Abschnitt: Bewilligung und Abrechnung von Fördermitteln 295

Ernst Salein

Seite Randziffer

KAPITEL 5:
Finanzierung und Förderung der Betriebskosten des ÖPNV
Reiner Metz

Inhaltsverzeichnis

KAPITEL 6:
Regionalisierung und Weiterentwicklung des ÖPNV

Erster Abschnitt: **Bahnstrukturreform und Umsetzung der Regionalisierung** 377

Heribert Jäger

Zweiter Abschnitt: Ausschreibung und Qualitätssicherung im SPNV 397

Jürgen Hambuch

Inhaltsverzeichnis

Anhang
Grundsatzentscheidungen zur GVFG-Förderung

Beschlüsse des Bund-Länder-Arbeitkreises „Finanzierungsfragen des Gemeindeverkehrs" (FAK)

Abkürzungsverzeichnis

a.A.	anderer Ansicht	BOKraft	Verordnung über Betrieb von Kraftfahrunternehmen
Abb.	Abbildung		
ABL	Alte Bundesländer	BOStrab	Verordnung über Bau und Betrieb von Straßenbahnen
ABl.	Amtsblatt		
ABS	Ausbaustrecke	BR-Drs.	Bundesrats-Drucksache
Abs.	Absatz	BSchwAG	Bundesschienenwegeaus-
AEAusglV	Ausgleichsverordnung Eisenbahnverkehr		baugesetz
		BSGE	Entscheidungen des Bundessozialgerichtes
AEG	Allgemeines Eisenbahngesetz		
		BSHG	Bundessozialhilfegesetz
AktG	Aktiengesetz	BStBl. II	Bundessteuerblatt, Teil II
allgem.	allgemein	BT-Drs.	Bundestags-Drucksache
ARS	Allg. Rundschreiben Straßenbau (BMV)	Bü	Bahnübergang
		BVerfG	Bundesverfassungsgericht
Art.	Artikel	BVerwG	Bundesverwaltungsgericht
AST	Anruf-Sammeltaxen	BVG	Bundesversorgungsgesetz
Aufl.	Auflage	BVWP	Bundesverkehrswegeplan
B	Bundesfernstraße	bzw.	beziehungsweise
BAnz.	Bundesanzeiger	d.h.	das heißt
BauGB	Baugesetzbuch	DB AG	Deutsche Bahn AG
BauNVO	Baunutzungsverordnung	DIN	Deutsches Institut für Normung
BauO	Bauordnung		
BauR	Baurecht	DM	Deutsche Mark
Bay.	Bayern	DÖV	Die Öffentliche Verwaltung (Zeitschrift)
BB	Der Betriebs-Berater (Zeitschrift)		
		DV	Durchführungsverordnung
Bd.	Band	EAE	Empfehlungen für die Anlage von Erschließungsstraßen
ber.	berichtigt		
Berl.	Berlin		
BFH	Bundesfinanzhof	EAHV	Empfehlungen für die Anlage von Hauptverkehrsstraßen
BGBl. I	Bundesgesetzblatt, Teil I (1951 ff.)		
		EBO	Eisenbahn-Bau- und -Betriebsordnung
BGBl. II	Bundesgesetzblatt, Teil II		
BHO	Bundeshaushaltsordnung	EDV	Elektronische Datenverarbeitung
BImSchG	Bundesimmissionsschutzgesetz		
		EG	Europäische Gemeinschaft
BImSchV	Verordnung zum Bundesimmissionsschutzgesetz	EGV	Vertrag zur Gründung der Europäischen Gemeinschaft
BMV	Bundesminister für Verkehr		
BNatschG	Bundesnaturschutzgesetz	EildSt.	Eildienst Städtetag

EKrG	Eisenbahnkreuzungsgesetz
ENeuOG	Eisenbahnneuordnungsgesetz
ERA	Empfehlungen für Radverkehrsanlagen
Erl.	Erläuterung
EStG	Einkommensteuergesetz
etc.	et cetera
EVE	Empfehlungen für Verkehrserhebungen
evtl.	eventuell
f.	folgende/r/s
FAZ	Frankfurter Allgemeine Zeitung
ff.	fortfolgende
FGSV	Forschungsgesellschaft für Straßen- und Verkehrswesen
Fn.	Fußnote
FO	Freistellungsverordnung
FStrG	Bundesfernstraßengesetz
GABl.	Gesetz und Amtsblatt
GBl.	Gesetzblatt
gem.	gemäß
Gem.	Gemeinde
GG	Grundgesetz
ggf.	gegebenenfalls
GMBl.	Gemeinsames Ministerialblatt
GO	Gemeindeordnung
GPS	Global Positioning System
GüKG	Güterkraftverkehrsgesetz
GV. NW.	Gesetz und Verordnungsblatt für das Land Nordrhein-Westfalen
GVBl.	Gesetz und Verordnungsblatt
GVFG	Gemeindeverkehrsfinanzierungsgesetz
GVP	Gesamtverkehrsplan
GVZ	Güterverkehrszentrum
Hbg.	Hamburg
Hess.	Hessen
HGB	Handelsgesetzbuch
HGrG	Haushaltsgrundsätzegesetz
HO	Haushaltsordnung

HOAI	Honorarordnung für Architekten und Ingenieure
Hrsg.	Herausgeber
i. A.	im Auftrag
i. d. F. d. B.	in der Fassung der Bekanntmachung
i. d. R.	in der Regel
i. S.	im Sinne
i. V. m.	in Verbindung mit
IHK	Industrie- und Handelskammer
IV	Individualverkehr
K	Kreisstraße
K + R	Kiss-and-Ride
KAG	Kommunalabgabengesetz
Kfz	Kraftfahrzeug
KLV	kombinierter Ladungsverkehr
KONTIV	kontinuierliche Erhebung des Verkehrsverhaltens i. A. des BMV
Krs.	Kreis
L	Landesstraße
LBP	landschaftspfleger. Begleitplan
LG	Landschaftsgesetz
LHO	Landeshaushaltsordnung
LitV	Literaturverzeichnis
Lkw	Lastkraftwagen
LPL	Landschaftsplan
LSA	Lichtsignalanlage
LT-Drs.	Landtagsdrucksache
LZB	Linienzugbeeinflussung
max.	maximal
MBl.	Ministerialblatt
MdEP	Mitglied des Europäischen Parlaments
Mio.	Millionen
m. w. N.	mit weiteren Nachweisen
MIV	motorisierter Individualverkehr
Mrd.	Milliarden
MS	Mustersatzung
MV	Mecklenburg-Vorpommern
NatSchG	Naturschutzgesetz
NBL	Neue Bundesländer

NBS	Neubaustrecke	ROG	Raumordnungsgesetz
Nds.	Niedersachsen	RP	Regierungspräsident
NE-Bahnen	Nicht-bundeseigene Eisen-	Rspr.	Rechtsprechung
	bahnen	Rz.	Randziffer
NeiTech	Neigetechnik	S.	Seite
NJW	Neue Juristische Wochen-	s.o.	siehe oben
	schrift	s.u.	siehe unten
Nr.	Nummer	Saarl.	Saarland
NVP	Nahverkehrsplan	Sachs.	Sachsen
NVwZ	Neue Zeitschrift für Ver-	SachsA.	Sachsen-Anhalt
	waltungsrecht	S-Bahn	Schnellbahn
NW	Nordrhein-Westfalen	SchlH.	Schleswig-Holstein
NZV	Neue Zeitschrift für Ver-	SchwbAwV	Ausweisverord. SchwbG
	kehrsrecht	SchwbG	Schwerbehindertengesetz
o.	oben	SchwbNV	Nahverkehrszügeverord-
o.ä.	oder ähnlich		nung SchwbG
o.g.	oben genannt	SPFV	Schienenpersonenfernver-
OLG	Oberlandesgericht		kehr
ÖPNV	öffentlicher Personennah-	SPNV	Schienenpersonennahver-
	verkehr		kehr
ÖV	öffentlicher Verkehr	SrV	System repräsentativer
OVG	Oberverwaltungsgericht		Verkehrsbefragungen
P+R	Park and Ride	StdT	Stand der Technik
PBefG	Personenbeförderungsge-	StrWG NW	Straßen- und Wegenetz
	setz		NW
PBefAusglV	Ausgleichsverordnung	StVG	Straßenverkehrsgesetz
	Straßenpersonenverkehr	StVO	Straßenverkehrsordnung
PLS	Parkleitsystem	StVZO	Straßenverkehrszulassungs-
RAS	Richtlinien für die Anlage		ordnung
	von Straßen	T	Tausend
RBL	Rechnergesteuertes Be-	Tab.	Tabelle
	triebsleitsystem	TH	Technische Hochschule
RdErl.	Runderlaß	Thür.	Thüringen
RE	Richtlinien für die Ent-	TranspR	Transportrecht (Zeit-
	wurfsgestaltung im Straßen-		schrift)
	bau	u.	unten
RegG	Regionalisierungsgesetz	u.a.	unter anderem
RFGÜ	Richtlinien für die Anlage	UStG	Umsatzsteuergesetz
	und Ausstattung von Fuß-	usw.	und so weiter
	gängerüberwegen	UVP	Umweltverträglichkeitsprü-
RGBl. I	Reichsgesetzblatt, Teil 1		fung
	(1922 – 1945)	UVPG	Gesetz über die Umwelt-
RhPf.	Rheinland-Pfalz		verträglichkeitsprüfung
RILSA	Richtlinien für Lichtsignal-	UVS	Umweltverträglichkeitsstu-
	anlagen		die
RMS	Richtlinien für die Markie-	VA	Verwaltungsakt
	rung von Straßen		

VDE	Verkehrsprojekte Deutsche Einheit	VRS	Verkehrsrechts-Sammlung
VDI	Verein Deutscher Ingenieure	VSM	Verkehrssystemmanagement
VDV	Verband Deutscher Verkehrsunternehmen	VV	Verwaltungsvorschriften
VG	Verwaltungsgericht	VwVfG	Verwaltungsverfahrensgesetz
VGH	Verwaltungsgerichtshof	VwV-StVO	Verwaltungsvorschriften zur StVO
vgl.	vergleiche	WaStrG	Bundeswasserstraßengesetz
VkBl.	Verkehrsblatt	z. B.	zum Beispiel
VLS	Verkehrsleitsystem	z. T.	zum Teil
VOB	Verdingungsordnung für Bauleistungen	Ziff.	Ziffer
		zit.	zitiert
VOL	Verdingungsordnung für Leistungen	ZOB	zentraler Omnibusbahnhof
		zust.	zuständig

Kapitel 1: Haushalts- und verkehrsrechtliche Grundlagen der Förderung

Erster Abschnitt: Haushalts- und zuwendungsrechtliche Grundlagen

Wilhelm Kolks

1. Allgemeines

1.1 Vorbemerkung

1 Die Kenntnis der grundlegenden Bestimmungen des **Finanz- und Haushaltsrechtes** ist für die gezielte Verbesserung der kommunalen Verkehrsinfrastruktur und die Sicherung der Verkehrsfinanzierung bzw. Förderung aus öffentlichen Haushalten unverzichtbar. Im Mittelpunkt stehen neben der rechtzeitigen Bereitstellung der erforderlichen Mittel die formalen haushaltsrechtlichen Vorgaben für die Vorbereitung, Auswahl und Abwicklung der notwendigen Maßnahmen. Die zugleich unvermeidliche Einbindung von Kriterien zur Festlegung von Ausstattungsstandards, zur Effizienz und Kontrolle des Mitteleinsatzes, zur Sicherstellung des unternehmerischen Wettbewerbs, zur Gleichbehandlung der Zuwendungsempfänger etc. unterstreichen den weitreichenden Einfluß der finanz- und haushaltsrechtlichen Vorschriften auf die Verwaltungs- und Baupraxis.

1.2 Finanzrecht, Finanzzuweisungen

2 Zum Finanzrecht gehören alle Rechtsnormen, die sich mit der Finanzierung, d. h. der kassenmäßigen Bereitstellung der benötigten Finanzmittel zum vorgesehenen Zeitpunkt befassen. Jeder öffentliche Rechtsträger stellt zur Finanzierung seiner Aufgaben einen eigenen Haushalt mit selbständiger Wirtschaftsführung auf.

1.2.1 Steuern, Gebühren, Beiträge

Im wesentlichen stehen folgende **Einnahmen** zur Finanzierung der öffentlichen Haushalte zur Verfügung:

- **Steuern:**

Öffentliche Abgaben, die keine Gegenleistung für eine bestimmte Leistung der öffentlichen Hand darstellen. Sie werden von öffentlich-rechtlichen Gemeinwesen (Staat, Land, Gemeinde) zur Erzielung von Einnahmen auferlegt. Es gilt der Grundsatz: alle Einnahmen dienen zur Deckung aller Ausgaben (Ausnahme: Teile der Mineralölsteuer).

- **Gebühren:**

Geldleistungen als Gegenleistung für individuell zurechenbare, von der öffentlichen Hand vermittelte Vorteile durch hoheitliche Dienstleistungen oder die Inanspruchnahme von Einrichtungen. Für Gebühren gilt grundsätzlich das Äquivalenzprinzip, soweit gesetzlich vorgeschrieben, ggf. auch das Kostendeckungsprinzip.

• **Beiträge:**

Abgaben, die für öffentliche Veranstaltungen bzw. Leistungen erhoben werden, aus denen dem Einzelnen ein Sondervorteil erwächst (z. B. Erschließungs- und Anliegerbeiträge). Der Beitrag unterscheidet sich von der Gebühr dadurch, daß er nicht den Empfang einer Leistung voraussetzt, sondern bereits für ein bevorzugendes Leistungsangebot unabhängig von der tatsächlichen Nutzung erhoben wird.

• **Privatwirtschaftliche Einnahmen:**

z. B. aus Vermietung, Verpachtung, eigene Unternehmen etc.

1.2.2 Finanzausgleich, Finanzzuweisungen

Die Sicherstellung einer angemessenen Finanzausstattung der Kommunen ist **3** Aufgabe der Länder. Länder und Kommunen haben nur begrenzte Möglichkeiten, Einnahmen aus Steuererträgen zu erzielen (Art. 106 und 107 GG). Zur gerechteren Verteilung der Einnahmen besteht ein horizontales und vertikales **Finanzausgleichssystem** zwischen Bund, Ländern und Gemeinden. Auf Landesebene gehören zum vertikalen Verteilungssystem neben der Beteiligung der Gemeinden an Gemeinschaftssteuern (Einkommensteuer, Körperschaftssteuer, Umsatzsteuer) im allgemeinen Steuerverbund die Zuweisungen zur Erfüllung kommunaler Aufgaben nach Maßgabe des Finanzausgleichs- (FAG) oder Gemeindefinanzierungsgesetzes (GFG) des jeweiligen Landes.

Die allgemeinen **Finanzzuweisungen** der Länder an die Kommunen aus dem Steuerverbund, auch Schlüsselzuweisungen genannt, ergänzen die eigenen Steuereinnahmen der Gemeinden und tragen so zur Deckung ihres Ausgabenbedarfs bei. Das Finanzvolumen (**Schlüsselmasse**) wird nach bestimmten Parametern, d. h. nach den Schlüsseln (z. B. Einwohner, Flächengröße, Finanzkraft etc.) auf die Kommunen verteilt, die eigenverantwortlich über die Verwendung entscheiden. Auch die Mittel aus der **Investitionspauschale** können die Gemeinden weitgehend nach eigenem Ermessen für das ganze Spektrum ihrer Investitionen einsetzen. Dies bedeutet, daß bei anteilig vom Land geförderten Einzelvorhaben der kommunale Eigenanteil aus dieser Zuweisung finanziert werden kann. Innerhalb des kommunalen **Steuerverbundes** werden daneben **Zuwendungen für Investitionsvorhaben** in bestimmten Bereichen wie z. B. für die Stadterneuerung, den Radwegebau, die Denkmalpflege und die Stadtentwässerung etc. bereitgestellt. Der Einsatz dieser Mittel ist **zweckgebunden** und richtet sich nach den jeweiligen Förderrichtlinien.

Die **Zweckzuwendungen** der verschiedenen Fachressorts mit größerer Dispositi- **4** onsmöglichkeit werden außerhalb des kommunalen Finanzausgleichs (Steuerverbund) veranschlagt. Für diese Zuweisungen stehen den Ländern im Verkehrsbereich neben den originären Landesmitteln zweckgebundene Einnahmen aus dem Steueraufkommen des Bundes zur Verfügung. Diese Finanzleistungen des

Bundes sind inzwischen die wichtigsten und zuverlässigsten Quellen für die zur Finanzierung des Nahverkehrs (Schiene/Straße) in den Verkehrshaushalten der Länder bereitgestellten Fördermittel (vgl. Rz. 21).

1.2.3 Bundesfinanzhilfen (BFH)

5 Grundlage für die Gewährung der Bundesfinanzhilfen zur Verbesserung der Verkehrsverhältnisse der Gemeinden nach dem Gemeindeverkehrsfinanzierungsgesetz (GVFG), zur Förderung städtebaulicher Sanierungsmaßnahmen nach dem Baugesetzbuch und zur Investitionsförderung „Aufbau Ost" ist Art. 104a Abs. 4 GG. So kann der Bund den Ländern **Finanzhilfen für besonders bedeutsame Investitionen** der Länder und Gemeinden gewähren, die zur Abwehr einer Störung des gesamtwirtschaftlichen Gleichgewichtes, zum Ausgleich unterschiedlicher Wirtschaftskraft oder zur Förderung des wirtschaftlichen Wachstums erforderlich sind. Einzelheiten, insbesondere die Arten der zu fördernden Investitionen, werden entweder

• durch Bundesgesetz mit Zustimmung des Bundesrates (GVFG, Investitionsförderungsgesetz Aufbau Ost) oder
• aufgrund des Bundeshaushaltsgesetzes durch Verwaltungsvereinbarung zwischen Bund und Ländern (z.B. nach § 164b BauGB für die Städtebauförderung)

geregelt (vgl. Rz. 361). Weitergehende Bedingungen und Vorbehalte, die darauf abzielen, die Planungs- und Gestaltungsfreiheit der Länder an bundespolitische Absichten zu binden, sind unzulässig.

Der den Ländern bei der Bahnstrukturreform für die Übernahme des Schienenpersonennahverkehrs der Deutschen Bahnen aus dem Steueraufkommen des Bundes zugesprochene Ausgleichsbetrag wird dagegen auf der Grundlage des Art. 106a GG bereitgestellt. Verteilung und Höhe der Mittel werden durch das ebenfalls zustimmungspflichtige Regionalisierungsgesetz des Bundes verbindlich festgelegt (vgl. Rz. 322, 642).

1.3 Steuern und Verkehrsfinanzierung

6 Den Ausgaben zur Deckung der Infrastrukturkosten im Verkehrsbereich werden in der verkehrspolitischen Diskussion immer wieder die verkehrsspezifischen Einnahmen aus der Kfz-Steuer, der Mineralölsteuer und seit 1995 der Straßenbenutzungsgebühren für Lkw (vgl. Rz. 181 ff.) gegengerechnet. In den 60er und 70er Jahren wurden Leistungserhöhungen mit dem entsprechenden Finanzbedarf begründet und Zweckbindungen eingeführt, die teilweise relativ schnell wieder abgebaut wurden. Im Gemeinschaftsrecht der EU sind **Mindestsätze** für die Kraftfahrzeugsteuer und Mineralölsteuer sowie **Höchstsätze** für Straßenbenutzungsgebühren festgelegt.

Die Einnahmen aus der Kraftfahrzeug- und Mineralölsteuer lagen in Deutschland 1995 bei rd. 70 Mrd. DM, davon rd. 15 Mrd. DM aus der Kfz-Steuer. Dabei sind die zusätzlichen Mehrwertsteuereinnahmen aus den Mineralölsteuererhöhungen nicht berücksichtigt.

1.3.1 Kraftfahrzeugsteuer

Die Kraftfahrzeugsteuer wird bei Krafträdern und Personenkraftwagen nach 7 dem Hubraum, bei allen anderen Fahrzeugen nach dem zulässigen Gesamtgewicht berechnet. Bei der Bemessung der **Hebesätze** wird die Umweltfreundlichkeit des Fahrzeuges durch Orientierung an Emissionswerte berücksichtigt. Die Gesetzgebung steht dem Bund zu (Kraftfahrzeugsteuergesetz vom 24. 5. 1994 BGBl. 1994 I, S. 1102), während die Länder die Einnahmen erhalten und über deren Verwendung frei entscheiden können. Die ursprüngliche Empfehlung, das Steueraufkommen für die Aufgaben der Länder und Kommunen im Verkehrsbereich, insbesondere zur Erfüllung der kommunalen Straßenbaulast, einzusetzen, hat keine rechtliche Bindungswirkung. Inzwischen verzichten die Länder weitgehend auf die Zweckbindung eines Anteils vom Gesamtertrag für den sogen. Kfz-Steuerverbund im Rahmen des kommunalen Finanzausgleiches.

Auch Nordrhein-Westfalen hat 1988 die zweckgebundene Beteiligung der Kreise und Gemeinden an den Kfz-Steuereinnahmen in Höhe von 25 % durch Verrechnung mit den allgemeinen Finanzzuweisungen aufgehoben. Der kommunale Anteil, der nicht nur für die Erfüllung der Aufgaben der Straßenbaulast (vorwiegend Straßenunterhaltung und Finanzierung des Eigenanteils bei Fördermaßnahmen), sondern ebenso im Bereich des ÖPNV für die Unterhaltung, den Betrieb und die Finanzierung des Eigenanteils von Fördermaßnahmen eingesetzt werden konnte, betrug zuletzt 665 Mio. DM.

1.3.2 Mineralölsteuer

Bei der Mineralölsteuer stehen Gesetzgebung und Ertrag dem Bund zu. Der in- 8 nerhalb von 10 Jahren verdoppelte Steuersatz beträgt seit der letzten Erhöhung zum 1. 1. 1994 (10 Pfg./l zur Finanzierung der Bahnreform) 98 Pfg./l Benzin (bleifrei). Inzwischen ist die Mineralölsteuer die Steuer mit dem drittgrößten Ertrag im deutschen Steuersystem. Im Hinblick auf die noch nicht ausgeschöpfte Ergiebigkeit bestehen weitere Überlegungen, Verbesserungen im Angebot des ÖPNV bzw. die Senkung von Lohnnebenkosten aus einer Mineralölsteuererhöhung zu finanzieren. Die Spreizung des Steuersatzes für Diesel, bleifreies und verbleites Benzin dient zugleich der Beeinflussung des Verbraucherverhaltens. Unter Berücksichtigung der Mehrwertsteuer liegt der Steueranteil am Benzinpreis z. Z. bei rd. 80 %.

Mit dem Steueränderungsgesetz 1966 und dem **Verkehrsfinanzierungsgesetz** 1971 ist ein zweckgebundener **Mineralölsteuerzuschlag** von insgesamt 6 Pfg./l

Mineralöl für Vorhaben zur **Verbesserung der Verkehrsverhältnisse der Gemeinden** verbunden. Das Finanzvolumen aus dieser Einnahme hat der Bund durch das Haushaltsstrukturgesetz 1975 um 10 % gekürzt. Eine weitere Kürzung von rd. 10 % ist durch die GVFG – Änderung zum 1. 1. 1988 mit einer Plafondierung des verfügbaren Betrages auf 2,6 Mrd. DM/Jahr eingetreten. Mit dem Einigungsvertragsgesetz vom 23. 9. 1990 wurden die neuen Länder in das Verkehrsfinanzierungsgesetz und das GVFG einbezogen und der Plafond um 680 Mio. DM auf insgesamt 3,28 Mrd. DM erhöht. Gleichwohl wird der Mineralölsteuerzuschlag von 6 Pfg./l für den kommunalen Verkehr weiterhin nur zu etwa 80 % ausgeschöpft (vgl. Rz. 311).

In erheblichem Umfang stellt der Bund nunmehr Mittel aus dem Mineralölsteueraufkommen für die Finanzierung des den Ländern nach Art. 106a GG für den ÖPNV zustehenden Betrages (1997: 12 Mrd. DM) bereit. Nachdem die bei der Änderung des Grundgesetzes angestrebte Festlegung der Mittelherkunft nicht gelang, erzielten Bund und Länder über die entsprechende Zweckbindung des Mineralölsteueraufkommens in § 5 Abs. 1 des Regionalisierungsgesetzes des Bundes Einvernehmen.

9 Auf die durch das StrBauFinG vom 28. 3. 1960 (BGBl. I, S. 201) beschlossene Erhöhung der Mineralölsteuer um einen Pfennig (**Gemeindepfennig**) müssen die Kommunen inzwischen weitgehend verzichten. Die Erträge aus dem Gemeindepfennig sollten für Kreis- und Gemeindestraßen, die mit Bundesfernstraßen in Beziehung stehen, zur Verfügung gestellt werden (Grundlage § 106 Abs. 8 GG). Durch Einrechnung der Mittel in den Bundesfernstraßenhaushalt und Öffnung des für Zwecke des Straßenwesens gebundenen Mineralölsteueraufkommens für sonstige verkehrspolitische Zwecke im Bereich des BMV wurden die Fördermittel nach § 5a FStrG schrittweise reduziert (vgl. Rz. 317).

2. Haushaltsrecht, Finanzplanung

2.1 Haushaltsrecht, Förderbestimmungen

10 Das **Haushaltsrecht** ist Teilgebiet des Finanzrechtes und Grundlage für die gesamte Haushaltswirtschaft von Bund, Ländern und Kommunen. Ziel ist es, die öffentlichen Einnahmen und Ausgaben abzustimmen und einen kontrollierten Mitteleinsatz zu ermöglichen. Quellen des Haushaltsrechtes sind insbesondere Art. 109 GG, das **Haushaltsgrundsätzegesetz** (HGrG), die **Haushaltsordnungen** (BHO/LHO) sowie das Haushaltsgesetz des jeweiligen Rechnungsjahres.

Nach Art. 109 GG können durch Bundesgesetz mit Zustimmung des Bundesrates für Bund und Länder **gemeinsam geltende Grundsätze** für das Haushaltsrecht, für eine konjunkturgerechte Haushaltswirtschaft und für eine mehrjährige Finanzplanung aufgestellt werden. Diese Bestimmungen ermöglichen für Bund und Länder einheitliche Grundsätze für das Haushaltsrecht und damit für die

Förderung und Finanzierung des kommunalen Verkehrs. Das entsprechend erlassene **Haushaltsgrundsätzegesetz (HGrG)** ist Grundlage für das Haushaltsrecht des Bundes und der Länder (BHO/LHO). Darüberhinaus gelten die Grundsätze auch für das kommunale Haushaltsrecht, das den Gemeindehaushaltsverordnungen (GmHVO) zu entnehmen ist.

Für die Ausgestaltung der **Förderbestimmungen**, den Aufbau von Förderrichtlinien, die Festlegung möglicher Verwaltungsauflagen sowie das Antrags-, Bewilligungs- und Kontrollverfahren hat das **Haushaltsrecht** eine zentrale Bedeutung. Die haushaltsrechtlichen Vorschriften gelten stets als allgemeine Grundlage und ergänzend zu den jeweiligen Förderbestimmungen der speziellen Förderrichtlinien bzw. des Fördergesetzes. Sie sind in Bund und Ländern **analog aufgebaut**, so daß auf gesonderte Darstellungen für die einzelnen Bundesländer verzichtet werden kann (Beispiele und Quellenangaben werden aus Gründen der Überschaubarkeit exemplarisch auf den Bund bzw. NRW bezogen).

2.2 Haushaltsplan

2.2.1 Aufgabe des Haushaltsplanes

Alle Einnahmen und Ausgaben von Bund (Art. 110 GG), Ländern und Gemein- **11**
den sind vollständig in den **Haushaltsplan** einzustellen. Er enthält als politische **Dringlichkeitsliste von Ausgabeermächtigungen** sowohl die Feststellung des **Finanzbedarfes** als auch seine **Deckung** (§ 2 HGrG). Der Haushaltsplan ermächtigt die Verwaltung, nach Maßgabe der im einzelnen angebrachten Zweckbestimmung **Ausgaben** zu leisten und **Verpflichtungen** einzugehen (§ 27 HGrG, § 45 BHO/LHO). Er ist somit Grundlage für die Haushalts- und Wirtschaftsführung und entscheidet über die Höhe und die Zweckbestimmung der verfügbaren Fördermittel.

Die Feststellung der Haushaltspläne von Bund und Ländern geschieht durch (formelles) Gesetz, bei den Kommunen durch Satzung. Bei der Aufstellung von Haushaltsplänen sind die Erfordernisse des **gesamtwirtschaftlichen Gleichgewichtes** als Mittel der Finanz- und Wirtschaftspolitik zu beachten (Art. 109 GG). Die Kontrolle der Haushaltsabwicklung liegt bei den Parlamenten, denen die Rechnungshöfe unterstellt sind (vgl. § 43 HGrG).

2.2.2 Gliederung des Haushaltsplanes

Der Haushaltsplan besteht aus den Einzelplänen und dem Gesamtplan. Die Ein- **12**
zelpläne enthalten alle **Einnahmen**, **Ausgaben** und Verpflichtungsermächtigungen eines einzelnen Verwaltungszweiges, z.B. eines Ministeriums. Für größere Sachbereiche werden die Einnahmen und Ausgaben im Bundeshaushalt und in den Länderhaushalten in Kapiteln, in den Gemeindehaushalten in Abschnitten zusammengefaßt und in Titel (Zweckbestimmung) eingeteilt (§ 13 Abs. 1 u. 2 BHO/LHO).

Zum **Verwaltungshaushalt** gehören z. b. die Personalausgaben und die sächlichen Verwaltungsausgaben, während der Finanz- oder **Vermögenshaushalt** die Investitionen und Zuwendungen enthält. So werden z. b. die Ausgaben für den Entwurf, den Betrieb und die Unterhaltung von Verkehrsanlagen im Verwaltungshaushalt und die Ausgaben für Neubau- und Ausbauvorhaben im Vermögenshaushalt veranschlagt.

Die Einteilung in Titel richtet sich konkret nach dem Gruppierungsplan (SMBl. NW 631). Dieser legt z. b. fest, welche Kosten den **Baumaßnahmen** der Ausgabengruppe 7 bzw. den sonstigen Investitionen der Ausgabengruppe 8 zuzuordnen sind (vgl. Rz. 82). Die Verwaltungsvorschriften zur Gruppierung der Einnahmen und Ausgaben können u. a. als Hilfe zur Kostenzuordnung bei Baumaßnahmen und zur Auslegung des Begriffes **Investitionen** herangezogen werden (vgl. Rz. 361).

2.2.3 *Verbindlichkeit des Haushaltsplanes*

13 Maßnahmen, die den Bund, das Land bzw. die Kommune zur Leistung von Ausgaben in künftigen **Haushaltsjahren** verpflichten, sind nur zulässig, wenn der Haushaltsplan dazu ermächtigt (§ 38 BHO/LHO). **Ausgabeermächtigungen** des Haushaltsplanes können Ansprüche oder **Verbindlichkeiten** weder aufheben noch begründen. Soweit in den Erläuterungen zum Haushaltsplan voraussichtliche oder feststehende **Zuschußempfänger** namentlich aufgeführt sein sollten, entsteht gleichwohl kein **Rechtsanspruch**. Rechtsgrundlage für die entsprechende Zahlung bildet allein der bestandskräftige **Bewilligungsbescheid** bzw. ein öffentlich-rechtlicher Vertrag.

Der Haushaltsplan entfaltet insoweit nur **Rechtsverbindlichkeit** nach innen. Die Sicherstellung der Finanzierung, die zu den **Fördervoraussetzungen** gehört, erfordert bei kommunalen Fördervorhaben die Veranschlagung der notwendigen Mittel im kommunalen Haushalt. Dies ist nur dann statthaft, wenn die entsprechenden Vorbereitungen so abgeschlossen sind, daß die Realisierung des Förderprojektes möglich ist. Da **Ausgaben** und **Verpflichtungsermächtigungen** für Bau- und Beschaffungsmaßnahmen erst **veranschlagt** werden dürfen, wenn Pläne, Kostenberechnungen und Erläuterungen vorliegen, aus denen die Art und Ausführung, die Kosten, der ggf. erforderliche Grunderwerb etc. sowie die vorgesehene Finanzierung und ein Zeitplan ersichtlich sind (§ 16 HGrG, § 24 BHO/LHO), können nur hinreichend konkrete, baurechtlich realisierbare Vorhaben in die Bewilligungsprogramme und die kommunalen Haushalte aufgenommen werden (Etatreife). In der Praxis scheitern inzwischen mehr Verkehrsprojekte an der Schaffung dieser Voraussetzungen als an fehlenden Finanzierungsmöglichkeiten (vgl. Rz. 39).

2.2.4 Mittelfristige Finanzplanung

Nach § 50 Abs. 1 HGrG, § 83 GO NW, § 5 GVFG sind die Haushaltswirtschaft **14**
und die Programmplanung auf eine **mittelfristige Finanzplanung** von 5 Jahren
auszurichten. Für die Aufnahme eines Zuschußprojektes in ein **mittelfristiges
Programm** müssen die Bewilligungsvoraussetzungen noch nicht erfüllt sein. Es
muß lediglich die grundsätzliche Förderfähigkeit feststehen. Die Inaussichtstellung einer Förderung durch Einplanung in ein mittelfristiges Förderprogramm –
vorbehaltlich der Bereitstellung ausreichender Haushaltsmittel und der Ergebnisse der Prüfung des Zuwendungsantrages – begründet keine Rechtspflicht auf
Gewährung der Zuwendung (vgl. Rz. 397, 435).

Für jedes Haushaltsjahr ist ein Haushaltsplan aufzustellen (§ 11 BHO/LHO).
Das erste Planungsjahr der mittelfristigen Finanzplanung ist das laufende Haushaltsjahr. Nach § 4 HGrG ist das **Haushaltsjahr** das Kalenderjahr. **Verpflichtungsermächtigungen** für Förderprogramme werden in der Regel zu Lasten
mehrerer Haushaltsjahre, meistens für den Zeitraum der mittelfristigen Finanzplanung veranschlagt, um die Programmkontinuität zu sichern und eine Durch-
finanzierung mehrjähriger Förderprojekte zu ermöglichen.

Auch im Falle eines Zweijahreshaushaltes gilt das Prinzip der **Jährlichkeit**, d.h.
Übertragbarkeit nur bei Investitionen und Ausgaben aus zweckgebundenen Mitteln. Einnahmen, Ausgaben und Verpflichtungsermächtigungen sind ebenso für
jedes der beiden Haushaltsjahre getrennt zu veranschlagen (Bruttoprinzip) und
zu buchen (§ 20 HGrG, § 15 BHO/LHO).

2.3 Haushaltsabwicklung

2.3.1 Haushaltsführung

Über die **Haushaltsmittel** kann nach dem Prinzip der **Vorherigkeit** erst nach **15**
Verabschiedung des Haushaltsplanes verfügt werden. Bis zur verbindlichen Feststellung des staatlichen Haushalts durch Gesetz bzw. des kommunalen Haushaltes durch **Satzung** ist, soweit erforderlich, eine **vorläufige Haushaltsführung**
möglich (Art. 111 GG). Die **Bewilligung** von Fördermitteln für neue Fördervorhaben ist im Rahmen der vorläufigen Haushaltsführung nicht gestattet. Verpflichtungen aus laufenden (begonnenen) Vorhaben (**Fortführungsmaßnahmen**) sind zu erfüllen.

Soweit die Entwicklung der Einnahmen oder Ausgaben es erfordert, kann der Finanzminister (im Benehmen mit dem zuständigen Minister) durch Erlaß einer
haushaltswirtschaftlichen Sperre (§ 41 LHO) es von seiner Einwilligung abhängig machen, ob Verpflichtungen eingegangen oder Ausgaben geleistet werden.
Der Erlaß einer haushaltswirtschaftlichen Sperre bedeutet für betroffene Förderprogramme, daß die Bewilligung neuer Vorhaben zurückgestellt bzw. eingeschränkt werden muß, um die vorgesehenen Haushaltskürzungen zu erwirtschaften.

Als nicht mehr disponibel, d.h. gebunden, werden Mittel bezeichnet, die bereits durch Bewilligungen bzw. Aufträge festgelegt und künftig auszuzahlen sind. Wird eine den Haushaltsplan ändernde Gesetzesvorlage (bzw. Satzung bei den Kommunen) beschlossen, wird diese als **Nachtragshaushalt** bezeichnet.

Soweit von den Ländern **Zuwendungen** aus zweckgebundenen Einnahmen bereitgestellt werden, wie z.b. Bundesfinanzhilfen und Regionalisierungsmittel, dürfen diese Mittel nur für die vorgesehenen Zwecke eingesetzt werden. Ein unmittelbarer Beitrag zur Haushaltskonsolidierung eines Landes ist daher nicht möglich (Haushaltssperre kommt nicht in Betracht). Den Ländern ist es jedoch nicht verwehrt, den Verwendungsbereich dieser Finanzmittel voll auszuschöpfen. Soweit dadurch die Bereitstellung originärer Landesmittel im bisherigen Umfang reduziert würde, wäre dies nicht im Sinne der genannten Bundesgesetze und ginge zu Lasten des Fördervolumens für Kommunen und Verkehrsbetriebe (vgl. Rz. 327).

16 **Ausgaben** und **Verpflichtungsermächtigungen** dürfen nur zu dem im Haushaltsplan bezeichneten Zweck, nur bis zum Ende des **Haushaltsjahres** geleistet oder in Anspruch genommen werden. Verpflichtungsermächtigungen sind nicht übertragbar. Durch Gesetz kann jedoch zugelassen werden, daß nicht in Anspruch genommene **Verpflichtungsermächtigungen** bis zur Verkündung des Haushaltsgesetzes für das nächste Haushaltsjahr gelten (§ 27 HGrG).

2.3.2 Ausgabereste, Mittelausgleich

17 Aufgrund von Verpflichtungsermächtigungen können im laufenden Haushaltsjahr keine Zahlungen geleistet werden. Zur Vermeidung von **Ausgaberesten** werden im jährlichen **Mittelausgleich** für die Fördermaßnahmen durch **Umbewilligungen** Fördermittel neu verteilt. Hierbei erfordert die Sicherstellung der Finanzierung den Austausch von Kassenmitteln gegen Verpflichtungsermächtigungen. Ziel ist es, die Verteilung der Fördermittel dem tatsächlichen Mittelbedarf anzupassen. Bei zügig laufenden Maßnahmen kann die Ausfinanzierung beschleunigt werden, während bei schleppendem Fortgang oder verzögertem Beginn eine Streckung der Finanzierung erfolgt (vgl. Rz. 42). Ein Rechtsanspruch, daß die Förderung bei mehrjährigen Laufzeiten und verzögerter Abwicklung ständig voll gesichert sein muß, besteht nicht (vgl. Rz. 471).

Bei **übertragbaren Ausgaben** können **Ausgabereste** gebildet werden, die für die jeweilige **Zweckbestimmung** verfügbar bleiben. Grundsätzlich sind alle Ausgaben für Investitionen und Ausgaben aus zweckgebundenen Einnahmen sowie die im Haushaltsplan für übertragbar erklärten Ausgaben bis zur Höhe der am Schluß des abgelaufenen Haushaltsjahres nicht ausgegebenen Beträge übertragbar (§ 19 LHO).

Bei der Bildung der Ausgabereste sind die in § 45 LHO vorgeschriebene zeitliche Begrenzung der Übertragbarkeit und die VV zu § 45 LHO zu beachten. Ausgabereste dürfen danach nur gebildet werden, wenn sie im nächsten Haushaltsjahr allein oder zusammen mit den im Haushaltsplan für das nächste Jahr für denselben Zweck veranschlagten Ausgaben kassenmäßig benötigt werden. Ein Rechtsanspruch auf Übertragung nicht zeitgerecht abgerufener Haushaltsmittel besteht grundsätzlich nicht.

Es ist deshalb notwendig, bei der Prüfung der **Bewilligungsfähigkeit** von Vorhaben die **Baureife** und den voraussichtlichen Mittelabfluß auch im Interesse einer geordneten Haushaltsabwicklung zu prüfen. Bei nicht verausgabten **Bundesfinanzhilfen** (Landesprogramm) nach GVFG bzw. den Leistungen aus dem Bundesregionalisierungsgesetz ist die Übertragung erforderlich, um die zweckgebundene Mittelverwendung zu sichern (vgl. Rz. 13).

Soweit eine gegenseitige **Deckungsfähigkeit** von Mitteln bestimmter Förderbereiche (z.B. aus Regionalisierungsmitteln) gegeben ist, dürfen die bei einem Ansatz ersparten Mittel zur Begleichung von Mehrbedürfnissen einer anderen im Haushaltsplan genau bezeichneten Zweckbestimmung verwendet werden.

2.4 Haushaltssicherungskonzepte

Die Gemeinden sind nach den in § 75 GO NW verankerten allgemeinen **Haushaltsgrundsätzen** verpflichtet, ihre **Haushaltswirtschaft** so zu planen und zu führen, daß die stetige Erfüllung ihrer Aufgaben gesichert ist. Dabei besteht für Kommunen die gesetzliche Verpflichtung zum jährlichen **Haushaltsausgleich**. Das Instrument der Genehmigung von **Haushaltssicherungskonzepten** (HSK) nach § 75 Abs. 4 GO NW erlaubt eine differenzierte Einflußnahme auf die Gestaltung des Verwaltungshaushaltes und verlangt eine Beteiligung der **Kommunalaufsicht** bei Investitionsvorhaben im Hinblick auf die Finanzierung des Eigenanteils.

18

Für die ggf. erforderliche Beurteilung der **Haushaltsverträglichkeit** von kommunalen Vorhaben werden in der Regel benötigt:

- Ratsbeschluß zum Investitionsprogramm
- mittelfristiger Finanzplan (§ 70 GO NW)
- genehmigte Haushaltssatzung
- ggf. Stellungnahme der Kommunalaufsicht.

Soweit die Haushaltssatzung unter Einbeziehung des Zuschußprojektes bereits genehmigt ist, bedarf es keiner weiteren Prüfung durch die Bewilligungsbehörden. Die im Rahmen der kommunalen Selbstverwaltung ggf. vorzunehmende Prioritätensetzung bei Investitionsvorhaben ist einzufordern und kann nicht beliebig durch eine kommunalaufsichtliche Ermessensentscheidung ersetzt werden.

3. Fördervoraussetzungen und Zuwendungen

3.1 Einrichtung von Förderprogrammen

19 In allen Bundesländern unterliegt die Notwendigkeit einer **Förderung** der generellen haushaltswirtschaftlichen Voraussetzung nach § 14 HGrG und § 23 der Bundes- bzw. Landeshaushaltsordnungen. Danach dürfen Ausgaben und Verpflichtungsermächtigungen für **Leistungen außerhalb der Bundes- bzw. Landesverwaltung** zur Erfüllung bestimmter Zwecke nur veranschlagt werden, wenn der Bund bzw. das Land an der Erfüllung durch solche Stellen ein erhebliches Interesse hat, das ohne die **Zuwendungen** nicht oder nicht im notwendigen Umfang befriedigt werden kann. Damit ist der rechtliche Rahmen für die Gewährung von Zuwendungen und die Einrichtung von **Förderprogrammen** durch

- das **erhebliche staatliche Interesse** und
- die **fehlenden eigenen Finanzierungsmöglichkeiten** des Zuwendungsempfängers

festgelegt. Nur wenn diese Voraussetzungen erfüllt sind, dürfen nach § 26 HGrG **Zuwendungen** gewährt werden. Dabei muß ein Nachweis der zweckentsprechenden **Verwendung** verlangt und ein **Prüfungsrecht** festgelegt werden. Einzelheiten der Finanzkontrolle (Prüfung und Beratung) durch die Rechnungshöfe ergeben sich aus § 42 HGrG und § 88 BHO/LHO. **Prüfungsmaßstäbe** sind Ordnungsmäßigkeit und Wirtschaftlichkeit. Diese Maßstäbe tangieren die planerischen und politischen Gestaltungsspielräume nicht.

20 Da Fördermittel nur für Leistungen an Stellen außerhalb der Bundes- bzw. Landesverwaltung einsetzbar sind, können weder Bund noch Länder eigene Vorhaben aus den Haushaltsmitteln für Zuwendungen finanzieren. Die allgemeinen **Verfahrensvorschriften zur Förderung und zum Vollzug der Haushaltsordnung** sind insbesondere in § 44 LHO (BHO) und in den

- Verwaltungsvorschriften zu § 44 LHO (außergemeindlicher Bereich) – VV –,
- vorläufigen Verwaltungsvorschriften zu § 44 LHO für Zuwendungen an Gemeinden (GV) – VVG* –
- allgemeinen Nebenbestimmungen für Zuwendungen zur institutionellen Förderung (ANBest-I), Anlage 1 zu den VV zu § 44 LHO,
- allgemeinen Nebenbestimmungen für Zuwendungen zur Projektförderung (ANBest-P), Anlage 2 zu den VV zu § 44 LHO,
- allgemeinen Nebenbestimmungen für Zuwendungen zur Projektförderung an Gemeinden (GV) – ANBest-G –, Anlage zu Nr. 5.1 VVG*
- Baufachliche Nebenbestimmungen (NBest-Bau), Anlage 3 zu den VV zu § 44 LHO

*   In einigen Ländern werden die Vorschriften für den gemeindl. Bereich statt mit „G" mit „K" (kommunal) gekennzeichnet.

dargestellt. Neben den allgemeinen haushaltsrechtlichen Voraussetzungen sind die zusätzlichen **Fördervoraussetzungen** zu beachten, die sich aus dem jeweiligen Fördergesetz, den Förderrichtlinien und ggf. dem Haushaltsgesetz ergeben.

3.2 Zuwendungen

3.2.1 Begriff der Zuwendungen

Zuwendungen eines Landes sind Geldleistungen, die grundsätzlich nur **subsidiär** 21 gewährt werden (vergl. § 76 GO NW). Sie dürfen nach § 14 HGrG und § 23 LHO nur an Stellen außerhalb der Landesverwaltung zur Erfüllung bestimmter Zwekke gewährt werden. Im Unterschied zu gesetzlichen Leistungen besteht bei Zuwendungen weder dem Grunde noch der Höhe nach ein **Rechtsanspruch** des Zuwendungsempfängers. Die genannten Voraussetzungen müssen nebeneinander und nicht etwa nur alternativ erfüllt sein. Art und Umfang der Leistungsgewährung sind im Rahmen der Rechtsvorschriften in das Ermessen der Exekutive gestellt. Die zuständigen Behörden entscheiden nach pflichtgemäßem Ermessen im Rahmen der verfügbaren Haushaltsmittel. Der Zuwendungszweck ergibt sich im einzelnen aus der im Haushaltsplan festgelegten konkreten Zweckbestimmung.

Zu den **Zuwendungen** (§ 23 LHO) gehören:

- Zweckgebundene Zuschüsse,
- Zuweisungen,
- Schuldendiensthilfen,
- zweckgebundene Darlehen und andere bedingt oder unbedingt rückzahlbare Leistungen,
- Zahlungen aufgrund von Verlustdeckungszusagen.

Keine Zuwendungen sind:

- Sachleistungen,
- Leistungen, auf die der Empfänger einen dem Grund und der Höhe nach begründeten Rechtsanspruch hat,
- Ersatz von Aufwendungen,
- Entgelte aufgrund von Verträgen.

Zweckzuweisungen müssen als zweckgebundene Geldleistungen zur Finanzierung der im einzelnen bestimmten Einrichtungen oder Vorhaben verwendet werden. Sie sind damit für den Zuwendungsempfänger nicht mehr frei verfügbar.

3.2.2 Finanzierungsart

Der Umfang der Förderung wird durch die **Finanzierungsart** bestimmt. Zu unter- 22 scheiden ist zwischen **Teilfinanzierung** (Nr. 2.2 VV/VVG zu § 44 LHO) und **Vollfinanzierung** (Nr. 2.3 VV zu § 44 LHO). Bei der Teilfinanzierung wird nur ein Teil der zuwendungsfähigen Ausgaben finanziert; die übrigen Ausgaben sind vom Zuwendungsempfänger zu tragen. Die Teilfinanzierung wird zuwendungs-rechtlich wie folgt untergliedert:

* **Anteilfinanzierung** (Nr. 2.21 VV/VVG zu § 44 LHO),
* **Fehlbedarfsfinanzierung** (Nr. 2.22 VV/VVG zu § 44 LHO),
* **Festbetragsfinanzierung** (Nr. 2.23 VV/VVG zu § 44 LHO).

Die Finanzierungsart hat erhebliche Auswirkungen, z. B. bei der Behandlung von Minderausgaben, bei erhöhten Ausgaben und bei neu hinzukommenden Dek-kungsmitteln.

Bei der **Vollfinanzierung** deckt die Zuwendung die gesamten zuwendungsfähi-gen Ausgaben. Nur in Ausnahmefällen darf eine Zuwendung zur Vollfinanzie-rung bewilligt werden, wenn der Zuwendungsempfänger an der Erfüllung des Zweckes kein oder nur ein geringes wirtschaftliches Interesse hat, das gegenüber dem Landesinteresse nicht ins Gewicht fällt (Nr. 2 VV/VVG zu § 44 LHO). Un-abhängig von der Finanzierungsart ist die Zuwendung nach Nr. 2.21, Nr. 2.22 und Nr. 2.3 VV/VVG zu § 44 LHO bei der Bewilligung auf einen **Höchstbetrag** zu begrenzen.

Zuwendungen können (Nr. 1.1 VV zu § 23 LHO) in folgender **Finanzierungs-form** gewährt werden:

* unbedingt rückzahlbare Zuwendung (Darlehn),
* bedingt rückzahlbare Zuwendung (Rückzahlung an Bedingungen gebunden),
* nicht rückzahlbare Zuwendung (Zuschuß).

Für jede Zuwendung müssen Finanzierungsart und Finanzierungsform vorher festgelegt werden.

3.2.3 Zuwendungsart

23 Zu unterscheiden ist bei der **Zuwendungsart** zwischen **Projektförderung** und **in-stitutioneller Förderung**. Bei der Projektförderung werden die Zuwendungen zur Deckung von Ausgaben für einzelne abgegrenzte Vorhaben gewährt, wäh-rend bei der institutionellen Förderung Zuwendungen zur Deckung der gesam-ten Ausgaben oder eines nicht abgegrenzten Teils der Ausgaben des Zuwen-dungsempfängers zur Verfügung gestellt werden (Nr. 2 VV zu § 23 LHO).

Kennzeichnend für die **Projektförderung** ist die sachliche Zweckbindung der Mittel. Die Zuwendung erfolgt auf der Grundlage einer genauen Berechnung al-ler mit dem Fördergegenstand zusammenhängenden Ausgaben (**Finanzie-rungsplan**) und einer Übersicht über die beabsichtigte Finanzierung. In der Re-gel werden Zuwendungen in der Projektförderung im Wege der **Anteil-** (Vom-hundertsatz (v. H.) der zuwendungsfähigen Ausgaben) oder **Festbetragsfinanzie-rung** als verlorene Zuschüsse bewilligt. Bei der **institutionellen** Förderung liegt nur eine globale Zweckbindung vor. Die Förderung erfolgt auf der Grundlage eines Haushalts- und Wirtschaftsplanes, der alle zu erwartenden Einnahmen und Ausgaben sowie einen Organisations- und Stellenplan enthält. Die Förderung deckt den jährlichen, durch Einnahmen nicht gedeckten Fehlbedarf der Institution ab.

3.2.4 Zuweisungskompetenz

Bei der Festlegung der Verteilung von Zweckzuweisungen ist es möglich, be- **24** stimmte **Verteilungsschlüssel** im Haushaltsplan zu fixieren oder durch Programmvorbehalte der Legislative die **Zuweisungskompetenz** der Exekutive zu beschränken. Es ist Aufgabe des Zuwendungsgebers zu entscheiden, in welcher haushaltsrechtlich zulässigen Form die Zuwendungen gewährt werden sollen, um die Förderziele mit möglichst geringem **Verwaltungsaufwand** zu erreichen.

3.2.5 Zuwendungsempfänger

Nach dem allgemeinen Zuwendungsrecht ist die Rechtsform der Zuwendungs- **25** empfänger (nur Stellen außerhalb der Landes- bzw. Bundesverwaltung) unerheblich. Grundsätzlich können daher auch öffentliche oder **private Unternehmen** oder Zusammenschlüsse solcher Unternehmen an Stelle von Gemeinden oder Gemeindeverbänden Zuwendungen erhalten, wenn sie abgestimmte Maßnahmen durchführen, für die in der Regel Gemeinden oder Gemeindeverbände zuständig sind (vgl. Rz. 364). Auch die Weitergabe von Zuwendungen durch den Zuwendungsempfänger an Dritte zur Erfüllung des Zuwendungszweckes ist möglich. Die Bedingungen für die Weitergabe der Mittel und die Sicherung des Zuwendungszweckes sind im Bewilligungsbescheid festzulegen (Nr. 13 VV und Nr. 12 VVG zu § 44 LHO).

3.2.6 Leasingfinanzierung

Haushaltsrechtlich ist eine Leasingförderung grundsätzlich möglich. Jedoch sind **26** viele Leasingkonstruktionen für die öffentliche Hand nicht günstiger als die herkömmliche Kreditbeschaffung und im Hinblick auf die kommunale Haushaltssicherung nicht unbedenklich. Deshalb ist immer eine Einzelfallprüfung erforderlich. Dabei ist zu beachten, daß

- die **Wirtschaftlichkeit** der Leasingfinanzierung/-förderung nachgewiesen wird, z. B. durch vergleichende Ausschreibung (Vergleich der Barwerte und der steuerlichen Auswirkungen),
- der **Wettbewerb** (mögliche Produktbindung durch Leasinggeber) gewährleistet bleibt,
- durch **dingliche Sicherung** bzw. Bankbürgschaften des Leasinggebers die vorgesehene Nutzung des Fördergegenstandes für die Dauer der Zweckbindung gewährleistet ist.

Sofern das Wirtschaftsgut nicht beim Finanzierungsnehmer, sondern beim **Finanzierungsgeber** aktiviert wird, ist die Förderung u. a. von folgenden im Bereich der Wirtschaftsförderungsprogramme für die gewerbliche Wirtschaft entwickelten (vgl. Rz. 335) Bedingungen abhängig:

* Förderfähig sind nur die in der Steuerbilanz des wirtschaftlichen Eigentümers aktivierten Anschaffungs- oder Herstellungskosten des Leasingobjektes.
* Der Finanzierungsvertrag muß vorsehen, daß der Zuschuß in voller Höhe auf die Leasingraten angerechnet wird.
* Leasinggeber und Leasingnehmer haben die gesamtschuldnerische Haftung für eine eventuelle Rückzahlung des Zuschußbetrages zu übernehmen.

Entsprechende Voraussetzungen sehen bereits die Richtlinien des Landes Rheinland-Pfalz – VV ÖPNV/SPNV – vom 14. 10. 1997 MBl. 9240 für alternative Finanzierungsmodelle in der ÖPNV-Fahrzeugförderung vor.

Von der direkten Leasingförderung zu unterscheiden ist z.b. die nachträgliche Einbindung herkömmlich finanzierter Wirtschaftsgüter, z.B. Straßenbahnfahrzeuge in grenzüberschreitende Leasinggeschäfte (vgl. Rz. 426). Die Fahrzeuge werden z.b. beim US-Lease langfristig an US-Investoren (mind. 20 Jahre) unter Einschaltung eines Zwischenvermieters (Bank) vermietet und vom Verkehrsunternehmen zurückgemietet (Lease-in/Lease-out). Die förderrechtliche Nutzung, das wirtschaftliche und zivilrechtliche Eigentum der Fahrzeuge bleiben beim Verkehrsunternehmen. Ziel der Transaktionen ist die Erwirtschaftung zusätzlicher Erträge zur Finanzierung des ÖPNV unter Nutzung ausländischer Steuersparmodelle (Verzicht auf Vorteilsausgleich, da die Erträge dem ÖPNV dienen und eine Rentierlichkeit nicht erreicht wird). Verschiedene Bundesländer haben diese Transaktionen für aus GVFG-Mitteln geförderte Fahrzeugparks kommunaler Verkehrsunternehmen gebilligt. Das GVFG-Förderkriterium „Beschaffung" wird in diesem Falle erfüllt (vgl. Rz. 386).

3.3 Erhebliches staatliches Interesse

3.3.1 Förderziele, Förderzwecke

27 Das erhebliche staatliche Interesse an der Erfüllung bestimmter Aufgaben wird durch die Einrichtung der **Förderprogramme** bestimmt und in der Regel durch Förderrichtlinien im einzelnen festgelegt. Auf der Grundlage solcher Richtlinien werden die Zuwendungen nach Maßgabe des **Haushaltsplanes** gewährt. Die Festlegung von **Förderzielen**, **Förderzwecken**, zuwendungsfähigen Ausgaben und die Einführung von Zweckzuweisungen setzen damit eine politische Entscheidung voraus. Für den kommunalen Verkehr ist z.B. die Ausgestaltung der Förderung nicht allein durch Richtlinien bestimmt, sondern durch das **Gemeindeverkehrsfinanzierungsgesetz** (GVFG) bzw. das **Regionalisierungsgesetz** des Bundes und die **ÖPNV-Gesetze** der Länder auf eine eigene gesetzliche Grundlage gestellt worden. Diese Gesetze sichern nicht nur die Finanzierung, sondern verdeutlichen und interpretieren zugleich das staatliche Interesse. Angestrebt wird u. a. die gleichmäßige Entwicklung und Aufgabenerfüllung in den Kommunen z. b. durch nachhaltige Verbesserung des ÖPNV, die Hebung der Verkehrssicherheit, die Senkung der Verkehrsbelastungen, die ortsgerechte Verkehrsführung, die Sicherung der Standortqualität etc. als Ziel staatlicher Politik(vgl. Rz. 310 und 322).

3.3.2 Lenkungswirkung

Unbestreitbar haben Zuwendungen **Lenkungswirkung** für die Gestaltung kommunaler Investitionen. Dies ist im Sinne der Schaffung **gleichwertiger Lebensverhältnisse** beabsichtigt und zur Realisierung von Vorhaben mit erheblichem Landesinteresse geboten: **28**

Bei der Ausgestaltung der Zuweisungen besteht die Möglichkeit:

*   **Anreize** zu bieten, bestimmte Vorhaben vorrangig zu verwirklichen,
*   **übergeordnete Gesichtspunkte** und Sachinteressen stärker einzubinden,
*   die **Ausführung und Gestaltung** von Maßnahmen zu beeinflussen.

Die Rahmenbedingungen für die Förderung müssen deshalb zugleich die Koordination mit den zu beachtenden übergeordneten Interessen, z. b. der Raumordnung und Landesplanung, sicherstellen. Die Förderbedingungen, die für alle Zuwendungsempfänger gleichermaßen gelten, bedeuten **keinen Eingriff** in die kommunale **Selbstverwaltung**. Es steht den Kommunen im Rahmen ihrer Ermessensentscheidung frei, sich für die Beantragung bzw. Annahme einer Zuwendung zu entscheiden. Für die Zuwendungsempfänger ist es gleichermaßen erstrebenswert, gesetzliche bzw. planerische Leitziele schneller zu erreichen.

3.3.3 Bagatellgrenze

Haushaltsrechtlich ist die Einführung einer **Bagatellgrenze** für Zweckzuweisungen in der Regel geboten, da, abgesehen vom Verwaltungsaufwand, erhebliches staatliches Interesse an Kleinstvorhaben kaum zu begründen ist. Nach den VVG zu § 44 LHO NW sollen z. b. Zuwendungen nur bewilligt werden, wenn die Zuwendung im Einzelfall mehr als 25 000 DM beträgt. Verbindlich sind für die einzelnen Förderbereiche die in den speziellen Förderrichtlinien genannten Bagatellgrenzen (vgl. Rz. 362). **29**

Die im Gemeindeverkehrsfinanzierungsgesetz ursprünglich enthaltene Bagatellgrenze von 200 000 DM für die zuwendungsfähigen Kosten ist bei der Novellierung des GVFG im Jahre 1992 entfallen. Diese Bagatellgrenze war seinerzeit auch bestimmt worden, um zu verdeutlichen, daß aus GVFG-Mitteln nur **bedeutsame Investitionen** im Sinne von Art. 104a Abs. 4 GG gefördert werden. Nunmehr entscheiden die Länder selbst über eine Bagatellgrenze, so daß eine Vereinheitlichung mit anderen Förderbereichen eines Landes möglich ist.

3.4 Fehlende eigene Finanzierungsmöglichkeiten

3.4.1 Subsidiaritätsprinzip

30 Die Realisierung bedeutsamer Maßnahmen zur Beseitigung von Ausstattungs-disparitäten ist weitgehend von staatlichen Zweckzuweisungen abhängig. Zweck-zuweisungen helfen, die unterschiedlichen örtlichen und finanziellen Ausgangs-situationen auszugleichen. Für die Gewährung von Fördermitteln gilt das **Subsidiaritätsprinzip**. Danach dürfen staatliche Zuwendungen nur gewährt wer-den, wenn und soweit **eigene Finanzierungsmöglichkeiten** des Zuwendungsemp-fängers nicht bestehen (§ 14 HGrG, § 23 BHO/LHO). Die Zuwendungsempfän-ger haben deshalb grundsätzlich ihre eigenen Finanzierungsmöglichkeiten auszuschöpfen (vgl. § 76 GO NW, Grundsätze der Einnahmenbeschaffung).

3.4.2 Kostenanteile Dritter und Nutzungsentgelte

31 Zu den eigenen Finanzierungsmöglichkeiten gehören neben eigenen Steuerein-nahmen und Einnahmen aus dem kommunalen Finanzausgleich insbesondere Erschließungs- oder **Anliegerbeiträge** nach BauGB bzw. KAG sowie Nutzungs-entgelte etc. Für rentierliche Anlagen bzw. Anlagenteile entfällt daher eine För-derung, soweit die Refinanzierung aus Nutzungsentgelten etc. möglich ist. Ren-tierliche Teile können allenfalls in die Förderung einbezogen werden, wenn sie zum Erreichen des Förderzweckes erforderlich sind und ihr Anteil an der Ge-samtmaßnahme untergeordnet bleibt (< 15–20 %).

In den **Gemeindefinanzierungsgesetzen** (GFG) oder **Finanzausgleichsgesetzen** (FAG) der Länder werden zweckgebundene Zuweisungen in der Regel davon abhängig gemacht, daß die Zuweisungen ausschließlich zur Deckung der von den Gemeinden und Gemeindeverbänden zu tragenden Kosten bestimmt sind, für die **Kostenanteile Dritter** nicht herangezogen werden können. Grundsätzlich ist von der Aufwandsaufteilung nach der Mustersatzung des jeweiligen Landes aus-zugehen. Können nach der gemeindlichen Satzung die Anlieger in höherem Um-fange als nach der Mustersatzung vorgesehen, herangezogen werden, so gehen die Bewilligungsbehörden von der gemeindlichen Satzung aus. Gefördert wird z. B. nur der Anteil des Aufwandes für ein Verkehrsvorhaben, der entsprechend der Inanspruchnahme durch die **Allgemeinheit** auf die Gemeinde entfällt. Dieser Anteil liegt z. B. beim Ausbau der Fahrbahnen von Hauptverkehrsstraßen nach der Mustersatzung in NRW bei 90 % und für die Gehwege bei 50 % (vgl. Rz. 171).

32 Bei der Ermittlung der **KAG-Beiträge** ist das Kommunalabgabengesetz des je-weiligen Bundeslandes anzuwenden. Dies kann zu unterschiedlichen Ergebnis-sen bei der Festsetzung der zuwendungsfähigen Kosten in den einzelnen Bundes-ländern führen. Unzulässig ist es, Zuwendungen aus Bundesfinanzhilfen nicht nur zur Erleichterung der kommunalen Finanzierung, sondern ebenso zur Redu-zierung der gesetzlichen Anliegerbeiträge einzusetzen.

Auch bei einer Förderung aus originären Landesmitteln wäre im Haushaltsgesetz eine Sonderregelung notwendig, um z.b. für die Förderung von Verkehrsberuhigungsmaßnahmen (zur Erhöhung der Akzeptanz) die in § 8 Abs. 4 KAG NW geschaffene Möglichkeit zur Reduzierung der Anliegerbeiträge nutzen zu können. So sind nach dieser Vorschrift Zuwendungen unbeschadet der haushaltsrechtlichen Bestimmungen, sofern der Zuwendende nichts anderes bestimmt, zunächst zur Deckung des wirtschaftlichen Vorteils der Allgemeinheit oder der Gemeinde und nur, soweit sie diesen übersteigen, zur Deckung des übrigen Aufwandes zu verwenden (vgl. Rz. 173).

Nicht als Kostenanteile Dritter, sondern als **Eigenmittel** des Zuwendungsempfängers gelten Zuweisungen von Körperschaften des öffentlichen Rechts, die z.b. durch den Kreis, zur Entlastung einer Gemeinde oder durch die Gemeinde zur Entlastung des beauftragten Verkehrsunternehmens zur Verfügung gestellt werden. In einzelnen Ländern enthalten die Gemeindefinanzierungsgesetze (GFG/FAG) entsprechende Hinweise.

3.4.3 Spenden, Selbsthilfeleistungen

Die Anrechnung von **Spenden, Sachleistungen** und **Selbsthilfeleistungen** auf die   **33**
kommunalen Eigenleistungen zur Entlastung des kommunalen Haushaltes setzt eine Ausnahme von den Bestimmungen der VVG zu § 44 LHO voraus, sofern nicht eine entsprechende Regelung in den Haushaltsgesetzen bzw. in den speziellen Förderrichtlinien vorgesehen ist. Die vorzeitige Veranschlagung eigener ausreichender Mittel in den kommunalen Haushalten bzw. der unerlaubte **vorzeitige Beginn** eines dringlichen Projektes führt zwangsläufig zu der Frage, ob eine Förderung aus Gründen fehlender eigener Finanzierungsmöglichkeiten statthaft ist.

3.4.4 Zuwendungsfähige Ausgaben

Zuwendungen können nur zu den zuwendungsfähigen Ausgaben gewährt wer-   **34**
den. Bei der Bemessung der Förderung ist daher zwischen **zuwendungsfähigen** (zf) und nicht zuwendungsfähigen (nzf) Ausgaben (Kosten) zu unterscheiden. Das Haushaltsrecht bzw. allgemeine Zuwendungsrecht enthält zur Kostenabgrenzung neben den Vorgaben der generellen Zweckbestimmung nur einzelne Regelungen wie z.b., daß Beiträge Dritter und die Umsatzsteuer, die der Zuwendungsempfänger als Vorsteuer abziehen kann, nicht zu den zuwendungsfähigen Ausgaben gehören. Die konkreten Regelungen werden dem speziellen Förderrecht überlassen, das im Verkehrsbereich insbesondere an die beitrags- und wegerechtlichen Regelungen anknüpft, die im Einzelfall bestimmen, welche Kosten die Kommunen zu tragen haben (vgl. Rz. 56ff. und 315).

In den Förderanträgen müssen die zu erwartenden Ausgaben und Einnahmen vorausgeschätzt und entsprechende Kostenberechnungen vorgelegt werden. Etwaige Erlöse, z. B. für verwertbare Altstoffe (Pflastersteine etc.) sind von den Kosten abzusetzen. Bei der Ermittlung von Grundstückswerten für unbebaute Grundstücke ist die Wertermittlungsverordnung vom 6.12.88 (BGBl. I, S. 2209) heranzuziehen.

Ob z. B. eine **Vorsteuerabzugsberechtigung** des Zuwendungsempfängers vorliegt, ergibt sich aus dem Umsatzsteuergesetz bzw. im Einzelfall nach Klärung durch das zuständige Finanzamt (kommunale Betriebe gewerblicher Art). Im Gegensatz zu den Straßenbaulastträgern sind Verkehrsunternehmen – soweit sie nicht als Eigenbetrieb geführt werden – in der Regel als Unternehmen im Sinne von § 2 Umsatzsteuergesetz vorsteuerabzugsberechtigt.

3.4.5 Fördersätze, Gesamtfinanzierung

35 Bei der Festsetzung des Fördersatzes (Vomhundertsatz der zuwendungsfähigen Ausgaben) ist die finanzielle Leistungsfähigkeit der Kommune angemessen zu berücksichtigen (Nr. 2.4 VVG zu § 44 LHO sowie entsprechende Regelungen in den Finanzausgleichsgesetzen der Länder). Mit der Differenzierung der Fördersätze kann zugleich ein unterschiedliches Eigeninteresse der Zuwendungsempfänger oder ein herausragendes Landesinteresse berücksichtigt werden. Eine Anfinanzierung von Vorhaben, deren Gesamtfinanzierung nicht gesichert ist, ist haushaltsrechtlich grundsätzlich unzulässig (Nr. 1.2 VVG zu § 44 LHO). Hierzu können Ausnahmen durch das spezielle Förderrecht wie z. B. in der Städtebauförderung für Sanierungsmaßnahmen mit längerer Laufzeit vorgesehen werden. Neben der Sicherstellung der **Gesamtfinanzierung** nach Nr. 1.2 VVG zu § 44 LHO, d. h. auch des kommunalen Eigenanteils, ist im Förderverfahren u. a. zu prüfen, ob die **Folgekosten** (Unterhaltungs- und Betriebskosten) der Fördermaßnahme ohne Gefahr für die dauernde Leistungsfähigkeit der Kommunen aufgebracht werden können (vgl. Rz. 18).

3.5 Förderung aus Bundesfinanzhilfen nach GVFG

36 Die den Ländern nach Art. 104a GG gewährten **Bundesfinanzhilfen nach GVFG** sind zweckgebundene **Mineralölsteuermehreinnahmen** für die Verbesserung der Verkehrsverhältnisse der Gemeinden. Über die inhaltliche Ausgestaltung der Förderung im Rahmen des § 2 GVFG entscheiden die Länder. Auch die Höhe der Förderung (max. 75 %) wird von den Ländern bestimmt. Grundlage für die Verteilung der Mittel ist ein gesetzlich festgelegter, am Kfz-Bestand orientierter Schlüssel für die Programme der Länder, auf den die Bundesverwaltung keinen Einfluß hat (§ 6 GVFG). Da ein Ermessensspielraum der Bundesverwaltung nicht besteht und der Anspruch für die Länderprogramme (Ausnahme Bundesprogramm ÖPNV) sowohl dem Grund als auch der Höhe nach unmittelbar durch § 10 GVFG bestimmt wird, kann es sich wohl nicht um Zuwendungen an die Länder im Sinne von § 23 BHO handeln (vergl. Rz. 21). In der Entstehungsgeschichte des GVFG ist diese Frage immer wieder zwischen Bund und Ländern

streitig diskutiert worden. Im übrigen erfolgen weder die Bereitstellung der Bundesfinanzhilfen durch den Bund noch die Verwendungsnachweise durch die Länder für die Landesprogramme nach den haushaltsrechtlichen Kriterien für Zuwendungen. Nur für die Förderung von Nahverkehrsprojekten der DB AG über 100 Mio. DM im Bundesprogramm erfolgt die Bereitstellung von GVFG-Zuschüssen unmittelbar aus dem Bundeshaushalt.

Die Bundesfinanzhilfen nach GVFG sind zweckgebunden für konkrete Vorhaben einzusetzen. Dies gibt den Vorhabenträgern jedoch keinen Rechtsanspruch auf bestimmte Leistungen. Die Länder haben die Mittel als **Landeszuwendungen aus Bundesfinanzhilfen** im Rahmen der Zweckbindung einzusetzen. Der durch Bundesgesetz festgelegte Förderkatalog kann durch die Länder im Verwaltungsvollzug nicht erweitert werden. Jedoch können die Länder Prioritäten setzen (vgl. Rz. 312 ff.).

Die Länder verwalten die Bundesfinanzhilfen in eigener Zuständigkeit und Verantwortung. Mit ihrer Vereinnahmung durch die Länder werden die Bundesfinanzhilfen Landesmittel. Die zweckgebundenen Einnahmen aus Bundesfinanzhilfen und die dazugehörigen Ausgaben sind im Haushalt kenntlich zu machen (§ 17 Abs. 3 LHO). Bei nicht gesetzeskonformer Verwendung der GVFG-Mittel der **Landesprogramme** durch einen Zuwendungsempfänger kann der Bund die Mittel nicht vom Land zurückfordern. Über die **Rückforderung** der Zuwendungen einschl. Zinsen entscheidet nach Beurteilung der Erfüllung der Fördervoraussetzungen vielmehr das jeweilige Land. Eventuell zurückfließende Mittel einschl. Zinsen stehen dem **Landeshaushalt** erneut zweckgebunden zur Verfügung (vgl. Rz. 736).

Über die Gewährung und haushaltsrechtliche Abwicklung von Finanzhilfen des **37** Bundes an die Länder haben die Finanzminister von Bund und Ländern unbeschadet der spezialgesetzlichen Regelungen des GVFG am 19. 9. 1986 eine **Grundvereinbarung** abgeschlossen (MinBl. Fin 1986 S. 238). Diese Grundvereinbarung setzt den Rahmen für künftig vorgesehene Verwaltungsvereinbarungen (seit 1986 nicht zustande gekommen).

Die Rahmenvereinbarung nennt für die **Verwaltungsvereinbarungen** u. a. die Konkretisierung der Förderziele und Investitionsbereiche, die Korrektur der Mittelverteilung, die Weiterleitung der Mittel an die Zuwendungsempfänger innerhalb von 30 Tagen, die **Rückforderung** von Mitteln bei Ablehnung eines Vorhabens durch den Bund und die Erstattung von Zinserträgen. Für die seit Mitte der 70er Jahre vom Bund geforderte Erstattung der **Zinseinnahmen** der Länder aus Bundesfinanzhilfen besteht ohne Vereinbarung keine ausreichende Rechtsgrundlage, da das GVFG selbst keine Regelung getroffen hat.

3.6 Zuwendungsrechtsverhältnis

3.6.1 Bewilligungsbescheid

38 Ein Rechtsverhältnis über die Gewährung von Zuwendungen kann sowohl durch öffentlich-rechtlichen Vertrag (§ 54 VwVfG NW, Nr. 4.3 VV LHO) als auch durch Bewilligungsbescheid (Regel) begründet werden.

Für die Bewilligung bedarf es eines schriftlichen Antrages auf der Grundlage der haushaltsrechtlichen Vorschriften und der Förderrichtlinien. Der **Antragsvordruck** (vgl. Rz. 438) ist verbindlich und richtet sich auch bei Förderung aus Mitteln des Gemeindeverkehrsfinanzierungsgesetzes (GVFG) und des Regionalisierungsgesetzes nach **Landesrecht**. Anträge müssen alle zur Beurteilung der Notwendigkeit und Angemessenheit der beantragten Zuwendung erforderlichen Angaben enthalten. Die Bewilligung erfolgt durch schriftlichen Zuwendungs-/ **Bewilligungsbescheid** (VVG zu § 44 LHO, § 41 VwVfG NW). Die allgemeinen Nebenbestimmungen für Zuwendungen zur Projektförderung ANBest-P im Sinne des § 36 VwVfG sind Bestandteil des Zuwendungsbescheides. Der Bescheid muß in den meisten Bundesländern den Hinweis enthalten, daß er erst wirksam wird, wenn sich der Zuwendungsempfänger mit seinem Inhalt schriftlich **einverstanden** erklärt hat (Nr. 4 VVG zu § 44 LHO).

Nordrhein-Westfalen hat, ebenso wie der Bund und zahlreiche andere Bundesländer, die Aufnahme der **Rechtsbehelfsbelehrung** im Zuwendungsverfahren gem. §§ 23, 44 LHO zwingend vorgeschrieben, denn der Anfechtung unterliegen nicht nur belastende, sondern auch begünstigende Bescheide, die oft zahlreiche Auflagen enthalten. Durch einen Rechtsbehelfsverzicht kann die Bestandskraft des Zuwendungsbescheides und damit die Auszahlung von Zuwendungen unter Beachtung der Nr. 7 VV zu § 44 LHO beschleunigt werden.

39 **Bewilligungen** sind begünstigende **Verwaltungsakte**, die den Zuschußgeber binden. Durch bestandskräftigen Bewilligungsbescheid erlangt der Zuwendungsempfänger einen einklagbaren Rechtsanspruch auf ordnungsgemäße Erfüllung des Zuwendungsrechtsverhältnisses. Dabei gilt der Vorbehalt späterer Änderungen, wenn Abweichungen vom Förderantrag bei den Kosten oder in der Finanzierung eintreten. (Darin liegt u. a. die Bedeutung der endgültigen Abrechnung nach Vorlage des Verwendungsnachweises.) Die **Fördervoraussetzungen** müssen zum Zeitpunkt der Bewilligung einer Zuwendung erfüllt sein (u. a. muß verbindliches **Baurecht** vorliegen). Bei gemeinsamer Förderung aus Bundesfinanzhilfen nach GVFG und Landesmitteln (FAG oder GFG-Mittel) wird nur ein gemeinsamer Zuwendungsbescheid erteilt und nur ein gemeinsames Bewilligungsverfahren durchgeführt.

Alle Tatsachen, von denen die Gewährung der Förderung abhängig ist, sind **subventionserheblich** im Sinne des § 264 Strafgesetzbuch (StGB). Hierzu gehören insbesondere die technische Darstellung des Investitionsprojektes und die Angaben über die wirtschaftlichen Verhältnisse des Projektträgers.

3.6.2 *Bewilligungsvoraussetzungen*

Bei den **Bewilligungsvoraussetzungen** ist zu unterscheiden zwischen den allge- **40**
meinen haushaltsrechtlichen Voraussetzungen und den Vorgaben aus dem jeweiligen Fördergesetz, dem Haushaltsgesetz oder den Förderrichtlinien. Bei Abweichungen gilt der Grundsatz der **Spezialität.** In diesem Fall haben die
Bestimmungen des GVFG oder der Städtebauförderung Vorrang vor den allgemeinen zuwendungsrechtlichen Bestimmungen des Haushaltsrechtes. Hieraus
erklären sich die Unterschiede in einzelnen Förderbereichen. Die obersten Landesbehörden können in Ausnahmefällen Ausnahmen von ihren Förderrichtlini-
en zulassen, soweit diese innerhalb bestehender Haushalts- und Fördergesetze
(GVFG) möglich sind.

In Einzelfällen können auch zusätzliche Bedingungen und Auflagen in den Zu- **41**
wendungsbescheid aufgenommen werden. So legen z.B. einige Förderrichtlinien
fest, daß der Zuwendungsbescheid seine Gültigkeit verliert, wenn nach Ablauf
einer bestimmten Frist die Auftragsvergabe nicht erfolgt ist. Andere Förderrichtlinien verweisen auf die Möglichkeit, in Ausnahmefällen, sofern entsprechende
Mittel verfügbar sind, vorläufige Zuwendungsbescheide zu erteilen, bevor z.B.
der Förderantrag abschließend geprüft ist (vgl. Rz. 47). Der Zuwendungsbescheid ergeht dann unter dem Vorbehalt, daß die Höhe der Zuwendungen endgültig festgelegt wird, sobald der Antrag abschließend geprüft ist. Möglich ist es
auch, einzelne Bauteile, die nicht ausreichend vorbereitet bzw. abschließend
klärbar sind, zurückzustellen bzw. die Inanspruchnahme von Mitteln hierfür zunächst zu sperren oder von bestimmten Nachweisen abhängig zu machen.

Soweit die Fördervoraussetzungen für ein Gesamtvorhaben nicht voll vorliegen,
z.B. durch fehlenden Grunderwerb oder fehlendes Baurecht in einem Teilbereich, ist ggf. zu prüfen, ob z.B. ein Verkehrsvorhaben über baureife Förderab-
schnitte bzw. förderungsfähige Einzelmaßnahmen (einzelne Fördergegenstände) mit **eigenständigem Verkehrswert** schrittweise (ohne Präjudizwirkung für
noch nicht abschließend geklärte Bauteile) realisiert werden kann. Dies kommt
insbesondere für Aus- und Umbauvorhaben innerhalb des vorhandenen verkehrswichtigen Straßen- bzw. ÖPNV-Netzes in Betracht, um zeitnah Konflikt-
punkte zu entschärfen und Verbesserungsmöglichkeiten auszuschöpfen.

Der Bewilligungsbehörde obliegt u.a. die Prüfung, inwieweit ein Fördervorhaben
Dritten dient und diese daher an den Kosten zu beteiligen sind. **Begründungen**
zu den Zielen und Wirkungen eines Zuwendungsantrages dürfen sich nicht widersprechen mit ggf. erforderlichen Begründungen zur Erhebung der **Anliegerbeiträge.**

In Fällen geringerer finanzieller Bedeutung, d.h. bei Zuwendungsbeträgen unter
100000 DM, kann das zuständige Ministerium Erleichterungen bei der Erfüllung
der haushaltsrechtlichen Vorschriften zulassen (Nr. 13 VVG zu § 44 LHO). In
gleicher Weise wie die **Bewilligungsbehörde** bei der Beurteilung eines Förderan-

trages **Ermessen** zusteht, kann sie dieses Ermessen auch bei der Änderung eines Förderantrages ausüben (§ 40 VwVfG NW).

3.6.3 Bewilligungszeitraum, Änderungsanträge

42 Innerhalb des im Bewilligungsbescheid genannten **Bewilligungszeitraumes**, der mehrere Jahre umfassen kann, kann der Zuwendungsempfänger Fördermittel in Anspruch nehmen. In der Regel entspricht der Bewilligungszeitraum bei der Projektförderung dem für die Durchführung des Vorhabens erforderlichen Zeitraum. Vom Bewilligungszeitraum zu unterscheiden ist der Zeitraum für die Bewilligung der jährlichen Rate der betreffenden Fortführungsmaßnahme. Diese Bewilligung bezieht sich immer auf das laufende Haushaltsjahr. Vorbehalten bleiben ggf. Finanzierungsraten außerhalb der mittelfristigen Programme bzw. der mittelfristigen Finanzplanung (vgl. Rz. 400).

Die **haushaltsplanmäßige Ermächtigung** zur Inanspruchnahme der erforderlichen Ausgabemittel und Verpflichtungsermächtigungen muß zum Zeitpunkt der Erteilung des Bewilligungsbescheides für den gesamten Bewilligungszeitraum vorliegen. Ab Beginn eines neuen Haushaltsjahres können die für das entsprechende Jahr bewilligten Verpflichtungsermächtigungen als Ausgabeermächtigungen angesehen und Zuschüsse abgerufen werden Der Bewilligungszeitraum kann durch ergänzenden Bewilligungsbescheid verlängert werden. Auch nach Ablauf des Bewilligungszeitraumes bleibt der Zuwendungsbescheid nach § 43 Abs. 2 VwVfG NW rechtswirksam, solange er nicht widerrufen bzw. durch Abrechnung und Zeitablauf erledigt wird.

Der Zuwendungsempfänger hat maßgebliche Änderungen der Bewilligungsgrundlagen (Nr. 4 VV/VVG zu § 44 LHO, Nr. 5 ANBest-P) der Bewilligungsbehörde unverzüglich mitzuteilen (Änderungsanzeige/Änderungsantrag). Hierzu gehören u. a. wesentliche Planänderungen, Abweichungen vom Finanzierungsplan, Abweichungen vom Zuwendungszweck (Nr. 1.3 ANBest-G) etc. (vgl. Rz. 466ff.).

Als vom Zuwendungsempfänger nicht zu vertretende Umstände, die zu einer Nachfinanzierung führen können, gelten:

* allgemeine Preissteigerungen,
* nicht vorhersehbare Schwierigkeiten während der Bauausführung,
* zwingend erforderliche Planänderungen während der Bauausführung.

Soweit während der Abwicklung einer Zuwendungsmaßnahme neue oder bisher nicht vorgesehene **Deckungsmittel** hinzutreten, bzw. eigene Einnahmen und **Kostenanteile Dritter** etc. höher anzusetzen sind, führt dies bei einer Anteilfinanzierung automatisch zu einer Ermäßigung des Zuwendungsbetrages (Nr. 2 ANBest-G).

3.6.4 Rücknahme oder Widerruf

Werden **Zuwendungen** nicht oder nicht ihrem Zweck entsprechend verwendet, **43**
führt dies immer zum Widerruf bzw. zur Änderung des Bewilligungsbescheides
und damit zur **Rückzahlung und Verzinsung** der Fördermittel (Nr. 8 VV/VVG
zu § 44 LHO, § 44a BHO, § 8 HH-Gesetz NW). Unwirksamkeit, Widerruf oder
Rücknahme von Zuwendungsbescheiden bzw. die Rückforderung von Zuwendungen richten sich nach **Verwaltungsverfahrensrecht** (vergl. §§ 43, 44, 48, 49
VwVfG NW), nach **Haushaltsrecht** und dem speziellen **Förderrecht** (vgl.
Rz. 477).

Die erforderlichen Verwaltungsakte sind unter Angabe der Rechtsgrundlage **44**
schriftlich zu begründen (§ 39 VwVfG NW). Es ist stets darauf zu achten, daß die
Rücknahme (bei rechtswidrigem Verwaltungsakt) oder der **Widerruf** (bei recht-
mäßigem Verwaltungsakt) des Zuwendungsbescheides innerhalb der **Jahresfrist**
nach § 48 Abs. 4 und § 49 Abs. 2 VwVfG NW erfolgt. Der mögliche Erstattungsanspruch ist mit seiner Entstehung fällig und von diesem Zeitpunkt an – derzeit
mit 3 % über dem jeweils gültigen Diskontsatz – zu verzinsen (vgl. auch § 158
BGB).

Einer formellen Rücknahme oder eines teilweisen Widerrufes des Bewilligungsbescheides bedarf es nicht, soweit eine **Unwirksamkeit** des Bewilligungsbescheides gegeben ist. Bereits ungerechtfertigt erbrachte Leistungen sind unverzüglich
und ohne Ermessensentscheidung von der Bewilligungsbehörde zurückzufordern (Nr. 8.21 VVG zu § 44 LHO).

Der in § 49a Abs. 4 VwVfG geregelte **Zinsanspruch** zielt auf eine pauschalierte **45**
Abschöpfung des Zinsvorteils beim Zuwendungsempfänger aus **vorzeitig** bzw.
ungerechtfertigt **abgerufenen Mitteln**. Dabei kommt es nicht auf den Nachweis
an, ob Zinserträge tatsächlich erwirtschaftet wurden. Abgerufene Mittel müssen
nach Nr. 8 VV/VVG zu § 44 LHO und den allgemeinen Nebenbestimmungen
(i.S. von § 36 VwVfG) für Zuwendungen grundsätzlich innerhalb von 2 Monaten
im Rahmen des Zuwendungszweckes vom Zuwendungsempfänger eingesetzt
werden.

Eine Übersicht über die Grundlagen und Verfahren der Förderung enthalten die
Tabellen 1 und 2.

Tabelle 1: Zuwendungen und Finanzierungsarten

Begriff der Zuwendungen §§ 23, 44 LHO	Grundsätze für die Veranschlagung § 23 LHO
1. Positiv – Definition: • Geldleistungen an Stellen außerhalb der Landesverwaltung • Erfüllung bestimmter Förderzwecke, z.B. in Wirtschaft, Verkehr, Städtebau etc. verbunden mit Bedingungen und Auflagen für die Mittelverwendung • Prüfungsrecht durch LRH (§ 91 Abs. 1 Nr. 3 LHO) **2. Negativ – Definition:** Keine Zuwendungen sind: • Sachleistungen • Leistungen aufgrund von Rechtsansprüchen z.B. Schlüsselzuweisungen nach FAG/GFG • Ersatz von Aufwendungen (Betriebskosten, Verwaltungskosten) • Entgelte aufgrund von Verträgen • Mitgliedsbeiträge	1. Erhebliches Landesinteresse 2. Zuwendungszweck ohne Zuwendung nicht erreichbar (Subsidiaritätsprinzip, Wirtschaftlichkeitsprinzip) 3. Verpflichtungsermächtigungen nach § 38 LHO bei Zuwendungsverpflichtungen für künftige Jahre 4. Zu beachten sind: • Notwendigkeit (§ 6 LHO), • Wirtschaftlichkeit, Sparsamkeit (§ 7 LHO) • Gesamtwirtschaftl. Gleichgewicht (§ 12 Abs. 1 StWG) • Abstimmung der Förderung durch mehrere Stellen
Zuwendungsarten	**Finanzierungsarten**
1. Projektförderung z.B. einzelnes Stadtbahnvorhaben oder einzelnes Straßenbauvorhaben 2. Institutionelle Förderung (§ 26 Abs. 3 LHO, Nr. 4 VV zu § 26 LHO)	1. Prüfung der Interessenslage des Landes und des Zuwendungsempfängers (§ 44 LHO) 2. Teilfinanzierung • Anteilfinanzierung als Vomhundertsatz oder als Anteil der zuwendungsfähigen Ausgaben, Begrenzung auf Höchstbetrag • Fehlbedarfsfinanzierung (auf Höchstbetrag begrenzt) • Festbetragsfinanzierung (Vereinfachung des Verwendungsnachweises)
Weitergabe von Zuwendungen	
durch den Zuwendungsempfänger (Nr. 12 VVG zu § 44 LHO, Nr. 13 VV zu § 44 LHO)) • Festlegung der Bedingungen bei der Bewilligung erforderlich • Beachtung der Bewirtschaftungsgrundsätze (ANBest)	3. Vollfinanzierung (Ausnahme) Begrenzung auf Höchstbetrag 4. Vorsteuerbeträge nach § 15 Umsatzsteuergesetz sind nicht zuwendungsfähig.

Tabelle 2: Antragsverfahren, Bewilligung, Mittelverwendung

Bewilligungsvoraussetzungen § 44 Abs. 1 LHO (Haushaltsvollzug)	Antragsverfahren

1. Beachtung der Veranschlagungsgrundsätze (§ 23 LHO)
2. Beachtung des Subsidiaritätsprinzips
3. Ordnungsgemäße Geschäftsführung durch den Zuwendungsempfänger
4. Vorhaben darf noch nicht begonnen sein (Projektförderung)
5. Einvernehmen über Bewilligungsbedingungen bei Teilfinanzierungen durch mehrere Stellen
6. Aufnahme in das Förderprogramm
	1. Schriftlicher Antrag mit
	  • Angaben zur Notwendigkeit und Angemessenheit
	  • Finanzierungsplan und Erklärung, daß Vorhaben noch nicht begonnen ist. (keine Vorfinanzierung)
	  • Wirtschaftsplan (bei institutioneller Förderung)
	2. Ergebnis der Antragsprüfung (Vermerk):
	  • fachtechnische Prüfung,
	  • zuwendungsfähige Ausgaben,
	  • Finanzierungsart,
	  • Gesamtfinanzierung gesichert,
	  • finanzielle Folgewirkungen.
	3. Genehmigung des Zuschußantrages

Bewilligungsbescheid	**Mittelauszahlung, Nachweis der Verwendung**

1. Bewilligungs-/ Zuwendungsbescheid ist Verwaltungsakt § 35 ff. VwVfG NW
2. Inhalt des Zuwendungsbescheides:
  • Zuwendungsempfänger
  • Zuwendungsart
  • Höhe der Zuwendung
  • Finanzierungsart
  • Zuwendungszweck
  • Zuwendungsfähige Ausgaben/Kosten
  • Verbindlicher Gesamtfinanzierungsplan
  • Einzelansätze (Überschreitung möglich)
  • Bewilligungszeitraum, Fristen können verlängert werden
  • Auszahlungszeiträume
  • Sicherung von Fördergegenständen etc.
  • Ggf. Rechtsmittelbelehrung
  • Einverständniserklärung
  • Abstimmung bei mehreren Zuwendungsgebern
  • Vorlage des Verwendungsnachweises
  • Besondere Förderbedingungen
  • Nebenbestimmungen (Anlagen zu VV/VVG zu § 44 LHO) ANBest-P, ANBest-G, NBest-Bau, ANBest-I
3. Widerruf (§ 44a BHO Nr. 8 VV/VVG zu § 44 LHO, § 8 HH-Gesetz NW, §§ 43, 44, 48 VwVfG NW)
	1. Auszahlung nur für fällige Zahlungen
	  • bei Anteilsfinanzierung: anteilig
	  • bei Fehlbedarfs- und Festbetragsfinanzierung: nach Verbrauch der Eigenmittel
	  • bei institutioneller Förderung: nach Betriebsmittelzeiträumen
	  • bei Projektförderung: Teilbeträge bei Fälligkeit (1. Abruf: Prüfung der Einverständniserklärung, bei weiteren Abrufen: Zwischennachweise)
	2. Änderung der Finanzierung
	  • Ermäßigung der Zuwendung
	  • Erhöhung der Zuwendung, vorherige Zustimmung erforderlich (Nr. 9 VV/VVG zu § 44 LHO)
	3. Überwachung der Verwendung Bewilligungsliste (Nr. 9 VV zu § 44 LHO)
	4. Nachweis der Verwendung:
	  • Zwischennachweis
	  • Teilverwendungsnachweis
	  • Verwendungsnachweis (Nr. 10 VV/VVG zu § 44 LHO) (6 Mon. nach Abschluß der Baumaßnahmen)
	5. Prüfung des Verwendungsnachweises (Nr. 11 VV/VVG zu § 44 LHO)

3.6.5 Zweckbindung

46 Auf eine **dingliche Sicherung** zur Durchsetzung eines möglichen **Erstattungsanspruches** kann bei Zuwendungen unter 1 Mio. DM (Nr. 5.2 VV zu § 44 LHO) in der Regel verzichtet werden. Bei Gebietskörperschaften und kommunalen Zweckverbänden wird stets von einer dinglichen Sicherung z. B. durch Eintragung einer brieflichen **Grundschuld** abgesehen. Die zweckentsprechende Verwendung der Fördermittel wird im übrigen durch Festlegung der **Zweckbindungsfrist** im Zuwendungsbescheid gewährleistet.

Vor Ablauf der im Bewilligungsbescheid entsprechend den Vorgaben des speziellen Förderrechtes festgesetzten zeitlichen Bindung darf der Zuwendungsempfänger keine Maßnahmen treffen, die die Erfüllung des **Zuwendungszwecks** ganz oder teilweise unmöglich machen (vergl. Rz. 40). Die Zweckbindungsdauer ist in den Förderrichtlinien der einzelnen Länder in Abhängigkeit von den Fördergegenständen unterschiedlich lang festgesetzt worden (Infrastrukturmaßnahmen: 5–25 Jahre). Ggf. erforderliche **Rückzahlungen** werden in der Regel im Verhältnis der bereits abgelaufenen Nutzungsdauer zur festgesetzten gesamten Zweckbindungsfrist bestimmt. Ausbaumaßnahmen zur Erweiterung einer Fördermaßnahme während der Zweckbindungsfrist, die ggf. auch zu Anpassungen führen, stehen dem Zuwendungszweck nicht entgegen. Ebenso ist z. B. eine Neuordnung des Straßennetzes mit einem **Wechsel der Baulast** während der Zweckbindungsfrist förderunschädlich, wenn das Förderziel erhalten bleibt. Dies ist z. B. nicht mehr der Fall, wenn ein förderungsfähiger Straßentyp in einen nicht förderungsfähigen Straßentyp umgewidmet wird. Das Umwidmen einer verkehrswichtigen Straße in eine ÖPNV-Trasse wäre z. B. nach GVFG förderunschädlich, da beide Zweckbestimmungen förderfähig sind.

3.7 Beginn und Abschluß von Fördervorhaben

3.7.1 Ausnahme vom Verbot der Refinanzierung

47 Grundsätzlich dürfen Zuwendungen zur Projektförderung nur für solche Vorhaben bewilligt werden, die noch nicht begonnen worden sind (Nr. 1.3 VV/VVG zu § 44 LHO). Die nach Nr. 1.31 VV/VVG zu § 44 LHO im Einzelfall mögliche Einwilligung des zuständigen Ministeriums (bzw. nach Nr. 1.32 VV/VVG zu § 44 LHO der Bewilligungsbehörde in besonders gelagerten Einzelfällen) zur Ausnahme vom **Verbot der Refinanzierung** nach Nr. 1.3 VV/VVG zu § 44 LHO bewirkt, daß vorzeitig (d. h. vor Erteilung des Bewilligungsbescheides) erbrachte Bauleistungen etc. von der **Förderung nicht ausgeschlossen** werden. Die Einwilligung setzt nach Nr. 1.33 VV/VVG zu § 44 LHO u. a. voraus, daß die Bewilligungsvoraussetzungen vorliegen und die Maßnahme nach fachlicher Bewertung unaufschiebbar ist oder ein späterer Maßnahmenbeginn voraussichtlich Mehraufwand verursacht, der über die Teuerungsrate deutlich hinausgeht. Mit der Einwilligung wird allerdings die spätere Förderentscheidung weder rechtlich noch tatsächlich vorweggenommen.

Die Antragsteller sind deshalb stets darüber zu informieren, daß ein **Rechtsanspruch** auf spätere Förderung nicht besteht. Das **Finanzierungsrisiko** liegt allein beim Antragsteller. Gleichwohl ist eine entsprechende Ausnahme nur zu vertreten, wenn die Förderabsichten durch Aufnahme des beantragten Vorhabens in das Förderprogramm des laufenden bzw. des kommenden Jahres konkretisiert werden können. Die Möglichkeiten der Einwilligung des zuständigen Ressortministeriums bzw. der beauftragten Bewilligungsbehörden zur Ausnahme vom Verbot der Refinanzierung, meist „**förderungsunschädlicher vorzeitiger Baubeginn**" genannt, sichern die erforderliche Flexibilität für die Praxis, zumal die früher bestehende Bindung der Ausnahme an vorhandenen Haushaltsmitteln für den gemeindlichen Bereich (GV) in NRW 1994 aufgehoben wurde. Über den Antrag zur Ausnahme vom Verbot der Refinanzierung muß vor Baubeginn entschieden werden. In begründeten Fällen kann das zuständige Ministerium nachträglich zustimmen. Auch die Förderrichtlinien können Regelungen, z. B. für bestimmte vorbereitende Maßnahmen, vorsehen.

Vorbereitende Maßnahmen (keine selbständigen Fördermaßnahmen), welche erst die Voraussetzungen zur Förderung schaffen, sind nach Nr. 1.34 VVG zu § 44 LHO nicht dem Refinanzierungsverbot unterworfen. Das bedeutet, daß sie nachträglich bei der Durchführung des Vorhabens – soweit die Kosten zu den zuwendungsfähigen Ausgaben gehören – mit gefördert werden können. Wird allerdings das Vorhaben später nicht gefördert, bzw. kommt es nicht zur Durchführung, trägt der Antragsteller das Kostenrisiko (vgl. Rz. 48).

3.7.2 Beginn eines Vorhabens

Als Beginn eines Vorhabens wird grundsätzlich der Abschluß eines **Lieferungs-** **und Leistungsvertrages** definiert. Bei Baumaßnahmen gelten z. B. nach Nr. 1.34 VVG zu § 44 LHO (NW) **Planung, Baugrunduntersuchung** und **Herrichten des Grundstückes** (z. B. Gebäudeabbruch) nicht als Beginn des Vorhabens. Die Vorbereitung von Vertragsabschlüssen bzw. die Durchführung von Ausschreibungsverfahren etc. dienen der **Vorbereitung eines Maßnahmenbeginns** und können deshalb selbst noch nicht Maßnahmenbeginn im Sinne der LHO sein. Auch für die GVFG-Förderung gelten, da die Umsetzung Landesangelegenheit ist, die haushaltsrechtlichen Bestimmungen des jeweiligen Landes zum förderungsunschädlichen vorzeitigen Beginn. So ist nach der o. g. in NRW geltenden Regelung der Gebäudeabbruch nach Einplanung des Vorhabens in das mittelfristige Förderprogramm vorab förderungsunschädlich möglich, obwohl die Kosten des Gebäudeabbruchs grundsätzlich den Baukosten zugerechnet werden. Vertragliche Konstruktionen zur Einbindung der Abbruchkosten in die Grunderwerbskosten (Kauf wird z. B. auf das freigeräumte Grundstück bezogen) müssen in diesem Fall nicht gesucht werden, um den Gebäudeabbruch vor Erteilung des Bewilligungsbescheides förderunschädlich zu ermöglichen.

48

Der Abschluß von Verträgen, die eine Kostenbeteiligung für einen förderungsfähigen kommunalen Verkehrsweg bei Gemeinschaftsmaßnahmen (z. B. Kreuzungsmaßnahmen, Umbau von Ortsdurchfahrten etc.) zum Inhalt haben, ist als „Beginn" im zuwendungsrechtlichen Sinn anzusehen.

3.7.3 Vorsorgemaßnahmen

49 Bei **Vorsorgemaßnahmen** nach GVFG kann die Ausschlußwirkung der Nr. 1.3 VV/VVG zu § 44 LHO und des § 14 Abs. 2 Satz 1 GVFG (begonnene Vorhaben) über die formale Anerkennung als Vorsorgemaßnahme nach den Richtlinien über die **Abgrenzung der zuwendungsfähigen Kosten** bei Umleitungsstrecken und die Berücksichtigung von **Vorsorgemaßnahmen** nach dem GVFG und § 5a FStrG beseitigt werden (VkBl. 1975, 302 und SMBl. NW 910). Als Vorsorgemaßnahmen gelten Bauleistungen, die aus technischen und wirtschaftlichen Gründen bereits vorsorglich im Zusammenhang mit anderen Vorhaben (Erstvorhaben) für ein später durchzuführendes Vorhaben (Zweitvorhaben) erbracht werden, das nach dem GVFG grundsätzlich förderungsfähig ist. Die Kosten der Vorsorgemaßnahme werden zuwendungsfähig, wenn:

- das Zweitvorhaben gefördert wird,
- die Vorsorgemaßnahme für das Zweitvorhaben verwendet wird,
- dem vorzeitigen Beginn zugestimmt wurde.

Eine Vorsorgemaßnahme kann z. B. darin bestehen, daß beim Bau einer S-Bahn eine Unterführung oder beim Bau eines Entwässerungskanals die Entwässerung für einen später zu bauenden, zuwendungsfähigen Verkehrsweg berücksichtigt wird.

3.7.4 Erfüllung des Zuwendungszweckes

50 In der Regel wird bei Baumaßnahmen das Zuwendungsrechtsverhältnis durch Schlußabrechnung auf der Grundlage des **Schlußverwendungsnachweises** (SVN) beendet. Der Schlußverwendungsnachweis, der für Investitionsvorhaben spätestens 6 Monate nach Erfüllung des Zuwendungszweckes bzw. nach Ablauf des Bewilligungszeitraumes vorzulegen ist (Nr. 7 ANBest-G, Nr. 6 ANBest-P), wird von den Zuwendungsempfängern häufig verspätet vorgelegt. Auf diese Weise entstehen nicht nur Auszahlungsreste beim Zuwendungsgeber, sondern erhebliche Vorfinanzierungskosten bei den Kommunen und Verkehrsbetrieben, da zur Vermeidung von Überzahlungen und zur Beschleunigung der Schlußabrechnung die Zuwendungen bis zur Vorlage des Schlußverwendungsnachweises in verschiedenen Ländern nur zu 90 % ausgezahlt werden. Für abrechenbare (abgrenzbare) Bauabschnitte bzw. Gewerke kann ggf. ein **Teilverwendungsnachweis** (TVN) geführt werden, um eine volle Auszahlung der Zuwendungen für die hier nachgewiesenen Ausgaben zu ermöglichen (vgl. Rz. 472).

Gründe für die Verzögerungen sind häufig Streitigkeiten und Vorbehalte aus Bauverträgen, die eine endgültige Abnahme bzw. Schlußabrechnung von Bauwerken noch nicht ermöglichen (vgl. Rz. 303). Hinzu kommen vor Gericht anhängige Klageverfahren zur Höhe von Anliegerbeiträgen (Beiträge Dritter) und ggf. beabsichtigte Änderungsanträge zur Einbeziehung neuer Qualitäts-, Umwelt- und Ausstattungsstandards (Erhöhung der zuwendungsfähigen Kosten), wenn für diese ein späterer eigenständiger Förderzugang nicht gegeben ist. Über die Verlängerung bzw. den Abschluß des Förderzeitraumes muß deshalb im Einzelfall entschieden werden. Einige Länder haben inzwischen in ihren Förderrichtlinien für bestimmte Fördergegenstände ein pauschaliertes Abrechnungsverfahren festgelegt für den Fall, daß die Abrechnungsunterlagen nicht bis zum Ablauf der in den VV/VVG zu § 44 LHO und den ANBest-G genannten Fristen der Bewilligungsbehörde vorliegen.

3.8 Wirtschaftlichkeit und Sparsamkeit

Die Handlungsmaxime der öffentlichen Hand unterscheidet sich bei der Prüfung **51** der Fragen der **Wirtschaftlichkeit** und **Sparsamkeit** nicht von der der Privatwirtschaft. So sind bei der Aufstellung und Ausführung des Haushaltsplanes nach § 6 HGrG und § 7 BHO/LHO die Grundsätze der Wirtschaftlichkeit und Sparsamkeit zu beachten. Ausgaben dürfen nur soweit und nicht eher geleistet werden, als sie zur wirtschaftlichen und sparsamen Verwaltung erforderlich sind (§ 19 HGrG).

Unabhängig von den Vorschriften eines Fördergesetzes muß deshalb bereits nach den allgemein geltenden haushaltsrechtlichen Bestimmungen geprüft werden, ob ein geplantes Vorhaben **erforderlich** und die angestrebte Ausführung **angemessen** ist.

Die **Erforderlichkeit** bzw. der **Bedarf**, der in der Privatwirtschaft über den Markt ermittelt wird, kann im öffentlichen Bereich letztlich nur nach sorgfältiger Abwägung über die **Bedarfspläne, die Ausbaupläne** und die **Mittelverteilung** im Haushaltsplan festgelegt werden. Der **Haushaltsplan** ist somit Finanz- und Wirtschaftsplan, der zugleich ökonomische Funktionen hat.

Das Kriterium „**Sparsamkeit**" mit der notwendigen Prüfung der Erforderlichkeit und der Festlegung des Bedarfes wendet sich auch an die politischen Entscheidungsgremien, die das Investitionsprogramm und den Haushalt verabschieden. Dagegen richtet sich das Kriterium **Wirtschaftlichkeit** mit der Verpflichtung, die festgesetzten Ziele mit dem geringsten Aufwand zu erreichen, insbesondere an die Verwaltung, die vorgegebenen Mittel optimal einzusetzen. In diesem Zusammenhang sind Fragen des **Wettbewerbs** und der angemessenen Ausführung (**Standards**) von zentraler Bedeutung.

Damit im Bewilligungsverfahren anstehende Fragen geklärt werden können, sind prüffähige **Entwurfszeichnungen** und **Kostenberechnungen** vorzulegen (§ 29 HGrG). Von den in § 16 HGrG genannten Unterlagen (Pläne, Kostenberechnungen, Erläuterungen, Finanzierungsplan) darf nur soweit abgewichen werden, als die **Änderung** nicht erheblich ist.

52 Für geeignete Maßnahmen von erheblicher finanzieller Bedeutung sind **Nutzen-Kosten-Untersuchungen** (Festlegung von Prioritäten) anzustellen (§ 6 HGrG). Dies ist z. B. bei ÖPNV-Vorhaben mit Gesamtkosten über 50 Mio. DM regelmäßig der Fall. Hinweise zur Durchführung von Nutzen-Kosten-Untersuchungen (NKU) enthalten die Verwaltungsvorschriften zur jeweiligen Landeshaushaltsordnung. Bei Nutzen-Kosten-Untersuchungen sind alle erfaßbaren Vor- und Nachteile einer Maßnahme in einer zum Zwecke des Vergleiches geeigneten Form nach Möglichkeit zu quantifizieren oder zumindest verbal zu beschreiben (VV zu § 7 BHO/LHO). Nutzen-Kosten-Untersuchungen sind Bestandteil der Unterlagen für die **Mittelveranschlagung** nach § 24 BHO/LHO. Sie sind Entscheidungshilfen für die Beurteilung der Notwendigkeit von Vorhaben und die Festlegung von **Dringlichkeiten**. Durch das GVFG werden eigene NKU nicht vorgeschrieben (vgl. Kapitel 3, Abschnitt 1, Rz. 221 ff.).

53 Dem Abschluß von Verträgen über Lieferungen und Leistungen muß eine **öffentliche Ausschreibung** vorausgehen, sofern nicht die Natur des Geschäftes oder besondere Umstände eine Ausnahme, d. h. eine beschränkte Ausschreibung oder freihändige Vergabe, rechtfertigen (§ 30 HGrG, § 55 BHO/LHO, § 31 GemHVO einschließlich der hierzu erlassenen Vergabegrundsätze). Nach der verwaltungsintern grundsätzlich vorgeschriebenen Anwendung der **VOB/VOL** ist der **Wettbewerb** die Regel. Der Zuschlag soll auf das **Angebot** erteilt werden, das unter Berücksichtigung aller **technischen und wirtschaftlichen** Gesichtspunkte als das **annehmbarste** erscheint. Dies muß nicht das Angebot mit dem niedrigsten Preis sein.

54 In den allgemeinen **Nebenbestimmungen für Zuwendungen** (ANBest) in den Anlagen der VV zu § 44 LHO wird auf die zu beachtenden **Vergabegrundsätze** hingewiesen, um zugleich das Gebot der wirtschaftlichen und sparsamen Verwendung von Zuwendungen im Sinne von §§ 6, 7 BHO/LHO zu konkretisieren. Bei schwerem Verstoß gegen diese Grundsätze wird die Bewilligungsbehörde den **Zuwendungsbescheid** ganz oder teilweise widerrufen müssen.

Eine wichtige Folge des europäischen Binnenmarktes ist die Öffnung des öffentlichen Auftragswesens. Um gleiche Grundvoraussetzungen für die Teilnahme an öffentlichen Aufträgen in allen Mitgliedsstaaten und eine Transparenz der **Vergabeverfahren** zu schaffen, wurden die Richtlinien 71/305 EWG über Bauaufträge und 77/62 EWG über Lieferaufträge erlassen. Unter diese Richtlinien fallen alle **öffentlichen Aufträge**, die den sogenannten **Schwellenwert** (ohne MWSt.) von 200000 ECU für Lieferaufträge und 5 Mio. ECU für Bauaufträge überschreiten. Die EG – Richtlinien wurden in die Bestimmungen der VOB/VOL eingearbeitet und durch die Änderung des **Haushaltsgrundsätzegesetzes** (HGrG) in nationales Recht umgesetzt.

Der frühere Rechtscharakter der **Verdingungsordnungen** als innerdienstliche **55** Verwaltungsvorschrift ohne Rechtswirkung nach außen hat sich durch das am 1.1.1994 in Kraft getretene zweite Gesetz zur Änderung des Haushaltsgrundsätzegesetzes vom 26.11.1993 BGBl. 1993 I, S. 1928 ff. in Verbindung mit der dazugehörigen Vergabeverordnung (VgV) vom 22.2.1994 (BGBl. I, S. 321 ff.) in der Fassung der Ersten Verordnung zur Änderung der Vergabeverordnung vom 29.9.1997 (BGBl. I, S. 2384) und der Nachprüfungsverordnung (NpV) vom 22.2.1994 (BGBl. 1994 I, S. 324 ff.), grundsätzlich verändert. So sind die in § 57a HGrG genannten Auftraggeber (Bund, Länder, Gemeinden einschl. privatrechtl. organisierter Gesellschaften, die im Allgemeininteresse liegende Aufgaben nichtgewerblicher Art erfüllen) nunmehr gesetzlich verpflichtet, oberhalb der EG-Schwellenwerte die Vergabebestimmungen der VOB/VOL anzuwenden. Unterhalb der Schwellenwerte bleibt der (alte) Rechtszustand jedoch unverändert (vgl. Kapitel 3, Abschnitt 2).

Literaturverzeichnis

Baugesetzbuch (BauGB)	BGBl. 1997 I, S. 2141
Grundgesetz Art. 104a – Art. 115	BGBl. 1949 I, S. 1
	BGBl. 1995 I, S. 1492
Gesetz zur Förderung der Stabilität und des Wachstums der Wirtschaft (StWG)	BGBl. 1967 I, S. 582
	BGBl. 1994 I, S. 2325, 2389
Haushaltsgrundsätzegesetz (HGrG)	BGBl. 1969 I, S. 1273
	BGBl. 1994 I, S. 1890, 1942
Zweites Gesetz zur Änderung des Haushaltsgrundsätzegesetzes (HGrG)	BGBl. 1993 I, S. 1928
Bundeshaushaltsordnung (BHO)	BGBl. 1969 I, S. 1284
	BGBl. 1996 I, S. 656
Vorläufige Verwaltungsvorschriften zur Bundeshaushaltsordnung (VV BHO)	MinBFin. 1973, S. 130
	GMBl. 1996, S. 817
Landeshaushaltsordnung (LHO)	SGV NW 630
Verwaltungsvorschriften zur Landeshaushaltsordnung (VV-LHO)	SMBl. NW 631
Verwaltungsvorschriften zu § 44 LHO für Zuwendungen an Gemeinden und Gemeindeverbände (GV)	SMBl. NW 631
Gemeindeordnung (GO)	SGV NW 2023
Gemeindehaushaltsverordnung (GemHVO)	SGV NW 630
Verwaltungsvorschriften zur Ausführung der Gemeindehaushaltsverordnung (VV GemHVO)	SMBl. NW 6300

Kommunalabgabengesetz (KAG)	SGV NW 610
Gemeindeverkehrsfinanzierungsgesetz	BGBl. 1988 I, S. 100
(GVFG)	BGBl. 1993 I, S. 2378, 2417
Gesetz zur Regionalisierung des	BGBl. 1993 I, S. 2378, 2395
öffentlichen Personennahverkehrs	
Verwaltungsverfahrensgesetz (VwVfG NW)	SGV NW 2010
Mineralölsteuergesetz	BGBl. 1992 I, S. 2150
	BGBl. 1993 I, S. 2353
Kraftfahrzeugsteuergesetz	BGBl. 1994 I, S. 1102
Investitionshilfegesetz Aufbau Ost	BGBl. 1993 I, S. 982

Kapitel 1: Haushalts- und verkehrsrechtliche Grundlagen der Förderung

Zweiter Abschnitt: Verkehrs- und wegerechtliche Kostenzuordnung

Wilhelm Kolks

1. Allgemeines

1.1 Einführung

56 Die Förderung kommunaler Verkehrsanlagen aus Mitteln des Verkehrshaushaltes geht grundsätzlich nicht über die gesetzliche **Aufgaben- und Finanzverantwortung** der Zuwendungsempfänger hinaus. Für die Ermittlung der Zuwendungen und die Bestimmung der zuwendungsfähigen Ausgaben sind daher Aufgabenabgrenzung und Kostenzuordnung unerläßlich. Da in der Regel nicht ganze Aufgabenbereiche, sondern nur ausgewählte Fördergegenstände, an denen ein besonderes staatliches Interesse besteht, gefördert werden, muß die Abgrenzung immer konkret auf diese bezogen sein.

Die Bedeutung der Aufgaben- und **Kostenabgrenzungskriterien** ergibt sich nicht nur aus dem Haushalts- und Förderrecht, sondern ebenso aus der Verpflichtung zur Beachtung von **Parlamentsbeschlüssen** (Budgetrecht) zur bestimmungsgemäßen Verwendung der bereitgestellten Mittel.

Im Gegensatz zu vielen anderen Förderbereichen bestehen im Verkehrsinfrastrukturbereich insbesondere durch das Wegerecht umfassende rechtliche Regelungen zur klaren Abgrenzung der Aufgaben- und Kostenträgerschaft. Unterstützend wirken die technischen Standards für die Sicherheit und qualitätvolle Gestaltung von Infrastruktureinrichtungen und Fahrzeugen. Qualitätsstandards sind zugleich eine wichtige Voraussetzung für die Vergleichbarkeit von Leistungen und die Nutzung des Wettbewerbs.

Die Kenntnis der grundlegenden Bestimmungen zur Aufgaben- und Kostenabgrenzung ist für die Aufstellung, Beurteilung und Prüfung von Förderanträgen in der Praxis unverzichtbar. Dies gilt auch für die Zusammenarbeit der verschiedenen Aufgabenträger bei Gemeinschaftsmaßnahmen.

1.2 Aufgaben- und Finanzverantwortung

57 Ebenso wie Bund und Länder haben die Kommunen nach Art. 104a GG gesondert die Ausgaben zu tragen, die sich aus der Wahrnehmung ihrer Aufgaben ergeben, soweit das Grundgesetz nicht anderes bestimmt. Nach dem Grundsatz, die **Finanzverantwortung** (Ausgabenlast) folgt der **Aufgabenverantwortung**, ist jeder Aufgabenträger für die Finanzierung seiner Aufgaben verantwortlich. Der gesetzlich geregelten **Aufgabentrennung** entspricht die **Trennung der öffentlichen Haushalte** nach Art. 109 GG.

Für die **Projektförderung** bedeutet dies, daß z. B. für Vorhaben, die von verschiedenen öffentlichen Aufgabenträgern gemeinsam veranlaßt werden, bzw. hätten veranlaßt werden müssen, die Kostenanteile für die verschiedenen öffentlichen

Haushalte und die **förderungsfähigen Kosten** eindeutig bestimmt werden müssen, auch wenn alle Beteiligten **öffentliche Mittel**, also Steuergelder einsetzen. Ebenso sind Vorteile, die Dritten aus einem Vorhaben oder ggf. auch dem Aufgabenträger selbst in einem anderem als dem Förderbereich entstehen, auszugleichen.

Verbindliche **Kostenabgrenzungen** bzw. Kostenvereinbarungen sind eine zwangsläufige Folge der verfassungsgemäßen Wahrnehmung der gesetzlichen Aufgaben- und Finanzverantwortung. Konkrete Kostenerhebungen und Berechnungen lassen sich daher nicht vermeiden. Allerdings sollten die vielfältigen Möglichkeiten zur praxisgerechten Anwendung der Rechtsvorschriften unter Nutzung des Gestaltungs- und Ermessensspielraumes stärker ausgeschöpft werden, um den Verwaltungsaufwand zu minimieren. Die Vereinbarung vereinfachender **Kostenteilungsschlüssel** und die **Pauschalierung** von Kostenanteilen vermag vielfach, den Erfordernissen gerecht zu werden und die Verständigung zwischen den Beteiligten zu erleichtern.

Bei **Gemeinschaftsmaßnahmen** ist durch gute Zusammenarbeit sicherzustellen, daß die Finanzierung aus den verschiedenen Haushalten zeitgerecht erfolgen kann. Dies setzt erhebliches Verhandlungsgeschick und Wohlwollen voraus, um unterschiedliche Prioritäten und Interessen in Einklang zu bringen.

Für die Abgrenzung der **Aufgaben- und Finanzverantwortung** im kommunalen **58**
Verkehr sind insbesondere folgende Vorschriften zu beachten:

kommunaler Straßenbau	– Straßen- und Wegegesetze
	– Kreuzungsrecht (EkrG, WStrG, FStrG, etc.)
	– Straßenausbaugesetze
	– Straßenverkehrsgesetz (§ 5b StVG)
	– Baugesetzbuch (vergl. Bd. I, S. 310)
	– Bundesimmissionsschutzgesetz (Bd. I, S. 354)
	– anerkannte Regeln der Technik (aRdT)
öffentlicher Personennahverkehr	– Allgemeines Eisenbahngesetz (AEG)
	– Personenbeförderungsgesetz (PBefG)
	– Bundesschienenwegeausbaugesetz (BSchwAG)
	– Kreuzungsrecht (EkrG, WStrG, FStrG, etc.)
	– Nahverkehrsgesetze (vgl. Kap 4 Abschn. 1)
	– Bundesimmissionsschutzgesetz (Bd. I, S. 354)
	– Eisenbahn-Bau- und -Betriebsordnung (EBO)
	– Eisenbahn-Signalordnung (ESO)
	– Straßenbahn-Bau- und -Betriebsordnung (BOStrab)
	– anerkannte Regeln der Technik (aRdT)
	– Verordnung über den Betrieb von Kraftfahrunternehmen im Personenverkehr (BOKraft)

Die enge Bindung der Förderung des kommunalen Verkehrs an die auf Sicherheit und klare Aufgabenverantwortung ausgerichteten Rechts- und Verwaltungsvorschriften ermöglicht in der Praxis schnelle Regelentscheidungen und reduziert den Verwaltungsaufwand.

59 In den speziellen **Fördergesetzen** bzw. **Förderrichtlinien** ist im einzelnen festgelegt, welche Teilaufgaben (Fördergegenstände) der Straßenbaulast bzw. der ÖPNV-Daseinsvorsorge gefördert werden.

Im Einzelfall sind darüberhinaus gestalterische und technische Anforderungen dem planungsrechtlichen und betrieblichen Genehmigungsverfahren zu entnehmen. So kann z.b. der Umfang (erforderlicher) naturschutzrechtlicher **Ausgleichsmaßnahmen** in der Förderung nicht größer sein, als im verbindlichen Planverfahren festgelegt bzw. die Anzahl (der erforderlichen) **Reservebauteile** (aus Sicherheitsgründen Bestandteil der Erstausstattung und damit keine Ersatzteile) für empfindliche Betriebssysteme nicht höher sein, als in der **Betriebserlaubnis** bzw. den Auflagen der Technischen Aufsichtsbehörde (TAB) angegeben ist.

Auch unkonventionelle Lösungen werden durch das relativ engmaschige Regelwerk im Verkehrsbereich nicht ausgeschlossen, allerdings besteht im Verhältnis zu vielen anderen, weniger geregelten Förderbereichen, ein stärkerer Begründungszwang. Zugleich können Anforderungen von Planungsbeteiligten, die über die verkehrliche Notwendigkeit hinausgehen, leichter offen gelegt werden.

60 Die Kommunen nehmen die Aufgabenverantwortung für den kommunalen Straßenbau und die Aufgabenträgerschaft im ÖPNV im Sinne von Art. 28 GG eigenverantwortlich wahr. Für den kommunalen Verkehr haben sie damit ein verfassungsrechtlich geschütztes umfassendes **Gestaltungsrecht** im Rahmen der Gesetze. Ein klagbarer Anspruch, daß die Kommunen ihre Verpflichtungen in bestimmter Weise erfüllen, steht einem Dritten grundsätzlich nicht zu. Andererseits unterliegt kommunales Handeln jedoch der **staatlichen Aufsicht**.

Durch die planungs-, bau- und betriebsrechtlichen Genehmigungsverfahren klären die Kommunen die Realisierbarkeit und Notwendigkeit eines Vorhabens sowie die **Zulässigkeit** bzw. Unvermeidbarkeit der mit einem Vorhaben verbundenen **Eingriffe**. Mit der Schaffung des Baurechtes ist zugleich die notwendige Abstimmung mit den Zielen und Vorgaben der Raumordnung und Landesplanung verbunden. Auch bei Fördermaßnahmen verbleibt die Verantwortung für die Gestaltung und Durchführung beim kommunalen Aufgabenträger. Durch die Förderung bekennt sich der Staat als Zuwendungsgeber zur Bedeutung, Dringlichkeit und Förderungswürdigkeit des Vorhabens nach einem landeseinheitlichen Maßstab im Sinne der verkehrspolitischen Zielvorgaben.

In der Praxis wird die Zusage zur Bereitstellung von Fördermitteln immer wieder als Argument für die Notwendigkeit und **Dringlichkeit** von Vorhaben bei streitigen Planungsentscheidungen benutzt. Antragsprüfungen im Förderverfahren und Förderentscheidungen dürfen und können jedoch Planungsentscheidungen nicht präjudizieren. Haushalts- und förderrechtlich wird daher immer von einer abschließenden Klärung der Zulässigkeit und Notwendigkeit (aus den Stadtentwicklungs- und Verkehrskonzepten sowie den Aufgaben und Zielen des Vorhabens) im Planverfahren ausgegangen.

2. Kostenabgrenzung und Kostenverteilung

2.1 Anlagen des Straßenverkehrs

2.1.1 Straßen- und Wegegesetze

Das Bundesfernstraßengesetz (FStrG) und die Straßen- und Wegegesetze der **61** Länder beschreiben die Aufgaben umfassend für den jeweiligen Baulastträger. Die wichtigsten Grundlagen der wegerechtlichen Aufgaben- und Kostenabgrenzung ergeben sich insbesondere aus den Bestimmungen

- zur Straßeneinteilung
- zum Träger der Straßenbaulast
- zu den Ortsdurchfahrten
- zum Inhalt der Straßenbaulast
- zur Erschwerung der Straßenbaulast
- zur Verantwortung bei Kreuzungen und Einmündungen

Der Überarbeitung der Straßen- und Wegegesetze in den alten Bundesländern und der Gesetzgebung in den neuen Ländern lag 1991 ein neuer **Musterentwurf** zugrunde, der in Anlehnung an die Regelungen der Neufassung des bereits mehrfach geänderten **Bundesfernstraßengesetzes** (BGBl. 1994 I, S. 854) erarbeitet worden war. Die **Straßen- und Wegegesetze** sind damit untereinander und auch mit dem Bundesfernstraßengesetz **vergleichbar**. Dies erlaubt den weitgehenden Verzicht auf eine differenzierte Darstellung für die verschiedenen Länder. Eine Zusammenstellung der Straßen- und Wegegesetze der Länder und die wichtigsten Fundstellen zur Aufgaben- und **Kostenabgrenzung** enthalten die Tabellen 1 und 2.

2.1.2 Straßenbaulastträger

Die Einteilung des öffentlichen Straßennetzes und die Verantwortung für die **62** **Straßenbaulast** sind gesetzlich geregelt. Grundgedanke der Einteilung ist die Netzgestaltung unter besonderer Berücksichtigung der abgestuften Verkehrsbedeutung. Für die Bundesfernstraßen liegt die Aufgabenverantwortung beim Bund, für die Landesstraßen bei den Ländern, für die Kreisstraßen bei den Kreisen und für die Gemeindestraßen bei den Gemeinden. Die Straßen in der Baulast des Bundes, der Länder und der Kreise werden auch als überörtliche bzw.

klassifizierte Straßen bezeichnet. In NRW wurde die Verwaltung und Unterhaltung der Landesstraßen den Landschaftsverbänden übertragen (§ 43 StrWG NW). Im Auftrage des Landes obliegt ihnen auch die Verwaltung der Bundesfernstraßen.

Da die Finanzverantwortung aus der Aufgabenverantwortung folgt, ist bei Fördermaßnahmen stets zu prüfen, ob das beantragte Vorhaben der gesetzlichen **kommunalen** Straßenbaulast zuzuordnen ist. Die freiwillige Übernahme der Kostenträgerschaft für eine Bundes- oder Landesstraße durch eine Kommune erfüllt diese Voraussetzungen nicht. Dies gilt auch, wenn die Baulast vorübergehend übernommen wird mit dem Ziel, den eigentlichen Träger der Baulast

Tabelle 1: Übersicht über die Straßen- und Wegegesetze der Länder

---

Baden-Württemberg
Straßengesetz für Baden-Württemberg (StrGBW) in der Fassung vom 11. 5. 1992 VBl. S. 329

Bayern
Bayerisches Straßen- und Wegegesetz (BayStrWG) in der Fassung vom 5. 10. 1981 GVBl. 448, zuletzt geändert 16. 7. 1986 GVBl. S. 135

Berlin
Berliner Straßengesetz (BerlStrG) vom 28. 5. 1985 GVBl. S. 518, geändert 27. 2. 1986 GVBl. 411, geändert 30. 6. 1988 GVBl. S. 977, GVBl. 1992 S. 204

Brandenburg
Brandenburgisches Straßengesetz (BbgStrG) vom 11. 6. 1992 GVBl. S. 186, geändert 1. 7. 1994 GVBl. S. 126, geändert 15. 12. 1995

Bremen
Bremisches Landesstraßengesetz (BremStrG) vom 20. 12. 1976 GVBl. S. 341, zuletzt geändert 22. 5. 1990 GVBl. S. 93

Hamburg
Hamburgisches Wegegesetz (HambWG) vom 22. 1. 1974 GVBl. S. 41, zuletzt geändert 11. 4. 1995 GVBl. Nr. 175.85

Hessen
Hessisches Straßengesetz (HessStrG) vom 9. 10. 1962 GVBl. S. 437, zuletzt geändert 28. 11. 1994 GVBl. Nr. 2/93

Mecklenburg-Vorpommern
Straßen- und Wegegesetz des Landes Mecklenburg-Vorpommern (StrWG-MV) vom 13. 1. 1993 GVBl. S. 42

Niedersachsen
Niedersächsisches Straßengesetz (NStrG) vom 24. 9. 1980 GVBl. S. 360, zuletzt geändert 19. 9. 1989 GVBl. S. 345

Nordrhein-Westfalen
Straßen- und Wegegesetz des Landes Nordrhein-Westfalen (StrWG NW) vom 1. 8. 1983 GVBl. S. 306, geändert 3. 8. 1993 GVBl. S. 503, zuletzt geändert 23. 9. 1995 GVBl. S. 1028

Tabelle 1: Übersicht über die Straßen- und Wegegesetze der Länder *(Forts.)*

Rheinland-Pfalz Landesstraßengesetz für Rheinland-Pfalz (LStrG RP) vom 1. 8. 1977 GVBl. S. 274, zuletzt geändert 8. 4. 1991 GVBl. S. 124
Saarland Saarländisches Straßengesetz (Saarl StrG) vom 15. 10. 1977 Amtsbl. S. 969
Sachsen Straßengesetz für den Freistaat Sachsen (Sächsisches Straßengesetz – SächsStrG) vom 21. 1. 1993 GVBl. S. 93, geändert 4. 7. 1994 GVBl. S. 1261
Sachsen-Anhalt Straßengesetz für das Land Sachsen-Anhalt (StrG LSA) vom 6. 7. 1993 GVBl. S. 334, zuletzt geändert 13. 12. 1993 GVBl. S. 767
Schleswig-Holstein Straßen- und Wegegesetz des Landes Schleswig-Holstein (StrWG-SH) vom 30. 1. 1979 GVBl. S. 164, zuletzt geändert 2. 4. 1996 GVBl. Nr. 11 vom 9. 5. 1996
Thüringen Thüringer Straßengesetz (ThürStrG) vom 7. 5. 1993 GVBl. S. 273

Tabelle 2: Übersicht über die wichtigsten wegerechtlichen Bestimmungen zur Aufgaben- und Kostenabgrenzung

Gesetz/ Fundstelle	Straßeneinteilung (Art./§)	Ortsdurchfahrten (Art./§)	Straßenbestandteile (Art./§)	Straßenbaulast (Art./§)	Kreuzungen (Art./§)
FStrG	1	5	1	3,5	12,13
StrGBW	3	8	2	9,43,44,47	29,30,31
BayStrWG	3,46	4	2	9,41,42,47,48	31,32,33
BerlStrG	–	–	2	7	–
BbGStrG	3	5	2	9	28,29,30
BremStrG	3	–	2	10,11	–
HambWG	–	–	2	12,13	–
HessStrG	3	7	2	9,41,42,43,44	29,30
StrWG-MV	3	5	2	11,12,13,14	37,38,40
NStrG	3,47	4	2	9,43,48	33,34,35
StrWG NW	3	5	2	9,43,44,47,49	33,34,35
LStrG RP	3	12	1	11,12,14	18,19,20
Saar StrG	3	4	2	9,46,47,50	34,35,36
SächsStrG	3	5	2	9,44	29,30,31
StrG LSA	3	5	2	9,42	28,29,30
StrWG-SH	3	4	2	10,11,12,13	34,35,36
ThürStrG	3	5	2	9,43	28,29,30

(Bund/Land) finanziell beim Neubau zu entlasten (Aufstufung nach Fertigstellung). Bei den Stadtstaaten ist zu unterscheiden, ob sie Baulastträger in ihrer Eigenschaft als Gemeinde oder als Land sind. Aus dem Bundesfernstraßen- bzw. jeweiligen Landesstraßenbedarfsplan lassen sich Ausbauabsichten des Bundes bzw. des jeweiligen Landes entnehmen (vgl. Rz. 369).

Das rd. 630 km lange Gesamtstraßennetz im Bundesgebiet ist zu unterteilen in rd. 52000 km Bundesfernstraßen, rd. 178000 km Landes- und Kreisstraßen und rd. 400000 km Gemeindestraßen. Von den jährlichen Straßenbauinvestitionen in Höhe von rd. 25 Mrd. DM entfielen 1994 rd. 8,5 Mrd. DM auf den Bund, rd. 3,5 Mrd. DM auf die Länder und rd. 13 Mrd. DM auf die Kommunen.

2.1.3 Ortsdurchfahrten

63 Besondere Rechtsverhältnisse gelten für **Ortsdurchfahrten**, d.h. die Teile von Straßen des überörtlichen Verkehrs mit zusätzlicher Erschließungsfunktion, die in der festgesetzten **geschlossenen Ortslage** (OD) liegen (§ 5 FStrG/ § 5 StrWG NW). Die Baulast kann hier in Abhängigkeit von der Einwohnerzahl ganz oder teilweise der Gemeinde übertragen sein. So liegt die Baulast für **Gehwege** und **Parkstreifen** an Ortsdurchfahrten immer bei der Gemeinde, für die Fahrbahn auf jeden Fall dann, wenn die Gemeinde mehr als 80000 Einwohner hat (**ungeteilte Baulast**). Bei einer Einwohnerzahl zwischen 50000 und 80000 kann die Gemeinde bei Bundesfernstraßen selbst entscheiden, ob sie die Baulast für die **Fahrbahn** in der geschlossenen Ortslage übernehmen will. Da hier eine entsprechende Übernahme der Aufgaben- und Finanzverantwortung gesetzlich vorgesehen ist, kann die Kommune in diesem Fall nicht nur Fördermittel für Gehwege und Parkstreifen, sondern auch für notwendige Ausbauvorhaben an der Fahrbahn in Anspruch nehmen.

In Gemeinden unter 50000 Einwohnern verbleibt die Baulast für die Fahrbahn einer Bundesfernstraße in der geschlossenen Ortslage immer beim Baulastträger für die sogenannte „freie Strecke", d.h. beim überörtlichen Baulastträger (**geteilte Baulast**). Soweit die Länder inzwischen die Einwohnergrenzen in ihren Straßen- und Wegegesetzen an die Bundesregelung angepaßt haben, gelten einheitliche Werte. Einige Länder haben im Hinblick auf die finanzielle Belastung der Gemeinden die niedrigeren Einwohnergrenzwerte bisher nicht aufgegeben.

Die Fahrbahnen der Ortsdurchfahrten überörtlicher, d.h. klassifizierter Straßen, bleiben Bestandteil des **überörtlichen Netzes** und sind im überörtlichen Interesse erforderlich. **Anliegerbeiträge** fallen daher für die Fahrbahn unabhängig davon, wer Träger der Baulast ist, nicht an. Sofern die Baulast für die Fahrbahn einer Ortsdurchfahrt beim überörtlichen Baulastträger liegt, haben weder die Gemeinde noch die Anlieger Kosten für die erforderlichen Anlagen des Fahrverkehrs zu tragen (vgl. § 128 BauGB).

Im Hinblick auf vom Regelquerschnitt abweichende Fahrbahnbreiten von Lan- **64** desstraßen in der geschlossenen Ortslage gilt z. B. nach § 41 Abs. 4 HessStrG, daß die Gemeinden zur Mitfinanzierung der **Mehrbreiten** (sofern Breite über 6 m) in Anlehnung an die frühere Regelung im Fernstraßenbau herangezogen werden. Bei Standstreifen unterscheidet dagegen § 12 Abs. 2 StrWG SH, ob die Veranlassung aus der Verkehrsbelastung oder durch die Bedürfnisse der Anlieger erfolgt. Sinngemäß können diese Regelungen bei verkehrswichtigen kommunalen Straßen für die Kostenabgrenzung zu parallel geführten reinen Anliegerfahrbahnen, zu platzartigen Aufweitungen etc. im Falle einer Förderung angewendet werden.

Unverkennbar haben Baulast- und Finanzierungsregelungen Einfluß auf die Gestaltung der Straßen. So werden bei geteilter Baulast von den Gemeinden vielfach kombinierte Rad-Gehwege auch dort gewünscht, wo sie verkehrlich weniger gut funktionieren, um z. B. eine Vollfinanzierung als Radweg durch den Baulastträger der überörtlichen Fahrbahn zu erreichen. Auch zahlreiche **Mehrzweckstreifen** an überbreiten Ortsdurchfahrten finden ihre Erklärung in der Finanzierung durch den überörtlichen Baulastträger. Die Gemeinden haben als Planungsbeteiligte die Möglichkeiten der kostengünstigen Anlage von Parkmöglichkeiten gesucht, während der Baulastträger der Fahrbahn die verbesserte Freihaltung der Fahrbahn für den Durchgangsverkehr gesehen hat.

Änderungen an der baulichen Gestaltung von **Ortsdurchfahrten** können sowohl **65** aus Mängeln im Bereich der Fahrbahn bzw. des Fahrverkehrs als auch im Bereich der Gehwege und Parkstreifen veranlaßt sein. Dies kann erhebliche Konsequenzen für die Kostenzuordnung und Kostenteilung haben. Zu unterscheiden ist daher bei geteilter Baulast, ob die **Veranlassung** allein vom Baulastträger der Fahrbahn, allein vom Baulastträger der Gehwege/Parkstreifen oder von beiden Baulastträgern gemeinsam ausgeht.

Für die Durchführung und Finanzierung von **Gemeinschaftsmaßnahmen** an Ortsdurchfahrten sind zwischen der Gemeinde und dem überörtlichen Baulastträger Vereinbarungen abzuschließen, die den Zuwendungsanträgen beizufügen sind.

Fußgängerbrücken/Fußgängertunnel und Gehwege können an Ortsdurchfahrten auch unabhängig von Baumaßnahmen an der Fahrbahn erstellt und gefördert werden. Ebenso können zu fördernde Kostenanteile der Gemeinden sich ggf. nur auf die Gehwege bei Eisenbahnkreuzungsmaßnahmen in der Ortsdurchfahrt beziehen.

Wichtige Hinweise für die konkrete Aufgaben- und Kostenabgrenzung können den Ortsdurchfahrten-Richtlinien des Bundes (VkBl. 1976 S. 219/ VkBl. 1993 S. 728), die auch weitgehend für die Ortsdurchfahrten an Landes- und Kreisstraßen Anwendung finden, entnommen werden.

2.1.4 *Verkehrswichtiges Straßennetz*

66 Alle städtebaulichen und verkehrlichen Planungen, das Wegerecht, das Beitragsrecht (BauGB/KAG) und das Förderrecht gehen von einer **Aufgabenteilung** innerhalb des Straßennetzes zwischen **verkehrswichtigen Straßen** und **Erschließungsstraßen** aus.

Zum **verkehrswichtigen Straßennetz** gehören die Straßen des überörtlichen Verkehrs (Bundesstr., Landesstr., Kreisstr.) einschl. Ortsdurchfahrten und die innerörtlichen und zwischenörtlichen Gemeindestraßen mit überwiegender Verkehrsfunktion.

Nach § 3 Abs. 4 StrWG NW ist z. B. zu unterscheiden zwischen Gemeindestraßen, bei denen die Belange des Verkehrs (Verbindungs- und Bündelungsfunktion), und Gemeindestraßen, bei denen die Belange der Erschließung (Andienung, Kommunikation) überwiegen. Für die aus städtebaulichen und verkehrlichen Gründen notwendige Hierarchiesierung des Straßennetzes müssen Funktionszuordnung und Netzzusammenhang beurteilt werden. Die Anforderungen und Belastungen können dabei örtlich verschieden sein.

Sofern für die Förderung Bauabschnitte gebildet werden, müssen die Funktions- und Netzmerkmale für die jeweiligen Abschnitte vorliegen (vgl. Rz. 41). Verkehrswichtige örtliche Straßen sind z. B. die Hauptverkehrsstraßen, die Verkehrsstraßen und bedeutende Zubringerstraßen. Zu den Erschließungsstraßen gehören die Wohnsammelstraßen, die Anliegerstraßen, verkehrsberuhigte Bereiche, Fahrradstraßen, Fußgängerstraßen etc. (vgl. Rz. 370).

67 Maßnahmen der **Verkehrsberuhigung**, der Verkehrsordnung und Netzgestaltung haben die vorgesehene Aufgabenteilung zu unterstützen. Ebenso wie das Netz der verkehrswichtigen Straßen überwiegend der **Bündelung** des Verkehrs und der **Verbindungsfunktion** vorzubehalten ist (Vorbehaltsnetz), muß das Erschließungsstraßennetz (rd. 2/3 des innerörtlichen Straßennetzes) für die überwiegende Erschließungs-, Andienungs- und **Kommunikationsfunktion** verfügbar bleiben. Die Gesamtverkehrskonzepte müssen diesen Anforderungen genügen.

Für die Gestaltung des Netzes haben die jeweiligen gesetzlichen Baulastträger einen eigenen **Gestaltungs- und Ermessensspielraum** (Planungshoheit). Die Festlegung des verkehrswichtigen örtlichen Straßennetzes ist eine kommunale Aufgabe. Da für Förderentscheidungen zugleich auch die verkehrliche Dringlichkeit zu beurteilen ist, kann durch großzügige Netzzuordnungen allein ein Förderzugang jedoch nicht erreicht werden.

Aussagen zum Bestand und zur Entwicklung des überörtlichen Straßennetzes enthalten u. a. die Straßenverzeichnisse und die Bedarfs- und Ausbaupläne für die Bundesfernstraßen und Landesstraßen. Entsprechende Angaben zum verkehrswichtigen örtlichen Straßennetz sind den kommunalen **Gesamtverkehrsplänen**, den **Verkehrsentwicklungsplänen**, den **Flächennutzungsplänen**, den Bebauungsplänen und den Bestandsverzeichnissen zu entnehmen. Bei Förderanträgen nach GVFG zu verkehrswichtigen kommunalen Straßen ist zu prüfen, ob die Angaben in den Förderanträgen mit den entsprechenden Planaussagen übereinstimmen (Planänderungen und Abweichungen sind ggf. durch Ratsbeschluß zu bestätigen).

Bei der Umgestaltung und Weiterentwicklung des verkehrswichtigen Straßennetzes ist zwischen **Umbau, Ausbau** und **Rückbau** zu unterscheiden. Ein Rückbau liegt vor, wenn bei einer **verkehrswichtigen** Straße nach der Funktionsänderung die Belange des Verkehrs hinter die der Erschließung zurücktreten. Ein Rückbau von Straßen des überörtlichen Verkehrs setzt eine Abstufung zur Gemeindestraße voraus. Der Rückbau muß aus Mitteln für den Erschließungsbereich finanziert werden. **68**

Beim Ausbau verkehrswichtiger Straßen wird in der Regel die Verkehrsfunktion weiter gestärkt (Verbreiterung der Straße, Verstärkung des Deckenaufbaues, Erhöhung der Brückenklasse etc.), während beim Umbau (Verbesserung der funktionalen Nutzbarkeit etc.) die Verkehrsfunktion ggf. unverändert bleibt oder auch soweit abnehmen kann, daß nach der Funktionsänderung bzw. Neuaufteilung der Verkehrsflächen die Belange des Verkehrs gegenüber den Belangen der Erschließung im Grenzfall gerade noch überwiegen (Die förder- und planungsrechtlichen Anforderungen an den Begriff „Ausbau" sind nicht voll identisch).

2.1.5 Straßenbaulast

2.1.5.1 Inhalt der Straßenbaulast

Die Straßenbaulast umfaßt alle mit dem Bau und der Unterhaltung öffentlicher Straßen zusammenhängenden Aufgaben. Welche Kosten und Verpflichtungen dem Baulastträger entstehen, ergibt sich z.B. aus § 3 FStrG, § 9 StrWG NW und ergänzend aus § 5b StVG sowie §§ 11–13 EKrG. **69**

Im Zusammenhang mit der Investitions- bzw. Infrastrukturförderung stehen die Kosten der Herstellung, d.h. die Baukosten im Vordergrund, während die Kosten der „Unterhaltung" lediglich Bedeutung für die Ermittlung und Bewertung der Folgekosten und ggf. der Ablösekosten haben (vgl. Rz. 368).

Was konkret zur öffentlichen Straße gehört und damit nach speziellem Förderrecht (GVFG) grundsätzlich förderungsfähig ist, ist in den Straßen- und Wegegesetzen namentlich aufgeführt (z.B. in § 1 FStrG, § 2 StrWG NW). Dies sind insbesondere:

- der Straßenkörper einschl.
  Straßenuntergrund, Erdbauwerke, Böschungen, Entwässerungsanlagen, Straßenbefestigung, Bankette, Brücken, Tunnel, Stützwände, Treppen, Lärmschutzanlagen etc.,

Fahrbahnen, unselbständige Rad- und Gehwege, Mehrzweckstreifen, Parkstreifen und Parkflächen, Haltestellenbuchten, Sonderfahrstreifen für Busse (Busspuren), Sicherheitsstreifen, Verkehrsinseln etc.,

- der Luftraum über dem Straßenkörper,

- das Zubehör wie z. B.
Verkehrszeichen, Verkehrseinrichtungen, Leitsysteme, Bepflanzung, Straßengrün.

Die in den Straßen- und Wegegesetzen weiter aufgezählten Nebenanlagen (Straßenmeistereien, Gerätehöfe) und Nebenbetriebe, die der Verwaltung und Unterhaltung dienen, bedürfen hier nicht der Vertiefung, da sie nicht Gegenstand der kommunalen Straßenbauförderung sind. Im übrigen wird der Begriff Nebenanlagen in der Praxis häufig auch für die straßenbegleitenden unselbständigen Rad- und Gehwege sowie Parkstreifen verwendet.

70 Zu unterscheiden ist zwischen der straßenrechtlichen Baulast und der umfassenderen **Erschließungslast** der Gemeinde, die neben der Straßenerschließung alle Maßnahmen zur Herstellung der baurechtlichen Nutzung von Grundstücken nach § 123ff. BauGB umfaßt (vgl. Rz. 125).

Im Hinblick auf die **Gestaltung** sind heute noch die Grundsätze der VO über die Baugestaltung vom 10. 11. 1936 (RGBl. I, S. 938) richtungsweisend, nach der alle Anlagen so auszuführen sind, daß sie „Ausdruck anständiger Baugesinnung und werkgerechter Durchbildung" sind und sich „einwandfrei in die Umgebung einfügen".

71 Der gesetzlich definierte Inhalt der **Straßenbaulast** ist kongruent mit den baulichen und technischen Erfordernissen, die der Gesetzgeber für die angemessene Verkehrsentwicklung, den sicheren Betrieb und die verträgliche Einbindung der Straßen in das natürliche und städtebauliche Umfeld als notwendig angesehen hat. Weitere ggf. von Dritten gewünschte, nicht der Straßenbaulast zugeordnete, ergänzende Maßnahmen können daher als nicht **verkehrsbedingt** angesehen und aus Mitteln des Verkehrshaushaltes nicht gefördert werden. Auch ist zu unterstellen, daß bei den verschiedenen Novellierungen der Straßen- und Wegegesetze der jeweilige Gesetzgeber unter Auswertung jahrzehntelanger Erfahrungen, die immer wieder, nicht zuletzt auch aus finanziellen Gründen, angestrebte Einbeziehung weiterer **Begleitmaßnahmen** aus sachlichen und haushaltsrechtlichen Gründen abgelehnt hat.

2.1.5.2 Regelmäßiges Verkehrsbedürfnis

72 Bei der Erfüllung der Aufgaben der Straßenbaulast haben die Baulastträger für die **regelmäßigen Verkehrsbedürfnisse** ortsgerechte Lösungen unter angemessener Beachtung der Belange des Umweltschutzes, des Städtebaues, des ÖPNV und der allgemein anerkannten Regeln der Technik zu entwickeln. Dabei sind

differenzierte Lösungen mit ortsgerechten Verkehrsführungen anzustreben. Für die Veranlassung verkehrlicher Maßnahmen (z.b. § 3 FStrG, § 9 StrWG NW) bleibt gleichwohl der Begriff des regelmäßigen Verkehrsbedürfnisses bestimmend. Konkret bedeutet dies, daß Vorhaben nicht ausschließlich aus Gründen des Städtebaues bzw. des Umweltschutzes veranlaßt werden können. Nur im Zusammenhang mit notwendigen (veranlassenden) verkehrlichen Maßnahmen (Schiene und Straße) können zugleich Probleme des Umwelt- und Lärmschutzes (Lärmvorsorge) einschließlich der städtebaulichen Integration gelöst werden. Zum regelmäßigen Verkehrsbedürfnis gehören nicht nur die Belange des motorisierten Verkehrs, sondern ebenso die Belange der Fußgänger, des Radverkehrs und der im Verkehr besonders schutzbedürftigen Personen wie Kinder, ältere und mobilitätsbehinderte Menschen etc. Verkehrlich begründet wäre z.b. der Umbau von verkehrswichtigen Straßen zur Schaffung von Radwegen, zur Verbreiterung der Gehwege (ggf. zu Lasten der Fahrbahn) oder die Beseitigung von Unfallhäufungsstellen etc.

2.1.5.3 Erschwerung der Straßenbaulast

Da nur das „Regelmäßige Verkehrsbedürfnis" (§ 3 FStrG, § 9 StrWG NW) In- **73** halt der Baulast ist, sind Ausbauleistungen, die nicht durch das regelmäßige Verkehrsbedürfnis veranlaßt werden, sondern von Dritten, von diesen zu vergüten (§ 7a FStrG, § 16 StrWG NW). Im Falle einer militärischen Mitbenutzung steht dem Straßenbaulastträger ein Ausgleich für Mehraufwendungen zu. **Mehrkosten**, die dem Träger der Straßenbaulast daraus entstehen, daß z.b. eine Anliegerzufahrt zu einer Tankstelle eine besondere Gestaltung und Befestigung benötigt oder z.b. für die Zufahrt zu einem Betriebsgelände oder Parkhaus eine Abbiegespur erforderlich wird, hat der Veranlasser zu tragen.

Grundsätzlich zum Inhalt der Straßenbaulast gehören ggf. verkehrlich erforderliche Sonderfahrstreifen des ÖPNV und **Haltebuchten** (ohne Wetterschutz- und Haltestelleneinrichtungen). Die Kosten aus der **Erschwerung der Straßenbaulast** sind bei Fördermaßnahmen von den zuwendungsfähigen Kosten abzusetzen. Soweit die Veranlassung durch den ÖPNV erfolgt, kann hierfür ggf. ein eigenständiger Förderantrag gestellt werden.

Mehraufwendungen in denkmalgeschützten Bereichen zur angemessenen Gestaltung (aufwendigerer Belag) bzw. zur notwendigen Ausgrabung und Bergung von Bodendenkmälern gehören zu den notwendigen Baukosten.

2.1.5.4 Straßenbeleuchtung

Abgrenzungsschwierigkeiten ergeben sich in der Praxis oft aus Fragen der Ein- **74** schätzung der örtlichen Situation und ihrer Bewertung. So gehört z.b. die **Straßenbeleuchtung** immer dann zum förderungsfähigen Straßenzubehör, wenn sie verkehrlich, d.h. aus Gründen der Verkehrssicherheit, erforderlich ist. Unabhängig davon streben die Gemeinden aus ihrer generellen Zuständigkeit für die **öffentliche Sicherheit und Ordnung** an, die Straßen zu beleuchten. Da die Finanzierung dieser kommunalen Aufgaben keine Aufgabe der **Straßenbaulast ist**, muß im Einzelfall entschieden werden, ob und in welchem Umfange eine Förderung möglich ist.

75 An innerörtlichen **verkehrswichtigen Straßen** mit starker Nutzungsmischung kann weitgehend davon ausgegangen werden, daß die **Beleuchtung** aus Gründen der Verkehrssicherheit insbesondere für die schwächeren Straßenbenutzer erforderlich wird. Punktuelle Lösungen, die im Außenbereich für Unfallhäufungspunkte gewählt werden, scheiden hier aus (Besonderheiten der innerörtlichen Verkehrsmischung, Querschnittselemente an der unteren zulässigen Grenze, deutlich andere Gestaltung als in Außenbereichen, Häufigkeit der Verknüpfungspunkte, störende Lichteinwirkungen von Gebäuden und aus anderen Straßen, Beachtung der Belange Mobilitätsbeeinträchtigter etc.).

Wird durch das Straßen- und Wegegesetz eines Landes geregelt, daß die Beleuchtung grundsätzlich der Straßenbaulast zuzuordnen ist, sind die notwendigen Kosten der Beleuchtung auch ohne Prüfung der Erforderlichkeit aus Gründen der Verkehrssicherheit den zuwendungsfähigen Straßenbaukosten zuzuordnen (z. B. Berliner Straßengesetz). Zu beachten ist allerdings, daß nicht jede Beleuchtung verkehrlich angemessen ist und aus der Straßenbaulast voll finanziert werden kann.

2.1.5.5 Straßenentwässerung

76 Die Straßenbaukosten schließen die Kosten für die Anlage der **Straßenentwässerung** ein. Der Straßenbaulastträger kann sich zur Erfüllung der gesetzlichen Entwässerungs- und Abwasserreinigungspflicht an den Kosten der gemeindlichen Kanalisation beteiligen. Grundlage ist hierfür in der Regel Nr. 14 Abs. 2 der Ortsdurchfahrtenrichtlinie des Bundes (vgl. ARS Nr. 11/1996 v. 2. 4. 1996 VkBl. 1996, S. 207 und ARS Nr. 3/1996 v. 27. 8. 1996 VkBl. 1996, S. 207). Die Kosten der Herstellung bzw. die entsprechende Kostenbeteiligung gehören bei Fördermaßnahmen der Kreise und Gemeinden zu den förderungsfähigen Baukosten. Zuwendungsfähig ist bei einer Kostenbeteiligung maximal der Betrag, den der Baulastträger für eine eigene Straßenentwässerung hätte aufbringen müssen. Bereits im Vorfeld einer Straßenbaumaßnahme kann die Kostenbeteiligung durch Anerkennung als Vorsorgemaßnahme zugesichert werden (vgl. Rz. 49).

2.1.5.6 Umweltschutz

77 Beim Bau und Ausbau von Verkehrswegen (Straße/Schiene) sind die Anforderungen des Bundesimmissionsschutzgesetzes und des Natur- und Landschaftsschutzes zu erfüllen. Hierzu gehört u.a. die Verpflichtung zur Durchführung notwendiger Lärmvorsorgemaßnahmen sowie von Ausgleichs- oder Ersatzmaßnahmen (§§ 8 und 8a BNatschG) in dem Umfange wie sie bei der planungsrechtlichen Sicherung durch Bebauungsplanverfahren bzw. Planfeststellungsbeschlüsse festzulegen sind. Die entsprechenden Aufwendungen gehören zu den maßnahmebedingten (förderungsfähigen) Grunderwerbs- und Baukosten. Planungsrechtlich festgelegte zugehörige Ausgleichsflächen, die zu erwerben sind, werden im Sinne von § 4 Abs. 3 GVFG auf Dauer benötigt.

Sind bei Straßenausbau- bzw. -umbauarbeiten kontaminierte Materialien aus der alten Deckenbefestigung zu entsorgen bzw. zu recyceln und erneut einzubauen, gehören die Aufwendungen zu den notwendigen Baukosten und im Falle der Förderung zu den förderungsfähigen Kosten.

Werden beim Straßenneubau kontaminierte Böden (Altlasten) angetroffen, so ist in der Regel von der Entsorgungspflicht des Verursachers bzw. Ordnungspflichtigen auszugehen. Zu unterscheiden ist dabei, ob ordnungsbehördliches Einschreiten auch ohne Baumaßnahme (Gefahr für die Umwelt) geboten ist, oder ob die Beseitigung der Altlasten erst durch den Bau des angestrebten Verkehrsweges (Zustandsstörung) notwendig wird (ggf. Förderung aus Mitteln der Umweltministerien zur Gefahrenabwehr und Sanierung von Altlasten). Nur soweit eine Beseitigung oder Behandlung der Altlasten durch den Verkehrswegebau ausgelöst wird und ein Rückgriff auf den Verursacher ausscheidet, ist eine anteilige Förderung aus Mitteln des Verkehrshaushaltes möglich (vgl. Rz. 716).

2.1.6 Radverkehrseinrichtungen

Radverkehr ist Fahrverkehr; Radwege dienen der Entflechtung des Fahrverkehrs. Der Baulastträger der Fahrbahn ist daher grundsätzlich auch Baulastträger der zur Straße gehörenden **Radwege** bzw. der zur Fahrbahn gehörenden **Radverkehrsstreifen**. Die Kosten des Umbaues von Ortsdurchfahrten zur Anlegung von Radwegen hat in Gemeinden, die die maßgebende Einwohnergrenze nicht überschreiten, der Baulastträger der „freien Strecke" zu tragen. Eine abweichende Regelung sehen lediglich die Straßen- und Wegegesetze in Bayern, Rheinland-Pfalz und Schleswig-Holstein vor. Hier sind die Baulastträger der freien Strecke nur verantwortlich, wenn auch an den anschließenden freien Strecken Radwege vorhanden bzw. vorgesehen sind.

Soweit an verkehrswichtigen kommunalen Straßen innerhalb der ausgebauten Fahrbahn zur besseren Entflechtung des Fahrverkehrs nachträglich lediglich Markierungen anzubringen oder zu ändern sind, geschieht dies im Rahmen der Straßenunterhaltung (vgl. Rz. 93, 363 und 368).

Bei Geh- und Radwegen sowie bei Parkflächen können bezüglich ihrer Zugehörigkeit zur überörtlichen Straße bzw. zu einer förderungsfähigen verkehrswichtigen innerörtlichen Straße Zweifel auftreten, wenn diese Flächen räumlich von der Fahrbahn getrennt sind. Maßgeblich für die Beurteilung ist dann die verkehrliche Funktion dieser Flächen. Wenn sie ebenso wie straßenbegleitende, nicht getrennt verlaufende Anlagen für die Verkehrsentflechtung und Sicherheit des Fahrverkehrs wirksam werden, stellen sie **unselbständige** Wege dar, andernfalls **selbständige** Wege. Die erforderlichen unselbständigen, getrennt verlaufenden Anlagen sind vom gesetzlichen Baulastträger so zu finanzieren, als wenn sie ungetrennt zum einheitlichen Straßenkörper gehören würden.

79 Selbständige, straßenunabhängige Rad- und Fußwege können als eigenständige öffentliche Wege dagegen grundsätzlich nicht Bestandteil einer Straße des überörtlichen Verkehrs bzw. einer innerörtlichen verkehrswichtigen Straße sein. Dies bedeutet, daß sie weder aus den Mitteln des überörtlichen Straßenbaues noch aus den GVFG-Mitteln für verkehrswichtige, innerörtliche Straßen finanziert werden dürfen. Da das GVFG für Radwege keinen eigenständigen Fördergegenstand vorsieht, können sie auch nicht als eigenständige Vorhaben gefördert werden. Die Kommunen sind hier für eine Förderung auf die bestehenden Programme der Länder für den kommunalen Radwegebau, die Tourismusförderung, den Städtebau etc. angewiesen (vgl. Rz. 309 ff.).

2.1.7 Anlagen des ruhenden Verkehrs

80 Die Bereitstellung von Flächen für das Abstellen von Fahrzeugen, für die Abstellplätze oder Garagen nicht zur Verfügung stehen, ist nicht zwangsläufig Aufgabe der Straßenbaulast.

Rechtsgrundlagen für die Verpflichtung zur Schaffung von **Stellplätzen** oder Garagen sind die Bauordnungen der Länder. Ziel der Stellplatzpflicht ist es, die Inanspruchnahme des Straßenraumes zum Abstellen von Fahrzeugen zu vermeiden. Im Hinblick auf die Vorgaben des Bauordnungsrechtes und des Bauplanungsrechtes für die Baugestaltung und die Nutzung von Flächen haben sich traditionell die für die Bauaufsicht und die Städtebauförderung zuständigen Stellen um die Ordnung des ruhenden Verkehrs bemüht. So sind innerstädtische Parkhäuser, die erheblichen Einfluß auf die Verkehrsverteilung haben, mit erheblichen Mitteln der Städtebauförderung geschaffen worden.

Wegerechtlich bestehen **Parkflächen**, wenn für die Aufnahme des ruhenden Verkehrs eigens gestaltete Flächen als öffentliche Verkehrsflächen gewidmet werden. Unselbständige Parkflächen bilden ebenso wie unselbständige Rad- und Gehwege eine Einheit mit der jeweiligen Straße. Selbständige Parkflächen sind dagegen eigenständige, straßenunabhängige öffentliche Verkehrsflächen für den ruhenden Verkehr. Unselbständige Parkflächen/Parkstreifen fallen grundsätzlich in die Baulast des jeweiligen Straßenbaulastträgers, jedoch gilt für Ortsdurchfahrten nach § 5 FStrG und den entsprechenden Landesgesetzen, daß stets die Gemeinden Baulastträger für die **Parkstreifen** und Parkplätze sind. **Mehrzweckstreifen** sind dagegen dem Baulastträger der Fahrbahn zuzuordnen.

Der Förderung von **unselbständigen** Parkstreifen aus Mitteln des Straßenbaues an innerörtlichen verkehrswichtigen Straßen liegt der Gedanke zugrunde, daß diese die Sicherheit und Ordnung des Verkehrsablaufes verbessern. Gegenüber Mehrzweckstreifen ermöglichen sie eine bessere Straßenraumgestaltung mit Begrünung und Bepflanzung. Zugleich wird die maßstäbliche Gliederung des öffentlichen Verkehrsraumes mit weniger dominierenden Fahrbahnen unterstützt. Ob Schräg-, Senkrecht- oder **Längsparkstreifen** anzuordnen sind, hängt von der örtlichen Situation ab. Die Beschränkung der Förderung auf Längsparkstreifen bis zu einer Breite von 2,5 m durch die Verwaltungsvorschriften zum GVFG ist inzwischen entfallen.

Bei einer möglichen Förderung sind die gegenüber der Fahrbahn höheren Anliegeranteile zu berücksichtigen. Voraussetzung ist ferner, daß der Bau der Parkplätze nicht der Erfüllung der Stellplatzverpflichtungen für abgelöste Stellplätze nach den Vorschriften der jeweiligen Landesbauordnung dient.

Nicht förderungsfähig ist ferner die Schaffung von Ersatzparkraum für die Inanspruchnahme von öffentlichen Parkplätzen in der kommunalen Baulast. (Die Kommune hat die ihr gehörenden Verkehrs-/Grundstücksflächen einzubringen (vgl. Rz. 92ff., 112, 370ff.)). Die Kosten für Ersatzparkraum sind jedoch dann zuwendungsfähig, wenn eine Ersatzbeschaffungspflicht gegenüber Dritten besteht (vgl. Rz. 695).

Park and Ride – Anlagen dienen der Vernetzung der Verkehrssysteme, der besseren Erreichbarkeit des ÖPNV und der Reduzierung des motorisierten Individualverkehrs. Sie können als öffentliche Parkeinrichtungen durch den Straßenbaulastträger oder im Zusammenhang mit Haltestellen und Umsteigeanlagen des ÖPNV errichtet werden. Ebenso sind B+R-Anlagen im Gegensatz zu Fahrradabstellanlagen im GVFG förderungsfähig, da sie der Umsteigefunktion dienen (vgl. Rz. 728). **81**

2.1.8 Gliederung der Kosten der Straßenbaulast

Bei den sich aus der Straßenbaulast ergebenden Ausgaben ist zu unterscheiden zwischen: **82**

- Kosten der Unterhaltung und Instandsetzung, (UI)
- Kosten des Neu-, Um- und Ausbaues, (UA)
  a) kleiner Um- und Ausbau (UA I)
     (ohne wesentliche Änderung der Linienführung und ohne ausführliche Bauentwürfe realisierbar),
  b) Neubau sowie größerer Um- und Ausbau (UA II)
     (Zur Durchführung sind ausführliche Bauentwürfe erforderlich.),
- Entwurfsbearbeitung einschl. Planung und Bauaufsicht. (UA III)

Diese vom Bund für die Auftragsverwaltung im Bundesfernstraßenbau festgelegte Kostenzuordnung bestimmt die Mittelbewirtschaftung und prägt die Abgrenzung von Unterhaltungs- und Investitionsmaßnahmen im gesamten Straßenbau.

Sie wird auch von den Ländern für die Landesstraßen angewandt. Hervorzuheben sind insbesondere die zweite allgemeine Verwaltungsvorschrift für die Auftragsverwaltung der Bundesfernstraßen (2. AVVFStr), die Ausgabenzuordnung des BMV zu § 6 Abs. 3 BStrVermG (BGBl. 1951 I S. 157, BGBl. 1971 I S. 1426) und die vorläufigen Anweisungen über die Buchung der Ausgaben für die Bundesfernstraßen (VkBl. 1976, S. 136). Eine Übersicht mit beispielhaften Aufzählungen zeigt die Tabelle 3:

Tabelle 3: Gliederung der Kosten der Straßenbaulast

Unterhaltung und Instandsetzung (UI)	Neu-, Aus- und Umbau (UA)	Entwurfsbearbeitung, Planung, Bauaufsicht (UA III)
• Fahrbahnen (einschl. Oberflächenversiegelungen), • Park- und Rastflächen, • Rad- und Gehwege, • Verkehrssicherungsanlagen, • Sicherheitsstreifen, Böschungen, Bauwerke, • Betrieb von Signalanlagen, • Pflege der Bepflanzung, • Durchführung von Winterdienst und Straßenreinigung, • Beschaffung und Unterhaltung von Geräten, • Löhne und Gehälter der Straßenbauarbeiter.	1. **(UAI)** • Erneuerung von Straßendecken, • Grunderneuerung, • Verbreiterung der Fahrbahn, • Anlage von Rad- und Gehwegen ohne umfangreiche Veränderungen des Straßenkörpers, • Schutzplanken auf größeren Längen 2. **(UAII)** • grundlegender Umbau, • Beseitigung von plangleichen Knoten, • Bau neuer Straßen etc.	• Sachkosten der Verwaltung, • Wertermittlungen, • Kosten der Bauaufsicht und Bauleitung, • Entwurfsbearbeitung, • Entwurfsvermessung, • Anmieten von Büroräumen, • Gutachten, Beratungen, • Bodenuntersuchungen, Bohrungen für die Entwurfsbearbeitung, • Bekanntmachungen für Bauvorhaben.

Das Kostengliederungssystem hat sich bewährt, auch wenn im einzelnen die Zuordnungen haushaltsrechtlich nicht immer systematisch und für die Anwender nicht immer praxisgerecht waren. Von Zeit zu Zeit wurden daher Anpassungen vorgenommen. So hat der Bund inzwischen u. a. die Grenzen zwischen Unterhaltungs- und Erhaltungsmaßnahmen, d. h. zwischen Nichtinvestitionen der Hauptgruppe 5 und Investitionen der Hauptgruppe 7 (vgl. Rz. 12) weiter verschoben. Dies hängt damit zusammen, daß der Unterhaltungsaufwand immer höher wird und in der Praxis der Straßenunterhaltung immer weniger Aufgaben in Eigenregie mit eigenem Personal durchgeführt werden können. Statt dessen werden diese Arbeiten vermehrt in größeren Losen zusammengefaßt und als wertsteigernde investive Unternehmerleistungen angesehen, die der Hauptgruppe 7 zugeordnet werden (vgl. Rz. 12).

2.2 Anlagen des öffentlichen Personennahverkehrs

2.2.1 Gesetzliche Grundlagen

Öffentlicher **Personennahverkehr** ist die allgemein zugängliche Beförderung im **83** Linienverkehr, wenn die Mehrzahl der Beförderungsfälle eines Zuges bzw. eines Verkehrsmittels die gesamte Reiseweite von 50 km oder die gesamte Reisezeit von einer Stunde nicht übersteigt (§ 2 Abs. 5 AEG, § 8 Abs. 1 PBefG und § 1 des Landesregionalisierungsgesetzes NW).

Die verkehrsrechtliche Ordnung unterscheidet im ÖPNV zwischen der Personenbeförderung im Schienenpersonennahverkehr (SPNV) mit der Eisenbahn auf der Grundlage des Allgemeinen Eisenbahngesetzes (AEG) und der Personenbeförderung mit Straßenbahnen, Obussen (Oberleitungsomnibussen) und Kraftfahrzeugen nach dem Personenbeförderungsgesetz (PBefG).

Zum öffentlichen Personennahverkehr, dessen bedeutendste hier zu betrachtende Träger Schiene und Straße sind, gehören:

*   Linienverkehr mit Kraftfahrzeugen (§ 42 PBefG),
*   Verkehr mit Straßenbahnen, Hoch- und U-Bahnen sowie Bahnen besonderer Bauart (§ 4 PBefG),
*   Verkehr mit Eisenbahnen (§ 1 AEG),
*   Verkehr mit Bergbahnen und Seilbahnen,
*   Linien- und Fährdienste mit Wasserfahrzeugen.

Straßenbahnen ohne eigenen Fahrweg, Obusse und die im Linienverkehr einge- **84** setzten Kraftomnibusse sind als Benutzer des Straßenraumes Teilnehmer am Straßenverkehr im Sinne des Wegerechtes und der StVO. Der nach § 2 PBefG genehmigungspflichtige ÖPNV wird unter Beachtung der **öffentlichen Verkehrsinteressen**, die sich aus den öffentlichen Verkehrsprogrammen und den Nahverkehrsplänen (§ 8 Abs. 3 PBefG, § 8 Regionalisierungsgesetz NW) ergeben, und unter Berücksichtigung der Eignung der zu benutzenden Straßen nach § 13 Abs. 2 PBefG genehmigt. Aus der Genehmigung folgt die Betriebs- und Beförderungspflicht (§ 21 PBefG). Während der Dauer der Genehmigung muß die vorgesehene Straßenbenutzung nach § 31 PBefG gewährleistet sein.

Für die Benutzung des öffentlichen Straßenraumes durch eine Straßenbahn gehen die Vorschriften des PBefG als lex spezialis den Vorschriften des Wegerechtes voran. Für die Benutzung der Straße ist die Zustimmung des Trägers der Straßenbaulast nach § 31 Abs. 1 PBefG erforderlich. Die Geltungsdauer der Genehmigung im Straßenbahn- und Obusverkehr ist nach § 16 Abs. 1 PBefG so zu bemessen, daß sie mindestens der gewöhnlichen Nutzungsdauer der Betriebsanlagen (und der Zweckbindungsfrist in der Förderung) entspricht (25 Jahre). Für den Fall von Änderungen an der Straße wird in der Regel eine Folgepflicht vereinbart, soweit ein Verkehrsunternehmen und nicht die Gemeinde den Fahrweg der Straßenbahn betreibt. Nach Erlöschen des Benutzungsrechtes besteht gegenüber dem Straßenbaulastträger in der Regel die Beseitigungs- und Wiederherstellungspflicht.

Einzelheiten und Umfang der Anforderungen an die Betriebsanlagen und die Fahrzeuge der Straßenbahnen, Hoch- und Untergrundbahnen einschl. der Bahnen besonderer Bauart werden durch die Verordnung über den Bau und Betrieb der Straßenbahnen (**BOStrab**, BGBl. 1987 I, S. 2648) festgelegt. Rechtsgrundlage dieser vom BMV mit Zustimmung des Bundesrates erlassenen Verordnung ist § 57 Abs. 1 PBefG.

85   Ohne **Genehmigung** nach § 6 Abs. 1 AEG dürfen weder Eisenbahnverkehrsleistungen erbracht noch eine Eisenbahn im Sinne von § 3 AEG betrieben werden. Die Geltungsdauer der Genehmigung soll im Hinblick auf die hohen Investitionskosten bei **Eisenbahninfrastrukturunternehmen** mindestens 50 Jahre betragen, für **Eisenbahnverkehrsunternehmen**, die auch die Fahrzeuge halten, dagegen höchstens 15 Jahre. Voraussetzung für den Bau und die Änderung von Schienenwegen und Eisenbahnen ist die Planfeststellung bzw. die Plangenehmigung nach § 18 AEG. Das AEG ist die Rechtsgrundlage für die Eisenbahn-Bau- und -Betriebsordnung (EBO) und die Eisenbahnsignalordnung (ESO). Nach § 26 AEG hat der BMV diese mit Zustimmung des Bundesrates als Rechtsverordnung erlassen. Die **EBO** und die **ESO** bestimmen im einzelnen die Anforderungen an den Bau, die Ausrüstung, die Betriebsweise der Eisenbahnen nach den Erfordernissen der Sicherheit und den neuesten Erkenntnissen der Technik. Für nichtbundeseigene Eisenbahnen (**NE-Bahnen**) werden ergänzend zum AEG die Rechtsverhältnisse durch die Landeseisenbahngesetze geregelt.

2.2.2 ÖPNV-Anlagen

86   Für die Förderung der Anlagen des ÖPNV gelten weitgehend die gleichen Regeln und Anforderungen, die für die Anlagen des Straßenverkehrs gelten. Zum Bau und Ausbau eines Verkehrsweges gehören danach alle Einrichtungen, die nach den anerkannten Regeln der Technik für eine verkehrsgerechte und betriebssichere Gestaltung erforderlich sind. Während die Fördergegenstände des Straßenbaues weitgehend abschließend durch den Inhalt der Straßenbaulast bestimmt werden, gelten für die Ausprägung der Fördergegenstände des ÖPNV die mehr sicherheits- und betriebstechnisch orientierten gesetzlichen Anforderungen des PBefG und AEG. Bemerkenswert ist, daß auch betriebstechnische Ausrüstungen, Abfertigungsanlagen und Fahrzeuge Bestandteil der Infrastrukturanlagen des ÖPNV sind.

2.2.2.1 Busverkehr

87   Für den **Bus**, der das öffentliche Straßennetz mitbenutzen kann, sind relativ geringe eigene Aufwendungen für Fahrweg und sonstige Betriebsanlagen erforderlich. Zu den Infrastruktureinrichtungen für den Busverkehr gehören insbesondere:

- Haltestelleneinrichtungen,
- Busbahnhöfe einschl. Zuwegungen,
- Betriebshöfe,
- Betriebsleitsysteme,
- elektrische Ausrüstungen für Obusse und Spurbusse,
- Wendeanlagen,
- Signalsteuerungsanlagen und Vorrangschaltungen,
- Markierungen und Beschilderungen,
- Sonderfahrstreifen (soweit Erschwerung der Straßenbaulast).

In der Regel ist bei der Einrichtung von Sonderfahrstreifen im kommunalen Straßennetz davon auszugehen, daß diese insbesondere auch der Sicherheit und Leichtigkeit des Gesamtverkehrs zugute kommen, und deshalb der Straßenbaulast zuzuordnen sind, soweit die örtliche Situation und die jeweiligen Straßengesetze diese Deutung zulassen. Zu den Busbahnhöfen als Zusammenfassung von Haltestellen mehrerer zu verknüpfender Buslinien außerhalb des IV-Verkehrsraumes gehören neben Wetterschutzeinrichtungen und der Beleuchtung auch Sitzgelegenheiten sowie Service- und **Fahrgastinformationseinrichtungen**.

Für den Betrieb von Verkehrsunternehmen und die Beschaffenheit der im Linienverkehr i. s. der §§ 42 und 43 PBefG eingesetzten Fahrzeuge sind die Anforderungen der Verordnung über den Betrieb von Kraftfahrunternehmen im Personenverkehr (BOKraft) zu beachten (BGBl. 1975 I S. 1573).

2.2.2.2 Straßen- und Stadtbahnen

Straßenbahnen sind Schienenbahnen, aber keine Eisenbahnen. Sie können nach **88** § 1 Abs. 2 BOStrab sowohl straßenabhängig als auch straßenunabhängig geführt sein.

Bei der Führung von Straßenbahnen innerhalb des öffentlichen Straßenraumes ist zu unterscheiden, ob eine eingebettete Führung mit straßenbündigem (§ 16 Abs. 5 BOStrab) Gleiskörper (Gleiszone) innerhalb der Fahrbahn oder außerhalb der Fahrbahn auf **besonderem oder unabhängigem Bahnkörper** erfolgt. Die Gleiszone ist Teil des Fahrweges, der die Gleise, die Bettung (Oberbau) und den Gleisunterbau enthält. Als besonderer Bahnkörper (§ 16 Abs. 6 BOStrab) wird eine Gleisanlage dann bezeichnet, wenn sie innerhalb des öffentlichen Verkehrsraumes verläuft und erkennbar vom übrigen Verkehr durch Borde, Leitplanken, Hecken oder andere Hindernisse abgegrenzt ist. Unabhängige Bahnkörper sind durch ihre Lage oder Bauart vom übrigen Verkehr unabhängig, z.B. U-Bahnen, Schwebebahnen etc. Förderrechtlich sind Bahnen mit unabhängigem und besonderem Bahnkörper einander gleichgestellt (vgl. Rz. 378).

Zur Straßenbahn (max. Fahrzeugbreite 2,65 m) gehören neben dem Fahrweg **89** (Regelspur 1,435 m) und den Fahrzeugen alle für den Betrieb erforderlichen Anlagen. „Bau" ist nach § 1 Abs. 3 BOStrab der Neubau oder die Änderung von Betriebsanlagen und Fahrzeugen. **Betriebsanlagen** sind insbesondere (§ 1 Abs. 7 BOStrab):

* die bau-, maschinen- und elektrotechnischen Anlagen für den Fahrbetrieb wie z. B.:
Bahnkörper, Lichtraum, Signalanlagen, Nachrichtentechnik, Energieversorgung, Fahrleitungen, Beleuchtung, Tunnel, Brücken,
* die für den Aufenthalt und die Abfertigung der Fahrgäste bestimmten Anlagen wie z. b.:
Bahnhöfe, Haltestellen, Verknüpfungspunkte, Umsteigeanlagen einschl. zugehöriger Fahrtreppen, Fußgängerbrücken etc.,
* die Wende- und Abstellanlagen,
* die an das Gleisnetz angeschlossenen Werkstätten (und Betriebshöfe).

Zu den baulichen Anforderungen zählen neben den Anforderungen der Sicherheit und Ordnung (§ 2 Abs. 1 u. 2 BOStrab) auch Maßnahmen, die Behinderten, alten und gebrechlichen Personen, werdenden Müttern, Fahrgästen mit Kindern etc. die Benutzung der Betriebsanlagen erleichtern (§ 3 Abs. 5 BOStrab). Den Möglichkeiten des Betriebsverbundes mit benachbarten Unternehmen ist Rechnung zu tragen (§ 3 Abs. 5 u. 6 BOStrab).

90 Bei der Einrichtung eines besonderen Bahnkörpers im Straßenraum sind in der Regel Linksabbiegerspuren für linksabbiegende Verkehre vorzusehen. Querverkehre über den **besonderen Bahnkörper** sollten auf wenige straßenbahnabhängig gesteuerte signalgeregelte Knoten beschränkt werden. Fußgängerquerungen sind an kreuzenden Straßen und Haltestellen vorzusehen. Zum besonderen Bahnkörper zählen auch höhengleiche Kreuzungen (§ 20 BOStrab), die als Bahnübergänge gelten (§ 16 Abs. 7 BOStrab). Auf Bahnübergängen hat der Straßenbahnverkehr Vorrang vor dem Straßenverkehr (§ 20 Abs. 2 BOStrab). Straßenbahnstrecken dürfen Eisenbahnstrecken des öffentlichen Verkehrs grundsätzlich nicht höhengleich kreuzen (§ 15 Abs. 3 BOStrab).

Die „**Beschleunigung des ÖPNV**" bzw. der Straßenbahn als verkehrliche Verbesserung nach GVFG ist nicht an bautechnische Standards und Kriterien der Begriffe „Bau und Ausbau" gebunden. Ein besonderer Bahnkörper ist nicht erforderlich. Durch signaltechnische Freischaltungen, Markierungen, Abbiegeverbote etc. ist es möglich, einen weitgehend **eigenen** Fahrweg für die Straßenbahn zu schaffen und bei gleichzeitiger Verbesserung der Haltestellensituation die Attraktivität des Schienenweges erheblich zu steigern.

Für die Verteilung der **Kosten** für Vorhaben im Straßenraum ist entscheidend, ob eine einseitige Veranlassung durch die Straßenbahn vorliegt oder die ÖPNV-Maßnahmen ggf. im Zusammenhang mit einem Straßenum- bzw. -aus-bau durchzuführen sind. Soweit eine einseitige Veranlassung durch die Straßenbahn vorliegt, hat das veranlassende Verkehrsunternehmen die Kosten zu tragen. Vom Straßenbaulastträger gewünschte Veränderungen bzw. Verbesserungen, die über eine Anpassung bzw. Wiederherstellung hinausgehen, sind auszugleichen. Bei gemeinsamer Veranlassung ist ein Kostenteilungsschlüssel (z. B. nach fiktiver überschläglicher Berechnung der Kosten bei getrennter Durchführung, bzw. nach dem Anteil der umzugestaltenden Flächen etc.) zu bestimmen.

Das EKrG gilt auch für **Kreuzungen** von Straßenbahnen, die nicht im Verkehrsraum öffentlicher Straßen liegen. Soweit Straßenbahnen den öffentlichen Straßenraum benutzen, gelten sie als Benutzer dieser Straße mit der Folge, daß eine eigene kreuzungsrechtliche Beziehung in Bezug auf die Straßenbahn nicht entsteht (§ 20 BOStrab). Bei Kreuzungen von Stadtbahnen/Straßenbahnen im Straßenraum mit **Eisenbahnen** (AEG) ist deshalb die Trasse der Stadtbahn/Straßenbahn als „Straße" anzusehen.

2.2.2.3 Eisenbahnverkehr

Bei den Eisenbahnen ist nach § 2 Abs. 1 AEG zu unterscheiden in solche, die **91** Verkehrsleistungen erbringen (**Eisenbahnverkehrsunternehmen**) und solche, die eine Eisenbahninfrastruktur betreiben (**Eisenbahninfrastrukturunternehmen**). Das Betreiben der Eisenbahninfrastruktur umfaßt den Bau und die Unterhaltung von Schienenwegen sowie die Führung von Betriebsleit- und Sicherheitssystemen. Zur Eisenbahninfrastruktur zählen auch Gebäude, die der Verwaltung der Eisenbahninfrastruktur dienen, Gebäude, in denen sich Verkaufs- und Abfertigungseinrichtungen für den Personenverkehr befinden sowie **ortsfeste und bewegliche Verkaufs- und Abfertigungseinrichtungen** (§ 2 Abs. 3 AEG). Zu den Eisenbahnanlagen gehören insbesondere:

- Bahnkörper (einschl. Erdkörper, Entwässerung und Begrünung sowie Nebenanlagen wie Stützmauern, Bahnübergänge und techn. Sicherungsanlagen,
- Brücken, Tunnel, Signal- und Fernmeldeanlagen,
- Oberbau (Bettung und Gleisgestänge),
- Haltestellen, Bahnhöfe mit Bahnsteigen und Abfertigungsanlagen,
- Maschinenanlagen und elektrische Ausrüstung,
- Werkstätten, Betriebshöfe etc.,
- P+R-Anlagen, B+R-Anlagen.

Die baulichen Anlagen des Verkehrsweges Eisenbahn umfassen somit alle Bauwerke, die zum Bau und Betrieb der Eisenbahn erforderlich sind. Nach § 2 Abs. 1 EBO gilt grundsätzlich, daß Bahnanlagen so beschaffen sein müssen, daß sie den Anforderungen an die Sicherheit und Ordnung genügen. Diese Anforderungen gelten als erfüllt, wenn die Bahnanlagen und Fahrzeuge den Anforderungen der EBO und den **anerkannten Regeln der Technik** entsprechen (§ 4 Abs. 1 EBO).

2.3 Kostenzuordnung und Förderrecht (GVFG)

2.3.1 Allgemeines

92 Die grundsätzliche **Kostenzuordnung** (Ausbau-, Unterhaltungs- und Verwaltungskosten) ist für die Förderungsfähigkeit ebenso wie für die Ermittlung des beitragsfähigen Erschließungsaufwandes von erheblicher Bedeutung. Gleichwohl haben Förderrecht und Beitragsrecht ergänzende Kriterien entwickelt, die im Einzelfall zusätzlich erfüllt werden müssen. So reicht z.b. die haushaltsrechtliche Zuordnung eines Vorhabens als Investitionsmaßnahme für eine Förderung nach GVFG nicht aus, da zusätzliche Kriterien im Hinblick auf die Bedeutung des Investitionsvorhabens und seines Beitrages zur **Verkehrsverbesserung** der Gemeinden zu erfüllen sind (vgl. Rz. 5, 363 und 368).

Nicht zu übersehen ist, daß im Hinblick auf die schwierige finanzielle Lage der ehemaligen DB immer wieder vorteilhafte Lösungen für das Bundesunternehmen gesucht wurden. Auch die Aufzählungen in den verschiedenen Verwaltungsvorschriften zur Kostenzuordnung sind nicht abschließend, nicht immer systematisch und im Sinne der jeweiligen Förservorschriften auslegungsbedürftig (vgl. Rz. 82 und110).

Für die Förderung nach GVFG hat der Bund-Länder-Arbeitskreis „**Finanzierungsfragen** des kommunalen Verkehrs" (FAK), des gemeinsamen Ausschusses des Bundes, der Länder und der kommunalen Spitzenverbände zur Verbesserung der Verkehrsverhältnisse der Gemeinden, Richtlinienentwürfe und Merkblätter für die Kostenzuordnung und Kostenabgrenzung erarbeitet. Diese Ausarbeitungen konkretisieren die auslegungsbedürftigen Regelungen des § 4 GVFG in weitgehender Anlehnung an die Verwaltungspraxis des Bundes im Verkehrsbereich. Hinzu kommen zahlreiche Einzelfallentscheidungen, die den Protokollnotizen des von Zeit zu Zeit tagenden (Federführung: Bundesministerium für Verkehr) Arbeitskreises entnommen werden können (vgl. Anhang). Von den Ländern wurden die Richtlinienentwürfe und Merkblätter weitgehend übernommen und (nur die vom jeweiligen Bundesland eingeführte Fassung ist verbindlich) ergänzend zu den Verwaltungsvorschriften zum GVFG (VV-GVFG) erlassen (vgl. Rz. 314). Dies hat dazu beigetragen, die Einheitlichkeit im Verwaltungsvollzug des GVFG bundesweit zu bewahren und die Übertragbarkeit von Entscheidungen sowie den Austausch von Erfahrungen zu erleichtern. Die Länder wenden die GVFG-Fördergrundsätze in der Regel nicht nur für GVFG – geförderte Vorhaben, sondern auch für die übrigen aus Landesmitteln geförderten Infrastrukturvorhaben an (gleiche haushalts- und verkehrsrechtliche Grundlagen). Eine Übersicht über die Themen der vom Bund-Länder-Arbeitskreis „Finanzierungsfragen des kommunalen Verkehrs" (FAK) erstellten Richtlinienentwürfe bzw. Merkblätter enthält die Tabelle 4.

Tabelle 4: Übersicht über die Kostenzuordnungshilfen im GVFG

Baukosten (Tab. 5)	Gemeinschaftsbauvorhaben (Rz. 104)
Grunderwerbskosten (Tab. 6)	ÖPNV-Betriebshöfe u. -Werkstätten
Verwaltungskosten (Tab. 7)	Omnibusbetriebshöfe
Vorsorgemaßnahmen (Rz. 49)	Omnibusfördergrundsätze
Wertausgleich (Rz. 101)	Rechnergesteuerte Betriebsleitsysteme

Tabelle 5: Abgrenzung der Baukosten

Zu den Bau- und Ausbaukosten zählen	
• Ausführungsstatik • Ausführungsplanung (vgl. Verwalt. kost.) • Haftpflicht, Bauwesenversicherung • Vermessung (für die Bauausführung) • Freimachung des Baugeländes • Baugrunduntersuchungen (Bauausführ.)	• Sicherung/Absperrung bis Inbetriebnahme • Entschädigungen (Nachbargrundstücke) • Bestandspläne • Beseitigung von maßnahmebedingten Altlasten • Mehraufwand in denkmalgesch. Bereichen
• Beweissicherungsverfahren • Gutachten (während d. Bauausführung)	**zusätzlich im ÖPNV**
• Kosten archäolog. Untersuchungen • Entwässerungseinrichtungen des Verkehrsweges • Felshangsicherung • Leiteinrichtungen • Schutzmaßnahmen (BImschG, BNatschG)	• Sicherungsposten • Fahrstromanlagen, Notstromversorgung • Fahrkartenverkaufsanlagen • Wartehallen • Steuerungs- u. Fernmeldeanlagen • Anlagen für Betriebspersonal
• Sicherungsmaßn. in Wasserschutzgebieten • Brandschutz	**Eigenleistungen**
• Amphibiendurchlässe • Lichtzeichen- u. Steuerungsanlagen	• selbst durchgeführte Bauarbeiten (Berechnung nach § 41. EKrV)
• zugehörige Beleuchtung • Bepflanzung	**Folgemaßnahmen**
• Wiederherstellung beeinträcht. Grünanl. • Mehrkosten Winterbaumaßnahmen	• Folgekosten für Anlagen Dritter einschl. ggf. erforderl. Ingenieurleistungen
Nicht zu den förderungsfähigen Baukosten zählen z. B.	
• zusätzl. Bauleistungen für zweckfremde Anlagen (Fernverkehr, Ladenzugänge etc.) • Betriebserschwernisse beim Träger des Vorhabens • Ausstattung mit Ersatzteilen • Künstlerische Gestaltung • Ausbildung von Personal	• Besucher- u. Besichtigungstribünen • Werbeanlagen • Ablösekosten für Unterhaltung und Erneuerung • Kosten von Änderungen an Leitungen und Anlagen, für die Folgepflicht besteht (Ausnahme Straßenentwässerung)

2.3.2 Baukosten

Zum Bau oder Ausbau förderungsfähiger Vorhaben gehören grundsätzlich alle **93**
Bauteile, Einrichtungen und Anlagen für eine nach dem Stand der Technik ver-

kehrsgerechte und betriebssichere Ausführung des Vorhabens, einschl. notwendiger Folgemaßnahmen (Richtl. üb. die Abgrenzung zuwendungsfähiger Kosten bei Vorhaben nach dem GVFG vom 6.5.1975 VkBl. 1975 S. 329). Eine nicht abschließende Aufzählung abgrenzungsbedürftiger Maßnahmen für Fördervorhaben nach § 2 GVFG (ÖPNV u. Straßenbau) enthält Tabelle 5.

Daneben hat der Arbeitskreis (FAK) zur Vermeidung überzogener Standards für einzelne Fördergegenstände im ÖPNV Förderhöchstbeträge empfohlen. Einige Länder haben darüberhinaus zur weiteren Vereinfachung des Förderverfahrens die Anteilfinanzierung für einzelne Fördergegenstände durch eine Festbetragsförderung ersetzt.

2.3.3 Grunderwerbskosten

94 Für die Ermittlung der förderungsfähigen Grunderwerbskosten nach GVFG (Richtlinie Grunderwerbskosten) gelten nachstehende in Tabelle 6 dargestellten Grundsätze und Kriterien

Tabelle 6: Grunderwerbskosten

Grundsätze für die Förderfähigkeit	Umfang der Gestehungskosten
• Sparsamkeit u. Wirtschaftlichkeit, • Grunderwerb nach dem 1.1.1961, • Bei begonnenen Vorhaben kann Grunderwerb nur noch dort bezuschußt werden, wo förderbare Bauleistungen zu erbringen sind. • Bei Ausbauvorhaben ist Grunderwerb nur soweit förderbar, als Flächen bisher nicht verkehrlich genutzt wurden. • Tauschgrundstücke sind nur bis zur Höhe der zwf. Kosten des tatsächl. in Anspruch genommenen Grundstückes förderbar. • Ersatzgrundstücke des Vorhabenträgers sind nur förderbar, wenn sie für die Veränderung anderer Verkehrswege benötigt werden. • Erlöse aus der Verwertung frei werdender Grundstücke sind abzusetzen.	• Kaufpreis des Grundstückes (einschl. Gebäude) nach Wertermittlungsrichtl. (MinBl. Fin 1973 S. 454), ohne Maklergebühren, • Ablösebeträge für Hypotheken soweit nicht im Kaufpreis enthalten, • Entschädigungen, • Rechtsanwalts- und Notargebühren, • Gerichtskosten, (Rechtsstreit), • Vermessungskosten, • Wertermittlungsgutachten, • Grunderwerbssteuer.

2.3.4 Verwaltungskosten

95 Nach § 4 Abs. 3 Nr. 2 GVFG sind Verwaltungskosten grundsätzlich nicht zuwendungsfähig (vgl. Rz. 396). Was Verwaltungskosten sind, ist z.Z. der Entstehung des GVFG und der Abfassung des Richtlinienentwurfes „Verwaltungskosten"

nach dem seinerzeit üblichen Leistungsbild der staatlichen Verkehrsverwaltungen entschieden worden (vgl. Rz. 82 und 114). Zwischenzeitlich haben sich jedoch durch die gestiegene Komplexität der Planungen Umfang und Tiefe der Planungs- und Ingenieurleistungen deutlich gewandelt. Verwaltungskostenanteile mit mehr als 15 % der Baukosten werden vielfach erreicht. Die pauschalen Abgeltungssätze einiger Landesförderprogramme liegen bei 7 % der Baukosten. Der Bund-Länder-Arbeitskreis (FAK) hat deshalb im Juni 1997 empfohlen, Teile der Planungs- und Ingenieurleistungen, die in der Regel nach Abschluß des Planfeststellungs-/Plangenehmigungsverfahrens durch Dritte erbracht werden, den Baukosten zuzurechnen. Als überwiegend anrechenbar werden die Leistungsphasen 5, 6 und 9 der HOAI (Ausführung, Objektbetreuung, Dokumentation) angesehen (vgl. Anhang). Der anrechenbare Aufwand wird mit rd. 3 % der Baukosten veranschlagt. Eine Übersicht über die den Verwaltungskosten üblicherweise zurechenbaren Tätigkeiten gibt Tabelle 7. Die Vergabe von Planungsleistungen, die nur als Bestandteil der Baukosten gefördert werden, zählt nicht als Beginn des Vorhabens (vgl. Rz. 48).

Tabelle 7: Abgrenzung der Verwaltungskosten

1. Entwurfsaufstellung	4. Bauüberwachung u. Baulenkung
• Beschaffung des Planmaterials • Vermessungsarbeiten • Baugrunduntersuchungen • Entwurfspläne • Massen- u. Kostenberechnungen • Entwurfsstatik, • Gutachten zur Entwurfsplanung • Ideenwettbewerbe, Modellversuche	• Unterbringung einschl. Einrichtungen u. Betrieb • Vermessungsarbeiten (§ 3 Nr. 2 VOB/B) • Bauwerksmessungen (soweit nicht Nebenleistungen des Auftragnehmers) • Abnahme • Abrechnung der Baumaßnahme • Herstellen der Bauwerksbücher • fotografische Aufnahmen
2. Planaufstellung u. Genehmigungsverfahren	**sonstige Tätigkeiten**
• Erstellen der Unterlagen • Bekanntmachungen • Anmieten von Räumen für Erörterungstermine	• Aufstellen von Betriebsanweisungen • Prüfung der Statik • Beratung durch Sonderfachleute • Optimierungsberechnungen • Bauaufsichtliche Abnahmen • Haushalts- u. Kassenführung • Herst. von Informations- und Werbemat. • Ausstellungen • Künstlerische Beratungen • Grundsteinlegungen, Richtfeste
3. Ausschreibung u. Vergabe	
• Erstellen der Ausschreibungsunterlagen • Vergabeverfahren	

2.3.5 Unterhaltung, Instandsetzung, Erneuerung

96 Zur **Erhaltung** von Verkehrswegen gehören die Unterhaltung, die Instandsetzung und die Erneuerung zur Wahrung der verkehrlichen Substanz. Als Unterhaltung sind vor allem die Ausbesserung von Schäden, Oberflächenbehandlungen von Straßendecken, die Erneuerung von Schutzanstrichen etc. sowie betriebliche Maßnahmen, wie z. B. der Reinigungs- und Winterdienst, Betrieb und Wartung der Signaltechnik und Leitsysteme, die Pflege des Grüns, etc. anzusehen.

Instandsetzung bedeutet Ersatz einzelner Bau- und Anlageteile nach Ablauf der Nutzungsdauer, wie z. B. Oberflächenbehandlungen, Erneuerung der Markierung, Ersatzpflanzungen etc. **Grunderneuerung** ist z. B. der Austausch des gesamten Straßenoberbaues, eines gesamten Brückenbauwerkes, einer Gleisanlage etc. nach Ablauf der Lebensdauer unter Beibehaltung des Status quo. Dagegen ist die Verstärkung des Oberbaues für höhere Verkehrsbelastungen bzw. einen schnelleren Verkehr oder die abschließende Herstellung einer bisher noch nicht endgültig ausgebauten Straße „Ausbau".

Markierungen und Beschilderungen gehören bei Bau- und Ausbaumaßnahmen zur förderungsfähigen Ausstattung bzw. zum Straßenzubehör. Die nachträgliche Anpassung aus verkehrlichen Gründen (Anordnung der Straßenverkehrsbehörden) ist Aufgabe der Straßenerhaltung und Verkehrssicherung und kein Ausbauvorhaben. Soweit Markierungen zusammen mit verkehrsverbessernden punktuellen Ausbaumaßnahmen z. B. an Kreuzungen und Einmündungen für die Anlage von Radverkehrsstreifen erforderlich werden, können sie Bestandteil dieser Maßnahmen sein.

Der Ersatz von Signalanlagen und Wegweisungssystemen nach **Abnutzung** vorhandener Anlagen zur Erhaltung des **Verkehrswertes** ist Aufgabe der Straßenerhaltung und Verkehrssicherung. Der Ersatz älterer Signalanlagen durch intelligente Leit- und Steuerungssysteme für verkehrsabhängige Steuerungen, für ÖPNV-Vorrangschaltungen und dynamische Verkehrsinformation etc. stellt dagegen eine Erweiterung der verkehrlichen Nutzungsmöglichkeiten dar. Damit liegt keine **Erhaltungsinvestition** im Sinne eines gleichwertigen Ersatzes, sondern eine (nach GVFG förderungsfähige) Verkehrsverbesserung vor.

2.4 Folgekostenpflicht, Wertausgleich, Umleitungen

2.4.1 Folgekosten

97 Mit **Folgepflicht** wird die Verpflichtung des Betreibers einer Anlage, z. B. einer Versorgungsleitung oder einer Straßenbahn, bezeichnet, bei Veränderung der Straße mit der Anlage zu folgen bzw. diese zu beseitigen. Aus der Folgepflicht folgt die **Folgekostenpflicht**, d. h. die Verpflichtung zur Übernahme sämtlicher Kosten der Änderung bzw. Beseitigung. Mit den Straßenbenutzungsverträgen wird das Ziel verfolgt, den Straßenbaulastträger von den Kosten bzw. Mehrkosten aus der Nutzung der Straße durch Dritte freizustellen (§ 8 Abs. 8 FStrG und entsprechendes Landesrecht).

Folgemaßnahmen sind also Bauleistungen, die zwar nicht direkt zum Verkehrsbauwerk gehören oder ihm dienen, gleichwohl aber erfolgen müssen, um den Bau zu ermöglichen wie z. b. die Verlegung von **Versorgungsleitungen** etc. Im kommunalen Bereich lassen sich kaum wichtige Straßenbaumaßnahmen und U-Bahn-Vorhaben ohne Änderungen an Leitungen der öffentlichen Versorgung für Energie, Wasser und Wärme sowie der Abwasserbeseitigung und Telekommunikation durchführen.

Die Benutzung der öffentlichen Straßen durch Leitungen der öffentlichen Versorgung wird außerhalb des straßenrechtlichen Gemeingebrauches nach bürgerlichem Recht geregelt. Die Bedingungen der Straßenbenutzung werden in Straßenbenutzungsverträgen bzw. auch in Konzessionsverträgen festgelegt. Soweit z. B. in einer Gemeinde die Ver- bzw. Entsorgung durch einen Eigenbetrieb (ohne eigene Rechtspersönlichkeit) durchgeführt wird, können zwischen diesem und der Kommune als Straßenbaulastträger keine Verträge im Rechtssinn abgeschlossen werden. Die Kosten, die dem Eigenbetrieb durch eine straßenbaubedingte Änderung von Versorgungsleitungen entstehen, gehören dann zu den zuwendungsfähigen Baukosten. Allerdings werden in diesem Fall die Grundstücke eines Eigenbetriebes, die für den Straßenbau benötigt werden, zuwendungsrechtlich wie Grundstücke der Gemeinde behandelt, die nicht zu erwerben sind. Für kommunale Versorgungs- und Entsorgungsbetriebe mit eigener Rechtspersönlichkeit gelten die zwischen der Kommune und ihren Unternehmen vereinbarten **Folgekostenregelungen**. **98**

Eine Kommune kann nicht mit ihrem Unternehmen vereinbaren, daß die **Folgekostenpflicht** bzw. die zeitlich befristete Folgekostenpflicht des Unternehmens dann nicht gelten soll, wenn Zuwendungen gewährt werden. Dies wäre ein Mißbrauch der rechtlichen Gestaltungsmöglichkeiten mit der Folge, daß eine Fördermöglichkeit nicht gegeben ist. Soweit ein Versorgungsträger rechtlich bzw. vertraglich gegenüber dem Straßenbaulastträger zur Kostenübernahme verpflichtet ist, handelt es sich um Kosten, die ein anderer als der Träger des Vorhabens zu tragen verpflichtet ist. Soweit vertraglich nur die Folgepflicht ohne abschließende Regelung der Folgekosten vereinbart wurde, ist stets davon auszugehen, daß derjenige die Folgekosten zu tragen hat, dem die Folgepflicht obliegt. Besteht kein Vertrag bzw. wurde eine Folgepflicht nicht vereinbart, ist davon auszugehen, daß nicht der Straßenbaulastträger als Eigentümer der unbelasteten Grundflächen, sondern der Versorgungsträger die Kosten für die Änderungen an den Versorgungsleitungen zu tragen hat. Für Fernmeldeleitungen der Deutschen Bundespost (TELEKOM) gilt generell die Folgekostenpflicht nach § 3 TWG (BGBl. I 1991, S. 1053). **99**

100 Die vom Straßenbaulastträger mit den Versorgungsunternehmen abgeschlossenen Verträge für die Regelung der Folgekosten gelten nicht für Vorhaben, die nicht durch die Erfüllung der Straßenbaulast bedingt sind, wie z. B. durch den Bau von Straßenbahnen und U-Bahnen. Soweit die Versorgungsträger nicht folgekostenpflichtig sind, steht ihnen ein Ausgleich im Sinne der Prinzipien des Schadensersatzes bzw. Enteignungsrechtes zu. Da Versorgungsunternehmen steuerbare Leistungen für die durch Straßenbaumaßnahmen veranlaßte Verlegung ihrer Leitungen erbringen, sind Herstellungs- und Folgekosten einschließlich Mehrwertsteuer zu erstatten.

2.4.2 Wertausgleich

101 Bei Anspruch auf Kostenerstattung bzw. Ersatzlösungen müssen grundsätzlich **Wertverbesserungen** im Rahmen eines **Vorteilsausgleiches** angemessen berücksichtigt werden. Auch Vorteile, die dem Vorhabenträger außerhalb der Ziele des Förderprogrammes bzw. Dritten entstehen, d. h. Kosten, die nicht auf das Fördervorhaben entfallen, sind bei der Ermittlung der zuwendungsfähigen Kosten abzusetzen, da die Zuwendungen nur für die zur Erreichung des Förderziels entstehenden Kosten einzusetzen sind.

Wertverbesserungen liegen z. B. vor, wenn

- die Kapazität einer Ersatzanlage größer ist,
- die Ersatzanlage aus neuem Material mit längerer Lebensdauer hergestellt wird,
- die Abmessungen neueren betrieblichen Erfordernissen durch Vergrößerung angepaßt werden.

102 Voraussetzung für die Ausgleichspflicht ist, daß die genannten Wertverbesserungen zu einem anrechenbaren wirtschaftlichen Vorteil führen. Dies ist z. B. nicht der Fall, wenn nur ein kleiner Abschnitt einer Leitung erneuert wird, der betriebstechnisch und wirtschaftlich keinen eigenen Abschnitt bildet. Die kreuzungsrechtlichen Bestimmungen bleiben unberührt.

Bei Ver- und Entsorgungsanlagen wird der Wertausgleich in der Regel pauschaliert (40 %) von den zuwendungsfähigen Kosten abgesetzt. Bei Fernmeldelinien beträgt der Wertausgleich pauschal 20 % der tatsächlichen Kosten der Verlegung, Veränderung oder Erneuerung.

Einzelheiten sind den Richtlinien über den Wertausgleich für Ver- und Entsorgungsanlagen im Zusammenhang mit Vorhaben nach dem Gemeindeverkehrsfinanzierungsgesetz (GVFG) vom 6. 5. 1975 VkBl. 1975 S. 332 und den Richtlinien über den Vorteilsausgleich bei Änderungen von Anlagen der öffentlichen Versorgung infolge Straßenbaumaßnahmen (ARS Nr. 28/80 vom 16. 12. 1980 VkBl. 1981, 31) zu entnehmen. Eine umfassende Information bieten darüberhinaus die „Hinweise 92" zur Behandlung von Versorgungsleitungen bei Straßenbaumaßnahmen des Bundes, die der BMV für die Bundesfernstraßen eingeführt hat (Anlage zum Allgemeinen Rundschreiben Straßenbau (ARS Nr. 3.1992 vom 6. 11. 1992 StB 17/08.33.00 L92).

2.4.3 Umleitungen

Die Kosten für die Herrichtung/Ertüchtigung von Umleitungsstrecken (Anord- **103** nung nach § 45 Abs. 2 StVO) für die Durchführung von Bauvorhaben an Verkehrswegen sind Bestandteil der (förderungsfähigen) Baukosten. Auch Provisorien, z. b. Behelfsbrücken und Schäden, die auf Umleitungsmaßnahmen zurückzuführen sind, sind auszugleichen (§ 14 Abs. 2 FStrG und entsprechendes Landesrecht). Aufwendungen, die im Zuge der Umleitungsstrecken ohne die angeordnete Umleitung entstanden wären, sind vom Ausgleich ausgenommen.

Bei Vorhaben des schienengebundenen ÖPNV ist zu prüfen, ob es ggf. wirtschaftlicher ist, anstelle einer Umleitungsstrecke die notwendigen Busse für einen Ersatzverkehr zu beschaffen. Der voraussichtliche Restwert der Fahrzeuge nach Beendigung des Ersatzverkehrs ist von den zuwendungsfähigen Kosten abzusetzen (Ausnahme: min. 7-jährige Nutzungsdauer). Spätestens bei Vorlage des Verwendungsnachweises ist der Restwert abschließend zu belegen (vgl. Richtlinien über die Abgrenzung der zuwendungsfähigen Kosten bei Umleitungsstrecken und die Berücksichtigung von Vorsorgemaßnahmen nach dem GVFG und § 5a FStrG, VkBl. 1975, 302). Zuwendungsfähig sind ferner Entschädigungen für Betriebserschwernisse, die Dritten (z. B. der Deutschen Bahn AG) entstehen.

2.5 Gemeinschaftsvorhaben

Gemeinschaftsvorhaben sind Vorhaben, die nicht nur einem Verkehrsträger al- **104** lein dienen bzw. dienen sollen, sondern auch anderen Verkehrsträgern bzw. anderen öffentlichen oder privaten Zwecken.

Eine getrennte Ausschreibung und Durchführung von Maßnahmen für die verschiedenen Beteiligten ist häufig weder sinnvoll noch möglich. Die **Kostenteilung** muß daher der Aufgabenverantwortung der Beteiligten am Gemeinschaftsvorhaben entsprechen. Hierzu ist in der Regel eine Kostenteilung zu vereinbaren. Die gesetzlichen Kostenteilungsprinzipien des Kreuzungsrechtes (vgl. Nr. 2.5) und die Definition der **Straßenbaulast** haben dabei eine rahmensetzende Funktion. Ggf. sollte das Einvernehmen mit dem Zuwendungsgeber über die vorgesehene Kostenteilung vor Abschluß des Vertrages herbeigeführt werden.

Bei Gemeinschaftsvorhaben ist die Erarbeitung eines **Gesamtantrages** für die Förderung zu empfehlen, der in einzelne Förderbereiche zu gliedern ist. Dies erleichtert die Abstimmung der einzelnen Zuwendungsgeber und reduziert den Koordinationsaufwand. Ggf. kann auch eine federführende Stelle für die Antragsprüfung bestimmt werden. Bei gemeinschaftlicher Nutzung von Fördergegenständen kann bei der Zuordnung in geeigneten Fällen nach dem Prinzip

„Überwiegend" vorgegangen werden, d.h. der Fördergegenstand wird dem Bereich zugeordnet, dem er überwiegend bzw. vorwiegend dient. Ein ggf. notwendiger Kosten- oder Vorteilsausgleich wird dadurch jedoch nicht berührt.

Bei der Ermittlung der zuwendungsfähigen Kosten sind die Richtlinien über die Abgrenzung der zuwendungsfähigen Kosten (vgl. Rz. 93) zu beachten. Die Aufteilung der Kosten sollte durch Vertrag vor Antragstellung auf Förderung geregelt werden. Zu empfehlen ist eine möglichst enge Abgrenzung gemeinsam zu erstellender Anlagen im Hinblick auf die Schwierigkeiten der Kostenaufteilung.

Eine Kostenteilung ist auch vorzunehmen, wenn unterschiedliche Aufgabenbereiche einer Kommune, wie z.B. ÖPNV, kommunaler Straßenbau und Stadterneuerung betroffen sind, da aus verschiedenen Haushaltsstellen und für verschiedene Zwecke Mittel einzusetzen sind. Die notwendigen Vereinbarungen haben sich auf die zeitliche Koordination der Maßnahmen, die Abstimmung der Förderung und den **Kostenteilungsschlüssel** z.B. bei gemeinsamer Finanzierung von Verkehrs- und städtebaulichen Maßnahmen zu beziehen. So können z.B. bei gemeinsamem Grunderwerb die Kosten aufgeteilt werden, wie es dem Verhältnis der dauernd für die Verkehrsanlage erforderlichen Grundstücksteile zur gesamten erworbenen Sanierungsfläche entspricht. Gleiches gilt für Gebäudeentschädigungen und Nebenkosten. Bei Bauwerken sollte der Aufteilungsschlüssel grundsätzlich nach dem Verhältnis der den einzelnen Baulastträgern zugehörigen lichten Räume gebildet werden. Erschwerungen der Straßenbaulast durch den ÖPNV bzw. den Städtebau oder Dritte sind grundsätzlich durch den Veranlasser auszugleichen. Einzelheiten für GVFG-Vorhaben erläutert der Bund-Länder-Arbeitskreis „Finanzierungsfragen des kommunalen Verkehrs" (FAK) im erarbeiteten Richtlinienentwurf „**Gemeinschaftsbauwerke**".

Unterirdische **Fußgängerverteilgeschosse** können im Zusammenhang mit dem Bau von U-Bahnen als wegerechtlich gewidmete Fußgängerzone oder nur als Betriebsanlage des ÖPNV (Zugang zur Haltestelle) angelegt werden. Die Rechtsform kann erhebliche Konsequenzen für die Anbindung und Erschließung anliegender Tiefgeschosse von Geschäften haben (Erhebung von Beiträgen für öffentliche Erschließungsanlagen oder Vertrag über Zugangsrechte im Bereich von Betriebsanlagen).

105   Bei kommunalen Vorhaben (ÖPNV und Straßenbau) kommen die **Kostenteilungsgrundsätze** ebenso wie bei anderen Beteiligten zur Anwendung. So haben z.B. bei ÖPNV-Beschleunigungsmaßnahmen und der Einrichtung von Betriebsleitsystemen des ÖPNV die kommunalen Straßenbaulastträger in der Regel (gleichzeitige Veranlassung) die Kosten für die Modernisierung älterer Lichtsignalanlagen (auch im Interesse der Verbesserung des Verkehrsflusses im Individualverkehr) zu übernehmen, während die Verkehrsunternehmen des ÖPNV die ergänzenden betriebsseitigen Anlagen für den Eingriff in die Signalsteuerung bzw. die Einrichtung spezieller Vorrangschaltungen finanzieren. Sofern die Veranlassung ausschließlich vom ÖPNV ausgeht, hat dieser allein die Kosten zu tragen (Erschwerung der Straßenbaulast). Auch die kreuzungsrechtlichen Bestimmungen bleiben unberührt.

Die Planungen verkehrlicher und städtebaulicher Maßnahmen sind entsprechend den Zielen der Raumordnung, Landesplanung und Stadtentwicklung abzustimmen. Ein entsprechendes Zusammenwirken der beteiligten Stellen ist durch die Planungsgesetze (BauGB, Wegerecht) und das Förderrecht (Beachtung der Grundsätze der Wirtschaftlichkeit und Sparsamkeit) vorgegeben.

2.6 Kreuzungen

2.6.1 Kreuzungsrechtliche Grundlagen

Kreuzungen sind räumliche Überschneidungen von öffentlichen Verkehrswegen. Dabei ist gleichgültig, ob die Kreuzung **höhengleich** (plangleich) oder als Unter- bzw. Überführung **höhenfrei** (planfrei) angelegt wird. Voraussetzung ist immer die gemeinsame Nutzung von Flächen oder von Bauwerken, die das **Gemeinschaftsverhältnis** begründen. So ist z.B. die Überschneidung einer tiefliegenden U-Bahn mit einem anderen öffentlichen Verkehrsweg keine Kreuzung. Kreuzungsbeteiligte sind die Baulastträger der kreuzenden, öffentlichen Verkehrswege. Kreuzungen oder Einmündungen liegen nur vor, wenn die beteiligten Wege öffentlich im Sinne des Wegerechtes sind. Wegerechtlich nicht öffentliche Wege sind wie Privatwege zu behandeln. Die Straßen- und Wegegesetze der Länder haben die kreuzungsrechtlichen Regelungen des Bundesfernstraßengesetzes weitgehend übernommen. **106**

Die Änderung einer bestehenden Kreuzung ist als Herstellung einer neuen Kreuzung zu behandeln, wenn ein öffentlicher Weg, der nach der Beschaffenheit seiner Fahrbahn nicht geeignet und nicht dazu bestimmt war, einen allgemeinen Kraftfahrzeugverkehr aufzunehmen, zu einer diesem Verkehr dienenden Straße ausgebaut wird (§ 12 Abs. 1 FStrG, § 34 Abs. 1 StrWG NW). Geeignet für einen allgemeinen Kfz-Verkehr ist eine Straße nur dann, wenn sie auch LKW-Verkehr aufnehmen kann, ohne einen über die normale Abnutzung hinausgehenden Schaden zu erleiden (BVerwG 5. 11. 1965 IV C 49, 65). Dies erfordert jedoch keinen Querschnitt und keinen Deckenaufbau nach modernen Grundsätzen bzw. nach den Technischen Regelwerken. Wird durch Verlegung einer vorhandenen Kreuzung im baulichen Sinne eine neue Kreuzung geschaffen, ist dies im kreuzungsrechtlichen Sinne keine neue Kreuzung, sondern die Veränderung einer vorhandenen Kreuzung. Eine neue Kreuzung würde jedoch entstehen, wenn die vorhandene Kreuzung nicht ersetzt, sondern ggf. für eine abgestufte Straße erhalten bleiben soll. **107**

Nach Beginn des Baues eines Verkehrsweges bzw. nach Abschluß des Planfeststellungsverfahrens kann kreuzungsrechtlich nicht mehr die Berücksichtigung der „Gleichzeitigkeit" durch einen anderen Verkehrsweg beansprucht werden. **108**

Gleichzeitigkeit liegt vor, wenn während der Planung in zumutbarer Weise Rücksicht genommen werden kann, z.B. wenn baureife Pläne vorhanden sind, die Baudurchführung weitgehend gleichzeitig erfolgen und die Kostenbeteiligung geklärt werden kann (vgl. § 35a Abs. 3 StrWG NW).

109 Die Unterhaltungspflicht im Sinne des Kreuzungsrechtes schließt die künftige Erneuerung und Wiederherstellung in den bisherigen Abmessungen und Brückenklassen ein. Die Durchführung einer Erhaltungsmaßnahme (gleichwertige Erhaltung der baulichen Substanz) wie z.B. der Austausch eines abgängigen Überführungsbauwerkes gegen ein neues gleichwertiges Kreuzungsbauwerk bedeutet daher weder Neubau noch Änderung einer Kreuzung. Voraussetzung für eine Änderung ist die Verbesserung der Kreuzungsanlage.

Grundlage für die Aufgabenabgrenzung und Kostenverteilung sind vor allem:

- das Eisenbahnkreuzungsgesetz (EKrG)
- die Vorschriften der Straßen- und Wegegesetze über Kreuzungen und Einmündungen (§§ 12, 13, 17 FStrG und die entsprechenden Vorschriften der Länder)
- die Regelungen des Bundeswasserstraßengesetzes zu Kreuzungen mit öffentlichen Verkehrswegen (§§ 40, 41, 42 WaStrG)
- die Regelungen über Kreuzungen mit Gewässern (§ 31 WHG, §§ 12a, 13a FStrG und entsprechendes Landesrecht)
- die Vorschriften des PBefG zur Benutzung öffentlicher Straßen durch Straßenbahnen (§ 32 PBefG)
- Vereinbarungen der Kreuzungsbeteiligten
- Festlegungen aus Planfeststellungsverfahren und Anordnungen im Kreuzungsrechtsverfahren (§ 6 EKrG)

2.6.2 *Kostenverteilung*

110 Das Kreuzungsrecht geht von dem Grundsatz aus, daß die Kreuzungsbeteiligten auf der Grundlage der kreuzungsrechtlichen Bestimmungen zu einer Einigung kommen und eine **Vereinbarung** über die Durchführung und Gestaltung der Kreuzungsanlage einschließlich der Kostenaufteilung abschließen (Zur Erleichterung wurden Mustervereinbarungen entwickelt). Für den Fall, daß eine Einigung nicht zustande kommt, muß eine abschließende Entscheidung im Planfeststellungsverfahren bzw. im Anordnungsverfahren bei Eisenbahnkreuzungsmaßnahmen (Kreuzungsrechtverfahren nach § 6 EKrG) getroffen werden.

111 Für die Kostenteilung bei den unterschiedlichen Kreuzungsfällen konnten sich einheitliche **Kostenteilungsprinzipien** in den verschiedenen Rechtsvorschriften nicht durchsetzen, so daß selbst weitgehend vergleichbare Sachverhalte unterschiedlich geregelt sein können. Das Veranlasserprinzip besagt z.B., daß der Kreuzungsbeteiligte, der die Änderung veranlaßt hat bzw. hätte veranlassen müssen, die Änderungskosten trägt (§ 11 Abs. 1 EKrG, § 12 Abs. 1 FStrG). Das

Äquivalenzprinzip verteilt die Kosten der Änderung von vorhandenen Kreuzungen nach festen Anteilen auf die Beteiligten, wie z.B. § 13 EKrG durch die Kostendrittelung. Beim Wertigkeitsprinzip dagegen werden die Kosten z.B. nach der durch die Straßenbreite bestimmten Wertigkeit aufgeteilt (§ 12 Abs. 3 FStrG). Eine Übersicht über die Kostenverteilung bei Kreuzungsmaßnahmen enthalten die Tabellen 8–11.

2.6.3 Kreuzungsbedingte Kosten

Neben der Kostenzuordnung ist die Festlegung der **Kostenmasse**, d.h. des Umfanges der **kreuzungsbedingten** Kosten, Voraussetzung für die Kostenteilung und die Bestimmung der Zuwendungen. Für die verschiedenen Lösungen von höhenfreien und höhengleichen Straßenkreuzungen lassen sich einheitliche Abgrenzungskriterien für alle Maßnahmenbereiche nicht angeben. Was notwendig ist, hängt im Einzelfall von der örtlich realisierbaren Planung, den zu beachtenden rechtlichen Anforderungen unter Berücksichtigung der übersehbaren Verkehrsentwicklung und den erforderlichen Ausgleichsmaßnahmen ab. **112**

Zur Kostenmasse von höhengleichen Straßenkreuzungen gehören z.B.:

* die kreuzungsbedingte Fahrbahnaufweitung (Kreuzungsbereich ist der Bereich, in dem sich die Kreuzungsmaßnahme baulich auswirkt), einschl. Abbiegerfahrstreifen,
* die durchgehenden Fahrstreifen im Kreuzungsbereich,
* Lichtzeichenanlagen, Verkehrsinseln, Überquerungshilfen,
* Gehwege,
* aus der Straßenbaulast zu finanzierende Folgemaßnahmen,
* Verkehrszeichen und -einrichtungen, Bepflanzung etc.

Zur Kostenmasse von höhengleichen und höhenfreien Kreuzungen gehören grundsätzlich nicht: **113**

* Kosten, die durch eine aufwendigere Lösung (d.h. verkehrlich bzw. zur ordnungsgem. Herstellung nicht erf.) auf Veranlassung eines Kreuzungsbeteiligten entstehen,
* Mehrkosten aus der Erschwerung der Baulast,
* Kosten von Maßnahmen, die ein Dritter unabhängig von der Kreuzungsmaßnahme durchzuführen hätte,
* Kosten der Verlegung von Leitungen, soweit eine Folgepflicht der Versorgungsunternehmen besteht,
* Aufwendungen, die aufgrund von früheren Vereinbarungen von einem Kreuzungsbeteiligten zu tragen sind,
* Maßnahmen, die nach den anerkannten Regeln der Technik für eine verkehrssichere Gestaltung nicht erforderlich sind,
* Verwaltungskosten, soweit es sich nicht um Maßnahmen nach EKrG oder WaStrG handelt (§§ 5 – 1. EKrV, § 41 Abs. 7 Nr. 1 WaStrG).

Tabelle 8: Kreuzungen von Straßen mit Eisenbahnen nach EKrG

Vorhaben/Veranlassung	Kostenträger
Herstellung einer neuen Kreuzung, • weil die Straße oder die Eisenbahn neu angelegt wird. • weil beide Verkehrswege neu angelegt werden.	• Alle Kosten trägt nach dem Veranlasserprinzip der Baulastträger des neu hinzukommenden Weges (§ 11 Abs. 1 EKrG). • Beide Beteiligten tragen die Kosten je zur Hälfte (§ 11 Abs. 2 EKrG)
Änderungen an Überführungen, • weil der Straßenbaulastträger oder der Eisenbahnunternehmer dieses verlangt oder hätte verlangen müssen (§ 6 EKrG). • weil beide Beteiligten, d.h. Straßenbaulastträger und Eisenbahnunternehmer dies verlangen oder hätten verlangen müssen (§ 6 EKrG).	• Die Kostenlast trägt derjenige, der die Änderung verlangt bzw. hätte verlangen müssen (§ 12 Abs. 1, i. V. mit § 3 EKrG). – mit Vorteilsausgleich. • Die Kosten sind im Verhältnis der fiktiven Kosten bei getrennter Durchführung aufzuteilen (§ 12 Abs. 2 EKrG). – mit Vorteilsausgleich
Änderung von Bahnübergängen	• Kostendrittelung unter Beteiligung des Bundes (bei DB) bzw. Landes (bei NE) (§ 13 Abs. 1, i. V. mit § 3 EKrG)

Tabelle 9: Kreuzungen von Wasserstraßen mit anderen öffentlichen Verkehrswegen

Vorhaben/Veranlassung	Kostenträger
Herstellung oder Änderung einer Kreuzung, • weil eine Bundeswasserstraße neu gebaut oder ausgebaut wird • weil ein öffentlicher Verkehrsweg (Eisenbahn oder Straße) neu angelegt oder verändert wird • weil eine Bundeswasserstraße und ein öffentlicher Verkehrsweg gleichzeitig neu angelegt werden	• Wasserstraßenverwaltung des Bundes (§ 41 Abs. 1 WaStrG), (ggf. bestehende Rechtsverhältnisse sind zu beachten) • Baulastträger des öffentlichen Verkehrsweges (§ 41 Abs. 2 WaStrG) (ggf. bestehende Rechtsverhältnisse sind zu beachten) • Die Beteiligten tragen die Kosten je zur Hälfte. (§ 41 Abs. 4 WaStrG)
Änderung einer Kreuzung, • weil eine Bundeswasserstraße ausgebaut und gleichzeitig ein öffentlicher Verkehrsweg geändert wird.	• Beide Beteiligten tragen die Kosten im Verhältnis, in dem diese bei getrennter Durchführung (fiktive Kosten) zueinander stehen würden (§ 41 Abs. 5 WaStrG).

Tabelle 10: Kreuzungen von Straßen mit Gewässern

Vorhaben/Veranlassung	Kostenträger
Herstellung oder Änderung einer Kreuzung, • weil eine (Bundesfern-)Straße neu angelegt oder ausgebaut wird (§ 17 FStrG). • weil Gewässer ausgebaut werden (§ 31 WHG).	• Träger der Straßenbaulast (§ 12a Abs. 1 FStrG, § 35a Abs. 1 StrWG NW) • Träger des Ausbauvorhabens (§ 12a Abs. 2 FStrG, § 35a Abs. 2 StrWG NW)
Herstellung einer Kreuzung, • weil eine (Bundesfern-)Straße neu und ein Gewässer gleichzeitig neu angelegt (bzw. wesentlich umgestaltet) werden.	• Straßenbaulastträger und Unternehmer des Gewässerausbaues tragen die Kosten je zur Hälfte (§ 12a Abs. 3 FStrG, § 35a Abs. 3 StrWG NW)
Änderung einer Kreuzungsanlage, • weil eine Straße und ein Gewässer gleichzeitig ausgebaut werden.	• Kostenteilung im Verhältnis der fiktiven Kosten bei getrennter Durchführung (§ 35a Abs. 4 StrWG NW)

Tabelle 11: Kreuzungen und Einmündungen von Straßen

Vorhaben/Veranlassung	Kostenträger
Herstellung einer neuen Kreuzung • weil eine neue Straße hinzukommt • weil mehrere Straßen gleichzeitig neu angelegt werden	• Alle Kosten trägt der Baulastträger der neu hinzukommenden Straße (§ 12 Abs. 1 FStrG, § 34 Abs. 1 StrWG NW) • Kostenteilung im Verhältnis der Fahrbahnbreiten einschl. Geh- und Radwege (§ 12 Abs. 2 FStrG, § 34 Abs. 2 StrWG NW)
Änderung einer höhenungleichen Kreuzung • weil eine Straße ausgebaut oder geändert wird • weil mehrere beteiligte Straßen ausgebaut oder geändert werden	• Der Baulastträger der Straße, der die Änderung verlangt oder hätte verlangen müssen (§ 12 Abs. 3 FStrG, § 34 Abs. 3 StrWG NW) • Kostenteilung im Verhältnis der Fahrbahnbreiten nach der Änderung (§ 12 Abs. 3 FStrG, § 34 Abs. 3 StrWG NW),
Änderung einer höhengleichen Kreuzung (ohne gleichzeitigen Ausbau der Straße) • aus verkehrlichen Gründen	• Kostenteilung im Verhältnis der Fahrbahnbreiten mit Bagatellklausel (20 %) für beteiligte Straßenäste mit geringen Verkehrsmengen (§ 12 Abs. 3a FStrG) • Der Baulastträger der Straße höherer Verkehrsbedeutung hat die Änderungskosten zu tragen (§ 34 Abs. 4 StrWG NW)

Ein Vorteilsausgleich (z. B. neu für alt) ist nur zu berücksichtigen, soweit dies gesetzlich ausdrücklich vorgeschrieben ist (§ 12 Abs. 1 EKrG). Der Erlös aus dem Verkauf von Altmaterial, Pflastersteinen etc. ist mindernd in die Kostenmasse einzubringen.

114 Die konkretesten Regelungen für die Beschreibung und Gliederung der Kostenmasse enthält die Verordnung über die Kosten von Maßnahmen nach dem Eisenbahnkreuzungsgesetz (**1. Eisenbahnkreuzungsverordnung – 1. EKrV –**). Danach umfaßt die Kostenmasse grundsätzlich die Aufwendungen für alle (kreuzungsbedingten) Maßnahmen, die unter Berücksichtigung der übersehbaren Verkehrsentwicklung, der EBO, der StVO und der anerkannten Regeln der Technik notwendig sind, damit die Kreuzung den Anforderungen der Sicherheit und der Abwicklung des Verkehrs genügt.

Die Kostenmasse setzt sich nach § 2 der 1. Eisenbahnkreuzungsverordnung aus den **Grunderwerbskosten**, den **Baukosten** und den **Verwaltungskosten** zusammen. Welche Kosten dies im einzelnen sind, ist in Tabelle 12 dargestellt. Die Darstellung der Bau- und Verwaltungskosten wird in der 1. EKrV ausdrücklich als nicht abschließend erklärt. Gleichwohl wird diese 1. EKrV bei Zweifelsfällen der Kostenzuordnung ebenso zur Orientierung herangezogen wie die Hinweise zur Buchung von Ausgaben für die Bundesfernstraßen (vgl. Rz. 82). Die Entscheidungen eines Fördergesetzes oder spezieller Förderrichtlinien der Länder zum Ausschluß von Verwaltungskosten werden durch die vom Bund für den Bereich der Eisenbahnen und Wasserstraßen verfügte Zuordnung der Verwaltungskosten zur Kostenteilungsmasse nicht tangiert. Vielmehr wird durch die Kostenzuordnung festgelegt, welche Kosten auf jeden Fall den Baukosten bzw. Verwaltungskosten zuzuordnen sind.

2.6.4 Erhaltungs- und Betriebskosten

115 Nicht unerheblich sind vielfach die **Ablösebeträge** für zu erstattende Erhaltungs- und Betriebskosten der Kreuzungsanlagen (§ 13 Abs. 3 FStrG, §§ 14, 15 Abs. 1 EKrG). Da es sich hier nicht um Baukosten, sondern um **Unterhaltungsaufwendungen** handelt, ist eine Förderung der Ablösebeträge nicht möglich.

Das Eisenbahnkreuzungsgesetz bestimmt, daß alle **Eisenbahnüberführungen** vom Eisenbahnunternehmer und alle **Überführungen von Straßen** in der Baulast des Bundes und der Länder vom Träger der Straßenbaulast zu unterhalten sind (§ 14 EKrG in Verbindung mit § 19 EKrG).

Überführungen von Straßen kommunaler und sonstiger Baulastträger sollten dagegen erst in deren Unterhaltung übergehen, sobald eine wesentliche Änderung oder Ergänzung vorgenommen wird. Im Zusammenhang mit der Bahnstrukturreform wurde dieser Vorbehalt des § 19 Abs. 1 EKrG (**Gemeindeprivileg**) aufgegeben (Art. 6 Abs. 106 Nr. 4 ENeuOG) und den kommunalen und sonstigen Baulastträgern die Unterhaltungspflicht zum 1. 1. 1994 überantwortet.

Tabelle 12: Kostenmasse nach § 2–1. EKrV

Kostenmasse	1. Grunderwerbskosten
1. Grunderwerbskosten 2. Baukosten 3. Verwaltungskosten	• alle Aufwendungen für den Erwerb • Entschädigungen für Wertminderungen fremder Grundstücke • Verkehrswert eingebrachter eigener Grundstücke (soweit nicht zum Verkehrsweg des Duldungspflichtigen gehörend) • abzüglich Erlös aus Veräußerung nicht mehr benötigter Grundstücke
2. Baukosten insbesondere: • Freimachen des Baugeländes • Abbruch von Gebäuden • Entschädigung für Sachschäden • Baugrunduntersuchungen • Baustoffuntersuchungen • Gutachten während der Ausführung • Erdbau, Entwässerung • Unterbau • Fahrbahn, Gleise • Stützmauern • Verkehrszeichen u. -einrichtungen • erforderliche Beleuchtung • Bepflanzung • Hilfsbrücken, Sicherungsposten • Aufrechterhaltung des Verkehrs • Verkehrsumleitungen • Baukosten selbst durchgeführter Arbeiten können in Rechnung gestellt werden	**3. Verwaltungskosten** 10 % der anteiligen Kosten des Grunderwerbs und der Baukosten für jeden Beteiligten, insbesondere für: • Vorarbeiten • Vorentwürfe • Bauentwurf • statische Prüfungen • Vergabe • örtliche Bauaufsicht • Bauleitung (einschl. erforderliche Meßgeräte und Hilfsfahrzeuge, Probebelastung) • sonstige Verwaltungstätigkeiten einschl. Rechnungs- und Kassendienst

Grundsätzlich gilt für einen Wechsel der Bau- bzw. **Unterhaltungslast** von Verkehrsanlagen, daß der bisherige Träger der Bau- bzw. Unterhaltungslast dafür einzustehen hat, daß die zu übergebenden baulichen Anlagen ordnungsgemäß unterhalten sind und den Anforderungen an die Sicherheit genügen (vgl. z.B. § 6 Abs. 1a FStrG). Dies bedeutet im Regelfall, daß das Bauwerke für seine (ursprüngliche) funktionale Aufgabe voll belastbar sein muß. Inzwischen haben die Kommunen einen erheblichen Nachholbedarf in der Erhaltung der von der DB-AG übergebenen Straßenüberführungen festgestellt. Von der DB AG muß der Nachweis verlangt werden, daß die Bauwerksprüfungen bis zum Zeitpunkt des Überganges gemäß DS 803 oder DIN 1076 ordnungsgemäß durchgeführt und Schäden, die Einfluß auf die Verkehrs- und Betriebssicherheit haben, termingerecht beseitigt wurden. Über die Abgeltung der Erhaltungsrückstände konnte bisher aber kein befriedigendes Ergebnis erzielt werden. Eine Fördermöglichkeit nach GVFG besteht nicht – sofern kein Ausbau erforderlich ist –, da die Förderung von Erhaltungs- und Unterhaltungsmaßnahmen gesetzlich ausgeschlossen ist. Die Überlegungen für eine erneute Änderung des Eisenbahnkreuzungsgesetz zur Regelung der Finanzierungsfrage sind z.Z. noch nicht abgeschlossen.

2.6.5 Bau- und verkehrstechnische Anforderungen

116 Die kreuzungsrechtlichen Vorschriften enthalten neben Regelungen zur Kostenverteilung, zur Unterhaltungslast und zur einheitlichen Aufsichts- bzw. Anordnungsbefugnis (§§ 6ff. EKrG, § 12 Abs. 4 i. V. mit § 18 Abs. 5 FStrG) wichtige bau- und verkehrstechnische Anforderungen, die auch für Fördermaßnahmen im Hinblick auf die Kosten relevant sind. So sind z.b. nach § 2 EKrG neue Kreuzungen von Eisenbahnen und Straßen grundsätzlich als **Überführungen** herzustellen, wenn die Straße dazu bestimmt ist, einen allgemeinen Kfz-Verkehr aufzunehmen. Auch Kreuzungen mit Bundesautobahnen sind nach § 1 FStrG frei von höhengleichen Kreuzungen zu halten.

Für neue Kreuzungen wird in § 41 WaStrG verlangt, daß sie nicht nur dem gegenwärtigen Verkehr genügen, sondern auch die **übersehbare Verkehrsentwicklung** für die nächsten 10 Jahre berücksichtigen. Diese Frist findet inzwischen auch im Straßenbau für die Berücksichtigung der übersehbaren Verkehrsentwicklung Anwendung (§ 12 Abs. 1 FStrG, § 34 Abs. 1 StrWG NW).

Soweit allerdings z.B. beim Neubau von Autobahnen Ausbauabsichten für kreuzende verkehrswichtige kommunale Straßen nicht allein durch Konsenslösungen in der Planfeststellung festgeschrieben wurden, sondern zugleich eine Ausbaupflicht bzw. eine Erstattungspflicht für die Mehrkosten mit den Kommunen vertraglich vereinbart wurde, führt dies in der Regel zu **Erstattungsansprüchen**, wenn die Ausbauabsicht nicht innerhalb von 10 Jahren verwirklicht oder die Planungsabsicht aufgegeben wird.

3. Standards und allgemein anerkannte Regeln der Technik

117 Bei der Konkretisierung und Ausfüllung der im Planungs- und Baurecht enthaltenen unbestimmten Rechtsbegriffe, Generalklauseln und Schutzziele spielen die einschlägigen Richtlinien und technischen **Regelwerke** eine wichtige Rolle. So wird regelmäßig die Erfüllung der Anforderungen an die Sicherheit und Ordnung einschl. der Beachtung der Belange Behinderter und die angemessene Berücksichtigung der allgemein anerkannten Regeln der Technik verlangt (§ 4 FStrG, § 9 Abs. 2 und § 9a Abs. 2 StrWG NW).

Die allgemein **anerkannten Regeln der Technik** (aRdT) sind keine Rechtsnormen. Ob sie angewandt werden müssen, ist nicht ihnen, sondern anderen, insbesondere vertraglichen oder gesetzlichen Regelungen zu entnehmen. Nur die **eingeführten Richtlinien** bzw. technischen Baubestimmungen stellen Weisungen an die zuständigen Behörden dar. Eine entsprechende Ermächtigungsgrundlage enthält z. B. § 55 StrWG NW, die bisher nicht genutzt wurde. Für Eisenbahnanlagen und Straßenbahnen sind nach § 2 Abs. 1 EBO bzw. § 2 Abs. 1 BOStrab die anerkannten Regeln der Technik zu beachten. Für die Bundesfernstraßen werden Richtlinien durch Allgemeine Rundschreiben Straßenbau (ARS) an die Straßenbauverwaltungen der Länder verbindlich eingeführt.

Die allgemein anerkannten Regeln der Technik stellen unabhängig von der Einführung einer verwaltungsinternen Bindung das bewährte Fachwissen für den Normalfall dar. Ist in einer Rechtsnorm durch Generalklausel auf die allgemein anerkannten Regeln der Technik verwiesen, dann dürfen diese nicht den Stand der Technik oder von Wissenschaft und Technik festlegen. Für Normen und Richtlinien ist davon auszugehen, daß sie zum Zeitpunkt ihres Entstehens den anerkannten Regeln der Technik entsprechen. Im einzelnen gilt: **118**

- Die aRdT sind sachverständige Aussagen, aber nicht die einzige Erkenntnisquelle.
- Die aRdT können in der Planung eine sorgfältige Abwägung (mit anderen Belangen) nicht ersetzen.
- Die Anwendung der aRdT ist auf den Regelfall beschränkt.
- Der Inhalt der aRdT muß im Einzelfall nicht den höchsten Ansprüchen genügen.
- Der Anwender der aRdT ist von Verantwortung nicht frei.

Die Genauigkeit einer Entscheidung wird vor allem durch den Grad der bereits in einem Standard enthaltenen Vereinfachung beeinflußt. In der Praxis sind vor allem Standards beliebt, die die Komplexität eines Problems reduzieren und meßbare Größen für eine einfache Anwendung enthalten. In dem durch die **unbestimmten Rechtsbegriffe** wie z. B. Sicherheit und Ordnung vorgegebenen Rahmen besteht grundsätzlich ein Spielraum für technische Normen.

In der Praxis wird bei der Ausführung von Bauvorhaben die Beachtung der anerkannten Regeln der Technik im Regelfall als Maßstab für technisch einwandfreies Verhalten und für das Maß der Schuld angesehen, wenn Leib und Leben von Menschen gefährdet werden (§ 323 StGB). **119**

Die Verletzung der **Sorgfaltspflichten** ist also strafrechtlich relevant bei Anforderungen, die die Sicherheit berühren, nicht aber bei Anforderungen an Bequemlichkeit und Komfort in der Verkehrsplanung. Fahrlässiges Verhalten ist immer dann gegeben, wenn ein höheres Risiko als das allgemein erlaubte Restrisiko zu verantworten ist. Soll bei Eisenbahnanlagen und Straßenbahnen von

den allgemein anerkannten Regeln der Technik bzw. den allgemeinen technischen Normen abgewichen werden, so ist bei Abweichungen von den Sicherheits-
bestimmungen gegenüber dem Eisenbahnbundesamt (EBA) bzw. der Technischen Aufsichtsbehörde (TAB) der Nachweis gleicher Sicherheit zu führen (§ 2
Abs. 2 EBO, § 2 Abs. 2 BOStrab). Der Nachweis gleicher Sicherheit muß spätestens bei der bauaufsichtlichen Freigabe vorliegen.

120   Hauptaufgabe der Straßenbau – Regelwerke ist die Einheitlichkeit der Straßen-
gestaltung und die Erhöhung der Verkehrssicherheit. Der Verkehrsteilnehmer
soll darauf vertrauen können, daß bei Straßen mit vergleichbaren Aufgaben und
Bedingungen gleichwertige technische Lösungen anzutreffen sind. Ein Anspruch
darauf, daß eine Straße den Richtlinien entspricht oder eine bestimmte Höchstgeschwindigkeit gefahrlos ermöglicht, besteht jedoch für den Verkehrsteilnehmer nicht. Der Straßenbenutzer hat sich vielmehr den gegebenen Verkehrsver-
hältnissen anzupassen und die Straße so hinzunehmen, wie sie sich ihm
erkennbar darstellt (BGH 6. 7. 1959, VkBl. 1959, 549).

Strafurteile, die sich nicht auf Baumängel, sondern lediglich auf eine fehlerhafte
Anwendung von Planungsrichtlinien beziehen, sind bisher nicht bekannt geworden.

Oft enthalten technische Normen für die Planung nicht nur Sicherheitsstandards,
sondern auch Festlegungen (Lösungen) und Gewichtungen zu anderen Belangen, über die erst in der planerischen **Abwägung** entschieden werden kann bzw.
für die ein Regelungsbedarf nicht besteht. Ziel technischer Regelwerke muß u. a.
das Aufzeigen technisch noch möglicher Einsatzgrenzen bleiben. Vor allem sollen Planungsnormen im Bereich Umwelt und Verkehr keine Regelungen bzw.
Abwägungen vorwegnehmen, über die in einem konkreten Verwaltungsverfahren (Bebauungsplanverfahren, Planfeststellungsverfahren etc.) zu entscheiden
ist.

Alle Vorhaben sind bau- und verkehrstechnisch einwandfrei und unter Beachtung des Grundsatzes der Wirtschaftlichkeit und Sparsamkeit zu planen. Diese
Forderung besteht grundsätzlich nach den haushalts- und wegerechtlichen Vorschriften unabhängig von einer Förderung und gilt auch bei Anwendung der
Standards und Regelwerke. Zur angemessenen Wahrnehmung der Aufgabenverantwortung gehört die angemessene Nutzung der Gestaltungsspielräume
durch die Aufgabenträger.

Literaturverzeichnis

Fickert: Straßenrecht in Nordrhein-Westfalen, 3. Auflage 1989

Kodal-Krämer: Straßenrecht, 5. Auflage 1995

Allgemeines Eisenbahngesetz (AEG)	BGBl. 1993 I S. 2378
2. Allgemeine Verwaltungsvorschrift für die Auftragsverwaltung der Bundesfernstraßen 2. AVVFStr	BAnz. Nr. 38 vom 23. 2. 1956
Baugesetzbuch (Neufassung v. 27. 8. 1997)	BGBl. I S. 2141
Bundesfernstraßengesetz (FStrG)	BGBl. 1994 I S. 854
Bundesschienenwegeausbaugesetz (BSchwAG)	BGBl. 1993 I S. 1874
Bundeswasserstraßengesetz (WaStrG)	BGBl. 1890 I S. 18/8
Fernstraßenausbaugesetz	BGBl. 1993 I S. 1878
Fernstraßenprivatfinanzierungsgesetz(FStrPrivFinG)	BGBl. 1994 I S. 2243
Eisenbahnneuordnungsgesetz (ENeuOG)	BGBl. 1993 I S. 2373
Eisenbahnkreuzungsgesetz (EKrG) vom 21. 3. 1971, zul. geändert am 27. 12. 1993	BGBl. I S. 2373
Eisenbahnkreuzungsverordnung (-1. EKrV-) vom 2. 9. 1964, zul. geändert am 11. 2. 1983	BGBl. I S. 711 BGBl. I S. 85
Gemeindeverkehrsfinanzierungsgesetz vom 28. 1. 1988, zul. geändert am 13. 8. 1993	BGBl. 1988 I S. 100 BGBl. 1993 I S. 1488
Gesetz zur Regionalisierung des öffentlichen Personennahverkehrs (Regionalisierungsgesetz)	BGBl. 1993 I S. 2378, 2395f.
Hinweise für die Buchung von Ausgaben für die Bundesfernstraßen	VkBl. 1970 S. 55
Personenbeförderungsgesetz (PBefG) vom 21. 3. 1961 i.d.F. der Bek. vom 8. 8. 1990, zul. geändert am 27. 12. 1993	BGBl. I S. 241 BGBl. I S. 1690 BGBL. I S. 2378, 2418
Straßenverkehrsgesetz	BGBl. 1952 I S. 837 BGBl. 1994 I S. 2325
Telegraphenwegegesetz	BGBl. 1991 I S. 1053

Kapitel 2: Beiträge, Benutzungsentgelte, Gebühren

Erster Abschnitt: Anlieger- und Erschließungsbeiträge

Roland Thomas

1. Allgemeines

1.1 Vorbemerkung

121 Ein beachtlicher Teil des Finanzierungsaufwands für Bau und Unterhaltung kommunaler Straßen wird innerhalb der Städten und Gemeinden selbst erbracht. Nach dem Prinzip von Leistung und Gegenleistung besteht für die Kommunen die Möglichkeit, regelmäßig auch die Rechtspflicht und die wirtschaftliche Notwendigkeit, eine **Refinanzierung** gegenüber denjenigen vorzunehmen, die die Anlagen in Anspruch nehmen bzw. nehmen können.

Erschließungs- und **Ausbaubeiträge** werden für die Inanspruchnahmemöglichkeit einer von der Gemeinde bereitgestellten (Erschließungs-)Anlage erhoben.

1.2 Gesetzliche Bestimmungen

122 Aus dem Verfassungsgrundsatz des Gesetzesvorbehalts ergibt sich, daß eine Kommune zur Erhebung von **Beiträgen** eine Rechtsgrundlage benötigt, weil es sich dabei um Eingriffe in Rechtspositionen der Bürger handelt. Die Rechtsgrundlagen für die Beitragserhebung finden sich hinsichtlich der **erstmaligen Herstellung** einer Anlage (bis auf weiteres) in den §§ 127 ff. BauGB, für die darauffolgenden Maßnahmen zumeist in den Kommunalabgabengesetzen der Länder, soweit diese Ausbaubeitragsvorschriften erlassen haben. Diese Rechtsgrundlagen sind für sich aber noch zu allgemein, um eine konkrete Beitragspflicht auszulösen, so daß jede Kommune als Ortsgesetzgeber (je) eine **Beitragssatzung** für Erschließungs- und Ausbaumaßnahmen erlassen muß. Aus der später noch zu erörternden **Beitragserhebungspflicht** resultiert damit auch eine Satzungserlaßpflicht der Gemeinde.

a) Die Gesetzgebungskompetenz für das **Erschließungsbeitragsrecht** ging am 15. 11. 1994 mit der Änderung des Art. 74 Nr. 18 GG (BGBl. I vom 03. 11. 1994, S. 3146) vom Bund auf die Länder über. Hintergrund dürften die Schwierigkeiten der Gemeinsamen Verfassungskommission von Bund und Ländern gewesen sein, im Rahmen der Verfassungsreform den Ländern zusätzliche Zuständigkeiten einzuräumen. Die kommunalen Spitzenverbände auf Bundesebene hatten sich stets gegen die Überführung gewendet, zum einen mit der Begründung, die Einordnung des Erschließungsbeitragsrecht im BauGB verdeutliche, daß diese Rechtsmaterie Bestandteil eines insgesamt geschlossenen und abgestimmten Regelungssystems für Planaufstellung, Umsetzung und Verwirklichung im Bereich der Bauleitplanung, der Bodenordnung und der Erschließung – die weiterhin bundesrechtlich geregelt ist – sei. Zum anderen wurde im Hinblick auf die kommunale Praxis argumentiert, die höchstrichterliche Rechtsprechung des Bundesverwaltungsgerichts zum Erschließungsbeitragsrecht sei zwar besonders kompliziert und komplex, habe aber für die kommunale Praxis zwischenzeitlich zu einer relativ hohen Rechtssicherheit und damit zu einer insgesamt handhabbaren Rechtsanwendung geführt, die im Falle grundsätzlicher Rechtsänderungen auf Länderseite gefährdet würde.

Die nun eingetretene **Kompetenzverlagerung** sollte zukünftig aus Sicht der Länder und Kommunen als Chance verstanden werden. Die Rechtsprechung des Bundesverwaltungsgerichts bietet zwar Rechtssicherheit, ist aber in vielen Einzelfragen gemeindeunfreundlich, weil sie einen hohen Verwaltungsaufwand verursacht und gleichzeitig häufig nicht zu einer Refinanzierbarkeit gemeindlicher Leistungen führt. Sie ist selbst für den Juristen häufig nicht nachvollziehbar, weil sie – z. B. im Hinblick auf den Katalog **beitragsfähiger Erschließungsanlagen** – eine Auslegung contra legem vornimmt (hierzu später). Schließlich führt sie auch häufig für den beitragspflichtigen Bürger zu Ungerechtigkeiten; als Beispiel sei die Nichtveranlagungsfähigkeit tatsächlich erschlossener Grundstücke im Außenbereich genannt.

Die Länder erhalten durch die Kompetenzverlagerung „nach unten" einen breiteren Gestaltungsspielraum mit der Möglichkeit, solche Regelungen zu finden, die stärker landesspezifischen Vorstellungen entsprechen, wobei eine ernsthafte Berücksichtigung der (kommunalen) Belange „vor Ort" zur Verwaltungsvereinfachung und für die Beitragspflichtigen letztendlich zu transparenteren und gerechteren Lösungen führen sollte. Zudem wäre auf Landesebene eine Vereinheitlichung des **Abgabenrechts** insbesondere durch Angleichung straßenausbaubeitrags- und erschließungsbeitragsrechtlicher Vorschriften möglich. Die noch bestehende letztinstanzlich unterschiedliche Gerichtszuständigkeit würde mit der Folge entfallen, daß eine landesweit einheitliche Rechtsprechung bezüglich des gesamten kommunalen Abgabenrechts gewährleistet wäre.

Bisher ist noch kein umfassendes **Landeserschließungsbeitragsrecht** in kraft, so daß gemäß Art. 125a GG die §§ 127 ff. BauGB als Bundesrecht fortgelten. Sie können durch Landesrecht ersetzt werden, Gesetzesänderungen an diesen Vorschriften, wie zuletzt geschehen zum Mai 1993, sind aber nicht mehr möglich.

b) Die **Ausbaubeitragsvorschriften** der Länder sind untereinander nicht iden- **123** tisch. Teilweise verfolgen sie auch eine unterschiedliche Terminologie. Es würde den Rahmen dieser Darstellung sprengen, rechtsvergleichend und erschöpfend sämtliche Landesregelungen zu kommentieren. Viele Landesregelungen folgen aber der gleichen Rechtslogik und bilden zusammen mit dem Erschließungsbeitragsrecht ein im Kern vergleichbares, aus der Finanzwissenschaft hergeleitetes Rechtssystem. Es soll daher hier eine Konzentration auf die im zeitlichen Ablauf des Verwaltungsverfahrens auftretenden Probleme erfolgen, soweit sie sich in der Rechtsberatung als praxisrelevant darstellen.

1.3 Grundbegriffe

1.3.1 Vorteil

124 Maßgebend für die in diesem Kapitel zu behandelnden Rechtsmaterien ist der Begriff des (**wirtschaftlichen**) **Vorteils**, der seinen Ursprung im allgemeinen Recht der öffentlichen Abgaben findet. Wenn sich auch der konkrete Vorteil und die daran anknüpfenden Rechtsfolgen auf die Funktion der jeweils zu betrachtenden Anlage beziehen müssen, so kann doch allgemein festgehalten werden, daß der ein **Entgelt** auslösende Vorteil für den Abgabepflichtigen entweder in der konkreten Inanspruchnahme einer gemeindlichen Leistung bzw. Einrichtung (**Gebühr**) oder in ihrer Inanspruchnahmemöglichkeit (**Beitrag**) besteht.

a) Der eine **Erschließungsbeitragserhebung** rechtfertigende **Erschließungsvorteil** beruht entscheidend auf einer qualifizierten und ungehinderten Inanspruchnahme- bzw. Benutzungsmöglichkeit einer **beitragsfähigen Erschließungsanlage** von einem baulich, gewerblich oder erschließungsbeitragsrechtlich vergleichbar nutzbaren Grundstück aus; von dem Ausmaß der wahrscheinlichen Inanspruchnahme hängt daher der Umfang des Erschließungsvorteils und in der Folge die Höhe des Beitrags ab (Driehaus, 4. A., § 9, Rz. 3)

b) Der **ausbaubeitragsrechtliche Vorteilsbegriff** ist nicht mit dem des Erschließungsrechts identisch. Die Ländergesetze greifen auf unterschiedliche Definitionen zurück, zumeist wird aber ein wirtschaftlicher Vorteil verlangt, der teilweise noch ein „besonderer" sein muß. Vorsichtig formuliert wird man sagen können, daß mit der beitragsfähigen Maßnahme eine Steigerung des Gebrauchswerts einer Anlage/Einrichtung für das veranlagte Grundstück herbeigeführt werden muß.

1.3.2. Erschließungs- bzw. Ausbaulast

125 Die Erschließung ist Aufgabe der Gemeinde, sog. **Erschließungslast** (vgl. § 123 BauGB). Es handelt sich dabei um eine allgemeine öffentlich-rechtliche Last, die der Gemeinde ein **Ermessen** in bezug auf das „ob, wie und wann" der Erschließung einräumt (vgl. BVerwG, Urt. v. 4. 10. 1974, NJW 1975, S. 402). Regelmäßig hat der Bürger keinen Rechtsanspruch darauf, daß die Gemeinde eine bestimmte Erschließungsmaßnahme vornimmt, insofern kann nicht von einer **Erschließungspflicht** der Kommune gesprochen werden. Im Einzelfall kann sich aber die allgemeine Erschließungsaufgabe der Gemeinde zu einer aktuellen, einklagbaren Erschließungspflicht verdichten. Beispielsweise kann sich die Gemeinde vertraglich (auch durch **Ablösungsvereinbarung**) zur Erschließung verpflichten. Auch ein anderweitiges Verhalten der Gemeinde kann zur Verdichtung der Erschließungslast führen, z.B. wenn ein qualifizierter Bebauungsplan aufgestellt wurde, der praktisch für ein unbebautes Grundstück, das nach § 34 bzw. § 35 BauGB bebaubar gewesen wäre, die Wirkung einer **Veränderungssperre** hat, und die Gemeinde sodann auf Dauer keine Anstalten unternimmt, die Herstellung der Erschließungsanlagen vorzunehmen (BVerwG, Urt. v. 6. 2. 1985, DVBl. 1985, S. 623). Diese Grundsätze gelten im Ausbaubeitragsrecht entsprechend.

1.3.3 Verhältnis des Erschließungsbeitrags- zum Ausbaubeitragsrecht

Zumindest solange und soweit die §§ 127ff. BauGB noch Gültigkeit beanspru-   **126**
chen dürfen, sind sie gegenüber den Landeskommunalabgabengesetzen nach dem Grundsatz der Spezialität vorrangig anzuwenden. Diese Vorschriften erfassen nur die Maßnahmen, die zur **erstmaligen Herstellung** der in § 127 Abs. 2 BauGB genannten Erschließungsanlagen erforderlich sind: den Erwerb und die Freilegung der Flächen für die Erschließungsanlagen, die Übernahme von Anlagen als gemeindliche Erschließungsanlagen und insbesondere ihre erstmalige Herstellung einschließlich der Einrichtungen für ihre **Entwässerung und Beleuchtung**, vgl. § 128 Abs. 1 BauGB. Sie lassen landesrechtliche Regelungen für andere Maßnahmen, z.B. Erweiterungen und Verbesserungen, an anderen nicht leitungsgebundenen Anlagen bzw. Einrichtungen ohne weiteres zu, vgl. § 128 Abs. 2 BauGB.

Entscheidendes Kriterium zur Abgrenzung von Erschließungs- und Straßenausbaubeitragsrecht ist also die Frage, ob eine Maßnahme zur erstmaligen (endgültigen) Herstellung einer Anlage dient. Letzteres richtet sich bei Maßnahmen, die zeitlich nach Inkrafttreten des Bundesbaugetzes 1961 vorgenommen werden, nach den gesetzlich und satzungsmäßig festgelegten Merkmalen der **endgültigen Herstellung**.

War eine Anlage bei Inkrafttreten des Bundesbaugesetzes schon vorhanden in dem Sinne, daß eine (Erschließungs-)Beitragspflicht aufgrund der bestehenden Vorschriften nicht entstehen konnte, so können für Maßnahmen keine Erschließungs-, sondern allenfalls **Ausbaubeiträge** erhoben werden. In den Ländern, in denen vor Inkrafttreten des Bundesbaugesetzes das Preußische Fluchtliniengesetz galt, ist die von den Landesobergerichten weiterentwickelte Rechtsprechung des Preußischen Oberverwaltungsgerichts zugrunde zu legen. Zunächst muß danach geprüft werden, ob in der Kommune ein **Ortsstatut** nach § 15 PrFluchtLG bestand, das Merkmale für die Fertigstellung einer Straße festlegte. Genügte eine Anlage diesen Anforderungen, so ist für weitere Maßnahmen das Erschließungsbeitragsrecht ausgeschlossen.

Noch weiter zurückgehend ist eine Straße i.d.R. als vorhandene anzusehen, wenn sie zu einem vor Inkrafttreten des ersten wirksamen Ortsstatuts nach § 15 PrFluchtlG liegenden Zeitpunkt in ihrem damals vorhandenen Zustand mit dem Willen der Gemeinde wegen ihres insoweit für ausreichend erachteten Zustands dem inneren Anbau und innerörtlichen Verkehr zu dienen bestimmt war und gedient hat (vgl. Driehaus, Erschließungs- und Ausbaubeiträge, 4. Auflage, § 2, Rdnr. 34). Wesentlich für die Beurteilung der vorhandenen Straße sind also nicht objektive und allgemeingültige Merkmale, sondern es kommt ausschließ-

lich und entscheidend auf den Willen der Gemeinde an. Geeigneter Anhaltspunkt für den Willen der Gemeinde, eine Straße als vorhandene anzusehen, ist
ihre Aufnahme in ein **Straßenverzeichnis** der vorhandenen Straßen (vgl. Arndt,
KStZ 1984, S. 107, (109)). Der **Ausbauzustand** der Straße kann demgegenüber
lediglich eine Indiztatsache zur Feststellung des wirklichen Willens der Gemeinde darstellen. Fehlt jeglicher kunstmäßige Ausbau (Auskofferung, Packlage,
Pflasterung etc.), spricht dies zwar für die Annahme, daß die Straße nur proviso-
risch angelegt werden sollte und keine vorhandene war. Dies gilt jedoch nur in
dem Fall, daß die Gemeinde keine eindeutige Aussage gemacht hat. Im wesentlichen wird auch nach den übrigen seinerzeitigen Landesrechten festgestellt werden müssen, ob die Gemeinde nach ihrem Ortsstatut eine Straße als vorhandene
angesehen hat, wobei teilweise objektiven Gegebenheiten wie den üblichen Aus-
baugepflogenheiten ein höherer Stellenwert beizumessen ist.

127   Wenn die Ermittlung, ob eine Straße eine „vorhandene" ist, auch vom Willen der
Gemeinde abhängig ist, so bedeutet das allerdings nicht, daß die Kommune der
Straße nachträglich wieder das Merkmal des „Vorhandenseins" nehmen kann.
Es steht folglich nicht im Ermessen der Kommunen, Erschließungs- oder Ausbaubeiträge zu erheben. Steht einmal fest, daß eine Straße als „vorhandene" zu
qualifizieren ist, so bleibt sie es auch. Hat wiederum die Gemeinde die richtige
Rechtsgrundlage für eine Beitragserhebung nicht erkannt, so bedeutet dies nicht,
daß ein **Beitragsbescheid** ohne weiteres rechtswidrig oder gar nichtig ist. Vielmehr hat das Verwaltungsgericht hinsichtlich der Rechtmäßigkeit des Verwal-
tungsakts alle rechtlichen Grundlagen zu überprüfen. Gegebenenfalls ist auch
eine Umdeutung in Betracht zu ziehen. Stützt also eine Gemeinde einen Beitragsbescheid fehlerhaft auf Landesrecht, während Erschließungsbeitragsrecht
einschlägig ist, so ist eine Umdeutung nur dann erforderlich, wenn der Bescheid
in seinem Tenor geändert werden müßte, um rechtmäßig zu werden. Dies ist
beim Erschließungsbeitragsbescheid allerdings regelmäßig nicht der Fall, weil
die §§ 127 ff. BauGB zu den Gründen und nicht zum Tenor eines solchen Bescheides zu rechnen sind (vgl. BVerwG, Urt. v. 19. 8. 1988, NVwZ 89, S. 471).
Dies gilt bis zur Grenze der Wesensveränderung des Bescheids. Für den umge-
kehrten Fall – die Gemeinde beruft sich fälschlicherweise auf Erschließungsbeitragsrecht, während Ausbaubeitragsrecht anwendbar ist – gilt nach wohl h.M. in
Rechtsprechung und Literatur Entsprechendes (vgl. Driehaus, EAB, § 2,
Rz. 59 m.w.N.).

1.4   Mustersatzungen

128   **a)   Erschließungsbeitragsrecht**

Im Rahmen des Projekts „Hilfe zum Aufbau der kommunalen Selbstverwaltung
in den neuen Bundesländern" erstellte 1991 eine Arbeitsgruppe aus Fachrefe-
renten des Deutschen Städtetags und des Deutschen Städte- und Gemeindebun-
des in Zusammenarbeit mit einem Vertreter des Bundesministeriums für Raum-

ordnung, Bauwesen und Städtebau die sog. Arbeitshilfe Nr. 7 „Erschließungs- und Erschließungsbeitragsrecht – Vertrags- und Satzungsmuster mit Erläuterungen". Darin wurden die bis dato existierenden Satzungsmuster der kommunalen Spitzenverbände auf Bundes- und Länderebene zusammengeführt.

Im Mai 1993 wurde – unter maßgeblicher Einflußnahme der genannten Arbeitsgruppe – das BauGB in zwei Punkten geändert: Beim Abschluß von **Erschließungsverträgen** können nunmehr die Gemeinden alle Kosten für sämtliche Erschließungsanlagen auf den **Erschließungsträger** abwälzen. Das Bundesverwaltungsgericht hatte bis dahin in ständiger Rechtsprechung die Auffassung vertreten, die Gemeinde dürfe Erschließungsverträge nur über die beitragsfähigen Erschließungsanlagen und mit zusätzlicher Berücksichtigung des **10 %-igen Gemeindeanteils** abschließen. Die zweite Änderung betrifft die Erhebung von Vorausleistungen nach § 133 Abs. 3 BauGB. Jetzt können bereits mit Beginn der Herstellung von Erschließungsanlagen Vorausleistungen in voller Höhe des zu erwartenden Beitrags erhoben werden. Das Bundesverwaltungsgericht hatte hierzu ständig vertreten, daß Vorausleistungen wegen des Vorteilsprinzips jeweils nur ihrer Höhe nach in einem angemessenen Verhältnis zu Höhe der im Zeitpunkt der Erhebung vermittelten Vorteile erhoben werden dürften, verkürzt ausgedrückt, immer nur entsprechend dem jeweiligen Baufortschritt.

Unter anderem diese Gesetzesänderung, aber auch die weitere Entwicklung in den neuen Bundesländern gaben Anlaß, 1994 eine Neuauflage der Arbeitshilfe Nr. 7 zu erarbeiten, die u.a. folgende Muster nebst Erläuterungen enthält: Erschließungsvertrag, Erschließungsbeitragssatzung, Durchführungsvertrag zum **Vorhaben- und Erschließungsplan**, Ablösungsvereinbarung.

b) Ausbaubeitragsrecht

Satzungsmuster zum Ausbaubeitragsrecht werden von den kommunalen Spitzenverbänden der Bundesländer regelmäßig aktualisiert veröffentlicht und können i.d.R. in den Geschäftsstellen angefordert werden.

2. Verfahren zur Erhebung von Erschließungs- bzw. Ausbaubeiträgen

2.1. Ermittlung des beitragsfähigen Aufwandes

Zur Deckung ihres anderweitig nicht gedeckten Aufwands für Maßnahmen an (Erschließungs-) Anlagen/nichtleitungsgebundenen Einrichtungen erheben die Gemeinden von den Anliegern **Beiträge**. So oder in vergleichbarer Weise formulieren es die einschlägigen Gesetze (vgl. §§ 127, 129 BauGB), wobei es bzgl. der Begrifflichkeiten zu Unterschieden kommt.

129

2.1.1 Gegenstand beitragsrechtlich relevanter Maßnahmen

130 Gegenstand einer beitragsfähigen Maßnahme kann nur eine **selbständige** Anlage bzw. Einrichtung sein. Ob sie einen selbständigen oder unselbständigen Charakter hat, hängt vom Gesamteindruck ab, den sie ausgehend von einer natürlichen Betrachtungsweise nach den tatsächlichen Verhältnissen vor Ort vermittelt. Dabei kommt es regelmäßig nicht auf eine einheitliche Straßenbezeichnung an. Vielmehr ist beispielsweise auf die Ausbauart und die räumliche Ausdehnung der Verkehrsanlage abzustellen, auch darauf, wieviele Grundstücke an sie angrenzen. Wesentlicher Anhaltspunkt ist ihre Funktion, die im Erschließungs- und Ausbaurecht zu unterschiedlichen Ergebnissen führen kann.

2.1.2 Erschließungsbeitragsrecht

131 **Erschließungsanlagen** i.S.d. Erschließungsbeitragsrechts sind in § 127 Abs. 2 BauGB abschließend aufgeführt. Der Bundesgesetzgeber hat in § 127 Abs. 2 BauGB für beitragsfähig erklärt sog. Anbaustraßen, nicht befahrbare Verkehrsanlagen, Sammelstraßen, Parkflächen und Grünanlagen sowie Immissionsschutzanlagen. Entgegen dem im Gesetzeswortlaut ausgedrückten gesetzgeberischen Willen hat die Rechtsprechung des Bundesverwaltungsgerichts dazu geführt, daß in der Praxis eine Beitragserhebung im wesentlichen auf die Erschließungsanlage „Anbaustraße" beschränkt bleibt.

Als allgemeine Voraussetzung für die **Beitragsfähigkeit** einer selbständigen Erschließungsanlage hat das BVerwG nämlich aus dem Vorteilsprinzip das Merkmal der genauen und überzeugenden **Abgrenzbarkeit** herausgebildet. Eine Beitragserhebung setzt danach immer die genaue und überzeugende Abgrenzbarkeit des Kreises der Grundstücke voraus, denen die Erschließungsanlage einen beitragsbegründenden **Sondervorteil** bringt, von den Grundstükken, die nur einen beitragsfreien **Gemeinvorteil** von ihr haben.

So nimmt die Rechtsprechung eine Beitragsfähigkeit von **unbefahrbaren Verkehrsanlagen** nur in dem in praxi kaum auftretenden Fall an, daß eine solche Anlage die einzige unmittelbare fußgängergerechte Verbindung zwischen einem nach seinen Grundstücken eindeutig abgrenzbaren Wohngebiet und einem sich an ihn anschließenden Gemeindezentrum vermittelt (vgl. Driehaus, EAB, § 12, Rz. 63 m.w.N.). Ebenso ist eine **Sammelstraße** nur theoretisch beitragsfähig, nämlich dann, wenn sie die einzige Anlage ist, die die Verbindung der einzelnen Anbaustraßen eines Wohngebiets zum übrigen Verkehrsnetz der Kommune vermittelt. Nutzt auch der Ziel- und Quellverkehr eines anderen Wohngebietes die Sammelstraße, so können ihre Kosten mangels Abgrenzbarkeit weder den Grundstücken in dem einen wie auch denen im anderen Wohngebiet zugeschlagen werden. Eine Beitragsfähigkeit liegt auch dann nicht vor, wenn eine Sammelstraße zwei beiderseits der Anlage gelegene Baugebiete erschließt und eine deutliche Abgrenzung der Grundstücke, denen ein Vorteil vermittelt wird, lediglich hinsichtlich des an der einen Seite gelegenen Baugebiets möglich ist. Eine Anwendung des Halbteilungsgrundsatzes hat das BVerwG in seinem Urteil vom 14. 2. 1994 (NVwZ-RR 94. S. 413) ausdrücklich abgelehnt. **Parkflächen** sind trotz ihrer unzweifelhaften Vorteile für die umliegenden Grundstücke nur im Ausnahmefall beitragsfähig, und zwar, wenn das Gebiet, dessen ruhenden Verkehr sie aufnehmen sollen, ein geschlossenes Gebiet derart darstellt, daß tatsächlich alle Grundstücke in dem Gebiet annähernd gleich von der Anlage profitieren.

Aus dem **Bestimmtheitsgebot** ist zwar die Abgrenzbarkeit als Voraussetzung für die Beitragserhebung gerechtfertigt. Es dürfen nur diejenigen mit Beiträgen belastet werden, die auch einen besonderen, nachvollziehbaren Vorteil von der Bereitstellung einer Anlage haben.

132

Die Auslegung dieser Voraussetzung durch das Bundesverwaltungsgericht wird aber dem gesetzgeberischen Willen nicht gerecht. Durch die positive und nicht mit Einschränkungen versehene Auflistung beitragsfähiger Erschließungsanlagen hat der Gesetzgeber deutlich gemacht, daß er vom Grundsatz der **Abrechenbarkeit** der Anlagen ausgeht. Nur im Ausnahmefall soll der von ihnen vermittelte Vorteil keiner bestimmbaren Anliegergruppe zugerechnet werden können. Wenn der Gesetzgeber also z. B. Sammelstraßen für beitragsfähig erklärt, so ist die Rechtsprechung dadurch gehalten, einen erschließungsbeitragsrechtlichen **Vorteilsbegriff** zu finden und anzuwenden, der den Grundsatz der Abrechenbarkeit gewährleistet. Hier sollte aus kommunaler und Ländersicht ein Hauptaugenmerk bei der Erarbeitung von Landesgesetzen liegen. Es sind gesetzliche Regelungen zu finden, die zu einer auch für den Bürger transparenten Abrechnung aller von der Gesetzgebung als beitragsfähig angesehenen Erschließungsanlagen ohne unangemessenen Verwaltungsaufwand führen.

Eine praxisorientierte Lösung für die Abgrenzbarkeit hat das BVerwG für **Grünanlagen** bereits vorexerziert. Das Abrechnungsgebiet wird hier gebildet aus allen Grundstücken, die von der Grünanlage nicht weiter als 200 Meter Luftlinie entfernt sind. Im Einzelfall können örtliche Gegebenheiten ein sachgemäßes Abweichen von dieser Grenze erlauben (vgl. BVerwG, Urt. v. 10. 5. 1985, DVBl. 85, S. 175). Hier hat das BVerwG einen Weg gewiesen, der auch für andere Erschließungsanlagen zu sachgemäßen und vorteilsgerechten Ergebnissen führen kann. Zwar stellt es bezüglich der 200-Meter-Grenze allein auf Kinder und ältere Personen ab, die im wesentlichen als Nutzer einer **Parkfläche** in Betracht kommen und in der Regel keine weiteren Wege zurücklegen. Aus der Verkehrswissenschaft ist aber bekannt, daß überwiegend eine 200 – 300-Meter-Strecke die übliche fußläufige Erreichbarkeit definiert. Aus diesem Grunde gehen beispielsweise ÖPNV-Konzepte häufig von entsprechenden Entfernungen bei der Einrichtung von Haltestellen aus. Zumindest die Erreichbarkeit des PKW auf einer öffentlichen Parkfläche könnte hier zu einer praktikablen Abgrenzbarkeit bei Parkflächen führen; ähnliches gilt für unbefahrbare Verkehrsanlagen.

133   Eine Besonderheit bilden **Immissionsschutzanlagen** nach § 127 Abs. 2 Nr. 5 BauGB. Die Arbeitshilfe Nr. 7 empfiehlt daher eine gesonderte Regelung in einer eigenen Satzung und bietet ein Satzungsmuster an. Erschließungsbeitragsfähig sind Lärmschutzanlagen, die eine Bebauung auf vorher lärmbelasteten Grundstücken, also etwa eine Wohnbebauung in der Nähe einer stark befahrenen Straße, erst möglich machen.

Der Kreis der Grundstücke, denen durch die Herstellung eines **Lärmschutzwalls** ein beitragsrechtfertigender **Sondervorteil** zugewendet wird, ist nach der Rechtsprechung in der Regel hinreichend abgrenzbar. Durch einen Wall zum Schutz vor Straßenlärm werden i.S.d. § 131 Abs. 1 BauGB die Grundstücke erschlossen, die durch die Anlage eine Schallpegelminderung von mindestens 3 dB (A) erfahren (BVerwG, zuletzt Urt. v. 23. 6. 1995, ZMR 1995, S. 556). Begründet wird dies damit, daß eine Lautstärkedifferenz von nur 2 dB (A) nach den allgemeinen Erkenntnissen der Akustik kaum wahrzunehmen sei. Da der Sondervorteil in dem durch den Lärmschutzwall bewirkten Schutz, also der Schallpegelminderung liegt, kommt es nicht auf eine Baugebiets- oder Bebauungsplanabgrenzung an, sondern allein auf die Frage der Lärmreduktion.

Eine Gemeinde kann die jeweiligen **Lärmminderungen** zumeist im einzelnen nicht selbst feststellen. Daher wird sie i.d.R. Sachverständige mit Lärmmessungen beauftragen müssen. Die hierauf begründete und berechtigte Kritik des hohen Verwaltungsaufwands erkennt das BVerwG sehr wohl. Dennoch hebt es in der obengenannten Entscheidung ausdrücklich nicht auf das durch eine Lärmschutzanlage geschützte Gebiet ab (obwohl selbst das Gesetz in § 127 II Nr. 5 BauGB von „Anlagen zum Schutz von Baugebieten" spricht). Vielmehr könnten in die Aufwandsverteilung nur einzelne Grundstücke gelangen. Die **Beitragsgerechtigkeit** gebiete es sodann, nur solche Grundstücke einzubeziehen, denen eine Lärmpegelminderung von 3 dB (A) vermittelt wird. Neuerdings sind EDV-Programme auf dem Markt, mit denen die Lärmminderungen errechnet (statt gemessen) werden können. Bei einer entsprechend hohen Zuverlässigkeit solcher Programme muß die Ermittlung der erforderlichen Lärmminderung nach meiner Auffassung den Anforderungen der Rechtsprechung ebenfalls genügen, jedenfalls dann, wenn durch Stichprobenmessungen die errechneten Ergebnisse verifiziert werden.

Die Frage, ob ein Grundstück von der Lärmschutzanlage erschlossen ist, entscheidet sich nicht danach, ab welcher Gebäudehöhe eine Lärmminderung nicht mehr eintritt. Vielmehr ist das gesamte Buchgrundstück bereits dann als erschlossen anzusehen, wenn die relevante Lärmminderung lediglich in einem (auch unüberbaubaren) Teilbereich in Höhe der Erdoberfläche meßbar ist (vgl. Arbeitshilfe Nr. 7, S. 58).

134   Nach der noch gültigen Rechtslage konzentrieren sich kommunale Erschließungsbeitragserhebungen in der Praxis auf die **erstmalige Herstellung** von sog.

Anbaustraßen. § 127 Abs. 2 Nr. 1 BauGB spricht von öffentlichen, zum Anbau bestimmten Straßen, Wegen und Plätzen.

Öffentlich ist eine Verkehrsanlage, wenn sie gemäß dem (Landes-) Straßenrecht dem öffentlichen Verkehr gewidmet, d.h. der **Gemeingebrauch** an ihr eröffnet ist. Die **Widmung** ist zwingende Voraussetzung für eine Beitragserhebung mit der Folge, daß trotz Vorliegen der Merkmale der endgültigen Herstellung die sachliche Beitragspflicht noch nicht entsteht, solange die Widmung nicht erfolgt ist. Die materiellen und formellen Voraussetzungen für die Widmung einer Gemeindestraße sind den einschlägigen Landesstraßengesetzen zu entnehmen und können in dieser Darstellung nicht vertieft erörtert werden.

Eine Verkehrsanlage ist dann zum **Anbau** bestimmt, wenn sie geeignet ist, den anliegenden Grundstücken eine **Bebaubarkeit** i.S.d. §§ 30ff. BauGB bzw. eine sonstwie erschließungsbeitragsrechtlich beachtliche Nutzbarkeit zu verschaffen (vgl. BVerwG, Urt. v. 2.7.1982, E 67, S. 216ff.). Dieser Anforderung genügt die Anlage nur, wenn sie eine Heranfahrmöglichkeit an die anliegenden Grundstücke eröffnet, also gewährleistet, daß die Grundstücke für Kraftfahrzeuge, besonders auch solche der Polizei, der Feuerwehr, des Rettungswesens und der Ver- und Entsorgung erreichbar sind (BVerwG, Urt. v. 30.8.1985, NVwZ 1986, S. 38). Dies bedingt eine ausreichende **Ausbaubreite** und Festigkeit der Straße.

Straßen im Außenbereich sind nach der st. Rspr. des Bundesverwaltungsgerichts 135 nicht zum Anbau bestimmt. Es legt für diese Ansicht eine typisierende Betrachtungsweise zugrunde, wonach Grundstücke im unbeplanten Innenbereich und innerhalb beplanter Baugebiete grundsätzlich bebaubar, während sie es im Außenbereich grundsätzlich nicht sind (vgl. BVerwG, u.a. Urt. v. 29.4.1977, E 52, S. 364ff.).

Eine Ausnahme von diesem Grundsatz bilden nach meiner Ansicht Anbaustraßen im Bereich von sog. **Außenbereichssatzungen** nach Maßgabe des alten § 4 Abs. 4 BauGBMaßnG. Diese Vorschrift wurde endgültig zum 1.1.1998 in das Baugesetzbuch übernommen und ist jetzt in § 35 Abs. 4 BauGB niedergelegt. Dient die Verkehrsanlage der Anbindung und inneren Erschließung eines Gebiets, das zwar im Außenbereich gelegen ist, aber für das eine Satzung erlassen wurde, so handelt es sich dabei um eine beitragsfähige Anbaustraße. Durch die Regelung soll einem dringenden Wohnbedarf der Bevölkerung in den Gemeinden in geeigneter Weise Rechnung getragen werden. Die Satzung verfolgt gerade den Zweck, den dort befindlichen Grundstücken eine Bebaubarkeit i.S.d. §§ 30ff. BauGB zu verschaffen. Die Gemeinde kann nämlich für bebaute Bereiche im Außenbereich, die nicht überwiegend landwirtschaftlich geprägt sind und in denen eine Wohnbebauung von einigem Gewicht vorhanden ist, durch Satzung bestimmen, daß Wohnzwecken dienenden Vorhaben i.S.d. § 35 Abs. 2 BauGB nicht entgegengehalten werden kann, daß sie einer Darstellung im Flächennutzungsplan über Flächen für die Landwirtschaft oder Wald widersprechen oder die Entstehung oder Verfestigung einer Splittersiedlung befürchten lassen. Zum Erschlossensein der Grundstücke im Bereich einer Außenbereichssatzung vgl. unter Punkt 2.5.3.1.

136 Nach allgemeiner Meinung handelt es sich bei einer Erschließungsanlage auch dann um eine zum Anbau bestimmte Straße, wenn ein Anbau nur von einer Seite her zulässig ist. Es hat sich zur Rechtsproblematik der **einseitig anbaubaren Straßen** inzwischen eine verfestigte Rechtsprechung gebildet. Danach gebietet eine an der Interessenlage und dem Grundsatz der **Erforderlichkeit** orientierte Auslegung des Merkmals „zum Anbau bestimmt" eine differenzierte Betrachtungsweise, die durch eine auf § 127 Abs. II Nr. 1 BauGB gestützte Teilung der **Kostenmasse** gekennzeichnet ist. Grundsätzlich ist danach nur die Hälfte der Anlage beitragsfähig, an die die bebaubaren Grundstücke angrenzen. Dies führt im Regelfall zu einer Kostenhalbierung mit der Folge, daß die andere Hälfte zunächst von der Gemeinde zu tragen ist. In der Praxis sind hiervon die Fälle erfaßt, in denen die Erschließungsanlage im Hinblick auf die Anforderungen konzipiert und realisiert wird, die erst später durch hinzukommenden Ziel- und Quellverkehr zu den Grundstücken auf der anderen Seite entstehen. Vielfach liegt nämlich die andere Seite noch im Außenbereich und ist erst später durch Aufstellung eines Bebauungsplans zur geordneten Bebauung vorgesehen.

137 Der **Halbteilungsgrundsatz** bewirkt nun, daß nicht die bereits vorhandenen Anlieger sämtliche Kosten tragen müssen, sondern die Gemeinde die Hälfte zunächst vorstreckt und dann die hinzukommenden Anlieger veranlagt.

Das Bundesverwaltungsgericht hat von diesem Grundsatz mehrere Ausnahmen zugelassen. Die Fallgruppen, bei denen die zuvor beschriebene Teilung der **Ausbaukosten** nicht vollzogen zu werden braucht, sind so gewichtig, daß teilweise von einer Umkehrung des Grundsatzes gesprochen wird (vgl. Reif, 2.2.3.3.2). Eine Teilung der Ausbaukosten erfolgt danach nicht, wenn eine Straßenseite oder auch ein Straßenteil einem Anbau auf Dauer entzogen ist, die Straße jedoch auch insoweit überwiegend die Funktion hat, den erschlossenen Grundstücken die Verbindung zum allgemeinen Straßennetz zu verschaffen (vgl. Driehaus, EAB, § 12, Rz. 42). Dies kann durch topographische Gegebenheiten (Verlauf der Straße entlang einer Felswand, eines steilen Abhangs, eines Gewässers, einer Bahnlinie oder ähnliches) der Fall sein. Ein weiterer Ausnahmefall liegt dann vor, wenn die Gemeinde die Anlegung der Straße auf die Breite beschränkt hat, die für die **hinreichende Erschließung** der Grundstücke auf der einen Seite unentbehrlich ist. So wurde von der Rechtsprechung bereits entschieden, daß keine Bedenken gegen die Entscheidung einer Gemeinde bestehen, mit Rücksicht u. a. auf den bei einer 550 m langen Straße in einem reinen Wohngebiet zu beachtenden Lkw-Pkw-Begegnungsverkehr eine Fahrbahnbreite von 5 m (OVG Lüneburg, Urt. v. 23. 05. 1979; KStZ 79, S. 174) oder 5,5 m (VG Mannheim, Urt. v. 17. 11. 1983 – 2 S 1811/83) als für die Erschließung der Grundstücke an der **anbaubaren Straßenseite** unentbehrlich zu halten. Hier ist nämlich anerkanntermaßen auch der Gesichtspunkt der Sicherheit und Leichtigkeit des Verkehr in die Überlegungen einzubeziehen. Auch in einem solchen Fall hat die Anlage insgesamt – in erster Linie – die Funktion, die bebaubaren Grundstücke der einen Straßenseite zu erschließen (BVerwG, Urteil vom 29. 04. 1977 – E 52, S. 364ff.).

Der **verkehrsberuhigte Ausbau** von Erschließungsanlagen ist beitragsfähig, wenn die die Benutzung der Anlage regelnde Widmung zumindest einen – wenn auch hinsichtlich des Benutzerkreises und/oder Benutzungszwecks – eingeschränkten Fahrzeugverkehr zuläßt und die Anlage somit als Anbaustraße i. S. d. § 127 Abs. 2 Nr. 1 BauGB zu qualifizieren ist. Die Bedeutung einer Straße erschöpft sich nämlich nicht allein in ihrer **Verkehrsfunktion** für den Kraftfahrzeugverkehr. Straßen haben darüber hinaus auch eine **Aufenthalts-, Kommunikations- und Erholungsfunktion** für Fußgänger und Radfahrer. Gemäß § 9 Abs. 1 Nr. 11 BauGB können im Bebauungsplan **Verkehrsflächen besonderer Zweckbestimmung**, u. a. auch verkehrsberuhigte Straßen, festgesetzt werden. Häufig wird bei der Ausgestaltung auf die bei Anbaustraßen übliche Trennung der Flächen für den Kraftfahrzeug- und den Fußgänger- und/oder Radverkehr verzichtet und die Straße in ihrer ganzen Breite als **Mischfläche** mit einer Straßenmöblierung angelegt oder die Fahrbahn mit Versätzen und Schwellen hergestellt. **138**

Auch eine verkehrsberuhigte Straße ist eine Anbaustraße, die den anliegenden Grundstücken die notwendige **verkehrliche Erschließung** verschafft. Ihr ist lediglich zu dieser herkömmlichen Aufgabe eine weitere Funktion zugewiesen, nämlich die Verbesserung des Wohnumfelds durch die Vermittlung einer – relativ – sicheren Kinderspielfläche und des Eindrucks einer Grünanlage und vor allem durch eine Reduzierung des Verkehrslärms und der vom Fahrzeugverkehr ausgehenden Gefahren. Durch diese zusätzliche Funktion geht der Charakter einer Anbaustraße nicht verloren (vgl. VGH Baden-Württemberg, Urteil vom 28. 07. 1987 – 2 S 1109/87 –).

2.1.3 Anlagen im Ausbaubeitragsrecht

Die Landesgesetze zum **Straßenausbaubeitragsrecht** gehen teilweise von einem eigenständigen Anlagen- bzw. Einrichtungsbegriff aus, der mit dem Erschließungsanlagenbegriff nicht identisch ist und demzufolge zu einer unterschiedlichen, meist ausgeweiteten Abrechenbarkeit führt. So sind beispielsweise nach § 8 Abs. 1 Satz 2 KAG NW **beitragsfähige Anlagen** „dem öffentlichen Verkehr gewidmete Straßen, Wege und Plätze". Anlage ist somit alles, was im Bereich der öffentlichen Straßen, Wege und Plätze Gegenstand einer Maßnahme sein kann und was nach Maßgabe des Bauprogramms im Einzelfall **hergestellt** oder **verbessert** werden kann (OVG Münster, Urt. v. 24. 10. 1985 – A 840/84 –). **139**

Dieser eigenständige Begriff führt teilweise dazu, daß die Gemeinden selbst in ihrer einschlägigen **Beitragssatzung** den Anlagenbegriff näher bestimmen können und müssen. Die Gemeinde kann beispielsweise ihrer Satzung den Erschließungsanlagenbegriff zugrundelegen (Rechtsfolgen s. o.). Sie kann aber auch festlegen, daß zum Ersatz des Aufwandes für die Herstellung, Erweiterung und Verbesserung von Anlagen im Bereich von öffentlichen Straßen, Wegen und Plätzen und als Gegenleistung für die durch die Möglichkeit der **Inanspruchnahme** den Eigentümern und Erbbauberechtigten der erschlossenen Grundstücke erwachsenden **wirtschaftlichen Vorteile** Beiträge erhoben werden (so die Mustersatzung des NWStGB für das KAG NW). Eine Abweichung vom Erschließungsanlagenbegriff hat dabei die im folgenden dargestellten Vorteile.

Zunächst gibt es eine Reihe von öffentlichen Straßen, Wegen und Plätzen, die gerade keine beitragsfähigen Erschließungsanlagen darstellen. Hinzu kommt, daß auch Verkehrsanlagen im Außenbereich abgerechnet werden können, weil die Ländergesetze im allgemeinen nicht auf die **Bebaubarkeit**, sondern auf jede rechtlich **zulässige Nutzung** von Grundstücken abheben. KAG-Anlagen sind – verkürzt ausgedrückt – auch dann als selbständige Anlagen anzusehen, wenn sie im Erschließungsbeitragsrecht nur als Abschnitte einer Anlage (im Wege der Kostenspaltung) abrechenbar wären. Gegenstand einer beitragsfähigen Maßnahme kann nämlich grundsätzlich ein solcher Teil des Straßennetzes der Gemeinde sein, der selbständig in Anspruch genommen werden kann, d. h. er muß Erschließungsfunktion für bestimmte Grundstücke erfüllen (OVG Münster, Urt. v. 29. 6. 1992 – 2 A 2580/91).

140 Schließlich können auch für die **Verbesserung** und **Erneuerungen** von Wirtschaftswegen Ausbaubeiträge erhoben werden. Wirtschaftswege sind in der Regel private Wege, die ausschließlich oder überwiegend der Bewirtschaftung landwirtschaftlich oder forstlich genutzter Flächen dienen. Weitere Voraussetzung ist, daß die Wege aufgrund öffentlich-rechtlicher Entschließung der Gemeinde für den Verkehr bereitgestellt worden sind. Dies geschieht im Regelfall dadurch, daß der „öffentliche" **Wirtschaftsweg** straßenrechtlich einem beschränkt öffentlichen Verkehr gewidmet ist.

Für **Wirtschaftswege** hat beispielsweise das OVG NW mit Urteil vom 1. 6. 1977 – 2 A 1475/75 – entschieden, daß bei entsprechender Satzungsregelung Ausbaubeiträge verlangt werden können. Die Tatbestandsregelung der Satzung muß dabei eindeutig bestimmen, was Gegenstand einer straßenbaulichen Maßnahme sein soll. Die Gemeinde hat wahlweise die Möglichkeit, entweder eine spezielle Satzung für Wirtschaftswege zu erlassen oder in ihre bestehende Straßenbaubeitragssatzung für Gemeindestraßen besondere Regelungen für Wirtschaftswege (nachträglich) aufzunehmen. Letztere Maßnahme hat den Vorteil, daß ein Großteil der Bestimmungen auch für Wirtschaftswege herangezogen werden kann.

2.2 Beitragsfähige Maßnahmen

2.2.1 Erschließungsbeitragsrecht

Nach §-128 Abs. 1 BauGB ist **erschließungsbeitragsfähig** der **Aufwand** für den Erwerb und die Freilegung der Flächen und die erstmalige Herstellung einschließlich der Einrichtungen für die Entwässerung und Beleuchtung der Erschließungsanlagen.   **141**

a) Erwerb der Flächen

Da Straßenbaulast und **Eigentum** grundsätzlich nicht auseinanderfallen sollten, ist es regelmäßig erforderlich, daß die Gemeinde die Flächen, auf denen sie Erschließungsanlagen herstellen will, zu Eigentum erwirbt.   **142**

Kauft die Gemeinde zu diesem Zweck Land, ist der daraus entstehende **Kostenaufwand** nach § 128 Abs. 1 Satz 1 Nr. 1 BauGB beitragsfähig. Hiervon umfaßt ist zunächst der **Kaufpreis**, aber auch Kosten für Vermessung des Grundstücks, für die notarielle Beurkundung sowie Eintragung im Grundbuch und Makler-, Rechtsanwalts- und Gerichtsgebühren. Bezüglich des Kaufpreises hat die Gemeinde ein weites Ermessen, dessen Grenze durch den Begriff der **Erforderlichkeit** bestimmt ist. So ist die Gemeinde nicht verpflichtet, solange zu verhandeln, bis der **Verkehrswert** des Grundstücks als Kaufpreis erreicht wird, bzw. ein **Enteignungsverfahren** einzuleiten. Vielmehr sollte ein Hauptaugenmerk auf dem Gesichtspunkt der Effizienz und der zügigen Umsetzung einer Erschließungsmaßnahme liegen.

Neben dem käuflichen Erwerb kommt auch die Bereitstellung **gemeindeeigener** Flächen in Betracht. Als beitragsfähiger Aufwand ist nach § 128 Abs. 1 Satz 2 BauGB der Wert der von der Gemeinde aus ihrem Vermögen bereitgestellten Flächen im Zeitpunkt der Bereitstellung. Gemeint ist damit der Verkehrswert des Grundstücks. Schließlich ist auch der Wert der Flächen einzubeziehen, die der Gemeinde in einem Umlegungsverfahren nach § 55 Abs. 2 BauGB zugeteilt wurden.

Sind gemeindeeigene Flächen zur Verfügung gestellt worden, ist aber nicht feststellbar, nach welcher der obengenannten Vorschriften die Bereitstellung stattgefunden hat, so kann die Gemeinde dennoch Aufwand geltend machen. Im Zweifel ist der die Beitragspflichtigen weniger belastende der in Betracht kommenden Aufwandsposten bei der Ermittlung der **beitragsfähigen Kosten** zu berücksichtigen (BVerwG, Urt. v. 15. 11. 1985, NVwZ 1986, S. 299).

b) Freilegung der Flächen

Hierzu gehört zunächst das Wegräumen von auf dem Grundstück liegenden Gegenständen, aber auch der **Abbruch** von Gebäuden sowie die Beseitigung von Bäumen, Sträuchern und anderen Pflanzen. Bis zur Entscheidung des BVerwG   **143** vom 13. 11. 1992 (KStZ 1993, S. 31) war die Erdoberfläche die Grenze, bis zu der Maßnahmen als **Freilegungsarbeiten** abrechenbar waren. Seither ist geklärt, daß auch die Beseitigung von Hindernissen unterhalb der Erdoberfläche beitragsfähigen Aufwand darstellt. Dies hat wesentliche Auswirkungen auf die Behandlung von Altlasten im Boden. Zumindest die Beseitigung der Stoffe dürften jetzt als beitragsfähig anzusehen sein (so auch Driehaus, EAB, § 13, Rz. 39).

c) Erstmalige Herstellung

144 Hiervon umfaßt ist der sichtbare technische Ausbau der Erschließungsanlage, beginnend mit dem „1. Spatenstich", einschließlich der Erstellung der Entwässerung und Beleuchtung. Das sind die Kosten aller Maßnahmen, die erforderlich sind, um eine Erschließungsanlage zu errichten und in einen Ausbauzustand zu versetzen, der den Merkmalen der **endgültigen Herstellung** nach der gemeindlichen Erschließungsbeitragssatzung entspricht. Entspricht die Anlage diesen Anforderungen, ist sie also erstmals endgültig hergestellt, so bedeutet dies zum einen, daß die sachliche **Erschließungsbeitragspflicht** entsteht, zum anderen, daß weitere Maßnahmen nicht mehr nach Erschließungs- sondern nach Ausbaubeitragsrecht zu beurteilen sind.

In jüngerer Zeit wird ein Trend erkennbar, wonach Kommunen dazu übergehen, die **Straßenbeleuchtung** auch eigentumsrechtlich kommunalen Unternehmen wie Stadtwerken zu übergeben, die dann die Straßenbeleuchtungseinrichtungen betreiben und unterhalten. Erschließungsbeitragsrechtlich erscheint dies unproblematisch. Zwar wird auch die Straßenbeleuchtungsanlage zu 90 % durch die Eigentümer der erschlossenen Grundstücke finanziert. Damit steht die Einrichtung jedoch nicht im Eigentum dieser Anlieger, sondern weiterhin im Eigentum der Gemeinde. Das Äquivalent für geleistete Erschließungsbeiträge ist lediglich die Inanspruchnahmemöglichkeit der Erschließungsanlage, die – vorbehaltlich entsprechender Vertragsregelungen zwischen Kommune und Unternehmen – durch die Übertragung nicht in Frage gestellt wird.

2.2.2 Ausbaubeitragsrecht

a) Erneuerung

145 Für die Erneuerung einer bereits einmal endgültig hergestellten (und abgerechneten) Anlage verwenden die Länderrechte unterschiedliche Begriffe. Die Landesgesetze regeln die Erneuerung teilweise gar nicht ausdrücklich. Nach allgemeiner Meinung ist die Erneuerung einer Anlage aber beitragsfähig, so daß die Rechtsprechung derartige Maßnahmen beispielsweise unter dem Gesichtspunkt der Verbesserung oder der nochmaligen bzw. **nachmaligen Herstellung** betrachtet.

Eine Erneuerung liegt regelmäßig dann vor, wenn eine Anlage trotz ordnungsgemäßer Unterhaltung und Instandhaltung völlig abgenutzt ist und durch eine neue

Anlage von gleicher räumlicher Ausdehnung, gleicher funktionaler Aufteilung der Fläche und **gleichwertiger** Befestigungsart ersetzt wird. Bei Änderungen in der Qualität der Anlage ist zu prüfen, ob sie eine **Verbesserung** darstellen. Teilweise wird auch der funktionale Umbau einer im Trennsystem erstellten Straße in eine als verkehrsberuhigter Bereich ausgestaltete Mischfläche als Herstellungsmaßnahme betrachtet (OVG NW, Bs. v. 2. 10. 1985, Mitt. NWStGB 1985, S. 356 in entsprechender Auslegung des Gesetzeswortlaut in § 8 KAG NW).

Die durchschnittliche **Nutzungsdauer** einer (Teil-)einrichtung hängt von deren jeweiligen Funktion ab und ist demgemäß sehr unterschiedlich. So wird überwiegend davon ausgegangen, daß die normale Lebensdauer einer **Fahrbahn** zwischen 20 und 30 Jahren liegt, abhängig davon, ob es sich im reine Anliegerstraßen oder um Straßen mit einem höheren Anteil an Durchgangsverkehr handelt. OVG Rheinland-Pfalz und BayVGH nehmen bereits für eine reine Anliegerstraße eine normale Lebensdauer von nur 20 Jahren an. Im wesentlichen wird die **Abrechenbarkeit** als Erneuerung auch davon abhängen, inwieweit die Gemeinde eine tatsächliche **Erneuerungsbedürftigkeit** im Einzelfall belegen kann. Dazu gehört zunächst der Nachweis ordnungsgemäßer Unterhaltung. Dann kommt der Gemeinde ein Beurteilungsspielraum zu. Sie braucht nicht zu warten, bis die Straße nicht mehr verkehrssicher ist. Als völlig abgenutzt gilt sie auch bereits, wenn sie sich noch in einem zwar schadhaften Zustand befindet, dieser aber noch keinen Verstoß gegen die **Verkehrssicherungspflicht** begründen würde (so auch OVG NW, Urt. v. 26. 7. 1991 – 2 A 905/89). Der Ausbau der Fahrbahn einer reinen Anliegerstraße bereits nach 13 Jahren Nutzungsdauer wurde von der Rechtsprechung zu Recht nicht als Erneuerung, sondern als nicht beitragsfähiger aufgestauter **Reparaturbedarf** bewertet (vgl. OVG NW, Urt. v. 18. 12. 1989 – II A 1751/78).

146

Bei **Gehwegen** wird die normale Nutzungsdauer nicht unter 20 Jahren liegen. Bei funktionsbezogener Nutzung, also im wesentlichen durch Fußgängerverkehr, erscheint eine normale Lebensdauer angemessen, die bei etwa 25 – 30 Jahren liegt. Problematisch sind hier in der Praxis häufig die Beschädigungen von Gehwegen, die nicht durch Fußgängerverkehr, sondern durch häufiges Öffnen und Schließen im Zusammenhang von Kabel- und Rohrverlegungen (Energieversorgung und immer aktueller: Telekommunikation) entstehen. Diese Abnutzungen sind nach der Rechtsprechung nicht fußgängerbedingt und damit kein Grund für eine beitragsfähige Ausbaumaßnahme (so OVG NW, Urt. v. 21. 4. 1975 – II A 1112 / 73). Hier ist von den Kommunen vielmehr darauf zu achten, daß die TK-Unternehmen ihrer Verpflichtung nach dem TKG, die Verkehrsanlage wieder in den ursprünglichen Zustand zu bringen, in korrekter Weise nachkommen. Als normale Lebensdauer der **Straßenbeleuchtung** ist von der Rechtsprechung ein Zeitraum ab 20 Jahren angenommen worden (vgl. BayVGH, Urt. v. 31. 1. 1980 – 239 VI 76).

Zur normalen Nutzungsdauer einer Entwässerungsanlage, speziell der **Straßen-kanäle**, liegen nur wenige Erkenntnisse vor. Das OVG NW hat mit Urteil vom 6. 7. 1987 – 2 A 1249/85 – eine Erneuerungsbedürftigkeit zweifellos im Falle des Ablaufs einer Zeitspanne von 80 Jahren bejaht. Der lange Zeitraum zwischen erstmaliger Herstellung zu Anfang des Jahrhunderts und einer etwa Anfang der 80er Jahre durchgeführten Baumaßnahme spreche schon nach der Erfahrung da-für, daß trotz laufender Unterhaltung die Anlage verbraucht war und die Funk-tion der ordnungsgemäßen **Entwässerung** nicht mehr erfüllen konnte. Die Frage der Beitragsfähigkeit für Maßnahmen an der Kanalisation ist für viele Gemein-den in jüngster Zeit akut geworden. In der Praxis wird man regelmäßig zur Rechtmäßigkeit von Beitragserhebungen gelangen. Zum einen wurde mit dem oben angeführten Urteil ein typischer Fall abgehandelt; in vielen Kommunen hat die Anlegung der Kanalisation um die Jahrhundertwende stattgefunden. Zum anderen muß die Kanalisation in aller Regel den heutigen Ausbau- und Abwas-serstandards angepaßt werden, so daß eine Verbesserung bzw. Erweiterung vor-liegt.

b) Verbesserung, Erweiterung

147 Die **Verbesserung** einer (Teil-)Anlage liegt generell dann vor, wenn eine Maß-nahme zu einem Zustand der Anlage führt, in dem sie ihrer bestimmungsgemä-ßen Funktion besser gerecht wird als in dem vorher bestehenden Zustand. Die Maßnahme muß also einen positiven Einfluß auf die Benutzbarkeit der Anlage haben.

Durch die Maßnahme kann zunächst die **Anlage in ihrem Gesamtbestand** eine Verbesserung erfahren. Dies ist regelmäßig der Fall bei der erstmaligen Herstel-lung einer bisher nicht vorhandenen Teilanlage. Werden beispielsweise neue **Rad- oder Gehwege** geschaffen, so bewirken sie eine leichtere und sicherere Ab-wicklung der unterschiedlichen Verkehrsarten auf der gesamten Anlage. Dies gilt auch, wenn bereits einseitige Geh- bzw. Radwege vorhanden waren, bezüg-lich der hinzukommenden. Auch die Anlegung von **Parkstreifen** ist eine Verbes-serung, weil durch sie der ruhende und der fließende Verkehr voneinander ge-trennt werden.

Im allgemeinen wird auch der Umbau (Rückbau) einer Straße im Trennsystem in eine Straße mit anderer verkehrstechnischer Funktion – z.B. in eine **Fußgän-gerzone** oder in eine **verkehrsberuhigte Zone** mit Mischsystem – als Verbesse-rung angesehen. Der Streit, ob es sich bei solchen Maßnahmen um Verbesserun-gen oder um nachmalige Herstellung handelt, ist eher akademischer Art (vgl. dazu Driehaus, KAG, § 8, Rz. 297 m.w.N.). Entscheidend ist, daß der Umbau in verkehrsberuhigte Bereiche abrechenbar ist und damit in der Praxis anerkannte Verkehrsberuhigungsmaßnahmen nicht an der mangelnden Finanzierbarkeit scheitern müssen. Durch die Aufhebung des Trennsystems wird der Straße i.d.R. eine Verkehrsentlastung und -beruhigung geboten, außerdem eine Verbesserung der Geschäftslage, der Wohnqualität und der Qualität der Arbeitsplätze, die zu Wertsteigerungen der Grundstücke führen und daher vorteilsrelevant sind (so auch Peters, Rz. 144).

Bezüglich der Beitragsrelevanz sind zwei in der Praxis häufig auftauchende Fragen vertieft zu klären:　**148**

Zunächst muß klargestellt werden, daß **punktuelle Baumaßnahmen** zur straßenbaulichen Einrichtung eines verkehrsberuhigten Bereichs (wie im übrigen auch einer Tempo 30-Zone) nicht als Verbesserung der Erschließungsanlagen angesehen werden können.

Insbesondere bei der Einrichtung von **Tempo 30-Zonen** wird eine Beitragserhebung regelmäßig nicht anerkannt. Hier wird im Unterschied zum verkehrsberuhigten Bereich das Trennsystem nicht aufgegeben. Betrachtet werden muß also hier die Fahrbahn und ihre Funktion. Der motorisierte Individualverkehr, dem die Fahrbahn dient, erfährt durch die meist auf Verengung gerichteten Maßnahmen eine Verlangsamung und Behinderung. Selbst wenn die Baumaßnahmen im Einzelfall eine technische Verbesserung hinsichtlich der Art der Befestigung bedeuten, so dürfte regelmäßig eine Kompensation von Verbesserung und Verschlechterung dazu führen, daß die Maßnahmen nicht beitragsfähig sind. Bei einer Fahrbahn kommt eine solche Kompensation in Betracht, wenn diese durch eine **hochwertigere Ausstattung** verbessert worden ist (bei punktuellen Aufpflasterungen bereits fraglich) und gleichzeitig durch eine Verschmälerung eine Verschlechterung eingetreten ist. Diese Sichtweise auf der Grundlage der bisherigen Rechtsprechung sollten n.v. allerdings der Vergangenheit angehören. Sie geht nämlich davon aus, daß es für den Kraftfahrer um so besser ist, je schneller er durch eine Verkehrsanlage fahren kann. Ob die Schnelligkeit für sich schon als Verbesserung zu sehen ist, erscheint angesichts neuer Untersuchungen in der Verkehrswissenschaft bereits fraglich. Regelmäßig ist nämlich innerhalb geschlossener Ortschaften bei einem erlaubten Tempo 50 gegenüber einem Tempo 30 kein spürbarer Zeitgewinn herauszufahren. Bezüglich einer einzelnen Verkehrsanlagen gilt dies erst recht: an der nächsten Einmündung oder Kreuzung ist der herausgefahrene Zeitvorteil wieder verloren. Viel wesentlicher sind aber Argumente der **Verkehrssicherheit**. Ein langsamerer Kfz-Verkehr jedenfalls in Anliegerstraßen bringt nicht nur den anderen Verkehrsarten (Rad-, Fußgängerverkehr), sondern auch dem Kfz-Verkehr selbst mehr Sicherheit.

Dennoch wird die Einrichtung einer Tempo 30-Zone regelmäßig nicht als beitragsfähige Maßnahme anzusehen sein. Sie ist nämlich ganz wesentlich eine **verkehrsrechtliche** und keine **straßenbauliche** Maßnahme und dient der Verkehrsführung in einer Straße. Die Zuordnung wirtschaftlicher Vorteile für die erschlossenen Grundstücke ist demnach rechtlich kaum begründbar.

Fraglich ist des weiteren, ob es für die Beitragserhebung erforderlich ist, daß ein straßenbaulich umgesetzter verkehrsberuhigter Bereich auch straßenverkehrs-　**149** rechtlich durch entsprechende Beschilderung (Zeichen 325, 326 StVO) vollzogen ist. In der Rechtsprechung wird teilweise ausdrücklich das Vorhandensein einer straßenverkehrsrechtlichen Regelung als Voraussetzung angesehen. Da der **wirtschaftliche Vorteil** nämlich auf Dauer geboten werden müsse, bedürfe er der größtmöglichen **Absicherung,** welche die Rechtsordnung jeweils vorsieht (so OVG NW v. 22. 8. 1995 – 15 A 3907/92).

M E. geht diese Rechtsauffassung insoweit fehl, als sie offensichtlich davon ausgeht, ein verkehrsberuhigter Bereich könne bzw. dürfe funktional auch dann bestehen, wenn keine Beschilderung im obigen Sinne vorliegt; es könnten dann lediglich keine Ausbaubeiträge erhoben werden. Vielmehr ist die straßenverkehrsrechtliche Umsetzung einer **baulich** eingerichteten Mischfläche als verkehrsberuhigter Bereich zwingend vorgeschrieben, das Ermessen der Straßenverkehrsbehörde insoweit auf Null reduziert. Ansonsten käme es zu insbesondere unter Verkehrssicherheitsaspekten nicht hinnehmbaren Zuständen. Es lägen nämlich dann Straßen vor, die im Mischprinzip gebaut und entsprechend genutzt werden, ohne daß beispielsweise der Kfz-Verkehr auf Schrittgeschwindigkeit beschränkt wäre, ohne daß Fußgänger einen erkennbaren Gehweg vorfinden, auf dem sie als Sonderweg sicher fühlen dürften. Auf einer Mischfläche muß **Mischverkehr** zwingend und erkennbar zugelassen sein. Jede als verkehrsberuhigter Bereich ausgebaute Mischfläche bedarf also der Ausweisung durch die Verkehrszeichen 325 und 326 StVO. Sodann sind auch Straßenbaubeiträge zu erheben.

150   Auch **einzelne Teileinrichtungen** können selbst Gegenstand von Verbesserungsmaßnahmen sein. Für **Fahrbahnen** kommen regelmäßig die erstmalige **frostsichere** Anlegung in Betracht, aber auch Bauarbeiten in Richtung auf größere Ebenflächigkeit, **Haltbarkeit** und besonders die **Lärmverminderung.** Zur Straßenanlage gehören auch Böschungen und Stützmauern, so daß ihre Anlegung beitragsfähig sind. Eine Verbesserung der **Gehwege** liegt zum einen bei technischen Verbesserungen vergleichbar den Maßnahmen an der Fahrbahn vor. Bezugspunkt ist hier die Begehbarkeit. Gehwegen kommen darüber hinaus erhöhte Aufenthalts- und kommunikative Funktion zu, so daß für Maßnahmen, die dem Verweilen auf dem Gehweg förderlich sind, Beiträge erhoben werden können. Dies kann insbesondere praktisch werden bei einer **Verbreiterung** des Gehwegs unter kommunikativen Gesichtspunkten. Die **Straßenbeleuchtung** wird verbessert, wenn Maßnahmen an ihr zu einer besseren Ausleuchtung der Verkehrsanlage führen. Dies kann durch eine Erhöhung der Zahl der Leuchtkörper und/oder durch Erhöhung der Leuchtkraft der einzelnen Leuchtkörper erfolgen. Von einer Verbesserung der Straßenentwässerung kann man grundsätzlich dann sprechen, wenn das Niederschlagswasser von der Straße schneller abgeleitet werden kann und damit die Verkehrssicherheit erhöht wird.

151   Die **Erweiterung**, also die Vergrößerung der räumlichen Ausdehnung, wird als ein Anwendungsfall der Verbesserung angesehen. Dieses Verständnis entstammt noch einer Begriffswelt, in der die Förderung eines zügigen Verkehrsflusses, sprich eines motorisierten Individualverkehrs mit hoher Geschwindigkeit, automatisch als Verbesserung empfunden wurde. Fraglich ist, ob die Straße nach modernem Verkehrsverständnis noch diese Funktion erfüllen soll (s. o.). Zumindest innerörtliche Verkehrsplanungen sollten zukünftig verstärktes Augenmerk auf die Aufenthaltsfunktion einer Straße legen – mit dem Ziel eines Lebens- und Wirtschaftsraums Straße. Nach derzeitiger Rechtslage sollten diese Erwägungen zumindest bei der Prüfung der Erforderlichkeit einer (Fahrbahn-) Erweiterung in die Ermessensabwägung eingestellt werden.

Mangels Verbesserung scheitert eine Beitragserhebung, wenn durch die Verbesserungsmaßnahmen gleichzeitig **funktionelle Nachteile** für die (Teil-) Anlage entstehen, die den Vorteil wieder aufheben. Eine solche **Kompensation** kann z. B. vorliegen, wenn die Anlage durch eine zusätzliche Teilanlage zwar eine Verbesserung erfährt, dadurch aber eine andere Teilanlage vollständig wegfällt oder anderweitig so verändert wird, daß sie ihre Funktion nicht mehr erfüllt. Die technische Verbesserung einer Teileinrichtung, z. B. erstmalige Plattierung eines Gehwegs, kann durch begleitende Maßnahmen, z. B. gleichzeitige Verschmälerung mit erheblicher Funktionsbeeinträchtigung, aufgehoben werden.

2.3 Beitragsfähiger Aufwand

2.3.1 Erschließungsbeitragsrecht

Laut § 128 BauGB umfaßt der beitragsfähige Aufwand die Kosten für die oben bereits beschriebenen Maßnahmen, die sich auf die erstmalige endgültige Herstellung einer Erschließungsanlage richten. Im folgenden sollen die in der Praxis häufig auftretenden Einzelfragen behandelt werden. **152**

a) Personalkosten

Da in den beitragsfähigen Aufwand grundsätzlich nur Kosten eingestellt werden dürfen, die der Gemeinde tatsächlich im Rahmen einer bestimmten Maßnahme entstanden sind, können allgemeine Verwaltungskosten nicht eingerechnet werden. Hierzu gehört auch der allgemeine **Besoldungsaufwand** für Kommunalbedienstete. Sind allerdings einzelne Tätigkeiten oder auch die Einstellung von Kommunalbediensteten eindeutig einer bestimmten Erschließungsmaßnahme zuzurechnen, so gelten sie als beitragsfähiger Aufwand. Das Gleiche gilt für die **Beauftragung von Dritten**, z. B. für die Vorplanung, die Vermessung, die Bauleitung und Überwachung, soweit sie einzelnen Maßnahmen zugerechnet werden können. An der Zurechenbarkeit fehlt es, wenn beispielsweise ein Ingenieurbüro mit der Planung und Bauleitung sämtlicher Erschließungsmaßnahmen einer Gemeinde beauftragt wird und dafür eine jährlich zu zahlende Pauschalvergütung vereinbart wird. **153**

b) Honorare für private Beitragsermittlung

154 In jüngster Zeit werben private Unternehmen verstärkt mit Dienstleistungsangeboten zur kompletten Erledigung der **Beitragsberechnung** und -erhebung. Einzelne Anbieter werben mit dem Argument, die Honorarkosten könnten in den beitragsfähigen Aufwand einfließen, wenn die Dienstleistungen im Rahmen der Beitragsfestsetzung vor der endgültigen Herstellung der Erschließungsanlagen anfielen. Dies ist rechtlich nicht haltbar. Hierbei handelt es sich nicht um Aufwand für die Herstellung der Erschließungsanlage, sondern um Aufwand, der erst durch die Geltendmachung der Beitragsansprüche bedingt wird. Unter „**erstmaliger Herstellung**" können nur diejenigen Arbeiten und Aufgaben verstanden werden, die dazu dienen, eine Anlage technisch herzustellen. Im übrigen erscheint auch die Wirtschaftlichkeit solcher Auftragsvergaben als zweifelhaft, weil eine rechtssichere Geltendmachung der Ansprüche eine sorgfältige Prüfung des jeweiligen Einzelfalls erfordert, die in der Regel Ortsnähe und Sachverstand voraussetzen. Zudem müßte die Gemeinde bei Vergabe der Berechnungsarbeiten an Dritte eigene Mitarbeiter mit der Kontrolle der Arbeiten betrauen, um eventuellen Amtspflichtsverletzungsansprüchen auszuweichen.

c) Fremdkapitalkosten

155 Nimmt eine Gemeinde zur Finanzierung ihres Vorhabens ein Darlehen auf, so zählen die anfallenden Kosten zum beitragsfähigen Aufwand. Dies gilt sowohl für die Zinsen wie auch für die Kosten, die bei der Aufnahme des Kredits anfallen. Ob und in welchem Maße die Gemeinde ihre Erschließungsmaßnahmen fremd- oder anderweitig finanziert, z.B. durch Vorausleistungen, liegt in ihrem Ermessen.

d) Straßenentwässerung

156 Beitragsfähiger Aufwand sind gemäß § 128 Abs. 1 Satz 1 Nr. 2 BauGB auch die Kosten für die Entwässerung der beitragsfähigen Erschließungsanlagen, d.h. z.B. auf Anbaustraßen bezogen, die ausschließlich dem Abfluß des auf der jeweiligen Anbaustraße anfallenden Regenwassers dienenden Einzeleinrichtungen. Aufgabe der Einrichtungen für die Straßenentwässerung ist es, die Straßen frei von Überflutungen und damit fahr- und gehbereit zu halten. Die Rechtsprechung hat zur Abrechnung der Straßenentwässerung eine gewisse Abkehr vom Grundsatz der pfenniggenauen Abrechnung zugelassen und eine praxisgerechte Schätzungsbefugnis der Gemeinde eingeräumt.

Zunächst kann die Gemeinde nach eigenem Ermessen entscheiden, ob sie lediglich die Kosten zugrundelegt, die tatsächlich für die Entwässerungseinrichtung in gerade einer bestimmten Straße entstanden sind und die weitergehenden Kosten unberücksichtigt läßt, oder aber, ob sie einen mit dem Umfang der Anlage korrespondierenden Anteil am Herstellungsaufwand für ein funktionsfähiges, räumlich und technisch abgegrenztes Entwässerungssystem ermittelt (vgl. BVerwG, Urt. v. 25. 8. 1971, DÖV 1972, S. 502). Die Gemeinde kann darüber hinaus unabhängig von der technischen und räumlichen Selbständigkeit einzelner Entwässerungssysteme wegen des funktionellen Zusammenhangs der Straßenentwässerung in ihrem Gebiet auf die Kosten für ihr gesamtes **Straßenentwässerungsnetz** abheben (BVerwG, Urt. v. 29. 7. 1977, E 54, S. 225 ff.). Des weiteren können die auf die Straßenentwässerung entfallenden Kosten im Rahmen von Gemeinschaftseinrichtungen zur Straßen- und Grundstücksentwässerung abgerechnet werden. In der Praxis gehen die Kommunen häufig den finanziell vorteilhaften Weg, nicht getrennte Einrichtungen für die Straßen- und die Grundstücksentwässerung zu erstellen, sondern **Mischsysteme** zu errichten. Hier können zunächst die eindeutig der Straßenentwässerung zuzuordnenden Kosten, z.B. für Straßenrinnen, als erschließungsbeitragsfähig eingestellt werden. Bezüglich der übrigen Kosten ist eine am Wirklichkeitsmaßstab orientierte Aufteilung der Kosten, differenziert nach Schmutz- bzw. Niederschlagswasser von (privaten) Grundstücken und Erschließungsanlagen zu finden.

e) Abbiegespuren

Werden durch die erstmalige Anlegung einer Gemeindestraße Maßnahmen im Einmündungsbereich mit einer anderen, meist qualifizierten Straße erforderlich, so können sie beitragsfähiger Aufwand sein. Macht beispielsweise die Anbindung einer Anbaustraße an eine Landes- oder Bundesstraße aus Gründen der Sicherheit und Leichtigkeit des Verkehrs eine Abbiegespur im Bereich der übergeordneten Straße erforderlich, so zählen ihre Kosten zum Aufwand für die Anbaustraße. **157**

f) Ausgleichsmaßnahmen

Zum beitragsfähigen Aufwand können auch Aufwendungen gehören, die die Gemeinde zum Ausgleich oder Ersatz eines durch die erstmalige Herstellung einer solchen Anlage bewirkten Eingriffs in Natur und Landschaft aufzuwenden hat. Bewertet das jeweilige Landesnaturschutzgesetz die Errichtung von Straßen als Eingriff in Natur und Landschaft und verpflichtet zur Durchführung einer Ausgleichs- oder Ersatzmaßnahme, so gehören die jeweiligen Aufwendungen (auch Ausgleichsbeträge) zum beitragsfähigen Aufwand, weil es sich dann um notwendigen Aufwand „für die Herstellung" handelt (Arbeitshilfe Nr. 7, S. 22). **158**

g) Erforderlichkeit

Beiträge können nur insoweit erhoben werden, als die Erschließungsanlagen erforderlich sind, um die Bauflächen und die gewerblich nutzbaren Flächen entsprechend den baurechtlichen Vorschriften zu nutzen, vgl. § 129 Abs. 1 BauGB. Die Gemeinde hat zu prüfen, ob die Anlage überhaupt und ob sie nach Umfang **159** und Art erforderlich ist (st. Rspr. des BVerwG, vgl. z. B. Urt. v. 10. 2. 1978, ZMR 1979, S. 159).

Der Kommune steht hier im Rahmen der gesetzlichen Vorgaben ein weiter Ermessensspielraum zu. Dies gilt zum einen für den Mindeststandard einer Erschließungsanlage. Der Ausbaustandard muß nicht den von der Forschungsgesellschaft für Straßen und Verkehrswesen im Auftrags des Bundesministeriums für Raumordnung, Bauwesen und Städtebau erarbeiteten Empfehlungen für die Anlage von **Erschließungsstraßen** (EAE – ergänzte Fassung von 1995) entsprechen. Die EAE 85/95 verstehen sich nicht als von staatlicher Seite vorgegebene und gerichtlich überprüfbare Mindeststandards, die von den Städten und Gemeinden bei jeder anzulegenden Verkehrsanlage vollumfänglich anzuwenden wären. Sie sind lediglich in jeder Hinsicht unverbindliche Planungsvorschläge. Als sachverständige Konkretisierung moderner Grundsätze des Straßenbaus sind sie lediglich geeignet, den Gemeinden allgemeine Anhaltspunkte für ihre Entscheidung zu liefern (BVerwG, Urt. v. 26.5 1989 – C 6/88, vgl. auch BVerwG DVBl. 1989, S. 1205). Gerade der Grundsatz der Sparsamkeit und Wirtschaftlichkeit läßt vielmehr eine Herabzonung von **Ausbaustandards** ermessensfehlerfrei erscheinen. Allerdings sollte beim Ausbau berücksichtigt werden, daß eine zu minderwertige Qualität bei erhöhter Beanspruchung durch den Straßenverkehr zu erhöhten Folgekosten führen kann.

Das gemeindliche Ermessen gilt in einem gewissen Rahmen auch für eine hohe Ausbauqualität, z. B. für **Verschönerungsmaßnahmen**. Da die **Erforderlichkeit** auf die Funktion der Erschließungsanlage abhebt, ist beispielsweise anerkannt, daß bei der Herstellung einer verkehrsberuhigten Mischfläche sowie bei Fußgängerzonen die Kosten für die Bepflanzung in den Aufwand einbezogen werden können bzw. müssen. Gerade bei der Anlegung von Mischflächen ist die Bepflanzung ein wesentliches Gestaltungselement, um eine Unterteilung der Straßen zu erreichen. Außerdem wird die Aufenthaltsfunktion der verkehrsberuhigten Straße durch die Bepflanzung, die eine optische Auflockerung vermittelt, gefördert. Es kommt also im wesentlichen auf die Funktion der hier in Rede stehenden Anlagen an.

Der Grundsatz der Erforderlichkeit trägt der Tatsache Rechnung, daß die Gemeinde bei der Erschließung im Interesse und auf Kosten der Anlieger tätig wird. Diese haben ein schützenswertes Interesse daran, nicht mit den Kosten unnötiger Erschließungsanlagen und auch nicht mit unnötig hohen Aufwendungen für an sich erforderliche Erschließungsanlagen belastet zu werden (OVG NW, Urt. v. 13. Dezember 1990 – 2 A 2098/89 –). Wenn die geplanten Maßnahmen also im wesentlichen der Ortsbildverschönerung und damit der Allgemeinheit dienen, so werden sie für die Erschließung der Anlieger unnötig im o. g. Sinne und damit nicht erforderlich sein.

An der Erforderlichkeit mangelt es auch nicht, wenn die Gemeinde bei ihrer Entscheidung, in welcher Breite eine Anbaustraße hergestellt werden soll, das Bedürfnis nach Sicherheit und Leichtigkeit des Verkehrs, sogar des Durchgangsverkehrs in die Abwägung einbezieht. Die Bewältigung auch dieses Verkehrs gehört grundsätzlich zur Erschließungsfunktion einer Straße (vgl. BVerwG, Urt. v. 12. 6. 1970, DVBl 1970, S. 904)

2.3.2 Ausbaubeitragsrecht

Mangels eigener detaillierter Regelungen in den Ländergesetzen werden im wesentlichen die zum Erschließungsbeitragsrecht entwickelten Grundsätze herangezogen. Wesentlich ist in allen Landesgesetzen, daß nur der Aufwand für die gesetzlich genannten **Verbesserungsmaßnahmen** beitragsfähig ist, nicht hingegen insbesondere für laufende **Unterhaltung** und **Instandsetzung**. **160**

Besondere Bedeutung zur Bestimmung des beitragsfähigen Aufwands kommt dem von der Gemeinde aufgestellten **Bauprogramm** zu. Darin legt die Gemeinde nieder, welche Baumaßnahmen im einzelnen für die Verbesserungsmaßnahme erforderlich sind. Hinsichtlich Form und Inhalt des Bauprogramms ist der Gemeinde ein weites Ermessen eingeräumt, in das allerdings auch Wirtschaftlichkeitserwägungen Eingang finden sollten.

Bei Ausbaumaßnahmen tritt häufig die Frage der Umlegungsfähigkeit von **Folgekosten** auf, die im Rahmen einer Verbesserungsmaßnahme entstehen. Dies ist ein Problem, das naturgemäß bei der erstmaligen Herstellung nicht auftritt. So führt beispielsweise der Einbau einer Frostschutzschicht oder neuer Kanalrohre in der Fahrbahn in der Regel dazu, daß die Fahrbahndecke nach der eigentlichen Verbesserungsmaßnahme neu verlegt werden muß. Folgekosten, die sich unmittelbar auf den Ausbau der Anlage beziehen und die für die programmgemäße Durchführung der Maßnahme erforderlich waren, sind beitragsfähig. Nicht beitragsfähig sind Kosten, die lediglich anläßlich der Ausbaumaßnahme angefallen sind. Als erforderliche und damit umlegungsfähige Kosten können des weiteren gelten die Kosten für die Anpassung der vorhandenen Straßenentwässerungseinrichtung an das neue Straßenprofil wie auch für eine Niveauangleichung der Gehwege (so auch Driehaus, EAB, § 32, Rz. 12).

Wird – was aus wirtschaftlichen Gründen sinnvoll ist – eine Kanalbaumaßnahme derart mit einer Straßenbaumaßnahme verbunden, daß unter Ausnutzung der für den Kanal erforderlichen Arbeiten zugleich der Neuausbau der Fahrbahn erfolgt, so werden dadurch Kosten erspart, die bei einer **getrennten Durchführung** anfallen würden. Diese **Kostenersparnis** muß nach Rechtsprechung und Literatur sowohl der Kanal- als auch der Straßenbaumaßnahme angemessen zugute kommen. Da das Verhältnis von Gemeinde- und Anliegeranteil im Straßenbaubeitragsrecht respektive im **Kanalanschlußbeitragsrecht** nicht identisch ist, wäre es willkürlich, die Ersparnis nur zugunsten der einen Maßnahme zu berücksichtigen und lediglich deren Kostenträger zu entlasten (vgl. Driehaus, EAB, § 32, Rdnr. 20 sowie OVG Münster, Urt. v. 5. 9. 1986, KStZ 87, S. 120). **161**

2.4 Ermittlung des beitragsfähigen Aufwands

2.4.1 Erschließungsbeitragsrecht

162 a) Der Gesetzgeber hat den Gemeinden unterschiedliche, auch verwaltungsvereinfachende **Ermittlungsmethoden** eingeräumt. Die restriktive Rechtsprechung des Bundesverwaltungsgerichts hat in der Praxis dazu geführt, daß regelmäßig nur noch pfenniggenau für einzelne Erschließungsanlagen bzw. Abschnitte von ihnen der Aufwand ermittelt werden kann.

§ 130 Abs. 1 BauGB bietet der Gemeinde theoretisch zwei Methoden für die Ermittlung des Erschließungsaufwands an, nämlich die **Aufwandsermittlung** nach den tatsächlich **entstandenen Kosten** (gesetzlicher Regelfall) oder die Aufwandsermittlung nach **Einheitssätzen**. Die Gemeinde muß die von ihr ausgewählten Ermittlungsmethoden in der Erschließungsbeitragssatzung festlegen (§ 132 Nr. 2 BauGB). Dabei ist es zulässig, beide in § 130 Abs. 1 BauGB vorgesehenen Arten ortsrechtlich festzulegen, wenn ihre Anwendung auf Teileinrichtungen der Erschließungsanlagen oder sonst eindeutig abgrenzbare Erschließungsarbeiten genau bestimmt wird. Sichergestellt muß lediglich sein, daß der Gemeinde im Einzelfall kein Spielraum für die Anwendung einer bestimmten Ermittlungsmethode bleibt (BVerwG, Urt. v. 6. 9. 1968 – IV C 96/66).

Dem **Wirklichkeitsgrundsatz** am nächsten kommt die Ermittlung nach den **tatsächlich entstandenen Kosten**. Dies sind solche, die als **Ausgabe** oder im Wege der **Wertberechnung** (§ 128 Abs. 1, S. 2 u. 3 BauGB) anfallen. Diese Alternative führt dazu, daß eine Beitragsberechnung grundsätzlich erst nach Abschluß aller Arbeiten sowie Erhalt und Prüfung sämtlicher Unternehmerrechnungen vorgenommen werden kann.

163 Zu einer gesetzlich erlaubten **Kostenpauschalierung** gelangt die Gemeinde durch die Ermittlung **nach Einheitssätzen**. Eine Bezugsgröße, auf die der Einheitssatz abzustellen ist, schreibt das BauGB nicht vor. In der Regel eignet sich der Quadratmeter der Fläche einer Erschließungsanlage oder einer Teileinrichtung als Bezugsgröße. In Betracht kommt auch die Straßenlänge. Die Verwendung von Einheitssätzen ist zwar auf eine Kostenpauschalierung und damit Vereinfachung des Abrechnungsverfahrens der Gemeinde ausgerichtet, gleichwohl sind die nach § 130 Abs. 1 Satz 2 BauGB zulässigen Einheitssätze nach dem Willen des Gesetzgebers an den tatsächlich entstehenden Kosten auszurichten. Die anzuwendenden Einheitssätze müssen also den tatsächlichen Kosten möglichst nahekommen und dürfen sich von ihnen jedenfalls nicht weiter entfernen, als dies durch den Gesichtspunkt der Praktikabilität gerechtfertigt ist. Als Vergleich i. S. v. § 130 Abs. 1 Satz 2 BauGB können nur solche Erschließungsanlagen angesehen werden, die in den für die Kosten wesentlichen Merkmalen (z. B. Grunderwerb, Herstellungszeitraum, Bauausführung) vergleichbar sind. An die Stelle der tatsächlichen Kosten treten die üblichen **Durchschnittskosten**, die erfahrungsgemäß – etwa nach handelsüblichen Preisen – für entsprechende Erschließungsanlagen bzw. Teileinrichtungen zu zahlen sind. Ohne Bedeutung ist dabei, ob solche Kosten bereits früher in der Gemeinde angefallen sind.

Schließlich ist zu beachten, daß Einheitssätze, um auf die Abrechnung einer bestimmten Erschließungsanlage angewandt werden zu können, rechtzeitig festgelegt werden müssen, d.h. spätestens bis zum Zeitpunkt der **Aufwands-ermittlung**. Fehlt eine satzungsgemäße Entscheidung für eine Aufwandsermittlung nach Einheitssätzen oder sind festgesetzte Einheitssätze unanwendbar, entsteht kraft Gesetzes, d.h. unabhängig vom Willen der Gemeinde, die Beitragspflicht auf der Grundlage der tatsächlichen Kosten (BVerwG, Urt. v. 15. 11. 1985 – 8 C 41/84).

b) Des weiteren kann die Gemeinde ihre Beitragsberechnung auf der Grundlage **164** unterschiedlicher **Ermittlungsräume** vornehmen.

Der gesetzliche Normalfall und in der Praxis regelmäßig unproblematische Fall ist der, eine **einzelne**, komplette selbständige **Erschließungsanlage** ins Blickfeld zu nehmen. Hier können sich allenfalls im Einzelfall Abgrenzungsprobleme ergeben.

Die Gemeinde kann sich auch entschließen, mehrere Einzelanlagen, die eine **Erschließungseinheit** bilden, zwecks Aufwandsermittlung zusammenzufassen. Nach der ständigen Rechtsprechung des Bundesverwaltungsgerichts bilden mehrere Einzelanlagen und/oder Erschließungsabschnitte eine Einheit i.S.d. § 130 Abs. 2 Satz 3 BauGB, wenn sie ein System darstellen, das – abgesehen von seiner hinreichend deutlichen Abgrenzbarkeit – gekennzeichnet ist durch einen **Funktionszusammenhang** zwischen den einzelnen Anlagen, der sie mehr als es für das Verhältnis von Erschließungsanlagen untereinander üblicherweise zutrifft, zueinander in Beziehung setzt und insofern voneinander abhängig macht (vgl. z.B. BVerwG, Urt. v. 11. 10. 1985, KStZ 1986, S. 11 f.).

Eine funktionelle Abhängigkeit liegt dann vor, wenn eine Anlage ihre Funktion lediglich im Zusammenwirken mit einer bestimmten anderen Anlage in vollem Umfang erfüllen kann, d.h. wenn ausschließlich die letztere Anlage der ersteren die Anbindung an das übrige Straßennetz der Gemeinde vermittelt. Daran fehlt es, wenn von den einzelnen Erschließungsanlagen aus zumindest zwei Möglichkeiten bestehen, daß übrige Straßennetz der Gemeinde zu erreichen (vgl. BVerwG, Bs. v. 7. 7. 1989 – 8 B 73/89).

Die Anforderungen an eine Erschließungseinheit sind damit außerordentlich verschärft worden, so daß letztere nur noch in wenigen Fällen gegeben sein wird. Begründet wird diese restriktive Handhabung der Erschließungseinheit mit dem im Beitragsrecht vorherrschenden **Vorteilsprinzip**. Wenn die Zusammenfassung von Anlagen zur gemeinsamen Aufwandsvermittlung auch ermöglicht, daß die durch die einzelnen zusammengefaßten Anlagen jeweils erschlossenen Grundstücke teils geringer, teils stärker mit Beiträgen belastet werden, als dies bei der einzelnen Abrechnung der Anlagen der Fall wäre, so ist eine solche zu Lasten der nicht durch die aufwendigere Erschließungsanlage erschlossenen Grundstücke gehende Nivellierung der Beitragshöhe mit dem Vorteilsprinzip nur vereinbar, wenn die betroffenen Grundstücke von der aufwendigeren Anlage einen nennenswerten, über den **Gemeinvorteil** hinausgehenden **Sondervorteil** haben und dieser zusammen mit dem von der preiswerteren Anlage ausgelösten Sondervorteil in etwa dem Sondervorteil gleicht, der den durch die aufwendigere Anlage erschlossenen Grundstücken vermittelt wird (vgl. Driehaus, EAB, § 14, Rz. 34).

Seit der Entscheidung des BVerwG vom 25. 2. 1994 (DVBl 1994, S. 812) bleiben praktisch nur noch folgende Fälle übrig: Von einer „Hauptstraße", die die Anbindung an das gemeindliche Straßennetz gewährleistet, zweigt eine erschließungsrechtlich selbständige, zum Anbau bestimmte Sackgasse ab, die ihre Funktion nur i.V.m. der Hauptstraße erfüllen kann. Anstatt einer Sackgasse kommt auch eine „U"-förmig oder ähnlich verlaufende Straße in Betracht, deren Anfang und Ende jeweils die Einmündung in die „Hauptstraße" bildet.

165 Schließlich kann die Gemeinde den Aufwand auch für räumliche Teilstücke einer Erschließungsanlage, sogenannte **Abschnitte**, ermitteln. Abschnitte sind Teilstrecken einer Erschließungsanlage, sie umfassen also die komplette Tiefe und Breite, definitionsgemäß jedoch nicht die komplette Länge einer Anlage. Abschnitte sind nach örtlich erkennbaren Merkmalen (Querstraßen, Wasserläufe usw.) oder nach rechtlichen Gesichtspunkten (z.B. Grenzen von Bebauungsplänen, Umlegungsgebieten, förmlich festgelegten Sanierungsgebieten) zu bilden. An den Abschnitt sind dieselben Anforderungen zu stellen wie an die Erschließungsanlage selbst (z.B. Anbaubarkeit bei einer Anbaustraße). Dies führt auch dazu, daß nur die von dem Abschnitt erschlossenen Grundstücke in das Abrechnungsgebiet einbezogen werden.

2.4.2 Ausbaubeitragsrecht

166 Auch die Kommunalabgabenrechte der Länder gehen im wesentlichen vom Grundsatz der pfenniggenauen Ermittlung der tatsächlichen Kosten aus und lassen teilweise eine Kostenermittlung nach **Einheitssätzen** zu. Insoweit kann auf die Erläuterungen unter a) verwiesen werden. Dies gilt auch in bezug auf den Begriff der Anlage und ihrer Abschnitte. Ist nach dem Landesrecht der weite **Anlagenbegriff** maßgebend, wonach Anlage ist, was im Bereich der öffentlichen Straßen, Wege und Plätze Gegenstand einer Straßenausbaumaßnahme sein kann, ist regelmäßig eine Abschnittsbildung nicht erforderlich, weil das Straßenstück, das Gegenstand einer Erneuerungs- oder Verbesserungsmaßnahme ist, selbst als komplette Anlage angesehen wird.

2.5 Verteilung des beitragsfähigen Aufwands

167 Vom beitragsfähigen Aufwand zu unterscheiden ist der Aufwand, der letztendlich umlagefähig ist, d.h. Ausgangspunkt für eine konkrete **Beitragserhebung**

sein kann. Von ersterem müssen dazu noch folgende Kostenmassen abgezogen werden:

2.5.1 Gemeindeanteil

a) Erschließungsbeitragsrecht

Die vom Gesetzgeber in § 129 Abs. 1 Satz 3 BauGB angeordnete **Beteiligung** der Gemeinde in Höhe von ausdrücklich **mindestens 10 % des beitragsfähigen Erschließungsaufwands** hat nach dem Verständnis des BVerwG nicht nur zum Ziel, die Gemeinden zur Sparsamkeit anzuhalten. Sie trägt darüber hinaus dem Umstand Rechnung, daß Erschließungsanlagen nicht nur den erschlossenen Grundstücken, sondern außerdem allgemeinen Interessen dienen (BVerwG, Urt. v. 23. 4. 1969 – IV C 69/67). Letzteres dürfte die sachliche Begründung für den Gemeindeanteil sein.

Da das Gesetz keine Obergrenze für die Selbstbeteiligung der Gemeinde bestimmt, ist sie nicht gehindert, in ihrer Satzung einen über 10 % hinausgehenden Eigenanteil festzulegen. Für eine diesbezügliche Entscheidung steht der Gemeinde also ein Ermessensspielraum zu, der jedoch regelmäßig durch ihre Finanzlage und dem im Gemeindehaushaltsrecht verankerten Grundsatz der Wirtschaftlichkeit und Sparsamkeit praktisch eingeengt ist. Der Gemeindeanteil darf insbesondere nicht so hoch gesetzt werden, daß die Beitragsleistung des Grundstückseigentümers ihm gegenüber nicht mehr ins Gewicht fällt, weil dies dem Gebot der Beitragserhebung zuwiderliefe.

Es ist rechtlich nicht angreifbar, wenn die Gemeinde ihre Einnahmequellen voll ausschöpft und ihren Anteilssatz für das gesamte Gemeindegebiet einheitlich auf 10 v. H. festsetzt. Es wird überwiegend sogar als mit dem generellen Charakter der gebotenen **ortsrechtlichen Festsetzung** des Gemeindeanteils nicht vereinbar angesehen, wenn er jeweils für einzelne bestimmte Erschließungsanlagen gesondert bestimmt würde (h.M., vgl. Driehaus, EAB, § 16, Rz. 4; Ernst/Zinkahn/Bielenberg, § 129, Rz. 20).

b) Ausbaubeitragsrecht

Eine wesentlich differenziertere Ausgestaltung des Gemeindeanteils ergibt sich nach den Länderrechten zum Ausbaubeitragsrecht. Mindestsätze für den Gemeindeanteil haben nur einige wenige Länder in ihren Gesetzen vorgeschrieben, im übrigen muß der Gemeindeanteil quasi als Kehrseite zum Sondervorteil der Anlieger angesetzt werden, d.h., der nicht den Anliegern zuzurechnende Sondervorteil einer Maßnahme ist der **Allgemeinheit** aufzuerlegen. Die Gemeinde ist gehalten, hier eine **Vorteilsabwägung** vorzunehmen. Während im Erschließungsbeitragsrecht grundsätzlich 90 % des Aufwands auf den Anlieger abgewälzt werden, liegt die Umlegungsrate beim Ausbaubeitragsrecht meist niedriger. Dies ergibt sich daraus, daß die erstmalige Herstellung einer Erschließungsanlage im

168

169

Normalfall dem erschlossenen Grundstück die bauliche bzw. gewerbliche Nutzbarkeit erst eröffnet, was bei nachträglichen Maßnahmen nicht berücksichtigt werden kann.

170 Anders als im Erschließungsbeitragsrecht wird in diesem Rechtsbereich die Festlegung eines einheitlichen Gemeindeanteils für alle Anlagen und Straßenarten als unzulässig, weil unvereinbar mit der Vorteilsabwägung und zugleich der Berücksichtigung des Gleichheitsgrundsatzes, angesehen (vgl. Driehaus/Hinsen/v. Mutius, S. 39 m.w.N.). Erforderlich ist also eine **Staffelung des Gemeindeanteils** nach Straßenarten und innerhalb dieser nach Teileinrichtungen. Als zweckmäßige Einteilung der Straßenarten kommt beispielsweise die folgende in Betracht, die auch der NWStGB für seine **Mustersatzung** zugrundelegt:

– **Anliegerstraßen:** Straßen, die überwiegend der Erschließung der angrenzenden oder der durch private Zuwegung mit ihnen verbundenen Grundstücke dienen.

– **Haupterschließungsstraßen:** Straßen, die der Erschließung von Grundstücken und gleichzeitig dem Verkehr innerhalb von Baugebieten oder innerhalb von im Zusammenhang bebauten Ortsteilen dienen, soweit sie nicht Hauptverkehrsstraßen sind.

– **Hauptverkehrsstraßen:** Straßen, die dem durchgehenden innerörtlichen Verkehr oder dem überörtlichen Durchgangsverkehr dienen, insbesondere Bundes-, Landes- und Kreisstraßen mit Ausnahme der Strecken, die außerhalb von Baugebieten und von im Zusammenhang bebauten Gebieten liegen.

– **Hauptgeschäftsstraßen:** Straßen, in denen die Frontlänge der Grundstücke mit Ladengeschäften oder Gaststätten im Erdgeschoß überwiegt, soweit es sich nicht um Hauptverkehrsstraßen handelt.

– **Fußgängergeschäftsstraßen:** Hauptgeschäftsstraßen, die in ihrer gesamten Breite dem Fußgängerverkehr dienen, auch wenn eine zeitlich begrenzte Nutzung für den Anlieferverkehr möglich ist.

– **Verkehrsberuhigte Bereich:** Als Mischfläche gestaltete Anliegerstraßen, die in ihrer ganzen Breite von Fußgängern benutzt werden dürfen, jedoch mit Kraftfahrzeugen benutzt werden können.

– **Sonstige Fußgängerstraßen:** Anliegerstraßen und Wohnwege, die in ihrer gesamten Breite dem Fußgängerverkehr dienen, auch wenn eine Nutzung für den Anliegerverkehr mit Kraftfahrzeugen möglich ist (Mitt. d. NWStGB 1992, S. 250).

171 Da die Kategorisierung im Ermessen des Ortsgesetzgebers liegt, sind auch andere Definitionen zulässig. Auch hinsichtlich der Höhe des Gemeinde- respektive des Anliegeranteils steht der Gemeinde ein weites Ermessen zu. Sie muß sich dabei maßgeblich davon leiten lassen, welcher Vorteil durch die Maßnahme der Allgemeinheit und welcher den Anliegern vermittelt wird. So muß der **Anliegeranteil** für einen Gehweg an einer Hauptverkehrsstraße höher liegen als der Anliegeranteil für die Fahrbahn – und zwar wesentlich höher als beispielsweise in ei-

ner Anliegerstraße. In letzterer kommt nämlich auch die Fahrbahn zum großen Teil den Anliegern zugute. Ein Beispiel aus der Mustersatzung des NWStGB: Hauptverkehrsstraße: Gehweg 50 % Anliegeranteil, Fahrbahn 10 % – Anliegerstraße: Gehweg 60 %, Fahrbahn 50 %.

Interessant ist in diesem Zusammenhang eine Entwicklung, die sich in jüngerer Zeit in den Musterbeitragssatzungen der Bundesländer offenbart. Während bislang in den neuen Bundesländern eine Veranlagung der Anlieger in der dem obigen Beispiel vergleichbaren Höhe vielfach als zu hoch und unsozial empfunden wurden, haben sich die Anliegerbeiträge jetzt in allen neuen Bundesländern (und in mehreren Altbundesländern) in einem Bereich bis zu 75 % angesiedelt. Die bislang zu solchen Satzungen ergangene Rechtsprechung sieht darin keine rechtlichen Probleme, solange eine Differenz zum Erschließungsbeitragsrecht eingehalten wird, weil der durch eine Erneuerungs- bzw. Verbesserungsmaßnahme ausgelöste Vorteil nicht so hoch sein könne wie der der Baureifmachung eines Grundstücks.

2.5.2 Anderweitige Finanzierung

a) Erschließungsbeitragsrecht

Die §§ 127 und 129 BauGB schreiben vor, daß lediglich der Aufwand durch die Gemeinde berücksichtigt werden kann, der nicht bereits anderweitig gedeckt ist. Hat die Gemeinde also Mittel von dritter Seite für die Erstellung der Erschließungsanlagen erhalten, so kann sie gemäß dem **Verbot der Doppelerhebung** nicht eine zusätzliche Zahlung im Wege der Beitragserhebung von den Anliegern verlangen.   **172**

Eine solche anderweitige Deckung liegt nur vor, wenn der Dritte der Gemeinde die (Geld-)Leistung zweckgerichtet nur mit dem Ziel zugewendet hat, die Erschließungsanlage unter **Entlastung der Beitragspflichtigen** zu erstellen. Hierzu gehören beispielsweise freiwillige „höhere Beiträge" durch Private oder Zahlungsansprüche der Gemeinde gegen Private, die aus vertraglichen oder gesetzlichen Verpflichtungen herrühren (Beispiele nach Driehaus, a.a.O., 4. A., § 16, Rz. 12), nicht hingegen Bundesmittel aus dem **Gemeindeverkehrsfinanzierungsgesetz**, weil diese ihrerseits nur zur Deckung solcher Kosten bestimmt sind, die die Gemeinden nicht – auch nicht durch die Erhebung von Erschließungsbeiträgen – abwälzen können (BVerwG, Urt. v. 30. 1. 1987, E 75, S. 358f).

b) Ausbaubeitragsrecht

Wenn auch nicht alle Ländergesetze Aussagen zur anderweitigen Deckung bzw. **Zuwendungen Dritter** treffen, so wird man doch einen abgabenrechtlichen Grundsatz aufstellen müssen, wonach Gemeinden keine **Doppelerhebung** von Beiträgen vornehmen können.   **173**

Teilweise wird in den Länderrechten bestimmt, daß Zuwendungen Dritter (vornehmlich des Bundes, des Landes oder des Kreises) zunächst zur Deckung des Gemeindeanteils und nur, soweit sie diesen übersteigen, zur Deckung des übrigen Aufwandes zu verwenden sind (z. B. § 8 IV S. 4 KAG NW). Grundsätzlich werden daher weder die Höhe des beitragsfähigen Aufwandes noch das Verhältnis, in dem der beitragsfähige Aufwand zwischen Gemeinde und Beitragspflichtigen zu verteilen ist, durch Zuwendungen Dritter berührt. Diese Zuwendungen sind i. R. auf den Gemeindeanteil zu verrechnen, weil sie zu einer finanziellen **Entlastung der Gemeinde** führen sollen. Die Gemeinde braucht daher – sofern der Zuwendende nichts anderes bestimmt hat – nur einen nach der Verrechnung mit dem Gemeindeanteil verbleibenden **Überschuß** von dem auf die Anlieger entfallenden Kostenanteil abzusetzen.

2.5.3 *Verteilung des umlagefähigen Aufwands*

174   Nachdem der verteilungsfähige Aufwand ermittelt worden ist, muß ein Schlüssel gefunden werden, der seine vorteilsgerechte Verteilung gewährleistet.

2.5.3.1 Erschließungsbeitragsrecht

Der ermittelte **beitragsfähige Erschließungsaufwand** für eine Erschließungsanlage ist auf die durch die Anlage erschlossenen Grundstücke zu verteilen, § 131 Abs. 1 S. 1 BauGB.

a) Grundstücksbegriff

175   Grundsätzlich ist im Erschließungsbeitragsrecht im Interesse der Rechtsklarheit und Rechtssicherheit vom bürgerlich-rechtlichen Begriff des Grundstücks i. S. d. Grundbuchrechts auszugehen. Nur unter strengen Voraussetzungen ist ein Abweichen von diesem Grundstücksbegriff in solchen Fällen zulässig, in denen es nach dem Inhalt und Sinn des Erschließungsbeitragsrechts gröblich unangemessen wäre, daran festzuhalten. Nur dann kann auf den Begriff der **wirtschaftlichen Grundstückseinheit** zurückgegriffen werden, der darauf abhebt, ob zusammenhängende Flächen unabhängig von ihrer katastermäßigen Einheit ein wirtschaftliches Ganzes bilden und demselben Eigentümer gehören (BVerwG, Urt. v. 16. 4. 1971, IV C – 82/69 –). Praktisch ist der Rückgriff auf den wirtschaftlichen Grundstücksbegriff nur dann zulässig, wenn ein Grundstück bei der Verteilung des umlagefähigen Erschließungsaufwands völlig unberücksichtigt bleiben muß, obwohl es – mangels hinreichender Größe lediglich allein nicht bebaubar – zusammen mit einem oder mehreren Grundstücken des gleichen Eigentümers ohne weiteres baulich angemessen genutzt werden darf.

b) Erschlossensein

176   Welche Grundstücke von einer **Erschließungsanlage** erschlossen sind, hängt wesentlich von der Funktion der Erschließungsanlage ab. Dies wurde bereits bei der

Darstellung der Erschließungsanlagen näher erläutert. Im folgenden werden einige häufig auftretende Probleme erörtert, die sich regelmäßig im Rahmen der Erschließung durch Anbaustraßen ergeben.

Für das Erschlossensein eines Grundstücks durch eine **Anbaustraße** kommt es lediglich darauf an, daß mit **Kraftfahrzeugen** an seine Grenze herangefahren und es von da ab betreten werden kann. Maßgebend ist dabei, ob von einem Grundstück seiner bestimmungsgemäßen Nutzbarkeit entsprechend eine Beanspruchung der Erschließungsanlage in der Weise ausgeht, daß durch den dadurch eintretenden Vorteil eine Belastung mit Erschließungskosten gerechtfertigt ist. Dies ist auf Anbaustraßen bezogen zu bejahen bei Grundstücken, die für ihre bestimmungsgemäße Nutzung auf die Inanspruchnahmemöglichkeit einer solchen Erschließungsanlage angewiesen sind, deren Nutzung also einen Ziel- und Quellverkehr verursacht, der zum Ausgleich des damit vermittelten **Erschließungsvorteils** im Interesse der Beitragsgerechtigkeit eine Beitragsbelastung geboten erscheinen läßt (BVerwG, u.a. Urt. v. 11.12.1987, E 78, S. 321 (326f.)). Die tatsächliche Nutzung ist dagegen unerheblich.

Ohne Belang für das Erschlossensein eines Grundstückes ist darüber hinaus, ob **177** der Möglichkeit, an seine Grenze heranzufahren, tatsächliche oder rechtliche **Hindernisse** entgegenstehen, vorausgesetzt, sie sind ausräumbar. Als ausräumbar können grundsätzlich Hindernisse angesehen werden, die der Anlieger selbst auf seinem Grundstück schafft. Nicht selten bauen Anlieger – insbesondere in Zweiterschließungsfällen – Zäune oder Mauern um ihr Grundstück und vertreten fälschlicherweise die Auffassung, ihr Grundstück sei deswegen von der Anlage nicht erschlossen. Die an die Erfüllung des Merkmals „**Erschlossensein**" i.S.d. § 131 Abs. 1 Satz 1 BauGB zu stellenden Anforderungen gestatten nämlich keine Differenzierung zwischen **Erst- und Zweiterschließung**. Ob ein Grundstück durch die gerade abzurechnende Anlage erschlossen wird, beurteilt sich danach, ob es – eine durch eine andere Anbaustraße vermittelte Bebaubarkeit hinweggedacht – mit Blick auf die wegemäßige Erschließung allein dieser Straße wegen nach Maßgabe der §§ 30ff. BauGB bebaubar (oder in sonstwie nach § 133 Abs. 1 BauGB beachtlicher Weise nutzbar) ist. Die Frage, ob ein Grundstück auch durch eine zweite Erschließungsanlage erschlossen ist, beantwortet sich nach den gleichen Kriterien, die für das Erschlossensein durch die erste Anlage maßgeblich sind. Es müssen bei der Prüfung des Erschlossenseins durch eine Erschließungsanlage andere für das betreffende Grundstück etwa schon bestehende Anlagen hinweggedacht werden (BVerwG, Urteil vom 26.09.1993 – 8 C 86/81 –).

Ein Grundstück kann auch dann erschlossen sein, wenn es nicht direkt an die Er- **178** schließungsanlage angrenzt, sondern durch ein anderes, das sogenannte Anliegergrundstück von ihr getrennt ist. Es ist dann ein sogenanntes **Hinterliegergrundstück**. Für dieses gilt ebenfalls das Zufahrtserfordernis, d.h. es muß von der Erschließungsanlage aus eine rechtlich abgesicherte tatsächliche Möglichkeit bestehen, an die Grundstücksgrenze heranzufahren und es von dort aus zu betreten. Stehen Anliegergrundstück und Hinterliegergrundstück im Eigentum derselben Person, so ist das Hinterliegergrundstück unabhängig von der Bebaubarkeit des Anliegergrundstücks durch die Anbaustraße erschlossen, wenn beide Grundstücke einheitlich genutzt werden (BVerwG, Urt. v. 01.04.1991 – 8 C 5/81). Aus der Sicht der übrigen Beitragspflichtigen verwischt nämlich eine einheitliche Nutzung von zwei Grundstücken deren Grenze und läßt sie in dieser Weise als ein Grundstück erscheinen, so daß die Einbeziehung auch des Hinterliegergrundstücks in den Kreis der bei der Aufwandsverteilung zu berücksichtigenden Grundstücke erwartet werden kann.

Liegt eine solche Eigentümeridentität nicht vor, so ist ein Hinterliegergrundstück nur erschlossen, wenn die Zufahrtsmöglichkeit rechtlich und tatsächlich gesichert ist. Als rechtlich ausreichende Sicherung wird man nur die **dingliche Sicherung** zulassen können, so muß der Eigentümer des Anliegergrundstücks z.B. eine Grunddienstbarkeit in das Grundbuch eintragen lassen.

c) Verhältnis von § 131 Abs. 1 S. 1 und § 133 Abs. 1 S. 2 BauGB

179 Der Begriff des **erschlossenen Grundstücks** i.S.d. § 131 Abs. 1 Satz 1 BauGB deckt sich nicht mit dem Begriff des erschlossenen Grundstücks i.S.d. § 133 Abs. 1 Satz 2 BauGB. Zum Erschlossensein i.S.d. § 131 Abs. 1 Satz 1 vgl. die obigen Ausführungen. Der Beitragspflicht unterliegen allerdings nur Grundstücke, für die eine bauliche oder gewerbliche Nutzung festgesetzt ist, sobald sie bebaut oder gewerblich genutzt werden dürfen, § 133 Abs. 1 S. 1 BauGB. Dies kann dazu führen, daß ein Grundstück zwar in den Kreis der Grundstücke fällt, auf die der Aufwand zu verteilen ist, eine Beitragspflicht wegen bestimmter Hindernisse – z.B. fehlender Anschluß der Entwässerungsanlage – aber (noch) nicht entstehen kann. Die Gemeinde muß also regelmäßig die Beiträge quasi vorstrecken, bis sie die tatsächliche Inanspruchnahmemöglichkeit gewährleisten kann. Erst dann kann sie sich **refinanzieren.**

180 Kann ein Grundstück nicht nur vorübergehend, sondern auf Dauer nicht nach § 133 BauGB der **Beitragspflicht** unterliegen, so ist es nach der Rechtsprechung auch nicht erschlossen i.S.d. § 131 BauGB, so daß es bei der Aufwandsverteilung nicht einbezogen werden darf. Grund hierfür ist, daß die Gemeinde nicht auf Dauer den nicht umlegbaren Aufwand selbst tragen soll. Nach Ansicht des BVerwG gehört ein solches Grundstück selbst dann nicht zu den i.S.d. § 131 BauGB erschlossenen Grundstücken, wenn es tatsächlich bebaut ist oder gewerblich genutzt wird. Hierzu zählen regelmäßig auch Grundstücke im **Außenbereich.** Dem Bürger und vielen kommunalen Mitarbeitern ist dies nicht vermittelbar, insbesondere, wenn die Bebauungsplangrenze parallel zur Straßengrenze verläuft und die Grundstücke auf der Straßenseite, die im Bebauungsplangebiet liegen, die Kosten der Straße für die gegenüberliegenden, baulich oder gewerblich genutzten Grundstücke, die dann im Außenbereich liegen, mittragen müssen.

Zur Begründung dieser Rechtsprechung verweist das BVerwG auf den Wortlaut des § 133 Abs. 1 S. 1, 2 BauGB, wonach der Beitragspflicht Grundstücke unterliegen, für die eine bauliche oder gewerbliche Nutzung festgesetzt ist. Entsprechendes gilt für erschlossene Grundstücke, für die zwar eine solche Nutzung nicht festgesetzt ist, die aber nach der Vekehrsauffassung Bauland sind und nach der geordneten baulichen Entwicklung der Gemeinde zur Bebauung anstehen. Grundstücke, auf die diese Voraussetzungen zutreffen, sind ausschließlich solche in qualifiziert beplanten Gebieten („festgesetzt") oder solche in im Zusammenhang bebauten Ortsteilen. Eine Ausnahme gilt n.v. für Grundstücke im Bereich einer Satzung nach § 4 Abs. 4 BauGBMaßnG. Eine sogenannte **Außenbereichssatzung** schafft nämlich eine dem beplanten oder unbeplanten Innenbereich entsprechende Situation. Zwar handelt es sich bei dieser Satzung eindeutig nicht um einen Bebauungsplan und auch nicht um eine Satzung nach § 34 Abs. 4 BauGB. Die Satzung begründet aber für die sog. „sonstigen Vorhaben" i.S.d. § 35 Abs. 2 BauGB unter bestimmten Voraussetzungen eine Baugenehmigungsfähigkeit. Grundstücke im Satzungsbereich sind deshalb nach der Verkehrsauffassung Bauland. Der Erlaß der Außenbereichssatzung durch den Gemeinderat belegt zudem, daß die Grundstücke nach der geordneten baulichen Entwicklung der Gemeinde zur Bebauung anstehen.

d) Verteilungsmaßstäbe

Wenn geklärt ist, welche Grundstücke in das Verteilungsverfahren einbezogen werden, so muß anschließend ein Modus gefunden werden, in welcher Höhe die einzelnen Grundstücke im Verhältnis zueinander belastet werden. Das Gesetz nennt als **Verteilungsmaßstäbe** die Art und das Maß der baulichen oder sonstigen Nutzung, die Grundstücksflächen und die Grundstücksbreite an der Erschließungsanlage, § 131 Abs. 2 BauGB. Die Verteilungsmaßstäbe können miteinander verbunden werden. Ansatzpunkt für die Verteilung ist die wahrscheinliche Intensität der Inanspruchnahme einer Erschließungsanlage durch ein Grundstück. **181**

In der Praxis hat sich weitgehend der kombinierte Grundstücks- und Geschoßzahlenmaßstab (Vollgeschoßmaßstab) herausgebildet, der im Verhältnis zu anderen Maßstäben – insbesondere zum früher weit verbreiteten kombinierten Grundstücks- und Geschoßflächenmaßstab – die Vorteile größerer Praktikabiliät und eines deutlich geringeren Ermittlungsaufwands bietet, aber nicht zwangsläufig zu einer gröberen **Bewertung der Nutzungsunterschiede** führt. Die Bewertung der Nutzungsunterschiede durch den Verteilungsmaßstab dient der Einstufung der „Vorteilssituation" der beitragspflichtigen Grundstücke untereinander. Der Verteilungsmaßstab hat die Aufgabe, die Relation der Teilhabe am umlagefähigen Erschließungsaufwand für die einzelnen erschlossenen Grundstücke zu repräsentieren. Die Beitragsbelastung der einzelnen Grundstücke im Abrechnungsgebiet muß nicht in demselben Verhältnis stehen, in dem sich deren bauliche oder sonstige Nutzbarkeit zueinander verhalten. Es genügt eine Verteilungsregelung, die erhebliche, hinreichend abgrenzbare Unterschiede der baulichen oder sonstigen Nutzung in typischen Fallgruppen nach Art und Maß dieser Nutzung angemessen vorteilsgerecht und zugleich in der Weise erfaßt, daß das Heranziehungsverfahren praktikabel und überschaubar bleibt (vgl. zu Einzelheiten und beispielhaften Rechnungen Arbeitshilfe Nr. 7, S. 31 ff.).

2.5.3.2 Ausbaubeitragsrecht

182 a) Die Ländergesetze gehen in ihrer Mehrheit ebenfalls vom Buchgrundstücksbegriff aus. Daher sind im wesentlichen die zum Erschließungsbeitragsrecht entwickelten Grundsätze heranzuziehen. Dies gilt im Grundsatz auch für das **Erschlossensein** von Grundstücken. Allerdings knüpfen die Landesgesetze regelmäßig eher an die Person des Grundstückseigentümers an und begründen eine Beitragspflicht, wenn und soweit ihm durch die Ausbaumaßnahme eine vorteilsrelevante Inanspruchnahmemöglichkeit in bezug auf die Anlage vermittelt wird.

b) Verteilungsmaßstäbe

183 Da in den Ländergesetzen mehrheitlich **keine Verteilungsmaßstäbe** genannt sind, muß die Gemeinde in ihrer Ausbaubeitragssatzung solche Maßstäbe festlegen und dabei den Grundsatz der **wahrscheinlichen Inanspruchnahme** zugrundelegen.

Im wesentlichen werden die gleichen Maßstäbe diskutiert wie im Erschließungsbeitragsrecht. Allerdings kommt als einfachem Maßstab dem sog. Frontmetermaßstab, der von der Grundstücksbreite an der Erschließungsanlage ausgeht, größere Bedeutung zu. Er ist ein geeigneter **Wahrscheinlichkeitsmaßstab**, wenn und soweit in einem Abrechnungsgebiet davon ausgegangen werden kann, daß die wirtschaftlichen Vorteile für die Grundstückseigentümer mit der Länge seiner Grenze an der Anlage zunahmen. Ähnliches gilt für die Grundstücksgröße beim ebenfalls gut geeigneten Grundstücksflächenmaßstab. Diese Maßstäbe sind in den Fällen praktikabel, wenn eine Ausbaumaßnahme an einer Anlage durchgeführt wird, die durch ein Gebiet mit im wesentlichen gleicher Nutzung führt. Ansonsten sind Art und Maß der Nutzung zu berücksichtigen.

2.5.4 Eckgrundstücksvergünstigung

a) Erschließungsbeitragsrecht

184 Wird ein Grundstück von mehreren Erschließungsanlagen der gleichen Art erschlossen, so kann die Gemeinde durch Satzung bestimmten, daß der Beitragspflichtige nicht bezüglich sämtlicher Anlagen zum vollen Beitrag, sondern beispielsweise nur zu zwei Dritteln herangezogen wird.

Dies hat eine höhere Belastung der übrigen Beitragspflichtigen zur Folge. Daher sollte die Kommune die Aufnahme der Vergünstigung in ihre Erschließungsbeitragssatzung sehr genau prüfen. Der mehrfachen Beitragsbelastung von Eckgrundstücken und Zwischenlagegrundstücken wird am Grundstücksmarkt zunehmend bereits dadurch Rechnung getragen, daß geringere Grundstückskaufpreise vereinbart werden, so daß von der satzungsmäßigen Vergünstigung Abstand genommen werden kann. Darüber hinaus ist zu berücksichtigen, daß der Grundstückseigentümer weitaus flexibler in der Gestaltung seines Grundstücks ist, z.b. was die Garagenzufahrt angeht etc. Bei entsprechender Größe wird in vielen Fällen für den Eigentümer auch eine Teilung des Grundstücks interessant sein, so daß mit weiterer Bebauung auch eine entsprechende Nutzung der weiteren Anlage zu erwarten ist. Wegen der Einzelheiten vgl. Arbeitshilfe Nr. 7, S. 37.

b) Ausbaubeitragsrecht

Zwar gelten hier im wesentlichen die gleichen Grundsätze wie unter a) dargestellt. Für das KAG NW gilt aber, das anders als im Erschließungsbeitragsrecht in der Beitragssatzung den Eigentümern keine allgemeine und undifferenzierte Vergünstigung zu Lasten der anderen Grundstückseigentümer eingeräumt werden darf. Ob und wieweit eine Eckgrundstücksermäßigung zu Lasten der anderen Anlieger zulässig ist, beurteilt sich nach § 8 Abs. 6 KAG NW, also danach, ob diesen Grundstücken aus der Möglichkeit der Inanspruchnahme der Anlage ein gleicher oder wenigstens annähernd gleicher Vorteil geboten wird wie den anderen Grundstückseigentümern. Dies ist nicht der mit der erstmaligen Herstellung der Anlage verbundene Vorteil, sondern der maßnahmebedingte Vorteil, der gerade durch die (nachmalige) Herstellung oder Verbesserung der Anlage entstanden ist (Dietzel/Hinsen/Perger, Rz. 276). **185**

2.6 Heranziehung zu Beiträgen

2.6.1 *Entstehung der sachlichen Beitragspflicht*

a) Erschließungsbeitragsrecht

Die sachliche Beitragspflicht entsteht gem. § 133 Abs. 2 S. 1 BauGB mit der endgültigen Herstellung der Erschließungsanlage und somit, wenn die von der Gemeinde in der Erschließungsbeitragssatzung festgelegten **Merkmale der endgültigen Herstellung** vorliegen, vgl. § 132 Nr. 4 BauGB. Die Merkmale müssen einerseits so bestimmt sein, daß für den Bürger erkennbar wird, ab welchem Zeitpunkt er mit einer Veranlagung rechnen muß. Andererseits ist eine gewisse Abstraktion notwendig, um die Satzung, in der sie festgelegt werden, für eine ungewisse Zahl zukünftiger Erschließungsmaßnahmen handhabbar zu machen. Die Satzung muß also einerseits eindeutige Angaben sowohl darüber enthalten, welche Teileinrichtungen diese Anlagen aufzuweisen haben, um als endgültig herge- **186** stellt qualifiziert werden zu können, als auch darüber, wie diese Teileinrichtungen bautechnisch ausgestaltet sein sollen. Andererseits ist ein Verzicht auf eine detaillierte Festlegung derjenigen Teilanlagen, die eine Verkehrsanlage aufweisen muß, um endgültig hergestellt zu sein, zulässig. Dies hat für die Gemeinden weitreichende Konsequenzen im Hinblick auf eventuell zu erlassende Änderungssatzungen.

So werden häufig beidseitige **Geh- oder Radwege** als Herstellungsmerkmale satzungsmäßig festgelegt, dann aber (z.B. aus Kostengründen) nur einseitig angelegt. Problematisch sind auch die Fälle des niveaugleichen Ausbaus von Anbaustraßen als verkehrsberuhigte Bereiche. Es wird also in der Praxis vorteilhaft sein, auf das Herstellungsmerkmal „beidseitige Geh- bzw. Radwege" zu verzichten (vgl. auch Arbeitshilfe Nr. 7, S. 44).

Die Teileinrichtungen „**Straßenoberflächenentwässerung**" und „**Beleuchtung**" sind stets als Merkmale der endgültigen Herstellung in die Satzung aufzunehmen, wenn die Kosten für dafür ordnungsgemäß in den Erschließungsaufwand einfließen sollen (BVerwG, Urt. v. 2.12.1977, BRS 37, S. 279).

Wird der Grunderwerb in der Satzung als Herstellungsmerkmal festgelegt, dann ist etwa eine Anbaustraße erst dann endgültig hergestellt, wenn der letzte Quadratmeter Straßenland sich im Eigentum der Gemeinde befindet. Ist der Grunderwerb hingegen nicht zum Merkmal der endgültigen Herstellung erklärt worden, entsteht die Beitragspflicht ggf. vor der vollständigen Durchführung des Grunderwerbs mit der Folge, daß danach entstehende Grunderwerbskosten nicht mehr umlagefähig sind (vgl. BVerwG, Urt. v. 08.02.1974 – IV C 21/72). Angesichts der erheblichen Kosten, die ein Grunderwerb nach sich zieht, wurde im Muster einer Erschließungsbeitragssatzung (Arbeitshilfe Nr. 7) der Grunderwerb als Herstellungsmerkmal ausdrücklich vorgesehen und in den Erläuterungen zur Mustersatzung den Gemeinden dringend empfohlen, dieses Herstellungsmerkmal in ihren Satzungen festzulegen.

Die (endgültige) Herstellung der Erschließungsanlage setzt zudem regelmäßig einen **gültigen Bebauungsplan** oder die **Zustimmung der höheren Verwaltungsbehörde** voraus, § 125 BauGB. Da nur öffentliche Straßen, Wege und Plätze i.S.d. § 127 II Nr. 1 BauGB beitragsfähig sind, ist weitere Voraussetzung das Vorliegen der straßenrechtlichen **Widmung**.

b) Ausbaubeitragsrecht

187 Die Ländergesetze schreiben regelmäßig nicht vor, daß die Gemeinden Merkmale der endgültigen Herstellung festlegen müssen. Entscheidend für die Frage, wann eine Ausbaumaßnahme endgültig fertiggestellt ist, ist daher der Zeitpunkt, in dem das gemeindliche Bauprogramm erfüllt ist. Dieses ist das wesentliche Instrument zur inhaltlichen und zeitlichen Umsetzung einer Straßenausbaumaßnahme. Es kann ganz oder teilweise in Form einer Satzung geregelt werden. Im

allgemeinen wird es jedoch formlos durch einfachen Ratsbeschluß, durch Beschluß des zuständigen Ausschusses oder durch eine Entscheidung der Verwaltung festgelegt.

In Rechtsprechung und Literatur besteht keine Einigkeit darüber, ob die Erfüllung des Bauprogramms durch den Zeitpunkt der Abnahme der Bauarbeiten (so OVG NW, Urt. v. 5. 6. 1985, 2 A 1864/83) oder durch den Eingang der letzten Unternehmerrechnung, also bei Feststellbarkeit des entstandenen Aufwands (so Driehaus, EAB, § 36, Rz. 7). Der erstgenannten Ansicht ist der Vorzug zu geben, weil sie sich in die Systematik des logisch benachbarten Erschließungsrechts einfügt. In beiden hier behandelten Rechtsbereichen werden Rechtsfolgen regelmäßig an realen Handlungen im räumlichen Bereich der betrachteten (Erschließungs-)Anlage geknüpft. Auch im Erschließungsbeitragsrecht entsteht die Beitragspflicht nicht erst dann, wenn die Höhe des Beitrags feststellbar ist. Im übrigen sollte hier wie dort der im Abgabenrecht allgemein gültige Gesichtspunkt der Erkennbarkeit für den Bürger ausschlaggebend sein. Auch im Ausbaubeitragsrecht muß für den Bürger erkennbar sein, wann seine Beitragspflicht entsteht und ab wann er mit einer Veranlagung rechnen muß. Solange nach Verwirklichung des Bauprogramms die Höhe der Beiträge aufgrund ausstehender Unternehmerrechnungen noch nicht feststellbar ist, kann die Gemeinde einen vorläufigen Beitragsbescheid erlassen oder das Veranlagungsverfahren aussetzen, um einer Festsetzungsverjährung vorzubeugen (so auch Dietzel/Hinsen/ Kallerhoff, Rz. 113).

2.6.2 Beitragserhebung

2.6.2.1 Erschließungsbeitragsrecht

Die Gemeinde hat die Wahl zwischen zwei Formen der Refinanzierung. Sie kann **188** hoheitlich im Wege der **Erhebung von Beiträgen** vorgehen. Sie kann aber auch mit einem Erschließungsträger, regelmäßig einem privaten Investor, einen **Erschließungsvertrag** nach § 124 BauGB abschließen. Die Gemeinde bleibt dabei zwar Träger der Erschließungslast gemäß § 123 Abs. 1 BauGB. Im Gegensatz zur Vergabe einzelner Erschließungsarbeiten im Rahmen von Werkverträgen kann sie aber durch den Erschließungsvertrag die Planung, technische Durchführung und kostenmäßige Abwicklung der Erschließung auf den Erschließungsträger übertragen.

Seit der Novellierung dieser Vorschrift im Jahre 1993 können Gegenstand eines Erschließungsvertrags beitragsfähige wie auch nicht beitragsfähige Erschließungsanlagen sein. Der Erschließungsträger kann sich verpflichten, die Erschließungskosten ganz oder teilweise zu tragen. Die Berücksichtigung eines Gemeindeanteils ist nach der neuen Gesetzeslage nicht mehr erforderlich. § 124 Abs. 2 S. 2 BauGB stellt vielmehr die Möglichkeit der vollständigen oder teilweisen Übernahme der Erschließungskosten durch den Erschließungsträger sicher. Dieser soll selbst entscheiden können, ob er auch die Kosten übernimmt, die auf die Gemeinde entfallen, wenn sie die Erschließung durchführen würde. Als inhaltliche Schranke der Vertragsfreiheit ist § 124 Abs. 3 S. 1 BauGB zu beachten. Danach müssen die vertraglich vereinbarten Leistungen den gesamten Umständen nach angemessen sein.

Neben der Umlagefähigkeit auch nicht beitragsfähiger Erschließungsanlagen und der Möglichkeit der vollständigen Abwälzung der Kosten auf den Erschließungsträger hat der Abschluß eines Erschließungsvertrags weitere Vorteile gegenüber einer Beitragserhebung. Die Ausweisung von Baugebieten und die zügige Schaffung von Wohnraum ist in vielen Städten und Gemeinden aufgrund der finanziellen Lage häufig kaum noch möglich. Der Erschließungsvertrag eröffnet hier die Möglichkeit, eine Belastung der Gemeinde durch die Finanzierung der Erschließungsmaßnahme zu vermeiden und die Bindung von Verwaltungskraft für ihre Durchführung zu reduzieren. Der Erschließungsträger, häufig Eigentümer der zu erschließenden Grundstücke, erhält die Chance einer schnelleren Erschließung und damit einer früheren Bebaubarkeit bzw. Vermarktung der Grundstücke.

189 Neuen Konstruktionen im Bereich des Erschließungsrechts sollten die Gemeinden im Interesse zügiger Baulandbereitstellung positiv gegenüberstehen. So stellt auch die sog. Erschließungsgemeinschaft (vgl. Pfister, Sachsenlandkurier 1995, S. 508) ein interessantes Modell dar. Darin schließen sich die Eigentümer von Grundstück in einem geplanten Baugebiet zu einer Gesellschaft bürgerlichen Rechts zusammen, um als solche Erschließungsträger gem. § 124 BauGB zu werden. Dies hat zweifellos die Vorteile, daß nur die tatsächlich entstandenen Erschließungskosten und nicht auch Unternehmergewinne finanziert werden müssen, daß Ortsansässige bessere Chancen bekommen und die Grundstückseigentümer stärkeren Einfluß auf einzelne Ausbaustandards bekommen. Aus Sicht der Gemeinde muß in einem solchen Konstrukt allerdings besonderer Wert auf die gestellten Sicherheiten (Bürgschaften etc.) gelegt werden. Zum einen steht eine Gesellschaft bürgerlichen Rechts rechtlich auf schwachen Füßen. Im allgemeinen wird den Gemeinden geraten, eine Erschließungsvertrag nur mit einem Unternehmer abzuschließen. Dieser sollte im Hinblick auf Leistungsfähigkeit, Fachkompetenz, Finanzkraft und Zuverlässigkeit die Gewähr für die Vertragserfüllung bieten. Nur so kann sichergestellt werden, daß die Gemeinde bei Leistungsstörungen nur einen Vertragspartner in Anspruch nehmen muß. Dies kann die GbR nicht leisten. Unverzichtbar ist des weiteren die Sicherung der Vertragserfüllung durch Übergabe einer der Höhe nach ausreichend bemessenen Bankbürgschaft in Höhe der geschätzten Baukosten. Die Gemeinde sollte sich zudem im Erschließungsvertrag den Einfluß auf die Werkvertragsabschlüsse sichern.

Wesentlich interessanter dürfte die Gründung einer **Erschließungsgesellschaft** durch die Gemeinde selbst oder unter Einbeziehung eines privaten Unternehmers sein. Die Gemeinde schließt sodann mit der Gesellschaft, die z.B. als

GmbH firmiert und eine eigene juristische Person ist, den Erschließungsvertrag nach § 124 BauGB. Die oben beschriebenen Nachteile und Risiken dürften sich bei vergleichbaren Vorteilen als nicht so gravierend darstellen.

Ein Muster eines Erschließungsvertrages mit umfangreichen Erläuterungen ist in der Arbeitshilfe Nr. 7 enthalten.

Während die Gemeinde bei Abschluß eines Erschließungsvertrags regelmäßig keinen Aufwand hat und deshalb keine Erschließungsbeiträge erheben kann, entsteht ihr beitragsfähiger Aufwand, wenn sie die Maßnahme selbst durch eigene Kräfte vornimmt oder im Wege von Werkverträgen an Privatunternehmen vergibt. Sie kann sodann nach Entstehen der sachlichen Beitragspflicht Beitragsbescheide erlassen.

Aus § 133 Abs. 2 Satz 1 BauGB ergibt sich, daß die sachliche Beitragspflicht in **190** bezug auf das von der Erschließungsanlage erschlossene Grundstück grundsätzlich mit der endgültigen Herstellung der Anlage entsteht (**Grundsatz der nachträglichen Aufwandsdeckung**). Zahlungen erfolgen im gesetzlichen Regelfall auch wegen des Prinzips der pfenniggenauen Abrechnung nur im Hinblick auf eine abgeschlossene Tätigkeit. Erschließungsbeiträge werden also grundsätzlich nur für eine abgeschlossene Baumaßnahme erhoben, und nur mit der Maßgabe, daß eine Beitragspflicht für ein Grundstück bezogen auf die erstmalige endgültige Herstellung einer bestimmten Erschließungsanlage nur einmal entsteht. Dieser Grundsatz gilt sowohl in dem Sinne, daß ein Grundstück vor einer mehrfachen Belastung für die Erschließung durch eine bestimmte Anlage geschützt ist, als auch in dem Sinne, das eine abstrakte Beitragspflicht, ist sie einmal entstanden, nicht nachträglich zu einem anderem Zeitpunkt und gar in anderer Höhe noch einmal entstehen kann. Allerdings besteht für die Gemeinde ein Nacherhebungsrecht und sogar eine Nacherhebungspflicht, wenn Beitragspflichtige zu Unrecht zu niedrig veranlagt wurden, sei es aufgrund eines Rechenfehlers oder fehlerhafter Rechtsbeurteilung (Gewährung einer nicht gerechtfertigten Eckgrundstücksvergünstigung, BVerwG, Urt. v. 18. 3. 1988, E 79, S. 166ff.).

Vom Grundsatz der nachträglichen Aufwandsdeckung sieht das Gesetz einige **Ausnahmen** vor. Die früh- bzw. vorzeitige Refinanzierung hat sowohl für die Gemeinde wie auch für den Beitragspflichtigen Vorteile. Beiden ist damit gedient, daß keine Fremdfinanzierung notwendig wird und daß frühzeitige Zahlungen häufig auch die Realisierung der Maßnahme beschleunigen. Gleichwohl ist der teilweise geäußerten Rechtsauffassung entgegenzutreten, die Gemeinden seien aus dem kommunalverfassungsrechtlichen Grundsatz der wirtschaftlichen und sparsamen Haushaltsführung zu einer vorzeitigen Finanzierung rechtlich verpflichtet. Hierbei wird zum einen das oben beschriebene Regel-Ausnahme-Prinzip verkannt, andererseits den Gemeinden das Auswahlermessen hinsichtlich der Finanzierungsart abgestritten.

a) Vorausleistungen

191 Ist die Beitragspflicht noch nicht bzw. nicht in vollem Umfang entstanden, können Vorausleistungen bis zur Höhe des voraussichtlichen endgültigen Erschließungsbeitrags verlangt werden, § 133 Abs. 3 S. 1 BauGB. Diese 1993 novellierte Regelung ermächtigt die Gemeinde, bereits ab dem Zeitpunkt des ersten Spatenstichs einen „Vorschuß" sogar in Höhe des zu erwartenden Beitrags zu verlangen und später aufgrund der endgültigen Beitragsberechnung nachzuerheben oder rückzuerstatten.

Die Vorausleistungen können verlangt werden, wenn ein Bauvorhaben auf dem Grundstück genehmigt wird (Genehmigungsalternative) oder wenn mit der Herstellung der Erschließungsanlagen begonnen worden und die endgültige Herstellung innerhalb von vier Jahren zu erwarten ist (Herstellungsalternative). Die Voraussetzung der erwarteten Herstellung innerhalb von vier Jahren dient dem Schutz des Bürgers. Die Gemeinde muß diesbezüglich eine ernsthafte Prognose abgeben. Stellt sich die Prognose im nachhinein als nicht haltbar heraus, ergibt sich dadurch kein Anspruch des Beitragspflichtigen auf Rückzahlung der Vorausleistung.

Ist die Beitragspflicht sechs Jahre nach Erlaß des Vorausleistungsbescheids noch nicht entstanden, kann die Vorausleistung zurückverlangt werden, wenn die Erschließungsanlage bis zu diesem Zeitpunkt noch nicht benutzbar ist, § 133 Abs. 3 S. 3 BauGB. Im allgemeinen ist die Benutzbarkeit gegeben, wenn mit Kfz, insbesondere mit Rettungs- und Versorgungsfahrzeugen an die erschlossenen Grundstücke herangefahren werden kann. Eine Verzinsung des vom Bürger gezahlten Betrags kann gem. § 133 Abs. 3 S. 4 nur im Hinblick auf den in § 133 Abs. 3 S. 3 BauGB begründeten Rückzahlungsanspruch gefordert werden. Häufig wird im Rahmen der endgültigen Beitragsberechnung eine Verzinsung des etwaigen überzahlten Betrags verlangt. Hierfür gibt es keine Rechtsgrundlage.

Wie der Gesetzgeber in § 133 Abs. 3 Satz 1 BauGB durch den Gebrauch der Mehrzahl „Vorausleistungen" zum Ausdruck gebracht hat, kann die Gemeinde für ein Grundstück mehrere Vorausleistungen verlangen, sei es hinsichtlich derselben Erschließungsanlage auf den für diese entstehenden Erschließungsbeitrag, sei es hinsichtlich weiterer das Grundstück erschließender Erschließungsanlagen auf die für diese jeweils entstehenden Erschließungsbeiträge (BVerwG, Urt. v. 22. 2. 1985 – 8 C 143/83).

b) Ablösung

192 Die Ablösung gemäß § 133 Abs. 3 S. 5 BauGB stellt eine vorweggenommene Tilgung des gesamten künftigen Erschließungsbeitrags aufgrund einer Vereinbarung zwischen der Gemeinde und dem Beitragspflichtigen dar. Diese Vereinbarung ist ein öffentlich-rechtlicher Vertrag. Die Ablösung ist keine Vorausleistung auf einen noch entstehenden Erschließungsbeitrag. Durch sie wird vielmehr der endgültige Erschließungsbeitrag bereits im vorhinein abgegolten. Sie ist damit quasi ein Vergleichsvertrag, in dem jede Partei das Risiko trägt, daß der vereinbarte Erschließungsbeitrag nicht die tatsächlich entstandenen beitragspflichtigen Aufwendungen ausgleicht. Daher nimmt sie einerseits dem jeweiligen Eigentümer die Möglichkeit, später – im Hinblick auf die Höhe der andernfalls entstehenden Beitragspflicht – eine Überzahlung erstattet zu bekommen, und andererseits der Gemeinde das Recht zur Erhebung einer Nachforderung (BVerwG, st. Rspr., vgl. BVerwGE 84, S. 183 (185)).

Diese Rechtsfolge hat Vorteile für beide Vertragspartner. Der Bürger weiß frühzeitig, welche finanzielle Belastung auf ihn zukommt und kann sie in den Finanzierungsplan für sein Bauvorhaben einbeziehen. Gleichzeitig ist er vor Nachforderungen sicher. Die Gemeinde kennt ebenfalls die Finanzgrundlage, mit der sie auskommen muß. Gegenüber der Erhebung von Vorausleistungen hat eine Ablösung damit den Vorteil, daß frühzeitig Rechtsfrieden eintritt. Sie birgt allerdings auch das Risiko, daß einer der Vertragspartner letztendlich gegenüber einer nachträglichen pfenniggenauen Beitragsabrechnung einen Nachteil erfährt.

Dieses Risiko hält sich indes in Grenzen. Der Ablösungsbetrag ist nämlich nicht frei aushandelbar. Das BauGB setzt dem Verhandlungsspielraum enge Grenzen, wenn es in § 133 Abs. 3 S. 5 als Voraussetzung für eine Ablösung festlegt, daß die Gemeinde Bestimmungen für die Ablösung treffen muß. Diese Ablösungsbestimmungen sollen eine gleichmäßige Handhabung der Ablösungsfälle sicherstellen und müssen demgemäß zumindest regeln, wie der mutmaßliche Erschließungsaufwand für die Ablösung ermittelt und wie er verteilt wird.

Ein Ablösungsvertrag ist nichtig, wenn er geschlossen wird, ohne daß zuvor ausreichende Bestimmungen der Gemeinde vorgelegen haben. Er wird in aller Regel durch das rückwirkende Inkrafttreten genügender Ablösungsbestimmungen nicht geheilt (BVerwG, Urt. v. 27. 01. 1982 – 8 C 99/81 –).

Ablösungsbestimmungen können, müssen aber nicht in die Erschließungsbeitragssatzung aufgenommen werden; allerdings können sie rechtswirksam nur von dem nach Landesrecht zuständigen Gemeindeorgan erlassen werden, d. h. grundsätzlich nur von der Gemeindevertretung. Regelmäßig handelt es sich nämlich beim Erlaß solcher Bestimmungen nicht um ein Geschäft der laufenden Verwaltung.

Nicht selten tauchen in der Praxis Probleme im Zusammenhang mit der Ablösung in notariellen Kaufverträgen auf, und zwar wenn die Ablösesumme nicht gesondert aufgeführt ist. Zwar ist es rechtlich unbedenklich, Ablösungsvereinbarungen zusammen mit dem Kaufvertrag zu schließen. Sie können auch in einem einheitlichen Vertragsdokument niedergelegt werden. Allerdings muß erkennbar werden, daß ein bestimmter Betrag als Ablösesumme vereinbart wurde (vgl. BVerwG, Urt. v. 1. 12. 1989, NJW 1990, S. 1679). § 133 Abs. 3 Satz 5 BauGB schränke – so das BVerwG – die Ermächtigung zum Abschluß von Ablösungsverträgen auf solche ein, die nach Erlaß wirksamer Bestimmungen und in inhaltlicher Übereinstimmung mit ihnen vereinbart würden. Mache aber das Gesetz die Befugnis zum Abschluß von Ablösungsverträgen mit Rücksicht auf die Grundsätze der Abgabengerechtigkeit und Abgabengleichheit von der Erfüllung dieser einzig auf die Ermittlung der Höhe der Ablösebeträge ausgerichteten Voraussetzungen abhängig, so müsse der Ablösebetrag auch innerhalb des Kaufvertrags offengelegt werden.

Verdeckte Vereinbarungen über die Ablösung in Grundstückskaufverträgen sind nur dann wirksam, wenn eine wirksame Ablösungsbestimmung besteht, der Ablösebetrag mit den Bestimmungen in Einklang steht und der Käufer auf den Ablösebetrag ausdrücklich hingewiesen wird. Dazu genügt es, wenn die Gemeinde dem Käufer den Ablösebetrag außerhalb der notariellen Urkunde vor Abschluß des Kaufvertrags mitgeteilt hat (BVerwG, a.a.O.)

c) Kostenspaltung

193 Eine Beitragserhebung kann für die komplette Anlage oder auch im Wege der **Kostenspaltung** für den Grunderwerb, die Freilegung und einzelne Teileinrichtungen einer Anlage erfolgen (§ 127 Abs. 3 BauGB). Erforderlich ist dafür eine entsprechende Satzungsbestimmung, § 132 Nr. 3 BauGB.

Die Kostenspaltung bewirkt eine Tilgung des Beitrags in dem erfaßten Teilbereich, der endgültige Beitrag verringert sich also um den zuvor bereits eingeforderten Betrag, ohne daß wie bei der Vorausleistung eine Verrechnung stattfindet. Die sachliche Teilbeitragspflicht entsteht, wenn bzgl. der Teileinrichtung die Merkmale der endgültigen Herstellung vorliegen.

d) Abschnittsbildung

194 Eine Erschließungsanlage kann abschnittsweise erstellt und abgerechnet werden. Abschnitte sind Teilstrecken der Anlage, die selbständig die Erschließung von Grundstücken bewirken können. Sie müssen daher eine gewisse Erschließungsfunktion selbständig erfüllen können und vom Rest der Anlage abgrenzbar sein.

Der beitragsfähige Aufwand, der für die Herstellung eines Abschnitts entsteht, wird auf die Grundstücke, die von dem Abschnitt erschlossen werden, umgelegt. Eine Abschnittsbildung muß daher auch berücksichtigen, daß es im Verlauf der Gesamtanlage nicht zu Beitragsverzerrungen im Hinblick auf den vermittelten Vorteil kommt.

2.6.2.2 Ausbaubeitragsrecht

195 Einen **„Ausbauvertrag"** analog zum Erschließungsvertrag kennen die Ländergesetze nicht; eine analoge Anwendung des § 124 BauGB im Straßenausbaurecht wird einhellig mangels gesetzlicher Ermächtigungsgrundlage abgelehnt.

Die Landesgesetze lassen **Vorausleistungen** vom Beginn der Durchführung einer Ausbaumaßnahme an zu. Auch **Ablösungsvereinbarungen** sind zulässig. Die zum Erschließungsbeitragsrecht entwickelten Grundsätze werden im wesentlichen auf das Ausbaurecht übertragen.

Die Zulässigkeit und sachliche Begründbarkeit von **Kostenspaltung und Abschnittsbildung** wird in den Länderrechten sehr unterschiedlich gesehen, so daß von einer Darstellung hier abgesehen wird.

2.6.3. Persönliche Beitragspflicht

Mit dem Entstehen der sachlichen Beitragspflicht, der im übrigen auch nur die **196** Grundstücke unterliegen, ist noch nicht geklärt, an wen die Gemeinde einen konkreten Heranziehungsbescheid richten kann bzw. muß.

a) Erschließungsbeitragspflichtig ist grds. derjenige, der zum Zeitpunkt der Bekanntgabe des Beitragsbescheids Eigentümer oder Erbbauberechtigter des Grundstücks ist, § 134 BauGB.

Der nachträgliche Übergang des Eigentums bzw. des dinglichen Rechts berührt im Regelfall nicht die in der Person des wie oben bestimmten persönlich Beitragspflichtigen. Dies gilt selbst dann, wenn der ursprüngliche Eigentümer den Bescheid angefochten und der Eigentumswechsel vor Erlaß des Widerspruchsbescheids stattgefunden hat, sofern der Widerspruch nicht zur Aufhebung des Beitragsbescheids führt (Driehaus, EAB, § 24, Rz. 33).

b) Der richtige Adressat eines Ausbaubeitragsbescheids bestimmt sich nach den Vorschriften des einschlägigen Landesrecht in Verbindung mit der gemeindlichen Satzung.

2.6.4 Beitragsbescheid

Der Beitragsbescheid wird von der Gemeinde, die die Maßnahme vorgenommen hat, als Verwaltungsakt erlassen. Insoweit wird auf die Grundsätze des allgemeinen Verwaltungsrechts zum Erlaß von Verwaltungsakten verwiesen.

2.7 Billigkeitsmaßnahmen

Im Einzelfall kann die Gemeinde von einer Beitragserhebung absehen. **197**

2.7.1 Erschließungsbeitragsrecht

a) (Vertraglicher) Verzicht auf Beiträge

Nicht selten wird in der Gemeinde ein Bedürfnis gesehen, gegenüber Beitragspflichtigen auf die Erhebung von Beiträgen zu verzichten, z. B. im Rahmen eines Kaufvertrags, wenn sie dessen Grundstück für die Anlage benötigt. Nicht selten soll auch aus sozialen oder anderen Gründen keine Veranlagung stattfinden.

Hierzu ist festzustellen, daß die Befugnis der Gemeinden zur Erhebung von Erschließungsbeiträgen durch den Gesetzgeber gleichzeitig als eine sie bindende Verpflichtung ausgestaltet worden ist (BVerwG, st. Rspr., u. a. Urt. v. 23. 4. 1969 – IV C 15/67). Diese Beitragserhebungspflicht ergibt sich aus dem in der Verfassung begründeten Gleichbehandlungsgrundsatz hier der Grundstückseigentümer in allen Gemeinden, d. h. im Interesse der Beitragsgerechtigkeit (BVerwG, Urt. v. 18. 11. 1977 – IV C 104/74). Hieran wird bereits erkennbar, daß für die Gleichbehandlung nicht lediglich auf die Beitragspflichtigen innerhalb eines Baugebiets bzw. die von einer Erschließungsanlage erschlossenen Grundstücke abzustellen ist. Vielmehr müssen alle Grundstückseigentümer in allen Gemeinden grundsätzlich gleich behandelt werden. Regelungen jeglicher Art über einen nicht von § 135 Abs. 5 BauGB gedeckten „Beitragsverzicht" sind daher wegen eines Verstoßes gegen die Beitragserhebungspflicht rechtswidrig.

Erfolgt der **Beitragsverzicht** im Rahmen eines Kaufvertrags, wird die Verzichtsvereinbarung regelmäßig nach § 134 BGB nichtig sein. Zwar bildet nicht jede öffentlich-rechtliche Vorschrift automatisch ein Verbotsgesetz. Als Verbotsnorm wird man vielmehr nur diejenigen öffentlich-rechtlichen Vorschriften heranziehen können, die ausdrücklich nach ihrem Zweck oder dem Zusammenhang der Vorschriften nach den Inhalt der Verzichtsabrede, also den ihr innewohnenden rechtsgeschäftlichen Erfolg mißbilligen. Die durch §§ 127 ff. BauGB begründete Beitragserhebungspflicht begründet sich aus dem Prinzip der Abgabengerechtigkeit, das letztlich Ausfluß des verfassungsrechtlichen Gleichbehandlungsgrundsatzes ist. Diese Beurteilung spricht dafür, die §§ 127 f BauGB als Verbotsnorm i. S. d. § 134 BGB aufzufassen. Gemäß § 139 BGB führt die Teilnichtigkeit eines Rechtsgeschäfts zur Gesamtnichtigkeit, wenn nicht anzunehmen ist, daß es auch ohne den nichtigen Teil vorgenommen werden würde. Da häufig von seiten des Grundstückseigentümers die Verzichtsabrede zur Bedingung gemacht wird, sind derartige Kaufverträge grundsätzlich insgesamt nichtig.

b) § 135 Abs. 2 – 5 BauGB

198 Eine Freistellung von der Beitragspflicht ist gemäß § 135 Abs. 5 Satz 1 BauGB gerechtfertigt, wenn dies im öffentlichen Interesse oder zur Vermeidung unbilliger Härten geboten ist.

Es liegt im Ermessen der Gemeinde, von der Beitragserhebung abzusehen, wenn die – an sich gebotene – Beitragserhebung die Realisierung eines im **öffentlichen Interesse** liegenden und von ihr gewünschten oder für erforderlich gehaltenen Vorhabens gefährden würde. Das öffentliche Interesse ist gegeben z. B. bei Wirtschaftsförderungsmaßnahmen oder zur Förderung des sozialen Wohnungsbaus. Ein den Beitragsverzicht rechtfertigendes öffentliches Interesse läßt sich aber nicht allein aus dem Willen der Gemeinde herleiten, eine bestimmte Erschließungsanlage zu errichten. Ein Beitragsverzicht ist selbst dann nicht durch § 135 Abs. 5 BauGB gedeckt, wenn er der Erleichterung und Beschleunigung des für den Straßenbau erforderlichen Grunderwerbs gedient hat. Die Erlaßvorschrift im öffentlichen Interesse ist nicht dazu bestimmt, etwaige Unzulänglichkeiten oder Schwierigkeiten des Enteignungsrechts auszugleichen (BVerwG, Urt. v. 18. 11. 1977 – IV C 104/74). Auch die Erleichterung der Aufstellung und Durchsetzung eines Bebauungsplans rechtfertigt keinen Beitragsverzicht aus Gründen des öffentlichen Interesses (VGH BW, Bs. v. 11. 04. 1986 – 2 S 2061/85).

Die Zulassung einer der in § 135 Abs. 2–5 BauGB vorgesehenen Maßnahmen **199** wegen einer **unbilligen Härte** kann nur für einen aus der Regel fallenden atypischen Einzelfall in Betracht kommen und ggf. geboten sein. Dem Begriff „atypischer Einzelfall" steht nicht entgegen, gleichzeitig mehreren – im Ausnahmefall gar allen – Beitragspflichtigen eine Billigkeitsmaßnahme einzuräumen, sofern im jeweiligen Einzelfall das Merkmal der Atypik gegeben ist (vgl. BVerwG, u. a. Urt. v. 6. 6. 1975 – IV C 27/73).

Eine unbillige Härte kann sich dabei aus der Natur der Sache (sachliche Billigkeitsgründe) oder aus den persönlichen Verhältnissen der Beitragspflichtigen (persönliche Billigkeitsgründe) ergeben. Während sachliche Billigkeitsgründe in erster Linie zu einem teilweisen oder vollständigen Erlaß führen, können persönliche Billigkeitsgründe vornehmlich Maßnahmen zur Änderung der Zahlungsweise rechtfertigen (vgl. Driehaus, EAB, § 26, Rz. 4).

Sachliche Billigkeitsgründe liegen vor, wenn nach dem erklärten oder mutmaßlichen Willen des Gesetzgebers angenommen werden kann, daß er die im Billigkeitswege zu entscheidende Frage – hätte er sie geregelt – im Sinne der beabsichtigten Billigkeitsmaßnahme entschieden hätte. Härten, die der Gesetzgeber bei der Formulierung des gesetzlichen (Beitrags-Tatbestands bedacht und in Kauf genommen hat, können daher grundsätzlich keine Billigkeitsmaßnahme rechtfertigen, sie sind nicht unbillig i. S. d. Gesetzes (st. Rspr. des BFH, ebenso BVerfG, Bs. v. 5. 4. 1978 – 1 BvR 117/73). Ein solcher Billigkeitsgrund liegt z. B. dann vor, wenn die einem Anlieger durch die Herstellung einer Anbaustraße gebotenen Vorteile aufgrund der tatsächlichen Umstände erheblich geringer sind als die der anderen Anlieger, diese Unterschiedlichkeit der Vorteilslage aber infolge der Anwendung des notwendigerweise generalisierenden Wahrscheinlichkeitsmaßstabs bei der Beitragsbemessung keine hinreichende Berücksichtigung findet. Für Friedhöfe, Sportplatz-, Freibad- sowie für besonders großflächige Krankenhaus- und Schulgrundstücke kann ebenso eine unbillige Härte bei der Beitragserhebung vorliegen. Für landwirtschaftlich oder als Wald genutzte Grundstücke wie auch für Kleingartengrundstücke i. S. d. Bundeskleingartengesetzes gilt die Sonderregelung, daß der Beitrag so lange zinslos zu stunden ist. wie die Grundstücke in der genannten Art genutzt werden, § 135 Abs. 4 BauGB.

Dagegen steht der vollen Veranlagung eines Grundstücks nicht entgegen, daß es sich beispielsweise um ein großes Grundstück mit verhältnismäßig geringer Straßenfront handelt.

Persönliche Billigkeitsgründe sind solche, die sich aus den persönlichen wirtschaftlichen Verhältnissen des Beitragspflichtigen ergeben. Grundsätzlich ist bei der Geltendmachung von persönlichen Billigkeitsgründen jeweils zu prüfen, ob und wie der Schuldner die Beitragspflicht in zumutbarer Weise erfüllen kann. Entsprechend dem Gebot der Verhältnismäßigkeit ist darauf abzustellen, ob die wirtschaftlichen Verhältnisse es dem Beitragspflichtigen erlauben, sofort, später oder (teilweise) gar nicht in zumutbarer Weise einer Zahlungspflicht nachzukommen (vgl. BVerwG, Urt. v. 18. 4. 1975 – VII C 15/73). Es kann dabei dem Schuldner z. b. zuzumuten sein, sein Grundstück entweder durch die Aufnahme einer Hypothek zu belasten oder eine Teilfläche abzuparzellieren und als Baugrundstück zu verkaufen.

Aus dem Gebot der Einzelfallentscheidung ergibt zudem, daß Billigkeitsmaßnahmen nicht im vorhinein abstrakt durch Satzung geregelt werden können.

2.7.2 Ausbaubeitragsrecht

200 Das Verbot des Verzichts auf die Erhebung von Beiträgen gilt im Ausbaubeitragsrecht ebenso wie im Erschließungsbeitragsrecht. In bezug auf Billigkeitsmaßnahmen haben die meisten Ländergesetze keine ausdrücklichen Regelungen getroffen. Dennoch geht man allgemein davon aus, daß im Einzelfall von der Beitragserhebung abgesehen werden kann. Die Länder regeln das durch Verweise auf die Vorschriften der Abgabenordnung. Die AO sieht in § 163 eine niedrigere Festsetzung nur im Falle persönlicher oder sachlicher Unbilligkeit vor, nicht jedoch aus Gründen des öffentlichen Interesses.

Literaturverzeichnis

siehe Kap. 2 Abschnitt 2

Kapitel 2: Beiträge, Benutzungsentgelte, Gebühren

Zweiter Abschnitt: Benutzungsentgelte und Gebühren

Roland Thomas

1. Allgemeines

1.1 Vorbemerkung

201 Seit etwa Mitte der achtziger Jahre wird in Deutschland die Diskussion um Abgaben für die Nutzung der Straßeninfrastruktur verstärkt geführt. Die Diskussion konzentriert sich dabei auf zwei Aspekte, die sich aus dem besonderen Problemdruck in zwei Bereichen ergeben: zum einen der **Finanzierungsaspekt**. Bund, Länder und Kommunen sind nicht (mehr) in der Lage, als erforderlich angesehene Infrastrukturausbaumaßnahmen mit den bisherigen Finanzierungsmechanismen vorzunehmen. Der Straßenverkehr steigt trotz aller Alternativangebote weiter an, sowohl im Wirtschaftsbereich als auch im Freizeitsektor. Bei eigener Erstellung von Infrastruktur durch die öffentliche Hand und besonders auch bei der verstärkt diskutierten Herstellung und Betreibung von Infrastruktur durch Private wird das Prinzip von Leistung und Gegenleistung weiter in den Vordergrund gestellt, was zu dem Argument führt, konkret in Anspruch genommene Einrichtungen müßten auch im Einzelfall konkret abgegolten werden. Näheres hierzu unter 1.2.

Der andere Aspekt ist die **Lenkungsfunktion**, die von den sogenannten preispolitischen Instrumenten erwartet wird. Einzelheiten hierzu unter b).

Generell ist festzuhalten, daß preispolitische Instrumente gewisse Vorgaben zu erfüllen haben, wenn sie die Ziele der Einnahmenerzielung einerseits und der Verkehrslenkung andererseits erreichen sollen. Sie müssen sozial verträglich sein, d.h., sie müssen sich einerseits streng an der in Anspruch genommenen Leistung (Fahrtziel, -entfernung, – häufigkeit, -route, -ursache und -zeitpunkt) orientieren, gleichzeitig Ausgleichsregelungen zur Vermeidung sozialer Härten und regionalwirtschaftlich unerwünschter Nebenwirkungen vorsehen. Sie müssen für den Veranlagten transparent sein, insbesondere eine einleuchtende Preisdifferenzierung vornehmen. Die eingesetzte Technik muß von Beginn an ausgereift und anpassungsfähig sein; sie muß den Datenschutz gewährleisten, umweltfreundlich, preiswert und benutzerfreundlich sein (vgl. FGSV-AP. Nr. 37, S. 10ff.).

202 Das Bundesverkehrsministerium hat in einem breit angelegten Feldversuch an der A 555 eine Anzahl von Techniken zur **Verkehrstelematik** getestet, die sich auch zur Erhebung von **Straßenbenutzungsentgelten** eignen. Die im Jahr 1996 vorgelegten Ergebnisse zeigen nach Einschätzung des Bundesverkehrsministeriums einen hohen Stand der technischen Entwicklung, der bis zur Anwendungsreife fortentwickelt werden kann. Der Feldversuch habe gezeigt, daß Kommunikation zwischen Fahrzeug und Infrastruktur unter nahezu allen Rahmenbedingungen mit hoher Funktionssicherheit möglich ist. Verkehrstelematik könne einen wesentlichen Beitrag zur intelligenten Nutzung der Infrastruktur (Kapazitätserhöhung, Verkehrsflußverbesserung), Vernetzung und Verknüpfung der Verkehrsträger mit dem Ziel der Vermeidung, Verminderung und Verlagerung von Verkehr sowie zur Reduzierung von Umweltbelastungen und zur Erhöhung der Verkehrssicherheit leisten. Sie biete zudem der deutschen Industrie einen bedeutenden Zukunftsmarkt. In der Bundesrepublik kommen nach Ansicht des Ministeriums zur Realisierung einer Autobahnbemautung nur vollautomatische Gebührenerhebungs- und Kontrollverfahren in Frage, die die automatische Abwicklung aller Vorgänge (Erhebung, Kontrolle und Ahndung), mit allen Nutzern (In- und Ausländern) sowie in einem vorgegebenen Rechtsrahmen gewährleisten. Aus Sicht des Verfassers bleibt festzuhalten, daß damit allein technische Möglichkeiten eruiert wurden. Die verkehrs-, finanz- und umweltpolitischen Effekte sind noch nicht angesprochen und bedürfen einer intensiven Diskussion zwischen Bund, Ländern, Kommunen, Verkehrswissenschaft und -wirtschaft insbesondere im Hinblick auf die Verkehrssicherheit auch bei relativ niedrigen Einstiegskosten und einer geringen Verkehrsumlenkung, Höhe des Verwaltungs- und Kontrollaufwands sowie verkehrs- und umweltpolitischer Lenkungs- und Verlagerungswirkungen.

1.2 Private Finanzierung öffentlicher Infrastruktur

Die verkehrspolitische Diskussion auf nationaler Ebene ist an einem Punkt angelangt, an dem es für möglich und sachgerecht gehalten wird, den Blick vom Straßennetz als Ganzes im Sinne einer kompletten Infrastruktur weg in Richtung auf bestimmte (Straßen-)strecken zu richten und der Benutzung dieser Straßen(strecke) einen konkreten Wert, einen Preis zuzuordnen. **203**

Mit dem **Fernstraßenbauprivatfinanzierungsgesetz** hat der Bund zum 30. 08. 1994 erstmals eine Rechtsgrundlage geschaffen, nach der Private Aufgaben des Neu- und Ausbaus von Bundesfernstraßen auf der Grundlage einer Gebührenfinanzierung zur Verstärkung von Investitionen in das Bundesfernstraßennetz wahrnehmen können. Dazu können der Bau, die Erhaltung, der Betrieb und die Finanzierung Privaten übertragen werden, die auch Träger der Straßenbaulast werden. Ihnen wird auch das Recht eingeräumt, Mautgebühren zu erheben für die Benutzung von neu errichteten Brücken, Tunneln und Gebirgspässen im Zuge von Bundesautobahnen und Bundesfernstraßen sowie mehrstreifigen Bundesstraßen mit getrennten Fahrbahnen.

Auch wenn die öffentliche Hand – Bund, Länder und Kommunen – Trägerin der Baulast bleibt, kann sie auf privatrechtliche Finanzierungsinstrumente zugreifen. Für die Finanzierung durch Private wird immer wieder das Argument vorgebracht, Bauleistungen könnten dann schneller und billiger erbracht werden. Private hätten ein eigenes Interesse daran, mit Zeitverzug korrespondierende Kostensteigerungen zu vermeiden und – bei Übernahme auch des Betriebes von Infrastruktur – daran, durch frühzeitige Bereitstellung der Einrichtungen zügig **204** in die Verdienstzone zu gelangen. Hier wird bereits die Widersprüchlichkeit dieser Argumentation deutlich. Eine schnelle und kostensparende Umsetzung von Projekten ist nicht definitionsgemäß nur privatrechtlich und -wirtschaftlich zu leisten, während öffentliche Verwaltung nicht definitionsgemäß langsam und ineffizient ist. Eine effizient und kostenorientiert arbeitende öffentliche Verwaltung hat vielmehr gegenüber einer privatwirtschaftlichen Tätigkeit definitionsgemäß den Vorteil (auch und gerade für den Bürger als Letztzahler), daß sie keine Gewinne erwirtschaften muß. Gewichtiger erscheinen aus Verfassersicht die Argumente für die Privatfinanzierung einzelner Projekte, wonach kurzfristige Entlastungen des Staatshaushalts erreicht werden können, also besonders angespannte Finanzlagen der öffentlichen Hand überbrückbar werden, und insgesamt ein höheres, allein bei staatlicher Finanzierung evtl. nicht leistbares Investitionsvolumen mobilisiert werden kann.

205 Derzeit werden im wesentlichen zwei Finanzierungsmodelle diskutiert. Beim sog. **„Leasingmodell"** führt etwa der Bund Grunderwerb und Planungsverfahren für Grundstücke durch, die für den Straßenbau benötigt werden. Eine Objektgesellschaft erhält für diese Flächen ein langfristiges Erbbaurecht und vermietet den Verkehrsweg an den Bund. Nach Ablauf der Mietzeit kann der Bund die Straße erwerben oder das Mietverhältnis fortsetzen. Betrieb und Unterhaltung der Straße erfolgen entweder in überkommener Form durch die Länder in Auftragsverwaltung oder durch eine privatrechtliche Betreibergesellschaft. Beim sog. **„Konzessionsmodell"** erhält ein Privater das Recht zum schlüsselfertigen Bau des Verkehrsweges gemäß Planfeststellungsbeschluß. Nach Inbetriebnahme werden die Kosten dem Privaten vom Bund analog der üblichen Leasingrate erstattet. Zu den rechtlichen und steuerlichen Vor- und Nachteilen der beschriebenen Modelle vgl. die instruktiven Ausführungen von Backes, Privatfinanzierung öffentlicher Infrastruktur, a.a.O., S. 182.

Den Gemeinden steht darüber hinaus das Instrument des Erschließungsvertrag nach § 124 BauGB zur Verfügung. Zur Bewertung dieses Finanzierungsinstruments vgl. das vorhergehende Kapitel.

1.3 Lenkungsfunktion

206 Die Erfahrungen der Vergangenheit haben gezeigt, daß durch den **Infrastrukturausbau** alleine eine ständig steigende Verkehrsnachfrage nicht gedeckt und ein störungsfreier Betrieb nicht gewährleistet werden kann. Insbesondere in den Verdichtungsräumen und deren Kernstädten haben sich die Nutzungskonkurrenzen zwischen den Funktionen Wohnen, Aufenthalt und Verkehr im städtischen Straßenraum verschärft. Der Straßenraum ist somit sowohl im Fernverkehrsnetz als auch in den Städten und Gemeinden zum „knappen Gut" geworden (vgl. FGSV, AP Nr. 37, S. 2). Die „Knappheit" des Gutes Straße ist dabei nicht nur räumlich, sondern auch zeitlich zu definieren, so daß preispolitische Instrumente nicht nur auf die Benutzung bestimmter Straßen bzw. Stadtviertel,

sondern auch auf bestimmte Zeiten bezogen werden können. Letzteres dürfte allerdings als eher theoretische Möglichkeit einzustufen sein, weil die Stoßzeiten des Autoverkehrs üblicherweise auch die Überlastungszeiten des ÖPNV sind. Zeitbezogene Abgaben im Straßenbereich können daher beispielsweise die Einführung flexiblerer Arbeitszeiten, ggf. auch Schulbeginnzeiten nicht ersetzen

Die Forschungsgesellschaft für Straßen- und Verkehrswesen hat jüngst in ihrem **207** Arbeitspapier Nr. 37 einige interessante Empfehlungen gegeben, wie der Verkehr stärker über Preise zu lenken ist. Unter Wahrung der Belastungsneutralität sollte danach mittelfristig die Kraftfahrzeugsteuer durch eine stufenweise Erhöhung der Mineralölsteuer abgelöst werden. Die Mineralölsteuer sollte den größten Anteil an der finanziellen Belastung des Straßenverkehrs bilden. **Regionale Straßenbenutzungsgebühren** sollten in den großen Ballungsräumen die **Parkgebühren** als kommunales Instrument der preislichen Lenkung ergänzen. In der vorgeschlagenen Kombination aus Mineralölsteuer als Sockel und aus regionalen Straßenbenutzungsgebühren zur Feinsteuerung werden sodann flächendekkende Straßenbenutzungsgebühren für PKW – beispielsweise für das gesamte Autobahnnetz – nicht für erforderlich erachtet. Die steuerliche Absetzbarkeit der Fahrtkosten zwischen Wohnung und Arbeitsstätte stehe im Widerspruch zu den anderen preispolitischen Instrumenten und solle deshalb entfallen.

Diese Vorschläge können auch aus Sicht des Verfassers einen positiven Beitrag **208** zur Steuerung des Verkehrs über preispolitische Instrumente leisten. Eine erhöhte Mineralölsteuer setzt direkt beim Energieverbrauch an und ist daher ein effizientes Mittel, um vermeidbare Verkehre zu verringern. Nicht zu folgen ist allerdings dem Vorschlag, die steuerliche Absetzbarkeit der Fahrkosten aufzuheben. Die FGSV selbst weist auf den Effekt der Mineralölsteuerlösung hin, die Kfz-Verkehre, die im vom Öffentlichen Verkehr wenig bedienten ländlichen Raum entstehen, stark benachteiligt. Hier kann vielfach auf die Benutzung des Kfz nicht verzichtet werden. Die reine verkehrspolitische Lehre, motorisierten Individualverkehr zu benachteiligen, läßt sich also aus regionalpolitischen und strukturellen Gründen nicht durchhalten. Für auch von ihr für erforderlich gehaltene Ausgleichsinstrumente bietet die FGSV in dem Arbeitspapier aber keine Lösungen an. Gerade die steuerliche Absetzbarkeit beruflich bedingter Fahrtkosten erscheint aber als ein brauchbares Ausgleichsinstrument, weil, wenn und soweit es sich um nachweisbar notwendige Autoverkehre handelt. Jedenfalls solange keine geeigneteren Mittel zum Ausgleich der Benachteiligung des ländlichen Raums vorgeschlagen werden, sollte eher an eine Ausweitung der Absetzbarkeit gedacht werden.

2. Entgelte im Bereich des ruhenden Verkehrs

Es ist Aufgabe der Gemeinden, eine stadtverträgliche Konzeption für den ruhen- **209** den Verkehr zu entwickeln und umzusetzen. Die Innenstädte werden auf Dauer dann gegenüber monofunktionalen Einkaufszentren „auf der grünen Wiese" wettbewerbsfähig sein und bleiben, wenn sie ihre Nutzungsvielfalt, Aufenthalts- qualität, Erreichbarkeit erhalten und erweitern und insbesondere, wenn sie ein eigenständiges, unverwechselbares Stadt-Image entwickeln. Aus verkehrlicher Sicht ist ein Beitrag insbesondere durch Maßnahmen zur Erreichbarkeit und Er- haltung der Aufenthaltsfunktion zu leisten. Dabei wird ein Ausbau der Verkehrs- infrastruktur häufig nicht mehr möglich sein, so daß sich das Augenmerk auf eine bessere Ausnutzung des vorhandenen Verkehrsraums richten muß. Hierbei ist einerseits an eine Neuaufteilung des Straßenraums zu denken, die dem sog. **Um- weltverbund** gegenüber dem Kfz-Individualverkehr größere Bedeutung beimißt. Andererseits sind Verlagerungsstrategien vom flächenraubenden motorisierten Individualverkehr auf flächensparende Verkehrsmittel zu erarbeiten.

Entgelte im Bereich des ruhenden Verkehrs können einerseits zur Finanzierung von Verlagerungsmaßnahmen beitragen, andererseits selbst durch ihre Erhe- bung Verlagerungseffekte herbeiführen.

2.1 Öffentlicher Straßenraum

2.1.1 Parkgebühren

210 Parkgebühren werden auf der Rechtsgrundlage von § 6a StVG erhoben, soweit das Parken auf öffentlichen Wegen und Plätzen nur während des Lauf einer Parkuhr oder anderer Vorrichtungen oder Einrichtungen zur Überwachung der Parkzeit zulässig ist. Die Landesregierungen sind ermächtigt, durch **Parkgebüh- renordnungen** höhere Parkgebühren zuzulassen als die im StVG vorgesehenen 0,10 DM je angefangene halbe Stunde. Sie haben großenteils von dieser Ermäch- tigung Gebrauch gemacht, z. B. Bayern mit der Verordnung über Parkgebühren i. d. F. v. 3. 7. 1991 (in Gebieten mit besonderem Parkdruck bis zu einem Höchst- satz von 2,50 DM/angefangene halbe Stunde) und Nordrhein-Westfalen mit der Verordnung vom 10. 9. 1991 (2 DM/angefangene halbe Stunde). Die ehemalige Diskussion um die Frage, ob die Parkgebühr eine Verwaltungs- oder eine Benut- zungsgebühr sei, ist inzwischen durch den Gesetzgeber beendet worden. Die Parkgebühr ist eine Benutzungsgebühr, die dem Wert des Parkraums für die Be- nutzer angemessen anzupassen ist (vgl. § 6a Abs. 6 S. 5 StVG).

Im Rahmen der Ländergebührenordnungen sind die Gemeinden relativ frei bei der Bemessung der Höhe von Parkgebühren. Kommunale Parkgebührenordnun- gen sehen zulässiger- und sinnvollerweise eine Gebührenstaffelung vor. Die Ge- bühren steigen zum Stadtkern hin an. Dem Äquivalenzprinzip, also der gebüh- renrechtlichen Ausprägung des Verhältnismäßigkeitsgrundsatzes, muß dabei Rechnung getragen werden. Den Kommunen ist hier allerdings ein weites Er- messen eröffnet. Für den Extremfall der Münchener Innenstadt hat der Bayeri- sche Verwaltungsgerichtshof am 29. 6. 1994 (NVwZ-RR 1995, S. 415) eine Park- gebühr von 2,50/angefangene halbe Stunde als vom Äquivalenzprinzip gedeckt erachtet. Eine Beschränkung ergibt sich auch nicht etwa aus einem Kostenüberdeckungsverbot. Einen allgemeinen bundes- oder landesrechtlichen Grundsatz, daß die öffentliche Hand bei der Erhebung von Gebühren keine Gewinne erzielen dürfte, gibt es nicht. Kostenüberdeckungsverbote sind allenfalls gerechtfertigt, wenn der Bürger zur Benutzung kommunaler Einrichtungen verpflichtet ist. Das ist bei der Nutzung öffentlichen Parkraums nicht der Fall.

Hinsichtlich der Verwendung der Einnahmen hatte der Gesetzgeber ursprünglich in § 6 a StVG festgelegt, daß die Parkgebühr, die finanzielle Leistung des Kraftfahrers, die der Gemeinde nach Abzug ihrer für die Errichtung, Unterhaltung und Überwachung der Parkuhren entstehenden Kosten verbleibt, nur für Aufgaben des ruhenden Verkehrs verwendet werden darf. Gegen diese Zweckbindung haben sich die kommunalen Spitzenverbände vor einiger Zeit gewendet mit dem Petitum, die Mittel zumindest auch für die Verbesserung des ÖPNV und des Fahrradverkehrs einsetzbar zu machen. Durch Gesetz vom 12.8.1994 (BGBl. S. 2047/1994) wurde die in § 6 a Abs. 6 S. 3 StVG niedergelegte Zweckbestimmung ersatzlos gestrichen. Der Bund hatte die kommunale Eingabe überprüft und war zu dem Ergebnis gelangt, eine bundesgesetzlich den Kommunen auferlegte Gebührenmittelverwendung sei generell verfassungswidrig. Art. 74 S. 1 Nr. 22 GG gebe dem Bund im Rahmen der konkurrierenden Gesetzgebung zwar die Befugnis, die Erhebung und Verteilung der Gebühren für die Benutzung öffentlicher Straßen gesetzlich zu regeln. Der Begriff „Verteilung" bedeute allerdings nur die Aufteilung des Aufkommens auf mehrere Berechtigte. Sie begründe aber nicht auch eine Befugnis des Bundesgesetzgebers, die Verwendung des Aufkommens zu Lasten des/der Ertragsberechtigten vorzunehmen. **211**

Damit sind die Kommunen zu Recht frei in der **Verwendung der Parkgebühren**. Sie sollten aber aus einer Selbstverpflichtung heraus die Parkgebühren nicht zur allgemeinen Haushaltsdeckung, sondern vorrangig für den Umweltverbund einsetzen, um den in diesem Kapitel beschriebenen Lenkungszielen Rechnung zu tragen.

2.1.2 Parkraumbewirtschaftung

Parkraumkonzepte sollen die Auslastung des vorhandenen knappen Parkraums in der Kommune optimieren und Parksuchverkehre minimieren. Um hier Lenkungseffekte zu erzielen, sollte eine Nutzer-Rangfolge aufgestellt werden. Während Anwohnern, Kunden und Besuchern der Innenstadt Erleichterungen gewährt werden sollten, muß der Berufs- und Schulpendlerverkehr, soweit er auf andere Verkehrsmittel umsteigen kann, nachrangig behandelt werden. **212**

Die Parkraumbewirtschaftung als eine Komponente kommunaler **Parkraumkonzepte** verfolgt auch Finanzierungsziele, in erster Linie aber die Lenkung und Verlagerung des motorisierten Individualverkehrs. Schon der Begriff weist darauf hin, daß dabei Parkflächen in bestimmten Ortsbereichen ein Wert bzw. ein

Preis zugeordnet werden soll. Dieser Wert kann sich z. B. durch die verkehrliche, wirtschaftliche und städtebauliche Bedeutung der einzelnen Straßenzüge und ihrer Stellplätze, also der Qualität des Angebots auf der einen Seite und der Attraktivität für den Nutzer, also der Nachfrage auf der anderen Seite bemessen. Aber auch das alternative Verkehrsangebot kann in die Preisbildung einfließen. Ist eine solche Bewertung erfolgt, so sind Preise gestaffelt einzufordern, entweder über Parkschein, Parkuhren oder durch andere technische Lösungen. Ein weiterer wesentlicher Aspekt der Parkraumbewirtschaftung ist die Überwachung des ruhenden Verkehrs. Nur bei konsequenter Ahndung von Verstößen gegen die Parkregelungen können eine Akzeptanzbildung in der Bevölkerung erreicht und der Parksuchverkehr gemindert werden.

2.2 Ablösung privater Stellplatzverpflichtungen

213 Die unter 2.1 beschriebenen Maßnahmen wirken im öffentlichen Straßenraum. Ein Großteil des ruhenden Verkehrs wird aber nicht dort, sondern auf privatem Grund und Boden abgewickelt, z. B. auf Angestelltenparkplätzen innerstädtischer Produktions- und insbesondere Dienstleistungsbetriebe, aber auch Wohngrundstücken. Städte und Gemeinden stehen Möglichkeiten zur Verfügung, den hier entstehenden Ziel- und Quellverkehr in einem gewissen Rahmen in den Griff zu bekommen, z. B. durch Beeinflussung des Stellplatzbaus beim Aufstellen von Bebauungsplänen und im Baugenehmigungsverfahren bei der Gewährung von Dispensen. So regeln die Landesbauordnungen, daß die Pflicht zur Herstellung notwendiger Stellplätze oder Garagen ausgesetzt werden kann, wenn insbesondere aufgrund der Inanspruchnahme des ÖPNV durch die ständigen Nutzer der baulichen Anlagen nachweislich ein Bedarf an Stellplätzen oder Garagen nicht besteht. Der Gemeinde wird regelmäßig auch das Recht eingeräumt durch **Satzung** zu bestimmten, daß die Herstellung von Parkplätzen oder Garagen untersagt oder eingeschränkt wird, soweit Gründe des Verkehrs, insbesondere die Erreichbarkeit mit öffentlichen Verkehrsmitteln, städtebauliche Gründe oder der Schutz von Kindern dies rechtfertigen und sichergestellt ist, daß in zumutbarer Entfernung zusätzliche Parkeinrichtungen in ausreichender Zahl, Größe und Beschaffenheit zur Verfügung stehen (so ausgestaltet in § 51 Abs. 4 BauO NW).

214 Als weiteres Instrument zur Reduzierung privaten Parkraums sehen die Länderbauordnungen Befreiungen von der Stellplatzpflicht gegen die Zahlung von Ablösungsbeträgen vor, insbesondere wenn die ÖPNV-Anbindung gesichert ist. Die Bauaufsichtsbehörde kann i. d. R. unter Bestimmung der Zahl der notwendigen Stellplätze im Einvernehmen mit der Gemeinde festlegen, daß auf die Herstellung von Stellplätzen verzichtet werden kann, wenn die zur Herstellung Verpflichteten an die Gemeinde einen Geldbetrag zahlen. Die **Ablösebeträge** sollten n. v. gezielt zur Förderung von Gemeinschafts- und öffentlichen Sammelparkplätzen, aber auch zur Förderung des ÖPNV eingesetzt werden, z. B. für die Linienverdichtung, für Busspuren und die Beeinflussung von Lichtsignalanlagen

zugunsten des ÖPNV. Dies sollte zudem zur Akzeptanzsteigerung in der Öffentlichkeit bekannt gemacht werden. Eine Zweckbindung der Mittelverwendung im beschriebenen Sinne durch den Landesgesetzgeber ist aber aus den zum Parkgebührenrecht ausgeführten Gründen als unzulässig einzustufen.

Kommunale Parkraum- und -bewirtschaftungskonzepte sind aus meiner Sicht nur dann vollständig und stimmig, wenn sie auch die betrieblichen Beschäftigtenparkplätze berücksichtigen. Hier helfen hoheitliche Verordnungen nicht weiter. Verstärkt sollte zukünftig vielmehr der Abschluß von Verträgen und die Erarbeitung gemeinsamer Konzepte mit den Betrieben im Stadtbereich im Wege einer Public Private Partnership angestrebt werden.

3. Straßenbenutzungsgebühren, Road Pricing

3.1 Bundesebene

Seit dem 1. Januar 1995 müssen nach dem **Autobahnbenutzungsgebührengesetz** 215 für schwere Nutzfahrzeuge (ABBG) Lastkraftwagen mit einem zulässigen Gesamtgewicht von über 12 t für die Benutzung der Autobahnen eine Gebühr entrichten, soweit sie ausschließlich für den Güterkraftverkehr bestimmt sind. Güterkraftverkehr ist jede Beförderung von Gütern mit Kraftfahrzeugen (§ 1 GüKG). Mit der Autobahngebühr verfolgt der Bund das Ziel, in- und ausländische LKW gleichermaßen und stärker als bisher an den Kosten dieser Verkehrswege zu beteiligen. Mit dem ABBG hat die Bundesrepublik ein Übereinkommen der EU-Mitgliedsstaaten Belgien, Dänemark, der Bundesrepublik, Luxemburgs und der Niederlande vom 9. Februar 1994 umgesetzt.

Hiermit liegt das erste und bisher einzige Gesetz in Deutschland vor, das der Erhebung von Straßenbenutzungsgebühren eine Rechtsgrundlage bietet. Das Anliegen, nämlich insbesondere ausländische Lkw, die die Autobahnen in Bundesrepublik als Transitland in Europa nutzen und erhebliche Schäden an der Infrastruktur anrichten, ohne über Kfz- oder Mineralölsteuer einen Beitrag zu deren Bau und Unterhaltung zu leisten, ist ohne weiteres nachvollziehbar. Ein einzelner schwerer Lkw nimmt die Straßensubstanz mehr in Anspruch als eine Unzahl von Pkws. Dennoch ist die Autobahnbenutzungsgebühr kritisch zu bewerten. Es ist nämlich weder ihr Ziel noch könnte sie gar dem Anspruch gerecht werden, mehr Güter von der Straße auf die Schiene zu bringen. Der Finanzierungszweck dominiert eindeutig über den Lenkungszweck. Eine Lenkung bzw. Verlagerung ist vielmehr von der Autobahn in Richtung auf nachgeordnete Straßen zu befürchten. Nun mag das für den Güterkraftverkehr allenfalls im Grenzgebiet zu den Nachbarstaaten Auswirkungen haben. Ein Lkw, der die Bundesrepublik durchfährt, wird nicht von der Autobahn herunterfahren, nur um die Gebühr zu sparen. Die Autobahngebühr für schwere Lkw könnte aber nur der erste Schritt in Richtung einer allgemeinen Autobahnmaut wie z.B. in Frankreich sein. Einer solchen Entwicklung muß aus kommunaler Sicht vehement entgegengetreten werden, weil die Maut eine Verlagerung des Pkw-Verkehrs, insbesondere des Freizeit- und Tourismusverkehrs auf Landes- und Kommunalstraßen nach sich ziehen würde. Sollte es also zu einer Autobahnmaut kommen, so kann sie nur im Einklang mit einer allgemeinen Straßenbenutzungsgebühr für alle öffentlichen Straßen zugelassen werden.

3.2 Landes- und Kommunalebene

216 Auf Länder- und Kommunalebene werden im wesentlichen zwei Arten des Road Pricings in diversen Ausgestaltungen diskutiert. So haben u. a. die Länder Baden-Württemberg, Niedersachsen und Bayern die gesetzliche Einführung einer **Nahverkehrsabgabe** geprüft. In Nordrhein-Westfalen hat die Landtagsfraktion der Grünen 1991 einen Gesetzentwurf zur Einführung einer Nahverkehrsabgabe eingebracht und hält weiterhin daran fest. In den Städten und Gemeinden wird gelegentlich eine sog. „City-Maut" gefordert. Gesetzliche Regelungen, die als Ermächtigungsgrundlage erforderlich wären, sind bisher nicht verabschiedet.

Die **City-Maut** ist ein preispolitisches Instrument, das an die Attraktivität bestimmter innerstädtischer Bereiche anknüpft und damit gewissermaßen ein Eintrittsgeld. Der Lenkungseffekt, der erreicht werden soll, ist eine bessere Ausnutzung der vorhandenen Infrastruktur. Die City-Maut ist einerseits als ergänzendes Instrument und auf den fließenden Verkehr gerichtetes Pendant zur Parkgebühr zu sehen. Letztere trifft nämlich nur einen relativ geringen Teil des in die Stadt strömenden Individualverkehrs, weil sich ein großer Anteil des zur Verfügung stehenden Parkraums auf privatem Grund und Boden befindet und somit der von den Kommunen angestrebte Lenkungseffekt von ihnen häufig gar nicht beeinflußt werden kann. Andererseits dürften gerade durch die Ergänzungsfunktion erhebliche Akzeptanzprobleme entstehen, wenn zusätzlich zur City-Maut noch Parkgebühren erhoben würden. Die Maut dürfte also nur diejenigen treffen, die im Stadtbereich über einen kostenlosen Parkplatz verfügen und müßte gleichzeitig beispielsweise die Funktion eines Parkscheins haben, was wiederum ihren Lenkungseffekt schmälern würde.

Da es hier nicht um die erstmalige Erstellung von Straßeninfrastruktur, sondern um die umwelt- und stadtverträgliche Verteilung des Verkehrs auf die vorhandene Infrastruktur dreht, muß bei der City-Maut die Lenkungsfunktion absoluten Vorrang vor der Finanzierungsfunktion haben. Um ihrem Lenkungsziel gerecht zu werden und auch aus Akzeptanzgründen, sollte die Einführung einer City-Maut daher mit der Selbstverpflichtung seitens der Kommune einhergehen, die Einnahmen dem ÖPNV zuzuführen.

217 Mit der **Nahverkehrsabgabe** wird einerseits das finanzpolitische Ziel verfolgt, den motorisierten Individualverkehrs an der Finanzierung des defizitären Öffentlichen Personennahverkers zu beteiligen, andererseits soll die Entgeltforderung für die Benutzung bestimmter, regelmäßig innerstädtischer Straßen den Autofahrer bewegen, auf Busse und Bahnen umzusteigen. Ansatzpunkt ist hier also nicht die Bereitstellung der Straßeninfrastruktur nach dem Prinzip von Leistung und Gegenleistung. Die Nahverkehrsabgabe geht damit über die Zielsetzung der City-Maut weit hinaus. Die denkbaren Ausgestaltungsformen dieses Rechtsinstituts sind vielfältig. Kernaussage der diskutierten Vorschläge scheint aber zu sein, daß von einer Gruppe von Abgabepflichtigen ein (monatlich) zu erhebender Betrag per Bescheid eingefordert wird, der dann entweder bei Kauf von ÖPNV-Tickets verrechnet wird, oder der mit der Abgabe eines ÖPNV-(Monats-)Tickets verbunden ist. Als Abgabepflichtige kommen entweder alle im Einzugsgebiet eines funktionierenden ÖPNV-Netzes wohnenden Personen in Betracht oder aber „die Halter und Halterinnen bzw. Fahrer und Fahrerinnen von Kraftfahrzeugen, wenn 1. das Kraftfahrzeug an einem Ort gemeldet ist oder in einem Gebiet gefahren wird, das als Erhebungsgebiet ... ausgewiesen ist und 2. das Kraftfahrzeug mehr als 80 ccm Hubraum und nicht mehr als 7,5 to zulässiges Gesamtgewicht hat" (Gesetzentwurf der Grünen im Landtag NRW). Vereinzelt wird auch eine **Pendlerabgabe** gefordert.

Diese kurze Beschreibung läßt bereits erahnen, welche Vielfalt von Variationen die Nahverkehrsabgabe beinhaltet. Kommen als Abgabepflichtige nur die Inhaber von Erst- oder auch von Zweitwohnungen in Betracht? Wie wird der Einzugsbereich des ÖPNV-Netzes definiert und welchen Mindestbedienungsstandard muß der ÖPNV aufweisen? etc. . Heftig umstritten ist auch die Rechtsgrundlage für eine Nahverkehrsabgabe. Handelt es sich um eine Sonderabgabe oder um einen Beitrag? Im Rahmen dieser kurzen Darstellung kann die juristische und verkehrs- bzw. finanzpolitische Diskussion um dieses Rechtsinstrument weder dargestellt noch gar weitergeführt werden.

Nach Ansicht des Verfassers wird die Nahverkehrsabgabe in entsprechender Ausgestaltung nicht an (verfassungs-)rechtlicher Unzulässigkeit scheitern. Die Entscheidung über ihre Zukunft ist vielmehr eine politische und praktische. Im Sinne einer konsequenten ÖPNV-Vorrang-Politik erscheint es vom Grundsatz her richtig, den motorisierten Individualverkehr die Kosten des ÖPNV mittragen zu lassen. Der ÖPNV kommt nämlich nicht nur seinen tatsächlichen Nutzern zugute. Er steht vielmehr dem Verkehrsteilnehmer, der üblicherweise Autofahrer ist, als jederzeite potentielle Alternative zur Verfügung, ohne daß dieser dafür sonst übliche Vorhaltekosten zu zahlen bräuchte. Hinzu kommen die günstigen Effekte des ÖPNV auf den gesamten Stadtverkehr und die Umwelt.

Die oben dargestellten Formen der „**Quersubventionierung**", sowohl City-Maut **218** mit Selbstverpflichtung zur Mittelverwendung für den ÖPNV wie auch Nahverkehrsabgabe sind aber politisch hoch umstritten. Es wird insbesondere kritisiert, daß der Lenkungseffekt für den Autofahrer nicht in Richtung ÖPNV, sondern in Richtung „Grüne Wiese" ausfalle, wo dieser in flächen- und umweltschädigenden „Einkaufserlebniszentren" seine Bedürfnisse befriedige und jederzeit kostenlos einen gebührenfreien Parkplatz ansteuern könne, während die Innenstädte weiter verödeten und die Wirtschaft im City-Bereich brachfalle.

Diese Kritik ist nicht ohne weiteres von der Hand zu weisen, weil sie die realen Entwicklungen gerade auch in den östlichen Bundesländern nüchtern einschätzt. Bisher konzentrieren sich Konzepte i.d.R. darauf, das Eine (den ÖPNV) zu Lasten des anderen (Kfz-Verkehr) im Sinne der reinen Lehre zu fördern. Die parallele Erarbeitung von Konzepten für den ÖPNV wie für den Kfz-Verkehr wird daher regelmäßig als in sich widersprüchlich erachtet, vgl. z.B. Resch, in: Der Städtetag 1990, S. 512: „... Neben Förderkonzepte für den ÖPNV treten also Maßnahmen, die die Kapazitäten der kommunalen **Parkhäuser** besser ausnutzen. Es wirken zwei einander widersprechende Logiken, die Logik des ÖPNV und die Logik des Parkhauses...“ Wenn die reine Lehre auch richtig sein mag, so entspricht sie dennoch nicht den Verkehrs- und Mobilitätsbedürfnissen der Bevölkerung.

219 Deshalb sollte zukünftig verstärkt das Augenmerk auf Konzepte gelegt werden, die eine ganzheitliche Sicht des Individual- und des Öffentlichen Personenverkehrs zugrundelegen. Besonders im Bereich außerhalb der Ballungsräume muß erkannt werden, daß das Kfz neben dem sogenannten Umwelt-Verbund (ÖPNV, Fuß- und Radverkehr) auf absehbare Zeit ein unverzichtbares Verkehrsmittel sein wird. So sind Konzepte zu erarbeiten, die den Verkehrsteilnehmer gleichzeitig als potentiellen Auto-, Bus/Bahn-, Radfahrer wie auch Fußgänger betrachten. Jeder Verkehrsteilnehmer ist von Zeit zu Zeit Fußgänger, hat häufig das berechtigte Bedürfnis, ein individuelles Fahrzeug zur Verfügung zu haben, mit dem er auch größere und schwerere Lasten transportieren kann etc. Idealerweise gründet eine Kommune zur Umsetzung eines solchen Konzepts beispielsweise eine (Nah-)**Verkehrsgesellschaft** (mbH), die gleichzeitig Trägerin des örtlichen ÖPNV ist wie auch die Bewirtschaftung des öffentlichen und privaten Parkraums, also der Parkplätze im Straßenraum und der Parkhäuser übernimmt. Neben gezielter Information (unter Nutzung moderner Multi-Media-Anwendungen) und Betreuung im Rahmen eines Mobilitätsmanagements könnte sie dann eine „City-Card“ anbieten, die gleichzeitig die Funktion des Parkscheins wie auch der Bus- bzw. Stadtbahn-Fahrkarte übernimmt. Zusätzliche Funktionen sind durchaus denkbar und zur Identifikation des Nutzers mit „seiner“ Kommune und der Verkehrsgesellschaft wünschenswert. Dem Verkehrsteilnehmer wird dadurch die reale Chance gegeben, vor jeder geplanten Fahrt ohne großen Aufwand das für sein konkretes Bedürfnis beste Verkehrsmittel zu wählen. Insbesondere die Hemmschwelle der vielfach als undurchschaubar empfundenen **Tarifstrukturen** und teilweise benutzerunfreundlichen Fahrkartenautomaten könnte damit beseitigt werden. Da dieser Idealfall, in dem die Kommune gleichzeitig Aufgabenträger im ÖPNV, Inhaberin eines Verkehrsunternehmens und Eigentümerin des privaten Parkraums ist, in vielen Städten und Gemeinden nicht gegeben ist, sollten es die Kommunen anstreben, vergleichbare Ergebnisse durch vertragliche Vereinbarungen mit Verkehrsunternehmen, Parkhausbetreibern u. a. zu erreichen.

Generell bin ich der Auffassung, daß sich hoheitliche Instrumente wie die Nah- **220** verkehrsabgabe überholt haben, bevor sie überhaupt anwendungsreif sind. Gerade der Nahverkchrsabgabe in der oben beschriebenen Form haftet der akzeptanzmindernde Makel der obrigkeitlichen Zwangsabgabe an, die grsl. jeden trifft, der im Einzugsgebiet eines ÖPNV-Angebots lebt, auch wenn er weder ÖPNV- noch Pkw-Nutzer ist, sondern sich beispielsweise fast ausschließlich zu Fuß, mit dem Fahrrad oder als Mitfahrer fortbewegt. Diese Sichtweise ist längst nicht mehr auf dem aktuellen Stand der kommunalpolitischen Diskussion. Kommunale Verkehrspolitik versteht sich – gerade vor dem Hintergrund der Regionalisierung des ÖPNV – nicht länger als hoheitliche Verwaltung, sondern als partnerschaftliche Gestaltung des Wirtschafts- und Verkehrsstandorts Stadt. Das „Unternehmen Stadt" bzw. der „Konzern Stadt" agiert in den dafür offenen Bereichen als Dienstleistungsunternehmen, das die Preise für seine Angebote nicht über Bescheide, sondern über vertragliche Entgelte definiert und einfordert.

Literaturverzeichnis

Apel/Lehmbrock, Stadtverträgliche Verkehrsplanung, Hrsg.: Deutsches Institut für Urbanistik, Berlin 1990

Arndt, Die „vorhandenen Erschließungsanlagen" im Sinne des § 180 Abs. 2 BBauG, in: KStZ 1984, S. 107 ff.

Backes, Parkgebühr – Quo vadis?, in: KStZ 1993, S. 108

ders., Privatfinanzierung öffentlicher Infrastruktur am Beispiel des Verkehrs – ein Weg für die Kommunen?, in: Stadt und Gemeinde 1992, S. 180 ff.

Battis/Krautzberger/Löhr, Baugesetzbuch, 4. A. München 1994

Bundesvereinigung der kommunalen Spitzenverbände, Arbeitshilfe Nr. 7, Erschließungs- und Erschließungsbeitragsrecht, 2. A., Berlin 1994

Dietzel/Hinsen/Kallerhoff, Das Straßenbaubeitragsrecht nach § 8 KAG Nordrhein-Westfalen, 3. A. 1995

Driehaus, Erschließungs- und Ausbaubeiträge, 4. A., München 1995 (EAB)

ders., Kommunalabgabenrecht, Loseblatt-Kommentar, 13. Ergänzungslieferung 1995 (KAG)

ders., Die Verteilung des beitragsfähigen Aufwands, in: Driehaus/Hinsen/v. Mutius, Grundprobleme des kommunalen Beitragsrechts, Schriften zum deutschen Kommunalrecht, Bd. 17, S. 47 ff.

Ernst/Zinkahn/Bielenberg, Baugesetzbuch, München 1994

FGSV-Arbeitspapier Nr. 37: Preispolitische Instrumente im Straßenverkehr

Grupp, Rechtsprobleme der Privatfinanzierung von Verkehrsprojekten, in: DVBl 1994, S. 140ff.

Jachmann, Die Einführung einer Nahverkehrsabgabe durch Landesgesetz, in: NVwZ 1992, S. 932ff.

Jagusch/Hentschel, Straßenverkehrsrecht, 32. A., München 1993

Mainczyk, Baugesetzbuch, 2. A., Stuttgart 1994

Müller, Erschließungsbeitragsrecht, Heidelberg 1986

Reif, Erschließungsbeitrag nach dem BauGB, Arbeitsmappe Ausgabe Baden-Württemberg, 6. A., Stuttgart 1990

Resch, Widersprüche zwischen ÖPNV-Ausbau und Parkraumbewirtschaftung, in: Der Städtetag, 1990, S. 512ff.

Kapitel 3: Nutzen-Kosten-Untersuchungen, öffentliches Auftragswesen

Erster Abschnitt: Nutzen-Kosten-Untersuchungen

Klaus Endrigkeit

1. Allgemeines

221 Der **Zuwendungsgeber** (Bund und Land) und Betreiber (Kommunen, Verkehrs-unternehmen) haben vor Beginn eines Vorhabens in angemessener Weise zu prüfen, ob die aufgewendeten Mittel (Zuschüsse und Eigenanteile) zu einem angemessenen **Nutzen** führen. Voraussetzung für Entscheidungen nach GVFG ist immer die Beachtung der Grundsätze der **Wirtschaftlichkeit** und **Sparsamkeit** (§ 3 Abs. 1a GVFG).

Auch nach den Anforderungen des Haushaltsgrundsätzegesetzes (HGrG § 6.2), der Haushaltsordnung des Bundes (BHO § 7.2) und der Länder (LHO § 7.2) werden für geeignete Maßnahmen von erheblicher finanzieller Bedeutung **Nutzen-Kosten-Untersuchungen** (NKU) gefordert. Diese Untersuchungen sollen über rein technische und betriebswirtschaftliche Gesichtspunkte hinausgehen und auch gesamtwirtschaftliche und gesamtgesellschaftliche Aspekte in die Betrachtungen einbeziehen (vgl. Rz. 51 ff.).

222 Die Bundeshaushaltsordnung und die überwiegende Anzahl der Landeshaushaltsordnungen enthalten allgemein gehaltene Ausführungen zu der Durchführung von Nutzen-Kosten-Untersuchungen, teils als Verwaltungsvorschriften, teils als Erläuterungen der entsprechenden Finanzministerien. Es wird ein Verfahrensmuster in mehreren Stufen beschrieben, daß für die verschiedensten Einzelmaßnahmen (z.B. Verkehrswegeinvestitionen, Weltraumforschung, Kerntechnik, Wirtschaftsförderung u.a.) Anwendung finden sollte.

Patzig [13(befaßt sich in seinem Kommentar zu den Haushaltsordnungen des Bundes und der Länder u.a. mit den Grenzen, Schwierigkeiten und Gefahren der Nutzen-Kosten-Untersuchungen, die im besonderen auf der Güte des statistischen Ausgangsmaterials und der Problematik der „Zusammenführung" von meßbaren und nichtmeßbaren Größen beruhen. Dabei wird die zielorientierte Durchführung von NK für technische Investitionsprojekte (etwa Verkehrsbereich) als erfolgversprechend eingeschätzt.

2. Nutzen-Kosten-Untersuchungen

223 Unter diesem Begriff werden die Verfahren von **Nutzen-Kosten-Analysen**, **Kosten-Wirksamkeits-Analysen** und **Nutzwertanalysen** zusammengefaßt. Aus der Vielfalt der Wirkungen von Verkehrsinvestitionen für die Zielgruppen „Betreiber", „Benutzer" und „Allgemeinheit" ergibt sich die Notwendigkeit, daß unterschiedlichste Dimensionen in eine Gesamtbetrachtung einzubeziehen sind. U.a. hat W. Meier [1] Ihre Anwendbarkeit auf die geforderten Untersuchungen beschrieben.

Bei der **Kosten-Wirksamkeits-Analyse** (KWA) werden alle kostenmäßig wirksamen Effekte in der Dimension „Geld" – also monetär – erfaßt und den mehrdimensionalen „Wirkungen" gegenüber gestellt, ohne daß diese auf eine einheitliche Dimension umgerechnet werden. Ihr Einsatzbereich beschränkt sich daher im wesentlichen auf solche Produkte, deren nicht monetäre Effekte sich nur auf ein Kriterium konzentrieren bzw. wenn bei mehreren Kriterien die Dominanz eines Kriteriums besteht. Aufgrund dieser Einschränkungen kommt der Anwendung der KWA im Verkehrsbereich nur eine untergeordnete Bedeutung zu.

Die **Nutzwertanalyse** (NWA) würde dagegen die Anforderungen in allgemeiner 224
Form erfüllen. Als **multidimensionales Bewertungsverfahren** bietet sie grundsätzlich die Möglichkeit, alle erkennbaren Wirkungen einer Maßnahme, unabhängig davon, in welcher originären Meßgröße sie erfaßt ist, in den Bewertungsvorgang einzubeziehen. Nach der multidimensionalen Erfassung aller Projektwirkungen sieht das Verfahren der NWA eine Überführung in eine eindimensionale Wertordnung (Nutzwertpunkte) mit Hilfe von Bewertungsmethoden vor.

Die Notwendigkeit der strikten Beachtung einiger Anforderungen im Rahmen der Bestimmung der Nutzwertpunkte einzelner Zielkriterien schränkt nach Zangemeister [2] die Anwendungsmöglichkeiten der Nutzwertanalyse für Verkehrsprojekte erheblich ein.

Als das bedeutendste Verfahren von Nutzen-Kosten-Untersuchungen im Sinne 225
der Haushaltsordnungen des Bundes und der Länder ist für den Verkehrsbereich
die **Nutzen-Kosten-Analyse zu nennen.** Sie dient als Grundlage der Beurteilung
von Investitionsvorhaben in verschiedenen Verkehrsbereichen:

- Bundesverkehrswegeplanung [3]
- Straßenbauvorhaben (RAS-W) [4]
- Städtische Verkehrsleitsysteme [5].

Das Verfahren der Nutzen-Kosten-Analyse setzt eine feste Zielvorgabe voraus. Nach ihr werden positive wie negative Wirkungen der zu untersuchenden Maßnahme in Geldgrößen dargestellt (**monetarisiert**) und den Kosten gegenübergestellt.

Bei der Beurteilung von Vorhaben für den öffentlichen Personennahverkehr (ÖPNV) wird eine kombinierte Verfahrensweise angewendet, die sich im wesentlichen auf die Nutzen-Kosten-Analyse stützt, aber auch Einflüsse der Nutzwertanalyse berücksichtigt.

Da die „**Standardisierte Bewertung von Verkehrswegeinvestitionen**" des öffentlichen Personennahverkehrs im wesentlichen die gleichen Untersuchungsprinzipien aufweist wie die anderen im Verkehrsbereich angewendeten Verfahren, beschränken sich die folgenden Ausführungen auf dieses Verfahren.

3. Standardisierte Bewertung von Verkehrswegeinvestitionen des ÖPNV

3.1 Begründung des Verfahrens

226 Die „**Standardisierte Bewertung**" stellt ein umfassendes Bewertungsverfahren dar. Sie wurde auf der Grundlage der in den Haushaltsordnungen des Bundes und der Länder beschriebenen Grundkonzeption wissenschaftlich fundiert für die speziellen Belange des öffentlichen Personennahverkehrs weiterentwickelt.

Der Bundesminister für Verkehr und die Verkehrsminister der Länder verfolgen mit diesem Verfahren das Ziel, die Entscheidungsgrundlagen für den Einsatz öffentlicher Investitionsmittel nach dem Gemeindeverkehrsfinanzierungsgesetz (GVFG) zu **vereinheitlichen**, um die Beurteilung von örtlich, technisch und verkehrswirtschaftlich unterschiedlichen Vorhaben nach **gleichen Maßstäben** zu ermöglichen. Seine besondere Bedeutung liegt zudem darin, daß es vereinbarungsgemäß grundsätzlich für alle Vorhaben ab **50 Mio. DM** zur Anwendung kommen soll. Die Zuwendungsgeber können jedoch auch für Vorhaben mit niedrigeren Kosten eine entsprechende Untersuchung fordern.

3.2 Entwicklung des Verfahrens

227 1976 hatte der Bundesminister für Verkehr erstmals eine Anleitung für eine „Standardisierte Bewertung" herausgegeben. Nach einer Probephase wurde eine überarbeitete und erweiterte Version seit 1982 bundesweit angewendet [6], [7]. Die Erfahrungen mit der praktischen Anwendung in den folgenden Jahren wurden wissenschaftlich begleitet und ausgewertet. Die heute gültige Fassung aus dem Jahre 1988 wurde 1989 vom BMV eingeführt [8]. Dabei wurde die ehemals vierteilige Anleitung redaktionell überarbeitet und zusammengefaßt. Die Prognosemethodik und die Bewertungsgrundlagen wurden dem Stand der Forschung angepaßt. Berechnungs-, Kosten- und Wertansätze als Standardvorgaben wurden aktualisiert. Außerdem wurde das Regelverfahren um die Bewertung automatisierter Verkehrssysteme unter Berücksichtigung deren systemeigener Vorteile ergänzt.

1993 erfolgte die bislang letzte Fortschreibung bzw. Anpassung der Kosten- und Wertansätze. Damit auch weiterhin eine Aktualisierung der Standardisierten Bewertung gewährleistet ist, ist eine turnusmäßige Fortschreibung der Datenvorgaben, Kosten- und Wertansätze vorgesehen.

3.3 Aufgabe des Verfahrens

228 Im Rahmen der Beurteilung von **Investitionsvorhaben**, die nach dem Gemeindeverkehrsfinanzierungsgesetz (GVFG) gefördert werden, sollen folgende Entscheidungen getroffen werden können:

a) Entscheidung über die **absolute Vorteilhaftigkeit** einer Maßnahme (Ja/Nein-Entscheidung zur Bauwürdigkeit).

b) Entscheidung über die **relative Vorteilhaftigkeit** einer Lösungsvariante gegenüber anderen für eine bestimmte Problemstellung (dies kann sich sowohl auf die Lage einer Trasse als auch auf das zu wählende System beziehen, z.B. Bus – oberirdische Stadtbahn – U-Bahn).

c) Entscheidung über die **relative Vorteilhaftigkeit** von örtlich und sachlich unabhängigen Maßnahmen (Reihung von mehreren – auch örtlich, technisch und verkehrswirtschaftlich unterschiedlichen – Maßnahmen).

3.4 Aufbau des Verfahrens

Für ein transparentes, nachvollziehbares Verfahren leiten sich zwei Bereiche ab: **229**

- die Erfassung/Quantifizierung von objektiven Sachverhalten in originären, aber unterschiedlichen Meßgrößen (z.B. DM, Zeit) als **Wirkungsbeiträge**

- die Umsetzung dieser Wirkungen zur Bewertung in einheitliche Meßskalen mit der Bildung von **Beurteilungsmeßzahlen** (sogenannte Beurteilungsindikatoren).

Im ersten Teilbereich sind die objektiven Sachverhalte in Teilindikatoren zu quantifizieren. Dies ist im wesentlichen ein Datenerfassungs- und Datenaufbereitungsproblem. Ein Schwerpunkt liegt in der Anwendung geeigneter Berechnungsverfahren bzw. entsprechender Modelle (z.B. Verkehrsnachfrage, Verkehrsprognose). Ein vorgegebener Zielkatalog, in dem weitgehend die Auswirkungen einer ÖPNV-Maßnahme erfaßt werden, bestimmt die zu ermittelnden Teilindikatoren.

Unter der Maßgabe der „Optimierung der **Nutzenstiftung** von Verkehrswegeinvestitionen des ÖPNV" werden in den Hauptzielen **230**

- Erhöhung der Nutzenstiftung für die Allgemeinheit,
- Erhöhung der Nutzenstiftung für den Benutzer und
- Verbesserung der Betriebsergebnisse für den Betreiber

23 Einzelziele mit insgesamt 31 Teilindikatoren beschrieben und damit die Struktur des Zielsystems definiert (s. Abb. 1–3 aus der Anleitung zur Standardisierten Bewertung [8]).

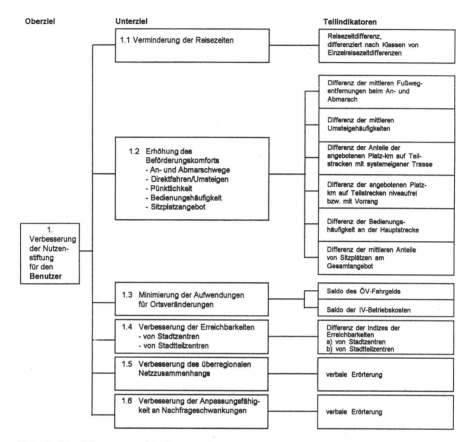

Abb. 1: Verfahrensspezifisches Zielsystem für die Zielträgergruppe **Benutzer**

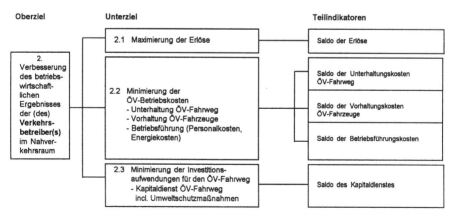

Abb. 2: Verfahrensspezifisches Zielsystem für die Zielträgergruppe **Betreiber**

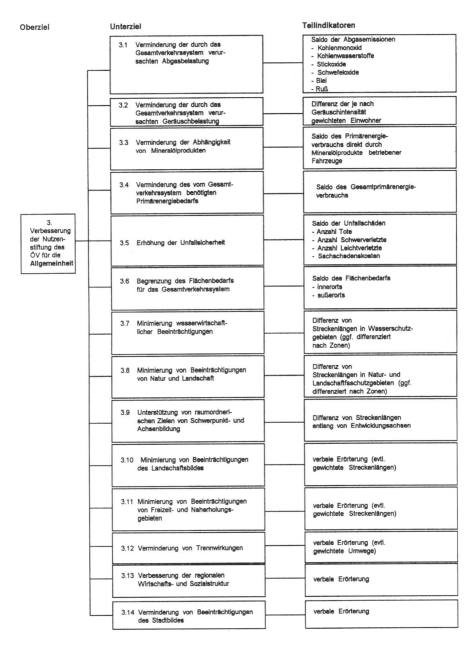

Abb. 3: Verfahrensspezifisches Zielsystem für die Zielträgergruppe **Allgemeinheit**

231 Für den zweiten Teilbereich der Bewertung hat sich, nach der Erfahrung aus dem beschriebenen praktischen Anwendungszeitraum, die Konzeption eines **mehrstufigen Bewertungsverfahrens** bewährt. Es wird ein dreistufiges Verfahren angewendet, das die Teilindikatoren sowohl nach ihrer ökonomischen Zuordnung, als auch nach der Qualität ihrer Meßbarkeit zu **Indikatorengruppen** zuordnet. Hierbei werden die spezifischen Verfahrensweisen der verschiedenen Nutzen-Kosten-Untersuchungen angewendet. Die drei Beurteilungsindikatoren werden durch eine verbale Erörterung/Beurteilung ergänzt. ·

Problemlos ist die Zusammenführung von Teilindikatoren, die die gleichen Dimensionen aufweisen. Dies trifft z.B. für den „**betriebswirtschaftlichen Indikator A**" zu, da die entsprechenden Teilindikatoren (Kapitalkosten der Investitionen, Unterhaltungs- und Betriebsführungskosten, Erträge) alle in monetärer Form vorliegen.

Dieser Indikator enthält die **betriebswirtschaftlichen Auswirkungen** aus der Sicht des Betreibers sowie des Investors.

Da die Verkehrsbetriebe bei großen Vorhaben in der Regel nicht als Investor für die Verkehrswege auftreten, wird der **betriebswirtschaftliche Indikator** allein aus der Sicht des Betreibers gesondert als Differenz zwischen Erlösen und Kosten ohne Berücksichtigung des Kapitaldienstes für den ÖV-Fahrweg ausgewiesen.

232 Der **gesamtwirtschaftliche Indikator (B)** entspricht den Anforderungen der Nutzen-Kosten-Analyse (NKA). Er beinhaltet alle gesamtwirtschaftlichen Auswirkungen, die in originären Meßgrößen monetär vorliegen bzw. durch abgesicherte Umrechnungsmethoden monetarisierbar sind. Mit Hilfe von Opportunitäts- bzw. Vermeidungskostenansätzen können so Wirkungen der Reisezeit, Geräuschbelastung sowie die aus Verkehrsverlagerung resultierenden einsparbaren IV-Betriebskosten und Unfallschäden in den Indikator B eingehen.

Als Kenngrößen für die Entscheidungsfindung werden die Nutzen-Kosten-Differenz und das Nutzen-Kosten-Verhältnis bestimmt.

233 Der **nutzwertanalytische Indikator C** enthält darüber hinaus alle weiteren zahlenmäßig bestimmbaren (kardinal meßbaren) **Zielkriterien**, wie z.B. Abgasemissionen, Primärenergieverbrauch, Flächenbedarf, Erreichbarkeiten, Beförderungskomfort. Für eine zusammenfassende Beurteilung erfahren die einzelnen Kriterien eine **Gewichtung** zur Überführung in Nutzwertpunkte. Es ist darauf hinzuweisen, daß diese Punktebewertung subjektive Wertvorstellungen in die Bewertung einbringen. Die Verfasser der Anleitung zum Verfahren der Standardisierten Bewertung [8] haben für die Gewichtung Empfehlungen vorgegeben, die die Erfahrungen aus der bisherigen Erprobung der Anleitung berücksichtigen. Auf diese Weise wird es dem Träger der Entscheidung – dem Zuwendungsgeber – ermöglicht, in begründeten Fällen von der vorgeschlagenen Gewichtung abzuweichen.

Der nutzwertanalytische Indikator C, der die Nutzenwirkungen aus Sicht der Allgemeinheit betrachtet, ergibt sich aus der Division des Gesamtnutzwertes durch den in Nutzwertpunkte umgerechneten Kapitaldienst für den ÖV-Fahrdienst des Mitfalls.

In dem **Güteklassen-Indikator D** werden „Intangible Kriterien" verbal beschrie- **234** ben. Unter diesem Begriff sind die Kriterien zu verstehen, die nicht numerisch erfaßbare Auswirkungen des Investitionsvorhaben darstellen, die aber trotzdem bei der Beurteilung von Investitionen eine große Rolle spielen können.

Hierzu gehören **Netzzusammenhang**, Anpassungsfähigkeit an Nachfrageschwankungen, Auswirkungen auf das **Landschaftsbild** sowie auf Freizeit- und Naherholungsgebiete, **Trennwirkung**, regionale **Wirtschafts-** und Sozialstruktur und Auswirkungen auf das **Stadtbild.**

Ausführungen sind dem Antragsteller freigestellt. Ihre Wirkungsrichtung für das Vorhaben (positiv oder negativ) ist anzugeben.

In den Abbildungen 4 und 5 (aus der Anleitung zur Standardisierten Bewertung **235** [8]) ist die Bildung der **Beurteilungsindikatoren** und die Zusammenstellung der Teilindikatoren mit der Zuordnung zu den Beurteilungsindikatoren übersichtlich dargestellt.

Die beschriebene Vorgehensweise, die Ermittlung weitgehend objektiver Tatbestände in ihren originären Meßgrößen getrennt von ihrer subjektiven Bewertung in DM bzw. in **Nutzwertpunkte** zu behandeln, ermöglicht allen Beteiligten einen direkten Zugang zu den eigentlichen Fakten und sichert die Nachvollziehbarkeit des Bewertungsvorgangs. Darüber hinaus läßt sie Freiräume für individuelle, gegebenenfalls von den Regelvorgaben der Anleitung abweichende Bewertungsansätze und erhöht damit die Transparenz des Bewertungsverfahrens.

Betriebswirtschaftlicher Indikator (A)
(ohne und mit Berücksichtigung des Kapitaldienstes ÖV-Fahrweg)
alle Einzelindiaktoren Kardinal meßbar
alle originären Meßgrößen monetär
Ergebnisdarstellung: Kardinalskala (TDM/Jahr).

Nutzwertanalytischer Indikator (C)
alle Einzelindiaktoren Kardinal meßbar
originäre Meßgrößen nicht (oder nicht genügend abgesichert) monetarisierbar
Ergebnisdarstellung: Kardinalskala (Punkte).

Nutzen- Kosten - Indikator (B)
gesamtwirtschaftliche Sicht: alle Einzelindiaktoren Kardinal meßbar, originäre Meßgrößen entweder monetär oder durch konventionell abgesicherte Umrechnung monetarisierbar
Ergebnisdarstellung: Kardinalskala (TDM/Jahr).

Intangible Kriterien (D)
Einzelindiaktoren nicht mehr Kardinal meßbar, sondern nur ordinal oder nominal erfaßbar.
Ergebnisdarstellung: Text (verbale Erläuterung der Wirkungsrichtung)

Wirkungen (Teilindikatoren)	Beurteilungsindikator			
	A	B	C	D
- kardinal meßbar - originär meßbar (DM/Jahr)				
- kardinal meßbar - originär monetär oder monetarisierbar (DM/Jahr)				
- kardinal meßbar - nicht monetarisierbar (Punkte)				
- nicht qualifizierbar (verbale Erläuterung)				

Abb. 4: Bildung von Beurteilungsindikatoren

Teilindikator	Dimension der orginären Meßgrößen	(A)	(B)	(C)	(D)
Saldo der ÖV-Erlöse	TDM/Jahr	A			
Saldo des Kapitaldienstes ÖV-Fahrweg	TDM/Jahr	A	B	C	
Saldo der Unterhaltungskosten ÖV-Fahrweg	TDM/Jahr	A	B	C	
Saldo der Vorhaltungskosten ÖV-Fahrzeuge	TDM/Jahr	A'	B	C	
Saldo der ÖV- Betriebsführungskosten	TDM/Jahr	A	B	C	
Saldo der IV-Betriebskosten	TDM/Jahr		B	C	
ÖV-Reisezeitdiffernz	Std/Jahr		B	C	
Saldo der Abgasemissionen					
- Kohlenmonoxid	t/Jahr		B	C	
- Kohlenwasserstoffe	t/Jahr		B	C	
- Stickoxide	t/Jahr		B	C	
- Schwefeloxide	t/Jahr		B	C	
- Blei	t/Jahr		B	C	
- Ruß	t/Jahr		B	C	
Geräuschbelastung	Anzahl gewichtete Einwohner		B	C	
Saldo der Unfallschäden					
- Tote	Personen/Jahr		B	C	
- Schwerverletzte	Personen/Jahr		B	C	
- Leichtverletzte	Personen/Jahr		B	C	
- Sachschäden	TDM/Jahr		B	C	
Saldo des Primärenergieverbrauches direkt durch Mineralöl betriebener Fahrzeuge	M Wh/Jahr			C	
Saldo des Gesamtprimärenergieverbrauches	M Wh/Jahr			C	
Differenz der Indizes der Erreichbarkeiten					
a) von Stadtzentren	1000 Einwohner Minuten			C	
b) von Stadtteilzentren	1000 Einwohner Minuten			C	
Saldo des Flächenbedarfs					
- innerorts	ha			C	
- außerorts	ha			C	
Teilindikatoren zur Beurteilung des Beförderungskomforts					
- Differenz der mittleren Fußwegentfernungen	km - Fahrten/Werktag			C	
- Differenz der mittleren Umsteigehäufigkeiten	Umsteigevorgänge/Werktag			C	
- Differenz der Anteile der angebotenen Platz-Kilometer auf Teilstrecken mit systemeigener Trasse	1000 Fahrten/Werktag			C	
- Differenz der angebotenen Platz-Kilometer auf Teilstrecken niveaufrei bzw. mit Vorrang	1000 Fahrten/Werktag			C	
- Differenz der Bedienungshäufigkeiten	1000 Fahrtenangebote/Werktag Fahrten/Werktag				
- Differenz der mittleren Anteile von Sitzplätzen am Gesamtplatzangebot	1000 Fahrten/Werktag			C	
- Differenz der Streckenlängen entlang von Entwicklungsachsen	km			C	
- Differenz der Streckenlängen in Wasserschutzgebieten	km			C	
- Differenz der Streckenlängen in Natur- und Landschaftsschutzgebieten	km			C	
Anpassungsfähigkeit an					
- Netzzusammenhang	verbal erfaßt				D
- Nachfrageschwankungen	verbal erfaßt				D
Wirkungen auf das Landschaftsbild	verbal erfaßt			(C)	D
Wirkungen auf Freizeit- und Naherholungsgebiete	verbal erfaßt			(C)	D
Trennwirkungen	verbal erfaßt			(C)	D
Wirkungen auf die regionale Wirtschafts- und Sozialstruktur	verbal erfaßt				D
Wirkungen auf das Stadtbild	verbal erfaßt				D

Abb. 5: Zusammenstellung der Teilindikatoren mit Zuordnung zu den Beurteilungsindikatoren

3.5 Standardisierung

236 Die von den Zuwendungsgebern Bund und Land vorgegebene Notwendigkeit einer regionalen wie interregionalen Vergleichbarkeit der Beurteilungsunterlagen erfordert eine weitgehende **Standardisierung** der Verfahrens- und Wertvorgaben. Die standardisierten Vorgaben beziehen sich insbesondere auf die folgenden Punkte:

* **Projektabgrenzungen**

  Die vorgegebenen Randbedingungen werden im 1. Verfahrensschritt (Abschnitt 4.2) behandelt

* **Bewertungsstruktur**

  - Zugrundelegung des Mit-/Ohnefallprinzips
  - Ermittlung der Projektdaten
  - Mitwirkung des Zuwendungsgebers
  - Plausibilitätskontrollen
  - Dokumentation

* **Ermittlung der verkehrlichen Wirkungen**

  - Abgleichung zur Ist-Situation
  - Reisezeitermittlung IV und ÖV
  - Berechnungsvorgabe für den verlagerten und induzierten Verkehr (Formel)

* **Ermittlung der Teilindikatoren**

  - Auswahl der Kriterien
  - Vorgaben für deren Bestimmung

* **Wertansätze**

  - Kostenansätze zu fast allen Größen (Ausnahme: Investitionskosten)
  - Nutzwerte für alle Teilindikatoren

* **Ermittlung der Bewertungsindikatoren**

  - Festlegung der einfließenden Teilindikatoren
  - Festlegung der Ergebnisgrößen und deren Berechnung.

Diese Standardisierung erfordert die Betrachtung verschiedener Aspekte:

237 * Die **Abbildungsgenauigkeit** der vorliegende örtlichen Verhältnisse – zumal bei Besonderheiten – kann nachhaltig eingeschränkt werden. Es bedarf eines Kompromisses zwischen den Erfordernissen der spezifischen Besonderheiten eines Vorhabens und denen der Vergleichbarkeit von Vorhaben, die durch die Standardisierung weitgehend erfüllt wird. Hierzu sind innerhalb des Verfahrensablaufes zwei Abstimmungsgespräche zwischen Antragsteller und Zuwendungsgeber vorgesehen.

- Eine Standardisierung im beschriebenen Sinne ermöglicht auf jeden Fall, den zeitlichen wie finanziellen Aufwand für eine Bewertung in annehmbaren Grenzen zu halten. Aufgrund der unterschiedlichen Datenlage in den Kommunen kann dennoch die Frage der Verhältnismäßigkeit zwischen der Vollständigkeit und Aktualität der Erfassung der Auswirkungen und des Aufwandes auftreten. So kann nach der Verfahrensanleitung unter bestimmten Voraussetzungen anstelle des Regelverfahrens auch ein sogenanntes „einfaches Verfahren" zur Anwendung kommen. Dieses Verfahren beinhaltet einen reduzierten Zielkatalog und ist nur in Sonderfällen anzuwenden, in denen die erforderlichen Verkehrsnachfragedaten nicht mit vertretbarem Aufwand bereitgestellt werden können und wenn keine nennenswerten Modal-Split-Änderungen zu erwarten sind.

Für **automatisierte Verkehrssysteme** kommt ein gesondertes Verfahren zur Anwendung. Es unterscheidet sich zum Regelverfahren im wesentlichen durch eine Modifikation der Ermittlung der verkehrlichen Datenlage unter besonderer Berücksichtigung des fahrerlosen Betriebs. **238**

4. Methode des Standardisierten Bewertungsverfahrens

4.1 Mit-/Ohnefall-Prinzip

Die Beurteilung eines geplanten Vorhabens erfolgt nach dem **Mit-/Ohnefall-Prinzip**. Die Veränderungen, die sich durch die Realisierung einer Maßnahme ergeben (Mitfall), werden den Verhältnissen gegenübergestellt, die sich ohne die Realisierung einer Maßnahme einstellen (Ohnefall). Zwischen Planung und Fertigstellung eines Vorhabens vergehen in der Regel mehrere Jahre, so daß es zweckmäßig ist, den notwendigen Vergleich anhand von **Prognosefällen** vorzunehmen. **239**

Der Prognosezeitraum sollte dabei in etwa mit dem vorgesehenen Fertigstellungsjahr in Einklang gebracht werden.

Eine realistische Beschreibung des Ohnefalls auf der Grundlage des Vergleichs mit dem Mitfall ist von ausschlaggebender Bedeutung. Der Ohnefall ist unter Berücksichtigung der bis zum **Planungshorizont** voraussehbaren Änderungen hinsichtlich des **Verkehrsangebotes** (Netz, Bedienung) und der **Verkehrsnachfrage** (Strukturdaten, Verkehrsverhalten) zu entwickeln.

Hierbei müssen zum Ist-Zustand ggf. noch vorhandene Rationalisierungsreserven als im Ohnefall bereits verwirklicht eingerechnet werden.

4.2 Verfahrensschritte

240 Die Abbildung 6 (aus der Anleitung zur Standardisierten Bewertung [8]) zeigt einen Überblick über die im Rahmen der Standardisierten Bewertung durchzuführenden **Verfahrensschritte**. Sie werden in der Verfahrensanleitung, die als Anwenderhandbuch aufgebaut ist, eingehend beschrieben. Es kann daher nicht Aufgabe dieses Beitrags sein, die Verfahrensschritte im einzelnen inhaltlich wiederzugeben. Jedoch soll – auch auf der Grundlage praktischer Erfahrungen – auf einige wichtige Grundsätze und Erkenntnisse eingegangen werden.

Abb. 6: Verfahrensablauf bei Durchführung der Standardisierten Bewertung

Zum 1. Verfahrensschritt:

Erste Abstimmung mit dem Zuwendungsgeber **241**

Bei Vorhaben, die nach dem Bundesprogramm gefördert werden, sind im Sinne des Verfahrens Bund und Land Zuwendungsgeber, bei Vorhaben des Landesprogrammes übernehmen die Länder allein die Funktion des Zuwendungsgebers. Außerdem sollten die Bewilligungsbehörden als Prüfinstanzen beteiligt werden.

Aufgrund der örtlichen Randbedingungen ist zu entscheiden, ob ein

- **Regelverfahren,**
- **Vereinfachtes Verfahren** oder ein
- **Verfahren für automatisierte Systeme**

angemeldet werden soll.

Mit der Abgrenzung des Investitionsvorhabens wird die Grundlage für die vorzu- **242** nehmende Beurteilung festgelegt. Die Beachtung der folgenden Rahmenbedingungen ist daher von besonderer Bedeutung

a) Das ÖPNV-Netz, das für die Untersuchung der beiden **Planfälle** vorgesehen ist, sollte sowohl aus verkehrlicher als auch aus betrieblicher Sicht einen möglichen **Endzustand** darstellen. Das heißt, es sollte u.a. noch keine neuen Strecken oder Verlängerungen enthalten, die z.B. zur Erschließung neuer Baugebiete erforderlich werden könnten und planungsrechtlich noch nicht abgesichert sind.

b) Im Fall der Einführung eines neuen Systems (z.B. U-Bahn, automatisches System) sollte das kleinste denkbare **Grundnetz** (ohne Abschnitte mit provisorischem Charakter und ohne gravierende Brechpunkte zum übrigen ÖV-Netz) der mögliche Endzustand sein. Das kleinste denkbare Grundnetz wird als Einheit gewertet und beurteilt. Eine Beurteilung von **Teilstrecken** ist in diesem Falle nicht notwendig, auch wenn die bauliche Ausführung einzelner Abschnitte zeitlich stark differieren sollte.

c) Liegt kein Systemwechsel vor, also beim Ausbau bzw. der Verlängerung bestehender Stadtbahn- und U-Bahngrundnetze, sind **einzelne** Streckenabschnitte getrennt zu beurteilen, es sei denn, sie sind verkehrlich und betrieblich als Einheit zu sehen. Die Absicht, getrennte Finanzierungsanträge zu stellen, widerspricht einer gemeinsamen Bewertung in diesem Falle nicht.

d) Demgegenüber dürfen Streckenabschnitte, die einen **eigenen Verkehrswert** aufweisen und unabhängig voneinander betrieben werden können, nicht gemeinsam beurteilt werden.

e) Verlängerungen von **Ausbaumaßnahmen**, die planerisch noch nicht abschließend geklärt und noch nicht durch Beschlüsse der zuständigen Gremien bestätigt sind, stehen weiter zur Disposition. Ihre Einbeziehung in eine Bewertung ist daher unzulässig (vgl. hierzu auch a)).

243 Die beschriebenen Grundsätze sind nicht eindeutig abgegrenzt. Die **Auswirkungen** der einzelnen Bestimmungen gehen zum Teil ineinander über und sollten daher in ihrer Gesamtheit betrachtet werden. Auf diese Weise werden Ermessensspielräume eröffnet, die in den Abstimmungsgesprächen zwischen den Antragstellern und den Zuwendungsgebern im Sinne des **Vorrangs für den ÖPNV** im Gesamtverkehrssystem verantwortungsvoll wahrgenommen werden sollen.

So sind z.B. schwach belastete Verlängerungsabschnitte zu geplanten Endpunkten von Linien Erörterungsgegenstand: Die Neuordnung des ergänzenden **Busnetzes** mit seinen **Rationalisierungseffekten** für den Betrieb könnte ggf. ohne diesen neuen Endpunkt nicht darstellbar sein. Die möglicherweise positiven verkehrlichen Auswirkungen von nur an dieser Stelle einzurichtenden **P+R/B+R-Anlagen** mittleren bis großen Ausmaßes lassen sich in die derzeitige Systematik der Standardisierten Bewertung nicht darstellen und können nur verbal eingebracht werden.

Zum 2. Verfahrensschritt:

244 *Beschreibung des Investitionsvorhabens, Zusammenstellung der wichtigsten Informationen über den zugehörigen Verkehrsraum und die zugehörigen Verkehrsbetreiber*

Die in diesem Verfahrensschritt darzustellenden verkehrsplanerischen und betrieblichen **Kenndaten** sollen einen allgemeinen Überblick und Eindruck zum Planungsraum und dem speziellen Vorhaben geben. Obwohl sie für die spätere Ermittlung der Teilindikatoren nicht direkt benötigt werden, können sie doch bei der Erstellung der Gesamtbeurteilung von Belang sein. Fehlende Angaben deuten auf unvollständiges Datenmaterial hin. Das Erfordernis ergänzender Untersuchungen ist abzuwägen.

Zum 3. Verfahrensschritt:

245 *Ermittlung der Grunddaten bezüglich des Verkehrsangebotes (ÖV und IV) und Verkehrsnachfrage (ÖV und IV)*

Verkehrsangebot und **Verkehrsnachfrage** weisen eine gegenseitige Abhängigkeit voneinander auf. Ihre Ermittlung muß daher als iterativer Prozeß (schrittweise Annäherung) verstanden werden. Da sie – wie später noch darzulegen ist – einen bedeutenden bzw. sogar entscheidenden Einfluß auf das Gesamtergebnis haben, ist bei der Ermittlung der entsprechenden Daten besonders sorgfältig vorzugehen.

Günstigstenfalls sind die Grundlagendaten für den Ist-Zustand und den **Prognosezustand** aus einem relativ aktuellen und aussagekräftigen General- oder Gesamtverkehrsplan zu entnehmen. Da dies erfahrungsgemäß in den seltensten Fällen möglich ist, zumal der Bezugszeitpunkt der Prognosedaten mit dem Jahr der Inbetriebnahme des Investitionsvorhabens zusammenfallen sollte, bietet die Verfahrensanleitung dem Antragsteller Hilfen an, wie die vorhandenen Daten auf den Stand geführt werden können, der für die Verwendung bei der Bewertung notwendig ist. Der beschriebene Arbeitsablaufplan muß nicht in jedem Fall in seiner Gesamtheit nachvollzogen werden. In der Regel lassen sich vorhandene Daten teilweise übernehmen.

Erfahrungsgemäß lassen sich in einigen Schritten Plausibilitätskontrollen nicht vermeiden. Liegt z. B. eine **Prognosematrix** für einen Mitfall vor, so kann die Matrix für den Prognose-Ohnefall theoretisch mit Hilfe der Rechenvorschrift der Anleitung ermittelt werden. Hierzu ist aber anschließend ein Vergleich/Abstimmung mit der Ist-Belastung notwendig. Ggf. sind die Randbedingungen der vorliegenden Prognosebelastung zu überprüfen und neu zu bestimmen. Dies betrifft z. B. die Fahrtenhäufigkeit, die Widerstände im IV- und ÖV-Netz und den Modal-Split. **246**

Zum 4. Verfahrensschritt:

Abstimmung der Daten des Verkehrsangebotes und der Verkehrsnachfrage für den Mit- und Ohnefall mit dem Zuwendungsgeber **247**

Die vorgesehene 2. Abstimmung mit dem Zuwendungsgeber ist gezielt vor die Ermittlung der **Teilindikatoren** angesetzt worden. Vor allem aus den Anleitungen zum 3. Verfahrensschritt ergeben sich für den Antragsteller **Ermessensspielräume**, die nicht durch standardisierte Vorgaben eingeschränkt werden können und sollen, ohne die Darstellung der vorliegenden örtlichen Eigenheiten in unzulässiger Weise zu begrenzen. Um die angestrebte regionale bzw. überregionale Vergleichbarkeit nicht über Gebühr zu beeinträchtigen, sind zu extreme einseitige Auslegungen zu vermeiden. Deshalb ist es erforderlich, vor dem Eintritt in die weiteren Verfahrensschritte

- die **Linien- und Bedienungskonzepte** des Mit- und Ohnefalls und die
- Verkehrsnachfragedaten

mit dem Zuwendungsgeber abzustimmen.

Zum 5. Verfahrensschritt:

248 *Ermittlung der Teilindikatoren in deren originären Meßgrößen*

Auf der Grundlage der im 4. Verfahrensschritt abgestimmten Daten und der danach durchgeführten **Verkehrsprognosemodellrechnung** erfolgt die Ermittlung der einzelnen Teilindikatoren (siehe Abb. 4).

Die Verfahrensweise wird in Kapitel 3 der Anleitung beschrieben. Anhand von vorbereiteten Formblättern und Rechenvorschriften sind die Ermittlung der Ergebnisse nachvollziehbar und die Zusammenhänge überschaubar. Ergeben sich für den Untersuchungsbereich im Hinblick auf die prognostizierte Verkehrsentwicklung sehr große Bandbreiten, oder bestehen hinsichtlich der Ausgangsdaten zwischen Antragsteller und Zuwendungsgeber wesentliche Auffassungsunterschiede, bietet die Anleitung Hilfen an, um zu einer einvernehmlichen Betrachtung zu gelangen. Es handelt sich dabei um sogenannte **Sensitivitätsuntersuchungen** (7. Verfahrensschritt), die mit veränderten Ausgangsdaten vorgenommen werden.

Die Ergebnisse der ermittelten Teilindikatoren in originären Meßgrößen werden in einer zusammenfassenden Übersicht dargestellt. Damit erfolgt bewußt eine Trennung zwischen der Ermittlung von weitgehend objektiven Tatbeständen und der im nächsten Verfahrensschritt folgenden Bewertung.

Zum 6. Verfahrensschritt:

249 *Ermittlung der Beurteilungsindikatoren (Bewertung – Basisrechnung)*

Für eine Beurteilung der **Bauwürdigkeit** bzw. **Dringlichkeit** (Reihung) eines Vorhabens reicht ein Vergleich der Ergebnisse der entsprechenden Teilindikatoren in ihren i. d. R. unterschiedlichen Meßgrößen nicht aus. Wie in Abschnitt 3.4 dargelegt, werden diese Meßgrößen in eine Meßskala überführt, die für den jeweiligen Beurteilungsindikator maßgebend ist.

Aus dem Aufbau der zugehörigen Formblätter läßt sich die Zusammenführung der einzelnen Teilgrößen nachvollziehen.

Die einzelnen Schritte zur Bestimmung der Beurteilungsindikatoren

- **Betriebswirtschaftlicher Indikator (A)**
- **Nutzen-Kosten-Indikator (B)**
- **Nutzwertanalytischer Indikator (C)**
- **Intangible Kriterien (D)** (Güterklassenindikator)

werden in Kapitel 4. der Anleitung beschrieben.

Zum 7. Verfahrensschritt:

Durchführung von Sensitivitätsanalysen **250**

Die Notwendigkeit der Durchführung von **Sensitivitätsanalysen** (Kapitel 4.3 der Anleitung) kann sich bei der Ermittlung der Teilindikatoren sowie bei der Bewertung, also der Ermittlung der **Beurteilungsindikatoren**, ergeben:

- Es bestehen Unsicherheiten in der **Dateneinschätzung** (mögliche Implausibilitäten) und/oder Antragsteller und Zuwendungsgeber haben eine unterschiedliche Auffassung zu einigen Ausgangsdaten und Wertansätzen
- Die **Bauwürdigkeit** oder Dringlichkeit des untersuchten Vorhabens läßt sich nur knapp nachweisen (z.b. Nutzen-Kosten-Indikator (B) nur geringfügig über 1)

Durch diese analytische Betrachtungsweise ist durchaus feststellbar, ob ein (knapper) Wert auf der „sicheren Seite" liegt.

Zum 8. Verfahrensschritt:

Aufstellung einer Gesamtübersicht über die Bewertungsergebnisse **251**

Die Ergebnisse der Bewertung der Verfahrensschritte 6 und 7 werden zusammenfassend dargestellt und erleichtern die Interpretation für die **Gesamtbeurteilung**, die im **Erläuterungsbericht** vorgenommen wird.

Zum 9. Verfahrensschritt:

Aufstellung des Erläuterungsberichtes **252**

Das **Investitionsvorhaben** ist, wie bei den Anmeldeunterlagen nach den Verwaltungsvorschriften zum Gemeindeverkehrsfinanzierungsgesetz(VV-GVFG) unter Beifügen geeigneter Pläne zu beschreiben. Für das Beurteilungsverfahren sind die Datengrundlagen und die schrittweise Ermittlung der **Bewertungsergebnisse** mit der notwendigen Begründung der Wahl einzelner Kriterien mit Ermessensspielraum darzulegen.

5. Anmerkungen zum Verfahren aus Sicht der Praxis

5.1 Betrachtung der Beurteilungsindikatoren

Im Hinblick auf die Vorgaben des Haushaltsgrundsätzegesetzes und der Haushaltsordnungen, neben technischen und betriebswirtschaftlichen Gesichtspunkten auch gesamtwirtschaftliche und gesamtgesellschaftliche Aspekte in die Betrachtungen einzubeziehen, werden die einzelnen Kriterien des Zielkatalogs nach den **Zielgruppenträgern** **253**

- **Benutzer des Verkehrsmittels**
- **Betreiber des Verkehrsmittels**
- **Allgemeinheit**

geordnet und unter Berücksichtigung ihrer Meßbarkeit sowie Transformierbarkeit den beschriebenen Beurteilungsindikatoren zugewiesen (Abb. 1, 2, 4). So ist es zu verstehen, daß nur die 4 Beurteilungsindikatoren gemeinsam die gesamte Spannweite der Kriterien und Bewertungen abdeckt. Auch wenn die Bedeutung der einzelnen Beurteilungsindikatoren unterschiedlich gewichtet werden kann, sollten die Entscheidungsträger (Investoren, Betreiber, Planer) sich grundsätzlich von der Gesamtsicht leiten lassen.

Die folgenden Ausführungen schließen neben eigenen Erfahrungen u. a. auch die Erkenntnisse aus dem praxisbezogenen Bericht von Dr. Andree (Hessisches Landesamt für Straßenwesen) [9] unter kritischer Betrachtung mit ein.

5.1.1 Betriebswirtschaftlicher Indikator A

254 Dieser Indikator ist relativ problemlos zu ermitteln, da seine 5 Teilindikatoren alle monetär meßbar sind.

Allerdings können von dem Wert der **ÖV-Erlöse** Unsicherheiten ausgehen. Die zusätzlichen ÖV-Erlöse werden aus dem **ÖV-Neuverkehrsaufkommen** bestimmt, das sich aus dem verlagerten und induziertem Verkehr zusammensetzt. Beide Größen werden entscheidend durch die Datenbasis und den **Modal-Splitansatz** bestimmt. Das Ergebnis ist also von der Datenqualität und realitätsnahen Berechnungsansätzen abhängig.

Eine der wesentlichen Bestimmungsgrößen des Indikators A ist der Quotient aus dem Saldo der ÖV-Erlöse und dem Saldo der **ÖV-Gesamtkosten** mit dem Kapitaldienst für den ÖV-Fahrweg. Er ist aus der Sicht des Betreibers und Investors zu betrachten, betrifft also die gesamte öffentliche Hand. Die bisherigen Ergebnisse weisen für den Faktor i. d. R. Werte zwischen 0,25 und 0,60 aus, wobei der untere Bereich häufig bei unterirdischen Ausbaumaßnahmen anzutreffen ist. Bei oberirdischen Ausbaumaßnahmen liegt der Faktor im allgemeinen zwar höher, erreicht oder übersteigt aber den Wert 1 nur in besonders günstig gelagerten Ausnahmefällen.

255 Unter Berücksichtigung der Tatsache, daß in ferner Zukunft für die Anlagen **Ersatzinvestitionen** vorgenommen werden müssen, bedeutet dies, daß die **Mehrerlöse** den Gesamtkostenaufwand einer Maßnahme nicht decken.

Eine weitere Kenngröße ist die Differenz aus ÖV-Erlösen und den Gesamtkosten ohne den Kapitaldienst für den ÖV-Fahrweg. Sie gibt den Betreibern allein aus ihrer Sicht Hinweise zu den erwarteten Erlösen und Kosten. Da aber auch bei der Ermittlung dieser Kenngrößen mit standardisierten Ansätzen gerechnet wird, ist im Zweifelsfalle eine rein betriebliche **Wirtschaftlichkeitsuntersuchung** zu empfehlen, die die spezifischen Rahmenbedingungen und Kostensätze des betroffenen Verkehrsunternehmens berücksichtigt. Außerdem werden die betriebswirtschaftlichen Auswirkungen von möglicherweise mehreren betroffenen Verkehrsunternehmen nicht getrennt ausgewiesen.

5.1.2 Nutzen-Kosten-Indikator B

In diesen **Beurteilungsindikator** werden alle Teilindikatoren mit gesamtwirt- 256
schaftlichen Auswirkungen einbezogen, so weit sie in originären Meßgrößen monetär vorliegen oder durch konventionell abgesicherte Umrechnungsmethoden monetarisierbar sind.

Aufgrund des Gewichtes seiner Teilindikatoren, ihrer Meßbarkeit und ihrer gesamtwirtschaftlichen Aussagekraft wird dieser Beurteilungsindikator im Hinblick auf die Anforderungskriterien (Haushaltsgrundsätzegesetz, Haushaltsordnungen) allgemein als der maßgebliche angesehen.

Im **Nutzen-Kosten-Indikator B** werden folgende Teilindikatoren berücksichtigt:

* **Kapitaldienst ÖV-Fahrweg Mitfall** (als Bezugsgröße bei der Indikatorbildung)
* **Saldo der ÖV-Gesamtkosten** ohne Kapitaldienst ÖV-Fahrweg
* **Kapitaldienst ÖV-Fahrweg Ohnefall**
* **ÖV-Reisezeitdifferenz**
* **Saldo der IV-Betriebskosten**
* **Saldo der Abgasemissionen**
* **Saldo der Geräuschbelastungen**
* **Saldo der Unfallkosten**

Die größten Beiträge am **monetarisierten Nutzen** werden von den Teilindikatoren ÖV-Reisezeitdifferenz, IV-Betriebskosten und Unfallkosten erbracht. Nach den Erfahrungen in Nordrhein-Westfalen (siehe auch [9] in Hessen) kann dabei die ÖV-Reisezeitdifferenz anteilige Spitzenwerte von über 70 % erreichen. Der Einfluß der IV-Betriebskosten liegt zwischen 20 % und 40 %, der der Unfallkosten zwischen 10 % und 20 %. Insgesamt nehmen sie mit rd. 70 % bis 85 % am Gesamtnutzen eine dominierende Stellung ein.

Durch die Einführung eines neuen Verkehrssystems (z.B. unterirdische Stadtbahn) kann es in Abhängigkeit von den örtlichen Verhältnissen zu **Mehrkosten** für den Verkehrsbetrieb kommen, die den Gesamtnutzen negativ beeinflussen. Diese Werte schwanken sehr stark. Der von Andree [9] für Hessen genannte Negativanteil von 30 bis 45 % wurde bisher in NRW nicht erreicht.

Im Betrachtungsraum Nordrhein-Westfalen wurden in den vergangenen Jahren 257
für mehrere unterirdische wie oberirdische Schienenweginvestitionsvorhaben

Standardisierte Bewertungen durchgeführt. Die Ergebnisse für den Indikator B lagen dabei zwischen 1,15 und 1,95. Die geringsten Werte erhielten Außen- bzw. Ergänzungsstrecken, obwohl grundsätzlich eine oberirdische Trassenführung vorlag. Dies ist durchaus verständlich, da in Endbereichen die Anzahl der betroffenen Fahrten relativ gering ist und somit auch die Summe der Reisezeitdifferenz. Das gleiche gilt für den **verlagerten** und **induzierten** Verkehr.

Unterirdische Führungen wurden vor allem in hochbelasteten Zentralbereichen vorgenommen. Aufgrund des wesentlich größeren Einzugsbereiches ergaben die gleichen Teilindikatoren wesentlich günstigere Werte und führten zu besseren Endergebnissen, die im Durchschnitt bei etwa 1,5 lagen.

Auch wenn der gesamtwirtschaftliche Indikator einen durchaus überzeugenden Wert erhält, können Teilindikatoren (z.B. die Unterhaltungskosten) darauf hinweisen, daß auf den Betreiber erhebliche **Mehrkosten** zukommen. Die verantwortlichen parlamentarischen Gremien und die planenden Ingenieure sind daher während des Planungsprozesses ständig gehalten, in ihre Abwägung nach Optimierungen zu suchen, um Kosten und Nutzen in ein vertretbares Verhältnis zu bringen. Städtebaulich positive Effekte werden dabei sicherlich Berücksichtigung finden, auch wenn sie in der Standardisierten Bewertung lediglich im Indikator D behandelt werden.

5.1.3 Nutzwertanalytischer Indikator C

258 Der nutzwertanalytische Indikator umfaßt mit insgesamt 31 Teilindikatoren die **Nutzenbeiträge** für die Betreiber, die Fahrgäste und die Allgemeinheit.

Auch in diesem Falle bestimmen eine geringe Anzahl von Teilindikatoren das Endergebnis. Wie beim Nutzen-Kosten-Indikator sind dies **ÖV-Reisezeitdifferenz, IV-Betriebskosten** und **Unfallschäden**. Hinzu kommen **Primärenergieverbrauch** und die **Erreichbarkeiten**. Nach den vorliegenden Untersuchungen schwanken die prozentualen Anteile je nach den vorliegenden örtlichen Gegebenheiten sehr stark, so daß auf eine Reihung hinsichtlich ihrer Größenordnung verzichtet werden muß. Der Gesamteinfluß liegt etwa zwischen 65 und 90 %. Für die Gewichtung der einzelnen Nutzenanteile sind standardisierte Rechenvorschriften, die aus der Erfahrung abgeleitet wurden, vorgegeben. Sie können folglich nicht immer situationsgerecht sein. Es liegt in der Verantwortung der Anwender und der **Zuwendungsgeber** als Entscheidungsträger, ggf. eine Modifikation der Gewichtung vorzunehmen. In diesem Zusammenhang können die in Kapitel 4.3 der Anleitung beschriebenen Sensitivitätsbetrachtungen hilfreich sein. Im Betrachtungsraum NRW wurde von der Möglichkeit der Veränderung der Gewichtungsansätze bislang noch kein Gebrauch gemacht.

Da die nutzwertanalytische Betrachtung zwangsläufig auf Wertannahmen beruht, die subjektive Züge tragen können, kommt einer darauf basierenden Aussage die Qualität einer politischen Entscheidung nahe. Dies wiederum bekräftigt die allgemeine Einstellung, den aus originären Meßgrößen hervorgehenden Indikator B als maßgebend anzusehen.

5.2 Maßgebende Teilindikatoren und Rechengrößen

Die Aussagekraft einer Untersuchung, deren Ergebnis aus ermittelten **Prognose-** **259** **werten** und **Wertansätzen** berechnet wird, hängt entscheidend von der Güte der Ausgangsdaten ab. Im folgenden soll auf einige Größen eingegangen werden, die für die Bildung der angeführten maßgebenden Teilindikatoren von besonderer Bedeutung sind.

5.2.1 Teilindikator ÖV-Reisezeitdifferenz

Die Reisezeitdifferenz wird aus den Salden der Reisezeiten der Personenfahrten **260** für den Prognosezeitpunkt zwischen dem Ohnefall und dem Mitfall ermittelt. Zur Erlangung dieser Daten dient die Matrix der Verkehrsbeziehungen (Personenfahrten zwischen Quelle und Ziel) und die Widerstandsmatrix in der Form von Reisezeiten innerhalb des Streckennetzes.

In günstigen Fällen können die entsprechenden Daten aus aktuellen Generalverkehrsplänen bzw. **Verkehrsentwicklungsplänen** entnommen werden. Dies ist jedoch nicht immer gegeben. Da die Kenntnis über die Richtung und die Größen der Verkehrsbeziehungen unmittelbar oder mittelbar entscheidenden Einfluß auf die maßgebenden Teilindikatoren hat, sind unter Berücksichtigung der hohen Investitionssummen für die zu beurteilenden Vorhaben gesicherte Daten für die Betreiber und Zuwendungsgeber eine absolute Notwendigkeit.

So sollte im Bedarfsfall immer die Eichung der Quelle-Ziel-Matrix im Analysezustand durch Zählung an wichtigen Querschnitten des Netzes vorgenommen werden. Die Investitionssummen rechtfertigen es auch, zur Kontrolle der IV- wie ÖV-Matrix stichprobenhafte **Kraftfahrerbefragungen** bzw. stichprobenhafte **Haushaltsbefragungen** durchzuführen. Dies gilt natürlich besonders dann, wenn kein örtlicher General- oder Gesamtverkehrsplan vorliegt. Aufschluß über die notwendigerweise einzuleitenden Schritte gibt das Kapitel 2 der Anleitung zur Standardisierten Bewertung.

Anhand von vorgegebenen **Plausibilitätskontrollen** läßt sich die Abbildungsge- **261** nauigkeit der einzelnen Datenkomponenten überprüfen.

Bei der Ermittlung der Prognosewerte bezieht sich die Plausibilitätskontrolle im besonderen auf die Kenndaten:

* **Mobilität** [tägliche Fahrten (IV + ÖV) je Einwohner]
* **ÖV-Anteil an den Personenfahrten**
* **mittlere Beförderungsweiten** (IV + ÖV)

- **mittlere ÖV-Beförderungszeiten** (im Fahrzeug)
- **mittlere Reisezeiten** IV und ÖV (Zeiten von Tür zu Tür)
- **mittlerer Zeitaufwand** je Person und Werktag.

Bei jeder Hochrechnung für eine Prognose – so auch im Verkehrsbereich – gibt es weitere unsichere Komponenten: Nutzungsänderungen in den **Verkehrszellen** (z. B. Einwohner, Beschäftigte) und die Verhaltensänderungen der Verkehrsteilnehmer lassen sich nur mit eingeschränkter Genauigkeit vorhersagen.

Hier sollte mit zu optimistischen Vorgaben sorgfältig umgegangen werden. Es zeichnet eine seriöse Untersuchung aus, von realistischen, zeitnahen Werten auszugehen, denn es ist für die Entscheidungsfindung wertvoll, daß das Ergebnis auf der „**sicheren Seite**" liegt. Im Zweifelsfalle bieten sich die unter Kapitel 4.3 der Anleitung beschriebenen **Sensitivitätsbetrachtungen** an, die einen Aufschluß über eine mögliche Spannweite der Ergebnisse geben.

Von gleichem Gewicht ist die Bestimmung der **Widerstandsmatrizen** für die ÖV- und IV-Netze. Sie haben direkten Einfluß auf die Matrix der Verkehrsbeziehungen. Auch hier sollte sehr verantwortungsvoll gehandelt werden. Zu optimistische Annahmen führen schnell zu wirklichkeitsfernen Ergebnissen und können durch Plausibilitätskontrollen von den prüfenden Stellen erkannt werden.

262   In diesem Zusammenhang ist auch nachdrücklich auf Kapitel 2.5.1 der Anleitung hinzuweisen. Hier wird ausgeführt, daß zur Bestimmung des relevanten ÖV-Netzes im Ohnefall alle die Maßnahmen zu berücksichtigen sind, die bis zum Bezugszeitpunkt aller Wahrscheinlichkeit nach realisiert sein könnten. Es kann in der Regel also nicht das ÖV-Angebot des Istzustandes dem des Prognoseohnefalls gleichgesetzt werden. Vorhandene **Rationalisierungsreserven** (z. B. Beschleunigungsmaßnahmen) sind auszuschöpfen und im Ansatz für den Ohnefall zu berücksichtigen. Scherer, St. [10] stellt an Beispielen in Nürnberg dar, welche Auswirkungen diese Bestimmung auf die Höhe der Beurteilungsindikatoren haben kann.

5.2.2 *Verfahrensweise zur Bestimmung des verlagerten Verkehrs und des induzierten ÖV*

263   Für die Berechnung der Quelle-Ziel-Beziehungen für den Mitfall ist ein Regelverfahren vorgeschrieben. Dabei erfolgt die Quantifizierung der **Modal-Split-Änderungen** (verlagerte Verkehre) und des **induzierten Verkehrs** relationsbezogen mit Hilfe der in Kapitel 2.10 der Anleitung beschriebenen Formeln. Unter induzierten Verkehr sind die Fahrten zu verstehen, die im Ohnefall nicht existieren und erst durch die ÖPNV-Maßnahme im Mitfall hervorgerufen werden. Als wesentliche Einflußgrößen sind u. a. das **Reisezeitverhältnis IV/ÖV**, die **Umsteigehäufigkeit** und die **Bedienungshäufigkeit** berücksichtigt.

Die Standardisierten **Berechnungsansätze** wurden in den vorlaufenden Probezeiten verfeinert und in der Erfahrung bestätigt. Sie unterliegen folgenden **Randbedingungen**:

• Das IV-Netz des Prognosezustands ist im Ohne- und Mitfall gleich.

• Die Strukturdaten (Einwohner, Beschäftigte) sind im Ohne- und Mitfall ebenfalls gleich (mögliche längerfristige positive Auswirkungen von Schnellbahninvestitionen bleiben daher unberücksichtigt).

• Unterschiede in der Verkehrsnachfrage zwischen Ohne- und Mitfall bestehen nur in einem veränderten Modalsplit (Verkehrsverlagerung) und dem durch das Investitionsvorhaben hervorgerufenen induzierten ÖV.

Mit diesen Rahmenbedingungen, die die örtlichen Besonderheiten nicht berücksichtigen, wird der standardisierten Methodik Rechnung getragen, die auf eine Vergleichbarkeit unterschiedlicher Vorhaben abzielt. Mit dieser Verfahrensweise liegt das Ergebnis der Untersuchung auch hier überwiegend auf der „**sicheren Seite**".

Nur in begründeten Zweifelsfällen sollte daher von der Möglichkeit Gebrauch gemacht werden, in Abstimmung mit dem Zuwendungsgeber ein eigenes Rechenmodell zur Anwendung zu bringen.

Durchaus denkbar wäre die Modifikation der ersten Randbedingung, nach der **264** das IV-Netz im Ohne- und Mitfall gleich sein soll. So gibt es in NRW mehrere Beispiele, bei denen die Kommunen nach Beendigung größerer unterirdischer Ausbaumaßnahmen für den ÖPNV im IV-Netz die Anzahl der **Fahrspuren verringert** haben. Dieses Vorgehen im Sinne von „**Push and Pull**" hat Einfluß auf die Widerstandsmatrix und damit auf das Verhältnis der Reisezeiten im ÖV- und IV-Netz. Die Reduzierung von Fahrspuren und die Einrichtung von **verkehrsberuhigten Zonen** bzw. Fußgängerbereichen waren Bestandteile von Gesamtverkehrskonzepten und wurden mit der ÖV-Hauptmaßnahme umgesetzt. Insofern ist eine Berücksichtigung der verkehrlichen Auswirkung im Rahmen der Untersuchung einer Standardisierten Bewertung gerechtfertigt. In diesem Zusammenhang ist auch darauf hinzuweisen, daß die in den Gesamtverkehrsplänen zugrundegelegten **Reisezeiten im IV-Netz** kritisch überprüft werden sollten. Häufig wurden dort für das Prognosenetz Reisegeschwindigkeiten idealisiert nach einer „Klassifizierung von Straßen" angesetzt, die der Wirklichkeit, im besonderen in den Spitzenstundenbereichen, nicht entsprechen.

Diese sicherlich nicht ganz vollständige Ausführung soll aufzeigen, daß in dieser wichtigen Berechnungsgröße ein großer **Streubereich** enthalten sein kann, der sich direkt auf die Teilindikatoren IV-Betriebskosten, Unfallschäden und Primärenergieverbrauch auswirkt.

5.2.3 Teilindikatoren IV-Betriebskosten, Unfallschäden, Energieverbrauch

265 Neben dem **verlagerten Verkehr** sind die **Fahrtweite**, der **PKW-Besetzungsgrad** und die **Betriebskostenansätze** maßgebende Größen bei der Berechnung dieser Teilindikatoren. Die beschriebenen Bandbreiten des verlagerten Verkehrs überlagert sich mit den Streubereichen der übrigen Größen.

Die **Fahrweiten** werden aus der Luftlinienentfernung der Verkehrszellenschwerpunkte und einem Umwegfaktor bestimmt. Die Größe der Zellen und ihre Lage (innerorts oder außerorts) haben demzufolge einen Einfluß auf die Genauigkeit der ermittelten Werte.

Während der statistisch ermittelte **PKW-Besetzungsgrad** relativ genau ansetzbar sein dürfte, weisen die bundeseinheitlichen Vorgaben für die **Betriebskosten** je FZ-km in den verschiedenen Verkehrsräumen eine größere Variationsbreite auf. Vergleichbares gilt hinsichtlich der Kostenansätze für die Unfallschäden und den Energieverbrauch.

Die Bestimmung der drei Teilindikatoren, die die Nutzenkomponenten in Form von „**Vermeidungskosten**" beschreiben, ist also mit ähnlichen Fehlerrisiken behaftet wie der Indikator „Reisezeitdifferenz". Dieser hat jedoch im allgemeinen einen stärkeren Einfluß auf das Gesamtergebnis.

6. Zusammenfassende Beurteilung des Verfahrens und Emfehlungen

266 Mit der kritischen Betrachtung der maßgebenden Größen und ihrer möglichen – zum Teil systembedingten – Unschärfen soll keinesfalls die Eignung des Standardisierten Bewertungsverfahrens in Frage gestellt werden. Vielmehr ist es die Absicht des Verfassers, bei den Anwendern die Sensibilität für eine genaue, aktuelle Datenbasis zu schärfen, mit deren Hilfe eine **abgesicherte Entscheidungshilfe** für Vorhaben mit hohen Investitionsaufwendungen geschaffen werden kann.

Der Grad der **Genauigkeit** und demzufolge der Aussagekraft der Untersuchung basiert auf einer verhältnismäßig geringen Anzahl von Komponenten. Hierzu gehören vor allem:

* Quelle-Ziel-Beziehungen Ist/Prognose
* Querschnittszählungen
* Größe und Lage der Verkehrszellen
* Reisezeiten im ÖPNV und IV
* Bereich betroffener Fahrten
* Verkehrsmittelwahl (Analysewerte)
* Kostenansätze für Betriebskosten, Unfallschäden, Primärenergieverbrauch

Der überwiegende Teil dieser Größen fällt in den Abstimmungsbereich mit dem **Zuwendungsgeber** (Arbeitsschritte 1 und 4), so daß auch dieser in die Verantwortung für eine mit Sorgfalt zu erlangende Güte der Datenbasis eingebunden ist.

Mit diesen Voraussetzungen bildet die Standardisierte Bewertung eine gute   **267**
Grundlage für zielgerichtete Entscheidungen. Diese Feststellung wird durch die Erfahrungen mit bisher in NRW durchgeführten Verfahren belegt. Auf der Grundlage von **Verkehrszählungen**, die nach Fertigstellung bewerteter Maßnahmen vorgenommen wurde, konnte eine grundsätzliche Übereinstimmung mit dem nach der vorgeschriebenen Methode ermittelten **Mehraufkommen an Personenfahrten** festgestellt werden. Dies ist zwar noch kein eindeutiger Nachweis für die Güte der angewandten Methode, da eine Prüfung der Einhaltung aller anderen Randbedingungen nicht vorgenommen werden konnte, zeigt jedoch, daß die Abbildegenauigkeit des Verfahrens mehr als zufriedenstellend ist.

Eingehend befaßte sich ein Forschungsvorhaben, das von der Verkehrs- und Ta-   **268**
rifverbund Stuttgart GmbH in Auftrag gegeben wurde, mit dem Problem der **Effizienzkontrolle** durchgeführter Maßnahmen [11]. Ausgehend von der Feststellung, daß die vertiefte Kenntnis der Zusammenhänge angebotsverbessernder Maßnahmen und Änderungen im Verkehrsverhalten sowohl Grundlage für die Effizienzkontrolle durchgeführter Maßnahmen als auch Basis für die Prognose der Auswirkungen geplanter Maßnahmen ist, zielte diese Untersuchung auf eine Überprüfung vorliegender Modellansätze der Verkehrsplanung sowie deren Ergänzung und Weiterentwicklung ab. Hierbei wurde angestrebt, auch die Gültigkeit des der Standardisierten Bewertung zugrundeliegenden Verkehrsmodells zu verbessern und stärker abzusichern.

Bei einigen verkehrlichen Maßnahmen im Stuttgarter Raum (S-Bahn, Stadtbahn, Busnetzanpassung) wurden Vorher-/Nachher-Untersuchungen durchgeführt. Als Erhebungstechniken kamen

* **Verkehrsstromzählungen** im ÖPNV
* **Haushaltsbefragungen**
* **interaktive Intensivinterviews**

zum Einsatz. Die Ergebnisse der Untersuchungen zeigten, daß die Abbildegenauigkeit des Rechenverfahrens der Standardisierten Bewertung durch die **Vorher-Nachher-Erhebungen** in zufriedenstellender Weise bestätigt wurden. Im Detail erkannten die Gutachter in den untersuchten Fällen, daß das Kriterium „**Komfortverbesserung**" bei den Modellansätzen offensichtlich unterbewertet wird. Eine mögliche Korrektur empfahlen sie jedoch erst nach analogen Erfahrungen bei anderen Maßnahmen.

Die in Kapitel 3.3 beschriebene Aufgabenstellung des Verfahrens kann mit der   **269**
Bewertungsmethode erfüllt werden:

a) Die am Verfahren Beteiligten (Auftraggeber, Anwender, Zuwendungsgeber) sollten sich bei der Entscheidung über die **absolute Vorteilhaftigkeit** einer Maßnahme (Ja/Nein-Entscheidung zur Bauwürdigkeit) mit Aufmerksamkeit und Verantwortung der beschriebenen Wirkung einzelner Teilindikatoren widmen.

b) Eine Entscheidung über die **relative Vorteilhaftigkeit** einer Lösungsvariante (Trasse, System) kann mit Hilfe des Verfahrens gut vorbereitet werden. Von dieser Möglichkeit wurde in den Kommunen Gebrauch gemacht. So berichtet u. a. Hüsler [12] über Beispiele in Bolognia, Palermo und Ulm/Neu-Ulm.

In der Praxis findet dies 2. Entscheidungskriterium häufig Anwendung. Während des Planungsprozesses und der Abstimmungsphase innerhalb der Verwaltung sowie den politisch Verantwortlichen einer Kommune können Zweifel an dem zu erwartenden Nutzen eines Vorhabens hinsichtlich des gewählten Systems, der Trassenführung und des Ausbaustandards mit Hilfe des Bewertungsverfahrens auf der Grundlage der originären Daten beseitigt bzw. erörtert werden. Da hierbei in den meisten Fällen die absolute Höhe des **Nutzeffektes** eine untergeordnete Rolle spielt, kann man sich bei einer derartigen **Vergleichsuntersuchung** auf die beschriebenen maßgebenden Meßgrößen und Teilindikatoren beschränken. Dieses Vorgehen bietet den Vorteil, daß bis zu 50 % des Zeit- und Kostenaufwandes eingespart werden können. Darüber hinaus ist es kein verlorener Aufwand, denn dieses **überschlägige Verfahren** kann bei Bedarf ohne besondere Schwierigkeiten um die weiteren Komponenten ergänzt werden. Diese Vorgehensweise bezieht sich auf den maßgebenden Kosten-Nutzen-Indikator B und wurde in NRW schon in mehreren Fällen praktiziert, so daß sogar nach den überschlägigen Verfahren das Endergebnis für den Kosten-Nutzen-Indikator grob abgeschätzt werden kann.

270 c) Die Entscheidung über die **relative Vorteilhaftigkeit** von örtlich und sachlich unabhängigen Maßnahmen, die für eine **Prioritätenreihung** entsprechend den Möglichkeiten der Fördermittelbereitstellung erforderlich wäre, spielt bislang eine untergeordnete Rolle. Solange sich dieser Zustand nicht ändert, ist abzuwägen, inwieweit für die wichtige Entscheidung über die Bauwürdigkeit, die in der Anleitung aufgezeigten Möglichkeiten eines Abweichens von der Standardisierung ausgenutzt werden sollten. Die Einbeziehung datenmäßig bekannter, örtlicher Gegebenheiten stellt die Entscheidung zur Bauwürdigkeit auf eine breitere und sicherere Basis.

Bei der Fortschreibung des ÖPNV-Bedarfsplanes Nordrhein-Westfalen wurde eine Bewertungsmethodik angewandt, die sich an das Verfahren der Standardisierten Bewertung anlehnt. Mit ihr wurden Entscheidungshilfen erarbeitet, nach denen

- die generelle Aufnahme eines Projektes in den ÖPNV-Bedarfsplan
- und die Einstufung in eine Prioritätenreihung

vorgeschlagen werden konnte.

Auch bei anderen Beiträgen in der Fachliteratur wird übereinstimmend herausgestellt, daß das Verfahren der „Standardisierten Bewertung von Verkehrsinvestitionen des ÖPNV" als eine praxisgerechte, umfassende und aussagekräftige Bewertungsmethode anzusehen ist [9] [10].

Literaturverzeichnis

[1]   Dr. -Ing. Meier, W., Die Berücksichtigung ungewisser Erwartungen bei Nutzen-Kosten-Untersuchungen im Verkehrswesen, Forschungsarbeiten des Verkehrswissenschaftlichen Instituts an der Universität Stuttgart, Bericht 17, 1987.

[2]   Zangemeister, Chr., Nutzwertanalyse in der Systemtechnik, Wittemannsche Buchhandlung, München, 1976

[3]   Gesamtwirtschaftliche Bewertung von Verkehrsinvestitionen, Bewertungsverfahren für den Bundesverkehrswegeplan 1992, Schriftenreihe des BMV, Heft 72, 1993

[4]   Richtlinien für die Anlage von Straßen (RAS-W), Forschungsgesellschaft für das Straßen- und Verkehrswesen, April 1986, BMV, ARS Nr. 13/ 19006 vom 25. Juni 1986

[5]   Merkblatt für die Bewertung städtischer Verkehrsleitsysteme mit Hilfe einer Kosten-Nutzen-Analyse, Forschungsgesellschaft für das Straßen- und Verkehrswesen, Arbeitsgruppe Verkehrsführung und Verkehrssicherheit, 1988.

[6]   Heimerl G. Mann H. -U., Zumkeller D., Interregionale Vergleichbarkeit von ÖPNV-Investitionen – Widerspruch oder Chance?, Der Nahverkehr 2/83

[7]   Heimerl G., Grote U. Standardisierte Bewertung von Verkehrsinvestitionen des öffentlichen Personennahverkehrs – Fortentwicklung des Verfahrens Internationales Verkehrswesen 35 (1983) 3. Heft Mai/Juni

[8]   Heimerl, G. und Intraplanconsult, Anleitung für die Standardisierte Bewertung von Verkehrswegeinvestitionen des ÖPNV; erstellt im Auftrag des Bundesministers für Verkehr München, Stuttgart 1989

[9]   Andree, R., Das Instrumentarium „Standardisierte Bewertung von ÖV-Verkehrsinvestitionen in der Praxis", Verkehr und Technik 1988, Heft 11 u. 12

[10]   Scherer, St., Standardisierte Bewertung von Verkehrsinvestitionen des ÖPNV am Beispiel Nürnberg, Verkehr und Technik 1991, Heft 4

[11] Verkehrs- und Tarifverbund Stuttgart GmbH, Änderungen des Verkehrsverhaltens und der Einstellung zu den öffentlichen Verkehrsmitteln im Zusammenhang mit Angebotsverbesserungen im öffentlichen Personennahverkehr, Forschungsvorhaben FE Nr. 70258/88

[12] Hüsler, W., Straßenbahnprojekte in der Standardisierten Bewertung Der Nahverkehr 3/96

[13] Patzig, W., Haushaltsrecht des Bundes und der Länder, Kommentar zu den Rechts- und Verwaltungsvorschriften Band II, Teil C, Nomos Verlagsgesellschaft Baden-Baden

[14] Bundeshaushaltsordnung (BHO), BBl. 1969 I S. 1284, BGBl. 1996 I S. 656

Kapitel 3: Nutzen-Kosten-Untersuchungen, öffentliches Auftragswesen

Zweiter Abschnitt: Öffentliches Auftragswesen

Ursula Brohl-Sowa

1. Öffentliches Auftragswesen (VOB, VOL, VOF, Europäische Vergaberichtlinien)

1.1 Historische Entwicklung

271 Bereits 1921 wurde im Deutschen Reich ein Reichsverdingungsausschuß gebildet, der sich aus Vertretern der Öffentlichen Hand sowie von Gewerkschaften und Wirtschaft zusammensetzte.

Dieser Reichsverdingungsausschuß schuf 1926 die Verdingungsordnung für Bauleistungen (VOB) sowie 1936 die Verdingungsordnung für Leistungen – ausgenommen Bauleistungen – (VOL). Nach dem zweiten Weltkrieg übernahmen der Deutsche Verdingungsausschuß für Bauleistungen sowie der Deutsche Verdingungsausschuß für Leistungen – ausgenommen Bauleistungen – die Aufgabe des Reichsverdingungsausschusses und überarbeiteten mehrfach die Verdingungsordnungen in tatsächlicher und rechtlicher Hinsicht. Beide Verdingungsordnungen gliedern sich nach wie vor in einen **Teil A, der das Verfahren bis zur Zuschlagserteilung, dem eigentlichen Vertragsschluß,** regelt, sowie in einen **Teil B, der die allgemeinen Vertragsbedingungen der öffentlichen Hand für die Durchführung des jeweiligen Auftrages nach Zuschlagserteilung** beinhaltet. Die VOB enthält darüber hinaus einen **Teil C, der die Allgemeinen technischen Vertragsbedingungen für Bauleistungen (ATV) festlegt** (hierzu im einzelnen Korbion: Kommentar zur VOB, Einl. Rz. 15–17).

1.2 Traditionelles Verständnis des Öffentlichen Auftragswesens

272 Bis in die heutige Zeit ist Grundlage für das öffentliche Auftragswesen in Deutschland das **Haushaltsrecht.** Die Teile A der VOB und der VOL – das sind im wesentlichen die Ausschreibungsregularien – werden als Verwaltungsvorschriften über das jeweilige Haushaltsrecht für Bund und Länder verbindlich vorgeschrieben (Bundeshaushaltsordnung, Landeshaushaltsordnungen). Die Gemeinden wiederum werden über die Gemeindeordnungen und die Gemeindehaushaltsverordnungen angehalten, **öffentlich auszuschreiben** und ihre Vergabegrundsätze durch Verwaltungsvorschriften zu regeln (vgl. Kapitel 1).

273 Die Verdingungsordnungen entfalteten bislang – zumindest unterhalb der europäischen Schwellenwerte – als innerdienstlich verbindliche Verwaltungsvorschriften keine unmittelbare Rechtswirkung nach außen. Ob diese Auffassung angesichts des Einflusses des Europäischen Rechts auch auf die nationalen Vergaben noch haltbar sein wird, ist äußerst fraglich. Immerhin konnten auch jetzt schon potentiell benachteiligte Bieter bei fehlerhaften Vergaben Ansprüche aus Verschulden bei Vertragsschluß, Ansprüche auf **Gleichbehandlung** im Rahmen der Grundsätze der Selbstbindung der Verwaltung oder Konkretisierung der

Grundsätze aus **Treu und Glauben** geltend machen (BGH Urteil vom 21. 11. 1991, VII ZR 203/90, Baurecht 1992, 221 ff.). Darüber hinaus gestand der Bundesgerichtshof erstmalig im Jahre 1992 einem benachteiligten Bieter das positive Interesse zu, also den Anspruch auf entgangenen Gewinn (BGH Urteil vom 25. 11. 1992, VIII ZR 170/91, DÖV 1993, 307–309)

1.3 Einfluß des Europäischen Rechts

Die Europäische Union hat auf dem Gebiet des **öffentlichen Auftragswesens** seit 1970 mehrere **Vergaberichtlinien** erlassen, die zum Teil bereits geändert wurden und auch heute noch, beispielsweise an das WTO-Abkommen vom 22. 12. 1994, (WTO-Government Procurement Agreement GPA; Amtsblatt Nr. C 256 vom 3. 9. 1996, S. 1 ff.) angepaßt werden müssen. **274**

Diese Richtlinien sind hinsichtlich ihrer **Zielsetzung für die Nationalstaaten** verbindlich, gelten jedoch nicht – im Gegensatz zu den Europäischen Verordnungen – unmittelbar (Art. 189 Abs. 3 EGV). Setzt ein Nationalstaat eine Europäische Richtlinie nicht bis zum Ablauf der Umsetzungsfrist um, so entfalten diese Richtlinien unmittelbare Wirkung, soweit sie Rechte und Pflichten einzelner begründen (EuGH RS 41/47 Slg. 74, 1137 (1349).

Bei den **Europäischen Vergaberichtlinien** handelt es sich im einzelnen um folgende Richtlinien: **275**

Baukoordinierungsrichtlinie (BKR)
Richtlinie des Rates über die Koordinierung des Verfahrens zur Vergabe öffentlicher Bauaufträge (71/305/EWG) vom 26. 7. 1971, zuletzt neugefaßt durch die Richtlinie des Rates 93/37/EWG vom 14. 6. 1993 (Abl. 1993, L 199,54).

Lieferkoordinierungsrichtlinie (LKR)
Richtlinie des Rates über die Koordinierung der Verfahren zur Vergabe öffentlicher Lieferaufträge (77/62/EWG) vom 21. 12. 1976, zuletzt neugefaßt durch die Richtlinie des Rates 93/36/EWG vom 14. 6. 1993 (Abl. 1993, L 199,1).

Dienstleistungskoordinierungsrichtlinie (DKR)
Richtlinie des Rates über die Koordinierung der Verfahren zur Vergabe öffentlicher Dienstleistungsaufträge (92/50/EWG) vom 18. 6. 1992 (Abl. 1992 L 209,1).

Sektorenrichtlinie (SKR)
Richtlinie des Rates über die Auftragsvergabe durch Auftraggeber im Bereich der Wasser-, Energie- und Verkehrsversorgung sowie im Telekommunikationssektor (90/531/EWG) vom 17. 9. 1990, zuletzt neugefaßt durch die Richtlinie des Rates 93/38/EWG vom 14. 6. 1993 (Abl. 1993, L 199,84).

Rechtsmittelrichtlinie (RMS) gilt für Bau, Liefer, Dienst

Richtlinie des Rates zur Koordinierung der Rechts- und Verwaltungsvorschriften für die Anwendung der Nachprüfungsverfahren im Rahmen der Vergabe öffentlicher Liefer- und Bauaufträge (89/665/EWG) vom 21. 12. 1989 (Abl. 1989, L 395, 33) in Verbindung mit der Fassung der DKR 92/50/EWG vom 18. 6. 1992 (Abl. 1992, L 209,1).

Rechtsmittelrichtlinie (SRMS) gilt für Sektoren

Richtlinie des Rates zur Koordinierung der Rechts- und Verwaltungsvorschriften über die Auftragsvergabe durch Auftraggeber im Bereich der Wasser,- Energie- und Verkehrsversorgung sowie im Telekommunikationssektor (92/13/ EWG) vom 25. 2. 1992 (Abl. 1992, L 76, 14).

276 Ziel dieser Richtlinien ist es primär, einen grenzüberschreitenden, fairen, nicht-diskrimierenden und offenen **Wettbewerb** zwischen den Mitgliedsstaaten zu ermöglichen. Weiteres erklärtes Ziel ist es auch, Bietern subjektive Rechtspositionen einzuräumen und vor der Willkür der staatlichen Vergabestellen zu schützen (EuGH Urteil vom 11. 8. 1995, C-433/93, Baurecht 1995, 835,836).

Die Europäische Union betrachtet das Vergabewesen als eines der wichtigsten Politikfelder zur **Harmonisierung des Binnenmarktes**, insbesondere auf dem Hintergrund der finanziellen Dimension der öffentlichen Aufträge. Die EG-Kommission hat in ihrem Grünbuch von Dezember 1996 „Das öffentliche Auftragswesen in der Europäischen Union – Überlegungen für die Zukunft" festgestellt, daß die öffentlichen Hände 1994 rund 720 Milliarden ECU, das sind rd. 11 % des Bruttosozialproduktes der Europäischen Union, für Waren und Dienstleistungen ausgegeben haben (KOM (96) 583 endg.: Ratsdokument 12978/96 S. 11).

1.4 Einarbeitung der Europäischen Vergaberichtlinien in die Verdingungsordnung für Bauleistungen (VOB/A), die Verdingungsordnung für Leistungen, ausgenommen Bauleistungen, (VOL/A) und die Verdingungsordnung für freiberufliche Leistungen (VOF)

277 Der Bundesgesetzgeber wählte zur gesetzlichen Umsetzung der Europäischen Vergaberichtlinien 1993/1994 den Weg über das **Haushaltsrecht** und verabschiedete am 26. 11. 1993 das Zweite Gesetz zur Änderung des Haushaltsgrundsätzegesetzes (HGrG) (BGBl. 1993, Teil I, S. 1928–1930). Durch das geänderte Haushaltsgrundsätzegesetz (HGrG) in Verbindung mit den zu diesem Gesetz beschlossenen Verordnungen, nämlich

– der **Verordnung über die Vergabebestimmungen** für öffentliche Aufträge vom 22. 2. 1994 (BGBl. Teil I, S. 321–323)
– Vergabeverordnung – in der Fassung der 1. Verordnung zur Änderung der **Vergabeverordnung** vom 29. 9. 1997 (BGBl. Teil I, S. 2384–2386)

– der **Verordnung über das Nachprüfungsverfahren** für öffentliche Aufträge vom 22. 2. 1994 (BGBl. Teil I, S. 324–325) – **Nachprüfungsverordnung** –

sind die **europäischen Vergaberichtlinien** zwischenzeitlich in deutsches Recht umgesetzt worden.

Die aufgrund des § 57a HGrG erlassene **Vergabeverordnung** führt die geänder- **278** ten/angepaßten **Verdingungsordnungen** oberhalb der EU-relevanten **Schwellenwerte** ein und bewirkt deren Verrechtlichung.

Die aufgrund des § 57b und c HGrG erlassene Nachprüfungsverordnung führt ein **Vergabeprüfverfahren** von Vergaben der Auftraggeber nach § 57a Abs. 1, Ziff. 1–8 HGrG ein (Einrichtung von Vergabeprüfstellen sowie Vergabeüberwachungsausschüssen).

Nunmehr gibt es **drei Verdingungsordnungen:**

– Verdingungsordnung für Leistungen – ausgenommen Bauleistungen – (**VOL**) **279** in der Fassung der Bekanntmachung vom 12. 5. 1997, Bundesanzeiger Nr. 163a vom 2. 9. 1997,
– Verdingungsordnung für freiberufliche Leistungen (**VOF**) in der Fassung der Bekanntmachung vom 12. 5. 1997, Bundesanzeiger, Nr. 164a vom 3. 9. 1997,
– Verdingungsordnung für Bauleistungen (**VOB**) in der Fassung der Bekanntmachung vom 12. 11. 1992, Bundesanzeiger Nr. 223a vom 27. 11. 1992).

Die Teile A der **VOB** und der **VOL** gliedern sich in **4 Abschnitte.**

Der **Abschnitt 1** umfaßt die Basisparagraphen unterhalb der EU -relevanten **Schwellenwerte für die Auftraggeber**, die durch Bundeshaushaltsordnung, Landeshaushaltsordnungen und Gemeindehaltshaltsordnungen zur Anwendung der VOB/A und der VOL/A verpflichtet sind.

Abschnitt 2 enthält die Basisparagraphen sowie die zusätzlichen -umgesetzten- Bestimmungen (a-Paragraphen) nach der **Baukoordinierungsrichtlinie**, der **Lieferkoordinierungsrichtlinie** bzw. teilweise der **Dienstleistungskoordinierungsrichtlinie** für Auftragsvergaben oberhalb der Schwellenwerte; keine Anwendung findet dieser Abschnitt für die sog. Sektorenauftraggeber nach der Sektorenrichtlinie.

Der **Abschnitt 3** umfaßt wiederum die Basisparagraphen sowie die zusätzlichen Bestimmungen nach der **Sektorenrichtlinie** (b-Paragraphen) für die Auftraggeber, die sowohl zur Anwendung der Sektorenrichtlinie als auch zur Anwendung der Basisparagraphen verpflichtet sind und die Tätigkeiten in den Bereichen der Trinkwasser-, Energie- und Verkehrsversorgung sowie der Telekommunikation betreffen.

Abschnitt 4 enthält die Vergabebestimmungen für die Sektorenauftraggeber, die nur zur Anwendung der Vorschriften der **Sektorenrichtlinie** verpflichtet sind und die Tätigkeiten in den Bereichen der Trinkwasser-, Energie- und Verkehrsversorgung sowie der Telekommunikation betreffen (VOL/A-SKR, VOB/A-SKR)

280 **Die neu eingeführte Verdingungsordnung für freiberufliche Leistungen** (VOF) findet auf die Dienstleistungen Anwendung, die in Anhang I A oder Anhang I B der Dienstleistungskoordinierungsrichtlinie genannt sind und oberhalb eines Auftragswertes von 200.000 ECU netto liegen. Soweit Leistungen, die im Rahmen einer freiberuflichen Tätigkeit erbracht oder im Wettbewerb mit freiberuflich Tätigen angeboten werden und **deren Gegenstand eine Aufgabe ist, die vorab eindeutig und erschöpfend beschrieben werden kann,** sind diese nach der Verdingungsordnung für Leistungen – ausgenommen Bauleistungen – zu vergeben, § 1 VOL/A 2. Abschnitt.

281 Die EG-Kommission hat diesen Weg der Umsetzung der Vergabe- und Rechtsmittelrichtlinien in Form der sog. „haushaltsrechtlichen Lösung" kritisiert. Insbesondere bemängelt sie, daß die haushaltsrechtliche Lösung ausdrücklich keinen individuellen **Bieterschutz** zum Ziel habe und die **Vergabekontrollinstanzen** (die Vergabeüberwachungsausschüsse) keine Gerichtsqualität im Sinne des Art. 177 EGV besäßen. Zwischenzeitlich hat zwar der EuGH durch Urteil vom 17. 9. 1997 (C-54/96) entschieden, daß die **Vergabeüberwachungsausschüsse** Gerichte nach Art. 177 EGV seien. Dennoch ist die Frage des individuellen Bieterschutzes bislang nicht befriedigend gelöst.

1.5 Weiterer Ausblick

282 Um der Kritik der EG-Kommission und auch des Auslandes an den Schwachstellen der haushaltsrechtlichen Lösung nachzukommen, hat die Bundesregierung den Entwurf eines Gesetzes zur Änderung der Rechtsgrundlagen für die Vergabe öffentlicher Aufträge (**Vergaberechtsänderungsgesetz**) erarbeitet.

Dieser Gesetzentwurf soll die vollständige Umsetzung insbesondere der EU-Rechtsmittelrichtlinien bewirken und den Bietern einen Anspruch einräumen, daß die ihren Schutz bezweckenden Vergabevorschriften von den **Vergabestellen** eingehalten werden. Dies zieht im Hinblick auf Art. 19 Abs. 4 GG auch gerichtlichen Rechtsschutz nach sich. Das zweite Gesetz zur Änderung des Haushaltsgrundsätzegesetzes sowie die darauf basierenden Rechtsverordnungen sollen aufgehoben werden; die Umsetzung der EU-Vergaberichtlinien erfolgt in einem 6. Abschnitt des **Gesetzes gegen Wettbewerbsbeschränkungen**, um die wettbewerbliche Bedeutung des Vergaberechts zu betonen. Über eine Rechtsverordnung wird auf die Verdingungsordnungen, die als solche bestehen bleiben sollen, hingewiesen.

283 Die Überprüfung der **Vergabeverfahren** der öffentlichen Auftraggeber unterliegt einem zweistufigen Verfahren. Als Überwachungsbehörden im Verwaltungsverfahren sind **Vergabekammern** vorgesehen, die im wesentlichen die Funktion der bisherigen Überwachungsausschüsse wahrnehmen sollen. Dem

Verfahren vor einer Vergabekammer kann eine Prüfung durch Vergabeprüfstellen vorangehen. Gegen die Entscheidung der Vergabekammern kann **sofortige Beschwerde beim Oberlandesgericht** eingelegt werden.

Grundsätzlich muß binnen 5 Wochen jedes Vergabeprüfverfahren durch die Vergabekammer entschieden sein; die gleiche Frist gilt für die Entscheidungen der Oberlandesgerichte. Diese neugeschaffene und kurzfristige Terminierung wird deshalb erforderlich, da nach dem Gesetzesentwurf mit der **Zustellung eines Überwachungsantrages** an den öffentlichen Auftraggeber automatisch ein **Suspensiveffekt** eintritt, insbesondere kein Zuschlag erteilt werden darf.

1.6 Hinweise

Vergabehandbücher

Zur VOB

Der Bundesminister für Raumordnung, Bauwesen und Städtebau gibt das **Vergabehandbuch** für die Durchführung von Bauaufgaben des Bundes im Zuständigkeitsbereich der Finanzbauverwaltungen als Loseblattausgabe heraus und schreibt es kontinuierlich fort. Die Bauministerien der Länder ergänzen dieses um landesspezifische Regelungen und schreiben deren Anwendung für Behörden und Einrichtungen des Staatshochbaues und der Finanzbauverwaltung vor.   **284**

Für Nordrhein-Westfalen gibt die Arbeitsgemeinschaft der kommunalen Spitzenverbände Nordrhein-Westfalens ein Vergabehandbuch für die Durchführung von kommunalen Bauaufgaben ebenfalls als Loseblattausgabe heraus und schreibt dieses fort.

Zur VOL

In Nordrhein-Westfalen ist 1989 das **Vergabehandbuch** für die Vergabe von Leistungen nach der VOL für das staatliche Beschaffungswesen eingeführt worden (RdE. des Finanzministers, zugleich im Namen des Ministerpräsidenten und aller Landesminister vom 21. 3. 1989 H 4090-1-II C). In diesem Vergabehandbuch sind Rechtsvorschriften, Richtlinien, Muster und Vordrucke für das Vergabewesen nach der VOL zusammengefaßt. Es wird als Loseblattausgabe geführt und kontinuierlich fortgeschrieben. Ein vergleichbares Regelwerk gibt es auf Bundesebene nicht.

2. Ausschreibungen national/EU-weit

2.1 Allgemeines/Wertgrenzen

Die Art der Ausschreibung hängt ganz wesentlich von dem **Wert des voraussichtlichen Auftragsvolumens** ab. Als nationale Ausschreibungen bezeichnet man die   **285**

Ausschreibungen unterhalb der EU-relevanten Schwellenwerte. Die **Schwellenwerte betragen bei**

- **Bauleistungen** 5 Mio. ECU ohne MwSt., § 1a Nr. 1 Abs. 1 VOB/A (sh. auch Besonderheiten nach § 1a Nr. 1 Abs. 2, Nr. 2 und 6 VOB/A; § 1b Nr. 1 VOB/A; § 1 Nr. 1 und 2 VOB/A-SKR).
- **Lieferleistungen (allgemein)** 200.000 ECU ohne MWSt.; bzw. 130.000 SZR (Sonderziehungsrechte) ohne MWSt. für Bundesbehörden nach § 1a, Nr. 1, Abs. 1–3 VOL/A
- **Lieferleistungen und Dienstleistungen nach der VOL/A für Sektorenauftraggeber** 400.000 ECU ohne MWSt., bzw. Telekommunikationsnetze 600.000 ECU ohne MwSt., §§ 1b, Nr. 2a und b VOL/A, 1 Nr. 2a und b VOL/A-SKR
- **Dienstleistungen (allgemein)** 200.000 ECU ohne MwSt., §§ 1a, Nr. 1, Abs. 1–3 VOL/A, 2 Ziff. 2 VOF.

Die EG-Kommission legt alle zwei Jahre den Gegenwert eines ECU oder eines SZR in DM fest; das Bundeswirtschaftsministerium gibt die daraus zu errechnenden Gegenwerte in DM im Bundesanzeiger bekannt.

2.2 Vergabearten nach den Europäischen Vergaberichtlinien bzw. nach deren Transformation in die nationalen Verdingungsordnungen

286 Die europäischen Vergaberichtlinien sehen das **offene**, das **nicht offene** Verfahren sowie das **Verhandlungsverfahren** vor.

Beim offenen Verfahren können alle Interessenten ein **Angebot** abgeben; dies entspricht dem Begriff der **öffentlichen Ausschreibung** im nationalen Bereich. Beim nicht offenen Verfahren können die vom öffentlichen **Auftraggeber** aufgeforderten Interessenten ein Angebot abgeben; dies entspricht dem Begriff der **beschränkten Ausschreibung** im nationalen Bereich. Beim Verhandlungsverfahren wendet sich der Auftraggeber an Interessenten seiner Wahl und verhandelt mit mehreren oder einem einzigen über die Auftragsvergaben; dies entspricht der **freihändigen Vergabe** im nationalen Bereich. Dem nicht offenen Verfahren und dem Verhandlungsverfahren soll im Grundsatz ein Teilnahmewettbewerb vorausgehen. Das offene und das nicht offene Verfahren stehen grundsätzlich gleichberechtigt nebeneinander. Das Verhandlungsverfahren selbst ist nur in Ausnahmefällen vorgesehen (Ausnahme: Die **Sektorenauftraggeber** können zwischen den einzelnen Vergabearten wählen).

Die Transformation der Europäischen Vergaberichtlinien in die nationalen Verdingungsordnungen bewirkt einen grundsätzlichen **Vorrang des offenen Verfahrens** (Ausnahme: Sektorenauftraggeber). Die Voraussetzungen, unter denen das nicht offene Verfahren und das Verhandlungsverfahren angewendet werden können, sind im einzelnen in den a- und b-Paragraphen der Verdingungsordnungen festgelegt und entsprechen im wesentlichen auch den bisherigen nationalen Bestimmungen zur Rangfolge von öffentlicher Ausschreibung, beschränkter Ausschreibung und freihändiger Vergabe.

2.3 Vergabearten (national) nach den Basisparagraphen der Verdingungsordnungen

Grundsätzlich gilt der Vorrang der öffentlichen Ausschreibung bereits nach dem Bundeshaushaltsrecht sowie dem Haushaltsrecht der Länder (vgl. § 55 Bundeshaushaltsordnung, § 55 Landeshaushaltsordnung NRW). Die einzelnen Bundesländer haben in Konkretisierung von § 3 VOL/A sowie § 3 VOB/A **Wertgrenzen** festgelegt, wonach die freihändige Vergabe und die beschränkte Ausschreibung trotz des Prinzips des Vorrangs der öffentlichen Ausschreibung erfolgen kann. Diese Wertgrenzen differieren in den einzelnen Bundesländern. In Nordrhein-Westfalen sind die **Verwaltungsvorschriften** zur **Landeshaushaltsordnung** durch Runderlaß des Finanzministers vom 12. 9. 1994, MBl. Nr. 67 vom 26. 10. 1994, S. 1270, 1271) neu gefaßt worden. Aufträge bis zu einem Wert von 10.000 DM können – nach Einholung mehrerer Angebote im Wettbewerb – **freihändig** vergeben werden. Aufträge bis zu einem Wert von 100.000 DM sind in der Regel **beschränkt** auszuschreiben, wobei mindestens 6 Bewerber zur **Angebotsabgabe** aufzufordern sind. Ab 100.000 DM ist in der Regel **öffentlich** auszuschreiben.

287

3. Bekanntmachungspflichten, Fristen, Wertung von Angeboten

3.1 Bekanntmachungspflichten

3.1.1 Bekanntmachungspflichten bei EU-Vergabeverfahren

Die europäischen Vergaberichtlinien enthalten eine Reihe von Bekanntmachungspflichten, die eine Transparenz – und damit auch eine Liberalisierung – des öffentlichen Auftragswesens ermöglichen sollen. Fehlende Publizität verhindert echten **Wettbewerb**.

288

Bekanntmachungen erfolgen mittels der den Verdingungsordnungen beigefügten Bekanntmachungsmustern und sind im Amtsblatt der Europäischen Gemeinschaften zu veröffentlichen. Das Amt für amtliche Veröffentlichungen hat die Bekanntmachungen binnen 12 Tagen nach Absendung durch den Auftraggeber zu veröffentlichen. Der Auftraggeber muß den Tag der Absendung der Bekanntmachung nachweisen können. In anderen Bekanntmachungsorganen darf die Bekanntmachung nicht vor dem Tag der Absendung der Bekanntmachung an das Amt für amtliche Veröffentlichungen publiziert werden. Bekanntmachungspflichten, umgesetzt durch die Verdingungsordnungen, sind:

– **Vorabinformation**, §§ 17a Nr. 2 VOL/A, 17b Nr. 1 VOL/A, 8 Nr. 1 VOL/A-SKR, 17a Nr. 1 VOB/A, 17b Nr. 1 VOB/A, 8 Nr. 1 und 2 VOB/A-SKR, 9 Nr. 1 VOF

Diese Vorabinformation soll den Unternehmen, insbesondere den KMU, ermöglichen, rechtzeitig Kenntnis über den Bedarf der Beschaffungsstellen zu erhalten und die notwendigen Vorkehrungen zu treffen, hochwertige Angebote abzugeben.

– **Bekanntmachung, §§ 3a, Nr.** 1 Absatz 3, 17a und 17b VOL/A, 9 und 14 Nr. 3 VOL/A-SKR, 17a und 17b VOB/A, 8 VOB/A-SKR, 9 Nr. 2–4 VOF
Mit den eigentlichen Ausschreibungen wird bezweckt, den Wirtschaftsteilnehmern sämtliche erforderlichen Informationen bekanntzugeben, damit sie entscheiden können, ob und wie sie sich an einem bestimmten Auftrag beteiligen.

– **Bekanntmachung eines Präqualifikationsverfahrens**
§§ 9 Nr. 1, Abs. 1c VOL/A-SKR, 8 Nr. 1 Abs. 1c VOB/A-SKR
Sektorenauftraggeber haben die Möglichkeit, durch ein Präqualifikationsverfahren ein System zur Prüfung von Lieferanten, Unternehmen oder Dienstleisteerbringern einzurichten und zu betreiben. Nach Abschluß des Verfahrens können ohne weitere Bekanntmachung Aufträge an geprüfte Unternehmen im Wege des nicht-offenen oder des Verhandlungsverfahrens vergeben werden.

– **Bekanntmachung über vergebene Aufträge**
§§ 28a, 28b VOL/A, 12 und 14 Nr. 3, Abs. 3 VOL/A-SKR, 28a, 28b VOB/A, 11 VOB/A-SKR, 17 und 20 Nr. 10 VOF
Die Bekanntmachungen über die vergebenen Aufträge gewähren den am Verfahren beteiligten Unternehmen ein Überprüfungsrecht, inwieweit ihre Rechte gewahrt wurden. Darüber hinaus ermöglichen sie zweckdienliche Informationen zur Analyse der Markttrends in den jeweiligen Sektoren.

– **Mitteilung über den Verzicht auf die Vergabe**
§§ 26, 26a Nr. 1 VOL/A, 26, 26a Nr. 3 VOB/A

3.1.2 Bekanntmachungspflichten bei nationalen Verfahren

289 Unterhalb der EU-relevanten Schwellenwerte gibt es nur insoweit Bekanntmachungsvorschriften, als es die eigentliche **Ausschreibung** betrifft. So bestimmen die §§ 17 Nr. 1 und 2 VOL/A, 17 Nr. 1 und 2 VOB/A, daß öffentliche Ausschreibungen und Teilnahmewettbewerbe in Tageszeitungen, amtlichen Veröffentlichungsblättern oder Fachzeitschriften bekanntzumachen sind. Soweit landesrechtliche Vorschriften nichts anderes bestimmen, kann der Ausschreibende das Publizitätsorgan selber auswählen. Hierbei sind folgende Kriterien zu beachten:

– das Veröffentlichungsorgan soll einem unbeschränkten Kreis von Bewerbern ohne besondere Schwierigkeiten zugänglich sein
– es soll eine notwendige Breitenwirkung vorhanden sein
– das Publikationsorgan soll nicht zu speziell sein

- die Veröffentlichungskosten müssen angemessen sein
- das Ausschreibungsorgan soll sich nach dem anzusprechenden Bewerberkreis richten (sh. zu dem Vorstehenden: Daub: Kommentar zur VOL/A, § 17 Rz. 12ff.; Korbion: Kommentar zur VOB/A, § 17 Rz. 4).

3.2 Fristen

3.2.1 Fristen bei EU-Vergabeverfahren

Beim **Offenen Verfahren** beträgt die **Angebotsfrist** regelmäßig mindestens **290** 52 Kalendertage, gerechnet vom Tag der Absendung der Bekanntmachung an, §§ 18a Nr. 1 VOL/A, 18a Nr. 1 VOB/A, 18b Nr. 1 VOL/A, 18b Nr. 1 VOB/A, 10 Nr. 1 VOL/A-SKR, 9 Nr. 1 VOB/A-SKR.

Unter bestimmten Umständen kann nach den vorgenannten Vorschriften diese Frist auf 36 Kalendertage verkürzt werden, aber auch -wegen des Umfangs und der Schwierigkeiten bei der Angebotserstellung- angemessen verlängert werden.

Beim **Nicht-offenen Verfahren** und beim **Verhandlungsverfahren** beträgt die **291** vom Auftraggeber festzusetzende Frist für den Antrag auf **Teilnahme** mindestens 37 Kalendertage, in den Fällen besonderer Dringlichkeit mindestens 15 Kalendertage, gerechnet vom Tag der Absendung der Bekanntmachung an, §§ 18a Nr. 2 VOL/A, 18a Nr. 2 VOB/A, 14 Nr. 1 VOF.

Sektorenauftraggeber haben beim Nicht-offenen Verfahren und beim Verhandlungsverfahren mit vorherigem Aufruf zum Wettbewerb die Bestimmungen des § 18b Nr. 2 VOL/A, 18b Nr. 2 VOB/A, 10 Nr. 2 VOL/A-SKR, 9 Nr. 2 VOB/A-SKR zu beachten.

Die **Angebotsfrist** selbst beträgt 40 Kalendertage, gerechnet vom Tag der Absendung der Aufforderung zur Angebotsabgabe an. In Fällen besonderer Dringlichkeit kann die Frist bis auf 10 Kalendertage verkürzt werden, §§ 18a Nr. 2 Abs. 2 VOL/A, 18a Nr. 2 Abs. 2 VOB/A.

Die Sektorenauftraggeber legen die Angebotsfristen **einvernehmlich** mit den Bewerbern fest. Ist eine einvernehmliche Festlegung nicht möglich, so gelten die Fristen der §§ 18b, Nr. 2c VOB/A, 18b Nr. 2c VOL/A, 10 Nr. 2c VOL/A-SKR, 9 Nr. 2c VOB/ A-SKR.

Für die Zuschlagsfrist enthalten die Verdingungsordnungen außerhalb der Basisparagraphen keine gesonderten Regelungen. Deshalb gilt für die Zuschlagsfrist das unter 3.2.2 Gesagte.

Innerhalb des Ausschreibungsverfahrens hat der öffentliche Auftraggeber **weitere Mitteilungs- und Übersendungspflichten**, §§ 17 Nr. 5 und 6 VOB/A, 18a Nr. 1, Abs. 5 und 6, Nr. 2 Abs. 5 VOL/A, 17b Nr. 5 und 6 VOL/A, 17b Nr. 5 und 6 VOB/B, 8 Nr. 5 und 6 VOB/A-SKR, 9 Nr. 5 und 6 VOL/A-SKR, 14 Nr. 3 VOF.

Darüber hinaus hat der Auftraggeber binnen einer bestimmten Frist dem bei einer Vergabe nicht berücksichtigten **Bieter** auf Antrag mitzuteilen, aus welchem Grunde seine Bewerbung oder sein Angebot abgelehnt wurde sowie den Namen des erfolgreichen Bieters mitzuteilen, §§ 27 a VOL/A, 27 Nr. 2 i. V. m. 27 a VOB/A.

3.2.2 Fristen bei nationalen Vergabeverfahren

292 Für Leistungen nach der VOB und der VOL gibt es grundsätzlich keine normierten **Angebotsfristen**. §§ 18 Nr. 1 VOL/A und VOB/A verlangen lediglich eine ausreichende Angebotsfrist, die allerdings nach der VOB nicht unter 10 Kalendertagen liegen darf.

Die **Zuschlagsfrist** beträgt nach § 19 Nr. 2 VOB/A in der Regel bis zu 30 Kalendertagen; die VOL/A sieht keine bestimmte Frist vor, sondern setzt als Kriterium die zügige **Prüfung und Wertung** der Angebote, § 19 Nr. 2 VOL/A.

Weitere Mitteilungspflichten des Auftraggebers ergeben sich aus den §§ 26 und 27 der VOL/A und der VOB/A.

3.3 Wertung von Angeboten

293 Die § 25 VOL/A und VOB/A regeln die **Wertung der Angebote**. Bei der Wertung ist nacheinander zu untersuchen,

- ob Angebote ausgeschlossen werden müssen (3.3.1)
- ob die Bieter geeignet sind (3.3.2)
- welche in der Wertung verbliebenen Angebote in die engere Wahl kommen (3.3.3)
- welches das **wirtschaftlichste/annehmbarste** Angebot ist (3.3.4)

3.3.1 Ausschluß von Angeboten

294 Zunächst gibt es einen Katalog von zwingenden Ausschlußgründen gemäß den §§ 25 Nr. 1 a–g VOL/A, 25 Nr. 1 a–d VOB/A. Darüber hinaus können weitere Angebote nach den §§ 25 Nr. 2 a–c VOL/A, 25 Nr. 2 VOB/A ausgeschlossen werden.

3.3.2 *Eignung der Bieter, §§ 25 Nr. 2 VOL/A und VOB/A*

295 Anhand der vorgelegten Nachweise ist die Eignung der Bieter zu prüfen, ob sie die für die Erfüllung der vertraglichen Pflichten notwendigen **Sicherheiten** bieten, nämlich

- **Fachkunde**
  Zu prüfen ist, ob der Bieter über die speziellen objektbezogenen Kenntnisse verfügt, um eine Leistung fachgerecht ausführen zu können. (Heiermann/Riedl/Rusam: Kommentar zur VOB, 7. Aufl., § 2 Rz. 5)

- **Leistungsfähigkeit**
Der Betrieb eines Bewerbers ist dann als leistungsfähig anzusehen, wenn seine Ausstattung in technischer, personeller und finanzieller Hinsicht die Gewähr dafür bietet, daß er die geforderte Leistung innerhalb der Vertragszeit erbringt.

- **Zuverlässigkeit**
Zuverlässig ist ein Bewerber dann, wenn er die Gewähr für eine sorgsame und ordnungsgemäße, den öffentlich-rechtlichen Vorschriften und technischen Normen entsprechende Leistung bietet. Weitere Meßlatten zur Prüfung der Zuverlässigkeit bieten die §§ 35 GewO, 8 Nr. 5 VOB/A, 7 Nr. 5 VOL/A.

3.3.3 Prüfung der Angebotspreise, §§ 25 Nr. 2 Abs. 2 und 3 VOL/A, 25 Nr. 3 Abs. 1–3 VOB/A

Die Prüfung hat sich darauf zu erstrecken, ob der **Preis angemessen bzw. wirtschaftlich** ist. Angemessen oder wirtschaftlich ist ein Preis dann, wenn eine einwandfreie Leistungserbringung einschließlich **Gewährleistung** zu erwarten ist und eine wirtschaftliche und **sparsame** Verwendung der Mittel sichergestellt ist. Auf Angebote mit einem unangemessen hohem oder niedrigem Preis darf kein Zuschlag erteilt werden, §§ 26 Nr. 1c VOL/A und VOB/A. **296**

3.3.4 Auswahl des annehmbarsten bzw. wirtschaftlichsten Angebotes

Bei der Auswahl sind alle in Betracht kommenden Kriterien technischer, wirtschaftlicher, gestalterischer oder funktionsbedingter Natur zu berücksichtigen. Der **Zuschlag** ist auf das Angebot mit dem besten **Preis-Leistungsverhältnis** zu erteilen. **297**

Sind die Angebote von den Leistungen her gleich und die Preise angemessen, ist der Zuschlag auf das Angebot mit dem niedrigsten Preis zu erteilen.

4. Unternehmereinsatzformen

4.1 Alleinunternehmer/Fachunternehmer

Der Alleinunternehmer/Fachunternehmer entspricht dem Grundtypus der Verdingungsordnungen. Er ist unmittelbarer Vertragspartner des Auftraggebers und führt die Leistungen (vollständige Leistung, Fachlose, Teillose) in seinem Betrieb aus. **298**

4.2 Nachunternehmer/Subunternehmer

Nach § 4 Nr. 4 VOL/B sowie § 4 Nr. 8 Abs. 1 VOB/B hat der Auftragnehmer die Leistungen im eigenen Betrieb auszuführen. Nur mit schriftlicher (VOB), vorheriger (VOL) Zustimmung des Auftraggebers darf der Auftragnehmer Leistun- **299** gen an andere/ **Nachunternehmer** übertragen. Eine solche Zustimmung ist nicht notwendig bei Leistungen, auf die der Betrieb des Auftragnehmers nicht eingerichtet ist oder bei der Übertragung unwesentlicher **Teilleistungen.**

Zwischen dem Nachunternehmer und dem Auftraggeber besteht kein unmittelbares Vertragsverhältnis; dieses besteht nur zwischen dem Hauptunternehmer und dem Nachunternehmer. Der Nachunternehmer ist dem **Hauptunternehmer** gegenüber für die frist- und fachgerechte Ausführung der ihm übertragenen Leistung verantwortlich.

4.3 Bietergemeinschaften/Arbeitsgemeinschaften

300 Gemäß den §§ 7 Nr. 1, Abs. 2 VOL/A und 25 Nr. 6 VOB/A sind Arbeitsgemeinschaften und andere gemeinschaftliche Bieter (so die VOL/A) sowie Bietergemeinschaften, die die Arbeiten im eigenen Betrieb oder in den Betrieben ihrer Mitglieder ausführen,(so die VOB/A) zum **Wettbewerb** zuzulassen und Einzelbewerbern gleichzusetzen.

Die **Bietergemeinschaft** ist ein Zusammenschluß von Fachunternehmern, die **gemeinschaftlich ein Angebot** einreichen mit dem Ziel, einen bestimmten Auftrag zu erhalten, um diesen dann in einer Arbeitsgemeinschaft gemeinschaftlich durchzuführen. Dementsprechend ist eine **Arbeitsgemeinschaft** ein **Zusammenschluß von Fachunternehmen** auf vertraglicher Grundlage mit dem Ziel, Aufträge gemeinsam durchzuführen (so Thomas in Palandt: Kommentar zum Bürgerlichen Gesetzbuch, § 705 Rz. 45; Rusam in Heiermann/Riedl/Rusam: Handkommentar zur VOB, Einführung zu A § 8 Rz. 5).

Rechtlich gesehen stellt eine Arbeitsgemeinschaft eine Gesellschaft des Bürgerlichen Rechtes nach den §§ 705 BGB dar. Vertragspartner des Auftraggebers ist die Arbeitsgemeinschaft als solche, wobei durch den **Arbeitsgemeinschaftsvertrag** das Innenverhältnis, d.h. das Verhältnis der einzelnen Gesellschafter zueinander, sowie das Außenverhältnis, d.h. das Verhältnis zum Auftraggeber und damit auch die Vollmachten, definiert werden.

4.4 Generalunternehmer

301 Der Generalunternehmer nimmt Aufträge für mehrere Leistungsbereiche an, ohne gleichzeitig in allen diesen Bereichen gewerbsmäßig tätig zu sein. Er führt also nur einen Teil der ihm übertragenen Leistungen selbst aus, weitere Teile vergibt er – mit Zustimmung des Auftraggebers – an einen oder mehrere Nachunternehmer. Die Zulässigkeit des Einsatzes von Generalunternehmern kommt nur indirekt in § 4 Nr. 4, Abs. 3, Satz 2 VOB/A zum Ausdruck, wonach aus wirtschaftlichen oder technischen Gründen mehrere **Fachlose** zusammen vergeben werden dürfen.

5. Abnahme, Gewährleistung, Vertragsstrafe

5.1 Allgemeines

Abnahme, Gewährleistung und Vertragsstrafe sind in den Allgemeinen Vertragsbedingungen -VOL/B und VOB/B - geregelt. Die staatlichen Beschaffer sind über die §§ 9 Nr. 2 VOL/A und 10 Nr. 1 VOB/A gehalten, die **Allgemeinen Vertragsbedingungen** über die Ausführung von Bauleistungen und über die Ausführung von Leistungen zum Vertragsbestandteil zu machen. **302**

Diese Allgemeinen Vertragsbedingungen als B-Bestandteile der Verdingungsordnungen sind nach der Rechtsprechung des Bundesgerichtshofs als allgemeine Geschäftsbedingungen der öffentlichen Hand zu werten, die nur kraft **Vereinbarung** zwischen den Parteien Gültigkeit erlangen und die sich darüber hinaus an dem Wertungsmaßstab des Gesetzes über die **Allgemeinen Geschäftsbedingungen** messen lassen müssen (BGH-Urteil vom 16. 12. 1982, VII ZR 92/82, NJW 83, 816). Die Allgemeinen Vertragsbedingungen treten an die Stelle dispositiver Rechtsvorschriften des BGB, insbesondere der Vorschriften zu Kauf, § 433ff. BGB, und Werk, §§ 633 BGBff. Die Vorschriften des BGB finden ergänzend Anwendung, soweit die Allgemeinen Vertragsbedingungen keine Regelung treffen. Einige Bundesländer haben darüber hinaus **Zusätzliche Vertragsbedingungen** entwickelt, die dann nach den §§ 1 Nr. 2 VOL/A und VOB/A den Allgemeinen Vertragsbedingungen im Falle eines Widerspruches vorgehen.

5.2 Abnahme

Nach ständiger Rechtsprechung besteht die Abnahme in der körperlichen Hinnahme und Anerkennung des Werkes als einer in der Hauptsache nach **vertragsgemäßen Erfüllung** (BGH-Urteil vom 6.5.1968, VII ZR 33/66, NJW 1968, 1524ff.; BGH-Urteil vom 15.11.1973, VII ZR 110/71, NJW 1974, 95ff.). **303**

§ 13 Nr. 2 Abs. 1 VOL/B definiert Abnahme als Erklärung des Auftraggebers, daß der Vertrag der Hauptsache nach erfüllt ist.

Bei einem VOB-Vertrag ist die Abnahme immanent, da dieser immer zugleich einen **Werkvertrag** nach den § 631ff. BGB darstellt, der eine Abnahme verlangt. Ein VOL-Vertrag hingegen, dem oftmals ein **Kaufvertrag** zugrundeliegt, kennt den Begriff der Abnahme als solchen nicht grundsätzlich, es sei denn, die Abnahme ist nach § 13 Nr. 2, Abs. 1, S. 2 VOL/B vertraglich vereinbart worden oder ist, wenn eine Werkvertrag zugrunde liegt, bereits gesetzlich vorgesehen.

Die Abnahme hat im wesentlichen folgende **Wirkungen**:

- Die Leistung wird als im wesentlichen vertragsgemäß ausgeführt **anerkannt oder gebilligt**.
- Die Frist für **Gewährleistungsansprüche** (Nachbesserung, Wandlung, Minderung, Schadensersatz) beginnt.

- Die **Gefahr** für die Leistung geht auf den Auftraggeber über
- Nach der Abnahme hat der Auftraggeber darzulegen und zu beweisen, daß später festgestellte **Mängel** auf einer vertragswidrigen Leistung beruhen.
- Vor der Abnahme erkannte und bei der Abnahme nicht ausdrücklich vorbehaltene **Mängel** können nicht mehr geltend gemacht werden.
- **Vertragsstrafen**, die bei der Abnahme nicht vorbehalten wurden, können nicht mehr geltend gemacht werden.
- Die **Vergütung** wird fällig.

5.3 Gewährleistung

304 Die Gewährleistung ist in den §§ 14 VOL/B und 13 VOB/B geregelt. **Gewährleistungsansprüche** entstehen, wenn die Leistung bei Gefahrübergang/Abnahme nicht die **vertraglich zugesicherten Eigenschaften** hat, nicht den **Regeln der Technik** entspricht oder mit einem Fehler behaftet ist, der den Wert oder die Tauglichkeit zu dem gewöhnlichen oder nach dem Vertrag vorausgesetzten Zweck aufhebt oder mindert. Für die Gewährleistungsansprüche nach Abnahme/Gefahrtragung sowohl für VOL-Leistungen als auch für VOB-Leistungen gilt, daß der Auftragnehmer zunächst die **Mängelbeseitigung** (Terminologie der VOB) bzw. die **Nachbesserung** (Terminologie der VOL) zu erbringen hat. Erfolgt diese nicht, schlägt sie fehl oder ist sie für den Auftraggeber/Auftragnehmer unzumutbar, greifen folgende weitere Gewährleistungsansprüche:

Bei Leistungen nach der **VOB** kommen **Minderung und Schadensersatz** in Betracht, § 13 Nr. 6 und 7 VOB/B. Bei Leistungen nach der **VOL** sind dies **Wandlung, Minderung und Schadensersatz**, § 14 Nr. 3 VOL/B.

Die **Gewährleistungsfrist** selbst beträgt nach der **VOB** in der Regel 2 Jahre nach Abnahme; Ausnahme: 1 Jahr bei Grundstücken und für vom Feuer berührte Teile von Feuerungsanlagen; § 13 Nr. 4 VOB/B. Die Gewährleistungsfrist nach der **VOL** beträgt in der Regel 6 Monate ab Gefahrübergang/Abnahme, § 14 Nr. 4 VOL/B.

Die Gewährleistungsfristen können über eine individualvertragliche Regelung verlängert werden.

5.4 Vertragsstrafe, §§ 11 VOL/B und VOB/B

305 Die Vertragsstrafe dient dazu, Druck auf den Auftragnehmer auszuüben, die Leistung ordnungsgemäß, insbesondere termingerecht, zu erfüllen (BGH-Urteil vom 6. 11. 1967, BGH Z 49,84, 89). Nach beiden Verdingungsordnungen gelten die Vertragsstrafen nicht von vornherein, sondern müssen **einzelvertraglich vereinbart** werden. Voraussetzungen der Vertragsstrafe sind:

- Eine rechtswirksam begründete Hauptverbindlichkeit des Schuldners muß vorliegen, die durch die Vertragsstrafe abgesichert werden soll.

– Ein Schuldnerverzug muß vorliegen. Hierzu zählt insbesondere die Fälligkeit der geschuldeten Leistung sowie ein **Verschulden** des Schuldners; §§ 276, 278 BGB.

Bei der Berechnung der Vertragsstrafe ist folgendes zu beachten:

Die VOB/B trifft hinsichtlich der Höhe der Vertragsstrafe keine Regelung, sondern bestimmt nur, daß, falls die Vertragsstrafe nach Tagen bemessen ist, lediglich Werktage zählen. Ist die Vertragsstrafe nach Wochen bemessen, so zählt jeder Werktag angefangener Wochen als 1/6 Woche. Der Auftraggeber kann nach erfolgter Abnahme nur dann Vertragsstrafe geltend machen, wenn er sich diese **bei Abnahme vorbehalten hat**.

Die **VOL/B** trifft hinsichtlich der Höhe der Vertragsstrafen bei der Überschreitung von **Ausführungsfristen** eine dezidierte Regelung. Darüber hinaus sind in jedem Fall angemessene Obergrenzen festzulegen. Der Auftraggeber kann Ansprüche aus verwirkter Vertragsstrafe bis zur **Schlußzahlung** geltend machen.

Literaturverzeichnis

Daub, Walter Kommentar zur VOL/A, 3. Auflage, Düsseldorf 1985

Heiermann/Riedl/Rusam. Handkommentar zur VOB, Teile A und B, 7. Auflage, Wiesbaden/Berlin 1994

Korbion, Hermann. Verdingungsordnung für Bauleistungen (VOB), Teile A und B, 13. Auflage, Düsseldorf 1996

Palandt. Kommentar zum Bürgerlichen Gesetzbuch, 57. Auflage, München 1998

Kapitel 4: Finanzierung des kommunalen Verkehrs

Erster Abschnitt: Förderprogramme, Bedarfspläne

Wilhelm Kolks

1. Allgemeines

1.1 Verbesserung der kommunalen Verkehrsinfrastruktur

306 Das Interesse der Kommunen an Investitionen in die Verkehrsinfrastruktur ist nach 30 Jahren **Gemeindeverkehrsfinanzierung** ungebrochen. Von 1967 bis 1996 wurden Bundesfinanzhilfen nach GVFG in Höhe von rd. 85,2 Mrd. DM für den kommunalen Verkehr ausgezahlt. Davon entfielen auf den kommunalen Straßenbau 37,8 Mrd. DM, auf den ÖPNV 47,2 Mrd. DM und auf die Forschung 0,2 Mrd. DM. Mit diesen Finanzhilfen wurden unter Berücksichtigung der komplementären Landesförderung zuwendungsfähige Baukosten in Höhe von 131 Mrd. DM gefördert. Da im Straßenbau durchschnittlich etwa 25 % und im ÖPNV etwa 10 % der Kosten nicht förderungsfähig sind, ergibt sich ein gefördertes **Investitionsvolumen** für den Zeitraum 1967 bis 1996 von rd. 158 Mrd. DM. Die Investitionen in den Bau von Ortsentlastungsstraßen, von Stadtbahnen, Haltestellen und Bahnhöfen etc. hatten zugleich einen wichtigen Multiplikationseffekt für private Investitionen und städtebauliche Maßnahmen. Wird für die Folgeinvestitionen nur mit einem Multiplikator von 1,5 gerechnet, so haben die Mineralölsteuerzuschläge (vgl. Rz. 8) insgesamt in den letzten 30 Jahren ein Investitionsvolumen von 237 Mrd. DM erzeugt.

307 Von der Förderung der kommunalen Verkehrsinfrastruktur sind bedeutende Impulse für die wirtschaftliche und städtebauliche Entwicklung, besonders für die Standortsicherung, die Erhaltung der Mobilität und Lebensqualität in den Städten und Gemeinden, ausgegangen. Der gelegentliche Vorwurf, die **Fördervorschriften** des GVFG seien inzwischen perfektioniert und die Bewilligungspraxis nicht flexibel genug, ist sicher überdenkenswert. Vieles hängt von der örtlichen Handhabung der Vorschriften und der Qualität der vorbereitenden Förderanträge und Planungen ab. Manches kann noch vereinfacht werden, und fast immer sind pragmatische Lösungen zur Reduzierung des Verwaltungsaufwandes möglich (vgl. Rz. 361ff.).

Das GVFG hat hervorragende Ergebnisse für die Verbesserung der Verkehrsverhältnisse der Gemeinden ermöglicht und ist auch künftig unverzichtbar. Das Zusammenwirken mit verschiedenen anderen Förder- und Finanzierungsprogrammen sichert jedoch erst die notwendige Vernetzung der Infrastruktursysteme.

1.2 Koordination der Vorhaben und Programme

308 Die Durchführung von Maßnahmen zur Verbesserung der Verkehrsverhältnisse der Gemeinden (Nahverkehr: Schiene/Straße) wird entscheidend von den Kosten und ihrer Finanzierbarkeit beeinflußt. Notwendige Planungen und Vorhaben müssen rechtzeitig mit Kostenübersichten und Kostenzuordnungen auf ihre Finanzierbarkeit und Eignung für **Förderprogramme** überprüft werden. Aus der originären Verantwortung der kommunalen Aufgabenträger folgt ihre Verpflichtung, Planungen und Fördermöglichkeiten in Einklang zu bringen.

In Abhängigkeit von der jeweiligen Planung sind die Möglichkeiten der Problemlösung über Bedarfsplanvorhaben überörtlicher Baulastträger und der intelligenten Vernetzung der Verkehrssysteme in die Erwägungen einzubeziehen (vgl. Rz. 359). Ferner ist im Einzelfall zu prüfen, ob z. B. Fördertöpfe der Stadterneuerung, der regionalen Wirtschaftsförderung etc. ergänzend in die Programm- und Infrastrukturplanung einzubeziehen sind.

Langfristige Planungen für die Infrastruktur des Schienenpersonennahverkehrs und andere bedeutsame Investitionen des ÖPNV werden zur Festlegung der Dringlichkeiten und zur koordinierten Vorbereitung der Umsetzung nach den ÖPNV – Gesetzen der Länder ebenfalls in landesweite ÖPNV – **Investitionsprogramme** oder Bedarfspläne aufgenommen. Im Bereich des kommunalen Straßenbaues ist dagegen lediglich die Anmeldung für die Programme nach § 5 GVFG erforderlich (vgl. Rz. 435).

Vielfach lassen sich durch frühzeitige Beratung und Abstimmung die Voraussetzungen für die Aufnahme eines Vorhabens in das Investitionsprogramm oder für die Erfüllung prioritärer Förderkriterien verbessern. Auch die Ziele der Raumordnung und Landesplanung, die Planfeststellungsverfahren, das Haushaltsrecht und die Fördergesetze (§ 3, § 6 Abs. 3 GVFG) verlangen eine Abstimmung und **Koordination** der Vorhaben und Programme. Dies ist nicht nur eine wichtige Aufgabe der Antragsteller, sondern zugleich auch der beteiligten Landesbehörden. Gerade in Zeiten knapper Kassen müssen die Möglichkeiten der Effizienzsteigerung durch Verzahnung der verschiedenen Programme und Förderbereiche besser genutzt werden. Wichtig ist ferner die termingerechte Vorlage der **Einplanungsunterlagen** und Zuwendungsanträge, um die Förder- und Finanzierungsprogramme geregelt fortschreiben zu können. **309**

1.3 Finanzierung der Investitionsvorhaben

Förderung geht immer vom Grundsatz der Subsidiarität aus. Möglichkeiten zur anderweitigen Kostendeckung müssen ausgeschöpft werden. Für die kommunale Projektfinanzierung stehen zur Verfügung: **310**

- Allgemeine Deckungsmittel der Gemeinden,
- Beiträge Dritter, Anliegerbeiträge, Ablösebeträge, z. B. nach § 51 BauO NW,
- Zuwendungen.

Erst nach Klärung der Förderfähigkeit und der Aufnahme in ein Förderprogramm mit der Inaussichtstellung von Fördermitteln ist eine entscheidende Weichenstellung für die Realisierung von Infrastrukturvorhaben erreicht. Ein

Förderprogramme, Bedarfspläne

Tabelle 1: Förder- und Finanzierungsmöglichkeiten aus den Vekehrshaushalten

Programm	Investitionsvorhaben
GVFG-Bundesprogramm	ÖPNV-Großvorhaben (> 100 Mio. DM) in Verdichtungsgebieten (vgl. Rz. 314)
GVFG-Länderprogramme	ÖPNV-Vorhaben nach § 2 Abs. 1 Nr. 2 – 4, 6 GVFG, § 11 GVFG, Kommunale Straßenbauvorhaben (KSB) nach § 2 Abs. 1 Nr. 1 u. 5 GVFG (vgl. Rz. 314)
§ 5a Fernstraßengesetz	Ortsdurchfahrten im Zuge von Bundesfernstraßen und Zubringer zu Bundesfernstraßen (vgl. Rz. 317)
§ 17 Eisenbahnkreuzungsgesetz	Beseitigung von Bahnübergängen und sonst. Maßnahmen nach §§ 2 u. 3 EKrG (vgl. Rz. 319)
Regionalisierungsgesetze	SPNV- und ÖPNV-Vorhaben einschl. Fahrzeuge (vgl. Rz. 322ff.)
spezielle Länderprogramme	z.B. für den Radverkehr, die Verkehrsberuhigung, Lärmsanierung, Stadtbussysteme, NE-Bahnen, Planungskosten, Ergänzungsfinanzierung zur GVFG-Förderung etc. (vgl. Rz. 328)
Transeuropäische Netze	Durchführbarkeitsstudien, Ausbau der Transeuropäischen Netze einschl. Verknüpfungen mit Nahverkehrssystemen (vgl. Rz. 338)
Bundesschienenwegeausbaugesetz (BSchwAG)	SPNV-Strecken der DB AG einschl. Mischverkehrsstrekken, Kombinierter Verkehr (vgl. Rz. 321 und 348ff., 356ff.)
Ausbauprogramme überörtlicher Straßenbaulastträger	Ortsumgehungen, Ortsdurchfahrten in überörtlicher Baulast

Tabelle 2: Förder- und Finanzierungsmöglichkeiten außerhalb der Verkehrshaushalte (sonstige Programme)

Programm	Investitionsvorhaben
Investitionshilfe Aufbau Ost (nur NBL)	Verbesserung der wirtschaftlichen Infrastruktur durch Verkehrs- und Erschließungsmaßnahmen
Städtebauförderung, Stadterneuerung	Fußgängerzonen, Verkehrsberuhigungsmaßnahmen, Gestaltung von Plätzen, Erschließungsmaßnahmen (vgl. Rz. 332ff.)
Verbesserung der regionalen Wirtschaftsstruktur	Verkehrslogistik, Güterverkehrszentren, Erschließung von Industrie- und Gewerbeflächen (vgl. Rz. 335ff.)
Arbeitsbeschaffungsmaßnahmen	Rad- u. Gehwege, Haltestelleneinrichtungen, Wanderwege etc. (vgl. Rz. 339)
Dorferneuerung	Verbesserung der innerörtlichen Verkehrsverhältnisse in Gemeinden bzw. Ortsteilen mit landwirtschaftl. Siedlungsstruktur (vgl. Rz. 340)
Wasserwirtschaftliche, kulturbautechn., land- und forstwirtschaftl. Maßnahmen	land- und forstwirtschaftl. Wege, Erholungs- u. Wanderwege (vgl. Rz. 340)

Rechtsanspruch auf Fördermittel besteht nicht. Es besteht lediglich der Anspruch auf eine ermessensfehlerfreie Entscheidung und **Gleichbehandlung** bei der Auswahl der Projekte und Verteilung der Mittel (vgl. Rz. 21). Eine Übersicht über die Förder- und Finanzierungsmöglichkeiten zeigen Tabelle 1 und 2.

2. Förderprogramme

2.1 Investitionsförderung aus Mitteln des GVFG

2.1.1 Programme und Mittelaufteilung

Den Ländern werden zweckgebunden Anteile an der Mineralölsteuer für **Investitionen** zur Verbesserung der Verkehrsverhältnisse der Gemeinden nach den Vorschriften des **Gemeindeverkehrsfinanzierungsgesetzes** (GVFG) zugewiesen (Rz. 8, 36, 37). Ausgangspunkt für die Zweckbindung und die Einführung des Mineralölsteuerzuschlages war der Bericht der vom Bundestag eingesetzten Sachverständigenkommission vom 25. 8. 1964 über notwendige Maßnahmen (Kostenvolumen 247 Mrd. DM) zur Verbesserung der Verkehrsverhältnisse der Gemeinden (BT-Drs IV/2661).   **311**

Die Entstehungsgeschichte des GVFG und die Entwicklung der Fördergegenstände sind in Kapitel 4, Abschnitt 2 dargestellt. Zuletzt wurde das GVFG durch das Eisenbahnneuordnungsgesetz vom 27. 12. 1993 (BGBl. I S. 2378) geändert. In diesem Zusammenhang wurde entschieden, daß der befristete Aufstockungsbetrag von 3 Mrd. DM aus dem Bundeshaushalt letztmalig 1996 gewährt wird. Statt dessen wird ab 1997 das den Ländern zustehende Finanzvolumen für den ÖPNV nach § 5 des Regionalisierungsgesetzes um diesen Betrag erhöht und aus Mineralölsteuereinnahmen des Bundes finanziert (vgl. Rz. 323).

Ab 1997 gilt für die Finanzhilfen des Bundes nach GVFG wieder die Obergrenze von 3,28 Mrd. DM jährlich für alle Bundesländer zusammen. Die Mittel werden nach § 10 GVFG für die Bereiche „Forschung Stadtverkehr", **Länderprogramme** ÖPNV/KSB und das **Bundesprogramm** „ÖPNV" eingesetzt (vgl. Rz. 362) und für die Landesprogramme nach einem auf den Kfz-Bestand in den einzelnen Bundesländern (§ 6 Abs. 2 GVFG) bezogenen Schlüssel verteilt. Bei der Verteilung der Mittel ist für 1998 zu berücksichtigen, daß zugunsten der Investitionsförderung der Forschungsansatz für den Stadtverkehr von 8,2 Mio. DM (0,25 %) auf 6,2 Mio. DM reduziert wurde. Die Aufteilung der Mittel ist im einzelnen den Tabellen 3 und 4 zu entnehmen   **312**

Entsprechend der gesetzlichen Aufteilung des Gesamtplafonds werden die Mittel für die alten und die neuen Bundesländer (ABL/NBL) getrennt aufgeschlüsselt (vgl. Rz. 313).

2.1.2 Übersicht über die Fördervorhaben und Fördervorschriften

313 Das Fördervolumen in den Ländern hat im Vergleich zu 1991 bei gleicher Obergrenze deutlich abgenommen, da die Länder die **Komplementärfinanzierung** aus Landesmitteln durch Anhebung des Fördersatzes aus Bundesfinanzhilfen (bis zu 75 %) abgesenkt haben. Die eingesparten Mittel werden u. a. für die nach dem Steueränderungsgesetz 1992 vom Bund übernommene Ausgleichspflicht nach § 45a PBefG für die Bundesbusdienste eingesetzt.

Tabelle 3: Aufteilung der GVFG – Mittel

Verteilung der GVFG – Mittel 1998	ABL (75,8 %) (Mio. DM)	NBL (24,2 %) (Mio. DM)	Gesamt (Mio. DM)
Forschung Stadtverk. 1998 (BMV)			6,200
Länderprogramme ÖPNV/KSB	1 984,532	633,808	2 619,040
Bundesprogramm ÖPNV	496,308	158,452	654,760
Gesamtplafond	2 481,540	792,260	3 280,000

Tabelle 4: GVFG – Mittel für die Länderprogramme 1998

Land	Anteil in % Schlüssel 1998		Anteil in Mio. DM		Zusammen
	ABL	NBL	ABL	NBL	Mio. DM
Baden-Württemberg	16,41		325,777		325,777
Bayern	19,25		382,157		382,157
Berlin		16,29		103,247	103,247
Brandenburg		15,77		99,952	99,952
Bremen	1,17		23,227		23,227
Hamburg	2,88		57,175		57,175
Hessen	9,60		190,582		190,582
Mecklenburg-Vorp.		10,32		65,409	65,409
Niedersachsen	12,14		241,007		241,007
Nordrhein-Westfalen	26,13		518,741		518,741
Rheinland-Pfalz	6,42		127,452		127,452
Saarland	1,72		34,146		34,146
Sachsen		27,00		171,128	171,128
Sachsen-Anhalt		15,50		98,240	98,240
Schleswig-Holstein	4,28		84,968		84,968
Thüringen		15,12		95,832	95,832
Zusammen (Mio. DM)	100,00	100,00	1 985,232	633,808	2 619,040

314 Im Bereich der ÖPNV – Förderung können die GVFG – Programme seit 1997 durch **Regionalisierungsmittel** nach § 8 Abs. 2 RegG durch die Länder verstärkt werden. Zur beschleunigten Durchführung laufender Großvorhaben des GVFG – Bundesprogrammes stellen verschiedene Länder ergänzende Mittel aus ihrem Landesprogramm (§ 6 Abs. 2 GVFG) zur Verfügung. Die nach GVFG förderungsfähigen Vorhaben sind im einzelnen in Tab. 5 aufgelistet (vgl. Rz. 370).

Einen Überblick über die gesetzlichen Fördervoraussetzungen enthält Tabelle 1 zu Rz. 389. Höhe und Umfang der Förderung können der Tabelle 6 entnommen werden. Weitere Einzelheiten der konkreten Kostenzuordnung werden in Kap. 1 Abschn. 2 bzw. Kap. 4 Abschn. 2 und 3 erläutert.

Tabelle 5: Förderungsfähige GVFG-Vorhaben

Kommunaler Straßenbau	Öffentlicher Personennahverkehr
§ 2 Abs. 1 GVFG, Nr.	**§ 2 Abs. 1 GVFG, Nr.**

1. Bau oder Ausbau von
  a) verkehrswichtigen innerörtlichen Straßen,
  b) besonderen Fahrspuren für Omnibusse,
  c) verkehrswichtigen Zubringerstr. zum überörtlichen Verkehrsnetz,
  d) verkehrswichtigen zwischenörtlichen Straßen in zurückgebliebenen Gebieten (§ 2 Abs. 1 ROG),
  e) Straßen im Zusammenhang mit der Stilllegung von Eisenbahnstrecken,
  f) Verkehrsleitsystemen sowie Umsteigeparkplätze zur Verringerung des MIV,
  g) öffentlichen Verkehrsflächen für in Bebauungsplänen ausgewiesenen Güterverkehrszentren
in der Baulast von Gemeinden und Kreisen.
 	
5. Kreuzungsmaßnahmen nach dem EKrG oder dem WaStrG, soweit Gemeinden, Landkreise oder kommunale Zusammenschlüsse im Sinne der Nr. 1 als Baulastträger der kreuzenden Straßen (unabhängig von der Netzbedeutung) Kostenanteile zu tragen haben. In Ausnahmefällen gilt das gleiche für NE-Bahnen als Baulastträger des kreuzenden Schienenweges.
	2. Bau oder Ausbau von Verkehrswegen der
	  a) Straßenbahnen, Hoch- und Untergrundbahnen, Bahnen besonderer Bauart
	  b) nicht bundeseigenen Eisenbahnen, soweit sie dem ÖPNV dienen und auf besonderem Bahnkörper geführt werden (vergl. Rz. 90).
	3. Bau oder Ausbau von zentralen Omnibusbahnhöfen und Haltestelleneinrichtungen sowie von Betriebshöfen und zentralen Werkstätten, soweit sie dem ÖPNV dienen.
	4. Beschleunigungsmaßnahmen für den ÖPNV, insbesondere rechnergesteuerte Betriebsleitsysteme und technische Maßnahmen zur Steuerung von Lichtsignalanlagen.
	6. Beschaffung von
	  • Standard – Linienomnibussen und Standard – Gelenkomnibussen (Linienverkehr nach § 42 PBefG)
	  • von Schienenfahrzeugen des ÖPNV
	
	§ 11 GVFG
	
	Vorhaben der Deutschen Bahn AG, die dem Nahverkehr dienen (Zustimmung des Landes)

Der Bund – Länder – Arbeitskreis „Finanzierungsfragen des kommunalen Verkehrs (FAK)" hat im Juni 1997 unter Berücksichtigung sämtlicher Gesetzesänderungen seit den 70er Jahren einen neuen Rahmenentwurf als Musterentwurf für die von den Ländern zu erlassenden **Verwaltungsvorschriften zur Durchführung des GVFG (VV-GVFG)** erarbeitet. Inzwischen haben verschiedene Länder **315** in Anlehnung an den Rahmenentwurf ihre Verwaltungsvorschriften unter Einbindung eigener Förderprogramme für den kommunalen Verkehr aktualisiert bzw. neu herausgegeben. Dabei wurden erste Erfahrungen aus der Regionalisierung des Schienenpersonennahverkehrs eingearbeitet oder in ergänzenden Verwaltungsvorschriften geregelt. Das Literaturverzeichnis enthält eine Übersicht über die entsprechenden Verwaltungsvorschriften der Länder. Eine Übersicht über wichtige Grundsatzentscheidungen des Bund-Länder-Arbeitskreises „Finanzierungsfragen des kommunalen Verkehrs" (FAK) ist im Anhang (Rz. 676ff.) dargestellt.

Tabelle 6: Übersicht über die Höhe und den Umfang der Förderung nach § 4 GVFG

Fördersätze	zuwendungsfähig	nicht zuwendungsfähig
Länder-programme: bis zu 75 %, NBL bis zu 90 % (1992–1994)	Kosten für das Vorhaben nach § 2. Beim Grunderwerb sind nur die Gestehungskosten zuwendungsfähig.	1. Kosten, die ein anderer als der Träger des Vorhabens zu tragen verpflichtet ist, 2. Verwaltungskosten, 3. Kosten für den Erwerb solcher Grundstücke und Grundstücksteile, die a) nicht unmittelbar oder nicht dauernd für das Vorhaben benötigt werden, es sei denn, daß sie nicht nutzbar sind, b) vor dem 1.1.1961 erworben worden sind.
Bundesprogramm: bis zu 60 % NBL bis zu 90 % (1993–1994)		

2.2 Investitionsförderungsgesetz Aufbau Ost

316 Der Bund gewährt zum Ausgleich unterschiedlicher Wirtschaftskraft und zur Förderung des wirtschaftlichen Wachstums (vgl. Rz. 5) den Ländern Berlin, Brandenburg, Mecklenburg-Vorpommern, Sachsen, Sachsen-Anhalt und Thüringen (NBL) für die Dauer von 10 Jahren ab dem Jahr 1995 Finanzhilfen für besonders bedeutsame Investitionen der Länder und Gemeinden in Höhe von jährlich insgesamt 6,6 Mrd. DM (§ 1 Investitionsförderungsgesetz Aufbau Ost). Von diesen Mitteln erhalten die Länder

- Berlin   1 255 Mio. DM
- Brandenburg   963 Mio. DM
- Mecklenburg-Vorpommern   697 Mio. DM
- Sachsen   1 725 Mio. DM
- Sachsen-Anhalt   1 041 Mio. DM
- Thüringen   946 Mio. DM

Aus diesen Mitteln können u. a. nach § 3 des Gesetzes Vorhaben zur Verbesserung der wirtschaftlichen Infrastruktur insbesondere im Bereich

- Umweltschutz,
- Energie- und Trinkwasserversorgung,
- **Verkehr**,
- Erschließung und Sanierung von Industrie und Gewerbeflächen,
- und Fremdenverkehr

gefördert werden. Hinzu kommen Maßnahmen des Städtebaues. Die Finanzhilfen des Bundes betragen nach § 5 des Gesetzes 90 % der erforderlichen öffentlichen Finanzierung. Die Länder können jedoch bestimmen, daß der Anteil des Bundes weniger als 90 % beträgt. Gesetzlich ausgeschlossen wird, daß Vorhaben, die mit Bundesfinanzhilfen aus anderen Bereichen (GVFG/ Städtebauförderung) gefördert werden, gleichzeitig Mittel nach dem Investitionsfördergesetz Ost erhalten.

2.3 Bundeszuwendungen nach § 5a FStrG und § 17 EKrG

2.3.1 *Förderung nach § 5a Bundesfernstraßengesetz*

Nach § 5a FStrG kann der Bund zum Bau oder Ausbau von Ortsdurchfahrten im Zuge von Bundesfernstraßen und zum Bau oder Ausbau von Gemeinde- und Kreisstraßen, die Zubringer zu Bundesfernstraßen in der Baulast des Bundes sind, Zuwendungen gewähren.

Wie für alle Zuwendungen gilt auch für die Gewährung von **Bundeszuwendungen** nach § 5a FStrG, daß ein staatliches Interesse, d. h. Bundesinteresse, an den Vorhaben bestehen muß und diese ohne Zuwendungen nicht realisierbar sein dürfen. Die Gewährung von Zuwendungen ist damit in das Ermessen des Bundes gestellt. Für die Ordnung des Zuwendungsverfahrens hat der BMV die Richtlinien für die Gewährung von Bundeszuwendungen zu Straßenbaumaßnahmen von Gemeinden und Gemeindeverbänden nach § 5a FStrG vom 15. 5. 1971 herausgegeben (ARS Nr. 22 1971 VkBl. 71566). Inhaltlich sind die Vorgaben vergleichbar mit den Regelungen zur GVFG-Förderung. **317**

Die besondere Legitimation für die unmittelbaren Zuwendungen des Bundes an die Gemeinden wurde vom Bund immer aus dem Sachzusammenhang der Erfüllung der Straßenbauaufgaben des Bundes (durchgehender Ausbau unabhängig von der Baulast) und der Ausgleichsverpflichtung des Bundes für die den Kommunen entstehenden Mehrausgaben durch die Heranziehung kommunaler Straßen als Zubringer zu den Verknüpfungsstellen der Fernstraßen des Bundes gesehen. Als Finanzierungsquelle ist immer noch der dem Bundesfernstraßenhaushalt vollständig zugeordnete frühere „**Gemeindepfennig**" (vgl. Rz. 8) anzusprechen. Der Fördersatz für die Bundeszuwendungen beträgt 50 %. Die Länder können diesen Fördersatz durch eine Komplementärfinanzierung auf den landesüblichen Fördersatz für die Straßenbauförderung erhöhen. **318**

Im Bundeshaushalt werden lediglich Vorhaben über 5 Mio. DM veranschlagt (Ansatz 1998: 20 Mio. DM, ohne Sondervorhaben in Bonn). Die Vorhaben bis

5 Mio. DM werden im Fernstraßenhaushalt global ausgewiesen. Die verfügbaren Mittel dienen gegenwärtig der Abwicklung der in früheren Jahren begonnenen Vorhaben. Sie werden unmittelbar zu Lasten des Fernstraßenhaushaltes von der Bundeskasse als Bundeszuwendungen ausgezahlt. Vor dem Hintergrund knapper Mittel wird z. Z. vom BMV unter Hinweis auf die Fördermöglichkeiten nach GVFG die Aufnahme neuer Vorhaben in die Förderung abgelehnt.

2.3.2 Förderung nach § 17 EKrG

319 Zur Förderung der Beseitigung von **Bahnübergängen** und für sonstige Maßnahmen nach §§ 2 und 3 EKrG soll die Anordnungsbehörde (BMV oder die nach Landesrecht zuständige Behörde für NE-Bahnen) den Beteiligten nach § 17 EKrG Zuschüsse gewähren (bis 50 % des Umfanges der Kostenmasse). Diese Forderung richtet sich an den Bund und die Länder, entsprechende Mittel in den jährlichen Haushaltsplänen vorzusehen. Aus Mitteln des Straßenbauhaushaltes des Bundes stehen dem BMV als **Anordnungsbehörde** 1998 lediglich 1,5 Mio. DM zur Verfügung. Das Land NRW stellt z. B. aus Landesmitteln 2 Mio. DM allein für NE-Bahnen zur Verfügung.

Die in letzter Zeit vermehrt auftretenden Hinweise des BMV auf Möglichkeiten einer alternativen GVFG – Förderung wird den Anforderungen des § 17 EKrG nicht gerecht. Die Länder haben deshalb immer wieder darauf hingewiesen, daß derartige Hinweise des BMV mögliche Förderentscheidungen des jeweiligen Landes nicht präjudizieren dürfen und die Entscheidung der Anordnungsbehörde nicht ersetzen.

Die Zuschüsse können für jede kreuzungsrechtliche Maßnahme einem oder beiden Beteiligten gewährt werden. Die Entscheidung liegt im pflichtgemäßen Ermessen der Anordnungsbehörde. Eine Anordnung ist dabei nicht Voraussetzung für die Gewährung der Förderung.

320 Daneben stellt der Bund gemäß § 13 Abs. 1 Satz 2 das „Staatsdrittel" als gesetzlichen Anteil zur Durchführung einer Maßnahme nach § 3 EKrG an bestehenden Bahnübergängen der DB AG (Länder für NE-Bahnen) bereit. Diese Mittel müssen unabhängig davon bereitgestellt werden, ob eine Anordnung im Kreuzungsrechtsverfahren ergeht, oder ob die Beteiligten eine Vereinbarung treffen (vgl. Rz. 110ff.).

Für die Finanzierung des Kostenanteils des Bundes (**Staatsdrittel**) an Kreuzungsmaßnahmen stellt der Bund z. B. für 1998 100 Mio. DM bereit, davon 60 Mio. DM für Kreuzungen mit Straßen in kommunaler Baulast. Diese Mittel werden aus dem Straßenbauhaushalt des Bundes bereitgestellt. Sie können bei Bedarf verstärkt werden aus entsprechenden Einsparungen bei den Ausgabemitteln für die Vorhaben des Bundesschienenwegeausbauplanes.

2.3.3 Förderung des kombinierten Verkehrs

Der Bund gewährt nach den Förderrichtlinien „Kombinierter Verkehr" (VkBl. **321**
Nr. 5 vom 14. 3. 1998) privaten Unternehmen Zuwendungen für den Bau und
Ausbau von Umschlaganlagen des kombinierten Verkehrs (vgl. BSchwAG), soweit sie öffentlich, d. h. allen Nutzern diskriminierungsfrei zugänglich sind. Als
kombinierter Verkehr gelten dabei Güterbeförderungen, bei denen die Lkw, die
Anhänger, die Container etc., die Zu- und Ablaufstrecken auf der Straße und
den übrigen Teil der Strecke z. B. auf der Schiene (mehr als 100 km Luftlinie) zurücklegen.

Bewilligungsbehörden sind für die Kombination Schiene/Straße das Eisenbahnbundesamt (EBA) und für die Kombination Straße/Wasserstraße die Wasser-
und Schiffahrtsdirektion West (WSD). Für die Kombination Schiene/Wasser-
straße entscheidet die WSD im Einvernehmen mit dem EBA.

Voraussetzung für die Förderung ist, daß eine Finanzierung durch privates Kapital nicht zur Wirtschaftlichkeit der Anlagen führt. Außerdem muß die Um-
schlaganlage im KV-Standortentwicklungskonzept Schiene/Straße 2010 vom
18. 1. 1996 vorgesehen sein, bzw. in einer Region liegen, für die das Terminalpro-
gramm der deutschen KV-Anbieter einen Terminal vorsieht.

Die zu fördernden Umschlaganlagen müssen sich im juristischen und wirtschaftlichen Eigentum des Zuwendungsempfängers befinden. Die Förderung erfolgt als
Projektförderung im Wege der Anteilfinanzierung. Die Zuwendungen werden
mindestens zu 20 % als zinsloses Darlehen und im übrigen als Baukostenzuschuß
gewährt (entscheidend ist das Ergebnis der Wirtschaftlichkeitsberechnung).

Förderungsfähig sind im einzelnen die Ausgaben für
* Grunderwerb,
* Infrastrukturmaßnahmen (Straßenanbindung, Signaltechnik, Gleise, Um-
  schlagmodul, Abstellplätze etc.),
* Hochbauten für den Betrieb der Anlagen (Autoschalter, Büros etc.),
* Planungskosten (10 % oder zwf. Baukosten).

Die Zweckbindungsdauer ist vom Eigenkapitalanteil abhängig und beträgt z. B.
bei einem Kapitalanteil von mehr als 50 % mind. 5 Jahre. Das Darlehen muß in
jedem Fall während der Zweckbindungsdauer getilgt werden.

2.4 Nahverkehrsförderung aus Mitteln des Regionalisierungsgesetzes

Mit der Änderung und Ergänzung des Grundgesetzes (u. a. Art. 106a) als Vor- **322**
aussetzung für die Bahnstrukturreform und **Regionalisierung** des SPNV steht
den Ländern ab dem 1. 1. 1996 für den „ÖPNV" einen Betrag aus dem Steueraufkommen des Bundes zu. Näheres zu dieser verfassungsrechtlich gesicherten Fi-
nanzquelle des ÖPNV regelt das Regionalisierungsgesetz, das der Zustimmung
des Bundesrates bedarf.

Tabelle 7: Übersicht über die wichtigsten Regelungen bzw. Rechtsänderungen zur Bahnstrukturreform und Regionalisierung

Gesetz zur Änderung des Grundgesetzes vom 20. 12. 1993 BGBl. I S. 2089, Art. 87e, Art. 106a, Art. 143a	Eisenbahnneuordnungsgesetz (ENeuOG) vom 27. 12. 1993 BGBl. I S. 2378
• Neugründung der DB AG • Trennung von staatlicher und unternehmerischer Verantwortung • Übertragung der Verantwortung für die Verkehrsangebote im SPNV auf die Länder • Verantwortung des Bundes für das gesamte Schienenwegenetz der Eisenbahnen des Bundes • ÖPNV – gebundene Beteiligung der Länder am Steueraufkommen des Bundes ab dem 1. 1. 1996	• Art. 4: Gesetz zur Regionalisierung des ÖPNV (Regionalisierungsgesetz) • Art. 5: Neufassung des Allgemeinen Eisenbahngesetzes (AEG) • Art. 6, Abs. 106: Änderung des § 19 EKrG (Übergang der Erhaltungslast auf die Kommunen) • Art. 6, Abs. 107: Änderung des GVFG • Art. 6, Abs. 116: Änderung des Personenbeförderungsgesetzes (PBefG) • Art. 6, Abs. 135: Änderung des Bundesschienenwegeausbaugesetzes (BSchwAG)
Regionalisierungsgesetz (RegG)	**Allgemeines Eisenbahngesetz (AEG)**
• Definition des ÖPNV • ausreichende Verkehrsbedienung • Zusammenführung von Aufgaben- und Finanzverantwortung • Regelungsbefugnisse der Länder • ÖPNV – gebundene Beteiligung der Länder am Steueraufkommen des Bundes (Art. 106a GG) • Verwendung und Verteilung der Regionalisierungsmittel	• Begriffsbestimmung SPNV • Genehmigungsanforderungen für Eisenbahnverkehrsleistungen • Genehmigung der Tarife und Beförderungsbestimmungen • Verfahren zur Stillegung von Strecken • Zugangsrechte für Dritte zur Eisen-bahninfrastruktur (Richtlinie 91/440 EWG)
Personenbeförderungsgesetz (PBefG)	**Bundesschienenwegeausbaugesetz (BSchwAG)**
• Definition des ÖPNV • Zusammenwirken von Verkehrsunternehmen, Aufgabenträgern, Genehmigungsbehörden • ausreichende Verkehrsbedienung • Nahverkehrsplan • gemeinwirtschaftl./eigenwirtschaftl. Verkehre • Genehmigungsverfahren • geringste Kosten für die Allgemeinheit	• Bedarfsplan • Finanzverpflichtung des Bundes für die Schienenwege der Eisenbahnen des Bundes (Nah- und Fernverkehr) • Nahverkehrsquote 20 % • Aufstellung von 5-Jahresplänen • Eisenbahn trägt Kosten der Unterhaltung und Instandsetzung • Mitfinanzierung der Eisenbahn bei Investitionsvorhaben

Das Regionalisierungsgesetz (RegG) ist Bestandteil des Eisenbahnneuordnungsgesetzes (ENeuOG) vom 27. 12. 1993 (BGBl. I S. 2378), das als Artikelgesetz alle zur Verwirklichung der Bahnreform und der Regionalisierung erforderlichen Rechtsänderungen zusammenfaßt. Eine Übersicht zu den wichtigsten Rechtsänderungen für Nah- bzw. kommunalen Verkehr zeigt Tabelle 7.

Hauptziele des Regionalisierungsgesetzes sind:
* Die ausreichende Bedienung der Bevölkerung mit Verkehrsleistungen im ÖPNV,
* die Zusammenführung der Aufgaben- und Finanzverantwortung,
* die Beteiligung der Länder am Steueraufkommen des Bundes zur Finanzierung des ÖPNV.

Einzelheiten der Organisation und Umsetzung (Bestimmung der Aufgabenträger, 323
der zuständigen Behörde für die Auferlegung oder Vereinbarung gemeinwirtschaftlicher Leistungen etc.) bleiben den Ländern vorbehalten (Regionalisie-
rungsgesetze/ÖPNV – Gesetze der Länder). Nach § 5 RegG steht den Ländern
für den ÖPNV aus dem **Mineralölsteueraufkommen** des Bundes im Jahr 1996 ein
Betrag von 8,7 Mrd. DM und ab dem Jahr 1997 (Absenkung des GVFG – Finanzrahmens um 3 Mrd. DM) ein Betrag von 12 Mrd. DM zu. Der Betrag von
12 Mrd. DM steigt dynamisch nach § 5 Abs. 2 RegG ab 1998 jährlich entsprechend
dem Wachstum der Steuern vom Umsatz (geschätzt etwa 3,5 %/Jahr). Die Verteilung der Regionalisierungsmittel nach § 8 Abs. 1 und 2 RegG wird in Tabelle 8
präzisiert.

Tabelle 8: Übersicht über die Verteilung der Regionalisierungsmittel 1997

Land	Zug-km 93/ 94	Schlüssel A (§ 8 Abs. 1)	Schlüssel B (§ 8 Abs. 2)		Gesamtbe- trag
	Mio. Zug-km	Mio. DM	Mio. DM	%	Mio. DM
Baden-Württemberg	49,318	780,40	486,89	11,59	1267,29
Bayern	80,449	1260,30	617,11	14,69	1877,41
Berlin*	22,575	453,96	169,30	4,01	623,26
Brandenburg	28,873	539,84	210,05	5,00	749,89
Bremen	2,143	21,50	34,03	0,81	55,53
Hamburg	12,272	133,20	81,92	1,95	215,12
Hessen	37,229	598,50	294,48	7,01	892,98
Mecklenb. -Vorpommern	15,078	263,77	139,89	3,33	403,66
Niedersachsen	40,676	535,60	379,76	9,04	915,36
Nordrhein-Westfalen	73,947	1165,10	755,74	17,99	1920,84
Rheinland-Pfalz	21,947	392,00	199,12	4,74	591,12
Saarland	5,328	113,80	54,61	1,30	168,41
Sachsen	33,155	579,36	286,92	6,83	866,28
Sachsen-Anhalt	26,042	456,86	193,24	4,60	650,10
Schleswig-Holstein	17,017	186,10	131,91	3,14	318,01
Thüringen	17,688	318,80	165,94	3,95	484,74
Gesamt	483,941	7799,09	4200,91	100	12.000,00

* Nach der Berlin-Klausel des § 8 Abs. 1 übernimmt der Bund im Jahre 1997 100 Mio. DM des o. g.
Betrages. Für die Verteilung nach § 8 Abs. 2 steht dieser Betrag damit zusätzlich zur Verfügung.

Bei der Mittelverteilung ist zwischen dem Schlüssel nach § 8 Abs. 1 RegG für **Ver-** 324
kehrsleistungen (Schlüssel A) und dem Schlüssel nach § 8 Abs. 2 RegG für Ver-
kehrsverbesserungen (Schlüssel B) zu unterscheiden. Der Schlüssel A legt z. B. für

1997 den Anteil eines jeden Landes am Betrag von 7,8 Mrd. DM (**Garantieange-bot** der DB AG) fest, der erforderlich ist, um in jedem Land die Verkehrsleistungen im gleichen Umfang vereinbaren zu können, wie sie nach dem Fahrplan 1993/94 von der Deutschen Bundesbahn bzw. Deutschen Reichsbahn erbracht worden sind. Soweit der den Ländern zustehende Gesamtbetrag von 12 Mrd. DM nicht nach § 8 Abs. 1 RegG (Schlüssel A) benötigt wird, werden diese Mittel nach dem in § 8 Abs. 2 RegG festgelegten Schlüssel B auf die Länder verteilt. Der Festlegung des Schlüssels B lagen die nachfolgenden Komponenten zugrunde:

25 %   nach der Einwohnerzahl (30. 6. 1992), (Faktor 1,35 für Berlin, Bremen und Hamburg),
25 %   nach dem Anteil des im SPNV genutzten Netzes der Bundeseisenbahnen,
50 %   nach dem GVFG – Schlüssel der Länderprogramme (1992).

Über die Verwendung der Mittel nach § 8 Abs. 2 RegG entscheiden die Länder im Rahmen der durch das Grundgesetz und § 7 RegG festgelegten Zweckbestimmungen „**für den ÖPNV**" unter besonderer Berücksichtigung des Schienenpersonennahverkehrs. Die Länder sind damit frei in der Festlegung der verschiedenen Zweckbestimmungen in der ÖPNV-Förderung von der Finanzierung der Investitionen bis hin zu den Betriebsausgaben. Der weitaus größte Teil der Mittel (1997 4,2 Mrd. DM) dient nach Reduzierung des GVFG-Finanzrahmens um 3 Mrd. DM der Stabilisierung der ÖPNV-Infrastruktur- und Fahrzeugförderung auf dem Niveau des Jahres 1996. Darüberhinaus haben die Länder differenzierte Schwerpunkte in ihren ÖPNV-Gesetzen zur Angebots- und Qualitätsverbesserung im ÖPNV sowie zur Reaktivierung und Ergänzung des SPNV-Schienennetzes gesetzt (vgl. Rz. 330).

325   Die für die Aufrechterhaltung des **Schienenpersonennahverkehrs** nach § 8 Abs. 1 gesetzlich vorgesehenen Beträge waren 1996 und 1997 vollständig an die DB AG weiterzuleiten. Nach § 6 RegG mußte einmalig zum 31. 12. 1997 geprüft werden, ob ein Betrag von 7,9 Mrd. DM/Jahr ausreicht, in den Jahren 1998 – 2001 die Verkehrsleistungen im SPNV im gleichen Umfange vereinbaren zu können, wie sie nach dem Fahrplan 93/94 (Beginn der Bahnstrukturreform 1. 1. 1994) erbracht worden sind (Revisionsklausel). Eine im Benehmen mit den Ländern beauftragte Wirtschaftsprüfungsgesellschaft hat dazu festgestellt, daß dies der Fall ist und künftig sogar mit einem geringeren Aufwand zu rechnen ist (vgl. Tabelle 9).

Tabelle 9:   Mittelbedarf für Verkehrsleistungen nach § 8 Abs. 1 RegG

Jahr	1998	1999	2000	2001
Mio. DM	7,866	7,695	7,522	7,387
Veränderung gegenüber 1997	+67	−104	−277	−412

Die Bundesregierung hat mit diesen Ergebnissen Anfang 1998 einen Referen- **326** tenentwurf für eine Gesetzesänderung erarbeitet, um den Betrag von 12 Mrd. DM, der den Ländern aus dem Mineralölsteueraufkommen des Bundes zusteht, zu kürzen. Nach einer Stellungnahme der Bundesregierung an die Länder ließe sich die angestrebte Entlastung des Bundeshaushaltes (825 Mio. DM) alternativ durch eine zeitliche Verschiebung der Dynamisierung (vgl. Rz. 323) erreichen. Der Bund vertritt die Auffassung, daß er den Ländern mehr Mittel (nach Schlüssel A) zahle, als sie benötigen, um die **Verkehrsleistungen** im SPNV entsprechend dem Niveau des Fahrplanes 93/94 vereinbaren zu können. Die Länder, die im Bundesrat der vorgeschlagenen Gesetzesänderung zustimmen müßten, sind dagegen der Auffassung, daß nicht der Betrag nach Schlüssel A, sondern der Gesamtbetrag von 12 Mrd. DM Grundlage der Bund-Länder-Vereinbarungen zur Regionalisierung ist und auch im Falle einer von der Ländern gewünschten Schlüsseländerung nicht tangiert sein kann. Die DB AG ist jedoch nicht bereit, das unternehmerische Risiko für die im Gutachten unterstellte positive Kosten- und Erlösentwicklung zu tragen. Aus der Untersuchung kann gefolgert werden, daß der Nahverkehr in besonderem Maße am bisherigen Erfolg der DB AG beteiligt ist, und die seinerzeitigen Schätzungen zu den Kosten des Nahverkehrs – entgegen allen Befürchtungen – auf der „sicheren Seite" lagen.

Tabelle 10: Ergebnis der Untersuchung 1997 nach § 6 RegG und Vorschlag zur Neuverteilung der Mittel nach § 8 Abs. 1 RegG

Land	Betrag nach § 8 Abs. 1 RegG 1997		Erforderl. Betrag nach § 8 Abs. 1 RegG 1998 (Untersuchung § 6 RegG)		Vorschlag der Länder zur Mittelverteilung bis 2001 (Leistungsbild 1997)	
	Mio. DM	%	Mio. DM	%	Mio. DM	%
Baden-Württemberg	780,40	10,01	629,26	8,00	641,07	8,15
Bayern	1260,30	16,16	1123,41	14,28	1148,42	14,60
Berlin	453,96	5,82	508,18	6,46	503,42	6,40
Brandenburg	539,84	6,92	547,13	6,96	543,53	6,91
Bremen	21,50	0,28	20,52	0,26	24,38	0,31
Hamburg	133,20	1,71	128,06	1,63	133,72	1,70
Hessen	598,50	7,67	523,95	6,66	504,99	6,42
Mecklenb. -Vorpommern	263,77	3,38	304,47	3,87	318,57	4,05
Niedersachsen	535,60	6,87	700,73	8,91	683,55	8,69
Nordrhein-Westfalen	1165,10	14,94	1126,09	14,32	1114,60	14,17
Rheinland-Pfalz	392,00	5,03	371,83	4,73	372,84	4,74
Saarland	113,80	1,46	88,17	1,12	87,31	1,11
Sachsen	579,36	7,42	686,01	8,72	691,41	8,79
Sachsen-Anhalt	456,86	5,85	519,05	6,60	499,49	6,35
Schleswig-Holstein	186,10	2,39	222,20	2,82	251,71	3,20
Thüringen	318,80	4,09	366,85	4,66	346,89	4,41
Gesamt	7799,09	100	7865,90	100	7865,90	100

327 Das Gutachten hat weiter gezeigt, daß die im Gesetz für 1997 festgelegte Aufteilung der **Regionalisierungsmittel** auf die Länder Disparitäten zur tatsächlichen Situation aufweist. So wurde z. b. der Betriebsaufwand in den NBL unterschätzt, die Erlöse jedoch überschätzt. Dies blieb bisher ohne Konsequenzen, da die DB AG ihr Angebot für 1996/97 in den **Verkehrsdurchführungsverträgen** an den Aufteilungsbeiträgen nach § 8 Abs. 1 RegG orientierte und damit ein bundesweiter Ausgleich zwischen den Ländern stattfand.

Die unter den Bedingungen (Leistungsbild) und nach dem Leistungsumfang des Fahrplanes 93/94 (unter Berücksichtigung der Lückenschlüsse) gutachtlich festgestellte Mittelbedarf ist in Tabelle 10 dargestellt.

Daneben ist die aus Sicht der Länder und der DB AG notwendige Mittelverteilung nach den Bedingungen zur Erstellung der Leistungen bei der DB AG (Leistungsbild 1997) aufgeführt. Die Problematik der Schlüsselbildung soll bei diesem Vorschlag im Jahre 2001 unter Berücksichtigung der Einwohnerzahlen und der unterschiedlichen Raum- und Verkehrstrukturen abschließend gelöst werden. Eine kurzfristige Novellierung von § 8 RegG dürfte aus vorstehenden Gründen nicht zu erwarten sein.

2.5 Förderung aus den Verkehrshaushalten der Länder

2.5.1 Finanzleistungen und Förderprogramme der Länder

328 Die Länder stellen neben den allgemeinen und zweckgebundenen Schlüsselzuweisungen zur Finanzierung kommunaler Aufgaben bedarfsbezogene Investitions- und Finanzhilfen für den kommunalen Verkehr zur Verfügung. Einen Überblick über das in den Ländern für die **Förderung** und Finanzierung des kommunalen Verkehrs einsetzbare Finanzvolumen vermittelt Tabelle 11 (vgl. BT-Drs. 13/7552).

Tabelle 11: Übersicht über die Finanzleistungen für den kommunalen Verkehr 1997 (Mrd. DM)

GVFG	§ 8 Abs. 1 RegG	§ 8 Abs. 2 RegG	Originäre Landesmittel				Gesamt-leistungen
			Investitionen	sonstige	§ 45a PBefG § 6a AEG	§ 59ff. SchwbG	
3,28	7,8	4,2	1,5	0,8	1,6	0,6	19,78
davon Aufwendungen in NRW							
0,685	1,15	0,765	0,25	0,15	0,4	0,24	3,64

Aus dem Gesamtbetrag von rd. 20 Mrd. DM dienen unter der Voraussetzung, daß etwa die Hälfte der Mittel für Verbesserungen nach § 8 Abs. 2 RegG investiv genutzt werden, rd. 6,9 Mrd. DM der Finanzierung von Investitionsvorhaben zur Verbesserung der Verkehrsverhältnisse der Gemeinden. Davon werden etwa

2 Mrd. DM für den **kommunalen Straßenbau** eingesetzt. Hinzu kommen für diesen Investitionsbereich bundesweit rd. 5,1 Mrd. DM, die den Gemeinden unmittelbar aus Anliegerbeiträgen zufließen.

Zu einer beachtlichen weiteren Verstärkung des Finanzvolumens tragen außerhalb des Verkehrshaushaltes insbesondere die Städtebauförderung und die regionale Wirtschaftsförderung bei (vgl. Rz. 332 u. 335). Beachtenswert ist, daß der Einsatz der Fördermittel aus den Bereichen außerhalb des Verkehrshaushaltes nicht an die engen verkehrlichen Abgrenzungen für die Ermittlung der zuwendungsfähigen Kosten gebunden ist, sondern an die Zielsetzungen der speziellen Förderprogramme, die z.b. nicht allein auf verkehrlich notwendige Anlagen, sondern ggf. auf die besondere Ausgestaltung des öffentlichen Raumes, eine besondere Qualität der Erschließung etc. gerichtet sein können.

Tabelle 12: Finanzierungs- und Förderprogramme der Länderverkehrshaushalte

Kommunaler Straßenbau (KSB)	ÖPNV – Investitionen	ÖPNV – Betrieb
GVFG – Landesprogramm – KSB –	GVFG – Bundesprogramm • kommunaler Teil • DB AG – Teil (Kofinanzierung)	Betriebskosten SPNV (§ 8 Abs. 1 RegG)
Programm nach § 5a FStrG (Komplementärförderung)	GVFG – Landesprogramm – ÖPNV –	Kooperations- und sonst. Betriebskostenförderung
Landesprogramme:	Landesprogramme Infrastruktur- und sonst. Förderung (SPNV/ÖPNV)	Planungs- und Organisationskosten
• Rad- und Gehwege • Lärmsanierung • Grunderneuerung • Schulwegsicherung • Verkehrsberuhigung • Planungskosten • Sonstige Vorhaben	Fahrzeugförderung SPNV/ÖPNV (aus GVFG- oder Reg. Mitteln)	Sicherheit und Service im ÖPNV
	Bau, Ausbau von NE-Bahnen	Schuldendiensthilfen für Nahverkehrsinvestitionen der DB AG (BSchwAG)
	§ 17 EKrG für NE-Bahnen	Erstattung nach § 45a PBefG/ § 6a AEG
		Schwerbehindertenfreifahrt, § 62 SchwbG

Die originären Mittel der Länder für die Investitionsmaßnahmen des Verkehrshaushaltes werden zur Erhöhung des **Fördersatzes** nach GVFG (bis 90 %, S-Bahn bis 100 %) und für eigenständige Förderprogramme der Länder (die den **Förderkatalog** des GVFG erweitern) eingesetzt. Teilweise erfolgt eine finanzielle Einbindung in den kommunalen Steuerverbund des jeweiligen Landes (Finanzausgleichsgesetz – FAG oder Gemeindefinanzierungsgesetz – GFG). Nicht

329

alle Länder stellen Mittel für die Komplementärfinanzierung zur Verfügung. In diesen Fällen liegt der kommunale Eigenanteil entsprechend höher. Die Grundstruktur der von den Ländern eingerichteten Förderungs- und Finanzierungsprogramme ist der Tabelle 12 zu entnehmen.

330 Zur Konkretisierung und Umsetzung der ÖPNV-Infrastruktur- und Fahrzeugförderung nach GVFG und der ergänzenden eigenen Programme haben fast alle Länder ebenso wie für den kommunalen Straßenbau Verwaltungsvorschriften (VV-GVFG) für den ÖPNV/SPNV erlassen (vgl. Rz. 315). Hinzu kommen weitere ergänzende gesetzliche Grundsatzregelungen zur Förderung und Finanzierung des ÖPNV in den Regionalisierungsgesetzen und den hierzu erlassenen Verwaltungsvorschriften. Eine Übersicht zu den entsprechenden Finanzierungsbestimmungen der Regionalisierungsgesetze enthält Tabelle 13. Bemerkenswert ist, daß die Fahrzeug- und Infrastrukturförderung in allen Bundesländern auch unter überwiegendem Einsatz der nicht an konkrete Fördergegenstände gebundenen Regionalisierungsmittel weiterhin von den Grundlagen der GVFG-Förderung bestimmt wird.

Tabelle 13: Finanzierungsbestimmungen in den ÖPNV – Gesetzen der Länder

Gesetz	Infrastruktur-förderung	Vorhaltekost. für Fahrzeug förderung	Kooperati-onsförderung	Planung und Organisation	Betriebs-kosten – SPNV –
	Art./§	Art./§	Art./§	Art./§	Art./§
ÖPNVG BW	13 Abs. 2		13 Abs. 3		10 Abs. 2
BayÖPNVG	21		24	27	29
BerlÖPNVG	7 Abs. 2	27	6		
ÖPNVG BbG	10, 11	7 Abs. 2	11 Abs. 3	10,11	10
BreÖPNVG	10, 11	10, 11	11		11
HessRegG	8	9	9 Abs. 2, 8	9	8
ÖPNVG MV	8 Abs. 2	8 Abs. 2	8 Abs. 6	8 Abs. 2	8
NNVG	7 Abs. 5	7 Abs. 5	7 Abs. 7	7 Abs. 6	7 Abs. 1
RegG NW	12, 10	10, 13	14, 10	14 Abs. 2	10, 11
NVG RP	9, 10	10, 11	11	10, 11	10 Abs. 2
SaarÖPNVG	11, 2	11, 12	12	11 Abs. 6, 12	11, 12
SächsÖPNVG	7	7	7	7	7
ÖPNVG SA	15	15	15	15	15
ÖPNVG SH	6	6	6	6	6
ThürÖPNVG	8, 10, 12	8, 10, 12	8, 11	12	8, 9, 12

2.5.2 Radverkehrsförderung

331 Handlungsschwerpunkte der Radverkehrsförderung sind insbesondere:

• die Schaffung geschlossener Radverkehrsnetze im Bereich der verkehrswichtigen Straßen,
• die Verknüpfung der regionalen und lokalen Netze,

- die Beseitigung von Unfallbrennpunkten und baulichen Mängeln im vorhandenen Netz,
- die Verbesserung der Radverkehrswegweisung,
- die Anbindung der Haltestellen des ÖPNV einschl. B+R-Anlagen,
- die verstärkte Einbindung radverkehrsfreundlicher Erschließungsstraßen (Tempo 30-Zone) unter Verzicht auf bauliche Separation,
- die Erweiterung des Radwanderwegenetzes.

Für die Förderung und Finanzierung stehen zur Verfügung:

- GVFG – Mittel für Radverkehrsanlagen an verkehrswichtigen Straßen in kom-munaler Baulast einschließlich Überquerungshilfen und B+R-Anlagen,
- die Bauprogramme der überörtlichen Baulastträger Bund und Land, soweit diese Baulastträger der entsprechenden Straßen sind,
- die Sonderprogramme (FAG/GFG-Mittel) z.B. der Länder Baden-Württemberg, Bayern, Brandenburg, Nordrhein-Westfalen, Rheinland-Pfalz, Schleswig-Holstein für Radverkehrseinrichtungen außerhalb des verkehrswichtigen Straßennetzes, einschl. Wegweisungssysteme und Fahrradstationen,
- Stadterneuerungsmittel für Radverkehrskonzepte, Fahrradparkhäuser und die Schaffung radverkehrsfreundlicher Erschließungssysteme, Tempo 30-Zonen etc.,
- Ablöseträge, z.B. nach § 51 Abs. 6 BauO NW für die Finanzierung von Fahrradabstellanlagen und B+R-Anlagen,
- sonstige Mittel aus Arbeitsbeschaffungsprogrammen, der Fremdenverkehrsförderung und des landwirtschaftlichen Wegebaues (Radwanderwege),
- Eigenmittel und Anliegerbeiträge.

2.6. Förderung aus Mitteln der Stadterneuerung

2.6.1 Städtebauförderungsprogramme

Bund und Länder fördern seit Beginn der 70er Jahre die Vorbereitung und **332** Durchführung von **Stadterneuerungsmaßnahmen** (Sanierung und Entwicklung). Grundlage war zunächst das im Jahre 1971 (im gleichen Jahr wie das Gemeindeverkehrsfinanzierungsgesetz) vom Bundestag beschlossene **Städtebauförderungsgesetz** (BGBl. I S. 1125). Bis Ende 1981 bestand für den Einsatz der Bundesmittel eine vom Bund im Einvernehmen mit den Ländern nach Art. 84 Abs. 2 GG erlassene „Allgemeine Verwaltungsvorschrift". Diese Verwaltungsvorschrift konnte durch vergleichbare Richtlinien der Länder abgelöst werden. Mit der Änderung des Baugesetzbuches im Jahre 1986 wurde das Städtebauförderungsgesetz aufgehoben (BGBl. I S. 2191) und in wesentlichen Teilen in das Baugesetzbuch übernommen. Soweit Finanzhilfen des Bundes eingesetzt werden, sind weiterhin die §§ 136 bis 171 BauGB zu beachten.

Grundlage für die Gewährung der Bundesfinanzhilfen ist Art. 104a Abs. 4 GG (vgl. Rz. 5). Die Bundesfinanzhilfen werden gemeinsam mit den Landesmitteln

(Kofinanzierung) durch das betroffene Land an die Gemeinden als Träger der Stadterneuerungsmaßnahmen ausgezahlt. Zusätzlich zum Bund-Länder-Programm finanzieren die Länder eigene Stadterneuerungsprogramme mit landesspezifischen Schwerpunkten (Wohnumfeldverbesserung/Stadtbegrünung, Zentren, Zukunftsstandorte, Modernisierung etc.). Da der zur Zeit jährlich verfügbare Verpflichtungsrahmen des Bundes (600 Mio. DM) weitgehend für Vorhaben in den neuen Bundesländern (Nachholbedarf) benötigt wird (520 Mio. DM), hat das Bund-Länder-Programm in den ABL seine finanzielle Bedeutung verloren.

333 Zu unterscheiden ist zwischen förmlich festgesetzten städtebaulichen **Sanierungs- und Entwicklungsgebieten** und Gebieten ohne besonderes Sanierungs- und Entwicklungsrecht sowie **städtebaulichen Einzelmaßnahmen**. Gegenstand der Förderung kann sowohl eine komplexe Sanierungs- oder Entwicklungsmaßnahme als Einheit als auch eine städtebauliche Einzelmaßnahme sein.

Verkehrs- und Erschließungsvorhaben können als Bestandteil komplexer Sanierungs- und Entwicklungsmaßnahmen oder Einzelmaßnahmen in Sachprogrammen gefördert und durchgeführt werden. In der Vergangenheit lag der Anteil der Verkehrs- bzw. Ordnungsmaßnahmen am Gesamtvolumen der Stadterneuerung relativ hoch. Anteile von 30 bis 50 % waren häufig anzutreffen.

Die Palette der im **Erschließungsbereich** aus Stadterneuerungsmitteln geförderten Aufgaben ist groß und reicht von Maßnahmen der Verkehrsberuhigung, des Rückbaues von Verkehrsstraßen, des städtebaulich veranlaßten Umbaues von überörtlichen Straßen, der Schaffung von Fußgängerzonen, der Verbesserung der Radverkehrsführung, über die Neuordnung des Parkens bis hin zu Erschließungsmaßnahmen für neue Wohn- und Gewerbegebiete.

2.6.2 Städtebauliche Verkehrs- und Erschließungsmaßnahmen

334 Städtebauförderungsmittel werden grundsätzlich subsidiär eingesetzt, d. h. wenn spezielle Fördermöglichkeiten, wie z. B. nach GVFG nicht bestehen. Welche Vorhaben des kommunalen Verkehrs (Erschließungsbereich) gefördert werden können, wird nachfolgend am Beispiel der **Förderrichtlinien Stadterneuerung** (SMBl. NW 2313) des Landes NRW dargestellt:

*   Städtebauliche Planungen und Wettbewerbe (GRW 1995 SMBl. NW 236)
*   Gestaltung von Plätzen einschl. Kunst im Straßenraum
*   Gestaltung von Fußgängerzonen
*   Mischflächen (verkehrsberuhigte Bereiche)
*   Verkehrsberuhigungsmaßnahmen (Tempo 30-Zonen)
*   Mehraufwendungen aus der Erschwerung der Straßenbaulast
*   Fahrradabstellanlagen außerhalb von ÖPNV-Haltestellen
*   Fahrradstationen
*   Bahnhofsgebäude einschl. Bahnhofsumfeld

- Erschließung (innenstadtnaher) Gewerbeflächen und neuer Wohngebiete (an Haltestellen des ÖPNV)

Für die Förderung der verkehrlichen Vorhaben gelten in NRW künftig verstärkt **Höchst- und Festbeträge**, die z.T. auf eine Anrechnung von KAG-Beiträgen verzichten. Die Förderung von Parkierungseinrichtungen wurde aufgegeben. Es gelten gemeindebezogene Fördersätze (65–90 %) mit Zuschlägen für Vorhaben im besonderen Landesinteresse, die jährlich neu festgesetzt werden (Zuwendungsvolumen aus Landesmitteln 1998: 350 Mio. DM).

Verantwortlich für die Förderung von Stadterneuerungsvorhaben ist das für die Städtebauförderung zuständige Landesministerium bzw. die beauftragte Bewilligungsbehörde (Bezirksregierung/Landesamt). Die Förderanträge müssen zu den in den einzelnen Landesrichtlinien festgesetzten Fristen vorliegen. Entsprechende Unterlagen sind bei den zuständigen Landesministerien bzw. den Bewilligungsbehörden erhältlich.

2.7. Sonstige Möglichkeiten der Infrastrukturförderung

2.7.1 Förderung aus Mitteln der Gemeinschaftsaufgabe (GA), Verbesserung der regionalen Wirtschaftsstruktur (BGBl. 1969 I S. 1861)

Die erforderlichen Zuwendungen werden durch den Bund, die Europäische Union (**Europäischer Fond für regionale Entwicklung EFRE**) und den jeweiligen Ländern bereitgestellt (z.B. Regionales Wirtschaftsförderungsprogramm – RWP – vom 23.10.1996 in NRW). Danach ist zu unterscheiden zwischen Bund-Länder-Programmen und EU-Länder-Programmen. **335**

Neben Investitionsvorhaben der gewerblichen Wirtschaft können Vorhaben zum Ausbau der wirtschaftsnahen regionalen Infrastruktur gefördert werden. Zur Förderung der **wirtschaftsnahen Infrastruktur** gehören insbesondere:

- Planungs- und Beratungsleistungen,
- Erschließung von Industrie- und Gewerbeflächen einschl. Umweltschutzmaßnahmen,
- Ausbau von Verkehrsverbindungen und Verkehrsanbindungen,
- Einrichtungen zur Geländeerschließung für den Fremdenverkehr (u.a. Radwege),
- Einrichtungen der Verkehrslogistik,
- Güterverkehrszentren.

Die Anträge werden durch die Wirtschaftsministerien der Länder bzw. durch die von diesen beauftragten Bewilligungsbehörden (Bezirksregierungen) entschieden. Die RWP-Hilfen sind als zusätzliche Hilfen vorgesehen, die Fördermittel aus anderen Förderprogrammen, z.B. der Förderung nach GVFG, nicht ersetzen sollen. Deshalb sind zunächst die in diesen Bereichen bestehenden Fördermöglichkeiten zu nutzen.

336 Grundsätzlich werden RWP-Mittel nur für Vorhaben gewährt, mit dessen Realisierung relativ kurzfristig begonnen werden kann. Für die Förderung sind, soweit EG-Mittel eingesetzt werden (EU-Länderprogramme), die Beihilfebestimmungen der Europäischen Union und die entsprechenden Fördergebietskulissen zu berücksichtigen. Die Mittel für die verschiedenen **Strukturfonds** der EU, die sich auf geographische Ziele richten, belaufen sich für den Zeitraum 1994 bis 1999 auf 141,471 Mrd. ECU. Insgesamt werden 6 Schwerpunktaufgaben, die mit Ziel 1 bis 6 bezeichnet werden, gefördert. Vorrang haben Regionen mit Entwicklungsrückstand (Ziel 1-Gebiete). Deutschland erhält z.B. für den Zeitraum 1994 – 1999 rd. 25,9 Mrd. DM für Ziel 1-Gebiete, rd. 1,4 Mrd. DM für Ziel 2-Gebiete und rd. 4,4 Mrd. DM für Ziel 5-Gebiete. Hinzu kommen Mittel für Gemeinschaftsinitiativen wie z.B. grenzüberschreitende interregionale Zusammenarbeit INTERREG mit einem Volumen von 2,4 Mrd. ECU, URBAN (Entwicklungsprojekte in Großstädten) mit 600 Mio. ECU und RETEX (Strukturwandel in Textilregionen).

337 Die unterschiedlichen Gebietskulissen mit anteiliger Förderung aus den EU-Strukturfonds (bis max. 50 %), die für die Verkehrsinfrastruktur von Bedeutung sind, werden z.B. in NRW durch folgende Teilprogramme bestimmt:

ZIEL 2: für Regionen und Industriegebiete mit rückläufiger industrieller Entwicklung, Art. 5 der Verordnung EWG Nr. 2081/93, 2082/93 und 2084/93 vom 20.7.93, Amtsblatt Nr. L 193 vom 31.7.93

ZIEL 5(a, b): für die Förderung, Entwicklung und strukturelle Anpassung des ländlichen Raumes, Art. 5 Abs. 2 der Verordnung EWG Nr. 4253/88 in der Fassung der Verordnung (EWG) Nr. 2082/93 vom 20.7.93, Amtsblatt Nr. L 193 vom 31.7.93

Hinzu kommen ergänzend z.B. die Gemeinschaftsinitiativen:

RECHAR: für die wirtschaftliche Umgestaltung von Kohle-Revieren, Art. 11 der Verordnung (EWG) Nr. 4253/88, 2082/93 und Art. 3 der Verordnung (EWG) Nr. 4254/88, 2083/93, Amtsblatt Nr. L 193 vom 31.7.93

RESIDER: für die Umstellung von Eisen- und Stahlregionen, Art. 11 der Verordnung (EWG) Nr. 4253/88, 2082/93 und Art. 3 der Verordnung (EWG) Nr. 4254/88, 2083/93, Amtsblatt Nr. L 193 vom 31.7.93

KONVER: für Gebiete, die vom Truppenabbau betroffen sind, Art. 11 der Verordnung des Rates (EWG) Nr. 4253/88, 2082/93 und Art. 3 der Verordnung des Rates (EWG) Nr. 4254/88, 2083/93, Amtsblatt Nr. L 193 vom 31.7.93

INTERREG: für Gemeinschaftsprogramme zur Verbesserung der grenz-überschreitenden Zusammenarbeit an den Binnen- wie Außengrenzen der Gemeinschaft (z. B. Verkehrs- und Infrastruktur). Die Finanzierung besteht hier aus Eigenmitteln, dem EU-INTERREG-Zuschuß sowie der Kofinanzierung der beteiligten Länder.

Die gemeinschaftlichen Förderkonzepte für die einzelnen Einsatzbereiche werden von den Mitgliedsländern (Regionen) aufgestellt und mit der europäischen Kommission abgestimmt. Träger der Infrastrukturvorhaben können neben Gemeinden und Gemeindeverbänden auch natürliche und juristische Personen sein, die nicht auf Gewinnerzielung ausgerichtet sind (Zweckbindung in der Regel 15 Jahre). Die Förderung aus RWP-Mitteln beträgt bis zu 80 % der förderbaren Kosten. Daneben bestehen in einigen Ländern spezielle Programme zur Förderung von Kurorten und des Fremdenverkehrs, aus denen ebenfalls unterstützende Infrastrukturvorhaben gefördert werden können. Grundlage der regionalen Wirtschaftsförderungsprogramme sind die jeweiligen Landesrichtlinien für die Gewährung von Finanzierungshilfen zur Verbesserung der regionalen Wirtschaftsstruktur.

2.7.2 Transeuropäische Netze TEN

Die **transeuropäischen Netze** (TEN), die Verkehr, Telekommunikation und den **338** Energiesektor abdecken, wurden durch den Europäischen Unionsvertrag (Art. 154) eingerichtet, um den Bürgern der Union die Vorteile eines Raumes ohne Binnengrenzen zugute kommen zu lassen. Die Richtlinien für die Entwicklung der TEN schaffen die Basis für ein europäisches Verkehrsnetz, das ökologisch nachhaltig gestaltet werden soll. Schwerpunkt der TEN bilden die Verbindungen im Fernverkehr (Hochgeschwindigkeits-Zugnetze/ Autobahnnetze), die mit den Nahverkehrssystemen verknüpft werden sollen. Die Kommission unterstützt daher insbesondere TEN-Verbindungen, die mit Nahverkehrssystemen verknüpft sind (einschl. Häfen, Flughäfen, KLV-Anlagen). Insbesondere werden Durchführbarkeitsstudien gefördert und Anleihebürgschaften oder Zinszuschüsse gewährt (Art. 155 EU-Vertrag).

Grundlage für die Bewährung von Gemeinschaftszuschüssen für TEN-Vorhaben ist die Verordnung (EG) Nr. 2236/95 vom 18. 9. 1995. Die Gemeinschaftszuschüsse sind im Rahmen der Verordnung auf 10 % der Investitionskosten beschränkt.

Für den Zeitraum 1995–1999 sieht der EU – Finanzrahmen 2,34 Mrd. ECU für die Finanzierung von TEN – Projekten vor. Von diesen Mitteln waren Ende 1997 rd. 1,4 Mrd. ECU gebunden. Hinzu kommen Darlehnsverträge im Umfang von 2,66 Mrd. ECU mit der Europäischen Investitionsbank (EIB). Besonderes Gewicht haben u. a. die 14 „Essener Maßnahmen", zu denen z. B. die Betuwe-Linie, die Hochgeschwindigkeitsstrecke Paris/Brüssel/Köln/Frankfurt/ Amsterdam/ London (PBKFAL) gehören.

Durch den **Strukturfond** und den **Kohäsionsfond** (Art. 161 EU-Vertrag) fließen erhebliche Mittel u.a. auch in die Verkehrsinfrastruktur der Mitgliedstaaten. Insbesondere werden durch den EFRE umfangreiche Mittel auf regionaler Ebene durch die entsprechenden operationellen Programme bereitgestellt.

Daneben bestehen Fördermöglichkeiten für Forschungsarbeiten zur Verbesserung der Verkehrsnetze durch **Modellvorhaben** zur Erprobung moderner Telematik- und Managementsysteme. Hierfür wendet die EU im Zeitraum 1995 – 1998 rd. 240 Mio. ECU auf (DRIVE, POLIS, etc.).

2.7.3 Förderung von Arbeitsbeschaffungsmaßnahmen

339 Als **Arbeitsbeschaffungsmaßnahmen** im Bereich der kommunalen Infrastruktur kommen z.B. in Betracht:

- Anlage von Rad- und Gehwegen,
- Anlage und Beschilderung von Wanderwegen einschließlich Bau von Wetterschutzhütten etc.,
- Absenken von Bordsteinführungen für behindertengerechte Änderungsmöglichkeiten,
- Bau und Unterhaltung von Bushaltestellen,
- Untersuchung von Unfallschwerpunkten und planerische Vorbereitung von Arbeitsbeschaffungsmaßnahmen,
- Unterhaltung von Rad- und Wanderwegen.

Ziel ist die produktive Beschäftigung von Arbeitslosen bei gleichzeitiger Verbesserung der kommunalen Infrastruktur. Träger der Vorhaben können Gemeinden, Kreise, aber auch Verkehrsunternehmen, Vereine, Verbände etc. sein. Arbeitsbeschaffungsmaßnahmen können auch mit herkömmlichen Fördermaßnahmen kombiniert werden. Neben der Vermittlung der ABM-Kräfte übernimmt das zuständige Arbeitsamt auch die Bereitstellung der Zuschüsse für die Sachkostenförderung (max. 30 % der Gesamtkosten) aus den Mitteln der Bundesanstalt für Arbeit.

2.7.4 Förderung aus der Gemeinschaftsaufgabe „Verbesserung der Agrarstruktur und des Küstenschutzes" (Art. 91a Abs. 1 GG)

2.7.4.1 Dorferneuerung

340 Nach den Grundsätzen für die Dorferneuerung können die Fördermittel von Bund und Land für Maßnahmen verwendet werden, die in Gemeinden oder Ortsteilen mit landwirtschaftlicher Siedlungsstruktur auf eine Verbesserung der Agrarstruktur sowie der Lebensverhältnisse der bäuerlichen Familien gerichtet sind. Gegenstand der Förderung sind in diesem Zusammenhang u.a. auch Erschließungsmaßnahmen zur Erhaltung und Gestaltung des dörflichen Charakters sowie Maßnahmen zur Verbesserung der innerörtlichen Verkehrsverhältnisse.

Zuwendungsempfänger für die Verkehrsanlagen sind die Gemeinden, Gemeindeverbände sowie ggf. auch Teilnehmergemeinschaften bei Flurbereinigungsverfahren. Grundlage für die Durchführung der Maßnahmen ist die entsprechende Dorferneuerungsplanung. Zuständig für die Umsetzung der Förderprogramme sind die Länderministerien für Ernährung, Landwirtschaft und Forsten.

2.7.4.2 Förderung wasserwirtschaftlicher und kulturbautechnischer Maßnahmen, forstwirtschaftlicher Maßnahmen sowie Naturschutz und Erholung

Aus diesen Programmen können **ländliche Wege**, wie z.B. Verbindungs- und landwirtschaftliche Wege sowie forstwirtschaftliche Wege und Erholungs- und Wanderwege, gefördert werden. Zuwendungsempfänger können Gemeinden oder Waldbesitzer sein. Zuständig für die Umsetzung der Förderprogramme, die aus Bundes- und Landesmitteln finanziert werden, ist das jeweilige Landesministerium für Ernährung, Landwirtschaft und Forsten. 341

3. Bedarfs- und Ausbaupläne

3.1 System der Verkehrsinfrastrukturprogrammplanung

Zur Verbesserung der Verkehrsverhältnisse der Gemeinden sind neben den örtlichen die überörtlichen Investitionsprogramme von herausragender Bedeutung. Für den Ausbau und die Weiterentwicklung der überörtlichen Verkehrsnetze in der Baulast von Bund und Ländern besteht ein **dreistufiges Programmsystem**: 342

* **Bedarfspläne** (Schiene/Straße)

Die Bedarfspläne enthalten nach Dringlichkeiten gestuft den langfristigen Bedarf (rd. 20 Jahre) für die jeweiligen Verkehrsträger im Hinblick auf die angestrebte Infrastruktur und deren Vernetzung. Sie werden im Bund und in einigen Ländern als Gesetz beschlossen und in regelmäßigen Zeitabständen (5 Jahre) überprüft bzw. fortgeschrieben. Für die Festlegung des Bedarfes ist das voraussichtliche Finanzvolumen neben verkehrlichen und wirtschaftlichen Kriterien eine wichtige Orientierungsgröße.

* **Ausbaupläne**

Die Ausbaupläne konkretisieren als Handlungsprogramme des Bundes bzw. des jeweiligen Landes die Umsetzung der Bedarfspläne. Sie werden auf den mittelfristigen Zeitrahmen (in der Regel mindestens 5 Jahre) unter Berücksichtigung möglicher Reservemaßnahmen ausgerichtet. Die Fortschreibung geschieht nicht jährlich wie bei den mittelfristigen Förderprogrammen, sondern erst nach Ablauf des Zeitrahmens. Für die Auswahl der Vorhaben ist die Realisierbarkeit und Dringlichkeit von entscheidender Bedeutung.

* **Bauprogramme**

Die jährlichen Bauprogramme konkretisieren die Umsetzung der Ausbaupläne in Bund und Ländern. Das Bauprogramm (z.b. Straßenbauplan) ist Anlage zum Haushaltsplan und enthält die Mittelveranschlagung für die baureifen neuen Vorhaben und die Fortführungsmaßnahmen (Für den Ausbau der Bundesschienenwege sind mit der DB AG Finanzierungsvereinbarungen erforderlich).

3.2 Verkehrszweigübergreifende Infrastrukturplanung (BVWP '92)

343 Grundlage der verkehrszweigübergreifenden **Infrastrukturplanung** und der Ermittlung des Investitionsbedarfs für die Verkehrswege ist:

* für den Bund die Bundesverkehrswegeplanung,
* für das Land die Landesverkehrsplanung,
* für die Kommune die örtliche Gesamtverkehrsplanung einschl. Nahverkehrsplan.

Der zuletzt 1992 aufgestellte **Bundesverkehrswegeplan** (BVWP '92) enthält ein Investitionsvolumen von 453,5 Mrd. DM für den Zeitraum 1991–2012. Seine Schwerpunkte und Ziele zeigen gegenüber dem BVWP '85 (im Investitionsvolumen) eine Akzentverschiebung vom Straßenbau in Richtung öffentlichen Personenverkehr mit einer zurückhaltenderen Einschätzung der finanziellen Leistungsfähigkeit des Staates. Hervorgehoben werden:

* Grunderneuerung und Ausbau der Verkehrsinfrastruktur in den neuen Bundesländern (NBL)
* Aufbau eines Hochgeschwindigkeitsnetzes für die Eisenbahnen
* Abbau von Kapazitätsengpässen im Schienennetz
* Schaffung leistungsfähiger Schnittstellen zur Vernetzung der Verkehrsträger
* Einrichtung moderner Leit- und Informationssysteme
* Notwendige Investitionen in das Straßennetz der alten Bundesländer (ABL).

344 Eine Übersicht über die vorgesehenen Investitionen nach dem Bundesverkehrswegeplan '92 zeigt Tabelle 14. Das Finanzvolumen wird ausschließlich durch die Vorhaben des „**vordringlichen Bedarfes**" belegt. Der „**weitere Bedarf**" (nach 2012) geht somit über den festgelegten Finanzrahmen hinaus. Unter Einbeziehung der GVFG-Förderung (82,6 Mrd. DM) und kleiner sonstiger Investitionen weist der BVWP '92 für den Zeitraum 1991–2012 ein Gesamtvolumen von 538,8 Mrd. DM aus. Die Ersatz- und **Unterhaltungsinvestitionen**, die nicht bedarfsplanpflichtig sind, erfordern mit 210,9 Mrd. DM annähernd die Hälfte der gesamten Investitionsmittel.

Tabelle 14: Verkehrsinvestitionen nach BVWP '92 (1991–2012)

Verkehrszweig	Gesamtinvestition 1991–2012 (Mrd. DM)	Neubau/Ausbau (Mrd. DM)	Ersatz-, Erhaltungs- und übrige Investitionen (Mrd. DM)
Schienennetz (DB AG)	213,6	118,3	95,3
davon ABL/NBL	113,8/99,8	68,7/49,6	45,1/50,2
Bundesfernstraßen	209,6	108,6	101,0
davon ABL/NBL	146,3/63,3	70,1/38,5	76,2/24,8
Bundeswasserstraßen	30,3	15,7	14,6
davon ABL/NBL	18,5/11,8	9,5/6,2	9,0/5,6
Gesamtsumme	453,5	242,6	210,9
davon ABL/NBL	278,6/174,9	148,3/94,3	130,3/80,6

Durch Vorabentscheidungen über den **indisponiblen Bedarf** lagen rd. 80 % der Investitionsprogramme des BVWP '92 fest. Der „Vordringliche Bedarf" besteht aus:

- Indisponibler Bedarf
  - Überhang aus laufenden Vorhaben
  - Lückenschlußprogramm, Ortsumgehungen (NBL)
  - nicht begonnene Vorhaben des vordringlichen Bedarfs des BVWP '85
  - Verkehrsprojekte Deutsche Einheit (im Vorgriff auf BVWP '92 entschieden)
- Neue Vorhaben

Für die Projekte des Vordringlichen Bedarfs besteht ein uneingeschränkter Planungsauftrag. Von den Investitionen für die „**Verkehrsprojekte Deutsche Einheit**" (VDE) entfallen rd. 32,6 Mrd. DM auf Schienenwege und 23,5 Mrd. DM auf Straßenbauprojekte.

3.3 Bedarfs- und Ausbaupläne für die Bundesfernstraßen

3.3.1 Fernstraßenausbaugesetz

Das Fernstraßenausbaugesetz (FStrAbG) bestimmt in § 1 und § 2, daß die **Bun**-**desfernstraßen** (als Hoheitsaufgaben des Bundes) nach dem **Bedarfsplan** und den darin bezeichneten Baustufen sowie nach Maßgabe der verfügbaren Mittel auszubauen sind. Der gesetzlich festgelegte Bedarf ist für die Linienbestimmung (§ 16 FStrG) und die Planfeststellung (§ 17 FStrG) verbindlich (Entsprechendes gilt für Landesstraßen, z. B. nach § 1 Abs. 1 LStrAusbauG NW.). Somit unterliegt

345

die Erforderlichkeit der Planung nicht der gerichtlichen Nachprüfung im Hinblick auf den Bedarf.

Da in der Vergangenheit die Umsetzung der Bedarfspläne für den Straßenbau weit hinter den Prognoseerwartungen zurückgeblieben ist, hat der Bund durch das geänderte FStrAbG die Verwirklichung zeitlich nicht mehr befristet. Nach § 4 FStrAbG hat der BMV nach Ablauf von jeweils 5 Jahren zu prüfen, ob der Bedarfsplan der Verkehrsentwicklung anzupassen ist. Eine gesetzliche Verpflichtung zur Fortschreibung besteht z.b. im Gegensatz zu § 1 Abs. 4 Landesstraßenausbaugesetz NW (LStrAusbauG NW) auf Bundesebene nicht. Der BMV hat 1997 festgestellt, daß der Vorrat an nicht realisierten vordringlichen Maßnahmen so groß ist, daß eine Anpassung auch unter Berücksichtigung fortgeltender Bewertungskriterien derzeit nicht erforderlich ist.

3.3.2 Bedarfsplan für die Bundesfernstraßen

346 Das am 30.6.93 vom Deutschen Bundestag verabschiedete 4. Gesetz zur Änderung des Fernstraßenausbaugesetzes (4. FStrAbÄndG) stellt in Anlehnung an den BVWP '92 einen vordringlichen Bedarf von 108,6 Mrd. DM fest. Davon entfallen 70,1 Mrd. DM auf die ABL und 38,5 Mrd. DM auf die NBL. Das Finanzvolumen für den weiteren Bedarf (nach 2012) wird mit 47,8 Mrd. DM veranschlagt.

Schwerpunkte für den **Fernstraßenbau** sind im Westen vorwiegend Lückenschlüsse, **Ortsumgehungen** und der Ausbau vorhandener Autobahnen auf 6 Fahrstreifen. Im Osten stehen dagegen Vorhaben des Nachholbedarfes, Ortsumgehungen und die Projekte „Deutsche Einheit" im Vordergrund. Insgesamt sieht der Bedarfsplan 5218 km **Ortsumgehungen** als Beitrag zur Verbesserung der Verkehrsverhältnisse der Gemeinden mit Kosten von 32,3 Mrd. DM vor, davon 3698 km in den alten Bundesländern und 1520 km in den neuen Bundesländern.

Bei den nach dem **Konzessionsmodell** privat bis 2002 vorzufinanzierenden 12 Projekten mit Gesamtkosten von 3,89 Mrd. DM (ohne Grunderwerb) des Bundesfernstraßenbaues stehen Vorhaben mit städtebaulichen Entlastungswirkungen und Vorhaben zur Verbesserung der Standortqualität im Vordergrund. Teuerstes Projekt ist mit 592 Mio. DM die Rheinquerung im Zuge der A44 Düsseldorf/Messe – Ilverich. Die **Refinanzierung** (Planungs-, Bau- und Zinskosten) erfolgt nach der Fertigstellung aus dem Bundeshaushalt. Den höheren Haushaltsbelastungen in späteren Jahren muß bei einem Vergleich mit der traditionellen Haushaltsfinanzierung der Vorteil aus der früheren zeitlichen Verfügbarkeit der Maßnahmen gegengerechnet werden.

3.3.3 Ausbauplan für die Bundesfernstraßen

347 Der Finanzplanung für den Zeitraum des **Ausbauplanes** 1993–1997 mit Ergänzungen bis 2000 liegt ein durchschnittliches jährliches Finanzvolumen von

10,6 Mrd. DM zugrunde (Tabelle 15). Von diesen Mitteln entfallen rd. 20 % auf „Nichtinvestitionen" im Bereich der Straßenunterhaltung, rd. 35 % auf Investitionen außerhalb des Bedarfsplanes (Erhaltung, Umbau/Ausbau, Eisenbahn-Kreuzungsmaßnahmen etc.) und rd. 45 % auf **Bedarfsplanmaßnahmen** (Hauptbautitel). Für die Bedarfsplanmaßnahmen stehen im Finanzplanungszeitraum durchschnittlich jährlich rd. 4,95 Mrd. DM zur Verfügung.

Die Aufteilung der vorgesehenen Mittel auf die Länder, die gemäß Art. 90 GG die Straßenbaulastaufgaben des Bundes wahrnehmen, erfolgt bedarfsgerecht, d. h. proportional zum Anteil an der Netzlänge für die Unterhaltungs- und Erhaltungsmaßnahmen und für die Bedarfsplanmaßnahmen nach dem Planungs- und Baufortschritt. Grob überschläglich war in der Vergangenheit der Länderanteil an den Mitteln der Hauptbautitel (ohne VDE) mit dem am Kfz-Bestand orientierten Schlüssel für die Aufteilung der GVFG-Mittel vergleichbar.

Tabelle 15: Finanzrahmen 1993–2000 für die Bundesfernstraßen* (in Mio. DM)

Zweckbestimmung	1998	1999	2000	1993–2000
Kapitel 1210	10 600,0	10 600,0	10 600,0	85 114,6
• davon Nichtinvestitionen	2 060,0	2 060,0	2 060,0	16 374,6
• davon Investitionen	8 540,0	8 540,0	8 540,0	68 740,0
davon NBL	4 560,0	4 560,0	4 560,0	36 101,4
• Bedarfsplanin-vestitionen (ohne VDE-Projekte)	1 970,0	2 350,0	2 490,0	19 886,7
• VDE-Projekte	2 990,0	2 750,0	2 700,0	18 893,6
• Bedarfsplanin-vestitionen (HBT)	4 960,0	5 100,0	5 190,0	38 780,3
davon NBL	2 920,0	3 170,0	3 220,0	21 244,8
Investitionen außerhalb des Bedarfsplanes (NHBT)	3 580,0	3 440,0	3 350,0	29 959,7
– davon NBL	1 070,0	770,0	670,0	10 220,0

* Die Zahlen der mittelfristigen Finanzplanung für das Finanzvolumen sind nach den aktuellen Finanzplanungsdaten des Jahres 1998 von 10,6 auf 10,2 Mrd. DM jährlich zu reduzieren. Für die Investitionen verbleibt dann ein Ausgabevolumen von 8,3 Mrd. DM (HBT-Hauptbautitel).

3.4 Bedarfs- und Ausbaupläne für die Bundesschienenwege

3.4.1 Bundesschienenwegeausbaugesetz (BSchwAG)

Nach Art. 87e Abs. 4 GG liegt die **Infrastrukturverantwortung** für das gesamte **348** Nah- und Fernverkehrsnetz der Eisenbahnen des Bundes entsprechend den Erfordernissen des Wohls der Allgemeinheit und den Bedürfnissen des Verkehrs beim Bund. Die hier festgelegte Gemeinwohlverpflichtung bezieht die Nahverkehrsstrecken weiterhin ein. Lediglich die **Verkehrsangebote** auf dem Schienennetz, die den Personennahverkehr betreffen, sind ausgenommen. Bedarfs- und

Ausbaupläne enthalten deshalb das gesamte Schienenwegenetz der Eisenbahnen des Bundes.

Durch das Bundesschienenwegeausbaugesetz (BSchwAG) vom 15.11.93 (BGBl. I S. 1874), zuletzt geändert durch Art. 6 Abs. 135 des Eisenbahnneuordnungsgesetzes vom 27.12.93 (BGBl. I S. 2778, 2423, berichtigt 1994 BGBl. I S. 2439), konkretisiert der Bund die Wahrnehmung seiner Aufgaben. Grundlage des Ausbaues des **Schienenwegenetzes**, d.h. der Fern- und Nahverkehrsstrecken der Eisenbahnen des Bundes, ist der Bedarfsplan (§ 1 BSchwAG). Die erforderlichen Investitionen (§ 8 Abs. 1 BSchwAG) werden nach Maßgabe der §§ 9 und 10 BSchwAG finanziert.

349 Von den Mitteln für die Investitionen in den Erhalt und den Ausbau der Schienenwege der Eisenbahnen des Bundes sind nach § 8 Abs. 2 BSchwAG 20 % (Nahverkehrsquote) für Investitionen in Schienenwege der DB AG, die dem Schienenpersonennahverkehr dienen, zu verwenden. Die DB AG hat diese Maßnahmen mit dem jeweiligen Bundesland abzustimmen. Sowohl die Nachprüfung des Vollzuges als auch die Mitwirkung des jeweiligen Bundeslandes an der Festlegung der **Nahverkehrsmaßnahmen** sind damit festgeschrieben. Zu differenzieren ist jedoch zwischen Vorhaben, die in den Bedarfsplan einzustellen sind und Ersatzinvestitionen.

Zu den Schienenwegen, die dem Personennahverkehr dienen, können nur reine Nahverkehrsstrecken oder von Nah- und Fernverkehrszügen gemischt genutzte Strecken gehören. Fernverkehrszüge, die stationsbezogen auch von Reisenden im Nahverkehr mitbenutzt werden, bleiben Fernverkehrszüge, ebenso wie auch Nahverkehrszüge, die von Fernreisenden mitbenutzt werden, Nahverkehrszüge bleiben. Entsprechende Belastungsanteile lassen sich nach dem Wortlaut von § 8 Abs. 2 nicht in Investitionsanteile umsetzen.

350 Darüberhinaus verpflichtet sich der Bund nach § 8 Abs. 1 BSchwAG, den Ausbaustand der Schienenwege der Eisenbahnen des Bundes in den NBL an den Ausbaustandard in den übrigen Ländern anzugleichen. Einzelheiten für die Nachholung entsprechender Investitionen (Altlasten) werden durch § 22 Abs. 1 Nr. 2 Deutsche Bahn-Gründungsgesetz (DBGrG) geregelt. Für den Zeitraum 1994–2002 stellt der Bund für diesen Zweck Zuwendungen in Höhe von mindestens 33 Mrd. DM, d.h. rd. 3,7 Mrd. DM jährlich bereit. Von diesem Betrag sind mindestens 30 %, d.h. jährlich rd. 1,1 Mrd. DM für Investitionen, die dem Schienenpersonennahverkehr dienen, zu verwenden.

351 Für die Finanzierung der Investitionen aus der **Nahverkehrsquote** nach § 8 Abs. 2 BSchwAG gelten ebenso wie für die Fernverkehrsinvestitionen die Vorschriften der §§ 9 und 10 des BSchwAG. Dies bedeutet u.a., daß für die Durchführung der in den **Bedarfsplan** aufgenommenen Baumaßnahmen im Sinne von § 3 BSchwAG und die Ersatzinvestitionen nach § 11 BSchwAG eine Finanzierungsvereinbarung zwischen der DB AG und dem Bund bzw. alternativ der Gebietskörperschaft, die das Vorhaben ganz oder teilweise finanziert, abzuschließen ist (§ 9 BSchwAG).

Soweit ein Projekt auf Antrag und im Interesse der DB AG in den Bedarfsplan aufgenommen wurde (wirtschaftliche Maßnahmen), gewährt der Bund nach § 10 BSchwAG als Finanzierungsbeitrag ein zinsloses Darlehen. Liegt dagegen die Baumaßnahme nicht oder nur zum Teil im unternehmerischen Interesse der DB AG (Strukturmaßnahmen), kann in der Finanzierungsvereinbarung auch festgelegt werden, daß sich das **Darlehen** nur auf einen Teil der Investitionssumme bezieht oder der Bund einen verlorenen **Baukostenzuschuß** in entsprechender Höhe gewährt. Bei den Darlehen aus Bundesmitteln hat die DB AG Rückzahlungen in Höhe der jährlichen Abschreibungen an den Bund zu leisten. Im übrigen bleiben die Fördermöglichkeiten nach § 11 des GVFG und aus Regionalisierungsmitteln durch die Vorschriften des BSchwAG unberührt.

Beachtenswert ist, daß inzwischen der **Nahverkehr** nicht nur der umsatzstärkste Bereich der DB AG ist, sondern auch der Bereich, der offensichtlich Überschüsse erwirtschaftet (vgl. Rz. 325). Gleichwohl stellt sich das Finanzierungsverfahren nach ersten Erfahrungen – auch unter Berücksichtigung der Bereitschaft der Länder, für Nahverkehrsinvestitionen die Rückzahlungsverpflichtungen der DB AG im Falle der Darlehnsfinanzierung anteilig (25 %) zu übernehmen – als sehr schwerfällig dar (Rückgang der Investitionsmittel, Vorrang der Fernverkehrsfinanzierung, 20 Jahre Bestellgarantie etc.). Für einen Vertragsabschluß müssen DB AG, Eisenbahnbundesamt (EBA), die Bundesministerien für Verkehr und Finanzen und das beteiligte Land unter Abwägung der finanziellen, wirtschaftlichen und verkehrlichen Interessen an einem Strang ziehen. Eine Vereinfachung des Förderverfahrens liegt nicht nur im Interesse der DB AG, sondern auch der Länder und der Ziele der Bahnstrukturreform. Erkennbar ist, daß alle Schwächen in der Formulierung des Regionalisierungsgesetzes und alle Interpretationsmöglichkeiten genutzt werden, Zuschüsse aus dem Bundeshaushalt für Nahverkehrsinvestitionen der DB AG zu vermeiden, zumal nach Auffassung des Bundes in ausreichendem Maße Regionalisierungsmittel zur Verfügung stehen (vgl. Rz. 323 f).

3.4.2 *Bedarfsplan für die Bundesschienenwege*

Ausgangspunkt für die Ermittlung und Feststellung des **Investitionsbedarfes** für die Bundesschienenwege ist wie bei den Bundesfernstraßen der erste gesamtdeutsche Bundesverkehrswegeplan (BVWP '92). Während für den Aus- und Neubau der Bundesfernstraßen bereits seit 1971 Bedarfs- und Ausbaupläne aufgestellt werden, wurde erstmalig mit der Verabschiedung des Bundesschienenwegeausbaugesetzes (BSchwAG) ein **Bedarfsplan für die Bundesschienenwege** aufgestellt. Analog dem bei den Bundesfernstraßen bewährten Verfahren hat

352

der BMV jeweils nach 5 Jahren zu prüfen, ob der Bedarfsplan anzupassen ist (§ 4 Abs. 1 BSchwAG). Lediglich für den ersten Bedarfsplan, der unmittelbar die Eisenbahnprojekte des BVWP '92 als Bedarfsplanmaßnahmen festlegte, enthält § 5 Abs. 2 BSchwAG die Sonderregelung, daß spätestens 3 Jahre nach Inkrafttreten des Eisenbahnneuordnungsgesetzes vom 27.12.93 ein neuer Bedarfsplan vorzulegen ist.

353 Der Bedarfsplan, der die Eisenbahnprojekte nach den Dringlichkeitsstufen „**vordringlicher Bedarf**" und „**weiterer Bedarf**" gliedert, erfordert im vordringlichen Bedarf (vgl. Tab. 14) ein Finanzvolumen von 213,6 Mrd. DM, davon 118,3 Mrd. DM für Aus- und Neubauvorhaben und 95,3 Mrd. DM für (nicht bedarfsplanpflichtige) Ersatz- und Unterhaltungsinvestitionen. Da die zur Realisierung des vordringlichen Bedarfes benötigten Mittel den voraussichtlich verfügbaren Finanzrahmen übersteigen, müssen **Schwerpunkte** (Ausbaupläne) gesetzt werden. Nach den verkehrspolitischen Vorgaben sind dies insbesondere:

- Die Verkehrsprojekte Deutsche Einheit (32,6 Mrd. DM),
- der Ausbau des Eisenbahnknotens Berlin (10,3 Mrd. DM),
- die Hochgeschwindigkeitsstrecken, z.B. Köln-Rhein-Main mit 7,75 Mrd. DM,
- Ersatz- und Nachholinvestitionen einschl. Ausfinanzierung begonnener Vorhaben.

Die Vorhaben des „weiteren Bedarfes" (nach 2012) wurden mit 12,5 Mrd. DM eingeplant. Als einziges Projekt für die private Vorfinanzierung konnte im Schienenbereich die Ausbaustrecke Nürnberg-Ingolstadt-München beschlossen werden. DB AG und Bundesregierung haben sich auf die **Vorfinanzierung** des Projektes durch die DB AG geeinigt. Die Inbetriebnahme soll 2003 erfolgen. Danach sind 15 Jahre für die Refinanzierung aus dem Bundeshaushalt vorgesehen.

354 Vor dem Hintergrund der wenig veränderten aktuellen Verkehrsprognosen, des weiterhin großen Vorrates an Maßnahmen des vordringlichen Bedarfes, des vorgelegten Dreijahresplanes 1994–1997, des Fünfjahresplanes 1998–2002, der künftig im Gleichklang beabsichtigten Fortschreibung aller Bedarfs- und Ausbaupläne sowie der für 2002 in Aussicht genommenen verkehrsträgerübergreifenden **Fortschreibung des BVWP '92** hat die Prüfung des BMV ergeben, daß eine Änderung des Bedarfsplanes für die Bundesschienenwege ebenso wie für die Bundesfernstraßen nicht erforderlich ist. Die Bundesregierung geht davon aus, daß mit dem entsprechenden Bericht zur Überprüfung des Bedarfsplanes (BT-Drs. 3/8389) dem Gesetzesauftrag Genüge getan ist. Auf die Herbeiführung eines formalen Gesetzesbeschlusses, der den alten Bedarfsplan zum neuen, fortgeltenden Bedarfsplan erklärt hätte, hat die Bundesregierung verzichtet.

3.4.3 Ausbaupläne für die Bundesschienenwege

Dem ersten vom Bundesminister für Verkehr in Abstimmung mit der DB AG **355** aufgestellten Mehrjahresplan für den Zeitraum 1995–1997 lag ein Finanzvolumen von 30,6 Mrd. DM zugrunde. Pro Jahr sollten für den Ausbau der **Eisenbahninfrastruktur** des Bundes 10,2 Mrd. DM, davon 7,2 Mrd. DM für Bedarfsplanmaßnahmen und 3 Mrd. DM für Ersatzinvestitionen, zur Verfügung stehen. Zur Konsolidierung der Bundesfinanzen mußte der Bereitstellungsrahmen bereits ab dem Haushaltsjahr 1996 um 3 Mrd. DM auf 7,2 Mrd. DM/Jahr abgesenkt werden.

Der Fünfjahresplan 1998–2002 unterstellt, daß weiterhin bis 2002 jährlich 7,2 Mrd. DM, also insgesamt 36 Mrd. DM, aus Bundeskrediten bzw. Baukostenzuschüssen zur Verfügung stehen. Zur Finanzierung des Programmvolumens von 42,4 Mrd. DM ist eine Finanzierungsbeteiligung der DB AG in Höhe von 6,4 Mrd. DM, d. h. von jährlich 1,28 Mrd. DM vorgesehen.

Durch weitere Sparbeschlüsse der Bundesregierung mußten die veranschlagten **356** jährlichen Investitionsraten des Bundes für 1997 und 1998 von jeweils 7,204 Mrd. DM auf 6,704 Mrd. DM zurückgenommen werden. Die Finanzbeiträge des Bundes für die Investitionen in die Schienenwege des Bundes stellen sich am Beispiel des Jahres 1998 nunmehr wie folgt dar:

• Darlehen für Investitionen der DB AG	2,225 Mrd. DM
• Baukostenzuschüsse für Investitionen der DB AG	0,775 Mrd. DM
• Nachholinvestitionen (NBL) nach § 22 Abs. 1 DBGrG	3,700 Mrd. DM
• Zuschüsse für Aufgaben der Zivilverteidigung	0,004 Mrd. DM
Zuschüsse und Darlehen des Bundes insgesamt:	6,704 Mrd. DM

Ziel bleibt es, für die Laufzeit des **Ausbauplanes** durch weitere Finanzierungsbeiträge der DB AG und die Nahverkehrszuwendungen aus GVFG- und Regionalisierungsmitteln jährlich 9 Mrd. DM in den Schienenbereich der DB AG zu investieren.

Das veranschlagte Finanzvolumen des Ausbauplanes 1998–2002 von 42,4 Mrd. DM läßt sich in folgende Schwerpunkte strukturieren:

• Ersatz- und Nachholinvestitionen	15,65 Mrd. DM	(37 %)
• Hochgeschwindigkeitsstrecken (NBS/ABS)	11,16 Mrd. DM	(26 %)
• Knoten Berlin	5,11 Mrd. DM	(12 %)
• Verkehrsprojekte Deutsche Einheit (VDE)	5,01 Mrd. DM	(11,8 %)
• Knoten außerhalb Berlins	1,65 Mrd. DM	(3,9 %)
• KLV-Anlagen	1,00 Mrd. DM	(2,3 %)
• Sonstige Vorhaben einschl. Sammelposition Nahverkehr	2,78 Mrd. DM	(7,0 %)

3.4.4   Investitionen des Bundes in die Schienenwege des SPNV (Nahverkehrsquote)

357   Die Investitionen des Bundes in die Schienenwege des Nahverkehrs der DB AG entsprechen bisher nicht den Erwartungen der Länder und offensichtlich auch nicht den Anforderungen nach § 8 Abs. 2 BSchwAG. Nach verschiedenen Erörterungen in den Verkehrsministerkonferenzen verständigten sich Bund und Länder auf eine Übergangslösung bis zum Jahre 2002. Danach sollen die Bundesinvestitionen in die Schienenwege des **Nahverkehrs** in diesem Zeitraum wie folgt dargestellt werden:

- 15 % für Neu-, Ausbau- und Ersatzinvestitionen in gemischt genutzte Strecken der DB AG (bundesweit),

- 5 % pauschaliert als **„Sammelposition SPNV"** des Ausbauplanes für zwischen der DB AG und den Ländern konkret abzustimmende spezielle **Nahverkehrsstrecken**. Für diese Investitionen in reine Nahverkehrsstrecken wird eine Länderquote nach dem Schlüssel gemäß § 8 Abs. 2 des Regionalisierungsgesetzes des Bundes gebildet. Abweichungen bis zu 10 % sind möglich, wenn innerhalb von 5 Jahren ein Ausgleich erfolgt (vgl. Rz. 349).

358   • Der Abstimmung des Volumens für die „Sammelposition SPNV" (5 %) lag für den Dreijahresplan 1997 zunächst ein Programmvolumen von 30,6 Mrd. DM zugrunde. Es bestand Einvernehmen zwischen Bund und Ländern, den Nahverkehrsanteil von 30 % (3,33 Mrd. DM) aus den Nachholinvestitionen in den Neuen Bundesländern nach § 22 Abs. 1 DBGrG aus dieser Berechnungsgrundlage herauszunehmen, so daß ein Einplanungsvolumen von 1,335 Mrd. DM für reine Nahverkehrsstrecken zu vereinbaren war. Durch Minderausgaben und die angesprochenen Haushaltskürzungen liegt das SPNV-Volumen (von 5 %) nunmehr bei etwa 1 Mrd. DM für den Dreijahresplan. Der BMV hat zugesagt, die durch verzögerten Beginn bisher nicht verausgabten Mittel für die Abwicklung begonnener Vorhaben verfügbar zu halten.

- Für den Ausbauplan 1998–2002 mit einem voraussichtlichen Finanzvolumen von 42,4 Mrd. DM haben Bund, Länder und DB AG ein Volumen von 2,1 Mrd. DM für die „Sammelposition SPNV" vereinbart. Der Betrag setzt sich zusammen aus 1,8 Mrd. DM Bundesmitteln (5 % von 3,6 Mrd. DM) und 0,3 Mrd. DM anteiliger Mittel der DB AG (vgl. Rz. 355).

3.4.5   Staatliche Bedarfspläne und kommunale Mitwirkung

359   Für die kommunale Ebene bestehen vielfältige z.T. nicht formalisierte Mitwirkungsmöglichkeiten bei der Festlegung und Realisierung von Projekten der Verkehrswegeplanung des Bundes bzw. eines Landes. Das notwendige Zusammenwirken der verschiedenen Planungsebenen (Gegenstromprinzip) ermöglicht, daß

- Gestaltung, Integration und Vernetzung der Verkehrssysteme besser gelingen,

- die Akzeptanz der Vorhaben erhöht wird,

- Planungs- und Finanzressourcen effizient genutzt werden können.

Für die Beteiligungs- und Mitwirkungsprozesse sind, auch soweit sie nicht gesetzlich festgelegt sind, überschaubare, strukturierte Ablaufverfahren mit konkreten Zeitvorgaben erforderlich. Die Wechselbeziehungen werden im einzelnen durch die nachfolgende Tabelle 16 für die Landesebene, z.B. für den Landesstraßenbedarfsplan (Gesetz) und den ÖPNV-Bedarfsplan (Programm) verdeutlicht. **360**

Tabelle 16: Kommunale Mitwirkung bei Aufstellung und Umsetzung von Bedarfsplänen

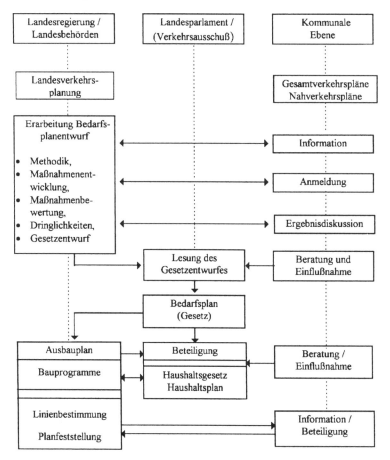

Die weitere Information bzw. Beteiligung der kommunalen Stellen erfolgt z. B. für den Landesstraßenbau bei der Aufstellung der Ausbaupläne, bei der Durchführung des Raumordnungsverfahrens und des Planfeststellungsverfahrens. Die Umsetzung kommunaler ÖPNV-Vorhaben liegt dagegen nach der Aufstellung des ÖPNV-Ausbauplanes und der Prüfung der Förderanträge in kommunaler Hand.

Literaturverzeichnis

1. Übersicht über die Verwaltungsvorschriften der Länder zur Förderung nach GVFG und ergänzender Landesprogramme

Baden-Württemberg

* Verwaltungsvorschrift des Innenministeriums und des Finanzministeriums zur Durchführung des Gemeindeverkehrsfinanzierungsgesetzes (VwV-GVFG) vom 10. 4. 1986, GABl. 1986 Nr. 15, S. 425
* Verwaltungsvorschrift zur Gewährung von Zuwendungen für die Beschaffung von Fahrzeugen nach dem Gemeindeverkehrsfinanzierungsgesetz (VwV-Fahrzeuge) vom 21. 10. 1993, GABl. 1993 Nr. 33, S. 1125

Bayern

* Richtlinien des Freistaates Bayern zu Straßen- und Brückenbauvorhaben kommunaler Baulastträger (RZSta) vom 20. 8. 1992, MABl. Nr. 19/1982, S. 429
* Richtlinie für die Gewährung von Zuwendungen des Freistaates Bayern für Nahverkehrsinvestitionen (RZ-ÖPNV) vom 28. 2. 1984, WVMBl. Nr. 1/1984, S. 1

Berlin

* Keine speziellen Förderrichtlinien erlassen (GVFG/Landeshaushaltsordnung), es bestehen interne Verfahrensgrundsätze für die stadtstaatl. Verwaltung.

Brandenburg

* Verwaltungsvorschriften zur Durchführung des Gemeindeverkehrsfinanzierungsgesetzes und zur Verwendung von Landesmitteln zur Verbesserung der Verkehrsverhältnisse in den Gemeinden des Landes Brandenburg (VV-GVFG Bbg).

Bremen

* Keine speziellen Förderrichtlinien erlassen, es bestehen interne Verfahrensgrundsätze für die stadtstaatl. Verwaltung.

Hamburg

• Keine speziellen Förderrichtlinien erlassen, es bestehen interne Verfahrensgrundsätze für die stadtstaatl. Verwaltung.

Hessen

• Verwaltungsvorschriften des Landes Hessen zur Durchführung des Gemeindeverkehrsfinanzierungsgesetzes VV-GVFG vom 9. 12. 1996, Staatsanzeiger für das Land Hessen vom 9. 12. 1996 Nr. 50,

• Richtlinien des Landes Hessen zur Förderung von Omnibussen und Schienenfahrzeugen nach dem Gemeindeverkehrsfinanzierungsgesetz (GVFG) (RL-Fahrzeugförderung) vom 3. 6. 1996, Staatsanzeiger für das Land Hessen vom 3. 6. 1996, Nr. 23, S. 1787,

• Richtlinie des Landes Hessen für die Gewährung von Zuwendungen zu Maßnahmen des öffentlichen Personennahverkehrs – Ri zu § 33 FAG-ÖPNV vom 9. 12. 1996, Staatsanzeiger für das Land Hessen Nr. 50, S. 4099.

Mecklenburg-Vorpommern

Förderrichtlinien noch nicht erlassen. GVFG-Rahmenrichtlinien und Haushaltsrecht werden unmittelbar angewandt.

Niedersachsen

• Richtlinien zur Durchführung des GVFG im Land Niedersachsen vom 3. 4. 1973 (Nds MBl, S. 801)

• Richtlinie über die Bewährung von Zuwendungen für die Beschaffung von neuen Omnibüssen für den öffentlichen Personennahverkehr (ÖPNV) vom 22. 2. 1995 (Nds MBl, S. 507)

Nordrhein-Westfalen

• Verwaltungsvorschriften zur Durchführung des Gemeindeverkehrsfinanzierungsgesetzes (VV-GVFG) vom 1. 12. 1982, MBl. NW Nr. 96, S. 1937,

• Richtlinien zur Förderung der Verkehrsinfrastruktur im Straßenraum in den Städten und Gemeinden Nordrhein-Westfalens (Förderrichtlinien Stadtverkehr vom 7. 1. 1998, SMBl. NW 910,

• Verwaltungsvorschriften zum Gesetz zur Regionalisierung des öffentlichen Schienenpersonennahverkehrs sowie zur Weiterentwicklung des ÖPNV (Regionali-sierungsgesetz NW) vom 11. 6. 1996, SMBl. 923,

• Richtlinien über die Gewährung von Zuwendungen zur Verbesserung der Sicherheit und des Services im ÖPNV vom 15. 12. 1997, SMBl. 923.

Rheinland-Pfalz

- Förderung der Verkehrswege, Verkehrsanlagen und sonstigen verkehrswirtschaftlichen Investitionen kommunaler und privater Bauträger (VV-GVFG/FAG) vom 12. 10. 1992, MBl. 9109,
- Förderung des öffentlichen Personennahverkehrs (ÖPNV) einschließlich des Schienenpersonennahverkehrs (SPNV) (VV-ÖPNV/SPNV) vom 14. 10. 1997 – MBl. 9240

Saarland

- Verwaltungsvorschriften zur Durchführung des Gemeindeverkehrsfinanzierungsgesetzes (GVFG), VV-GVFG-Saarland (GMBl Saarland 1975, S. 551 ff.)

Sachsen

- Verwaltungsvorschriften des Sächsischen Staatsministeriums für Wirtschaft und Arbeit zur Gewährung von Zuwendungen für die Beschaffung von Omnibussen nach dem GVFG (VwV-Bus) vom 16,12.1993, Sächs ABl. Nr. 4 vom 25. 1. 1994

Sachsen-Anhalt

- Verwaltungsvorschriften zur Durchführung des GVFG (VV-GVFG) vom 21. 10. 1993, MBl. LSA Nr. 3/1994

Schleswig-Holstein

- Richtlinie für die Gewährung von Zuwendungen für den Bau von systemgerechten Bushaltestellen in SH vom 6. 2. 1996, ABl. SH Nr. 9/1996,
- Richtlinie über die Zuwendungen aus Finanzhilfen für den kommunalen Straßenbau in Schleswig-Holstein vom 3. 1. 1997, ABl. SH Nr. 5/1997

Thüringen

- Verwaltungsvorschriften des Freistaates Thüringen zur Durchführung des Gemeindeverkehrsfinanzierungsgesetzes z. Z. in Vorbereitung

2. Regionalisierungsgesetze der Länder

Baden-Württemberg

Gesetz zur Umsetzung der Bahnstrukturreform und zur Umgestaltung des öffentlichen Personennahverkehrs in Baden Württemberg vom 8. 6. 1995

Bayern

Gesetz über den öffentlichen Personennahverkehr in Bayern (Bay ÖPNVG) vom 24. 12. 1993 (Bayer. GVBl. S. 1052, geändert 23. 12. 1995, Bayer. GVBl. S. 863)

Berlin

Gesetz über die Aufgaben und die Weiterentwicklung des ÖPNV im Land Berlin (ÖPNV Gesetz) vom 27. 6. 1995

Brandenburg

Gesetz über den öffentlichen Personennahverkehr im Land Brandenburg (ÖP-NVG) vom 26. 10. 1995

Bremen

Gesetz über den öffentlichen Personennahverkehr im Land Bremen (BremÖP-NVG) vom 15. 5. 1995

Hessen

Gesetz zur Weiterentwicklung des öffentlichen Personennahverkehrs in Hessen vom 19. 1. 1996 (GVBl. für das Land Hessen I S. 50)

Mecklenburg-Vorpommern

Gesetz über den öffentlichen Personennahverkehr in Mecklenburg-Vorpommern (ÖPNVG M-V) vom 15. 11. 1995

Niedersachsen

Niedersächsisches Nahverkehrsgesetz (NNVG) vom 28. 6. 1995

Nordrhein-Westfalen

Gesetz zur Regionalisierung des öffentlichen Schienenpersonennahverkehrs sowie zur Weiterentwicklung des ÖPNV (Regionalisierungsgesetz NW) vom 7. 3. 1995 (GVBl. NW S. 196, geändert 2. 7. 1996, GVBl. NW S. 234)

Rheinland-Pfalz

Landesgesetz Rheinland-Pfalz über den öffentlichen Personennahverkehr (Nahver-kehrsgesetz -NVG -) vom 17. 11. 1995

Saarland

Gesetz über den öffentlichen Personennahverkehr im Saarland (ÖPNVG) vom 29. 11. 1995

Sachsen

Gesetz über den öffentlichen Personennahverkehr im Freistaat Sachsen (ÖP-NVG) vom 14. 12. 1995

Sachsen-Anhalt

Gesetz zur Gestaltung des öffentlichen Personennahverkehrs im Land Sachsen-Anhalt (ÖPNVG LSA) vom November 1995

Schleswig-Holstein

Gesetz über den öffentlichen Personennahverkehr in Schleswig-Holstein (ÖP-NVG) vom Jan. 96

Thüringen

Thüringer Gesetz über den öffentlichen Personenverkehr (ThürÖPNVG) vom 8. 12. 1995

3. Rechtsquellen und Literaturhinweise

Gemeindeverkehrsfinanzierungsgesetz	BGBl. 1988 I, S. 100 BGBl. 1993 I, S. 1488
Eisenbahnneuordnungsgesetz (ENeuOG) .	BGBl. 1993 I, S. 2373
Regionalisierungsgesetz des Bundes (RegG)	BGBl. 1993 I, S. 2378
Eisenbahnkreuzungsgesetz (EKrG)	BGBl. 1993 I, S. 2373
Bundesschienenwegeausbaugesetz (BSchwAG) vom 15. 11. 1993	BGBl. 1993 I S. 1874
Bundesfernstraßengesetz (§ 5a FStrG)	BGBl. 1994 I, S. 854
Fernstraßenausbaugesetz (FStrAbG) in der Bekanntmachung der Neufassung vom 15. 11. 1993	BGBl. 1993 I S. 1878
Viertes Gesetz zur Änderung des Fernstraßenausbaugesetzes (4. FStrAbÄndG) vom 15. 11. 1993	BGBl. 1993 I S. 1877
Gesetz zum Ausgleich unterschiedlicher Wirtschaftskraft und zur Förderung des wirtschaftlichen Wachstums in den neuen Ländern (Investitionsförderungsgesetz Aufbau Ost	BGBl. 1993 I, S. 982
Baugesetzbuch (BauGB)	BGBl. 1997 I S. 2141
Fünfjahresplan für den Ausbau der Bundesfernstraßen in den Jahren 1993–1997 mit Ergänzungen bis 2000	BMV, Bonn 1993
Bericht der Bundesregierung zur Überprüfung des Bedarfsplanes für die Bundesschienenwege	Bundestagsdrucksache 13/8389 vom 2.8.97

Förderrichtlinien Stadterneuerung 1997 (NW)   SMBl. NW 2313

Grundsätze und Richtlinien für Wettbe-   SMBl. NW 236
werbe auf den Gebieten der Raumpla-
nung, des Städtebaues und des Bauwe-
sens für die Durchführung von
Bauaufgaben des Landes im Zuständigkeitsbereich der Staatlichen Bauverwal-
tung – GRW 1995

Kapitel 4: Finanzierung des kommunalen Verkehrs

Zweiter Abschnitt: Gemeindeverkehrsfinanzierungsgesetz

Siegfried Vogt

1. Allgemeines, inhaltliche Grundbegriffe

1.1 Zur Entstehungsgeschichte des GVFG

361 Nachdem durch das Steueränderungsgesetz vom 23.12.66 (BGBl. I S. 702) ein zweckgebundener Mineralölsteuerzuschlag von 3 Pfg./l für kommunale Vorhaben eingeführt wurde, bedurfte es zur Verausgabung dieser Mittel der Richtlinien für **Bundeszuwendungen** zur Verbesserung der Verkehrsverhältnisse der Gemeinden vom 12.5.67 (BAnz. Nr. 93 vom 20.5.67/VkBl. S. 346). Nur mit Zustimmung der Länder konnten diese im Vorgriff auf eine notwendige **Finanzreform** (Abweichung vom Prinzip: Bund finanziert nur Bundesaufgaben, Länder finanzieren nur Länderaufgaben) eingeführt werden.

Die Reform der Finanzverfassung im Jahre 1969 schuf schließlich die notwendigen verfassungsrechtlichen Voraussetzungen durch den neuen Artikel 104a GG (Rz. 5). Die direkten Bundeszuwendungen an die Gemeinden entfielen zugunsten der **Bundesfinanzhilfen** an die Länder für besonders bedeutsame Investitionen zur Verbesserung der Verkehrsverhältnisse der Gemeinden. Als Ausführungsgesetz zu Art. 104a GG löste das Gesetz über die Finanzhilfen des Bundes zur Verbesserung der Verkehrsverhältnisse der Gemeinden (**Gemeindeverkehrsfinanzierungsgesetz – GVFG –**) vom 18. März 1971 die Bundesrichtlinien vom 12. 5. 1967 unter weitgehender Übernahme des gesamten Regelungsinhaltes ab.

1.2 Anpassungen und Änderungen des GVFG

362 Das Verkehrsfinanzierungsgesetz 1971 vom 28. 2. 1972 (BGBl. I S. 201) ermöglichte einen **Mineralölsteuerzuschlag** zur Aufstockung der Finanzmasse des GVFG von 3 auf 6 Pfg./l Mineralöl, eine Anhebung des Fördersatzes aus Bundesfinanzhilfen von (max.) 50 % auf (max.) 60 % und die Einführung der Gasölbetriebsbeihilfe für Fahrzeuge des ÖPNV etc.

Weitere Änderungen des sich immer mehr bewährenden und die gesamte kommunale Verkehrsinfrastrukturförderung prägenden Gemeindeverkehrsfinanzierungsgesetzes betrafen danach bei steigenden Mineralölsteuereinnahmen eine Kürzung um 10 % bzw. die **Plafondierung** des zweckgebundenen Mineralölsteueraufkommens für den kommunalen Verkehr auf 2,6 Mrd. DM (Rz. 8). Hinzu kamen ergänzende Umschichtungsregelungen zum anfänglich noch gesetzlich festgelegten Verteilungsverhältnis der Fördermittel für den kommunalen Straßenbau (KSB) und den ÖPNV sowie die Erweiterung der Fördergegenstände z.B. um Standardlinienbusse ab 1988.

Mit der Anhebung des Plafonds durch das Einigungsvertragsgesetz vom 23. 9. 1990 um 680 Mio. DM auf 3,28 Mrd. DM wurde zugleich der Verteilungsschlüssel zwischen ABL und NBL (einschl. Berlin) auf 75,8:24,2 festgelegt. Daneben erhielten die neuen Bundesländer befristet (Maßnahmenbeginn bis 1. 1. 1996) die Möglichkeit der Förderung von Investitionen in die **Erhaltung** bestehender kommunaler Verkehrsnetze unter Einbeziehung von Mitteln des Sonderprogrammes „Aufschwung Ost".

Nachhaltige Änderungen des GVFG, die sowohl eine befristete erhebliche Erhöhung des Finanzvolumens als auch die Modernisierung durch Anpassung und Ausweitung der **Fördermöglichkeiten** betrafen, hat (ab 1. 1. 1992) das Steueränderungsgesetz vom 25.2.92 (BGBl. I S. 297) bewirkt. Hervorzuheben sind insbesondere:

- die Anhebung des Plafonds für 1992 um 1,5 Mrd. DM und für die Jahre 1993–1995 jeweils um 3 Mrd. DM,
- Ausdehnung der **Programmkompetenz** der Länder auf 80 % des Mittelvolumens und Beschränkung des ÖPNV-Bundesprogrammes auf 20 % des Mittelvolumens für Großvorhaben mit zuwendungsfähigen Kosten über 100 Mio. DM in Verdichtungsräumen (Geeignete Schlüssel für die Mittelverteilung im ÖPNV konnten nicht gefunden werden, Vorschlagsrecht für die Förderprojekte liegt bei den Ländern),
- Anhebung des zulässigen Fördersatzes aus Bundesfinanzhilfen um 15 % für die Länderprogramme (auf bis zu 75 %; NBL vorübergehend bis zu 90 %),
- Wegfall des Verteilungsschlüssels (50:50) für die Mittel des KSB und des ÖPNV sowie der Bagatellgrenze von 200000 DM und für das Landesprogramm Aufhebung der Fördergebietsbeschränkung „Verdichtungsräume" für Schienenverkehrswege,
- Berücksichtigung der Belange Behinderter, alter Menschen und anderer Personen mit Mobilitätsbeeinträchtigungen als Fördervoraussetzung,
- Erweiterung des **Förderkataloges** um:
  - verkehrswichtige Straßen unterhalb der Ebene der Hauptverkehrsstr.,
  - Verkehrsleitsysteme und Umsteigeparkplätze,
  - öffentliche Verkehrsflächen für Güterverkehrszentren (befristet bis 1995)
  - Haltestelleneinrichtungen,
  - Beschleunigungsmaßnahmen einschl. Betriebsleitsysteme und technische Maßnahmen zur Steuerung von Lichtsignalanlagen,
  - Beschaffung von Schienenfahrzeugen (einschl. befristeter Fahrzeugmodernisierung in NBL).

Eine weitere Änderung brachte das Eisenbahnneuordnungsgesetz vom 27. 12. 1993 (BGBl. I S. 2378) durch Verlängerung der Erhöhung des Plafonds um 3 Mrd. DM auf 6,28 Mrd. DM bis 1996. Mit diesem Gesetz wurde zugleich die zeitliche Befristung des Fördergegenstandes „Güterverkehrszentren" aufgehoben.

1.3 Bedeutsame Investitionen der Länder und Gemeinden

363 In Abweichung von dem in Artikel 104a Abs. 1 GG festgelegten Grundsatz, daß Bund und Länder gesondert die Ausgaben tragen, die sich aus der Wahrnehmung ihrer Aufgaben ergeben, erlaubt Absatz 4 dieser Verfassungsvorschrift Finanzhilfen des Bundes an die Länder für **besonders bedeutsame Investitionen** der Länder und Gemeinden (Gemeindeverbände), die entweder

- zur Abwehr einer Störung des **gesamtwirtschaftlichen Gleichgewichts** oder
- zum Ausgleich **unterschiedlicher Wirtschaftskraft** im Bundesgebiet oder
- zur Förderung des **wirtschaftlichen Wachstums**

erforderlich sind.

Das GVFG als ein Ausführungsgesetz zum Artikel 104a Abs. 4 GG hat sich an dessen Vorgaben zu orientieren. So muß es sich bei den GVFG-Mitteln um **Finanzierungshilfen**, also um Geldleistungen des Bundes an die Länder handeln. Damit ist vorgegeben, daß eigene Aufgaben des Bundes mit diesen Mitteln nicht finanziert werden dürfen. Artikel 104a Abs. 1 GG legt fest, daß es sich um Aufgaben der Länder bzw. der Gemeinden handeln muß; durch Absatz 4 werden lediglich bestimmte Ausnahmen von dem Verbot sanktioniert, daß weder Bund noch Länder das Recht haben, Ausgaben im Aufgabenverantwortungsbereich des jeweils anderen zu tätigen. Artikel 104a Abs. 4 GG schränkt die Verwendung ein auf **Investitionen** der Länder und Gemeinden bzw. Gemeindeverbände (vgl. Rz. 5).

Der Begriff „-hilfen" macht deutlich, daß ein **Eigenfinanzierungsanteil** der Länder/Gemeinden zwingend vorausgesetzt wird. Er muß auch von Gewicht sein und darf nicht als bedeutungslos erscheinen.

Die Finanzhilfen müssen für **Investitionen** verwendet werden. Gemeint sind Aufwendungen für Sachinvestitionen, nicht dagegen Aufwendungen für Zinsen, Leasingraten, Kreditrückzahlungen, Betriebskosten, Personalaufwand o.ä.

Es muß sich um **besonders bedeutsame** Investitionen handeln. Hierbei wird aber keine Einzelfallbetrachtung gefordert. Vielmehr reicht aus, daß die Summe der geförderten Einzelinvestitionen in einem Bereich insgesamt als bedeutsam beurteilt werden können.

364 Der Begriff der „**Investitionen der Länder und Gemeinden**" besagt nicht, daß diese selber die Maßnahmen durchführen müssen. Auch Investitionsvorhaben Dritter können von den Ländern oder Gemeinden gefördert werden, wenn sie sich in ihrem Aufgabenverantwortungsbereich befinden. So können auch ÖPNV-Unternehmen GVFG-Mittel für bestimmte Investitionen über ihre Gemeinden erhalten.

Die Zweckbestimmung „zur Förderung des wirtschaftlichen Wachstums" erfordert nicht, daß die Investitionen unmittelbar der Wirtschaftsförderung dienen. Sie müssen aber mittelbar auf wirtschaftsfördernde Wirkungen zielen; das dürfte in aller Regel bei Maßnahmen des **GVFG-Förderkatalogs** unstreitig sein (vgl. Rz. 312).

Von **Ausgleich unterschiedlicher Wirtschaftskraft im Bundesgebiet** kann nur gesprochen werden, wenn gezielt in wirtschaftlich zurückgebliebenen Gebieten investiert werden soll.

1.4 Verbesserung der Verkehrsverhältnisse der Gemeinden

§ 1 GVFG macht aus der durch Artikel 104a Abs. 4 GG geregelten Möglichkeit   **365** zur Gewährung von Finanzhilfen an die Länder eine feste Dauerregelung, an der nur vom Gesetzgeber mit **Zustimmung des Bundesrates** Änderungen vorgenommen werden können. Weder der Finanzminister noch die Bundesregierung insgesamt kann damit – auch nicht bei der jährlichen Haushaltsaufstellung – die gesetzlich festgelegte Finanzausstattung ändern. Gleichzeitig wird in § 1 die Verwendung der Mittel präzisiert. So dürfen Finanzhilfen des Bundes nach den Vorschriften dieses Gesetzes ausdrücklich nur zur **Verbesserung der Verkehrsverhältnisse der Gemeinden**, also nicht für andere Zwecke, eingesetzt werden.

Der Begriff der Verkehrsverhältnisse der Gemeinden ist umfassend zu verstehen und keineswegs auf Straßeninfrastruktur und Straßenverkehr beschränkt. Gemeint ist die gesamte Mobilitätsausübung, soweit Gemeinden dafür politisch verantwortlich sind bzw. sie beeinflussen können und/oder von ihr betroffen werden.

Als Empfänger der Finanzhilfen des Bundes werden die Länder bestimmt, nicht etwa die Investoren. Die Investoren können ihrerseits von den Ländern gefördert werden.

1.5 Begriff des Vorhabens

Die Länder können **Vorhaben** (Dritter) fördern, d.h. sie sind nicht gezwungen,   **366** es zu tun. Es besteht also kein konkreter Rechtsanspruch einer Gemeinde auf die Gewährung von Fördermitteln. Ein Rechtsanspruch kann erst durch einen konkreten Bewilligungsbescheid entstehen. Adressat für konkrete Förderwünsche ist aber stets die Landesregierung, nicht etwa der Bund. Auch die Durchführungsverfahren (Anforderungen an Förderanträge, Fristen, Termine, Vorschriften für die Bearbeitung und Auszahlung der Mittel sowie Verwendungsnachweise) sind deshalb – mangels Regelung im GVFG – von den Ländern als den fördernden Institutionen zu regeln.

Die Formulierung schließt ferner die Finanzierung eigener Landesvorhaben mit GVFG-Mitteln aus.

Der Begriff „Vorhaben" stellt klar, daß die Maßnahmen noch **vor ihrer Realisierungsphase** stehen müssen. Damit sind spätere **Umfinanzierungen** keine förderfähigen Tatbestände (vgl. Rz. 409).

Die Finanzierung abgeschlossener Maßnahmen kommt also nicht in Betracht, es sei denn, der **vorzeitige Baubeginn** wäre vorher ausdrücklich für unschädlich bezeichnet worden ("Unbedenklichkeitserklärung").

Die Gesamtfinanzierung eines Vorhabens allein mit den Finanzhilfen des GVFG wird mit dem Begriff „fördern" ausgeschlossen; zulässig sind lediglich Zuwendungen zur **Teilfinanzierung** (vgl. Ausführungen zu § 4).

1.6 Vorhaben des kommunalen Straßenbaues und des ÖPNV

367 Nr. 1–6 des § 2 GVFG benennen im einzelnen die förderungsfähigen Vorhaben, wobei in Nr. 1 und Nr. 5 abgestellt wird auf Projekte in der Baulast von Gemeinden, Landkreisen oder kommunalen Zusammenschlüssen anstelle von Gemeinden oder Landkreisen (Straßenbauvorhaben). Der Begriff der Baulast ist dem öffentlichen Straßenrecht entnommen und meint den jeweiligen Träger der Straßenbaulast. Ausgeschlossen sind damit Maßnahmen, für die die Baulast beim Bund und bei den Ländern liegt; in den Stadtstaaten ist entscheidend, ob es sich um die Wahrnehmung der Bauträgerschaft als Land oder als Gemeinde handelt. Konsequenterweise werden diese Fördertatbestände dem „Kommunalen Straßenbau" zugeordnet.

Die Nrn. 2–4 und 6 dagegen enthalten derartige Einschränkungen nicht. Sie erfassen die Fördertatbestände, die dem Begriff des öffentlichen Personennahverkehrs zuzuordnen sind.

Die meisten Begriffe waren schon in den alten Förderrichtlinien aus dem Jahre 1967 enthalten; im Laufe der Jahre hat es allerdings auch etliche Ergänzungen und Änderungen gegeben.

1.7 Bau oder Ausbau

368 Bau oder Ausbau (§ 2 Abs. 1 Nr. 1 bis 3) meint immer die **Herstellung**, nicht den bloßen Erwerb einer bereits fertiggestellten Maßnahme. Ausbau ist die Substanzvermehrung bei einer bereits vorhandenen Infrastruktur. Umbaumaßnahmen müssen den Begriff des Ausbaus erfüllen, wenn sie förderfähig sein sollen (vgl. Rz. 68).

Auch die nachträgliche Anlage separater Radwege und/oder die bauliche Neuaufteilung des Straßenraums zur Anlage von Radverkehrsflächen oder Sonderspuren für Omnibusse können förderfähige Ausbaumaßnahmen sein.

Bau und Ausbau sind von Maßnahmen der Erhaltung, Unterhaltung und Wartung sowie Grunderneuerung abzugrenzen, die nicht förderfähig sind. Auch Reparaturen sind nicht förderfähig (vgl. Rz. 95).

1.8 Kommunale Baulast

Die Förderfähigkeit von Vorhaben des § 2 Abs. 1 Nr. 1 Ziffer a)–g) setzt die **Bau-** **369**
last

* einer Gemeinde,
* eines Landkreises oder
* eines kommunalen Zusammenschlusses anstelle von Gemeinden oder Landkreisen

voraus. Damit ist deutlich, daß nicht bereits die Einstufung einer Straße als Bundes-, Landes-, Kreis- oder Gemeindestraße über die Förderfähigkeit entscheidet. Auch eine Bundesstraße kann als Ortsdurchfahrt in der Baulast der Gemeinde liegen und damit förderfähig sein. Allerdings sind Vorhaben, die in den Bedarfsplänen des Bundes bzw. eines Landes ausgewiesen sind, nicht förderfähig, weil erkennbar als in der Baulast des Bundes oder Landes befindlich (vgl. Rz. 62 f).

Auch wenn eine Straße mit dem Ziel gebaut wird, die Baulast nach der Fertigstellung auf den Bund oder auf das Land übergehen zu lassen, ist eine Förderung. nach GVFG ausgeschlossen. Die Aufstufung einer Straße nach Fertigstellung ist deshalb erst nach einem gewissen – von den Ländern im Einzelfall zu bestimmenden – Zeitraum förderunschädlich.

Inhalt und Umfang der Baulast werden nicht durch das GVFG, sondern durch die Straßen- und Wegegesetze bzw. durch die wandelbaren technischen Vorschriften bestimmt.

2. Die Fördertatbestände im einzelnen

2.1 Verkehrswichtige innerörtliche Straßen
mit Ausnahme von Anlieger- und Erschließungsstraßen (§ 2 Abs. 1 Nr. 1a GVFG)

Gemeint sind Straßen mit maßgebender Verbindungsfunktion und überwiegen- **370**
der Nutzung durch fließenden Verkehr (anbaufreie oder anbaufähige Straßen in kommunaler Baulast). Bei den von einer Förderung ausgenommenen Straßen ist weniger die Verbindungsfunktion als die Erschließungs- und Aufenthalts- und Freiraumfunktion maßgebend (vgl. Rz. 66).

Anliegerstraßen sind Gemeinde- oder Privatstraßen, die hauptsächlich für den Zugang oder die Zufahrt zu den an ihnen gelegenen und dem Wohnen oder der wirtschaftlichen Betätigung dienenden Grundstücke bestimmt sind.

Erschließungsstraßen sind öffentliche Straßen (Wege, Plätze), die entweder zum Anbau bestimmt sind oder als anbaufreie Straßen innerhalb eines Baugebiets die Nutzung dieses Gebietes ermöglichen.

Vorgaben für die Zuordnung von Straßen nach genau quantifizierten Verkehrsbelastungen werden vom Gesetz nicht gefordert.

Der Begriff **innerörtlich** schränkt die Förderfähigkeit ein auf Vorhaben, die innerhalb der bebauten Ortsteile liegen; es muß sich dabei allerdings nicht zwingend um eine geschlossene Bebauung handeln.

2.2 Besondere Fahrspuren für Omnibusse (§ 2 Abs. 1 Nr. 1b GVFG)

371 Dabei muß es sich um einen vom übrigen Verkehr freigehaltenen Verkehrsraum handeln. Nicht entscheidend ist, ob die Abtrennung baulicher Natur ist oder durch Markierungen nach der Straßenverkehrsordnung erfolgt. (Eine nachträgliche bloße farbliche Abmarkierung im vorhandenen Straßenraum dürfte nicht als Ausbaumaßnahme anzusehen sein, da eine Substanzvermehrung gegenüber dem vorherigen Zustand vorausgesetzt wird (vgl. Rz. 363).

Ziel ist die Ermöglichung eines ungehinderten, schnelleren Fortkommens für Omnibusse, unabhängig vom sonstigen Verkehr. Wenn dieses Ziel nicht beeinträchtigt wird, kann die Zulassung (ggf. zeitweise) von Taxen und Radverkehr auf diesen Fahrspuren mit der Förderung vereinbar sein.

2.3 Verkehrswichtige Zubringerstraßen
zum überörtlichen Verkehrsnetz (§ 2 Abs. 1 Nr. 1c GVFG)

372 Unter überörtlichem Verkehrsnetz sind z.B. Autobahnanschlüsse, Anbindungen an das Bundes- und Landesstraßennetz und wichtige Eisenbahnhaltepunkte ebenso zu verstehen wie bedeutendere Flughäfen, See- und Binnenhäfen. Gefördert werden aber nur verkehrswichtige Zubringerstraßen, d.h. es wird auf ein größeres Verkehrsaufkommen abgestellt.

2.4 Verkehrswichtige zwischenörtliche Straßen
in zurückgebliebenen Gebieten (§ 2 Abs. 1 Nr. 3 des Raumordnungsgesetzes) (§ 2 Abs. 1 Nr. 1d GVFG)

373 Sowohl das Verkehrsaufkommen als auch die Lage des Bauvorhabens in Gebieten, in denen die Lebensbedingungen in ihrer Gesamtheit im Verhältnis zum Landesdurchschnitt wesentlich zurückgeblieben sind oder ein solches Zurückbleiben zu erwarten ist, bestimmen die Förderfähigkeit. Für die Praxis ist die Einordnung der Gebiete durch die Ministerkonferenz für Raumordnung ein wesentlicher Anhaltspunkt.

2.5 Straßen im Zusammenhang mit der Stillegung von Eisenbahnstrecken
(§ 2 Abs. 1 Nr. 1e GVFG)

374 Aus der Stillegung von Eisenbahnstrecken muß sich die verkehrliche Notwendigkeit des Baues oder Ausbaus bestimmter Straßen ableiten lassen. Fördervoraussetzung ist also die Erwartung einer spürbaren verkehrlichen Mehrbelastung der

Straße infolge der Stillegung der Eisenbahnstrecken. Eine besondere verkehrliche Bedeutung braucht die betreffende Straße allerdings nicht zu haben.

2.6 Verkehrsleitsysteme sowie Umsteigeparkplätze
zur Verringerung des motorisierten Individualverkehrs
(§ 2 Abs. 1 Nr. 1f GVFG)

Gemeint sind insbesondere sogenannte **dynamische** Verkehrssteuerungseinrichtungen, die den Verkehr in bestimmte Richtungen und zu bestimmten Zielen zu leiten geeignet sind. Bloße Hinweisschilder erfüllen diese Voraussetzungen in der Regel nicht.   **375**

Umsteigeparkplätze (bis 1992 nur als P+R-Plätze im Bereich des ÖPNV förderungsfähig) sind nicht nur Auto-ÖPNV bezogen zu verstehen, sondern schließen auch den Fahrradverkehr ein. Erforderlich ist ein **Wechsel des Verkehrsmittels**, wobei die Benutzung des zu wechselnden Verkehrsmittels auf eine Teilstrecke beschränkt sein muß. Deshalb sind z.B. auch sogenannte Mitfahrerparkplätze und Pendlerparkplätze in kommunaler Baulast an den Verknüpfungspunkten mit Bundesfernstraßen förderfähig.

Die Umsteigeanlage muß geeignet sein, zur Verringerung des motorisierten Individualverkehrs (MIV) beizutragen. Sie darf also weder eigentliches Ziel noch Ausgangspunkt des Verkehrsteilnehmers sein. Damit werden in der Regel Parkplätze in stadtzentraler Lage nicht förderfähig sein, weil sie bei der Fahrt in die Innenstadt eher die Benutzung des Autos als den Verzicht darauf nahelegen und zur Entlastung nicht beitragen. Im Zweifel sind qualifizierte Berechnungen zur Veränderung der Verkehrsbelastungen erforderlich.

2.7 Öffentliche Verkehrsflächen für in Bebauungsplänen ausgewiesene Güterverkehrszentren
einschl. der in diesen Verkehrsflächen liegenden zugehörigen kommunalen Erschließungsanlagen nach den §§ 127 und 128 Baugesetzbuch (§ 2 Abs. 1 Nr. 1g GVFG)

Als Güterverkehrszentrum wird eine Verkehrsgewerbefläche verstanden, auf der   **376**
sich Verkehrsbetriebe unterschiedlicher Ausrichtung (Transport, Spedition, Lagerei, Service, logistische Dienstleistungen) als selbständige Unternehmen ansiedeln und die an mehrere, mindestens 2 Verkehrsträger angebunden ist. Güterverkehrszentren sollen den **Verkehrsträgerwechsel** in einer Transportkette ermöglichen und damit zur Straßenentlastung im Fern-, Nah- und Regionalverkehr beitragen. Sie enthalten daher einen Terminal des **kombinierten Verkehrs** Schiene/Straße oder Binnenschiff/Straße/Schiene, wobei es ausreichend ist, wenn der Terminal in unmittelbarer Nähe des Güterverkehtszentrums gelegen und organisatorisch mit ihm verbunden ist.

Förderfähig nach dem GVFG sind nicht die privaten Einrichtungen und privaten Flächen, sondern lediglich die **öffentlichen Verkehrsflächen** von Bereichen, die in Bebauungsplänen als Güterverkehrszentren ausgewiesen sind und entsprechend genutzt werden. Eine Flächennutzung durch artfremde Betriebe reduziert den Umfang der Zuwendungsfähigkeit. Damit ist sichergestellt, daß GVFG-Mittel nicht als allgemeine Gewerbeförderungsmittel eingesetzt werden können.

Steht das Nutzungsrecht an der Verkehrsfläche einer **KLV-Anlage** ausschließlich dem Eigentümer oder Betreiber zu und ist die Benutzung durch andere Interessenten ausgeschlossen oder nur gegen Entrichtung privater Entgelte gestattet, dürfte es sich in der Regel nicht um eine öffentliche Verkehrsfläche handeln. Auch ein privater Baulastträger schließt die Fördermöglichkeit aus, da es sich um Maßnahmen in der Baulast von Gemeinden, Landkreisen usw. handeln muß. Allerdings können nach § 11 Abs. 1 auch Vorhaben dem Bund gehörender Unternehmen Investitionszuschüsse erhalten; sofern die DB AG ein GVZ errichten wollte, wären GVFG-Mittel für die öffentlichen Verkehrsflächen demnach nicht von vornherein ausgeschlossen (soweit nicht Vorhaben nach BSchwAG, vgl. Rz. 352).

Da das GVFG kein Instrument der Gewerbeförderung oder der regionalen Strukturpolitik ist, stellt der Fördertatbestand allein auf die verkehrlichen Faktoren ab.

2.8 Bau und Ausbau von Verkehrswegen der Schienenbahnen
(§ 2 Abs. 1 Nr. 2)

377 Darunter ist nicht nur der Weg selber zu verstehen. Auch die dazugehörenden Anlagen, also Bahnkörper einschl. der nötigen Tunnels und Brücken, Gleise und Weichen, Abstellanlagen, Stellwerke und Signalanlagen ebenso wie Fahrleitung und Masten, Stromversorgung, Haltestellen und Bahnhöfe gehören zum Verkehrsweg, nicht dagegen Betriebshöfe und Werkstätten, die in Nr. 3 gesondert erfaßt werden. Der Verkehrsweg (und was dazu gehört) muß dem öffentlichen Personennahverkehr dienen. Das bedeutet, daß eine vorgesehene Nutzung auch durch andere Verkehre (Güterverkehr. Fernverkehr) die Fördermöglichkeiten entsprechend reduziert. Eine Mitbenutzung des Verkehrswegs durch andere schließt zwar nicht generell die Förderfähigkeit aus, hat jedoch ggf. Auswirkungen auf das förderfähige Investitionsvolumen.

Es können Verkehrswege der

- Straßenbahnen   (a)
- Hoch- und Untergrundbahnen   (a)
- Bahnen besonderer Bauart   (a)
- nichtbundeseigenen Eisenbahnen   (b)

gefördert werden. Mit den unter (a) erwähnten Verkehrsmitteln wird auf die Definition des § 4 Abs. 1 und 2 PBefG Bezug genommen. Damit sind die verschiedenen bekannten Systeme von Schienenbahnen (einschl. der Schwebebahn) zur Beförderung von Personen im Orts- und Nachbarschaftsbereich erfaßt, nicht dagegen Magnetschwebebahnen. Der Begriff der Stadtbahn (der im GVFG nicht auftaucht) bezeichnet lediglich ein Straßenbahnsystem, das zum Teil unterirdisch, zum Teil in Hochlage geführt wird (vgl. Rz. 89ff.).

Nichtbundeseigene Eisenbahnen fallen nicht unter die Regelungen des PBefG. **378** Für diese Schienenbahnen gelten eisenbahnrechtliche Vorschriften (z.B. für Schnellbahnen und andere Nahverkehrseisenbahnen), ohne daß dieser Umstand für die Förderfähigkeit relevant wäre. Sie sind aber nur dann förderfähig, wenn sie nicht im Eigentum des Bundes stehen und den einschlägigen Rechtsvorschriften entsprechen, also entweder der EBO oder den Eisenbahngesetzen der Länder. Dabei ist ohne Belang, ob es sich um private oder kommunale Eigentümer handelt.

Die Bahnen müssen auf **besonderem Bahnkörper** geführt werden. Deshalb sind **379** Straßenbahnen im auch vom motorisierten Verkehr benutzbaren Straßenraum nicht förderfähig. Der gesetzlichen Einschränkung lag der Gedanke zugrunde, daß der Schienen-ÖPNV nur als echte Alternative zum Individualverkehr gefördert werden sollte. Als wichtige Voraussetzung dafür wurde angesehen, daß der Schienenpersonennahverkehr nicht vom MIV in der Entfaltung seiner Vorteile (Schnelligkeit, Pünktlichkeit) gehindert werden sollte. Dies bedingt eine bautechnische Trennung der Verkehrsarten. Eine Definition des „besonderen Bahnkörpers" liefert § 16 Abs. 6 BOStrab (vgl. Rz. 88).

Eine nur teilweise Führung auf besonderem Bahnkörper genügt den Anforderungen nicht. Der Verkehrsweg muß vielmehr auf der gesamten Lange die Trennung sicherstellen. Bahnübergänge, auf denen Straßenbahnfahrzeuge Vorrang haben, gelten nach § 16 Abs. 7 BOStrab als Bestandteil des besonderen Bahnkörpers und schließen deshalb die Förderfähigkeit nach GVFG nicht aus.

2.9 Bau und Ausbau von zentralen Omnibusbahnhöfen (§ 2 Abs. 1 Nr. 3)

Nur zentrale Omnibusbahnhöfe mit besonderer Verkehrsbedeutung, also in der **380** Regel solche, an denen eine Verknüpfung mehrerer Nahverkehrslinien mit Bedeutung für ein größeres räumliches Umfeld stattfindet, sind förderfähig. Sie müssen dem ÖPNV dienen, dürfen also nicht der Abwicklung von Fernverkehren oder Bedarfsverkehren dienen (im übrigen vgl. Rz. 381).

2.10 Bau und Ausbau von Haltestelleneinrichtungen (§ 2 Abs. 1 Nr. 3)

Der Begriff der Haltestelleneinrichtungen bedeutet, daß nicht nur Gebäude wie **381** Bahnhöfe förderfähig sind; er schließt vielmehr alle dem Einsteigen oder Aussteigen im ÖPNV-Linienverkehr sowie dem Warten dienenden und dem Fahrtgast zugute kommenden Einrichtungen ein. Damit sind Bedachungen, Wartehäuschen, Windschutzwände, Fahrkartenautomaten, lnfo-Einrichtungen für den

Fahrgast und Sitzmöglichkeiten ebenso erfaßt wie Niveauangleichungen der Bahnsteige an die Einstiegshöhe der Fahrzeuge (vgl. Rz. 362). Die Anlage von B+R-Plätzen und P+R-Plätzen wird seit 1992 unter dem Begriff Umsteigeparkplätze zusammengefaßt.

2.11 Bau und Ausbau von Betriebshöfen und zentralen Werkstätten

(§ 2 Abs. 1 Nr. 3), soweit sie dem öffentlichen Personennahverkehr dienen

382 Die Wartungs- und Unterhaltungsanlagen bilden – unabhängig von dem Verkehrsweg – einen gesonderten Fördertatbestand. Bei Nutzung durch verschiedene Verkehrsmittel/-bereiche (Fremdnutzung) reduziert sich der Förderumfang entsprechend den Nutzungsanteilen, die nicht dem ÖPNV dienen, es sei denn, die Mitbenutzung ist vernachlässigbar klein.

2.12 Beschleunigungsmaßnahmen für den öffentlichen Personennahverkehr

insbesondere rechnergesteuerte Betriebsleitsysteme und technische Maßnahmen zur Steuerung von Lichtsignalanlagen (§ 2 Abs. 1 Nr. 4)

383 Die rechnergesteuerten **Betriebsleitsysteme** und **Lichtsignalsteuerungsanlagen** sind lediglich – besonders relevante – Beispiele für den Begriff der förderfähigen Beschleunigungsmaßnahmen. Auch andere Maßnahmen sind also denkbar. Betriebsleitsysteme, die der Beschleunigung des ÖPNV dienen, setzen eine ständige Standorterfassung der Fahrzeuge, das regelmäßige Melden wesentlicher verkehrlicher Daten an eine Zentrale, das Verarbeiten dieser Daten und das Umsetzen in verkehrswirksame Dispositions- und Steuerungsmaßnahmen voraus. Bloße Sprechfunkverbindungen und Induktionsschleifen erfüllen diese Anforderungen nicht. Zu unterscheiden sind zentrale Einrichtungen, ortsfeste Sende- und Empfangsanlagen, Fahrzeugausrüstungen, Streckenausrüstung, Ausrüstung verkehrswichtiger Haltestellen und die erforderliche Software. Auch die technischen Einrichtungen zur Beeinflussung von Ampelsteuerungen („Grünschaltung") zugunsten von ÖPNV-Fahrzeugen sollen dem ÖPNV gegenüber dem MIV Vorteile verschaffen, ihn schneller machen und die Betriebskosten senken.

Die Art der anzuwendenden Technik wird nicht vorgegeben, so daß Infrarot-, Ultraschall-, Funk- und Induktionsschleifen-Systeme gleichermaßen möglich sind. Sie können automatisch oder nach Bedarf aktiviert werden. Auch Markierungen können Bestandteil von Beschleunigungsmaßnahmen sein (vgl. Rz. 371).

2.13 Kreuzungsmaßnahmen nach dem Eisenbahnkreuzungsgesetz oder dem Bundeswasserstraßengesetz

soweit Gemeinden, Landkreise oder kommunale Zusammenschlüsse anstelle von diesen als Baulastträger der kreuzenden Straße Kostenanteile zu tragen haben (§ 2 Abs. 1 Nr. 5)

Vorausgesetzt wird eine Kreuzung zwischen einer Straße in örtlicher Baulast und einer Eisenbahnlinie oder einer Bundeswasserstraße. Nach der gesetzlichen Regelung (EKrG und WaStrG) werden die Kosten der Kreuzungsmaßnahme auf die Beteiligten aufgeteilt (vgl. Rz. 111). Das jeweilige konkrete Belastungsvolumen ist für den **kommunalen Straßenbaulastträger** unabhängig vom GVFG-Katalog der förderungsfähigen Straßen förderbar (Abbau von Verkehrsgefahren). Der Eigenanteil der DB AG kann nach dieser Vorschrift nicht gefördert werden. Bei neuen Kreuzungen verkehrswichtiger, förderungsfähiger Straßen sind die kreuzungsbedingten Kosten Bestandteil der Baumaßnahme. Eine alternative Fördermöglichkeit besteht für Eisenbahnkreuzungsmaßnahmen nach § 17 EKrG. **384**

2.14 NE-Bahnen als Baulastträger des kreuzenden Schienenwegs
(§ 2 Abs. 1 Nr. 5)

Ausdrücklich als Ausnahme werden auch bei Baulastträgerschaft einer NE-Bahn die von dieser zu tragenden Kosten eines kreuzenden Schienenwegs für förderfähig erklärt. **385**

2.15 Die Beschaffung von Standard-Linienomnibussen und Standard- Gelenkomnibussen

soweit diese zum Erhalt und zur Verbesserung von Linienverkehren nach § 42 des Personenbeförderungsgesetzes erforderlich und überwiegend diese Verkehre eingesetzt werden, von Schienenfahrzeugen des öffentlichen Personennahverkehrs (sowie in den Ländern Berlin, Brandenburg, Mecklenburg-Vorpommern, Sachsen, Sachsen-Anhalt und Thüringen in den Jahren 1992–1995 auch die Modernisierung und Umrüstung vorhandener Straßenbahnfahrzeuge) (§ 2 Abs. 1 Nr. 6)

Die Regelung umfaßt nicht nur die den Bestimmungen des PBefG unterliegenden Fahrzeuge (**Busse, Straßenbahnen, Spurbusse**), sondern auch **Eisenbahnfahrzeuge**, die für die Nahverkehrsbedienung benötigt und überwiegend für sie eingesetzt werden. Werden die Fahrzeuge nur teilweise im ÖPNV eingesetzt, begrenzt sich die Förderfähigkeit auf den dem ÖPNV zukommenden Nutzungsteil. Die Fahrzeuge des Fernverkehrs (ICE, IR, u. ä.) können selbst dann nicht gefördert werden, wenn sie ausnahmsweise im Nahverkehr eingesetzt würden. **386**

In der Regel sind nur neue Fahrzeuge förderfähig; bei Ersatzbeschaffung ist nachzuweisen, daß das zu ersetzende Fahrzeug ersetzungswürdig ist (hohe Laufleistung). Einzelheiten regeln die Länder. Die Beschreibung „**Standard-Linien-omnibusse**" soll sicherstellen, daß z. b. nicht auch Reisebusse gefördert werden, sondern nur Fahrzeuge mit einem für den Linienverkehr erforderlichen Standard. Diese Anforderungen können u. U. auch kleinere Fahrzeuge erfüllen.

Nach Aufstockung der Regionalisierungsmittel (vgl. Rz. 323) werden von den Ländern zunehmend auch Regionalisierungsmittel für die Fahrzeugförderung eingesetzt.

2.16 Sonderregelungen für das Saarland (§ 2 Abs. 2)

387 Die **Baulastträgerschaft** des Landes nach § 46 des Saarländischen Straßengesetzes (anstelle der von Landkreisen) soll eine GVFG-Förderung nicht ausschließen. Die Sonderbestimmung gilt nur für das Saarland, nicht für andere Bundesländer.

2.17 Sonderregelungen für die neuen Bundesländer (§ 2 Abs. 3)

388 Wegen des schlechten Zustands der Verkehrsinfrastruktur in den neuen Bundesländern wurde für Maßnahmen der **Grundneuerung** auf ihrem Gebiet eine zeitliche befristete Ausnahme von dem Grundsatz, daß die Fördertatbestände des § 2 Abs. 1 Nr. 1–4 GVFG nur für Bau- und Ausbaumaßnahmen, nicht aber für Wartung und Reparaturen sowie Ersatzinvestitionen gelten, ausdrücklich zugelassen. Dabei wird als Grunderneuerung die wesentliche Verbesserung des Gebrauchswertes ortsfester Verkehrsanlagen durch größere Instandsetzungen, Erneuerung oder Austausch einzelner oder mehrerer Komponenten, verstanden. Die Wiederherstellung einer vorhandenen Verkehrsanlage – nach deren Abnutzung – dient der Erhaltung des ursprünglichen Verkehrswertes und ist Grunderneuerung. Bei Verbesserung des Verkehrswertes durch Neuaufteilung bzw. Verbreiterung der Verkehrsflächen oder Erhöhung der Belastbarkeit/Tragfähigkeit dürfte es sich in der Regel um eine förderungsfähige **Ausbaumaßnahme** handeln (vgl. Rz. 95).

Die Regelung erlaubt auch die Förderung von Grunderneuerungsmaßnahmen außerhalb von **Verdichtungsräumen** und deren Randgebieten und setzt bei bestehenden Schienenbahnen ausnahmsweise keine besonderen Bahnkörper voraus. Die Maßnahmen müssen vor dem 1. Januar 1996 begonnen worden sein, können dann aber noch in den folgenden Jahren zu Ende geführt werden. Damit ist die erstmalige Aufnahme von Maßnahmen der Grunderneuerung in die Förderprogramme ab 1996 nicht mehr zulässig.

3. Allgemeine Fördervoraussetzungen (§ 3 GVFG)

389 Die Regelungen des § 3 (Tabelle 1) bezwecken die Sicherstellung des größtmöglichen verkehrlichen Nutzens bei Einsatz der Fördermittel des GVFG.

Da nicht alle Wünsche mit den zur Verfügung stehenden Mittel erfüllt werden können, sollen die Mittel nach § 3 Nr. 1a auf die wirklich wichtigen, dringlichen Projekte konzentriert werden. Deshalb reicht nicht jede **Verbesserung** aus. Sie muß vielmehr zur Verbesserung der Verkehrsverhältnisse „dringend erforderlich" sein, die Ziele der Raumordnung und Landesplanung berücksichtigen und in einem Generalverkehrsplan oder gleichwertigen Plan ausdrücklich vorgesehen sein.

Zu den „gleichwertigen" Plänen können nach § 3 Nr. 1b z. B. Flächennutzungs- **390** pläne, aber auch nach Landesrecht zu erstellende Nahverkehrspläne gehören. Wichtig ist, daß die Planungen verbindliche Vorgaben enthalten und das beantragte Vorhaben nicht nur diesen Vorgaben nicht widerspricht, sondern in dem jeweiligen Plan schlüssig belegt wird.

Tabelle 1: Übersicht über die Fördervoraussetzungen nach § 3 GVFG

Voraussetzung für eine Förderung der Vorhaben nach § 2 GVFG ist, daß
1. das Vorhaben a) nach Art und Umfang zur Verbesserung der Verkehrsverhältnisse drin gend erforderlich ist und die Ziele der Raumordnung und Landesplanung berücksichtigt, b) in einem Generalverkehrsplan oder einem für die Beurteilung gleichwertigen Plan vorgesehen ist c) bau- und verkehrstechnisch einwandfrei und unter Beachtung des Grundsatzes der Wirtschaftlichkeit und Sparsamkeit geplant ist, d) Belange Behinderter, alter Menschen und anderer Personen mit Mobilitätsbeeinträchtigungen berücksichtigt.
2. die übrige Finanzierung des Vorhabens oder eines Bauabschnittes des Vorhabens mit eigener Verkehrsbedeutung gewährleistet ist.

Mit den Fördervoraussetzungen nach § 3 Nr. 1c werden keine außergewöhnli- **391** chen Anforderungen an die Qualität des Bauwerkes gestellt, insbesondere auch keine zusätzlichen Prüfungspflichten durch die Bewilligungsbehörde über die Aufgaben der Bauaufsicht hinaus gefördert. Aber in der Regel wird der Nachweis erforderlich sein, daß die bestehenden **technischen Regelwerke** angemessen beachtet werden (vgl. Rz. 51 u. 117). Die Forderung nach **Wirtschaftlichkeit** und **Sparsamkeit** ergibt sich bereits aus der BHO. Die Vorschrift soll Verschwendung der öffentlichen Mittel verhindern (z. B. wenn ein Vorhaben überdimensioniert und zu aufwendig, aber auch wenn es zu bescheiden angelegt ist, so daß der erstrebte Nutzen nicht erreicht werden kann; auch in diesem Falle wäre der Grundsatz der Wirtschaftlichkeit und Sparsamkeit verletzt).

Die Projektverantwortlichen sind nach § 3 Nr. 1d gehalten, auf eine **behinderten- 392 gerechte Gestaltung** der Vorhaben zu achten und dies nachzuweisen. Maßgebend ist der jeweilige **Stand der Technik**. Mit der Regelung werden aber keine konkreten und detaillierten Anforderungen an die Zugänglichkeit und Benutzbarkeit vorgegeben.

Förderfähig sind auch **Nachrüstungen** ortsfester Infrastrukturen mit behindertengerechten Einrichtungen (**Aufzüge, Blindenleitstreifen, Rampen** u. a.). Entspricht ein zu förderndes Projekt ausnahmsweise nicht den Anforderungen an leichte Zugänglichkeit auch für die genannten Gruppen, muß der Bewilligungsbehörde dargelegt werden, aus welchen Gründen eine behindertengerechte Gestaltung nicht zu realisieren ist. Andernfalls ist der Förderantrag abzulehnen.

393 Da die GVFG-Mittel lediglich Finanzhilfen darstellen und – entsprechend dem Fördersatz (vgl. § 4) – nur Teile des Investitionsvolumens abdecken, ist nach § 3 Nr. 2 die Finanzierung des verbleibenden Teils (**Gesamtfinanzierung**) nachzuweisen. Nicht entscheidend ist es, ob es sich dabei um Eigenmittel oder Kredite oder Zuwendungen Dritter handelt.

4. Höhe und Umfang der Förderung (§ 4 GVFG)

4.1 Höchstsätze für die Förderung aus Bundesfinanzhilfen

394 Die zulässige **Förderhöhe** differiert je nachdem, ab das Vorhaben Bestandteil des Länderprogramms oder des Bundesprogramms ist. In den Länderprogrammen sind bis zu 75 % der zuwendungsfähigen Kosten förderfähig, im Bundesprogramm nur bis zu 60 %. Es handelt sich dabei nicht um Mindest-, sondern um Höchstsätze, die keinesfalls ausgeschöpft werden müssen. Bei **Fahrzeugbeschaffungen** etwa liegt die Förderpraxis der Länder deutlich niedriger.

4.2 Die zuwendungsfähigen Kosten (§ 4 Abs. 2 GVFG)

395 Grundsätzlich sind alle Kosten, die dem Träger des Vorhabens durch die Realisierung entstehen, zuwendungsfähig, allerdings nur die Kosten der **Herstellung** (Bau und Ausbau) bzw. **Beschaffung** (bei Fahrzeugen). Der Wartungs-, Erhaltungs- und Unterhaltungsaufwand zählt nicht dazu. Zu den Kosten des Vorhabens zählen auch durch das Vorhaben erforderlich werdende dauerhafte oder vorübergehende Maßnahmen an anderer Stelle (**Umleitungen, Verlegungen**).

Gestehungskosten sind die Kosten, die der Vorhabenträger aufwenden muß, um Eigentümer des Grundstücks zu werden, also Kaufpreis (grundsätzlich aber nur Verkehrswert) zuzüglich Erwerbsnebenkosten, dagegen keine Erschließungskosten, Betriebskosten o. ä. (vgl. Rz. 112ff.).

4.3 Nicht zuwendungsfähige Kosten (§ 4 Abs. 3)

396 Diese Kosten sind bei der Ermittlung des förderfähigen Projektvolumens in Abschlag zu bringen. Dazu gehören:

- **Kosten, die ein anderer als der Träger des Vorhabens zu tragen verpflichtet ist (§ 4 Abs. 3 Nr. 1).**

Der Rechtsgrund für die Kostentragungspflicht anderer interessiert dabei nicht. Zu denken ist hier etwa an Entschließungsbeiträge nach § 127ff. BauGB oder Kostenpflichtigkeit anderer Baulastträger/Institutionen. Eine Sonderregelung für die Behandlung von öffentlichen Verkehrsflächen (Erschließungsanlagen) in Güterverkehrszentren besteht im GVFG nicht.

- **Verwaltungskosten (§ 4 Abs. 3 Nr. 2)**

Diese Regelung soll sicherstellen, daß nicht normale Aufwendungen des öffentlich-rechtlichen Projektträgers über eine Projektfinanzierung auf den Zuwendungsgeber überwälzt werden. Im einzelnen kann die Abgrenzung der **nichtzuwendungsfähigen** Verwaltungskosten Schwierigkeiten bereiten, da es eine verbindliche Definition des Begriffs bisher nicht gibt. Die Zuordnungskriterien haben sich weitgehend an der Verwaltungspraxis orientiert (vgl. Rz. 82). Besonderen Einfluß haben dabei die Planungsanforderungen und Verwaltungsmöglichkeiten zum Zeitpunkt der Entstehung des GVFG gehabt. Die Aufzählung in § 5 der 1. EKrV gibt lediglich Beispiele dafür an, was unter Verwaltungskosten zu verstehen ist (vgl. Rz. 114).

Auch Reisekosten der Verwaltung, Aufwendungen für Abnahme von Leistungen usw. für die Durchführung von Genehmigungsverfahren, Ausschreibung und Vergabearbeiten, Veröffentlichungskosten, Kostenanschläge, Gutachten, Ideenwettbewerbe usw. gehören zu den Verwaltungskosten und dürfen bei der Ermittlung der nach GVFG zuwendungsfähigen Kosten nicht in Rechnung gestellt werden.

Das gilt grundsätzlich auch für die GVFG-Förderung des **Gemeindedrittels** bei Eisenbahn-Kreuzungsmaßnahmen. Zwar hat in diesem Falle die Gemeinde sich an der zur gesetzlichen Kostenmasse nach § 2 der 1. EKrV gehörenden Verwaltungskostenpauschale von 10 % zu beteiligen, könnte insoweit aber nicht eine Förderung nach GVFG in Anspruch nehmen; dieser Teil der Kosten müßte also bei der Ermittlung der zuwendungsfähigen Kosten von der Kostenbelastung der Gemeinde abgezogen werden. In der Verwaltungsübung (Bundesrichtlinien 1967, Richtlinien zur Gewährung von Zuwendungen nach § 5a FStrG (vgl. Rz. 317) gelten die Aufwendungen für die Verwaltungskostenpauschale jedoch als zuwendungsfähig, da sie Bestandteil des von der Kommune zu tragenden Kostenanteils sind (§ 2 Abs. 1 Nr. 5 GVFG).

- **Kosten für den Erwerb solcher Grundstücksteile, die** (§ 4 Abs. 3 Nr. 3)

   a) nicht unmittelbar oder nicht **dauernd** für das Vorhaben **benötigt** werden, es sei denn, daß sie nicht nutzbar sind,

   b) **vor dem 1. Januar 1961** erworben worden sind.

Wird ein Grundstück nur für Arbeiten an dem Projekt und nur so lange, nicht aber für das Vorhaben selbst benötigt, sind auch die **Gestehungskosten** nicht förderfähig.

5. Planung und Durchführung der Förderprogramme (§§ 5–9 GVFG)

5.1 Programmaufstellung

397 Die **Förderprogramme** müssen – entsprechend den Vorschriften des Haushaltsgrundsätzegesetzes (HGrG) – auf einer fünfjährigen Finanzplanung aufbauen und jährlich fortgeschrieben werden (§ 5 Abs. 1). Eine Förderung von Vorhaben außerhalb der Programme ist nicht zulässig. Damit soll sichergestellt werden, daß die Vorhaben einem kritischen Vergleich der **Dringlichkeiten/Erforderlichkeit** standhalten und entsprechend geordnet werden.

Maßnahmen, die die allgemeinen **Fördervoraussetzungen** (§ 3) noch nicht erfüllen, dürfen nur dann in die Programme eingestellt werden, wenn diese Voraussetzungen voraussichtlich später, spätestens zum Zeitpunkt der Bewilligung, vorliegen. Die Programme müssen sowohl die voraussichtlichen **Gesamtkosten** eines Projektes als auch die zuwendungsfähigen Teile angeben sowie die vorgesehenen Jahresraten der GVFG-Finanzhilfen (§ 5 Abs. 2) enthalten.

Den Programmen müssen realistische Annahmen über das zur Verfügung stehende Finanzhilfevolumen zugrunde gelegt werden (§ 5 Abs. 3). Verändert sich das gesetzlich festgelegte Finanzmittelvolumen, sind die Programme entsprechend anzupassen (vgl. Rz. 14).

Die **nachrichtliche Aufnahme** von Vorhaben stellt noch keine Aufnahme in das Förderprogramm dar, sondern hat lediglich Vormerkcharakter für den Fall, daß entweder mehr Mittel zur Verfügung stehen oder andere Projekte nicht realisiert werden und so Mittel frei werden.

5.2 ÖPNV-Bundesprogramm

398 Für die Aufstellung der Programme sind die Kompetenzen unterschiedlich geregelt. Die Programmkompetenz des Bundesministeriums für Verkehr (§ 6 Abs. 1) ist beschränkt auf Vorhaben des Baus oder Ausbaus von **Schienenwegen** des öffentlichen Personennahverkehrs, die auf **besonderem Bahnkörper** geführt werden, in **Verdichtungsräumen** oder den zugehörigen Randgebieten liegen und deren zuwendungsfähige Kosten ein Volumen von 100 Mio. DM überschreiten. Die Regelung bedeutet lediglich eine konkurrierende **Programmbefugnis** und schließt keineswegs aus, daß solche Vorhaben in Landesprogrammen gefördert werden; es handelt sich vielmehr um eine Ergänzung der Landesprogramme, wobei entsprechende ausdrückliche Anträge der Länder vorausgesetzt werden. Grundsätzlich fallen nämlich alle Vorhaben in die Länderprogrammkompetenz. Die Aufnahme der von den Ländern angemeldeten Vorhaben in das Bundesprogramm kann nur im Benehmen mit den Ländern erfolgen, da diese direkt oder indirekt von der Entscheidung betroffen sind. Es ist nicht Zustimmung oder **Ein-**

vernehmen aller Länder erforderlich, wohl aber ein ernsthafter Erörterungsprozeß und das Bemühen des Bundes um eine Verständigung.

Die Vorschrift des § 6 Abs. 1 soll sicherstellen, daß große und dringliche Vorhaben des Schienenpersonennahverkehrs nicht deshalb scheitern müssen, weil die nach Länderaufteilung in den Landesprogrammen zur Verfügung stehenden Mittel für ein **Großvorhaben** nicht ausreichen. Viele Vorhaben des S-Bahn-, U-Bahn- und Stadtbahnbaus, insbesondere in den Stadtstaaten und kleineren Ländern, wären ohne diese Bestimmung kaum zu realisieren (vgl. Rz. 406).

Kriterien dafür, was als **Verdichtungsraum** oder zugehöriges Randgebiet anzusehen ist, hat die Ministerkonferenz für Raumordnung festgelegt.

5.3 Länderprogramme

Für die von den Ländern aufzustellenden Förderprogramme (§ 6 Abs. 2) gilt, **399** daß hier sowohl Vorhaben des **kommunalen Straßenbaus** als auch des **ÖPNV** Berücksichtigung finden können. Einschränkungen auf bestimmte **Fördergegenstände** hat der Gesetzgeber nicht vorgenommen; es handelt sich vielmehr um eine universale **Programmkompetenz** der Länder für den gesamten Förderkatalog. Im Gegensatz zu der begrenzten Rolle des Bundes nach § 6 Abs. 1 sollen die Länder bei der Aufnahme von Vorhaben ins Förderprogramm nicht nur die Verbesserung der **Verkehrsverhältnisse** der Gemeinden in Verdichtungsräumen, sondern gerade auch außerhalb dieser Gebiete, als im ländlichen Raum, berücksichtigen.

Die Aufteilung der für die Länderprogramme zur Verfügung stehenden Mittel (vgl. § 10 Abs. 2 Satz 3) auf die einzelnen Länder erfolgt jährlich im Haushalt des Bundesministeriums für Verkehr und wird den Ländern mitgeteilt. Die jeweilige **Landesquote** bemißt sich nach den vom Kraftfahrt-Bundesamt für den 1. Juli des jeweils vorvergangenen Jahres ermittelten Kfz-Bestandszahlen, so daß die den Landesprogrammen im Jahr 1998 zustehenden GVFG-Mittel sich nach den – gewichteten – Kfz-Zahlen zum 1. Juli 1996 bemessen.

Die unterschiedliche Gewichtung der Zahlen soll Verzerrungen ausgleichen und sicherstellen, daß eine höhere verkehrliche Belastung aus dem Umfeld eines Nachbarlandes ausgeglichen wird.

5.4 Durchführung der Programme

Die Durchführung des GVFG obliegt den Ländern nach deren GVFG-Verwal- **400** tungsvorschriften. Eine Übersicht über den Verfahrensweg gibt Tabelle 2.

Tangieren Vorhaben Maßnahmen des **Städtebaus**, so ist vor der Aufnahme der Projekte in das Förderprogramm eine Abstimmung sicherzustellen (§ 6 Abs. 3). Damit soll eine sinnvolle Koordinierung von Maßnahmen erreicht werden, die wechselseitige Auswirkungen haben.

Tabelle 2: GVFG-Verfahrensweg

---

1. Anträge der Kommunen (Anmeldung und Finanzierung) mit allen bedeutsamen Angaben sind i.d.R. an die Landesregierung (Verkehrsressort) bzw. die von dort bestimmten Bewilligungsbehörden zu richten.
2. Die Antragsunterlagen müssen insbesondere enthalten:
- detaillierte Beschreibung des Vorhabens mit den voraussichtlichen Gesamtkosten,
- Angaben
  - über zuwendungsfähige Kosten,
  - erwartete Zuwendung insgesamt sowie Aufteilung auf die nächsten 5 Jahre (und Rest),
  - Bauzeit,
  - Finanzierungsplan (Restfinanzierung muß gewährleistet sein).
- Darlegung, aus der ersichtlich ist, daß das Vorhaben nach Art und Umfang – unter Berücksichtigung des Grundsatzes der Wirtschaftlichkeit und Sparsamkeit – zur Verbesserung der Verkehrsverhältnisse dringend erforderlich und mit städtebaulichen Maßnahmen abgestimmt ist.
- Angaben, aus denen sich ergibt, daß das Vorhaben allen bau- und verkehrs-technischen Anforderungen genügt und die Belange Behinderter, alter Menschen und anderer Personen mit Mobilitätsbeeinträchtigungen berücksichtigt.
- Nachweis, daß das Vorhaben in einem regionalen oder kommunalen Generalverkehrsplan, Nahverkehrsprogramm oder in einem gleichwertigen Plan enthalten ist oder zum Zeitpunkt der Förderung vorliegen wird.
- Übersichtsplan.
3. Inhaltliche Prüfung durch Land bzw. vom Land beauftragter Stelle
4. Festlegung der Prioritäten für die förderungsfähigen Vorhaben (Vorrang: laufende Maßnahmen!) und Abgleichung mit festliegendem Finanzrahmen – Programmaufstellung durch Land (ggf. getrennt nach kommunalen Straßenbau und ÖPNV); Aufnahme in ÖPNV-Bundes-programm setzt „Benehmen" BMV-Länder voraus.
5. Nach Mitteilung des Programms an beauftragte Stellen durch Land: Bewilligungsbescheide für konkrete Vorhaben an Antragsteller (Formblatt mögl.)
6. Auftragserteilung durch Baulastträger
7. Rechnungsprüfung durch Baulastträger
8. Anforderungen der Fördermittel mit Nachweis der Rechnungen bei Land bzw. vom Land beauftragter Stelle durch Baulastträger
9. Prüfung und Mittelzuweisung an Baulastträger durch Land bzw. vom Land beauftragte Stellen
10. Am Ende des Jahres Verwendungsnachweis gegenüber Land
11. Am Ende des Jahres Mitteilung des Landes an Bundesminister für Verkehr gem. § 8 GVFG

Soweit der Bund über die Aufnahme von Vorhaben in das **Bundesprogramm** zu entscheiden hat, muß er dazu über die Vorlage der wichtigsten Planungsunterlagen in den Stand gesetzt werden (§ 6 Abs. 4). Diese Aufgabe obliegt den Ländern, die Anträge der Vorhabenträger entgegennehmen, sie prüfen und ggf. zur

Aufnahme in das Bundesprogramm vorschlagen. Die Unterlagen müssen alle für die Beurteilung des Vorhabens wichtigen Angaben enthalten.

Die Regelungen von § 6 Abs. 1 bis 4 gelten nicht nur für die erstmalige Aufstellung eines Förderprogramms, sondern auch für die Fortführung, also jedes Jahr von neuem (§ 6 Abs. 5).

Die Länder können erst nach der **Zuteilung** durch das Bundesministerium für Verkehr über die GVFG-Mittel verfügen. Die Zuteilung setzt die Mitteilung der **Förderprogramme** voraus. Stellt ein Land kein Förderprogramm auf, können auch keine GVFG-Fördermittel zugeteilt werden (§ 6 Abs. 6). **401**

Eigentlich eine Selbstverständlichkeit, daß die – besonderen Verwendungen vorbehaltenen – GVFG-Fördermittel des Bundes nicht für andere Projekte eingesetzt werden dürfen, die in der **Programmplanung** nicht enthalten sind (§ 7). Auf diese Weise sind die Länder gezwungen, sich rechtzeitig Gedanken über die konkrete Verwendung zu machen. **402**

Die **Mitteilungspflicht** der Länder (§ 8) ist sehr reduziert und beinhaltet keine Details. Jedoch wird für Zwecke der Berichterstattung regelmäßig differenziert nach Vorhaben des ÖPNV (gesondert dabei die Fahrzeugförderung) und Vorhaben des kommunalen Straßenbaus. **403**

Die Vorschriften der §§ 8 und 9 sind inhaltlich weitgehend identisch. Bei der Nachweispflicht nach 9 tritt lediglich die Angabe der zuwendungsfähigen Kosten zu den Zahlungen hinzu.

6. Herkunft, Zweckbindung und Verteilung der GVFG-Mittel (§ 10 GVFG)

Ein Teil des **Mineralölsteueraufkommens** des Bundes ist für Zwecke des GVFG gesetzlich festgelegt und insoweit bei Aufstellung der jährlichen Haushaltspläne des Bundes anderweitig nicht verfügbar. Der Betrag ist nach oben begrenzt auf die Summe von 3,28 Mrd. DM (§ 10 Abs. 1). Es handelt sich dabei um die finanzielle Grundausstattung des Gesetzes; ohne Deckelung wurden sich höhere Beträge ergeben (vgl. Rz. 8). **404**

Vor der weiteren Aufteilung der Gesamtsumme werden die vom Bundesministerium für Verkehr für Forschungszwecke in Anspruch genommenen Mittel abgezogen (§ 10 Abs. 2 Satz 1). Ob GVFG-Mittel für **Forschung** verwendet werden, unterliegt allein der Entscheidung des Bundesministeriums für Verkehr, das auch allein verfügungsbefugt ist. Nur wenn der „Normal"-Ansatz von 0,25 % der Mittel, also 8,2 Mio. DM, überschritten werden soll (bis zu 0,5 % sind möglich), ist Benehmen mit den Ländern erforderlich (1998 sind ausnahmsweise nur 6,2 Mio. DM vorgesehen). Zum Inhalt des Begriffs „Benehmen" vgl. Ausführungen unter 5.2.

405 Zunächst begrenzt auf die Jahre 1992 bis 1995 und dann verlängert bis einschließlich 1996 durch das Eisenbahnneuordnungsgesetz (vgl. Rz. 323) wurden die GVFG-Finanzmittel aufgestockt (vgl. Rz. 362). Die **Aufstockungsbeträge** waren im Gegensatz zur Grundausstattung des GVFG von 3,28 Mrd. DM nicht zweckgebundene Mineralölsteuermittel, sondern wurden aus allgemeinen Haushaltsmitteln zur Verfügung gestellt (§ 10 Abs. 2 Satz 2).

Tabelle 3: Verteilung der GVFG-Mittel 1998 – in Mio. DM –

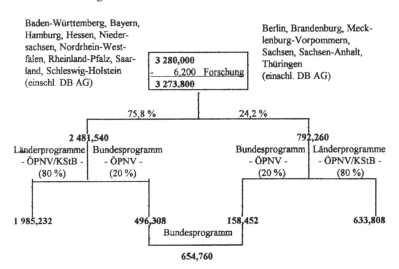

Nach Abzug der Forschungsmittel werden die Mittel entsprechend der zum Zeitpunkt des **Einigungsvertrages** bestehenden Einwohnerzahlverhältnisse in den alten und neuen Bundesländern (bei Erhalt der West-Berliner Beträge und gleichzeitiger Einordnung in die neuen Länder) aufgeteilt. Eine länderweise **Aufteilung** ausschließlich nach den Kfz-Bestandszahlen, hätte die neuen Bundesländer wegen ihrer im Vergleich zu den alten Bundesländern deutlich geringeren Kraftfahrzeugdichte fühlbar benachteiligt.

406 Die weitere Aufteilung der Mittel stellt zunächst auf die unterschiedlichen Programmverantwortlichkeiten ab. Sowohl von den für die **Altländer** (ABL) vorgesehenen 75,8 % als auch von den 24,2 % für die **Neuländer** (NBL) einschließlich Berlin werden 20 % für das jeweilige **Bundesprogramm** nach § 6 Abs. 1 vorbehalten (vgl. Tabelle 3). Der Begriff „vorbehalten" bedeutet keine starre Ausschließlichkeitsregelung, sondern ermöglicht es dem Bund, bei Fehlen geeigneter Projekte die nicht benötigten Mittel zusätzlich den **Länderprogrammen zur Verfügung** zu stellen (§ 10 Abs. 2 Satz 4). Die Länderprogrammmittel, also jeweils 80 % der nach Abzug der Forschungsmittel in den Ländergruppen Altländer und Neuländer verbleibenden GVFG-Mittel werden nach den Vorschriften des § 6 Abs. 2 aufgeteilt (vgl. dazu Rz. 312 und die Ausführungen zu Rz. 399).

Aus dem Programm „**Aufschwung Ost**" hatten die neuen Bundesländer, begrenzt auf die Jahre 1991 und 1992 zusätzliche Mittel zugeteilt bekommen (§ 10 Abs. 2 Satz 5).

7. Vorhaben von Bundesunternehmen, öffentl. Schutzräume (§§ 11, 12 GVFG)

7.1 Vorhaben vom Bundesunternehmen

Die Regelung des § 11 war bis zur Bahnstrukturreform erforderlich, um auch die **407** bundeseigene DB alten Zuschnitts am GVFG partizipieren lassen zu können. Die Finanzverfassungsbestimmung des Artikels 104a Grundgesetz mußte mit den Modalitäten des GVFG in Einklang gebracht werden. Weil es sich im Ergebnis bei der Finanzierung von Aufgaben der DB alten Zuschnitts um eigene Aufgaben des Bundes handelte, spricht § 11 insoweit nicht von Finanzhilfen an die Länder, sondern von **Investitionszuschüssen**, wie sie auch im Bundesschienenwegeausbaugesetz möglich sind. Entsprechend sind die Vorschriften des GVFG anzuwenden, weil die Formulierungen des Gesetzes sonst nicht „passen" würden.

Wichtig ist die Regelung, daß auch der Bund nicht ohne **Zustimmung** des beteiligten Landes die Finanzierung eines Vorhabens der DB (heute DB AG) aus GVFG-Mitteln durchsetzen kann (§ 11 Abs. 2).

7.2 Öffentliche Schutzräume

Die Bestimmung des § 12 soll sicherstellen, daß beim Bau von unterirdischen **408** Verkehrsanlagen ggf. auch öffentliche Schutzräume miteingeplant und realisiert werden, wenn der Bund die damit verbundenen Kosten trägt. Voraussetzung ist, daß die Schutzräume in der Verkehrsanlage, nicht bloß im Zusammenhang damit, realisiert werden können.

8. Übergangsvorschriften (§ 14 GVFG)

§ 14 Abs. 1 regelt, daß GVFG-Mittel nicht zur **Umfinanzierung** bereits erfüllter **409** Zahlungsverpflichtungen in Betracht kommen.

Der gleiche Grundsatz gilt für solche Teile von **Bauleistungen**, die bereits realisiert und bezahlt sind. Eine Ausnahme ist nur möglich, wenn ein **vorzeitiger Baubeginn** vor Aufnahme in ein Förderprogramm von der Bewilligungsbehörde ausdrücklich für unbedenklich erklärt wurde. In solchen Fallen lassen sich Vorhaben auch nach der – vorfinanzierten – Realisierung noch ins GVFG-Programm aufnehmen und fördern.

Die Regelung des § 14 Abs. 4 zur Fortführung begonnener Vorhaben mit erhöhtem Fördersatz im ehemaligen Zonenrandgebiet ist gegenstandslos, seit der Fördersatz in den Länderprogrammen 1992 auf bis zu 75 % angehoben wurde.

410 **Schienennahverkehrsprojekte der DB,** deren zuwendungsfähiges Volumen unter 100 Mio. DM liegt und deshalb eigentlich nur im Rahmen der Länderprogramme gefördert werden könnten, werden gleichwohl als Vorhaben im **Bundesprogramm** fortgeführt, wenn sie vor dem 1. Januar 1992, dem Zeitpunkt des Inkrafttretens der neuen Programmvorschriften, begonnen wurden (§ 14 Abs. 5). Neue Vorhaben der DB AG mit einem zuwendungsfähigen Volumen von weniger als 100 Mio. DM können in keinem Falle in das Bundesprogramm Eingang finden.

Literaturverzeichnis

Maunz-Dürig, Kommentar zum Grundgesetz, Band IV
C. H. Beck'sche Verlagsbuchhandlung, München 1994

Hohns/Schmidt, – Gemeindeverkehrsfinanzierungsgesetz –, Kommentar zum Gesetz über Finanzhilfen des Bundes zur Verbesserung der Verkehrsverhältnisse in den Gemeinden
Deutscher Gemeindeverlag GmbH und Verlag W. Kohlhammer GmbH, Köln 1972

Schroeter/Wittich, Zuwendungen für den Verkehrswegebau in den Gemeinden, Kommentar zum Gemeindeverkehrsfinanzierungsgesetz
Carl Heymanns Verlag KG, Köln-Berlin-Bonn-München 1971 und 1972

Marschall/Schroeter/Bosch, Kommentar zum Eisenbahnkreuzungsgesetz, 4. Auflage
Carl Heymanns Verlag KG, Berlin-Bonn-München 1990

Kapitel 4: Finanzierung des kommunalen Verkehrs

Dritter Abschnitt: Fahrzeugförderung im ÖPNV

Kurt Oberlinger

1. Allgemeines

411 Mit den Landeszuschüssen für moderne Fahrzeuge des **Linienverkehrs** im ÖPNV soll die Qualität und Attraktivität des ÖPNV-Leistungsangebotes gezielt gesteigert werden. Darüber hinaus werden die Investitionshilfen von den Ländern oftmals als verkehrspolitisches Steuerungsinstrument zur Verbesserung der Zusammenarbeit zwischen den **Verkehrsunternehmen** eingesetzt.

Bis zum Jahre 1987 wurde die Fahrzeugförderung aus reinen Landesmitteln gewährt. Das 1988 geänderte Gemeindeverkehrsfinanzierungsgesetz (GVFG) ermöglichte durch Erweiterung des **Förderkatalogs** zum ersten Mal die Förderung von **Standardlinienbussen** und **Standardgelenkomnibussen**, „soweit diese zum Erhalt und zur Verbesserung von Linienverkehren nach § 42 PBefG erforderlich sind und überwiegend für diese Verkehre eingesetzt werden." (vgl. Rz. 362) Den Ländern standen bis einschließlich 1991 jährlich 100 Mio. DM Bundesfinanzhilfen für Vorhaben nach § 2 Abs. 1 Nr. 6 zur Verfügung. Im Jahre 1992 wurde das GVFG auch für die Förderung von **Schienenfahrzeugen** des ÖPNV geöffnet.

Ab dem Jahre 1997 wird die Fahrzeugförderung für die kommunalen und privaten Verkehrsunternehmen aus den verbliebenen GVFG-Mitteln in Höhe von 3,28 Mrd. DM und aus den Mitteln nach § 8 Abs. 2 Regionalisierungsgesetz des Bundes gespeist (vgl. Rz. 323).

2. Grundlagen der Fahrzeugförderung für kommunale bzw. private Verkehrsunternehmen

Für die Darstellung der Bedingungen der Fahrzeugförderung werden wegen der weitgehenden bundesweiten Vergleichbarkeit der Förderung (Grundlage GVFG) 3 Länder exemplarisch ausgewählt.

2.1 Baden-Württemberg

412 In Baden-Württemberg richtet sich die Gewährung von GVFG-Zuwendungen für die Beschaffung von Fahr zeugen nach der Verwaltungsvorschrift des Verkehrsministeriums (VwV-Fahrzeuge) vom 21. Oktober 1993 (GABl. v. 30. 11. 1993). Ein Rechtsanspruch auf Förderung besteht nicht. Zuwendungsgeber ist das Land; Zuwendungsempfänger für **Busse** sind die dort ansässigen Verkehrsunternehmen oder ihre Auftragsunternehmen; **Schienenfahrzeuge** sind dann zuwendungsfähig, wenn sie überwiegend in Baden-Württemberg eingesetzt werden.

413 Gefördert werden kann die **Erst- oder Ersatzbeschaffung** von neuen Linienomnibussen, Gelenkomnibussen, Doppelstockbussen, O-Bussen sowie von neuen

Schienenfahrzeugen, soweit die Fahrzeuge einen für den Linienverkehr und den Schienenpersonennahverkehr erforderlichen Standard aufweisen. Voraussetzungen für eine **Ersatzbeschaffung** sind, daß das zu ersetzende Fahrzeug überwiegend im Liniennetz

– mindestens 6 Jahre auf das antragstellende Verkehrsunternehmen zugelassen ist oder
– 400.000 km **Laufleistung** beim antragstellenden Unternehmer erbracht hat.

Voraussetzung für die **Erstbeschaffung** ist neben der gleichen Laufleistung, daß das Fahrzeug mindestens 8 Jahre überwiegend (d. h. mehr als 50 %) im Linienverkehr nach § 42 PBefG eingesetzt wird. Die Schienenfahrzeuge sollen 20 Jahre im ÖPNV in Baden-Württemberg eingesetzt werden.

Die Zuwendungen werden als Zuschüsse im Wege der Anteilfinanzierung ge-   **414**
währt, dürfen jedoch 50 % der zuwendungsfähigen Aufwendungen nicht überschreiten. Die Höhe der Zuwendungen beträgt jedoch höchstens:

* Linienomnibusse   165.000,- DM
* Gelenkomnibusse, Doppelstockomnibusse bis 12 m Länge   247.500,- DM
* Doppelstockomnibusse über 12 m Länge und O-Busse   288.750,- DM
* Midibusse (8–10 m Länge)   123.750,- DM
* Kleinbusse   82.500,- DM

Bewilligungsbehörde für die **Omnibusförderung** sind die Stadt-/Landkreise. Bewilligungsstelle für die Schienenfahrzeugförderung ist das Verkehrsministerium. Gefördert wird nur, was vorher in einem vom Verkehrsministerium aufgestellten und jährlich fortgeschriebenen Programm berücksichtigt worden ist.

2.2 Hessen

Im Land Hessen sind die relativ neuen Richtlinien für die Gewährung von Zu-   **415**
wendungen zur Förderung von **Omnibussen** und **Schienenfahrzeugen** nach dem GVFG vom 8. Mai 1996 maßgebend (Staatsanzeiger für das Land Hessen vom 03. 06. 1996, Nr. 638, S. 1787).

Zuwendungsgeber ist das Land, Empfänger bzw. Antragsteller sind die kommunalen Gebietskörperschaften sowie öffentliche und private Verkehrsunternehmen (als Genehmigungsinhaber) oder deren Auftragsunternehmen, soweit sie ÖPNV in Hessen betreiben.

Gefördert wird die **Erst- oder Ersatzbeschaffung** von neuen Fahrzeugen (Omnibusse, Kleinbusse und Midibusse, Schienenfahrzeuge). Voraussetzung für die Förderung von Omnibussen ist, daß sie zu mindestens 75 % im Linien- und Sonderlinienverkehr eingesetzt werden, wobei mehr als 50 % für Verkehre nach § 42 PBefG zu erbringen sind.

Bei der **Erstbeschaffung** von Omnibussen (Neueinrichtung, Verdichtung, Erweiterung einer Linie) ist die Förderfähigkeit nachgewiesen, wenn die Angebotsausweitung mindestens 100 km pro Werktag und Fahrzeug beträgt. Schienenfahrzeuge müssen für die Dauer der Zweckbindung zu mindestens 90 % im ÖPNV in Hessen eingesetzt werden.

Bei der **Ersatzbeschaffung** ist das zu ersetzende Fahrzeug zuwendungsfähig, wenn es – neben den anderen üblichen Voraussetzungen, wie z. B. zweckentsprechender Einsatz, für eine Ersatzbeschaffung noch nicht herangezogen – zum Zeitpunkt der Antragstellung auf den Antragsteller zugelassen ist; ein Zulassungszeitraum beim Antragsteller ist nicht vorgesehen.

416 Für die Förderung gelten im Einzelfall folgende **Obergrenzen** der zuwendungsfähigen Anschaffungskosten:

1. bei Kleinbussen (mind. 8 Sitzplätze)	80.000,- DM
dto. in Niederflurausführung	125.000,- DM
2. bei Midibussen (mind. 22 Plätze, davon mind. 13 Sitzplätze)	240.000,- DM
dto. in Niederflurausführung	300.000,- DM
3. bei Standardbussen (über 10 m Länge, mind. 30 Sitzplätze)	300.000,- DM
dto. in Niederflurausführung	365.000,- DM
4. bei Gelenkbussen	450.000,- DM
dto. in Niederflurausführung	535.000,- DM
5. bei Straßenbahnen:	
Einrichtungsfahrzeuge	3.200.000,- DM
Zweirichtungsfahrzeuge	3.500.000,- DM
6. bei Stadtbahnfahrzeugen	4.000.000,- DM

Über Förderobergrenzen anderer Fahrzeugtypen (z. B. Eisenbahnfahrzeuge) wird im Einzelfall entschieden.

Zusätzlich sind **Mehraufwendungen**, insbesondere für eine behindertengerechte Zusatzausstattung und zur Minimierung der Emissionen, als Erstausstattung oder zur Nachrüstung maximal drei Jahre alter Fahrzeuge über die Förderobergrenzen förderfähig.

Es handelt sich hierbei um eine gesonderte **Zusatzförderung**, über deren Höhe im Einzelfall das für den Verkehr zuständige Ministerium unter Berücksichtigung der finanziellen Leistungsfähigkeit des Antragstellers entscheidet.

Die **Höchstfördersätze für Omnibusse** betragen, bezogen auf die zuwendungsfähigen **Anschaffungskosten**,

1. bei Antragstellern, die überwiegend Verkehr **außerhalb** von Verdichtungsräumen betreiben: 40 %,

2. bei Antragstellern, die überwiegend Verkehr **innerhalb** von Verdichtungsräumen betreiben: 30 %.

Der Höchstfördersatz für **Schienenfahrzeuge** beträgt, bezogen auf die zuwendungsfähigen Anschaffungskosten, 30 %. Hiervon kann in begründeten Ausnahmefällen, insbesondere zur Vermeidung von **Betriebskostenzuschüssen**, abgewichen werden.

2.3 Nordrhein-Westfalen

2.3.1 Aufgabenträger

In NRW existiert die **Fahrzeugförderung als Investitionshilfeprogramm** im 417 ÖPNV bereits seit dem Jahre 1971. Bis 1997 wurden rd. 3 Mrd. DM an Zuschüssen für moderne Fahrzeuge an die Verkehrsunternehmen gewährt, das sind im Durchschnitt rd. 92 Mio. DM pro Jahr.

Ab dem Jahr 1997 hat das Land NRW auch bei der Fahrzeugförderung den Gedanken der Regionalisierung konsequent umgesetzt und den **Aufgabenträgern**, das sind in NRW nach § 3 Abs. 1 Regionalisierungsgesetz NW grundsätzlich die

- Kreise,
- kreisfreien Städte, und die
- mittleren und großen kreisangehörigen Städte,
  die ein eigenes ÖPNV-Unternehmen betreiben oder an einem solchen wesentlich beteiligt sind,

die Förderung von Fahrzeugen im ÖPNV übertragen.

2.3.2 Finanzausstattung

Für die **Fahrzeugförderung** hat das Land durch das Gesetz zur Regionalisierung 418 des öffentlichen Schienenpersonennahverkehrs sowie zur Weiterentwicklung des ÖPNV (Regionalisierungsgesetz NW) festgelegt, daß für die **Beschaffung von Fahrzeugen** durch öffentliche oder private Verkehrsunternehmen oder zur Abgeltung ihrer **Vorhaltekosten** aus den Mitteln des § 8 Abs. 2 Regionalisierungsgesetz des Bundes jährlich mindestens **200 Mio. DM** bereitgestellt werden, wobei dieser Betrag der Anpassungs- und Revisionsklausel des Regionalisierungsgesetzes des Bundes unterliegt, (§ 13 Abs. 3 Regionalisierungsgesetz NW). Das weitere Verfahren regeln und erläutern die „Verwal-tungsvorschriften zum Gesetz zur Regionalisierung des öffentlichen Schienenpersonennahverkehrs sowie zur Weiterentwicklung des ÖPNV" vom 11. 06. 1996 (MBl. NW Nr. 61, S. 1426ff.).

Danach muß die Höhe der jeweiligen Zuwendung auf der Basis der Vorhaltekosten an die einzelnen Aufgabenträger kapazitäts- und leistungsbezogen bestimmt werden. Für die Weitergabe der Zuwendungen durch die Aufgabenträger an die Verkehrsunternehmen bleibt es im Sinne einer kontinuierlichen Fahrzeugförderung bei den bisher in der GVFG-Förderung auch in anderen Ländern geltenden Grundsätzen.

2.3.3 Zuwendung an die Aufgabenträger

419 Die jährlichen Gesamtzuwendungen von mindestens 200 Mio. DM werden nach folgendem Schlüssel an die **Aufgabenträger** verteilt: Die Gesamtsumme wird betriebszweigbezogen im Verhältnis 64,5 % zu 35,5 % zwischen Kraftomnibussen einerseits und leitungsgebundenen Fahrzeugen andererseits aufgeteilt. Dies entspricht der Kostenstruktur und der bisherigen durchschnittlichen Mittelverteilung in NRW.

Für die weitere Verteilung auf die Aufgabenträger wurde ein zweidimensionaler **Förderschlüssel** aus **Rechnungswagen-Kilometern** und **Rechnungswagen-Stunden** im Verhältnis 50:50 gewählt. Es bestand nach Auswertung einer vom Land finanzierten Basis-Untersuchung Einvernehmen mit den beteiligten Verbänden der Kommunen, der Verkehrsunternehmen etc., daß dieser Schlüssel in NRW die unterschiedlichen Strukturen im ländlichen Raum und im Ballungsraum am besten berücksichtigt. Die Unterschiede liegen vor allem im Zeitaufwand, der im städtischen Raum durch das dichtere Haltestellennetz, geringere Fahrgeschwindigkeiten etc. größer ist, als im ländlichen Raum. Eine Übersicht über die Mittelverteilung zeigt Tabelle 1.

Die Schlüsselbildung bezieht sich im Interesse einer größeren Nähe zu den tatsächlichen Vorhaltekosten auf den Rechnungswagen als Einheitsfahrzeug. Größere bzw. kleinere Fahrzeuge werden durch entsprechende in den Verwaltungsvorschriften zum Landesregionalisierungsgesetz festgelegte **Äquivalenzziffern** berücksichtigt.

420 Um die Zuwendungen für jeden Aufgabenträger berechnen zu können, müssen die Betriebsleistungen in Abhängigkeit von den eingesetzten Fahrzeugen pro Unternehmen im Bereich des jeweiligen Aufgabenträgers ermittelt werden. Hierzu wird pro Unternehmen – getrennt nach den Betriebszweigen – Bus und Schiene mit einem **mittleren Äquivalenzfaktor** für die eingesetzten Fahrzeuge gerechnet (vgl. Tabelle 2).

2.3.4 Grundsätze für die Förderung durch die Aufgabenträger

421 Die Zuwendungen des Landes sind zur **Beschaffung von Fahrzeugen** durch öffentliche und private Verkehrsunternehmen oder zur Abgeltung ihrer Vorhaltekosten bestimmt, können aber auch für sonstige **Investitionsmaßnahmen** des ÖPNV eingesetzt werden. Die Zuwendung muß jedoch zunächst zur Befriedigung des Fahrzeugbedarfes verwandt werden. Nur wenn danach noch Mittel übrig bleiben, können diese für „sonstige Investitionsmaßnahmen des ÖPNV" eingesetzt werden. Der Aufgabenträger kann diese Mittel für eigene Investitionen verwenden oder an die Verkehrsunternehmen weitergeben. Die jeweils förderfähigen Maßnahmen sind mit der Bewilligungsbehörde abzustimmen. Zuwendungen dürfen im übrigen nur an solche Verkehrsunternehmen weitergeleitet werden, die den **Gemeinschaftstarif** (des jeweiligen Kooperationsraumes) anwenden.

Tabelle 1: Fahrzeugförderung nach § 13 Regionalisierungsgesetz NW

* Der Betrag erhöht sich anteilig entsprechend den Anpassungs- und Revisionsregelungen des Regionalisierungsgesetzes des Bundes

Tabelle 2: Ermittlung des unternehmensbezogenen mittleren Äquivalenzfaktors

Beispiel: Unternehmen: Stadtverkehr			
Fahrzeug	Äquivalenzziffer	jährl. Wagen-km/Leistung	Produkt
Nr. 1	0,9 (StLB)	45 000 km	40 500
Nr. 2	1,3 (StGB)	60 000 km	78 000
Nr. 3	1,5 (StGB-Gas)	35 000 km	52 500
gesamt		140 000 km	171 000
mittlerer Äquivalenzfaktor		171 000 : 140 000	1,22

2.3.5 Beschaffung von Omnibussen

422 Unter der Fördermöglichkeit „**Beschaffung von Fahrzeugen**" ist in Nordrhein-Westfalen der Kauf neuer oder neuwertiger Fahrzeuge (nicht älter als 6 Monaten mit max. Laufleistung von 20 T km) zu verstehen.

Die **Erstbeschaffung** zur Verdichtung einer bestehenden oder zur Einrichtung einer neuen Linie nach § 42 PBefG ist möglich, wenn das Fahrzeug eine jährliche **Betriebsleistung** von mindestens 40 T Wagen-Kilometer oder 2500 Wagen-Stunden dauerhaft erwarten läßt. Abgestellt wird also nicht auf die Gesamtleistung während der **Zweckbindung** sondern auf die zu erwartende jährliche Leistung des Fahrzeugs. Neu ist, daß auch der für diese Leistung eingesetzte **Auftragsunternehmer** die Förderung erhalten kann.

Die **Ersatzbeschaffung** für einen Omnibus ist möglich, wenn der Omnibus länger als 10 Jahre fast ununterbrochen im Linienverkehr zugelassen war oder eine **Laufleistung** von mehr als 600 T km aufweist. Um den Ankauf von alten Omnibussen zum Zwecke der Ersatzbeschaffung zu verhindern, muß ein Omnibus vier Jahre beim antragstellenden Unternehmen zugelassen oder bei diesem mehr als 240 T km gelaufen sein. Auch ein **Auftragsunternehmen** kann die Förderung für eine Ersatzbeschaffung erhalten, wenn es einen zusätzlichen Fahrauftrag erhalten hat und der Auftraggeber ein die Ersatzbeschaffungskriterien erfüllendes Altfahrzeug ersatzlos aussondert.

Für beide Förderarten (Erst- bzw. Ersatzbeschaffung) gilt übereinstimmend: Das Fahrzeug muß zukünftige Betriebsleistungen jährlich zu mindestens zwei Drittel im **Linienverkehr** nach § 42 oder § 43 PBefG erbringen. Darüber hinaus ist nachzuweisen, daß das Fahrzeug beim Antragsteller überwiegend allein im Linienverkehr nach § 42 PBefG eingesetzt ist.

Gefördert werden nur Omnibusse, die dem mit der Verwaltungsvorschrift veröffentlichten Kriterienkatalog für die Beschaffenheit von **Linienomnibussen** entsprechen. Diese Vorgabe des Landes gilt einheitlich für alle Aufgabenträger.

2.3.6 Beschaffung von leitungsgebundenen Fahrzeugen

423 Voraussetzung für eine Förderung (sowohl Erst- als auch Ersatzbeschaffung) ist, daß ihr Einsatz nach qualifizierten Betriebskonzepten erforderlich und mit den Zielen der **Nahverkehrspläne** vereinbar ist. Das zu ersetzende Fahrzeug muß ein Betriebsalter von 24 Jahren erreicht haben oder 20 Jahre mit einer Laufleistung von 1,45 Mio. km aufweisen.

2.3.7 Höhe der Förderung und Dauer der Zweckbindung

424 Der Förderspielraum des Zuwendungsempfängers (Aufgabenträger) bei der Beschaffungsförderung besteht im wesentlichen darin, daß die **Fördersätze** bei Omnibussen zwischen 40 % und 80 %, bei leitungsgebundenen Fahrzeugen zwischen

50 % und 80 % der zuwendungsfähigen Ausgaben variiert werden können. – Ist das „Minimum" an Fördermitteln in einem Jahr nicht vorhanden, so kann die Mindestquote entsprechend gekürzt, die Förderung gestreckt oder ein besser koordiniertes mittelfristiges Beschaffungsprogramm mit den Verkehrsunternehmen vereinbart werden. Können die Fördermittel nicht vollständig für den Erwerb von Fahrzeugen ausgegeben werden, so dürfen die verbleibenden Mittel für sonstige Investitionsmaßnahmen des ÖPNV (s.o.) verwendet werden. Sowohl bei der prozentualen Aufteilung der Mittel an die Verkehrsunternehmen als auch bei der Quotierung ist auf die Gleichbehandlung der öffentlichen und privaten Verkehrsunternehmen zu achten. Falls sich der Aufgabenträger (Zuwendungsempfänger) nicht für eine **Festbetragsfinanzierung,** sondern für eine **Anteilfinanzierung** entscheidet, muß er zusätzlich die Höhe der zuwendungsfähigen Ausgaben festlegen.

Die **Zweckbindungsdauer** für die geförderten Fahrzeuge beträgt:

* für Schienenfahrzeuge   20 Jahre oder   1,45 Mio. km
* für Obusse   15 Jahre oder   700 T km
* für Kraftomnibusse   10 Jahre oder   600 T km

2.3.8 *„Abgeltung der Vorhaltekosten für Fahrzeuge im Sinne von § 2 Abs. 1 Nr. 6 GVFG"*

Voraussetzung ist zunächst, daß das zu fördernde Fahrzeug beschafft werden **425** muß und daß keine Fördermittel für eine **Beschaffungsförderung** gewährt wurden, obwohl die Voraussetzungen für diese Variante der Förderung vorliegen.

Die Besonderheit der alternativen Förderung über die Abgeltung von **Vorhaltekosten** ist, daß der Betrag, der für eine Beschaffungsförderung vorgesehen wäre, in jährlichen Raten über die **Zweckbindungsdauer** ausgezahlt wird. Dabei darf der Gesamtbetrag nicht höher sein als bei der (einmaligen) Beschaffungsförderung. Dies muß in einem Vertrag zwischen dem Zuwendungsempfänger und dem Verkehrsunternehmen vorab geregelt werden.

Die Entscheidung, ob eine Beschaffungsförderung mit der Gesamtsumme oder Abgeltung der **Vorhaltekosten** in jährlichen Teilsummen vorgenommen wird, trifft der Zuwendungsempfänger (Aufgabenträger) **in Abstimmung** mit den Verkehrsunternehmen. Dies besagt, daß die eigentliche Entscheidungsbefugnis bei dem Zuwendungsempfänger liegt; sie gilt dann für alle Verkehrsunternehmen. Allerdings sind die Verkehrsunternehmen zu hören. – Wenn z.B. aufgrund einer vorgesehenen Förderung der Vorhaltekosten, die Verkehrsunternehmen sich nicht mehr in der Lage sehen würden, Fahrzeuge überhaupt zu beschaffen, so wäre das unbedingt bei der Entscheidung zu berücksichtigen.

2.3.9 „Alternative Finanzierungsmodelle in der Fahrzeugförderung"

426 Alternative Finanzierungsmodelle, wie z. B. **Leasingfinanzierung**, gewinnen im Wirtschaftsleben zunehmende Bedeutung. Inzwischen sind Leasinginvestitionen mit rd. 12 % an den gesamtwirtschaftlichen Investitionen in Deutschland beteiligt. Gegenüber traditionellen Finanzierungsformen werden im Bereich der Wirtschaft folgende Vorteile hervorgehoben:

- Geleaste Güter gelten nicht als Anlagevermögen und verursachen keine Gewerbekapitalsteuer.
- Raten aus Leasinggeschäften sind in voller Höhe Betriebsausgaben und können steuerlich abgesetzt werden. Beim Kredit sind neben der Abschreibung nur die Zinsen abzugsfähig. Dauerschuldzinsen kosten zudem Gewerbeertragssteuer.
- Leasingzahlungen gelten nicht als Kredit und engen den Spielraum für ggf. notwendige weitere Investitionen nicht ein.
- Im Gegensatz zum Kredit werden beim Leasing keine zusätzlichen Sicherheiten verlangt.
- Die monatlichen Raten bleiben unabhängig vom Zinsniveau bis zum Ende der Laufzeit konstant.
- Leasinganbieter ermöglichen oft Mengenrabatte für die zu beschaffenden Investitionsgüter wie z. B. ÖPNV-Fahrzeuge.

Gleichwohl können Leasingmodelle je nach Aufbau und Ablauf ggf. auch problematisch sein. Deshalb besteht nach den Verwaltungsvorschriften zum Landesregionalisierungsgesetz NW ein Vorbehalt, der im Einzelfall eine Zustimmung des für das Verkehrswesen zuständigen Ministeriums im Einvernehmen mit dem Innen- und Finanzministerium nach Maßgabe der §§ 7 und 55 LHO erfordert (vgl. Rz. 26).

427 Als unproblematisch im Bereich der Verkehrsfinanzierung wird bisher das sogenannte „US-Lease" angesehen, bei dem die Fahrzeuge vom Verkehrsunternehmen vermietet und unter Nutzung von Steuervorteilen wieder zurückgemietet werden. Dabei verbleibt das Eigentum der Fahrzeuge beim Verkehrsunternehmen. Im einzelnen ergibt sich folgender Ablauf (Tabelle 3):

Die Verkehrsunternehmen vermieten (**Lease-in**) Fahrzeuge über eine Zwischengesellschaft (Bank) nach deutschem Recht über eine Grundmietzeit (z. B. 20 Jahre) und eine Anschlußmietzeit (Mietverlängerungsoption) an einen US-Trust (amerikanische Investoren). Für diese Vermietung wird die Vergütung zu Beginn des Mietvertrags als Einmalzahlung (Marktwert der Fahrzeuge) an das Verkehrsunternehmen fällig. Gleichzeitig schließt die Zwischengesellschaft einen entsprechenden Mietvertrag mit gleicher Laufzeit mit dem US-Mieter (Trust) ab, mit der Möglichkeit der Weitervermietung. Der Trust zahlt ebenfalls eine Vergütung für die Anmietung an die deutsche Zwischengesellschaft (Lease-in). Die Beträge für die Vermietung sind in beiden Fällen identisch.

Tabelle 3: Übersicht über das US-Steuerlease

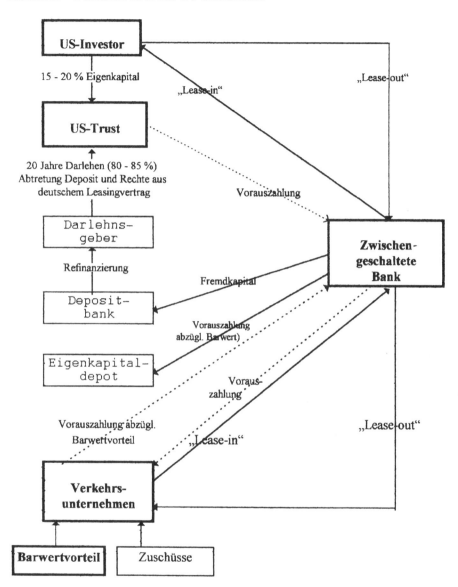

Der Trust schließt dann wieder einen Mietvertrag mit der deutschen Zwischengesellschaft nach amerikanischem Recht (**Lease-out**), wobei die Zwischengesellschaft verpflichtet wird, laufende Mietzahlungen zu leisten. Der Barwert der periodisch zu zahlenden **Leasingraten** wird bei der Zwischengesellschaft deponiert.

Die Differenz (**Barwertvorteil**) zwischen den zu zahlenden Beträgen für das „Lease-in" und für das „Lease-out" bildet den finanziellen Vorteil für das Verkehrsunternehmen. Die steuerlichen Auswirkungen sind zusammengefaßt folgende:

– **Ertragssteuer**

Der Barwertvorteil aus der Transaktion wird als passiver Rechnungsabgrenzungsposten in die Bilanz des Unternehmens eingestellt und über die Vertragslaufzeit gleichmäßig erfolgswirksam aufgelöst.

– **Umsatzsteuer**

Der Barwertvorteil ist umsatzsteuerbar.

– **Gewerbesteuer**

Es fällt keine Gewerbekapitalsteuer an.

3. Aufgaben und Möglichkeiten eines SPNV-Fahrzeugpools

3.1 Stärkung des Wettbewerbs

428 Wichtige Ziele der Bahnstrukturreform und der Regionalisierung sind die Steigerung der Attraktivität und der **Wirtschaftlichkeit** im Schienenpersonennahverkehr. Dabei spielt der **Wettbewerb** eine besondere Rolle. Durch die Trennung von Fahrweg und Betrieb, die Sicherung des diskriminierungsfreien Netzzuganges für andere Bewerber und die Einführung des **Besteller**-Prinzips ist die entscheidende Weichenstellung erfolgt.

Die **Leistungsbestellung** im SPNV erfolgt z. Z. in der Regel über **Verkehrsverträge** der Aufgabenträger mit der DB AG. Die Aufgabenträger können die Leistungen vereinbaren bzw. ausschreiben.

Durch die Einbeziehung weiterer Betreiber und die Ausschreibung von Leistungen hat sich bereits in Ansätzen gezeigt, daß Innovationen, transparentere Kostenstrukturen sowie deutliche **Kostensenkungen** möglich sind.

Zwar sind bisher **Wettbewerbslösungen** auch ohne **Fahrzeugpool** möglich gewesen, für eine weitere Verbesserung der Wettbewerbssituation wird jedoch von den Zweckverbänden und Verkehrsunternehmen die Einrichtung eines überregionalen Fahrzeugpools vielfach mit folgenden Argumenten unterstützt:

• Der Wettbewerber DB AG hat durch den Besitz eines großen Fahrzeugparks mit den dazugehörigen Instandhaltungsanlagen kaum ein **Beschaffungsrisiko** für Fahrzeuge.

• Beim Kauf neuer Fahrzeuge hat die DB AG durch ihre Größe die Möglichkeit, über zentrale Beschaffungsprogramme hohe Stückzahlen und günstige Einkaufspreise zu erzielen.

290

- Einer Ausdehnung der **Bedienungsangebote** durch lokale Unternehmen steht oft auch eine geringere Eigenkapitaldecke für umfangreichere Fahrzeugbeschaffungen entgegen.
- Nach Ablauf des **Verkehrsdurchführungsvertrages** besteht für lokale Unternehmen ein Risiko der Weiterverwertung für noch nicht vollständig abgeschriebener Fahrzeuge (Verlagerung des Investitionsrisikos auf die Poolgesellschaft).
- **Fahrzeugunterhaltung** und -wartung können kostengünstiger zentral erfolgen, die Zahl der Reservefahrzeuge kann gesenkt werden.
- Flexible Finanzierung durch Einsatz von Privatkapital.

3.2 Voraussetzungen für Fahrzeugpool-Lösungen und Nutzerpotentiale

Für die Einrichtung eines Fahrzeugpools sind grundsätzlich folgende Voraussetzungen zu erfüllen: **429**

1. Diskriminierungsfreier Zugang für jeden **Bieter.**
2. Es müssen die Regeln der europaweiten **Ausschreibung** gelten.
3. Der **Wettbewerb** der Fahrzeuglieferanten ist sicherzustellen.
4. Die Ausschreibungsquote bei den Aufgabenträgern muß deutlich erhöht werden.
5. Die Mitfinanzierung der öffentlichen Hand erfolgt im bisherigen Umfang durch Fördermittel (wettbewerbsneutrale Infrastrukturförderung).

Für die Einrichtung eines Fahrzeugpools bestehen verschiedene Modelle im   **430** Hinblick auf die **Fahrzeugvermietung**, den Service rund um das Fahrzeug und die Kapitalbeschaffung, die im Einzelfall zu prüfen sind.

Bei dem Pool-Modell (Tabelle 4) hält die Objektgesellschaft den Fahrzeugpool, die Betreiber leasen die Fahrzeuge von der Objektgesellschaft. Finanziert werden die Fahrzeuge (Kaufpreis) von der ABS-Zweckgesellschaft (ABS = Asset-Backed-Securitisation), die sich das benötigte Kapital vom Kapitalmarkt besorgt.

Dieses Modell erfordert allerdings einen garantierten Zahlungsstrom von der öffentlichen Hand und den Nutzern (Gebührenzahler) zur Objektgesellschaft.

Das Fonds-Leasing-Modell (Tabelle 5) geht noch einen Schritt weiter: Die Objektgesellschaft erhält Eigenkapital von Investoren, die durch Steuerersparnis profitieren. Die Fahrzeuge werden dem Betreiber zur Nutzung überlassen, der wiederum die Leasingraten über die Banken an die Gesellschaft zahlt.

Zwei Modelle beinhalten neben der reinen Fahrzeugfinanzierung auch eine weitere Servicefinanzierung. Beim Kooperationsmodell (Tabelle 6) sind sowohl Privatinvestoren als auch die öffentliche Hand an der Betreibergesellschaft beteiligt, beim Betreibermodell (Tabelle 7) ist es allein die öffentliche Hand. Ob das eine oder das andere Modell zum Zuge kommen kann, hängt von der Höhe der Finanzierungsrisiken ab.

Tabelle 4: Asset – Securitisation

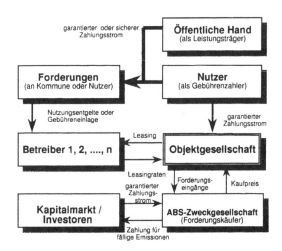

Tabelle 5: Fonds – Leasing – Modell

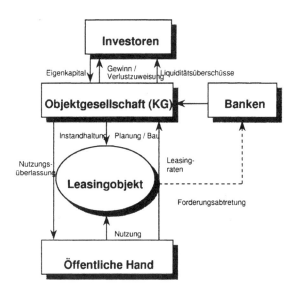

Tabelle 6: Kooperationsmodell

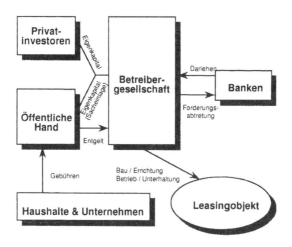

Tabelle 7: Betreibermodell

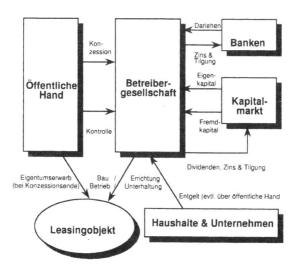

Das Nutzerpotential hängt ganz wesentlich davon ab, inwieweit die Aufgabenträger willens sind, Verkehrsleistungen auszuschreiben.

Zur Zeit kann das Potential der Verkehrsleistungen im SPNV, das längerfristig für konkurrierende nichtbundeseigene Eisenbahnen zur Verfügung steht, mit etwa 10 % der SPNV-Verkehrsleistungen eingeschätzt werden. Die Einschätzung könnte nur dann anders ausfallen, wenn die Beschaffungsförderung für Fahrzeuge umgestellt und die Verkehrsleistungen mit der Verpflichtung zum Einsatz von **Pool-Fahrzeugen** ausgeschrieben würden.

Literaturverzeichnis

Regionalisierungsgesetz des Bundes BGBl. 1993 I S. 2378

Verwaltungsvorschrift des Landes Baden-Württemberg zur Gewährung von Zuwendungen für die Beschaffung von Fahrzeugen nach dem Gemeindeverkehrsfinanzierungsgesetz (VwV-Fahrzeuge) vom 21. 10. 1993, GABl. 1993 Nr. 33 S. 1125

Richtlinien des Landes Hessen zur Förderung von Omnibussen und Schienenfahrzeugen nach dem Gemeindeverkehrsfinanzierungsgesetz (GVFG) (RL-Fahrzeugförderung) vom 3. 6. 1996, Staatsanzeiger für das Land Hessen vom 3. 6. 1996, Nr. 23, S. 1787

Verwaltungsvorschriften des Landes Nordrhein-Westfalen zum Gesetz zur Regionalisierung des öffentlichen Schienenpersonennahverkehrs sowie zur Weiterentwicklung des ÖPNV (Regionalisierungsgesetz NW) vom 11. 6. 1996, SMBl. 923

Kapitel 4: Finanzierung des kommunalen Verkehrs

Vierter Abschnitt: Bewilligung und Abrechnung von Fördermitteln

Ernst Salein

1. Allgemeines/Einführung

431 Bund und Länder gewähren als Zuwendungsgeber jährlich Mittel in Milliardenhöhe an kommunale Baulastträger für Maßnahmen zur Verbesserung der Verkehrsverhältnisse. Bei der Vielzahl der Vorhaben kommt es für eine verwaltungsökonomische Abwicklung auf den verschiedenen Ebenen auf korrekte **Förderanträge** an. Die Verwendung von Formblättern kann dabei die **Antragsbearbeitung** beschleunigen und zu einer schnelleren **Bewilligung** führen. Entsprechende Festlegungen werden in Verwaltungsvorschriften und Förderrichtlinien getroffen

Auf der anderen Seite müssen die Zuwendungsgeber auch über die notwendigen Instrumentarien verfügen, die die Erfüllung der von Ihnen geförderten Zwecke garantieren. Dazu gehören nicht nur die Regelungen für die ordnungsgemäße Beantragung, die Bewilligung und die laufende Überwachung der Verwendung der Zuwendungen, sondern auch die Möglichkeit der Rückforderung von zu Unrecht beanspruchter Fördermittel.

432 Es ist klar, daß bei den vielfältigen **Fördermöglichkeiten des GVFG** und ergänzender Verkehrsförderung der Länder eine umfassende Information und Beratung der Zuwendungsempfänger für die Beantragung und Inanspruchnahme der Fördermittel von großer Wichtigkeit ist. Die Vielschichtigkeit geht alleine schon aus der Förderübersicht für das Land Nordrhein-Westfalen im Bereich des kommunalen Straßenbaus hervor (vgl. Abb. 1)

Als Grundlage der Darstellung der **Förderpraxis** wird im folgenden weitgehend auf die Verhältnisse in Nordrhein-Westfalen zurückgegriffen. Der Ablauf läßt sich jedoch ohne weiteres auf die Förderverfahren der anderen Bundesländer übertragen.

433 Am Förderverfahren sind verschiedene Stellen beteiligt. Im Mittelpunkt und auch als Initiator für den Ablauf steht der **Antragsteller**. Er muß aufzeigen, daß er das geplante Vorhaben ohne die Inanspruchnahme von Zuwendungen nicht durchführen kann (**Subsidiaritätsprinzip**). Dabei liegt die Verantwortung für die Planung in seiner Hand (**kommunale Planungshoheit**). Rechtskraft für seine Planung schafft er durch Bebauungsplan, Planfeststellung oder sonstige erforderliche Genehmigungen. In diesen Rechtsverfahren wird bekanntlich nur über die generelle Kostentragung befunden. Wie eine Kommune ein konkretes Bauvorhaben finanziert, bleibt ihr überlassen.

Die **Zuschußgeber** Bund und Länder stellen die Zuwendungen zweckgebunden und objektbezogen zur Verfügung. Regelungen über die Vergabe der Zuwendungen werden in den **Fördervorschriften** festgelegt (Gesetze, Verwaltungsvorschriften, Erlasse, Richtlinien, Merkblätter usw.).

Förderfähige Vorhaben	Rechtsgrundlagen	Regelfördersatz *	Bagatell-grenze	Zweck-bindung
Ortsdurchfahrten von Bundesstraßen (kommunale Baulast), Gemeinde- und Kreisstraßen. als verkehrswichtige Zubringer zu Bundesfernstraßen. in der Baulast des Bundes	FStrG § 5a RdErl. MWMV NW v. 28.03.1983 VVG	70 %	25 000 DM Zuwendung	5 Jahre
Verkehrswichtige innerörtliche Straßen	GVFG FöRi-Sta Nr. 2.1 VVG	75 %	50 000 DM zwf. Ausgaben	20 Jahre
Verkehrswichtige Zubringerstraßen	GVFG FöRi-Sta Nr. 2.2 VVG	75 %	50 000 DM zwf. Ausgaben	20 Jahre
Verkehrswichtige zwischenörtliche Straßen	GVFG FöRi-Sta Nr. 2.3 VVG, ROG § 2	75 %	50 000 DM zwf. Ausgaben	20 Jahre
Verkehrsleitsysteme, Verkehrssteuerungs-anlagen	GVFG FöRi-Sta Nr. 2.4 VVG	75 % **	50 000 DM zwf. Ausgaben	10 Jahre
Kostenanteile nach EKrG und WaStrG	GVFG FöRi-Sta Nr. 2.5 VVG, EKrG, WaStrG	75 %	50 000 DM zwf. Ausgaben	20 Jahre
Güterverkehrszentren	GVFG FöRi-Sta Nr. 2.6 VVG	75 %	50 000 DM zwf. Ausgaben	20 Jahre
Schulwegsicherung	GVFG FöRi-Sta Nr. 2.7 VVG	85 %	50 000 DM zwf. Ausgaben	20 Jahre
Radwege an verkehrswichtigen innerörtlichen Straßen	GVFG FöRi-Sta Nr. 2.8.1 VVG	85 %	25 000 DM zwf. Ausgaben	20 Jahre
Sonstige Radwege, Radfahrstreifen, Fahrradstraßen, Radwegweisung	FöRi-Sta Nr. 2.8.2 VVG, jährl. HH	80 %	25 000 DM zwf. Ausgaben	20 Jahre
Bussonderspuren	GVFG FöRi-Sta Nr. 2.9 VVG	85 %	50 000 DM zwf. Ausgaben	20 Jahre
Haltestelleneinrichtungen soweit nicht ÖPNV-Progr	GVFG FöRi-Sta Nr. 2.10 VVG, VV zu § 44 LHO	85 %	50 000 DM zwf. Ausgaben	10 Jahre
Bike+Ride-Anlagen soweit nicht ÖPNV-Progr	GVFG FöRi-Sta Nr. 2.11.1 VVG, VV zu § 44 LHO	85 %, max. 2000 DM zwf. Ausgaben je Platz	50 000 DM zwf. Ausgaben	20 Jahre
Fahrradstationen	GVFG FöRi-Sta Nr. 2.11.2 VVG, VV zu § 44 LHO	85 % max. 3000 DM zwf. Ausgaben je Platz	50 000 DM zwf. Ausgaben	10 Jahre
Mitfahrerparkplätze	GVFG FöRi-Sta Nr. 2.11.3 VVG	85 %	50 000 DM zwf. Ausgaben	20 Jahre
Lärmsanierung (aktiv und passiv)	FöRi-Sta Nr. 2.12 VVG, jährl. HH	70 % (Wall/Wand) 400 DM+50 DM je qm Fenster	25 000 DM zwf. Ausgaben	10 Jahre
Untersuchungen und Konzeptplanungen	FöRi-Sta Nr. 2.13 VVG, jährl. HH	50 %	25 000 DM zwf. Ausgaben	keine

Abb. 1: Übersicht über die Förderung der Straßeninfrastruktur in NRW

* Abschlag von 10 % bei finanzstarken Gemeinden, Zuschlag von 10 % bei Vorhaben in strukturschwachen Gebieten, Zuschlag von 10 % bei Kombinationsförderung mit der Arbeitsverwaltung, Fördersatz maximal jedoch 90 %.

** Zuschlag von 10 % bei RBL-Anteil

Den unmittelbaren Kontakt zum Zuwendungsempfänger hält die **Bewilligungs-behörde**. Diese kann bei den unterschiedlichsten Institutionen angesiedelt sein: Bei Landesämtern, Bezirksregierungen oder bei den Landschaftsverbänden (für Verkehrsinfrastrukturmaßnahmen) in Nordrhein-Westfalen. Eine rechtsver-bindliche Beziehung zwischen Bewilligungsbehörde und Zuwendungsempfänger entsteht erst durch den Bewilligungsbescheid.

434 Schließlich wird die ordnungsgemäße Haushaltsführung bei den Zuwendungs-empfängern und der Bewilligungsbehörden durch **Rechnungsprüfungsinstanzen** (Gemeindeprüfungsämter, Landesrechnungshof usw.) überwacht und die Ein-haltung der Bewilligungsbedingungen und Fördervorschriften überprüft. Das Zusammenspiel aller Beteiligten wird an dem Förderkreis deutlich (Abb. 2).

Abb. 2:   Der Förderkeis

2. Beantragung von Zuwendungen

2.1 Programmanmeldung

435 Zuwendungen werden nur auf **schriftlichen Antrag** gewährt (vgl. Rz. 38). Für die GVFG- Förderung ist ein zweistufiges Verfahren vorgeschrieben. Erster Schritt ist die **Programmanmeldung** mit vereinfachten Unterlagen. Die Anmeldung kann bis zu fünf Jahren vor dem beabsichtigten Baubeginn, muß jedoch in NRW spätestens bis zum 01.06. des dem Baubeginn vorausgehenden Jahres bei der zu-ständigen Bewilligungsbehörde erfolgen.

Die Finanzierung des Vorhabens an Hand des **Finanzierungsantrages** ist dann der zweite Schritt. Der GVFG-**Verfahrensablauf** ist in vereinfachter Form in Tabelle 2, Rz. 400 dargestellt:

Zuwendungsempfänger für Vorhaben des kommunalen Straßenbaues können Gemeinden, Kreise oder kommunale Zusammenschlüsse als Träger der Straßenbaulast sein. Diese Zuwendungsempfänger können neben den öffentlichen Verkehrsunternehmen auch Antragsteller für Vorhaben des ÖPNV sein.

Bundesfinanzhilfen nach GVFG dürfen (§ 7 GVFG) nur für Vorhaben eingesetzt werden, die zuvor in die Programme nach § 5 GVFG aufgenommen sind. Ist das beantragte Vorhaben förderfähig, kann unter Berücksichtigung seiner **Dringlichkeit** und des verfügbaren Finanzrahmens eine Aufnahme in das **mittelfristige Förderprogramm** nach GVFG erfolgen (Mifrifi).

Über die Aufnahme in das mittelfristige Programm erhalten die Antragsteller nach Prüfung der Anmeldeunterlagen von der Bewilligungsbehörde eine **Einplanungsmitteilung**. Diese enthält die voraussichtliche Höhe der förderfähigen Ausgaben, den Fördersatz und die im Programmzeitraum vorgesehenen Jahresraten der Zuwendungen. Es wird ferner darauf hingewiesen, daß durch die Programmaufnahme kein **Rechtsanspruch** auf eine Förderung entsteht. Die Einplanungsmitteilung enthält außerdem weitere Hinweise für die künftige Antragstellung.

Bei der Vielzahl der beantragten Maßnahmen hat es sich in Nordrhein-Westfalen als praxisgerecht und gemeindefreundlich herausgestellt, daß die Anmeldeunterlagen in sog. **Einplanungsgesprächen** ortsnah bei der Bewilligungsbehörde mit den Antragstellern erörtert werden. Hinweise zum optimalen Einsatz der Fördermittel (oft in Kombination mit anderen Vorhaben), verbunden mit einer Aussage zum voraussichtlichen Förderbeginn erreichen den Antragsteller unmittelbar. **436**

Im Rahmen der Anmeldung zur Aufnahme in das mittelfristige Förderprogramm wird seitens der Bewilligungsbehörde keine **Detailprüfung** vorgenommen. Die Art der eingereichten Unterlagen braucht eine solche Prüfung auch nicht zuzulassen. Beigefügte Pläne und Erläuterungen müssen jedoch erkennen lassen, daß das angemeldete Vorhaben den Grundsätzen des GVFG entspricht und insbesondere eine nachhaltige Verbesserung der gemeindlichen Verkehrsverhältnisse erwarten läßt. Das Prüfraster bezieht sich auf die generelle **Förderfähigkeit** nach § 2 und § 3 GVFG, auf die grobe Linienführung, auf den Regelquerschnitt und den Zusammenhang mit anderen Maßnahmen, z.B. der Städtebauförderung.

Der erforderliche Umfang der **Anmeldeunterlagen** ist in den zum GVFG erlassenen VV-GVFG der Länder im einzelnen angegeben. Für den Bereich des kommunalen Straßenbaues sind die Fördervorschriften in Nordrhein-Westfalen den gewachsenen Anforderungen entsprechend fortgeschrieben worden (**Förderrichtlinien Stadtverkehr** FöRi-Sta vom 07.01.1998). Eine Übersicht über die entsprechenden Verwaltungsvorschriften anderer Bundesländer enthält das Literaturverzeichnis zu Kap. 4 Abschnitt 1. **437**

2.2 Der Förderantrag

438 Nach der Aufnahme eines Vorhabens in das mittelfristige Förderungsprogramm nach GVFG erfolgt die **Antragstellung**. Der **Finanzierungs-** oder auch **Förderantrag** sollte z.B. in NRW der in Nr. 7.2 FöRi-Sta festgelegten Form entsprechen. (Eine Übersicht über die zur Verfügung stehenden Formblätter zeigt Abb. 3.).

F o r m u l a r e

Muster 1	=	Antrag auf Gewährung einer Zuwendung (Formalantrag)
		Zuwendungsempfänger → Bewilligungsbehörde
Muster 2	=	Ermittlung der zuwendungsfähigen Ausgaben
		Zuwendungsempfänger → Bewilligungsbehörde
Muster 3	=	Vermerk über das Ergebnis der Prüfung des Antrages
		Bewilligungsbehörde
Muster 4	=	Anmeldung zum Landeshaushalt
		Bewilligungsbehörde → Land
Muster 5	=	Jahresnachweisung
		Bewilligungsbehörde → Zuwendungsempfänger
Muster 6	=	Bewilligungsbescheid
		Bewilligungsbehörde → Zuwendungsempfänger
Muster 7	=	Bedarf an Zuwendungen in den Haushaltsjahren
		Zuwendungsempfänger → Bewilligungsbehörde
Muster 8	=	Antrag auf Auszahlung von Teilbeträgen der Zuwendung
		Zuwendungsempfänger → Bewilligungsbehörde
Muster 9	=	Ausgabeblatt für Haushaltsjahr
		Zuwendungsempfänger → Bewilligungsbehörde
Muster 10	=	Verwendungsnachweis
		Zuwendungsempfänger → Bewilligungsbehörde

Abb. 3:   Übersicht über zur Verfügung stehende Formulare

Dieser **Formalantrag** (in Nordrhein-Westfalen Muster 1) ist der eigentliche **Förderantrag**. Sorgfältig sollte der Finanzierungsplan aufgestellt werden, in dem die benötigten Mittel realistisch auf die entsprechenden Haushaltsjahre gemäß Baufortschritt verteilt werden. Unter der Ziffer Begründung im Formalantrag sollte nicht einfach auf den Erläuterungsbericht des Entwurfes verwiesen werden. Da der Förderantrag nicht komplett bei allen beteiligten Stellen auf Dauer aufbe-

wahrt wird, sollten hier die wesentlichen Gründe zur Notwendigkeit der Maßnahme vermerkt sein. Zudem muß auch dargelegt werden, daß der Antragsteller
nicht in der Lage ist, ohne die Inanspruchnahme von **Zuwendungen** die Verbesserung der Verkehrsverhältnisse zu erreichen (vgl. Rz. 30).

Mit Hilfe des Formulars entsprechend Muster 2 werden die **zuwendungsfähigen** **439**
Ausgaben des Vorhabens ermittelt. Ausgehend von den Gesamtausgaben nach
Kostenberechnung sind hier getrennt nach Grunderwerbs- und Bauausgaben die
nicht zuwendungsfähigen Ausgaben abzusetzen, die in der Regel in Anlagen zum
Förderantrag ermittelt werden. Besonders zu beachten ist hierbei, daß **Anteile**
Dritter, beispielsweise nach dem Bundesfernstraßengesetz, einem Landesstraßengesetz oder Eisenbahnkreuzungsgesetz, wie auch nach dem Kommunalabgabengesetz gesondert auszuweisen sind und den sonstigen **nicht zuwendungsfähi-**
gen Ausgaben zuzurechnen sind. Auch Erlöse für anfallende Stoffe oder
verwertbare Restgrundstücke sind hier gesondert auszuweisen (vgl. Rz. 34).

Schließlich gehört zum Förderantrag der technische Entwurf. In den VV-GVFG **440**
heißt es hierzu:

„**Bauentwurf** in Anlehnung an die Richtlinien für die Entwurfsgestaltung im
Straßenbau (RE), soweit für die Prüfung der Förderungsvoraussetzungen nach
§ 3 erforderlich; in dem Erläuterungsbericht sind die verkehrliche, städtebauliche und umweltbedeutsame Dringlichkeit des Vorhabens eingehend darzulegen
sowie Art und Umfang der Verbesserung zu erläutern".

Hieraus wird deutlich, daß gewisse Abweichungen von den RE möglich sind, andererseits jedoch Angaben erforderlich sind, die die **Förderungsvoraussetzun-**
gen nach § 3 begründen (vgl. Rz. 389 ff.).

Über die nach RE erforderlichen Unterlagen hinaus werden zum Nachweis der
Grunderwerbskosten Grunderwerbspläne und -Verzeichnisse verlangt. Aus den
Planunterlagen sollten die zu erwerbenden oder die in ihrer Nutzung zu be-
schränkenden Teilstücke klar erkennbar sein. Dies läßt sich am besten durch far-
bige Darstellung erreichen. Das **Grunderwerbsverzeichnis** wird grundstücksbe-
zogen ausgefüllt.

Nicht zuwendungsfähig sind die Ausgaben, die ein anderer als der Träger des
Vorhabens zu tragen rechtlich verpflichtet ist, außerdem **Verwaltungskosten**, sowie Kosten von Grundstücken, die vor dem 01. 01. 1961 erworben wurden. Neben
den einschlägigen Regelungen in den Straßengesetzen sind bei Maßnahmen mit
Verkehrsunternehmen und Leitungsträgern die entsprechenden **Konzessions-**
verträge zu beachten (vgl. Rz. 61 ff., 97, 396).

Zum Antrag gehört ein **Verkehrsentwicklungsplan** oder ein **Bebauungsplan**, aus **441**
dem hervorgeht, welche Bedeutung das künftige Bauwerk im Netzzusammenhang hat (vgl. Rz. 390). Zur Einschätzung eines realistischen Baubeginns sollten

Angaben über den Stand der Vorbereitung des Vorhabens gemacht werden. Diese Angaben sind insbesondere erforderlich für den Grunderwerb, die Beteiligungsbereitschaft Dritter, Abschluß von **Verwaltungsvereinbarungen** sowie über die Abgrenzung zu anderen (Förder)-Maßnahmen (vgl. Rz. 14, 40).

Selbstverständlich gehört zum technischen Entwurf auch ein **landschaftspflegerischer Begleitplan** sowie Aussagen zum **Lärmschutz**. Ferner muß dargelegt werden, in welchem Maße die Belange **Behinderter** und sonst in ihrer Mobilität beeinträchtigter Personen beim Entwurf berücksichtigt sind. Bei Fördervorhaben des **öffentlichen Personennahverkehrs** gehören zudem zum Antrag Angaben über die derzeitige Situation der vorhandenen Verkehrsanlagen und ihrer Kapazität, ein **Betriebskonzept**, ein Liniennetzplan, die Belastungszahlen des Netzes. Zur Beurteilung der Planung und zur exakten Festsetzung der zuwendungsfähigen Ausgaben hat die Bewilligungsbehörde das Recht, zusätzliche Planunterlagen und Erläuterungen vom Antragsteller anzufordern.

442 Bei der Bearbeitung von Zuschußanträgen zeigt sich sehr schnell, daß gerade die **Abgrenzung der zuwendungsfähigen Ausgaben** je nach Art des Projektes unter Umständen mit sehr viel Aufwand verbunden ist und detaillierte Kenntnisse voraussetzt (vgl. Rz. 56 ff.). Hilfreich sind die vom Arbeitskreis „Finanzierungsfragen des Gemeindeverkehrs" (**FAK**) konzipierten Richtlinien zur **Kostenabgrenzung** bei Zuschußmaßnahmen (vgl. Rz. 83, 314), die von den Ländern weitgehend eingeführt wurden. Hier sind beispielhaft zu nennen:

– Richtlinien über die Abgrenzung der zuwendungsfähigen Ausgaben bei Vorhaben nach dem GVFG und nach § 5a Fernstraßengesetz (Abgrenzungsrichtlinien)
– Richtlinien zur Berücksichtigung des Wertausgleichs (Wertausgleichrichtlinien)
– Richtlinien über die Abgrenzung der zuwendungsfähigen Kosten bei Umleitungsstrecken und die Berücksichtigung von Vorsorgemaßnahmen
– Merkblatt zur Förderung von rechnergesteuerten Betriebsleitsystemen.

Insbesondere im Bereich des schienengebundenen öffentlichen Nahverkehrs gibt es spezielle Vorschriften, technische Standards etc., die einen größeren Netzzusammenhang festlegen, damit Fahrzeuge auch in Netzen benachbarter Verkehrsbetriebe fahren können (vgl. Rz. 84 ff.). Daneben geht es auch um Standardausstattungen zum Schutze und zum Wohle der Fahrgäste.

Darüber hinaus können für zahlreiche Zweifelsfälle Einzelentscheidungen seitens der Zuwendungsgeber und Bewilligungsbehörden herangezogen werden.

2.3 Baulast und Antragsteller

443 Die Notwendigkeit von **rechnergesteuerten Betriebsleitsystemen** (RBL) ist im Rahmen einer **Schwachstellenanalyse** und einer Darlegung der erwarteten Verbesserungen nachzuweisen. Außerdem ist darzulegen, daß die angestrebte Verkehrsqualität durch konventionelle Maßnahmen, wie z.B. Sprechfunk, verkehrslenkende Maßnahmen, Baumaßnahmen im Straßenraum usw. nicht oder nicht kostengünstiger erreicht werden kann.

Antragsteller für den betrieblichen Teil eines RBL ist das **Verkehrsunternehmen**. Die Ausgaben für die Installation neuzeitlicher moderner Signaltechnik, die eine optimale Nutzung des innerörtlichen Straßenraumes für den gesamten Straßenverkehr und eine beschleunigte Abwicklung an Knotenpunkten ermöglicht, gehen in der Regel weitgehend zu Lasten des Straßenbaulastträgers. Hierfür ist die betreffende Gemeinde Zuwendungsempfänger. Umfang und zeitliche Abwicklung der erforderlichen Maßnahmen sollten zwischen dem Verkehrsbetrieb, der eine Förderung aus ÖPNV-Mitteln erhalten kann (ÖPNV-Beschleunigung), und dem **Straßenbaulastträger** in einer **Vereinbarung** festgelegt werden. Dies gilt insbesondere dann, wenn eine Landes- oder Bundesstraße an einer Kreuzung beteiligt ist.

Bei **Gemeinschaftsmaßnahmen** ist mit den anderen beteiligten Baulastträgern eine **Vereinbarung** über die Kostentragung, Bauabwicklung, Bauüberwachung, Mittelbereitstellung, Abrechnung und schließlich Unterhaltung abzuschließen. Sie ist Bestandteil des Finanzierungsantrags. Die eindeutige politische Willensbildung zur Beschleunigung des Busverkehrs sollte durch einen entsprechenden Beschluß des zuständigen politischen Gremiums der betroffenen Gebietskörperschaft dokumentiert sein.

Als weiteres Beispiel in diesem Zusammenhang sind **Bussonderspuren** zu nennen. Busspuren sind Bestandteil der Straße (Ausnahme: eigenständige Bustrassen) und gehören damit hinsichtlich Bau und Unterhaltung zu den Aufgaben des örtlichen Straßenbaulastträgers. Der Bund verneint für Bundesstraßen seine Zuständigkeit für den Bau und die Unterhaltung von Busspuren, indem er darlegt, daß seine Straßen dem weiträumigen Verkehr dienen. Der Busverkehr sei jedoch allenfalls von regionalem Interesse. Die Verantwortung hierfür gehöre damit nicht zu seiner Baulast. Auch in diesem Fall ist eine Förderung ggf. erforderlicher Busspuren aus Mitteln des GVFG möglich. Zuwendungsempfänger kann sowohl die Gemeinde wie auch der Verkehrsbetrieb sein. **444**

Ob der Bau von Bussonderspuren an Landesstraßen zur Baulast gehört, ist den entsprechenden Straßengesetzen der Länder zu entnehmen. Gehört deren Bau zur Straßenbaulast, wie z.B. in Nordrhein-Westfalen, so ist eine Förderung aus Mitteln des kommunalen Straßenbaues nur möglich, wenn sich der betreffende Straßenabschnitt in kommunaler Baulast befindet. Soweit eine Erschwerung der Straßenbaulast vorliegt, hat die Förderung aus Mitteln des ÖPNV zu erfolgen.

2.4 Entschädigungen

445 Im Zusammenhang mit dem Bau oder Ausbau von Verkehrsanlagen wird regelmäßig in die Rechte Dritter eingegriffen, so beim Grunderwerb und bei der Durchführung von Bauvorhaben. Dies ist bei der Festsetzung der zuwendungsfähigen Ausgaben zu berücksichtigen.

Die **Anliegerrechte** sind Bestandteil des Grundeigentums. Da aber das Grundeigentum umfassend durch Artikel 14 GG geschützt wird, stehen auch die Anliegerrechte unter dem Schutz der grundrechtlichen Eigentumsgarantie. Wenn in Folge des Ausbaus einer innerörtlichen Straße die Zugänglichkeit eines Grundstücks durch Fortfall von Zufahrten dauernd erheblich beeinträchtigt wird, kann für die darin liegende **Wertminderung** grundsätzlich **Entschädigung** verlangt werden. Dem Fortfall von Zufahrten ist die dauernde Erschwerung ihrer Benutzung gleichzustellen. In beiden Fällen ist von Bedeutung, ob die betroffenen Grundstücke eine anderweitige ausreichende Anbindung an das öffentliche Wegenetz besitzen. Vorhandene Zufahrten sind innerorts bei Straßenbauvorhaben (soweit nicht abweichende vertragliche Regelungen bestehen) baulich in gleicher Qualität wiederherzustellen.

446 **Anlieger** müssen bei Straßenbaumaßnahmen eine gewisse Einschränkung des **Gemeingebrauchs** entschädigungslos hinnehmen. Dazu gehören beispielsweise vorübergehende **Behinderungen** durch Bauarbeiten an der Straße. Das gleiche gilt für Arbeiten an Leitungen und sonstigen Anlagen, die üblicherweise im Straßenkörper liegen.

Die Straßenbaubehörde muß aufgrund sorgfältiger Planung die Arbeiten nach Art und Dauer so durchführen, daß **Verkehrsbeschränkungen** und -behinderungen das sachlich gebotene Maß nicht überschreiten. Die Dauer der Beeinträchtigung spielt dabei eine entscheidende Rolle. Ein an der Straße liegender Betrieb muß sich zwar für eine gewisse Zeit auf Umsatzrückgänge einstellen, eine Gefährdung der wirtschaftlichen Existenz braucht er in der Regel aber nicht entschädigungslos hinzunehmen.

Entschädigungsfragen treten häufig im Zusammenhang mit Grunderwerb auf. Benötigt der Straßenbaulastträger nur einen Teil des Grundstücks zur Durchführung seiner Maßnahme, so kann der Eigentümer die **Übernahme** des ganzen Grundstücks verlangen, soweit der Rest nicht mehr entsprechend seiner bisherigen Bestimmung genutzt werden kann. Daraus kann jedoch nicht ohne weiteres die Zuwendungsfähigkeit für den Erwerb des Grundstücks hergeleitet werden. Es ist in jedem Einzelfall zu prüfen, inwieweit der Zuwendungsempfänger das **Restgrundstück** anderweitig nutzen kann (vgl. Rz. 314,396).

In schwierig gelagerten Fällen empfiehlt es sich, zur Beurteilung der Zuwendungsfähigkeit von Grunderwerbskosten und Entschädigungen das Gutachten eines Sachverständigen oder des Gutachterausschusses heranzuziehen. Bei einer

Betriebsverlagerung oder der Unterfahrung von Grundstücken ist eine Begutachtung der Kosten unumgänglich (vgl. Rz. 34).

2.5 Erschließungs- und Anliegerbeiträge

Laut § 4 Abs. 3 Nr. 1 GVFG und den FöRi-Sta Ziffer 5.4.7 gehören die Ausgaben für **Erschließungsanlagen** in Höhe des beitragsfähigen Erschließungsaufwandes nach § 127 ff. Baugesetzbuch (BauGB) und Beiträge nach **Kommunalabgabengesetz** (KAG) für straßenbauliche Maßnahmen zu den nicht zuwendungsfähigen Ausgaben (vgl. Rz. 34, 121 ff., 396). **447**

Als einzige Ausnahme ist in diesem Zusammenhang die Förderung von **Güterverkehrszentren** -GVZ- zu nennen. Soweit eine entsprechende Fläche in einem Bebauungsplan ausgewiesen ist, können auch die Ausgaben für die kommunale innere Erschließung grundsätzlich in die Förderung einbezogen werden. Da aber die Vorschrift des § 4 Abs. 3 GVFG nicht geändert wurde, muß der Umfang der Förderung auf das öffentliche Interesse im Sinne von § 135 Abs. 5 BauGB beschränkt werden. **448**

Für die Bemessung der Zuwendung nach GVFG ist zu beachten, daß der gesamte beitragsfähige **Erschließungsaufwand** nach BauGB nicht zuwendungsfähig ist (d.h. einschl. des gesetzlichen Eigenanteils der Gemeinde). Muß die Straße jedoch aufwendiger bebaut werden, als es für die Nutzung der benachbarten Bau- und Gewerbeflächen entsprechend den baurechtlichen Vorschriften erforderlich wäre, so können die Ausgaben für diese Teile der Anlage, soweit sonst die zuwendungstechnischen Voraussetzungen vorliegen, gefördert werden.

Bei Straßen, die unter die Bestimmungen des § 8 Abs. 1 KAG fallen, gilt für die Ermittlung der beitragsfähigen Aufwendungen in Nordrhein-Westfalen die **Mustersatzung** über die Erhebung von Beiträgen nach § 8 KAG für straßenbauliche Maßnahmen (vgl. Rz. 31). **449**

Die Mustersatzung geht zwangsläufig von typischen Gegebenheiten aus, wie sie bei der großen Masse der Straßen, Wege und Plätze vorliegen. Die in dieser Mustersatzung empfohlene Regelung wird von den Behörden, die Zuwendungen des Landes für straßenbauliche Maßnahmen bewilligen, bei der Ermittlung der zuwendungsfähigen Aufwendungen zugrunde gelegt. Ein von § 3 Abs. 3 der Mustersatzung abweichender Anteil der Beitragspflichtigen kann im Förderantrag berücksichtigt werden, wenn im Einzelfall **atypische Gegebenheiten** vorliegen, die zu geringeren wirtschaftlichen Vorteilen der Anlieger führen. Voraussetzung ist, daß der Rat der Gemeinde nach sorgfältiger Prüfung und bei Anlegung strenger Maßstäbe zu einem derartigen Ergebnis gekommen ist und hierüber einen satzungsgemäßen Beschluß gefaßt hat.

Die Bewilligungsbehörde hat bei ihrer Prüfung (Nr. 7.2.6 FöRi-Sta NW) festzustellen, ob ggf. ein veröffentlichter Ratsbeschluß oder eine besondere Satzung **450** vorliegt und hierfür eine eingehende Begründung gegeben wurde. Ratsbeschluß und Begründung werden im Detail von der Bewilligungsbehörde nicht geprüft (Kommunalaufsicht). Es wird jedoch im Rahmen einer Plausibilitätsprüfung festgestellt, ob sie mit der Begründung zum Förderantrag in Einklang steht und die Begründung zur Reduzierung der Anliegerbeiträge tatsächlich auf atypische Gegebenheiten abhebt (vgl. Rz. 41).

Um zu gewährleisten, daß bei Förderbeginn die Gesamtfinanzierung des Vorhabens sichergestellt ist, werden Ratsbeschlüsse über atypische Gegebenheiten grundsätzlich nur dann von den Bewilligungsbehörden anerkannt, wenn sie vor Erteilung des ersten Bewilligungsbescheides gefaßt und samt Begründung dem Antrag beigefügt worden sind. Ggf. kann die Bewilligungsbehörde hieraus noch Konsequenzen für die Festsetzung der zuwendungsfähigen Ausgaben ziehen.

2.6 Wertausgleich

451 Für die Berücksichtigung eines **Wertausgleichs** bei der Festsetzung der zuwendungsfähigen Ausgaben sind die **Wertausgleichsrichtlinien** (in NRW RdErl. des Ministers für Wirtschaft, Mittelstand und Verkehr vom 09. 02. 1977 SMBl. NW 910)) heranzuziehen. Zu den zuwendungsfähigen Ausgaben gehören grundsätzlich auch die Aufwendungen, die bei der Durchführung eines förderungswürdigen Vorhabens durch eine notwendige Verlegung, Veränderung oder Erneuerung anderer Verkehrswege und -anlagen anfallen. Dies gilt nicht, soweit für deren Träger eine Folgekostenpflicht besteht (vgl. Rz. 101).

Tritt durch die Verlegung, Veränderung oder Erneuerung derartiger Anlagen eine Wertsteigerung oder -minderung durch Hinausschieben oder Vorverlegen des nächsten Erneuerungstermins ein, so ist bei der Festsetzung der zuwendungsfähigen Ausgaben ein angemessener Wertausgleich zu berücksichtigen. Anlagen in diesem Sinne können sowohl Leitungen, Schienen als auch Gebäude sein. Bei Straßenbaumaßnahmen tritt die Frage des Wertausgleichs sehr häufig im Zusammenhang mit der Verlegung von Ver- und Entsorgungsleitungen auf, für die die Folgekostenpflicht nicht beim Versorgungsunternehmen, sondern beim Straßenbaulastträger liegt. Ein Wertausgleich entfällt, soweit im notwendigen Umfange Verkehrswege oder -anlagen des Vorhabenträgers selbst oder eines Dritten verändert werden, sofern dessen Verkehrsweg nach § 2 GVFG selbst förderungsfähig ist (vgl. Rz. 57).

Bei relativ neuen Ver- und Entsorgungsleitungen kann statt des pauschalen Wertausgleiches von 40 % im Ausnahmefall auch die Berechnung des Wertausgleichs mittels **Kapitalwertdifferenz** angebracht sein. Der Zuwendungsempfänger muß sich bei einer Fördermaßnahme jedoch für eine Berechnungsmethode entscheiden. Er kann sich nicht die für ihn jeweils günstigste Berechnungsmethode aussuchen. Zudem sei angemerkt, daß die Spitzberechnung mit einigem Rechenaufwand verbunden ist.

2.7 Antragsprüfung

Die Kommunen sind bei der Gestaltung ihrer Verkehrsanlagen grundsätzlich **452** frei (**kommunalen Planungshoheit**). Einzuhalten sind die gesetzlichen Vorschriften und die Regelwerke, soweit sie verbindlich eingeführt wurden.

Im Bereich der Trassierung und Dimensionierung von Straßen- und Brückenbauwerken verkörpern die einschlägigen technischen Vorschriften die physikalischen Gesetzmäßigkeiten (z.b. Fahrdynamik, Fahrgeometrie, Statik). Die Festlegung eines Regelquerschnittes stellt sicher, daß den Anforderungen der verschiedenen Verkehrsarten (Kfz-Verkehr, Radverkehr, Fußgängerverkehr, ÖPNV) insbesondere unter dem Gesichtspunkt der Sicherheit ausreichend und ausgewogen Rechnung getragen wird (vgl. Rz. 117).

Aufgabe der Bewilligungsbehörde ist es, die **Förderungsfähigkeit** des Vorhabens **453** (§ 2 GVFG), die Erfüllung der **Förderungsvoraussetzungen** (§ 3 GVFG) und die **Zuwendungsfähigkeit** (§ 4 GVFG) der veranschlagten Ausgaben zu prüfen. Sofern sich die Planung in ihren wesentlichen Teilen im Rahmen der technischen Empfehlungen bewegt und hierbei die Funktion des Straßenzuges, z.B. als verkehrswichtige Straße, angemessen berücksichtigt, dürfte die Voraussetzung „bau- und verkehrstechnisch einwandfrei geplant" in aller Regel erfüllt sein. Soweit Abweichungen von den Vorgaben der technischen Regelwerke beabsichtigt sind, liegt die Beweislast für die Erfüllung der genannten Fördervoraussetzungen beim Antragsteller.

Die Intensität der **Antragsprüfung** richtet sich im Einzelfall nach Art und Um- **454** fang des Vorhabens. Die Prüfung wird nur insoweit vertieft, wie es erforderlich ist, die drei Kriterien **Förderungsfähigkeit, Förderungsvoraussetzungen** und **Zuwendungsfähigkeit** auch unter Berücksichtigung der stadtverträglichen und umweltrelevanten Gestaltung zweifelsfrei zu beurteilen. Planerische Detailprüfungen (z.B. Trassierungselemente) werden in der Regel nicht vorgenommen. Nach den einschlägigen Straßengesetzen ist der Umfang der Straßenbaulast eindeutig geregelt.

Besondere Aufmerksamkeit sollte der Antragsteller dem Kriterium „nach Art und Umfang zur Verbesserung der Verkehrsverhältnisse **dringend** erforderlich" (§ 3 Nr. 1a GVFG) widmen. Im Hinblick auf den verfügbaren Finanzrahmen ist das Wünschenswerte zurückzustellen, um das Erforderliche zu ermöglichen. Das bedeutet, daß die Kostenrelevanz des Planungskonzeptes in seinen Schwerpunkten von der Bewilligungsbehörde zu durchleuchten ist.

Aufgabe des prüfenden Ingenieurs der Bewilligungsbehörde ist es, grobe Verstöße im Entwurf zu erkennen. Er muß sich im übrigen aber auf die Versicherung des Antragstellers verlassen können, daß die **technischen Regelwerke** angemessen beachtet und nur in begründeten Fällen davon abgewichen wurde.

Die Bewilligungsbehörde übernimmt mit ihren Prüf- oder Sichtvermerken im **455** Falle von Regreßansprüchen keine Gewähr für die Richtigkeit der Planung. Dies ist Sache des Antragstellers. Eine gewissenhafte **Prüfung der Bewilligungsbehörde** entsprechend § 3 GVFG hinsichtlich

- Linien- und Gradientenführung
- Regelquerschnitte mit Deckenaufbau
- Führung der Verkehrsströme und Verkehrsarten
- Umfang des Grunderwerbs (insbesondere Gebäudeabbrüche)
- Folgemaßnahmen (z. b. Verlegung von Versorgungsleitungen)
- Zusammenhang mit Vorhaben anderer Planungsträger und anderen Fördermaßnahmen

bewahrt den Zuwendungsempfänger allerdings vor **Rückforderungen**, wenn eine **Rechnungsprüfungsinstanz** bei der Überprüfung eine nicht gerechtfertigte Festsetzung der Zuwendung feststellt (vgl. Rz. 20).

456 Bei grundsätzlichen planerischen Bedenken der Bewilligungsbehörde im Hinblick auf die Erfüllung der Zuwendungsvoraussetzungen kann eine Überarbeitung des **Förderantrages** erforderlich werden, während Bedenken von geringerer Tragweite sich in der planerischen Stellungnahme oder im **Rückgabeschreiben** zum Förderantrag widerspiegeln.

Zur Verringerung des Verwaltungsaufwandes kann es bei kleineren Fördervorhaben sinnvoll sein, die Antragsprüfung anhand von vereinfachten Unterlagen vorzunehmen. Es kann dann u. U. ausreichen, wenn die Unterlagen zur Programmanmeldung vom Antragsteller um das Muster 1 ergänzt werden. Entsprechende Hinweise finden sich z. B. in den Förderrichtlinien des Landes NRW.

3. Abwicklung eines Fördervorhabens

3.1 Der Bewilligungsbescheid

457 Die **Bewilligung** erfolgt, wenn die **Gesamtfinanzierung** gesichert erscheint. Das Vorhaben muß im kommunalen Haushalt ausgewiesen sein. Der Haushalt und ein ggf. erforderliches Haushaltssicherungskonzept müssen genehmigt sein (vgl. Rz. 18, 38).

Voraussetzung für die Erteilung dieses Bescheides ist die Aufnahme des Vorhabens in das **Bewilligungsprogramm**, der genehmigte Förderantrag sowie die Bestätigung des Vorhabenträgers, daß er über uneingeschränktes **Baurecht** (Bebauungsplan, Planfeststellung, Beschluß des zuständigen Ratsgremiums) verfügt. Erforderliche Vereinbarungen müssen vorher abgeschlossen und (falls erforderlich) genehmigt sein (vgl. Abb. 4).

458 Der Bewilligungsbescheid versetzt den Zuwendungsempfänger in die Lage, mit der Baumaßnahme zuschußunschädlich beginnen zu können. Im Bewilligungsbescheid wird der **Bewilligungszeitraum** festgesetzt, d.h. der Zeitraum, für den der Bescheid Gültigkeit besitzt. In der Regel werden mehrjährige Bewilligungsbescheide erteilt. Es wird dann besonders darauf hingewiesen, daß die angegebenen **Verpflichtungsermächtigungen** (VE) mit Beginn eines neuen Haushaltsjahres als Ausgabeermächtigungen anzusehen sind. Damit ist es bei den Bescheiden möglich, bereits mit Beginn des neuen Jahres Barmittel abzurufen, soweit auch die übrigen Voraussetzungen für eine Auszahlung vorliegen (vgl. Rz. 42).

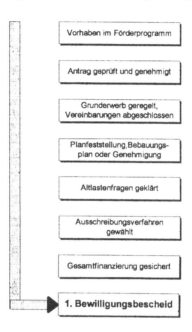

Vorhaben im Förderprogramm

Antrag geprüft und genehmigt

Grunderwerb geregelt,
Vereinbarungen abgeschlossen

Planfeststellung, Bebauungsplan oder Genehmigung

Altlastenfragen geklärt

Ausschreibungsverfahren
gewählt

Gesamtfinanzierung gesichert

1. Bewilligungsbescheid

Abb. 4: Bewilligungsvoraussetzungen

Der Bewilligungsbescheid ist mit **Nebenbestimmungen** versehen, die für die Abwicklung des Vorhabens von besonderer Bedeutung sind. Jeder **Folgebescheid** ersetzt in Nordrhein-Westfalen den bisherigen voll inhaltlich. **459**

Erst wenn der Bewilligungsbescheid bestandskräftig geworden ist, können Teilbeträge der Zuwendungen abgerufen werden. Der Zuwendungsempfänger kann die **Bestandskraft des Bewilligungsbescheides** herbeiführen und damit die **Auszahlung** beschleunigen, wenn er erklärt, daß er auf einen Rechtsbehelf verzichtet.

Im Bewilligungsbescheid wird die Dauer der **Zweckbindung** festgesetzt. Sie beginnt mit der Vorlage des prüffähigen **Verwendungsnachweises.** Innerhalb dieses Zeitraumes muß das Vorhaben zweckentsprechend genutzt werden. Anderenfalls besteht die Gefahr, daß der Vorhabenträger die Zuwendungen zum Teil oder ganz zu erstatten hat, einschl. der anfallenden Verzinsung (vgl. Rz. 46). **460**

461 Die Gewährung von Zuwendungen durch den Bewilligungsbescheid ist für die Zuwendungsempfänger mit der Auflage verbunden, bei der Auftragsvergabe die **Vergabegrundsätze** nach dem Gemeindehaushaltsrecht zu beachten. Diese schreiben eine **öffentliche Ausschreibung** zwingend vor. Je nach Auftragslage der Bauwirtschaft kann es durchaus möglich sein, daß im Rahmen einer öffentlichen Ausschreibung höhere Preise erzielt werden als vorher im Verwaltungsentwurf kalkuliert. Der Zuwendungsempfänger kann in der Regel davon ausgehen, daß dann auch entsprechend höhere Zuwendungen gewährt werden (vgl. Rz. 53).

Ziel der Auflage im Bewilligungsbescheid ist es, im Rahmen des **Wettbewerbs** insgesamt zu einer möglichst wirtschaftlichen und sparsamen Verwendung von Zuwendungen zu kommen. Eine öffentliche Ausschreibung bewahrt auch den Zuwendungsempfänger als Auftraggeber vor dem Vorwurf einer möglichen Korruption oder Manipulation.

3.2 Mittelanforderung und Auszahlung

462 Sobald Ausgaben für das Vorhaben angefallen sind, können bewilligte Mittel auf Antrag abgerufen werden. Hierzu wird in Nordrhein-Westfalen das Muster 8 benutzt (**Mittelanforderung**). Grundsätzlich werden die zulässigen Teilzahlungen der Zuwendungen auf der Basis der Gesamtausgaben ermittelt. Hierzu wird aus dem genehmigten Finanzierungsantrag mit dem Verhältnis der zuwendungsfähigen Ausgaben zu den Gesamtausgaben eine Umrechnung vorgenommen (**Auszahlungsquote**), die zu theoretisch angefallenen zuwendungsfähigen Ausgaben führt.

Diese Berechnungsmethode vereinfacht die Auszahlungspraxis während der laufenden Baumaßnahmen ganz erheblich. Sie erübrigt bei Teilauszahlungen eine differenzierte Betrachtung der Einzelausgaben bzw. der Unternehmerrechnungen. Voraussetzung für das Funktionieren des Verfahrens ist jedoch die inhaltliche Übereinstimmung von Förderantrag und dem **fortgeschriebenen Ausgabeblatt** (Muster 9).

Da es bei Anwendung der Auszahlungsquote im Einzelfall während der Baudurchführung zu Nachteilen für den Zuwendungsempfänger kommen kann, sind Sonderregelungen in Absprache mit der Bewilligungsbehörde möglich. Dies gilt insbesondere dann, wenn die Kostenanteile Dritter sehr hoch sind, z.B. Beiträge der Anlieger oder der Deutschen Bahn AG bei Eisenbahnkreuzungsmaßnahmen.

463 Der Zuwendungsempfänger darf **Zuwendungen** nur so weit und nicht eher anfordern, als sie voraussichtlich innerhalb von zwei Monaten nach Auszahlung für fällige Zahlungen im Rahmen des Zuwendungszweckes benötigt werden. Wird ein Zuwendungsbetrag nach Ablauf der **Zweimonatsfrist** nicht verwendet, werden Zinsen berechnet rückwirkend vom Tag des Erhalts der Zuwendung (Datum der Auszahlung zzgl. drei Tage Postweg). Verzinst wird der Betrag, der nach Ablauf der Zweimonatsfrist vom Zuwendungsempfänger noch nicht zweckentsprechend verwendet wurde (vgl. Rz. 45).

Beispiel:

Am 01.04. bekommt der Zuwendungsempfänger 100.000,— DM ausgezahlt. Aufgrund von vorliegenden Rechnungen werden bis zum 01.05. 60.000,— DM an den Bauunternehmer weitergegeben. Am 01.07. werden die restlichen 40.000,— DM weitergegeben. Verzinst werden nur die 40.000,— DM, und zwar ab Erhalt von der Bewilligungsbehörde.

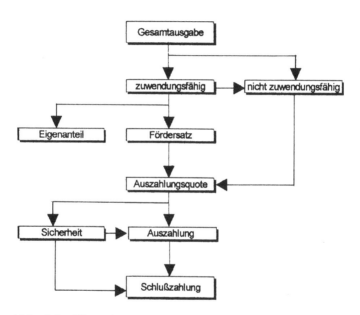

Abb. 5: Ablauf der Finanzierung

Bis das Fördervorhaben fertiggestellt ist und der Verwendungsnachweis beigebracht wird, ist jährlich mit dem fortgeschriebenen **Ausgabeblatt** nach Muster 9 FöRi-Sta die bestimmungsgemäße Verwendung der Zuwendungen nachzuweisen. Auch wenn in dem betreffenden Haushaltsjahr keine Ausgaben angefallen sind, ist die Vorlage des Muster 9 erforderlich. Der Ablauf der Finanzierung ist in Abb. 5 dargestellt.

Um die **Auszahlung** von Zuwendungen fehlerfrei und damit ohne Gefahr der **464** Zinserhebung durchführen zu können, sind nur die Ausgaben in das Ausgabeblatt einzutragen, die Gegenstand des Förderantrages sind. Ausgaben aus ergänzenden Leistungen, die zwar praktischerweise mit dem Zuschußvorhaben zusammen durchgeführt werden, jedoch nicht im Förderantrag erfaßt sind, dürfen hier nicht aufgeführt werden. Auch Ingenieurleistungen, wie Planungs- und Bauleitungskosten, Ausschreibungskosten (mit Ausnahme der Ausgaben für die **maßnahmenbezogene Planung** und die **Bauvorbereitung** – Leistungsphasen 5 und 6 HOAI) sowie Ausgaben der Einweihungsfeier oder sonstige **Verwaltungskosten** gehören nicht in das Ausgabeblatt. Die Einbeziehung vorgenannter Ausgaben würde zu überhöhter Anforderung von Zuwendungen durch den Antragsteller führen. Nach Überprüfung des Ausgabeblattes durch die Bewilligungsbehörde käme es dann zur Rückforderung und ggf. zur Erhebung von Zinsen wegen vorzeitiger Inanspruchnahme.

465 Das jährlich vorzulegende Ausgabeblatt dient als Basis für die Auszahlung der Teilzuwendungen. Durch die vorgenannte Regelung ist auch eine Prüfung der im Ausgabeblatt ausgewiesenen zuwendungsfähigen Ausgaben nicht mehr erforderlich. Es wird vielmehr alleine das Verhältnis der Gesamtausgaben zu den anerkannten zuwendungsfähigen Ausgaben der Berechtigungsprüfung für die Teilauszahlungen zugrunde gelegt.

Durch diese Praxis ist es unerheblich, ob zu Beginn einer Baumaßnahme nur nichtzuwendungsfähige Ausgaben (z.B. Schmutzwasserkanal) angefallen sind oder ob nur zuwendungsfähige Bauleistungen ausgeführt wurden. Über die Laufzeit der Maßnahme bzw. spätestens zum Verwendungsnachweis erfolgt der entsprechende Ausgleich.

3.3 Änderungsanträge

466 Der **Finanzierungsplan** ist hinsichtlich des Gesamtergebnisses verbindlich (ANBest-G/ANBest-P). Auch muß die Ausführung einer Baumaßnahme der der Bewilligung zugrundeliegenden **Planung** sowie den **technischen Regelwerken** entsprechen. Dennoch ist es trotz sorgfältiger Planung und Bauvorbereitung nicht ganz auszuschließen, daß vor oder während der Bauausführung, jedoch nach Bewilligung des Förderantrages Änderungen des Vorhabens erforderlich werden. Dabei bedürfen wesentliche Planungsänderungen vor ihrer Ausführung der Zustimmung der Bewilligungsbehörde. Eine wesentliche **Planänderung** liegt z.B. dann vor, wenn bei einer Straßenbaumaßnahme die Baustrecke verlängert oder verkürzt werden soll oder von der Linienführung oder der Gradiente erheblich abgewichen werden soll. Das gilt auch, wenn Knotenpunkte, Bauwerke oder der Regelquerschnitt geändert werden. Die Pflicht des Zuwendungsempfängers zur unverzüglichen Mitteilung über in Aussicht genommene Änderungen der Bewilligungsgrundlagen (vgl. Rz. 42) soll die Bewilligungsbehörde in die Lage versetzen, die in Nr. 4.3 VVG zu § 44 LHO aufgezeigten möglichen Konsequenzen angemessen zu bedenken und die Fortführung der Maßnahme ggf. mit Auflagen zu versehen.

467 Nach den Haushaltsvorschriften ist der Spielraum für die Bezuschussung nachträglicher **Kostenerhöhungen** stark eingeschränkt. Ergibt sich aufgrund einer **Mitteilung des Zuwendungsempfängers**, daß der Zuwendungszweck mit der be-

willigten Zuwendung nicht zu erreichen ist, hat die Bewilligungsbehörde zu prüfen, ob das Vorhaben eingeschränkt, umfinanziert oder notfalls eingestellt werden muß, oder ob die Zuwendung zum Erreichen des Förderzieles erhöht
werden kann. In Nordrhein-Westfalen werden **Kostenerhöhungsanträge** nur
ausnahmsweise genehmigt.

Tritt eine Kostenerhöhung ein, reichen die Unterlagen des Antragstellers für einen Änderungsantrag jedoch noch nicht aus, legt er der Bewilligungsbehörde unverzüglich eine **Änderungsanzeige** vor. Eine eingehende Begründung der Änderung ist beizufügen. Die Bewilligungsbehörde prüft die Änderungsanzeige –
erforderlichenfalls unter Beteiligung des Antragstellers – und teilt diesem möglichst innerhalb einer festgelegten Frist das Ergebnis mit.

Handelt es sich um eine Kostenerhöhung allein aufgrund von Preissteigerungen   **468**
(z. B. aufgrund des Submissionsergebnisses), kann der Antragsteller in der Regel
davon ausgehen, daß ab Eingang der Änderungsanzeige bei der Bewilligungsbehörde die erhöhten Ausgaben anerkannt werden. Dies setzt voraus, daß aufgrund der Prüfung eines zur gegebener Zeit vorzulegenden **Änderungsantrages**
die Erhöhung genehmigt wird.

Soll eine wesentliche Planungsänderung ohne Erhöhung der zuwendungsfähigen
Ausgaben vorgenommen werden, so ist wegen möglicher Auswirkungen auf das
Erreichen des **Zuwendungszwecks** die vorherige Zustimmung der Bewilligungsbehörde erforderlich. Dies gilt noch mehr bei einer wesentlichen Planungsänderung mit zusätzlicher Erhöhung der zuwendungsfähigen Ausgaben. Voraussetzung für eine weitere Bewilligung und Auszahlung der Zuwendungen ist die
Genehmigung eines entsprechenden Änderungsantrages.

3.4 Förderanträge und Zweckbindung

Die mit Zuwendungen geförderten Verkehrsbauten stellen sowohl vom techni-   **469**
schen Umfang als auch von der Höhe der Förderung Anlagen von zum Teil herausragender Bedeutung dar. Es ist daher mehr als verständlich, daß der Zuschußgeber an einer möglichst langen Nutzung dieser Anlagen ein besonderes
Interesse hat. In Nordrhein-Westfalen ist daher die **Zweckbindung** z. B. für Straßenbaumaßnahmen mit 20 Jahren festgesetzt worden. Im Vordergrund steht dabei die Absicht, sicherzustellen, daß die Verkehrsanlagen im fraglichen Zeitraum
auch in der ursprünglichen förderfähigen Funktion z. B. als Hauptverkehrsstraße
genutzt werden.

Die Fördervorschriften enthalten in der Regel die Bestimmung, daß innerhalb
der Zweckbindungsfrist ein Antragsteller keine erneute Förderung seines Vorhabens erwarten kann. Dies wäre auch mit der Voraussetzung des § 3 GVFG
nicht vereinbar, wonach ein Vorhaben „bau- und verkehrstechnisch einwandfrei"
zu planen ist. Auch der Grundsatz der **Sparsamkeit und Wirtschaftlichkeit** wäre
verletzt.

Dies schließt jedoch nicht aus, daß aufgrund vorhersehbarer Entwicklungen zu einem späteren Zeitpunkt innerhalb der Zweckbindung eine weitere **Baustufe** – z. B. Erweiterung von zwei auf vier Fahrstreifen – angefügt oder aufgrund unvorhersehbarer Entwicklungen zwangsläufige Ergänzungen der Verkehrsanlage vorgenommen werden. Dies ist mit der Zweckbindung dann vereinbar, wenn die ursprüngliche Funktion gewahrt bleibt und der Untergang von geförderten Anlageteilen auf das unter verkehrlichen und betrieblichen Gesichtspunkten unabdingbare Maß beschränkt wird.

Technische Ausstattungen mit hohen Innovationsraten wie Verkehrssignalanlagen, Verkehrsrechner und Verkehrsleitsysteme erfordern eine flexible Auslegung dieser Bestimmungen. Auch beim Umbau von verkehrswichtigen Straßen zum Zwecke der Erhöhung der Verkehrssicherheit und zur Verbesserung der funktionalen Nutzbarkeit wird ein erweitertes Förderziel angestrebt, das eine erneute Förderung ermöglichen kann (vgl. Rz. 46).

3.5 Der Mittelausgleich

470 Ziel der Bewilligungsbehörde ist es, die zur Verfügung stehenden Zuwendungen auf die große Zahl der Fördermaßnahmen so nutzbringend wie möglich aufzuteilen. Dadurch ist gewährleistet, daß am Jahresende den Zuschußempfängern für ihre Projekte noch Mittel ausgezahlt werden, die bei anderen Maßnahmen und anderen Zuwendungsempfängern bewilligt, aber aus welchen Gründen auch immer nicht abgerufen werden können (vgl. Abb. 6).

471 Die Zuwendungen werden projektbezogen bewilligt. Um Fördermittel von einer Maßnahme auf eine andere zu übertragen, bedarf es – auch wenn es sich in beiden Fällen um den gleichen Baulastträger handelt – neuer Bewilligungsbescheide. Die Bewilligungsbehörde erwartet daher eine entsprechende Mitteilung, sobald der Zuwendungsempfänger erkennt, daß bewilligte Mittel im laufenden Haushaltsjahr nicht mehr benötigt werden. Erfahrungsgemäß tritt bei mehr als der Hälfte aller laufenden Fördermaßnahmen ein Mehr- oder Minderbedarf im Laufe des Jahres auf. Bei rechtzeitiger Bekanntgabe durch die Baulastträger kann die Bewilligungsbehörde gegen Jahresende in jedem Einzelfall neue Bewilligungsbescheide ausstellen, um einen bedarfsgerechten und dem Baufortschritt entsprechenden Mittelabfluß zu erreichen. Ein optimaler **Mittelausgleich** kann nur dann funktionieren, wenn Baulastträger und Bewilligungsbehörde hierbei vertrauensvoll zusammenarbeiten. Dies gilt insbesondere zum Zeitpunkt des Kassenschlusses.

Mit dem für jede Maßnahme zum Mittelausgleich vorzulegenden Muster 7 wird auch eine evtl. Aufstockung oder Reduzierung der im Bewilligungsbescheid vorgesehenen weiteren Zuwendungsraten für die folgenden Haushaltsjahre beantragt.

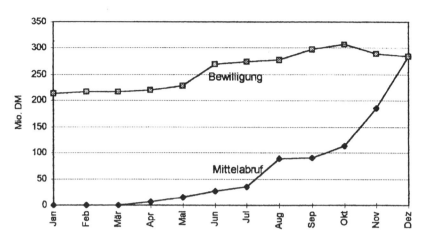

Abb. 6: Bewilligung und Mittelabruf

4. Nachweis der Verwendung

4.1 Der Schlußverwendungsnachweis

Fertiggestellte Maßnahmen sind durch einen **Verwendungsnachweis** (Schlußverwendungsnachweis-SVN) abzurechnen. Die Abrechnung von in sich geschlossenen Teilleistungen ist möglich. **472**

Der Verwendungsnachweis ist innerhalb von sechs Monaten nach Erfüllung des Zuwendungszweckes einzureichen. Diesen Verwendungsnachweis hat der Zuwendungsempfänger nach Abschluß der Fördermaßnahme der Bewilligungsbehörde gegenüber zu erbringen. Er besteht aus einem **Sachbericht** und einem **zahlenmäßigen Nachweis** (ggf. mit Belegen). Zur Führung des Verwendungsnachweises dient Muster 10 (FöRi-Sta NW) in Verbindung mit dem fortgeschriebenen Ausgabeblatt nach Muster 9. In Muster 10 sind zunächst die erteilten Bewilligungsbescheide einzutragen. Da der Platz hierfür oft nicht ausreicht, genügt es, den ersten und den letzten Bewilligungsbescheid anzugeben.

Der kurze **Sachbericht** sollte auf die dort aufgeführten Punkte eingehen. Beginn und Fertigstellung der Maßnahme ist anzugeben. Beim Ausfüllen der Nr. 2 „Ausgaben" erfolgt die Gliederung in Grunderwerbsausgaben und Bauausgaben. Es wird darauf hingewiesen, daß eine Verschiebung dieser Einzelansätze um mehr als 20 % nach Nr. 1.2 ANBest-G auch bei Einhaltung der genehmigten zuwendungsfähigen Ausgaben nicht ohne weiteres zulässig ist. Die Bewilligungsbehörde hat jedoch die Möglichkeit, eine um mehr als 20 % betragende Verschiebung auf Antrag zuzulassen. **473**

474 Gerade bei umfangreichen Zuschußmaßnahmen ist es oft sinnvoll, Teile einer Maßnahme vor der endgültigen Fertigstellung des Gesamtprojektes endgültig abzurechnen. Hierbei kann es sich um einzelne abgrenzbare Bauteile handeln, oder auch um Grunderwerbs- oder Baukosten. Voraussetzung für die Aufstellung eines **Teilverwendungsnachweises** (TVN) ist jedoch eine klare Abgrenzbarkeit zu anderen Bauteilen. Zudem sollte der Verwaltungsaufwand durch die Abrechnung zu kleiner Teilabschnitte nicht unnötig erhöht werden.

Bei einem TVN ist es möglich, schon 100 % der Zuschüsse auf die nachgewiesenen Ausgaben auszuzahlen. Dadurch braucht der Zuwendungsempfänger nicht bis zum endgültigen Abschluß der Baumaßnahme auf die einbehaltene Sicherheit von 10 % der Zuwendungen zu warten.

475 Ein Fördervorhaben wird schließlich beendet mit dem **Abrechnungsbescheid**. Dies ist ein Bewilligungsbescheid, mit dem die Restzuwendungen bewilligt werden, oder mit dem auch zuviel gezahlte Zuwendungen festgeschrieben werden. Diese sind dann selbstverständlich zurückzuzahlen. Sollte ein Zuwendungsempfänger mit den Festsetzungen nicht einverstanden sein, so stehen ihm alle üblichen **Rechtsmittel** vom Widerspruch bis zur Klage beim Verwaltungsgericht gegen die Bewilligungsbehörde offen.

Für die fristgerechte Vorlage des Verwendungsnachweises kommt es immer wieder zu Diskussionen, wann eine Maßnahme als fertiggestellt zu bezeichnen ist: Ein Vorhaben gilt als abgeschlossen, wenn es einen eigenen **Verkehrswert** darstellt oder dem Verkehr übergeben ist. Für eine frühzeitige Vorlage des Verwendungsnachweises spricht auch, daß erst von diesem Zeitpunkt an die Zweckbindungsdauer beginnt.

In besonders krassen Fällen kann die Bewilligungsbehörde in Betracht ziehen, einen **Widerruf** der Zuwendungen mit Wirkung für die Vergangenheit auszusprechen, wenn der Zuwendungsempfänger den vorgeschriebenen Verwendungsnachweis nicht innerhalb einer gesetzten Frist erbringt.

476 Zudem hat die Bewilligungsbehörde die Möglichkeit, eine Fördermaßnahme nach Aktenlage abzurechnen. Bei diesem Verfahren können naturgemäß nur die der Bewilligungsbehörde vorliegenden Ansprüche des Zuwendungsempfängers befriedigt werden. Sie kann zudem auch erwägen, nach Mahnung einer ausstehenden Abrechnung keinerlei neue Vorhaben mehr entgegenzunehmen, da der Zuwendungsempfänger offenbar nicht in der Lage ist, den Verpflichtungen eines Bewilligungsbescheides verwaltungsmäßig nachzukommen.

Die entsprechend den Fördervorschriften vorgesehene Überprüfung bzw. Überwachung der zweckentsprechenden Verwendung der jeweiligen Fördermittel durch die Bewilligungsbehörde beinhaltet auch eine Besichtigung vor Ort. Neben der Ortsbesichtigung im Rahmen der Einplanung und während der Bauausführung ist eine örtliche Inaugenscheinnahme anläßlich der Abrechnung durch die Bewilligungsbehörde erforderlich. Nur so kann festgestellt werden, ob die abgeschlossene Baumaßnahme im wesentlichen mit dem Förderantrag übereinstimmt.

Bei der langen Zweckbindungsdauer von 20 und mehr Jahren ist es darüber hinaus gerechtfertigt, daß die Bewilligungsbehörde in diesem Zeitraum hin und wieder stichprobenartige Kontrollen durchführt.

4.2 Rückforderung von Zuwendungen

Zur Gewährung von Zuwendungen gehört auch, daß der Zuwendungsgeber die **477** Möglichkeit hat, zu Unrecht erhaltene Fördermittel zurückzufordern. Wenn ein Bewilligungsbescheid nach § 49 Abs. 3 VwVfG NW widerrufen oder mit Wirkung für die Vergangenheit zurückgenommen, widerrufen oder infolge des Eintretens einer auflösenden Bedingung unwirksam wird, ist die Zuwendung entsprechend § 49 a zu erstatten. Der Erstattungsanspruch wird mit seiner Entstehung fällig und ist von diesem Zeitpunkt an z.B. mit 3 % über dem jeweils gültigen Diskontsatz zu verzinsen.

Als Widerrufstatbestand ist zuallererst die bestimmungswidrige Verwendung ei- **478** ner Zuwendung zu nennen. Beispielsweise ist eine zweckwidrige Verwendung dann gegeben, wenn der Zuwendungsempfänger die ihm gewährten Zuwendungen zwar für den Bau einer verkehrswichtigen Straße verwendet hat, die Zweckbestimmung aber im Nachhinein ändert, indem er diese Straße nur noch für den Anliegerverkehr freigibt. Eine nicht zweckentsprechende Verwendung liegt natürlich auch dann vor, wenn die Zuwendungen überhaupt nicht oder zum Teil nicht verausgabt werden. Ein **Rückforderungsanspruch** entsteht auch dann, wenn die Zuwendungen zwar anfänglich, später jedoch nicht mehr für den im Bewilligungsbescheid vorgesehenen Zweck eingesetzt werden Es liegt auch eine nicht zweckentsprechende Verwendung vor, wenn die Zuwendung nicht alsbald nach Auszahlung für den Zuwendungszweck verwendet wird.

Die Bewilligungsbehörde erteilt einen **Bewilligungsbescheid** nach pflichtgemä- **479** ßem **Ermessen.** Sie kann in diesem Bescheid auch Nebenbestimmungen in Gestalt von Auflagen aufnehmen, durch die dem Zuwendungsnehmer ein bestimmtes Tun, Dulden oder Unterlassen vorgeschrieben wird, welches die bestimmungsgemäße Verwendung der Zuwendung sicherstellen soll. Hier sind beispielsweise die Befolgung der Bewirtschaftungsgrundsätze und die Anwendung der Grundsätze der VOB und VOL als **Auflagen** im Bewilligungsbescheid zu verankern. Auch die Festsetzung einer Frist für die zweckentsprechende Nutzung der geförderten Anlage ist zu nennen.

Werden derartige Auflagen nicht erfüllt, so kann der Bewilligungsbescheid mit Wirkung für die Zukunft oder für die Vergangenheit ganz oder teilweise widerrufen werden. In verschiedenen Bundesländern hat beispielsweise die Nichteinhaltung der VOB bei der Vergabe der Bauleistungen bereits mehrfach zu Rückforderungen geführt. Bei eklatanten Verstößen können ganze Gewerke, in Einzelfällen auch die Gesamtvergabe aller Arbeiten von den zuwendungsfähigen Ausgaben abgesetzt und damit von einer Förderung ausgeschlossen werden (vgl. Rz. 54).

480 Zur **Rücknahme eines Bewilligungsbescheides** kann auch die Nichterfüllung einer Auflage innerhalb einer dem Zuwendungsempfänger gesetzten Frist führen. Denn auch die nicht fristgemäße Erfüllung ist eine nicht zweckentsprechende Verwendung im Sinne von § 49 Abs. 1 VwVfG NW. In diesem Zusammenhang wird auf das Urteil des VGH Mannheim vom 05. 02. 1987 aufmerksam gemacht. Hier wurde wie folgt entschieden:

„Wird dem Empfänger einer staatlichen Zuwendung durch bestandskräftige Auflage aufgegeben, die zweckentsprechende Verwendung des Zuschusses innerhalb einer bestimmten Frist nachzuweisen, so rechtfertigt allein die Nichtbefolgung dieser Auflage den **Widerruf** des Bewilligungsbescheides und die Rückforderung des Zuschusses, ohne daß es darauf ankommt, ob die Mittel tatsächlich zweckentsprechend verwendet wurden. Eine Nachholung des Verwendungsnachweises im verwaltungsgerichtlichen Verfahren ist ausgeschlossen."

Zahlungen des Zuwendungsempfängers, und zwar sowohl Rückzahlungen als auch Zinszahlungen können aber nicht nur bei einer formellen Rücknahme oder einem Widerruf, sondern – und dies sehr häufig – bei einer **vorzeitigen Inanspruchnahme** von Zuwendungsmitteln oder durch eine nachträgliche Kürzung der im Verwendungsnachweis ausgewiesenen zuwendungsfähigen Ausgaben entstehen. Sofern die hier bestehenden **Bagatellgrenzen** nicht überschritten werden, machen die Bewilligungsbehörden ihre Forderungen nicht geltend. Die Bagatellgrenzen liegen z. B. bei Rückforderungen in NRW bei 2000 DM und bei Zinsforderungen bei 500 DM.

Literaturverzeichnis

GVFG   Gesetz über Finanzhilfen des Bundes zur Verbesserung der Verkehrsverhältnisse der Gemeinden (Gemeindeverkehrsfinanzierungsgesetz) in der Fassung vom 28. Januar 1988 BGBl. I S. 100 mit den nachfolgenden Änderungen einschl. der Änderung durch das Eisenbahnneuordnungsgesetz vom 27. 12. 1993 (BGBl. I Nr. 73 vom 30. 12. 1993, S. 2417).

Förderrichtlinien Stadtverkehr (FöRi-Sta)   Richtlinien zur Förderung der Verkehrsinfrastruktur im Straßenraum in den Städten und Gemeinden Nordrhein-Westfalens, RdErl. des Ministeriums für Stadtentwicklung, Kultur und Sport vom 07. 01. 1998-II A 5–51–811 -(SMBl. NW 910)

VV-GVFG	Verwaltungsvorschriften zur Durchführung des Gemeinde-verkehrsfinanzierungsgesetzes, RdErl. des Ministers für Wirtschaft, Mittelstand und Verkehr vom 01.12.1982- VI/B 6/iV/C 2-51-800 (13) 23/82 –, – MBl. NW. 1982, S. 1937 (SM-Bl. NW. 910) und Ergänzung vom 08.02.1985-II C 2-20-03.
FStrG	Bundesfernstraßengesetz – in der Fassung vom 19.04.1994 – BGBl. I, Nr. 25 vom 28.04.1994
RdErl. MWMV NW vom 28.03.1983	Richtlinien für die Gewährung von Bundes- und Landeszu-wendungen zu Straßenbaumaßnahmen von Gemeinden und Gemeindeverbänden nach § 5a FStrG. RdErl. des Ministers für Wirtschaft, Mittelstand und Verkehr vom 28.03.1983-VI/B 6-51-800 (2) – 4/83 –, – MBl. NW. 1983 (SMBl. NW. 910)
EKrG	Eisenbahnkreuzungsgesetz vom 08.03.1971 in der Fassung der Bekanntmachung vom 21. März 1971 (BGBl. I S. 337), mit den nachfolgenden Änderungen einschl. der Änderung durch das Eisenbahnneuordnungsgesetz vom 27.12.1993 (BGBl. I Nr. 73 vom 30.12.1993, S. 2417).
VV-LHO	Verwaltungsvorschriften zur Landeshaushaltsordnung (VV-LHO) einschl. **VVG** – Verwaltungsvorschriften zu § 44 Lan-deshaushaltsordnung zur Zuweisungen an Gemeinden (GV) – RdErl. des Finanzministers vom 29.09.1990 – ID S-0125-3- MBl. NW 1990, S. 803 (SMBl. NW. 631), zuletzt geändert am 02.01.1996
RdErl. MWMV NW vom 02.12.1974	Richtlinien über die Abgrenzung der zuwendungsfähigen Kosten (RdErl. des MW MV v. 02.12.1974-VI/B6-51-800(13) 7574/74- SMBL NW 910)
RdErl. MWMV NW vom 28.03.1983	Richtlinien für die Gewährung von Bundes- und Landeszu-wendungen zu Straßenbaumaßnahmen von Gemeinden und Gemeindeverbänden nach § 5a FStrG. RdErl. des Ministers für Wirtschaft, Mittelstand und Verkehr vom 28.03.1983-VI/B 6-51-800 (2) – 4/83, MBl. NW. 1983 (SMBl. NW. 910)

Kapitel 5: Finanzierung und Förderung der Betriebskosten des ÖPNV

Reiner Metz

1. Einleitung

481 Neben den Beförderungsentgelten, deren herausragende Bedeutung für die Gesamterträge der Verkehrsunternehmen anhand der nachstehenden Tabellen 1 und 2 nachvollzogen werden kann, bilden die gesetzlichen Ausgleichsleistungen im Ausbildungsverkehr (§ 45a PBefG und § 6a AEG) sowie die Erstattungsleistungen für die Freifahrt schwerbehinderter Fahrgäste des ÖPNV (§§ 59 ff. SchwbG) wesentliche Ertragspositionen zur Sicherstellung der Finanzierung der Betriebskosten des ÖPNV auf seiten der Verkehrsunternehmen.

Ferner tragen Ausgleichsleistungen für kooperationsbedingte Mindereinnahmen und Mehrbelastungen sowie Zuschüsse der kommunalen Gebietskörperschaften an die Verkehrsunternehmen zum Verlustausgleich bzw. zur allgemeinen Förderung des ÖPNV nicht unerheblich zur Finanzierung der Betriebskosten bei. In den jungen Bundesländern bilden Betriebskostenzuschüsse der Länder darüber hinaus immer noch eine wesentliche Finanzierungsquelle zur Sicherstellung des betrieblichen Leistungsangebotes. Eine besondere Bedeutung hat schließlich auch der kommunalwirtschaftliche Querverbund zwischen Versorgung und ÖPNV. Dem Synergieeffekt dieses Querverbundes droht zwar durch die am 29. April 1998 in Kraft getretene Novelle des Energiewirtschaftsrechts (vgl. BGBl. 11998, S. 730) eine faktische Beeinträchtigung; im Moment stellt er aber noch immer eine bedeutende Finanzierungsquelle des kommunalen ÖPNV dar, weswegen er im Rahmen dieses Kapitels besonders behandelt wird (Nr. 4.4).

482 Bezogen auf das Jahr 1996 stellen sich die Erträge und Aufwendungen der im Verband Deutscher Verkehrsunternehmen (VDV) zusammengeschlossenen Verkehrsunternehmen wie folgt dar, woraus sich die Bedeutung der einzelnen Ausgleichs- und Erstattungsleistungen sowie der Betriebskostenzuschüsse und der weiteren Unternehmenserträge ergibt (Tab: 1–5).

Tabelle 1: Bruttoerträge der VDV-Unternehmen in absoluten Zahlen (1996)

	Alte Bundesländer und Berlin Mio. DM	Neue Bundesländer ohne Berlin Mio. DM
Umsatzerlöse	**9.812**	**1.903**
davon		
• Beförderungserträge/Fahrgeldeinnahmen	6.766	904
• Ausgleichszahlungen § 45a PBefG/§ 6a AEG	1.337	199
• Erstattungszahlungen Schwerbehinderte	551	38
• Ausgleichszahlungen für unterlassene Tariferhöhung und Durchtarifierung (V)*	141	4
• Zuschüsse für besondere Linien und sonstige Zuschüsse unter Umsatzerlöse (V)*	403	18
• übrige Umsatzerlöse	614	78
• Betriebskostenzuschüsse neue Länder (V)*	—	662
sonstige betriebliche Erträge, Bestandsveränderung, aktivierte Eigenleistungen, Auflösung Sonderposten	**1.631**	**342**
Erträge aus Beteiligungen	**153**	**—**
darunter		
• mit Verlustausgleichscharakter (V)*	20	—
Erträge aus Wertpapieren, Zinsen	**120**	**11**
Erträge aus Verlustübernahme (V)*	**2.786**	**259**
andere Erträge	**453**	**84**
darunter		
• Investitions- und Aufwandszuschüsse (außer GVFG) (V)*	351	23
außerordentliche Erträge	**24**	**5**
Erträge gesamt	**14.979**	**2.604**
davon mit Verlustausgleichscharakter (V)*	**3.701**	**966**

Gesamterträge (Brutto): 17.583 Mio. DM

Tabelle 2: Prozentuale Zergliederung der Bruttoerträge der
VDV-Unternehmen (1996)

Erträge (Angaben in %)	ABL einschl. Berlin	NBL ohne Berlin
Fahrgeldeinnahmen	45,2	34,7
Erträge mit Verlustausgleichscharakter	24,7	37,1 *
Sonstige Erträge	17,5	19,1
Ausgleich Schülerbeförderung (§ 45a PBefG / § 6a AEG)	8,9	7,6
Ausgleich Schwerbehindertenfreifahrt (§§ 59 ff. SchwbG)	3,7	1,5

*darunter Betriebskostenzuschüsse: 25,4

Tabelle 3: Aufwendungen der VDV-Unternehmen in absoluten Zahlen (1996)

	Alte Bundesländer und Berlin Mio. DM	Neue Bundesländer ohne Berlin Mio. DM
Materialaufwand, davon: Roh-, Hilfs- und Betriebsstoffe	1.382	350
darunter:		
Fahrstrom	349	84
Dieseltreibstoff	431	103
bezogene Leistungen	3.478	255
darunter: Anmietung von Bussen	1.845	98
gesamt	**4.860**	**605**
Personalaufwand, darunter:		
– Löhne und Gehälter	6.247	1.110
– Soziale Abgaben	1.265	226
– Altersversorgung	714	3
gesamt	**8.247**	**1.347**
Abschreibungen	1.750	437
übrige betriebl. Aufwendungen	1.388	260
Zinsen u. ähnl. Aufwendungen	364	73
Steuern	122	5
Sonstige Aufwendungen	380	24
Gesamt	**17.111**	**2.751**

Gesamtaufwendungen: 19.862 Mio. DM

Tabelle 4: Prozentuale Zergliederung der Aufwendungen der
VDV-Unternehmen (1996)

Aufwendungen (Angaben in %)	ABL einschl. Berlin	NBL ohne Berlin
Personalaufwendungen	48,2	49,0
Materialaufwendungen und bezogene Leistungen	28,4	22,0
Zinsen und Abschreibungen	12,3	18,5
Steuern und sonstige betriebliche Aufwendungen	11,1	10,5

Tabelle 5: Kostendeckungsgrad bei den VDV-Unternehmen (1996)
– Begriff geht von den **Nettoerträgen** aus (d. h.: Erträge mit Verlust-
ausgleichscharakter werden nicht berücksichtigt) und gibt das Verhältnis zwischen diesen Erträgen und den Aufwendungen an.

	Alte Bundesländer und Berlin		Neue Bundesländer ohne Berlin	
	Mio. DM	%	Mio. DM	%
Aufwendungen	17.111	100	2.751	100
Bruttoerträge	14.979	87,5	2.604	94,7
Handelsrechtl. Jahresfehlbetrag	2.132	12,5	147	5,3
Nettoerträge	11.278		1.638	
Kostendeckungsgrad		**65,9**		**59,5**

2. Gesetzliche Ausgleichsleistungen im Ausbildungsverkehr (§ 45a PBefG und § 6a AEG)

2.1 Rechtsgrundlagen

Nicht zuletzt aus Gründen der Verkehrssicherheit wird auf der Grundlage eines **483**
breiten gesellschaftlichen Konsenses angestrebt, Schüler und sonstige Auszubildende möglichst mit den sicheren und umweltfreundlichen Verkehrsmitteln des
Nahverkehrs zu befördern. Dies soll durch preisgünstige Zeitfahrausweise gefördert werden, um den Auszubildenden einen Anreiz zu bieten, auch tatsächlich
dauerhaft öffentliche Verkehrsmittel zu nutzen. Aufgrund einer Empfehlung des
Deutschen Städtetages und dem Rechtsvorgänger des VDV, dem Verband Öffentlicher Verkehrsbetriebe (VÖV), hat sich in der Praxis eine **Rabattierung** der
Zeitfahrausweise des **Ausbildungsverkehrs** gegenüber den normalen Zeitfahrausweisen um 25 Prozent bundesweit durchgesetzt (vgl. VÖV/DEUTSCHER
STÄDTETAG, a. a. O., S. 22).

484 Mit der Einfügung der §§ **45a PBefG und 6a AEG** und damit der Schaffung von nicht unter Haushaltsvorbehalt der Etatgesetzgeber stehenden Rechtsansprüchen der Verkehrsunternehmen zum **Ausgleich von Kostenunterdeckungen** durch die Beförderung von **Auszubildenden mit rabattierten Zeitfahrausweisen** wurde dem Umstand Rechnung getragen, daß von den Verkehrsunternehmen nicht verlangt werden kann, in voller Höhe die letztlich aufgrund von sozial-, bildungs- und verkehrssicherheitspolitischen Zielsetzungen entstehenden Mindereinnahmen hinzunehmen. Eingeführt wurde § 45a PBefG durch Änderungsgesetz vom 24. August 1976 (BGBl. I S. 2439); er gilt für die Beförderungen im sogenannten straßengebundenen ÖPNV mit Straßenbahnen, Oberleitungsbussen (Obussen) (vgl. § 1 Abs. 1 PBefG) sowie im Linienverkehr mit Kraftfahrzeugen nach den §§ 42 und 43 Nr. 2 PBefG. Für die öffentlichen nichtbundeseigenen Eisenbahnen wurde mit der Einfügung des § 6a in das AEG durch das Änderungsgesetz zum AEG vom selben Tage (BGBl. I S. 2441) eine dem PBefG entsprechende Regelung eingeführt. Beide Vorschriften sind am 1. Januar 1977 in Kraft getreten (zur Entstehungsgeschichte vgl.: BIDINGER/HASELAU/ KRÄMER, Ausgleich gemeinwirtschaftlicher Leistungen im Ausbildungsverkehr, Teil 2, a.a.O., S. 25f.; FIELITZ/MEIER/ MONTIGEL/MÜLLER, a.a.O., § 45a Rz. 1-3; FROMM/WIMMER, DVBl. 1980, S. 619ff.; HEINZE, Der Ausgleich **gemeinwirtschaftlicher Leistungen** und Aspekte künftiger Regulierung des ÖPNV, a.a.O., S. 47). Gemäß Art. 8 § 1 in Verbindung mit § 2 des Eisenbahnneuordnungsgesetzes vom 27. Dezember 1993 (BGBl. I S. 2378) ist das AEG alter Fassung, zuletzt geändert durch Gesetz vom 13. August 1993 (BGBl. I S. 1489), zwar außer Kraft getreten; seine §§ 6a, 6c, 6e Abs. 1, 6f und 6g gelten aber fort.

485 Aufgrund der in den beiden Gesetzen enthaltenen Verordnungsermächtigungen (§§ 57 Abs. 1 Nr. 9 PBefG und 6e Abs. 1 AEG) hat der Bundesminister für Verkehr mit Zustimmung des Bundesrates in zwei Rechtsverordnungen bestimmt, was Ausbildungsverkehr ist, welche Kostenbestandteile bei der Ausgleichsberechnung zu berücksichtigen sind, welche Verfahren bei der Gewährung der Ausgleichsleistungen anzuwenden sind, welche Angaben der Antrag auf Ausgleich enthalten muß und wie die Erträge und Personen-Kilometer zu ermitteln sind. Dies erfolgte zum einen durch die **Verordnung über den Ausgleich gemeinwirtschaftlicher Leistungen im Straßenpersonenverkehr (PBefAusglV)** vom 2. August 1977 (BGBl. I S. 1460), zuletzt geändert durch Verordnung vom 24. März 1992 (BGBl. I S. 730), zum anderen durch die **Verordnung über den Ausgleich gemeinwirtschaftlicher Leistungen im Eisenbahnverkehr (AEAusglV)** vom 2. August 1977 (BGBl. I S. 1465), zuletzt geändert durch Verordnung vom 24. März 1992 (BGBl. I S. 730).

Diese Rechtsverordnungen werden ergänzt durch auf der Grundlage des § 45a Abs. 2 Satz 2 PBefG und des § 6a Abs. 2 Satz 2 AEG erlassene Rechtsverordnungen der Länder.

Die gesetzlichen **Ausgleichsleistungen** im Ausbildungsverkehr nach den §§ 45a   **486**
PBefG und 6a AEG sind vom Gesamtfinanzvolumen her seit ihrer Einführung
mit Wirkung ab 1977 zu einem immer bedeutenderen ÖPNV-Finanzierungsinstrument geworden. Dies gilt in besonderem Maße für den ländlichen Raum, wo
der für die Allgemeinheit angebotene ÖPNV vor allem vom Ausbildungsverkehr
getragen wird. Die Leistungen nach § 45a PBefG und § 6a AEG betrugen im Jahre 1993 bundesweit etwa 1,9 Mrd. DM und erreichten damit einen Spitzenwert.
Durch eine restriktivere Verwaltungspraxis in den Ländern wurde in der Folgezeit ein weiteres Anwachsen der Gesamtaufwendungen verhindert. Seit 1995 ist
eine deutliche Konsolidierungstendenz festzustellen: Während die VDV-Unternehmen 1995 insgesamt Ausgleichsleistungen nach § 45a PBefG und § 6a AEG
in Höhe von 1.590 Mio. DM erhielten, betrug dieser Wert im Jahre 1996 lediglich
1.536 Mio. DM.

Die angespannte Lage der Haushalte der Länder sowie das nach wie vor hohe
Maß der finanziellen Aufwendungen für die Ausgleichsleistungen im Ausbildungsverkehr haben aber in jüngster Zeit Bestrebungen – insbesondere der Finanzressorts – einiger Landesregierungen hervorgerufen, den bestehenden
rechtlichen Ordnungsrahmen zu ändern, um das finanzielle Gesamtvolumen der
Ansprüche der Verkehrsunternehmen zu reduzieren. Diese Diskussion auf
Bund-/Länderebene begann 1993 (vgl. BIDINGER, Personenbeförderungsrecht, B § 45a PBefG, Erl. 1.3) und dauert bis heute an. Aufgrund eines Beschlusses der Verkehrsministerkonferenz vom 21. November 1997 soll eine Änderung
der PBefAusglV vorbereitet werden, über die indes erst nach Vorliegen des Ergebnisses noch einer für das Jahr 1998 geplanten und vom Bundesministerium
für Verkehr in Auftrag gegebenen bundesweiten Kostenuntersuchung entschieden werden soll, d.h. frühestens im Frühjahr 1999 (vgl. FAZ vom
11. Dezember 1997). In dem **Beschluß** weist die **Verkehrsministerkonferenz** darauf hin, „daß Notwendigkeit und Ausmaß einer Änderung (...) entscheidend davon abhängen, wie weit es den Verkehrsunternehmen gelingt, durch spürbare
Kostensenkungen ebenso wie durch konsequente, marktgerechte Tarifanpassungen in den Verkehren die Kostenunterdeckung nachhaltig zu verringern, die Berechnungsgrundlage für die Ausgleichsleistungen nach § 45a PBefG ist."

Bei Umsetzung aller in dieser „**Schubladenverordnung**" aufzuführenden Maßnahmen drohen – bezogen auf das einzelne Verkehrsunternehmen – Kürzungen
um bis zu 80 %. Hochrechnungen des VDV ergeben – bezogen auf alle Verkehrsunternehmen – eine Durchschnittskürzung um etwa 50 % (vgl. VDV-PRESSEINFORMATION Nr. 21 vom 9. Dezember 1997). Damit wäre der Ausbildungsverkehr in seiner bisherigen Form in Frage gestellt. Im ländlichen
Raum, in dem dieser das Rückgrat des ÖPNV darstellt, wäre in der Folge sogar
der Gesamtverkehr bedroht. Im Ergebnis bliebe von dem gesetzlichen Rechtsanspruch der Verkehrsunternehmen nur noch eine „Hülle mit weichem Kern". Daher bleibt zu hoffen, daß die Änderungsverordnung auch langfristig in der Schublade bleibt.

2.2 Voraussetzungen der Ausgleichsansprüche

2.2.1 Die einzelnen Verkehrsformen

487 Der Ausgleich nach § 45a PBefG bezieht sich auf den Verkehr mit Straßenbahnen (§ 9 Abs. 1 Nr. 1 PBefG) und Obussen (§ 9 Abs. 1 Nr. 2 PBefG) sowie den Linienverkehr mit Kraftfahrzeugen nach § 42 PBefG; im Linienverkehr nach § 43 Nr. 2 PBefG (**Schülerfahrten**) kommt ein Ausgleich nur dann in Betracht, wenn nicht auf die Einhaltung der Vorschriften über die Beförderungsentgelte nach § 45 Abs. 3 Satz 1 PBefG verzichtet worden ist, denn der Ausgleich setzt, wie sich aus § 45a Abs. 1 Nr. 1 PBefG ergibt, das Vorliegen **genehmigter Beförderungsentgelte** voraus (FROMM/FEY/SELLMANN, a. a. O., § 45a Rz. 2).

Für den Eisenbahnbereich ergibt sich aus der Sonderregelung des § 6g AEG in Verbindung mit der Legaldefinition des § 3 Abs. 1 Nr. 1 AEG, daß sich der Ausgleich nach § 6a AEG nur auf Eisenbahnverkehrsleistungen der öffentlichen nichtbundeseigenen Eisenbahnverkehrsunternehmen bezieht, d. h. die Beförderungsleistungen der Deutschen Bahn AG sind nicht in den Anwendungsbereich des § 6a AEG einbezogen.

2.2.2 Auszubildende

488 Der Bundesminister für Verkehr hat jeweils in den §§ 1 Abs. 1 der PBefAusglV sowie der AEAusglV den Personenkreis der „**Auszubildenden**" in gleicher Weise definiert. **Auszubildende nach § 1 Abs. 1 PBefAusglV** sind:

1. schulpflichtige Personen bis zur Vollendung des 15. Lebensjahres;
2. nach Vollendung des 15. Lebensjahres;
   a) Schüler und Studenten öffentlicher, staatlich genehmigter oder staatlich anerkannter privater
      - allgemeinbildender Schulen,
      - berufsbildender Schulen,
      - Einrichtungen des zweiten Bildungsweges,
      - Hochschulen, Akademien
      mit Ausnahme der Verwaltungsakademien, Volkshochschulen, Landvolkshochschulen;
   b) Personen, die private Schulen oder sonstige Bildungseinrichtungen, die nicht unter Buchstabe a fallen, besuchen, sofern sie auf Grund des Besuchs dieser Schulen oder Bildungseinrichtungen von der Berufsschulpflicht befreit sind oder sofern der Besuch dieser Schulen und sonstigen privaten Bildungseinrichtungen nach dem Bundesausbildungsförderungsgesetz förderungsfähig ist;
   c) Personen, die an einer Volkshochschule oder einer anderen Einrichtung der Weiterbildung Kurse zum nachträglichen Erwerb des Hauptschul- oder Realschulabschlusses besuchen;

d) Personen, die in einem Berufsausbildungsverhältnis im Sinne des Berufsbildungsgesetzes oder in einem anderen Vertragsverhältnis im Sinne des § 19 des Berufsbildungsgesetzes stehen, sowie Personen, die in einer Einrichtung außerhalb der betrieblichen Berufsausbildung im Sinne des § 40 Abs. 3 des Berufsbildungsungsgesetzes, § 37 Abs. 3 der Handwerksordnung ausgebildet werden;

e) Personen, die einen staatlich anerkannten Berufsvorbereitungslehrgang besuchen;

f) Praktikanten und Volontäre, sofern die Ableistung eines Praktikums oder Volontariats vor, während oder im Anschluß an eine staatlich geregelte Ausbildung oder ein Studium an einer Hochschule nach den für Ausbildung und Studium geltenden Bestimmungen vorgesehen ist;

g) Beamtenanwärter des einfachen und mittleren Dienstes sowie Praktikanten und Personen, die durch Besuch eines Verwaltungslehrgangs die Qualifikation für die Zulassung als Beamtenanwärter des einfachen oder mittleren Dienstes erst erwerben müssen, sofern sie keinen Fahrkostenersatz von der Verwaltung erhalten;

h) Teilnehmer an einem freiwilligen sozialen Jahr oder vergleichbaren sozialen Diensten.

§ 1 Abs. 1 AEAusglV spricht davon, daß **Ausbildungsverkehr i. S. d. § 6a AEG** die Beförderung des o. g. Personenkreises ist.

Streitig ist, ob die in einem Beschluß des Bund-/Länder-Fachausschusses „**Straßenpersonenverkehr**" dem Kreis der Auszubildenden nach § 45a Abs. 1 PBefG zugerechneten Beamtenanwärter des gehobenen Dienstes, Ärzte während der Zeit der Ableistung ihres Praktikums und Teilnehmer eines freiwilligen ökologischen Jahres tatsächlich Auszubildende im Sinne der Ausgleichsverordnungen sind (dafür: BIDINGER, Personenbeförderungsrecht, a. a. O., B § 45a Erl. 5; dagegen: FROMM/FEY/SELLMANN, a. a. O., § 45a Rz. 4). Die genaue Betrachtung der Rechtsvorschriften führt zu folgender Lösung: Die Verordnungsermächtigungen der §§ 57 Abs. 1 Nr. 9 PBefG und 6e AEG geben dem Bundesminister für Verkehr die Kompetenz, durch Rechtsverordnung zu bestimmen, wer Auszubildender bzw. was Ausbildungsverkehr i. S. d. Gesetze ist. Demgemäß ist die Verwaltung nicht befugt, von den Ausgleichsverordnungen abweichende Festlegungen zu treffen. Während die Einbeziehung der Beamtenanwärter des gehobenen Dienstes wegen der ausdrücklichen Nennung lediglich der Beamtenanwärter des einfachen und mittleren Dienstes in den §§ 1 Abs. 1 lit. g) PBefAusglV und AEAusglV ausgeschlossen ist, sind die Ärzte im Praktikum nach ihrem Studium unter lit. f), Teilnehmer an einem freiwilligen ökologischen Jahr unter lit. h) (vergleichbarer sozialer Dienst) der genannten Vorschriften subsumierbar.

489

490 Gemäß den §§ 1 Abs. 2 Satz 1 der PBefAusglV und der AEAusglV hat sich das Verkehrsunternehmen von den Auszubildenden nachweisen zu lassen, daß sie zu dem in Abs. 1 genannten **berechtigten Personenkreis** gehören. Dieser Nachweis erfolgt durch Vorlage einer **Bescheinigung der Ausbildungsstätte**, des Ausbildenden bzw. des Trägers der jeweiligen sozialen Dienste; die Bescheinigung gilt höchstens ein Jahr (§§ 1 Abs. 2 Sätze 2 und 3 PBefAusglV und AEAusglV).

2.2.3 Zeitfahrausweise des Ausbildungsverkehrs

491 Zeitfahrausweise des Ausbildungsverkehrs sind (vgl. die §§ 3 Abs. 2 Satz 1 PBefAusglV und AEAusglV) **Jahres-, Monats-,** und **Wochenzeitfahrausweise** ohne Begrenzung der Fahrtenzahl, die aufgrund der o. g. Bescheinigungen ausgegeben werden (vgl. FROMM/FEY/SELLMANN, a.a.O., § 45a Rz. 3). Die Aufzählung ist allerdings nicht abschließend, auch Halbjahres- und Halbmonatszeitfahrausweise kommen in der Praxis vor. Voraussetzung ist in allen Fällen, daß die Zeitfahrausweise für die Fahrten zwischen Wohn- und Ausbildungsort gültig sind (vgl. BIDINGER, Personenbeförderungsrecht, B § 45a PBefG, Erl. 4).

492 Eine darüber hinausgehende Nutzungsmöglichkeit ist für die Berechnung der Ausgleichsleistungen unschädlich: So gelten in der Praxis die Fahrkarten häufig nicht nur auf der Strecke zwischen der nächstgelegenen Haltestelle zur Wohnung und der Ausbildungsstätte nächstgelegenen ÖPNV-Haltestelle – insbesondere in den Verkehrsverbünden mit ihren **Flächen- und/oder Zonentarifen.** Auch bestehen oft keine Einschränkungen der Nutzungsmöglichkeiten in zeitlicher Hinsicht. So gelten z.B. **Schülerjahreskarten** i.d.R. auch in den Weihnachtsferien oder im Nachtbus. Auch die sog. Semestertickets der Studierenden, die nicht selten zur Beförderung innerhalb großer Verbundgebiete berechtigen, gehören hierzu. Diese verhältnismäßig weite Auslegung des Begriffs „**Ausbildungsverkehr**" über die ausbildungsnotwendigen Verkehre hinaus ist heute in der Rechtsprechung unbestritten (vgl. OVG Münster, VRS 74, S. 473ff.; zweifelnd HEINZE, a.a.O., S. 86). Sie entspricht nicht nur dem ausdrücklichen Wortlaut im ersten Halbsatz der Legaldefinition des § 1 Abs. 1 AEAusglV, dem insoweit einschränkende Elemente fehlen, sondern auch dem Sinn und Zweck der gesetzlichen Ausgleichsregelungen, die umfassende Mobilität der Auszubildenden mit den umweltfreundlichen Verkehrsmitteln des ÖPNV zu fördern.

493 **Nicht** zu den Zeitfahrausweisen des Ausbildungsverkehrs gehören neben den oben bereits erwähnten Zeitfahrausweisen mit begrenzter Fahrtenzahl auch solche Fahrkarten, die ohne Anknüpfung an eine tatsächlich bestehende verkehrliche Beziehung zwischen der berechtigten Person und seiner Ausbildungsstätte ausgegeben werden, wie z.B. allgemeine Kinder- und Schülerfahrkarten und „**Juniortickets**", **Mehrfahrtenkarten** sowie **Schülerferientickets**, die ausschließlich in den Ferien gültig sind. Schließlich muß auch ein **Semesterticket** für Studierende der Fernuniversität ausgeklammert bleiben, da dort die Nichtpräsenz für das Verhältnis zwischen Studierenden und Universität charakteristisch ist.

Die **Abgrenzung** eines **Jahreszeitfahrausweises** von einem **Monatszeitfahraus-**   **494**
weis, der mit Preisermäßigung im Rahmen eines **Jahresabonnements** ausgegeben wird, hat in der Praxis zu Schwierigkeiten geführt. Diese waren Gegenstand
eines Urteils des OVG Münster vom 12. Dezember 1990 (TranspR 1991, S. 197).
Das Gericht sah die Monatskarten im Abonnement wegen der Kundenbindung
über ein gesamtes Schuljahr unter Zugrundelegung einer wirtschaftlichen Betrachtungsweise als „verkappte" Jahreskarten an mit der Rechtsfolge, daß diese
Karten mit dem Ausnutzungsfaktor 240 Tage und nicht mit (11 x 26 Tage monatlich) 286 Tagen (vgl. § 3 Abs. 2 Satz 3 PBefAusglV) in die Ausgleichsberechnung
eingestellt werden (a. A.: BIDINGER, Personenbeförderungsrecht, G § 3 Erl. 6;
FROMM/FEY/SELLMANN, a. a. O., § 45a Rz. 3).

2.2.4 Zustimmungsantrag innerhalb eines angemessenen Zeitraums

Gemäß § 45a Abs. 1 Nr. 2 PBefG bzw. § 6a Abs. 1 Nr. 2 AEG muß das Verkehrs-   **495**
unternehmen innerhalb eines angemessenen Zeitraums die Zustimmung zu einer **Anpassung** der von ihm erhobenen **Beförderungsentgelte** an die **Ertrags-**
und **Kostenlage** beantragt haben. Hiermit soll erreicht werden, daß nicht aus jeder Minderung der Ertragsseite im Ausbildungsverkehr ein Ausgleich erwächst
(BIDINGER, Personenbeförderungsrecht, B § 45a PBefG Erl. 7). Nicht erforderlich ist es, daß diesem Antrag zugestimmt wurde; auch ist es nicht erforderlich, daß gegen eine ablehnende Entscheidung ein Rechtsbehelf eingelegt wurde
(OVG Lüneburg, TranspR 1988, S. 34; BVerwG, TranspR 1988, S. 36).

In den Fällen, in denen das Verkehrsunternehmen sein **Tarifbildungsrecht**
durch eine entsprechende Vereinbarung auf eine **Verbundorganisation** übertragen hat, kann von ihm ein isolierter auf sein Unternehmen bezogener Antrag
nicht verlangt werden. Demgemäß muß in diesen Fällen ein Antrag auf Änderung der gemeinsamen Beförderungsentgelte an die für den gemeinsamen Tarif
zuständige Verbundorganisation gerichtet werden (vgl. BIDINGER, a. a. O.).

Als angemessener Zeitraum war zunächst eine Zeitspanne von bis zu drei Jahren
angesehen worden (vgl. VERKEHRSAUSSCHUSS DES DEUTSCHEN BUN-
DESTAGES, BT-Drs. 7/4899, S. 2). Wegen der Wechselwirkungen zwischen
dem Zeitraum der Fortschreibung der Sollkostensätze durch die Länder und
dem Zeitpunkt für einen Tarifantrag wird heute auch ein längerer Zeitraum für
zulässig gehalten (BIDINGER, a. a. O.).

2.2.5 Nichtausreichen der Erträge zur Deckung der verkehrsspezifschen Kosten

Nach § 45a Abs. 1 Nr. 1 PBefG und § 6a Abs. 1 Nr. 1 AEG dürfen die **Erträge**   **496**
aus den Beförderungsentgelten im Ausbildungsverkehr **nicht zur Deckung** der
nach Abs. 2 Satz 2 der genannten Vorschriften zu errechnenden **Kosten ausrei-**
chen.

2.2.5.1 Erträge im Ausbildungsverkehr

497 Als Erträge i. S. d. § 45a Abs. 1 PBefG und § 6a Abs. 1 AEG sind zum einen die **Fahrgeldeinnahmen** aus dem Verkauf von Zeitfahrausweisen im Ausbildungsverkehr anzusehen (§ 4 PBefAusglV und § 4 AEAusglV). Hinzu kommen die Einnahmen aus **erhöhten Beförderungsentgelten** (§ 4 PBefAusglV) bzw. aus **Fahrpreiszuschlägen** (§ 4 AEAusglV). Der Begriff der Erträge ist nicht nur relevant als Anspruchsvoraussetzung der §§ 45a Abs. 1 PBefG und 6a Abs. 1 AEG, sondern darüber hinaus auch bei der Berechnung der Ausgleichsleistungen nach den §§ 45a Abs. 2 PBefG und 6a Abs. 2 AEG von Bedeutung (vgl. unter Nr. 2.3.1).

Zu ermitteln sind die sogenannten **Bruttoeinnahmen**, also unter Einschluß der Umsatzsteuer. Bei den erhöhten Beförderungsentgelten (vgl. § 9 der Verordnung über die Allgemeinen Beförderungsbedingungen für den Straßenbahn- und Obusverkehr sowie den Linienverkehr mit Kraftfahrzeugen [VOAllgBefBed] vom 27. Februar 1970 [BGBl. I S. 230], zuletzt geändert durch Art. 6 Abs. 117 des Gesetzes vom 27. Dezember 1993 [BGBl. I S. 2378, S. 2420]) und den Fahrpreiszuschlägen bei der Eisenbahn ist lediglich auf die durch Schüler, Studenten und sonstige Auszubildende entrichteten Einnahmen abzustellen (vgl. BIDINGER, Personenbeförderungsrecht, B § 45a PBefG Erl. 6). Die Aufzählung ist abschließend, d. h. alle weiteren Erträge, auch sofern sie unmittelbar mit den Verkaufserträgen zusammenhängen, wie z. B. „**Bearbeitungsgebühren**" für die Erhebung des erhöhten Beförderungsentgeltes, bleiben unberücksichtigt (weitere Beispiele bei BIDINGER, Personenbeförderungsrecht, G § 4 PBefAusglV Erl. 2, und bei HEINZE, a. a. O., S. 85 f.).

498 In **Kooperationen** mit **Gemeinschaftstarifen** und **Einnahmeaufteilungsverträgen** gelten grundsätzlich die Sonderregelungen der §§ 5 Abs. 1 Satz 1 PBefAusglV bzw. AEAusglV. Nach diesen ist als Ertrag i. S. d. § 45a Abs. 2 PBefG bzw. § 6a Abs. 2 AEG der zugewiesene Anteil der Erträge aus dem Verkauf von Zeitfahrausweisen des Ausbildungsverkehrs nach dem vereinbarten **Verteilungsschlüssel** maßgebend. Die §§ 5 Abs. 2 Satz 1 PBefAusglV bzw. AEAusglV erlauben den an der Kooperation beteiligten Verkehrsunternehmen aber auch eine andere Vereinbarung geeigneter Schlüsselungen. So es z. B. möglich, einzelne Aufteilungsschlüssel für Wochen-, Monats- und Jahreskarten zu bilden, von denen aus die Ertragsanteile auf die Kooperationsmitglieder aufgeteilt werden. Eine solche Vereinbarung bedarf der Zustimmung der Genehmigungsbehörde, §§ 5 Abs. 2 Satz 2 PBefAusglV und AEAusglV.

2.2.5.2 Durchschnittliche verkehrsspezifische Kosten

499 Als **durchschnittliche verkehrsspezifische Kosten** i. S. d. §§ 45a PBefG und 6a AEG gelten die **Kostensätze** je Personen-Kilometer, die von den Landesregierungen oder den von ihnen durch Rechtsverordnung ermächtigten Behörden durch Rechtsverordnung nach Durchschnittswerten einzelner **repräsentativer Unternehmen**, die sparsam wirtschaften und leistungsfähig sind, pauschal festgelegt werden, § 45a Abs. 2 Satz 2 Halbs. 1 PBefG und § 6a Abs. 2 Satz 2 Halbs. 1 AEG. Die Kostensätze in den **Rechtsverordnungen der Länder** müssen als Durchschnittswerte aus den Istkosten je Personen-Kilometer einzelner repräsentativer Unternehmen gebildet werden, die sparsam wirtschaften und leistungsfähig sind. Repräsentativ ist ein Unternehmen, das in bezug auf seine betrieblichen und verkehrlichen Verhältnisse für eine Vielzahl anderer in einem Land stehen kann. Leistungsfähig sind Unternehmen, die ihren Verkehr ordnungsgemäß abwickeln und ein den Verkehrserfordernissen entsprechendes Verkehrsangebot bereitstellen (BIDINGER, Personenbeförderungsrecht, B § 45a PBefG Erl. 16).

Unterschiedliche Kostensätze sind nach den letzten Halbsätzen des § 45a Abs. 2 Satz 2 PBefG und des § 6a Abs. 2 Satz 2 AEG lediglich nach Maßgabe zweier Differenzierungsmerkmale zugelassen. Zum einen läßt das Gesetz unterschiedliche Kostensätze für den schienengebundenen Verkehr einerseits und den nicht schienengebundenen Verkehr andererseits zu; zum anderen können unterschiedliche Kostensätze für verschiedene Verkehrsregionen festgelegt werden. Andere Differenzierungen – wie etwa nach Maßgabe der Eigentumsverhältnisse an den beteiligten Verkehrsunternehmen – sind unzulässig (BVerwG, Beschluß vom 30. Dezember 1997 – 3 N 1.97 – Seite 6 ff.).

Die Kostensatzverordnungen der Länder (vgl. Dokumentation in BIDINGER, Personenbeförderungsrecht, K 1252 bis K 1278) werden in der Praxis auf der Basis unabhängiger Untersuchungen der Kostenstrukturen aller oder ausgewählter Verkehrsunternehmen erlassen. Hierbei werden Gutachten von Wirtschaftsprüfungsgesellschaften (im Auftrag des jeweiligen Landesverkehrsministeriums bzw. des Verkehrssenates) zugrundegelegt.

Den Länderverordnungsgebern sind nach der Rechtsprechung weite Ermessensspielräume für die Bestimmung der **Kostensätze** eingeräumt. Von den Verordnungsermächtigungen der §§ 45a Abs. 2 Satz 2 PBefG und 6a Abs. 2 Satz 2 AEG sind Vereinfachungen, Typisierungen und Pauschalierungen nicht nur ermöglicht, sondern sogar bezweckt (vgl. BVerwG, Der Städtetag 1988, S. 573). Das Bundesverwaltungsgericht hält es sogar für zulässig, daß der Verordnungsgeber verkehrs- und finanzpolitische Überlegungen in seine Ermessenserwägungen einstellt (BVerwG, VRS 76, S. 234). Die Gegenmeinung (FROMM/FEY/SELLMANN, a.a.O., § 45a Rz. 6; HEINZE, a.a.O., S. 71 f.) hält dies für unzulässig, weil sich hierfür weder im Wortlaut noch in den Materialien des Gesetzes irgendeine Stütze ergebe; außerdem ließe sich nicht mehr voraussehen, mit welcher Tendenz von der Ermächtigung Gebrauch gemacht werde. Die nähere Betrachtung der Entscheidung des Bundesverwaltungsgerichts (a.a.O., S. 235 f.) ergibt, daß sich die Aussage, verkehrs- und finanzpolitische Gesichtspunkte dürften in die Ermessenserwägungen eingestellt werden, nur darauf bezieht, daß der Ver-

500

ordnungsgeber in dem der Entscheidung zugrundeliegenden Sachverhalt darauf verzichtet hatte, mehr als einen Kostensatz zu bilden. Hieraus kann aber nicht gefolgert werden, daß nach Meinung des Gerichts in bezug auf die zulässigen Differenzierungskriterien und auf die Festlegung der Höhe der Kostensätze völlige Entfremdungen von der Verordnungsermächtigung zulässig wären.

501 Die Rechtsprechung auch der Obergerichte fordert daher (vgl. die letzten Halbsätze der §§ 45a Abs. 2 Satz 2 PBefG und 6a Abs. 2 Satz 2 AEG) von den Verordnungsgebern insbesondere **Rücksicht auf strukturbedingte Kostenunterschiede** bei der Festlegung der Kostensätze. Soweit solche Kostenunterschiede nicht nur ausnahmsweise vorkommen, muß sie der jeweilige Verordnungsgeber durch entsprechende Differenzierungen berücksichtigen (vgl. VGH Mannheim, NVwZ 1986, S. 938). Demgemäß wird in den **Kostensatzverordnungen** der Länder regelmäßig zwischen Unternehmen mit schienengebundenen Verkehren und solchen ohne schienengebundene Verkehre unterschieden: Auch werden in den Flächenstaaten regelmäßig Kostensätze „nach Verkehrsregionen", nämlich einerseits für den Überlandbereich und andererseits für den Orts- und Nachbarortsbereich festgelegt (vgl. z.B. die PBefKostenV des Landes NRW vom 23. April 1996 [GV. NW. S. 177]). In den Stadtstaaten sind aber auch einheitliche Kostensätze für das PBefG und das AEG anzutreffen (vgl. z.B. § 1 der Verordnung des Freien und Hansestadt Hamburg vom 7. Januar 1997 [vgl. Hamburgisches BVBl. S. 3]).

Auch in zeitlicher Hinsicht üben die Länder **Ermessen** aus. So erklären sich die recht unterschiedlichen **Fortschreibungszeiträume** in den Ländern. Der Landesverordnungsgeber darf aber im Falle nachhaltig veränderter wirtschaftlicher Verhältnisse nicht einfach untätig bleiben (vgl. OVG Münster, DÖV 1985, S. 366).

2.3 Berechnung der Ausgleichsleistungen

502 Gemäß den §§ 45a Abs. 2 Satz 1 PBefG und 6a Abs. 2 Satz 1 AEG werden als Ausgleich gewährt **50 vom Hundert des Unterschiedsbetrages** zwischen dem Ertrag, der in den in Absatz 1 genannten Verkehrsformen für die Beförderung von Personen mit Zeitfahrausweisen des Ausbildungsverkehrs erzielt worden ist, und dem Produkt aus den in diesem Verkehr geleisteten Personen-Kilometern und den durchschnittlichen verkehrsspezifischen Kosten.

2.3.1 *Erträge im Ausbildungsverkehr*

503 Zunächst sind die Bruttogesamterträge im Ausbildungsverkehr zu ermitteln (vgl. hierzu unter Nr. 2.2.5.1).

2.3.2 *Produkt aus Personen-Kilometern und durchschnittlichen verkehrsspezifischen Kosten*

504 Sodann muß das Produkt aus Personen-Kilometern und den durchschnittlichen verkehrsspezifischen Kosten errechnet werden.

2.3.2.1 Durchschnittliche verkehrsspezifische Kosten

Der Faktor „**durchschnittliche verkehrsspezifische Kosten**", also der für das **505** Verkehrsunternehmen maßgebliche Kostensatz je Personenkilometer entsprechend der Landesrechtsverordnung (vgl. hierzu unter Nr. 2.2.5.2), bereitet für die Berechnung keinerlei Schwierigkeiten, da er in Gesetz- und Verordnungsbzw. Amtsblättern der Länder bekanntgemacht wird.

2.3.2.2 Ermittlung der Personen-Kilometer

Die Ermittlung der Personenkilometer erfolgt durch Multiplikation der Beförde- **506** rungsfälle mit der mittleren Reiseweite, §§ 3 Abs. 1 PBefAusglV und AEAusglV.

2.3.2.2.1 Zahl der Beförderungsfälle

Die Zahl der **Beförderungsfälle** ist nach den verkauften **Wochen-, Monats- und** **507** **Jahreszeitfahrausweisen im Ausbildungsverkehr** zu errechnen, wobei für die Ausnutzung der Zeitfahrausweise 2,3 Fahrten je Gültigkeitstag zugrunde zu legen sind (§§ 3 Abs. 2 Sätze 1 und 2 PBefAusglV und AEAusglV). Da gemäß den §§ 7 Abs. 1 PBefAusglV und AEAusglV die Anträge auf Gewährung des Ausgleichs bis zum 31. Mai jeden Jahres für das vorangegangene Kalenderjahr zu stellen sind, muß die Zahl der Beförderungsfälle jeweils für den Zeitraum dieses Kalenderjahres ermittelt werden. Auch bei **Jahreszeitfahrausweisen**, die abweichend vom Kalenderjahr – z.B. ein Schuljahr lang – gelten, kommt es auf den Zeitpunkt des Verkaufs an; unerheblich ist, ob auch nach Ablauf des Kalenderjahres noch **Beförderungsleistungen** erbracht werden (BVerwG, NZV 1996, S. 253). Entsprechendes muß auch in den anderen Fällen gelten, in denen Verkauf, Bezahlung und Geltungsdauer des Zeitfahrausweises zeitlich auseinanderfallen, z.B. bei Stundung des Fahrpreises (vgl. BIDINGER, Personenbeförderungsrecht, G § 3 PBefAusglV Erl. 5).

In **Kooperationen** mit Gemeinschaftstarifen und Einnahmeaufteilungsverträgen **508** gelten zusätzlich die Sonderregelungen der §§ 5 Abs. 1 Satz 2 PBefAusglV bzw. AEAusglV. Nach diesen ist bei der Ermittlung der von dem einzelnen Unternehmen geleisteten Personen-Kilometer diejenige Zahl der verkauften Wochen-, Monats- und Jahreszeitfahrausweise im Ausbildungsverkehr anzugeben, die sich nach Anwendung des **Verteilungsschlüssels** auf die Gesamtzahl der von allen Unternehmen verkauften Wochen-, Monats- und Jahreszeitfahrausweise im Ausbildungsverkehr ergibt (vgl. hierzu auch unter Nr. 2.2.5.1). Die §§ 5 Abs. 2 Satz 1 PBefAusglV bzw. AEAusglV erlauben – wie bei der Ermittlung der Erträge – den an der Kooperation beteiligten Verkehrsunternehmen auch eine andere Vereinbarung geeigneter Schlüsselungen. Eine solche Vereinbarung bedarf der Zustimmung der Genehmigungsbehörde, §§ 5 Abs. 2 Satz 2 PBefAusglV bzw. AEAusglV.

509 Für die **Ausnutzung der Zeitfahrausweise** ist die Woche mit höchstens 6 Tagen, der Monat mit höchstens 26 Tagen und das Jahr mit höchstens 240 Tagen anzusetzen, §§ 3 Abs. 2 Satz 3 PBefAusglV und AEAusglV.

Streitig ist, ob – abgesehen vom Nachweis unternehmensindividueller **Ausnutzungsfaktoren** nach den §§ 3 Abs. 5 PBefAusglV und AEAusglV (vgl. unter Nr. 2.3.3) – von den Ausgleichsbehörden bei der Ermittlung der Personen-Kilometer auch von niedrigeren als diesen Pauschalwerten ausgegangen werden darf. Die Praxis in einigen Bundesländern weicht zur Zeit von den vorgenannten Werten z.T. erheblich nach unten ab; im Land Brandenburg z.B. wird folgende Ausnutzungsdauer zugrunde gelegt: 5,2 Tage bei Wochenkarten, 21,8 Tage bei Monatskarten und 208,3 Tage bei Jahreskarten. In Rheinland-Pfalz wird mit 5,3 Tagen, 22,8 Tagen und 240 Tagen gerechnet. Begründet wird die Abweichung nach unten damit, daß der Wortlaut des § 3 Abs. 2 Satz 3 PBefAusglV mit der Formulierung „höchstens" es nahelege, daß bei der Berechnung auch von Werten unterhalb der in der Vorschrift genannten Grenzen ausgegangen werden könne. Im übrigen dauere der Ausbildungsbetrieb in den Schulen grundsätzlich nur fünf Tage in der Woche, erweitert um die Sonnabende für Studenten und Auszubildende in der Berufsausbildung, was bei einer Gewichtung der Anzahl der Schüler und der anderen Auszubildenden zu einer erheblich niedrigeren durchschnittlichen Ausnutzung der Zeitfahrausweise führe. Auch die Verkehrsministerkonferenz vertrat die Auffassung, „daß (...) auf der Grundlage der geltenden **PBefG-Ausgleichsverordnung** eine Anpassung der Gültigkeitstage an die tatsächliche Zahl der Schultage zulässig ist" (Beschluß vom 21. November 1997).

510 Dieser Rechtsauffassung tritt das VG Potsdam (Urteil vom 1. August 1997, 3 K 1537/96, VDV-Nachrichten Personenverkehr 8/1997 vom 30. Dezember 1997, P 247, Seite 151 – nicht rechtskräftig) in Übereinstimmung mit dem Fachschrifttum (vgl. BIDINGER, Personenbeförderungsrecht, G § 3 PBefAusglV Erl. 8; FROMM, TranspR 1992, S. 262) mit überzeugenden Argumenten entgegen. Es führt aus, daß es sich bei den in § 3 Abs. 2 Satz 3 PBefAusglV genannten Werten um **pauschale Festwerte** handelt, die – abgesehen von der Anwendung des Absatzes 5 der genannten Vorschrift – nur vom Bundesverordnungsgeber, nicht aber von den Ausgleichsbehörden abgeändert werden dürfen. Dies ergibt sich zunächst aus dem Wortlaut der Absätze 5 und 6 des § 3 PBefAusglV. Dort ist zum einen „... von den Durchschnittswerten für die Ausnutzung der Zeitfahrausweise nach Absatz 2...", zum anderen von den „... Durchschnittswerten nach den Absätzen 2 bis 4..." die Rede, womit der Verordnungsgeber zu erkennen gibt, daß die in Abs. 2 Satz 3 genannten Werte zugleich Durchschnittswerte sein sollen. Wollte er anderes bezwecken, hätte er eine Formulierung gewählt, die darauf hindeuten würde, daß die Durchschnittswerte „nach Maßgabe" oder „im Rahmen von" Abs. 2 Satz 3 zu bilden seien; die Formulierungen der Absätze 5 und 6 nehmen dagegen die in Abs. 2 Satz 3 genannten Werte – gleichsam als Legaldefinition – als Durchschnittswerte in Bezug, ohne eine Abweichungsmöglichkeit anzudeuten. Darüber hinaus ergibt sich auch aus der Entstehungsgeschichte der Vorschrift und aus dem weiteren Regelungszusammenhang (das PBefG gehört nach Art. 74 Abs. 1 Nr. 22 GG zu den Gegenständen der konkurrierenden Gesetzgebung, wobei der Bund von dieser Kompetenz umfassend Gebrauch gemacht und den Ländern nur in Abs. 2 eine Rechtssetzungsbefugnis eingeräumt hat, nicht aber darüber hinaus), daß es sich bei den Werten des § 3 Abs. 2 Satz 3 PBefAusglV um pauschale Festwerte handelt (vgl. VG Potsdam, a. a. O.). Entsprechendes muß für die analoge Vorschrift des § 3 Abs. 2 Satz 3 AEAusglV gelten.

Aufgrund der §§ 3 Abs. 2 Satz 4 PBefAusglV und AEAusglV sind **Umsteiger** innerhalb eines Unternehmens nur einmal zu zählen. Diese Voraussetzung der Ausgleichsverordnungen wird, da auch Umsteiger nur einen einzigen Zeitfahrausweis erhalten, in der Praxis aufgrund des Vertriebssystems der Verkehrsunternehmen ohnehin erfüllt. **511**

Damit ergeben sich – unter Zugrundelegung der **pauschalen Festwerte** – folgende **Zahlen der Beförderungsfälle je Zeitfahrausweis**: **512**

– 13,8   bei der Wochenkarte (2,3 x 6);
– 59,8   bei der Monatskarte (2,3 x 26);
– 552,0 bei der Jahreskarte (2,3 x 240).

2.3.2.2.2 Verbundbonus

Besteht ein von mehreren Unternehmen gebildetes zusammenhängendes Liniennetz mit einheitlichen oder verbundenen Beförderungsentgelten und wird je beförderter Person nur ein Fahrausweis ausgegeben, so ist die nach Abs. 2 der §§ 3 PBefAusglV bzw. AEAusglV errechnete **Zahl der Beförderungsfälle um 10 Prozent zu erhöhen**, §§ 3 Abs. 3 PBefAusglV und AEAusglV (sog. Verbundbonus). **513**

Ein zusammenhängendes Liniennetz mit einheitlichen oder verbundenen Beförderungsentgelten liegt vor, wenn sich die von den Verbundpartnern betriebenen Linien derart zu einem Netz ergänzen, daß für eine nennenswerte Zahl von Fahrgästen des Ausbildungsverkehrs ein Umsteigebedürfnis besteht, das antragstellende Unternehmen also mehr Auszubildende befördert, als es Zeitfahrausweise verkauft (BVerwG, NZV 1992, S. 205). Für § 3 Abs. 3 Satz 1 PBefAusglV ist das durch die Gestaltung des Liniennetzes angezeigte **objektive Umsteigebedürfnis** maßgebend. Dieses fehlt beispielsweise, wenn die Linien der Verbundpartner parallel verlaufen und gemeinsame Haltestellen haben, so daß die Auszubildenden die eine oder die andere Linie benutzen können, ohne auf ein Umsteigen angewiesen zu sein. Ist das Netz, das die Verbundpartner im Verbundbereich bilden, dagegen so beschaffen, daß Linien eines Partners zu zahlreichen Punkten führen, die abseits der Strecken der anderen Verbundpartner liegen, so ist ein den **Verbundzuschlag** rechtfertigendes zusammenhängendes Liniennetz gegeben. Ein solches Liniennetz setzt also weder voraus, daß ein **verbundbedingter Einnahmeverlust** bei allen Verbundpartnern zu erwarten ist, noch kommt es auf **514** die subjektive Entscheidung der Auszubildenden an, z. B. eher einen Fußmarsch in Kauf zu nehmen als einen zusätzlichen Fahrschein zu erwerben (vgl. BVerwG, a. a. O., sowie Urteil vom 22. März 1995, VDV-Nachrichten Personenverkehr 9/ 1995 vom 21. November 1995, P 286, Seite 168).

515 Streitig ist, ob auch eine **lediglich auf den Ausbildungsverkehr beschränkte tarifliche Kooperation** den Verbundzuschlag rechtfertigt. Verschiedene Ausgleichsbehörden vertreten die Auffassung, daß sich die Kooperation auf alle Fahrausweisarten beziehen müssen. Diese Ansicht findet ihre Stütze in der älteren Literatur (vgl. BIDINGER/HASELAU/KRÄMER, Teil 2, a. a. O., S. 53), nach der einheitliche oder verbundene Beförderungsentgelte „über den **Zeitkartenbereich** des Ausbildungsverkehrs hinausgehend" gefordert werden. Auch der Wortlaut des § 3 Abs. 3 Satz 1 PBefAusglV spricht auf den ersten Blick für diese Auslegung, da dort nicht von einheitlichen oder verbundenen Beförderungsentgelten „für Zeitfahrausweise des Ausbildungsverkehrs" die Rede ist, sondern lediglich von „einheitlichen oder verbundenen Beförderungsentgelten".

Bei dieser Formulierung der Verordnung handelt es sich indes nur um sprachliche Vereinfachungen, nicht aber um weitergehende Anforderungen an die Voraussetzungen für den Ausgleich verbundspezifischer Nachteile. Solche Nachteile hätten nämlich mit dem Sinn und Zweck des § 3 Abs. 3 PBefAusglV nichts zu tun. Im Rahmen des § 45a PBefG geht es lediglich um einen Ausgleich solcher Nachteile, die sich aus der verbilligten Ausgabe von Zeitfahrausweisen des Ausbildungsverkehrs ergeben, **nicht** dagegen um den **Ausgleich von Mindereinnahmen** aus der Ausgabe anderer Fahrausweisarten. Nichts spricht dafür, daß die gesetzlichen Regelungen insoweit weitergehende Anforderungen mit Rücksicht auf sonstige Ziele des PBefG aufgestellt hätten (vgl.: VG Braunschweig, Urteil vom 3. Dezember 1992 – 1 A 1014/92 –, nicht veröffentlicht, S. 12; BIDINGER, Personenbeförderungsrecht, G § 3 PBefAusglV Erl. 11). Kooperierende Unternehmen, die einen Verbund eingehen und nur einen Zeitfahrausweis im Ausbildungsverkehr ausgeben (der gegenseitig anerkannt wird), erleiden einen über die Verbilligung der Zeitfahrausweise hinausgehenden Verlust, wenn mit Blick auf den **Umsteigeverkehr** ohne den Verbund insgesamt mehr Zeitfahrausweise ausgegeben würden. Diesen zusätzlichen Verlust will § 3 Abs. 3 PBefAusglV mit dem Verbundzuschlag ausgleichen (vgl.: BVerwG, VRS 83, S. 77; VGH München, VRS 75, S. 397). Demgemäß genügt es, wenn die Kooperation auf den Ausbildungsverkehr beschränkt ist.

516 Der Wortlaut der §§ 3 Abs. 3 Satz 1 PBefAusglV und AEAusglV läßt es ferner nicht zu, den **Verbundbonus** nur auf solche Beförderungsfälle zu beschränken, die tatsächlich im Verbund erbracht werden. Denn auf der Voraussetzungsseite dieser Vorschriften kommt es nur darauf an, daß eine Kooperation „besteht"; auf der Rechtsfolgenseite bestimmen sie zwingend, daß „die nach Absatz 2 errechnete Zahl der **Beförderungsfälle**" um 10 vom Hundert zu erhöhen ist. (vgl. BIDINGER, Personenbeförderungsrecht, G § 3 PBefAusglV Erl. 11).

In den jungen Bundesländern ermöglichen die Sätze 2 und 3 des § 3 Abs. 3 **517** PBefAusglV auch solchen Verkehrsunternehmen den Zugang zum Verbundzuschlag, die ohne eigene Liniengenehmigungen aufgrund eines Kooperationsvertrages Verkehrsleistungen erbringen, wobei an solchen Kooperationen private Verkehrsunternehmen ausreichend und gleichberechtigt beteiligt sein sollen. Diese Vorschrift dürfte inzwischen obsolet geworden sein, weil nunmehr in den jungen Bundesländern praktisch flächendeckend Liniengenehmigungen erteilt worden sind.

2.3.2.2.3 Mittlere Reiseweite

Für die **mittlere Reiseweite** sind für die Ausgleichsleistungen nach dem PBefG **518** folgende Durchschnittswerte zugrunde zu legen:

- 5 Kilometer, wenn überwiegend Orts- und Nachbarortslinienverkehr,
- 8 Kilometer, wenn überwiegend sonstiger Linienverkehr (Überlandlinienverkehr)

betrieben wird, § 3 Abs. 4 PBefAusglV.

Die Differenzierung soll unterschiedliche Strukturen und Bedienungsformen für Stadt und Land verdeutlichen und bewertbar machen (BIDINGER, Personenbeförderungsrecht, G § 3 PBefAusglV Erl. 14). Unter „**Ortslinienverkehr**" ist ein genehmigter Verkehrsdienst, der innerhalb der Grenzen einer Stadt oder Gemeinde betrieben wird, zu verstehen (BIDINGER, ebenda). Die Legaldefinition des Begriffs „**Nachbarortslinienverkehr**" ist durch die ab 1. Januar 1996 wirksam gewordene Streichung der letzten Sätze des § 13 Abs. 2 lit. c PBefG durch Art. 6 Abs. 116 Nr. 4 lit. b des Eisenbahnneuordnungsgesetzes vom 27. Dezember 1993 (BGBl. I S. 2378 [S. 2418]) nicht mehr im PBefG enthalten. Die Praxis geht gleichwohl vom vollinhaltlichen Fortbestand der ehemaligen Legaldefinition aus. Danach ist Nachbarortslinienverkehr der Verkehr zwischen Nachbarorten oder Teilen von ihnen, wenn diese wirtschaftlich und verkehrsmäßig so miteinander verbunden sind, daß der Verkehr nach der Tarifgestaltung und nach gegenwärtiger oder in naher Zukunft zu erwartender Häufigkeit einem Ortslinienverkehr vergleichbar ist. Die Verbindung mehrerer Nachbarortslinien fällt nicht unter den Begriff „Nachbarortslinienverkehr". Alle sonstigen genehmigten Verkehrsdienste zählen zum **Überlandlinienverkehr** (vgl. BIDINGER, ebenda).

Meßzahl für das „**Überwiegen**" ist die in dem Kalenderjahr (vgl. § 7 PBefAusglV) **519** angefallene Betriebsleistung, die sich in Zug- bzw. Wagen-Kilometern ausdrückt; **überwiegt mit mehr als 50 vom Hundert** also z.B. der Überlandlinienverkehr, so bemißt sich der gesamte Ausbildungsverkehr des Unternehmens nach einer durchschnittlichen mittleren Reiseweite in Höhe von 8 Kilometern (BIDINGER, a.a.O., Erl. 15). Diese Regelung hat in der Praxis zu einer Reihe von „Optimierungen" der betrieblichen Leistungsangebote der Verkehrsunternehmen geführt.

520 Für den Eisenbahnbereich ordnet § 3 Abs. 4 AEAusglV ohne Differenzierungen an, daß als Durchschnittswert für die mittlere Reiseweite 8 Kilometer zugrunde zu legen ist.

2.3.3 Betriebsindividueller Nachweis anderer Werte

521 Wird nachgewiesen, daß von den **Durchschnittswerten** für die Ausnutzung der Zeitfahrausweise nach Abs. 2 oder die Erhöhung der Beförderungsfälle um 10 vom Hundert nach Absatz 3 oder die mittlere Reiseweite im Ausbildungsverkehr nach Absatz 4 jeweils um mehr als 25 vom Hundert abgewichen wird, sind der Berechnung des Ausgleichsbetrages die nachgewiesenen Werte zugrunde zu legen, §§ 3 Abs. 5 Satz 1 PBefAusglV und AEAusglV. Die Berücksichtigung betriebsindividueller Werte erfolgt also nur dann, wenn ein **Schwellenwert von 25 vom Hundert** überschritten wird. Die Verfassungsmäßigkeit dieses Schwellenwertes ist zwar nicht unumstritten (vgl. BIDINGER, Personenbeförderungsrecht, G Einf. PBefAusglV Erl. 1.3 m.w.N.). Sie soll an dieser Stelle aber nicht vertiefend behandelt werden, da sie in der aktuellen Rechtsprechung keine Rolle mehr spielt: Sowohl das Bundesverwaltungsgericht als auch die Obergerichte gehen ausnahmslos von der Verfassungsmäßigkeit des Schwellenwertes aus.

522 Seinem allgemeinen Bedeutungsinhalt nach umfaßt der **Begriff des Abweichens** nicht nur die Fälle des Über-, sondern auch diejenigen des Unterschreitens; der Verordnungsgeber hat diese Bedeutung vorausgesetzt, da er den ursprünglich vorgesehenen Begriff „überschritten" durch den Begriff „abweichen" ersetzt hat. Der Nachweis der Abweichung ist in der Weise ausgestaltet, daß es dem Beteiligten, der die Rechtsfolge einer individuellen Berechnung wünscht, überlassen bleiben soll, die Voraussetzungen für ihren Eintritt selbst herbeizuführen. Wenn damit der individuelle Nachweis der **Disposition des Unternehmens bzw. der Ausgleichsbehörde** unterliegt, kann von demjenigen Beteiligten, zu dessen Lasten ein Nachweis geführt werden soll, nicht mehr als allgemeine (zum Teil Duldungs-) Mitwirkungspflichten verlangt werden (vgl. VGH München, VRS 75, S. 397). Das Verkehrsunternehmen ist also nicht verpflichtet, der Ausgleichsbehörde das Tatsachenmaterial für einen gegen das Unternehmen gerichteten betriebsindividuellen Nachweis zu liefern. Es darf einen solchen Nachweis aber auch nicht unmöglich machen. Das Verkehrsunternehmen muß demgemäß also z.B. auf Verlangen der Ausgleichsbehörde keine Verkehrszählungen durchführen oder negative betriebsinterne Daten offenlegen; es darf der Ausgleichsbehörde aber auch nicht untersagen, eine Zählaktion selbst durchzuführen bzw. auf ihre Kosten durch Dritte durchführen zu lassen.

523 Die Sätze 2 und 3 der §§ 3 Abs. 5 PBefAusglV und AEAusglV bestimmen die **Art und Weise**, in der die Abweichungen von den Durchschnittswerten nachzuweisen sind. Hiernach sind Abweichungen von dem Durchschnittswert für die Ausnutzung der Zeitfahrausweise und von der Erhöhung der Beförderungsfälle durch

Verkehrszählung oder in anderer geeigneter Weise nachzuweisen. Die Abweichung von dem Durchschnittswert für die mittlere Reiseweite ist nachzuweisen

1 auf Grund der verkauften Streckenfahrausweise nach den erfaßten tatsächlichen Entfernungen oder nach den mittleren Werten der Entfernungsstufen der genehmigten Beförderungsentgelte oder

2. durch Verkehrszählungen oder

3. in sonstiger geeigneter Weise.

Verkehrszählungen belasten die Verkehrsunternehmen, auch bei Selbstdurch-   **524**
führung, mit nicht unerheblichen Kosten (zu den Einzelheiten vgl.: BIDINGER, Personenbeförderungsrecht, G § 3 PBefAusglV Erl. 20 bis 25; HEINZE, a. a. O., S. 66 ff.). Der ebenfalls zugelassene Nachweis in anderer geeigneter Weise schont die personellen und finanziellen Ressourcen der Unternehmen und sollte daher – so weit wie möglich – zur Anwendung gebracht werden. Als Beispiel hierfür aus der Vergangenheit läßt sich die Vorlage von **Listen der Schulträger** mit den Namen der beförderten Personen im Ausbildungsverkehr in Verbindung mit **Entfernungsmessungen** nennen. Durch die Einführung moderner elektronischer Vertriebs- und Fahrausweissysteme ergeben sich für die Verkehrsunternehmen völlig neue Möglichkeiten und Potentiale, die Fahrgäste, die von ihnen zurückgelegten Entfernungen sowie ihr Umsteigeverhalten genauer zu erfassen und zu analysieren. Hierdurch werden Nachweise gemäß den Sätzen 2 und 3 der §§ 3 Abs. 5 PBefAusglV und AEAusglV erheblich erleichtert.

2.3.4 Berechnungsschaubild

Aufgrund der Ausführungen unter Nr. 2.3.1 bis 2.3.3 ergibt sich somit folgende   **525**
Berechnungsschaubild (Tab. 6):

Tabelle 6: Ausgleichsleistungen im Ausbildungsverkehr nach § 45a PBefG und § 6a EAG

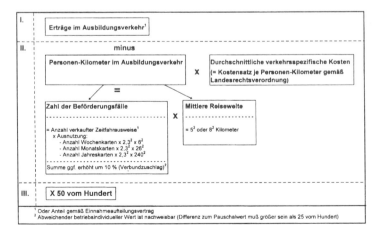

2.4. Ausgleichsberechtigter

526 Berechtigte der Ausgleichsansprüche aus § 45a Abs. 1 PBefG bzw. § 6a Abs. 1 AEG sind der „Unternehmer" (vgl. § 2 Abs. 1 PBefG) bzw. „die Eisenbahn" (vgl. § 2 Abs. 1 AEG). Im PBefG-Bereich steht auch einem Betriebsführer, der im eigenen Namen, unter eigener Verantwortung und für eigene Rechnung handelt (vgl. §§ 2 Abs. 2 Nr. 3 und 3 Abs. 2 PBefG), der Anspruch zu.

Bei Kooperationen darf auch eine **Gemeinschaftseinrichtung** die Anträge für ihre Mitglieder stellen (§§ 7 Abs. 1 Satz 3 PBefAusglV und AEAusglV). Hieraus folgt aber nicht, daß die materielle Berechtigung auf die Kooperationseinrichtung übergeht; diese macht nur die **Einzelansprüche** der Mitglieder gebündelt geltend.

2.5 Ausgleichspflichtiger

527 Ausgleichspflichtig ist nach § 45a Abs. 3 Satz 1 PBefG bzw. § 6c Satz 1 AEG das Land, in dessen Gebiet der Verkehr betrieben wird.

2.6 Besonderheiten bei länderüberschreitendem Verkehr

528 Erstreckt sich der Verkehr auch auf das Gebiet eines anderen Landes, so wird dem Ausgleich der **Teil der Leistungen** zugrunde gelegt, der **in dem jeweiligen Land** erbracht wird; für die Abgrenzung maßgebend sind dabei die Personen-Kilometer sowie die Erträge, die in dem jeweiligen Land erbracht werden (§§ 45a Abs. 3 Satz 2 PBefG i.V.m. 6 Abs. 1 PBefAusglV, §§ 6c Satz 2 AEG i.V.m. 6 Abs. 1 AEAusglV). Die Länder können die auf sie entfallenden Anteile auch nach **Wagen- bzw. Achs-Kilometern** oder nach einer anderen geeigneten Schlüsselung aufteilen (§§ 6 Abs. 2 PBefAusglV und AEAusglV).

2.7 Einzelheiten zum Verfahren

2.7.1 Antrag

529 Nur auf Antrag werden die Ausgleichsleistungen im Ausbildungsverkehr festgesetzt; der Antrag ist in dreifacher Ausfertigung nach einem **bundeseinheitlichen Muster** zu stellen (vgl. §§ 7 Abs. 1 Sätze 1 und 2 PBefAusglV und AEAusglV). Das bundeseinheitliche Antragsformular mit Erläuterungen ist 1980 bekanntgegeben worden (VkBl. S. 75, Wiedergabe auch bei BIDINGER, a.a.O., K 1225); es wird im Moment von einer Bund-/Länder-Arbeitsgruppe überarbeitet, so daß in Kürze mit einer aktualisierten Fassung zu rechnen ist.

2.7.2 Errechnung des Ausgleichsbetrages durch Antragsteller

530 Der Antragsteller hat in dem Antrag den nach § 45a PBefG bzw. nach § 6a AEG und nach den Vorschriften der PBefAusglV bzw. der AEAusglV sich ergebenden **Ausgleichsbetrag** selbst zu errechnen (§§ 7 Abs. 2 PBefAusglV und AEAusglV).

2.7.3 Bescheinigung eines Wirtschaftsprüfers oder einer von der Genehmigungsbehörde anerkannten Stelle oder Person

Ferner hat der Antragsteller in zweifacher Ausfertigung die Bescheinigung eines **531** Wirtschaftsprüfers oder einer von der Ausgleichsbehörde anerkannten Stelle oder Person über die Richtigkeit der Angaben und **Ausgleichsberechnungen** beizubringen (§§ 7 Abs. 3 PBefAusglV und AEAusglV).

2.7.4 Frist

Da – wie unter den Nrn. 2.7.1, 2.7.2 und 2.7.3 erwähnt – sowohl die komplette Be- **532** rechnung als auch die Bescheinigung in dem Antrag bzw. mit dem Antrag nach bundeseinheitlichem Muster vorgelegt werden müssen, bezieht sich die Frist nicht nur auf das „Ob", sondern auch auf das in der PBefAusglV und der AEAusglV vorgegebene „Wie" des Antrags (vgl. BIDINGER, Personenbeförderungsrecht, G § 7 PBefAusglV Erl. 4).

Bei der Frist „bis zum 31. Mai" handelt es sich zwar nicht um eine materielle Ausschlußfrist, eine Wiedereinsetzung in den vorigen Stand ist also möglich (OVG Münster, VRS 67, S. 78). Dabei ist aber zu beachten, daß ein Wiedereinsetzungsantrag gemäß § 32 der Verwaltungsverfahrensgesetze der Länder sehr strengen Voraussetzungen unterliegt (vgl. § 32 VwVfG). Um Schwierigkeiten durch **Wiedereinsetzungsverfahren** zu vermeiden, sollte sich das Verkehrsunternehmen zur Schaffung von Rechtsklarheit in Fällen, in denen abzusehen ist, daß die Frist voraussichtlich (ohne Verschulden) nicht eingehalten werden kann, rechtzeitig um eine schriftlich erteilte **Fristverlängerung** durch die Ausgleichsbehörde bemühen.

2.7.5 Entscheidung der Ausgleichsbehörde

2.7.5.1 Ausgleichsbehörde

Nach § 45a Abs. 4 Satz 1 PBefG entscheidet über den Ausgleich die Genehmi- **533** gungsbehörde (vgl. § 11 PBefG) oder die von der Landesregierung bestimmte Behörde. Für die nichtbundeseigenen Eisenbahnen bestimmt § 6a Abs. 3 Satz 1 AEG die oberste Landesverkehrsbehörde zur zuständigen Ausgleichsbehörde.

2.7.5.2 Festsetzung der Ausgleichsleistungen

Bei der **Festsetzung der Ausgleichsleistungen** im Ausbildungsverkehr durch die **534** zuständigen Länderbehörden handelt es sich um **Verwaltungsakte** im Sinne des § 35 Satz 1 der Verwaltungsverfahrensgesetze der Länder. Die Entscheidung ist schriftlich zu erlassen und dem Antragsteller zuzustellen. Wird dem Antrag nicht oder nicht in vollem Umfang entsprochen, ist die Entscheidung schriftlich zu begründen und mit einer **Rechtsbehelfsbelehrung** zu versehen (§§ 8 PBefAusglV und AEAusglV).

2.7.6 Vorauszahlungsanspruch

535 Die Unternehmen erhalten auf Antrag für das laufende Kalenderjahr **Vorauszahlungen** in Höhe von insgesamt 80 vom Hundert des zuletzt für ein Jahr festgesetzten Ausgleichsbetrages; sie werden je zur Hälfte bis zum 15. Juli und bis zum 15. November geleistet (§§ 10 PBefAusglV und AEAusglV). Hieraus ergibt sich, daß der **Vorauszahlungsanspruch** voraussetzt, daß bereits einmal eine Jahresfestsetzung erfolgt ist. Eine Frist ist für einen solchen Antrag nicht bestimmt. Allerdings liegt es in der Natur der Sache, daß ein Vorauszahlungsantrag rechtzeitig gestellt sein muß, um eine Leistung zum 15. Juli bzw. 15. November tatsächlich empfangen zu können.

2.8 Auflagen zur Ertragsverbesserung

536 Der die **Ausgleichsleistungen** festsetzende Verwaltungsakt (vgl. Nr. 2.7.5.2) kann mit Auflagen (vgl. § 36 Abs. 2 Nr. 4 VwVfG) verbunden werden, die dazu bestimmt sind, die wirtschaftlichen Ergebnisse der Verkehrsleistungen zu verbessern (§§ 45a Abs. 4 Satz 2 PBefG und 6a Abs. 3 Satz 2 AEG). Befolgt das Unternehmen eine solche Auflage nicht oder nicht im vollem Umfang, erfolgt die **Ausgleichsgewährung** für das Kalenderjahr, auf das sich die Auflage bezieht, so, als wäre die Auflage eingehalten worden („**fiktive Berechnung**", vgl. §§ 45a Abs. 4 Satz 3 PBefG und 6a Abs. 3 Satz 3 AEG).

Ein typischer Anwendungsfall einer Auflage ist die Vorgabe, zwischen Zeitfahrausweisen für Erwachsene und Zeitfahrausweisen für Auszubildende ein Spannungsverhältnis von 100:75 herzustellen (FROMM/FEY/SELLMANN, a.a.O., § 45a Rz. 8). Denkbar sind aber auch Auflagen, die sich auf eine Steigerung der Erträge im Ausbildungsverkehr beziehen: So kann z.B. festgelegt werden, den Ertrag je Personen-Kilometer im Ausbildungsverkehr um eine bestimmte Prozentzahl (die sich beispielsweise an der Kostensteigerung für die Erbringung von ÖPNV-Leistungen orientiert) zu steigern. Denkbar ist auch, einen betragsmäßig bestimmten Ertrag pro Personen-Kilometer per Auflage festzulegen.

3. Gesetzliche Erstattungsleistungen für Fahrgeldausfälle aufgrund unentgeltlicher Beförderung Schwerbehinderter (§§ 59 ff. SchwbG)

3.1 Rechtsgrundlagen

537 Das Recht auf **unentgeltliche Beförderung** ist ein wesentlicher Bestandteil der Förderung der Mobilität und Unabhängigkeit **Schwerbehinderter**. Ihre Integration in die Gesellschaft hängt in der heutigen Zeit stark von den Bewegungsmöglichkeiten des einzelnen ab. Auch wenn der Schwerpunkt des SchwbG im Bereich der Förderung der Erwerbstätigkeit schwerbehinderter Menschen liegt, ist doch der die Freifahrt regelnde Elfte Abschnitt (§§ **59 ff. SchwbG**) personenübergreifend, indem er Schwerbehinderte auch außerhalb des Erwerbslebens einbezieht und deren Beweglichkeit im jeweiligen Nahbereich fördern helfen will (vgl. GROSSMANN/ SCHIMANSKI/DOPATKA, a.a.O., § 59 Rz. 24).

Die gesetzlichen **Erstattungsleistungen für Fahrgeldausfälle** aufgrund unentgeltlicher Beförderung Schwerbehinderter haben eine lange Vorgeschichte. Nachdem zunächst in der Weimarer Republik ortsrechtliche Bestimmungen bestanden, nach denen bestimmte Gruppen schwerkriegsbeschädigter Menschen auf städtischen Verkehrsmitteln der meisten Großstädte unentgeltlich befördert wurden, erfolgte in der Endphase der nationalsozialistischen Zeit eine Vereinheitlichung im damaligen Reichsgebiet (GROSSMANN/SCHIMANSKI/DOPATKA, a.a.O., § 59 Rz. 3): Ende 1943 erließ der „Ministerrat für die Reichsverteidigung" die „Verordnung über Vergünstigungen für Kriegsbeschädigte im öffentlichen Personennahverkehr" (vom 23. Dezember 1943 [RGBl. I 1944, S. 5]). Hiernach waren die ÖPNV-Unternehmen verpflichtet, Schwerkriegsbeschädigte unentgeltlich zu befördern, und zwar im Verkehr mit Straßenbahnen, im Ortslinienverkehr mit Kraftomnibussen und im S-Bahnverkehr der Deutschen Reichsbahn in Berlin und Hamburg.

Nach Gründung der Bundesrepublik Deutschland wurden der begünstigte Personenkreis und der räumliche Umfang der **Freifahrtberechtigung** erheblich ausgeweitet. Änderungen durch das Haushaltsbegleitgesetz 1984 vom 22. Dezember 1983 (BGBl. I S. 1532) bewirkten indes eine drastische Reduzierung der Zahl der seinerzeit freifahrtberechtigten Personen von 3,5 Mio. (1983) auf nur noch 1,45 Mio. (1984) und Einschränkungen im Hinblick auf die Freifahrt mit Eisenbahnen (vgl. CRAMER, a.a.O., Vorb. § 59 Rz. 21f.). Diese Einschränkungen wurden aber mit dem Gesetz zur Erweiterung der unentgeltlichen Beförderung Schwerbehinderter im ÖPNV vom 18. Juli 1985 (BGBl. I S. 1516) mit Wirkung ab 1. Oktober 1985 teilweise wieder rückgängig gemacht (vgl. hierzu: FROMM, Erläuterungen zum SchwbG, a.a.O., Vorb. zu §§ 59-67; BIDINGER, Personenbeförderungsrecht, J Erl. 1.2ff.). Abgesehen von unbedeutenden Änderungen und der Einbeziehung der neuen Bundesländer durch den Einigungsvertrag 1990 mit befristeten und territorial beschränkten Übergangsregelungen, die inzwischen überholt sind, gilt die Gesetzesfassung des Jahres 1985 im wesentlichen bis heute fort.

Zur Konkretisierung und zum Vollzug der bundesgesetzlichen Vorschriften wurden mehrere Rechtsverordnungen des Bundes erlassen. Für die Freifahrtberechtigung relevant ist zunächst die aufgrund der Verordnungsermächtigung der §§ 4 Abs. 5 Satz 5 i.V.m. 59 Abs. 1 Satz 9 SchwbG erlassene **Ausweisverordnung Schwerbehindertengesetz (SchwAwV)** i.d.F.d.B. vom 25. Juli 1991 (BGBl. I S. 1739), geändert durch Art. 6 Abs. 104 Eisenbahnneuordnungsgesetz vom 27. Dezember 1993 (BGBl. I S. 2378 [S. 2417]), in der u.a. die Gestaltung des Ausweises für Schwerbehinderte und der Wertmarken, ihre Gültigkeitsdauer und das Verwaltungsverfahren geregelt ist. Aufgrund der Verordnungsermächti- **538** gung des § 61 Abs. 4 SchwbG haben das Bundesministerium für Arbeit und Sozialordnung und das Bundesministerium für Verkehr darüber hinaus in der **Nahverkehrszügeverordnung** (SchwbNV) vom 30. September 1994 (BGBl. I S. 2926) festgelegt, welche Züge des Nahverkehrs zuschlagspflichtig i.S.d. § 59 Abs. 1 Satz 1 Halbs. 2 SchwbG sind und welche Zuggattungen zu den Zügen des Nahverkehrs i.S.d. § 61 Abs. 1 Nr. 5 SchwbG gehören.

Diese bundesrechtlichen Bestimmungen werden ergänzt durch **jährliche Bekanntmachungen** der Länder, die den für die Berechnung der **Erstattungsleistungen wichtigen Vomhundertsatz** für den Nahverkehr nach § 62 Abs. 4 SchwbG enthalten, sowie durch **zweijährige Bekanntmachungen** des maßgeblichen Vomhundertsatzes für die Erstattung der Fahrgeldausfälle im Fernverkehr nach § 63 Abs. 2 SchwbG durch den Bundesminister für Arbeit und Sozialordnung.

539 Die durch die unentgeltliche Beförderung Schwerbehinderter nach den Absätzen 1 und 2 des § 59 SchwbG entstehenden **Fahrgeldausfälle** werden nach Maßgabe der §§ 62 bis 64 SchwbG erstattet, § 59 Abs. 3 SchwbG. Die Fahrgeldausfälle werden **pauschal nach einem Vomhundertsatz** der von den Unternehmern nachgewiesenen **Fahrgeldeinnahmen** im Nahverkehr (§ 62 Abs. 1 SchwbG) bzw. im Fernverkehr (§ 63 Abs. 1 SchwbG) erstattet. Diese pauschale Methode wurde gewählt, weil sich die tatsächlichen Fahrgeldausfälle nur mit einem unverhältnismäßig hohen Verwaltungsaufwand feststellen ließen (vgl. BIDINGER, Personenbeförderungsrecht, J § 62 SchwbG Erl. 1).

3.2 Anspruch auf unentgeltliche Beförderung

540 Nach § 59 Abs. 1 Satz 1 Halbs. 1 SchwbG sind Schwerbehinderte, die infolge ihrer Behinderung in ihrer Bewegungsfähigkeit im Straßenverkehr erheblich beeinträchtigt oder hilflos oder gehörlos sind, von Unternehmern, die öffentlichen Personenverkehr betreiben, gegen Vorzeigen eines entsprechend gekennzeichneten Ausweises nach § 4 Abs. 5 SchwbG im **Nahverkehr im Sinne des § 61 Abs. 1 SchwbG** unentgeltlich zu befördern. Im Fernverkehr hat der Schwerbehinderte diesen Anspruch nicht. Da Eltern behinderter Kinder insbesondere für notwendige Fahrten mit dem Kind höhere Aufwendungen haben als Eltern nichtbehinderter Kinder, ist die unentgeltliche Beförderung im ÖPNV nicht von einer bestimmten Altersgrenze abhängig gemacht und die **Freifahrtberechtigung** nach § 62 Abs. 2 Nr. 1 SchwbG auf eine **Begleitperson** des nach Abs. 1 freifahrtberechtigten Schwerbehinderten ausgedehnt worden (vgl. BT-Drs. 8/2696, S. 17), wenn ständige Begleitung notwendig und dies im Ausweis des Schwerbehinderten eingetragen ist; die notwendige Begleitperson wird nicht nur im Nah-, sondern auch im Fernverkehr kostenfrei befördert, § 59 Abs. 2 Nr. 1 SchwbG. Entsprechendes gilt für die Beförderung des Handgepäcks, eines mitgeführten Krankenfahrstuhles, soweit die Beschaffenheit des Verkehrsmittels dies zuläßt, sonstiger orthopädischer Hilfsmittel und eines Führhundes, § 59 Abs. 2 Nr. 2 SchwbG.

3.2.1 Kreis der freifahrtberechtigten Schwerbehinderten

Die Berechtigten gelten im allgemeinen Sprachgebrauch zwar als „**Freifahrtbe**-rechtigte"; das ist jedoch ungenau, weil der größte Teil von ihnen einen finanziellen Eigenanteil durch den Kauf einer **Wertmarke** leisten muß. Dies betrifft alle Schwerbehinderten, die i. S. d. § 60 Abs. 1 SchwbG in ihrer Bewegungsfähigkeit im Straßenverkehr erheblich beeinträchtigt sind, sowie alle gehörlosen Schwerbehinderten. Diese Gruppen machen zwei Drittel aller Berechtigten aus (GROSSMANN/SCHIMANSKI/DOPATKA, a. a. O., § 59 Rz. 28).   **541**

In ihrer Bewegungsfähigkeit erheblich beeinträchtigte Schwerbehinderte (§ 59 Abs. 1 Satz 1 SchwbG) sind anspruchsberechtigt mit einem Eigenanteil von 120 DM/Jahr bzw. 60 DM/Halbjahr (§ 59 Abs. 1 Sätze 2 und 3 SchwbG). Dies sind Personen mit einem **Grad der Behinderung** von mindestens 50, die sich rechtmäßig im Geltungsbereich des SchwbG aufhalten, und bei denen erschwerend hinzukommt, daß sie infolge ihrer Behinderung in ihrer Bewegungsfähigkeit im Straßenverkehr erheblich beeinträchtigt sind (GROSSMANN/SCHIMANSKI/DOPATKA, a. a. O., § 59 Rz. 29). In seiner **Bewegungsfähigkeit** im Straßenverkehr erheblich beeinträchtigt ist nach der Legaldefinition des § 60 Abs. 1 Satz 1 SchwbG, wer infolge einer Einschränkung des Gehvermögens, auch durch innere Leiden, oder infolge von Anfällen oder von Störungen der Orientierungsfähigkeit nicht ohne erhebliche Schwierigkeiten oder nicht ohne Gefahren für sich oder andere Wegstrecken im Ortsverkehr zurückzulegen vermag, die üblicherweise noch zu Fuß zurückgelegt werden. Die Rechtsprechung der Sozialgerichte sieht eine Wegstrecke von 2 km bei einer Fußwegdauer von einer halben Stunde als üblicherweise noch zu Fuß zurückgelegt an. Die früher einmal in § 58 Abs. 1 Satz 2 SchwbG a. F. enthaltene Vermutung zugunsten von Schwerbehinderten mit einem Grad der Behinderung von 80 ist seit dem 1. April 1984 durch § 60 Abs. 1 Satz 2 SchwbG entfallen. Die Neuregelung dieser Vorschrift bedeutet, daß sich auch dieser Personenkreis nunmehr die erhebliche Beeinträchtigung der Bewegungsunfähigkeit bescheinigen lassen muß (vgl. BSGE 58, S. 72).   **542**

Ferner sind **gehörlose Schwerbehinderte** freifahrtberechtigt mit **Eigenanteil** (§ 59 Abs. 1 Sätze 1 bis 3 SchwbG). Zu den Gehörlosen in diesem Sinne gehören auch Hörbehinderte mit einer an Taubheit grenzenden Schwerhörigkeit beidseits, wenn daneben schwere Sprachstörungen vorliegen (GROSSMANN/SCHIMANSKI/DOPATKA, a. a. O., § 59 Rz. 31).   **543**

An hilflose Schwerbehinderte (§ 59 Abs. 1 Satz 1 SchwbG) wird auf Antrag eine für ein Jahr gültige **Wertmarke** kostenlos ausgegeben (vgl. § 59 Abs. 1 Satz 5 Nr. 1 SchwbG), so daß sie ohne Eigenanteil befördert werden. Das Merkmal „hilflos" ist im SchwbG nicht definiert. Daher wird auf § 33b EStG oder entspre-   **544** chende Vorschriften verwiesen. In § 33b EStG wird als hilflos infolge von Behinderungen angesehen, wer für die gewöhnlichen und regelmäßig wiederkehrenden Verrichtungen im Ablauf des täglichen Lebens in erheblichem Umfang fremder Hilfe dauernd bedarf. Entsprechende Definitionen gelten auch im Versorgungsrecht (§ 35 Abs. 1 Satz 1 BVG) und im Sozialhilferecht (§ 69 Abs. 3 Satz 1 BSHG).

545 **Kriegs-** und **Wehrdienstbeschädigte, politisch Verfolgte und andere ihnen gleichgestellte Versorgungs- oder Entschädigungsberechtigte** mit einer Minderung der **Erwerbsfähigkeit** infolge der anerkannten Schädigung auf wenigstens 70 vom Hundert oder mit einer Minderung der Erwerbsfähigkeit auf wenigstens 50 vom Hundert und erheblicher Gehbehinderung infolge der Schädigung, die Anspruch auf Freifahrt schon vor dem 1. Oktober 1979 hatten oder deshalb nicht hatten, weil sie ihren Wohnsitz oder gewöhnlichen Aufenthalt zu diesem Zeitpunkt im Beitrittsgebiet des Einigungsvertrages hatten, fallen unter die **persönliche Besitzstandsklausel** des § 59 Abs. 1 Satz 5 Nr. 3 SchwbG. Diese Besitzstandsklausel hat zur Folge, daß die unter sie fallenden Schwerbehinderten weiterhin freifahrtberechtigt sind.

3.2.2 Vorzeigen eines Ausweises mit gültiger Wertmarke

546 Voraussetzung für die Inanspruchnahme der **Freifahrtberechtigung** ist das Vorzeigen eines entsprechend gekennzeichneten Ausweises über die Eigenschaft als Schwerbehinderter, den Grad der Behinderung (bis 31. Juli 1986: Minderung der Erwerbsfähigkeit) sowie ggf. über weitere gesundheitliche Merkmale. Dieser **Ausweis** wird in der Regel durch das zuständige **Versorgungsamt** ausgestellt und hat bei Schwerbehinderten, die das Recht auf unentgeltliche Beförderung in Anspruch nehmen können, einen **grün/orangefarbenen Aufdruck** (§ 1 Abs. 1 und 2 in Verbindung mit Muster 1 der Anlage zur SchwbAwV). Der Ausweis trägt auf der Rückseite im ersten Feld das Merkzeichen G, wenn festgestellt ist, daß der Schwerbehinderte in seiner Bewegungsfähigkeit im Straßenverkehr erheblich beeinträchtigt i. S. d. § 60 Abs. 1 Satz 1 SchwbG ist (§ 3 Abs. 2 Nr. 2 SchwbAwV). Bei Gehörlosen, die nicht zugleich bewegungsbehindert sind, ist das auf dem Ausweis vorgedruckte G gelöscht (§ 3 Abs. 2 Satz 3 SchwbAwV). Wenn der Schwerbehinderte hilflos im Sinne des § 33b EStG oder entsprechender Vorschriften ist, ist auf der Rückseite des Ausweises das Merkzeichen H eingetragen (§ 3 Abs. 1 Nr. 2 SchwbAwV). Bei Kriegsbeschädigten mit Ausweis nach der SchwbAwV ist auf dem Ausweis der Vermerk „**Kriegsbeschädigt**" eingetragen (§ 1 Abs. 3 i. V. m. § 2 Abs. 1 SchwbAwV). Zur Inanspruchnahme des Rechts auf unentgeltliche Beförderung von Begleitpersonen ist es erforderlich, daß der Ausweis des begleiteten Schwerbehinderten das Merkzeichen B trägt sowie den Satz enthält: „Die Notwendigkeit ständiger Begleitung ist nachgewiesen" (§ 3 Abs. 2 Satz 1 Nr. 1 SchwbAwV). Nach der Legaldefinition des § 60 Abs. 2 SchwbG ist ständige Begleitung bei Schwerbehinderten notwendig, die bei Benutzung von

öffentlichen Verkehrsmitteln infolge ihrer Behinderung zur Vermeidung von Gefahren für sich oder andere regelmäßig auf fremde Hilfe angewiesen sind.

Weitere Voraussetzung für die kostenlose Beförderung der Schwerbehinderten **547** ist, daß der Ausweis mit einer gültigen **Wertmarke** versehen ist, die gegen Entrichtung eines Betrages von 120 DM für ein Jahr oder 60 DM für ein halbes Jahr ausgegeben wird, § 59 Abs. 1 Sätze 2 und 3 SchwbG. Wird sie vor Ablauf der **Gültigkeitsdauer** zurückgegeben, ist auf Antrag für jeden vollen Kalendermonat ihrer Gültigkeit nach Rückgabe ein Betrag von 10 DM zu erstatten, sofern der zu erstattende Betrag 30 DM nicht unterschreitet, § 59 Abs. 1 Satz 4 SchwbG.

Auf Antrag **unentgeltlich** erhalten nach § 59 Abs. 1 Satz 5 SchwbG folgende **frei-** **548** **fahrtberechtigte Schwerbehinderte** das Beiblatt mit Wertmarke, die ein Jahr gültig ist:

- **blinde Schwerbehinderte** i. S. d. § 24 Abs. 1 BSHG (vgl. § 59 Abs. 1 Satz 5 Nr. 1 SchwbG). In § 24 BSHG werden den Blinden gleichgestellt Personen, deren Sehschärfe auf dem besseren Auge nicht mehr als 1/50 beträgt, sowie Personen, bei denen nicht nur vorübergehende Störungen des Sehvermögens von solchem Schweregrad vorliegen, daß sie der Beeinträchtigung der Sehschärfe der vorgenannten gleichzuachten sind (Merkzeichen Bl im Ausweis, § 3 Abs. 1 Nr. 3 SchwbAwV);
- **hilflose Schwerbehinderte**, § 59 Abs. 1 Satz 5 Nr. 1 SchwbG (Merkzeichen H im Ausweis, § 3 Abs. 1 Nr. 2 SchwbAwV);
- **Schwerbehinderte**, die **Arbeitslosenhilfe** oder für den Lebensunterhalt laufende Leistungen nach dem Bundessozialhilfegesetz oder dem Achten Buch Sozialgesetzbuch oder den §§ 27a und 27d des Bundesversorgungsgesetzes erhalten (§ 59 Abs. 1 Satz 5 Nr. 2 SchwbG);
- **Kriegsbeschädigte** oder ihnen gleichgestellte Versorgungs- oder Entschädigungsberechtigte, die schon vor dem 1. Oktober 1979 ohne Rücksicht auf ihr Einkommen Anspruch auf Freifahrt hatten und bei denen der Grad der Minderung der Erwerbsfähigkeit infolge der anerkannten Schädigung auf wenigstens 70 vom Hundert festgestellt ist oder auf wenigstens 50 vom Hundert festgestellt ist und sie infolge der Schädigung erheblich gehbehindert sind, sowie ihnen gleichgestellte Personen (vgl. unter Nr. 3.2.1).

Weitere Ausnahmen von der Eigenbeteiligung, z. B. für Gehörlose, außergewöhnlich Gehbehinderte oder andere einkommensschwache Gruppen von Schwerbehinderten gibt es nicht, z. B. nicht für Rentner und Pensionäre mit geringem Einkommen oder für Personen, die zwar Anspruch auf Leistungen der Sozialhilfe zum Lebensunterhalt haben, solche Leistungen aber – aus welchen Gründen auch immer – nicht beantragen; daß eine der genannten Leistungen bezogen wird, ist durch einen Bescheid oder eine Bescheinigung der zahlenden Behörde nachzuweisen (CRAMER, a. a. O., § 59 SchwbG Rz. 7c).

549 Die **Wertmarke** wird nicht ausgegeben, solange der Ausweis einen gültigen Vermerk über die Inanspruchnahme von **Kraftfahrzeugsteuerermäßigung** trägt, § 59 Abs. 1 Satz 6 (sog. **Kumulationsverbot**). Daher haben die Schwerbehinderten in ihren Anträgen auf Ausstellung eines Beiblattes mit Wertmarke, sofern sie nicht nach § 3a Abs. 1 KraftStG von der Kraftfahrzeugsteuer befreit sind (Blinde, Hilflose, außergewöhnlich Gehbehinderte sowie Kriegsbeschädigte und ihnen gleichgestellte Versorgungs- und Entschädigungsberechtigte mit einem Grad der Minderung der Erwerbsfähigkeit um 50 vom Hundert, denen die Kraftfahrzeugsteuer bereits am 1. Juni 1979 erlassen war), zu **wählen**, ob sie das Recht der **unentgeltlichen Beförderung** oder die **Kraftfahrzeugsteuerermäßigung um 50 vom Hundert** in Anspruch nehmen wollen (CRAMER, ebenda).

550 Der Anspruch auf unentgeltliche Beförderung einer **Begleitperson** und des Handgepäcks, eines mitgeführten Krankenfahrstuhls, soweit die Beschaffenheit des Verkehrsmittels dies zuläßt, sonstiger orthopädischer Hilfsmittel und eines Führhundes im Nah- und Fernverkehr besteht auch dann, wenn der Ausweis des Schwerbehinderten nicht mit einer gültigen Wertmarke versehen ist, vgl. § 62 Abs. 2 SchwbG.

3.2.3 Geltungsbereich der Freifahrtberechtigung Schwerbehinderter

551 Die freifahrtberechtigten Schwerbehinderten haben gegen Vorzeigen eines entsprechend gekennzeichneten Ausweises einen Anspruch auf unentgeltliche Beförderung im **Nahverkehr** im Sinne des § 61 Abs. 1 SchwbG gegenüber Unternehmern, die öffentlichen Personenverkehr betreiben (§ 59 Abs. 1 Satz 1 SchwbG).

Nach § 61 Abs. 1 SchwbG ist Nahverkehr im Sinne dieses Gesetzes der öffentliche Personenverkehr mit

1. Straßenbahnen und Obussen im Sinne des PBefG,
2. Kraftfahrzeugen im Linienverkehr nach den §§ 42 und 43 PBefG auf Linien, bei denen die Mehrzahl der Beförderungen eine Strecke von 50 km nicht übersteigt, es sei denn, daß bei den Verkehrsformen nach § 43 PBefG die Genehmigungsbehörde auf die Einhaltung der Vorschriften über die Beförderungsentgelte gemäß § 45 Abs. 4 PBefG ganz oder teilweise verzichtet hat,
3. S-Bahnen in der 2. Wagenklasse,
4. Eisenbahnen in der 2. Wagenklasse in Zügen und auf Strecken und Streckenabschnitten, die in ein von mehreren Unternehmern gebildetes, mit den unter den Nummern 1, 2 oder 7 genannten Verkehrsmitteln zusammenhängendes Liniennetz mit einheitlichen oder verbundenen Beförderungsentgelten einbezogen sind,
5. Eisenbahnen des Bundes in der 2. Wagenklasse in Zügen, die überwiegend dazu bestimmt sind, die Verkehrsnachfrage im Nahverkehr zu befriedigen

(Züge des Nahverkehrs), im Umkreis von 50 km um den Wohnsitz oder gewöhnlichen Aufenthalt des Schwerbehinderten,

6. sonstigen Eisenbahnen des öffentlichen Verkehrs im Sinne der § 2 Abs. 1 und § 3 Abs. 1 AEG in der 2. Wagenklasse auf Strecken, bei denen die Mehrzahl der Beförderungen eine Strecke von 50 km nicht überschreiten,

7. Wasserfahrzeugen im Linien-, Fähr- und Übersetzverkehr, wenn dieser der Beförderung von Personen im Orts- und Nachbarschaftsbereich dient und Ausgangs- und Endpunkt innerhalb dieses Bereiches liegen; Nachbarschaftsbereich ist der Raum zwischen benachbarten Gemeinden, die, ohne unmittelbar aneinandergrenzen zu müssen, durch einen stetigen, mehr als einmal am Tag durchgeführten Verkehr wirtschaftlich und verkehrsmäßig verbunden sind.

In der Praxis bereitet die Vorschrift kaum Schwierigkeiten. Erläuterungsbedürftig ist lediglich die Abgrenzung der Nummern 4 bis 6. **552**

Die **Nr. 5 begrenzt die Freifahrtberechtigung** auf einen Umkreis von 50 km um den Wohnsitz bzw. gewöhnlichen Aufenthalt. Damit weicht sie von den übrigen **Nahverkehrsdefinitionen** in den Nummern 1 bis 4 und 6 und 7 insofern ab, als der Schwerbehinderte sonst überall im Bundesgebiet auf Nahverkehrsstrecken und -linien unentgeltlich befördert wird. Es wird davon ausgegangen, daß der Begriff des 50-km-Umkreises um den Wohnsitz bzw. gewöhnlichen Aufenthalt mit dem Begriff der Nahzone in § 2 des Güterkraftverkehrsgesetzes (GüKG) übereinstimmt. Danach kommt es auf eine 50-km-Luftlinie vom Ortsmittelpunkt des Wohnsitzes oder des gewöhnlichen Aufenthaltsort an (CRAMER, a.a.O., § 61 SchwbG Rz. 12).

Durch § 1 der Nahverkehrszügeverordnung (SchwbNV) vom 30. September 1994 (BGBl. I S. 2926) hat der Bund festgelegt, daß Züge des Nahverkehrs i.S.d. Nr. 5 Züge mit folgenden Zuggattungsbezeichnungen sind:

1. Nahverkehrszug (N),
2. Citybahn (CB),
3. Regionalbahn (RB),
4. Eilzug (E),
5. Stadtexpress (SE),
6. Regionalexpress (RE),
7. Regionalschnellbahn (RSB),
8. Schnellzug (D),
9. InterRegio (IR).

Durch die Regelungen der SchwbNV ist klargestellt, daß IC-, EC-, ICE- und THALYS-Züge nicht in das Recht der unentgeltlichen Beförderung einbezogen sind, selbst wenn tatsächlich nur eine kürzere Strecke als 50 km zurückgelegt wird.

Gegenüber der Nr. 5, in der die Freifahrt räumlich eingeschränkt ist, bewirkt die **Nr. 4** (sog. **Kooperationsklausel**), daß jeder Schwerbehinderte innerhalb des Kooperationsraumes – und zwar unabhängig vom Wohnort oder gewöhnlichen Aufenthaltsort – die in die Kooperation einbezogenen Eisenbahnen in der 2. Wagenklasse benutzen darf. Wer im Gebiet einer Kooperation seinen Wohnsitz oder gewöhnlichen Aufenthaltsort hat, kann den 50-km-Radius der Nr. 5 nicht dadurch ausweiten, daß die „Nahverkehrszone" der Nr. 5 erst von der Kooperationsgrenze an zählen soll (BIDINGER, Personenbeförderungsrecht, J § 61 SchwbG Erl. 5).

Die **Nr. 6** stellt der Sache nach die **nichtbundeseigenen Eisenbahnen** mit ihren Verkehrsleistungen dem Eisenbahnverkehr in Verkehrsverbünden gleich; das bedeutet, daß diese Eisenbahnen in der zweiten Wagenklasse auf Strecken, bei denen die Mehrzahl der Beförderungen eine Strecke von 50 km nicht überschreitet, unentgeltlich benutzt werden dürfen, unabhängig vom Wohnsitz oder gewöhnlichen Aufenthalt. Soweit nichtbundeseigene Eisenbahnen Partner von Kooperationen sind, fällt der entsprechende Verkehr schon unter die Nr. 4. Demgemäß beschränkt sich der Anwendungsbereich der Nr. 6 auf die nichtbundeseigenen Eisenbahnen, soweit sie außerhalb von Kooperationen verkehren.

553 **Zuschlagspflichtige Züge** des Nahverkehrs im Sinne des § 59 Abs. 1 Satz 1 Halbs. 2 SchwbG sind gemäß § 2 SchwbNV Züge mit folgenden Zuggattungsbezeichnungen:

1. Schnellzug (D),
2. InterRegio (IR),

soweit diese Züge nicht zuschlagsfrei sind.

554 **Fernverkehr**, der von Begleitpersonen kostenfrei benutzt werden darf (§ 59 Abs. 2 Nr. 1 SchwbG) und in dem die in § 59 Abs. 2 Nr. 2 SchwbG genannten Gegenstände und Tiere kostenfrei befördert werden, im Sinne dieses Gesetzes ist nach § 61 Abs. 2 SchwbG der öffentliche Personennahverkehr mit

1. Kraftfahrzeugen im Linienverkehr nach § 42 PBefG,
2. Eisenbahnen, ausgenommen Sonderzugverkehr,
3. Wasserfahrzeugen im Fähr- und Übersetzverkehr, sofern keine Häfen außerhalb des Geltungsbereichs dieses Gesetzes angelaufen werden,

sofern der Verkehr nicht Nahverkehr im Sinne des Absatzes 1 ist.

555 § 59 Abs. 3 SchwbG verpflichtet die Unternehmer, die öffentlichen Personenverkehr betreiben, diejenigen Fahrten **im Fahrplan zu kennzeichnen**, in denen – weil nicht zum Nahverkehr gehörend – keine Freifahrt gewährt wird. Praktische Bedeutung kommt dieser Kennzeichnungspflicht nur bei denjenigen Omnibuslinien nach § 42 PBefG sowie den Fähr- und Übersetzverbindungen zu, die nach

§ 61 Abs. 2 SchwbG Fernverkehr darstellen (BIDINGER, Personenbeförderungsrecht, J § 61 SchwbG Erl. 15).

3.3 Erstattungsansprüche der Verkehrsunternehmen

Nach § 59 Abs. 3 SchwbG werden die durch die unentgeltliche Beförderung nach **556** den Absätzen 1 und 2 entstehenden Fahrgeldausfälle nach Maßgabe der §§ 62 bis 64 SchwbG erstattet. Die **Fahrgelderstattungsregelung** stellt darauf ab, nicht gezahlte Fahrpreise zu ersetzen. Sie läßt unberücksichtigt, welche Kosten den Unternehmen dadurch entstanden sind, daß sie der Verpflichtung des § 59 Absätze 1 und 2 unterworfen wurden; insofern besteht zu den Ausgleichsleistungen nach den §§ 45a PBefG und 6a AEG, die die durchschnittlichen verkehrsspezifischen Kosten in den Berechnungsvorgang einstellen (vgl. unter Nr. 2.3.2.1), ein wesentlicher Unterschied (BIDINGER, Personenbeförderungsrecht, J § 59 Erl. 17).

3.3.1 *Berechnung der Erstattungsansprüche im Nahverkehr*

Die **Fahrgeldausfälle** im Nahverkehr werden **nach einem Vomhundertsatz** der **557** von den Unternehmern nachgewiesenen Fahrgeldeinnahmen im Nahverkehr erstattet, § 62 Abs. 1 SchwbG.

3.3.1.1 Fahrgeldeinnahmen

Fahrgeldeinnahmen sind nach der Legaldefinition des § 62 Abs. 2 SchwbG **alle** **558** **Erträge aus dem Fahrkartenverkauf zum genehmigten Beförderungsentgelt**; sie umfassen auch Erträge aus der Beförderung von Handgepäck, Krankenfahrstühlen, sonstigen orthopädischen Hilfsmitteln, Tieren sowie aus erhöhten Beförderungsentgelten.

Durch die Definition ist eindeutig geregelt, daß andere Erträge als diejenigen aus dem Fahrkartenverkauf nicht in die Berechnung eingestellt werden dürfen. Damit bleiben sowohl die Ausgleichsleistungen im Ausbildungsverkehr nach § 45a PBefG und § 6a AEG als auch die unten unter den Nummern 4 und 5 genannten Finanzierungsinstrumente unberücksichtigt. Für den Begriff der Fahrgeldeinnahmen ist es unerheblich, ob das Entgelt für die Fahrkarte ganz oder zum Teil vom Benutzer, von der öffentlichen Hand oder von dritter Seite gezahlt wird (BVerwG, DÖV 1979, S. 724).

Nach Auffassung der **Erstattungsbehörden** müssen unter Hinweis darauf, daß **559** sich die Freifahrtberechtigung der Schwerbehinderten regelmäßig auf Beförderungen in der 2. Klasse beschränkt, solche Fahrgeldeinnahmen unberücksichtigt bleiben, die aus der Beförderung in der 1. Klasse erzielt worden sind. Dieser Auffassung tritt BIDINGER (Personenbeförderungsrecht, J § 62 SchwbG Erl. 2) mit überzeugenden Argumenten entgegen: § 62 SchwbG befasse sich mit einem pauschalen Erstattungsverfahren, weshalb es von „allen Erträgen aus dem Fahrkartenverkauf zum genehmigten Beförderungsentgelt" als der entscheidenden Meßgröße spreche. Für die Bemessung des Erstattungsbetrages komme es nicht auf das tatsächliche **Benutzungsverhalten** der freifahrtberechtigten Schwerbehinderten an, sondern auf das Benutzungsverhalten der entgeltpflichtigen Wohnbevölkerung und die tatsächlichen Fahrgeldeinnahmen, die aus diesem Benutzungsverhalten resultieren. Darauf stelle für die Kooperationen auch § 62 Abs. 3 SchwbG ab. Im übrigen sehe § 3 Abs. 1 Nr. 5 SchwbAwV selbst ein Merkzeichen „1. Kl." vor, das einem bestimmten Kreis von Schwerbehinderten nebst Begleitpersonen den Übergang in die 1. Wagenklasse erlaube.

Die Fahrgeldeinnahmen sind als **Bruttoerträge**, also einschließlich der Umsatzsteuer (diese beträgt im Nahverkehr zur Zeit 7 % gemäß § 12 Abs. 2 Nr. 10 UStG) – bezogen auf ein Kalenderjahr –, zu ermitteln.

560 Werden in einem von mehreren Unternehmern gebildeten zusammenhängenden Liniennetz mit einheitlichen oder verbundenen Beförderungsentgelten die Erträge aus dem **Fahrkartenverkauf** zusammengefaßt und dem einzelnen Unternehmer anteilmäßig nach einem vereinbarten **Verteilungsschlüssel** zugewiesen, so ist nach § 62 Abs. 3 SchwbG der zugewiesene Anteil Ertrag im Sinne des Absatzes 2. Die Vorschrift korrespondiert mit den §§ 5 Abs. 1 Satz 1 PBefAusglV und AEAusglV (vgl. unter Nr. 2.2.5.1). Zwar fehlt im SchwbG eine den §§ 5 Abs. 2 Satz 1 PBefAusglV bzw. AEAusglV entsprechende Regelung, nach der die beteiligten Unternehmer auch eine andere geeignete Schlüsselung vereinbaren können. Es spricht aber nichts dagegen, in einem solchen Fall an eine – mit Zustimmung der Genehmigungsbehörde nach den §§ 5 Abs. 2 Satz 2 PBefAusglV bzw. AEAusglV – andere vereinbarte Schlüsselung auch im Schwerbehindertenrecht anzuknüpfen.

3.3.1.2 Vomhundertsatz

561 Der Vomhundertsatz im Sinne des Absatzes 1 wird für jedes Land von der Landesregierung oder der von ihr bestimmten obersten Landesbehörde für jeweils **ein Jahr** bekanntgemacht, § 62 Abs. 4 Satz 1 SchwbG.

Der Gesetzgeber ist im Grundsatz davon ausgegangen, daß der einzelne Schwerbehinderte, der infolge seiner Behinderung in der Bewegungsfähigkeit im Straßenverkehr erheblich beeinträchtigt ist, die Verkehrsmittel im Nahverkehr im allgemeinen zwar häufiger in Anspruch nehmen wird als ein Nichtbehinderter, daß das **Fahrverhalten** der freifahrtberechtigten Schwerbehinderten im Nahverkehr insgesamt gesehen aber dem der übrigen Wohnbevölkerung entspricht. Wenn das Verhalten der begünstigten Schwerbehinderten bei der Benutzung des ÖPNV insgesamt gesehen dem der übrigen Wohnbevölkerung entspreche, so würden die begünstigten Schwerbehinderten, wenn sie nicht von der Zahlung des Fahrpreises befreit wären, den gleichen Betrag ausgeben wie die „zahlende" Bevölkerung. Infolgedessen entspreche das Verhältnis der Fahrgeldeinnahmen zu dem von der öffentlichen Hand zu erstattenden Fahrgeldausfall dem Verhältnis der „zahlenden" Bevölkerung zur Zahl der freifahrtberechtigten Personen, weshalb es möglich sei, den prozentualen Anteil der Fahrgeldausfälle an den Jahreseinnahmen aus dem **Fahrkartenverkauf** allein anhand der für die „zahlende" Bevölkerung und die begünstigten Personengruppen zur Verfügung stehenden Zahlen zu errechnen (CRAMER, a.a.O., § 62 SchwbG Rz. 10).

Die Berechnung des Vomhundertsatzes basiert nach § 62 Abs. 4 Satz 2 SchwbG auf einer Gegenüberstellung einerseits der Zahl der in dem Land in dem betreffenden Kalenderjahr ausgegebenen Wertmarken zuzüglich 20 vom Hundert und der Zahl der in dem Land am Jahresende in Umlauf befindlichen gültigen Ausweise von Schwerbehinderten, die das 6. Lebensjahr vollendet haben und bei denen die Notwendigkeit der ständigen Begleitung im Ausweis eingetragen ist (§ 62 Abs. 4 Satz 2 Nr. 1 SchwbG), und andererseits der in den jährlichen Veröffentlichungen des Statistischen Bundesamtes zum Ende des Vorjahres nachgewiesenen Zahl der Wohnbevölkerung des Bundeslandes abzüglich der Zahl der Kinder, die das 6. Lebensjahr noch nicht vollendet haben und abzüglich der Ausweise nach Nr. 1 (§ 62 Abs. 4 Satz 2 Nr. 2 SchwbG). **562**

Der Quotient aus der nach Nummer 1 errechneten Zahl und der nach Nummer 2 errechneten Zahl ist mit der Zahl 100 zu multiplizieren (§ 62 Abs. 4 Satz 3 SchwbG). Bei der Festsetzung des Vomhundertsatzes sich ergebende Bruchteile von 0,005 und mehr werden auf ganze Hundertstel aufgerundet, im übrigen abgerundet, § 62 Abs. 4 Satz 4 SchwbG.

3.3.1.3 Betriebsindividueller Nachweis eines höheren Vomhundertsatzes

Weist ein Unternehmer durch Verkehrszählung nach, daß das Verhältnis zwischen den nach dem SchwbG unentgeltlich beförderten Fahrgästen und den sonstigen Fahrgästen den nach Absatz 4 festgesetzten Vomhundertsatz um mindestens 33 1/3 vom Hundert übersteigt, ist der Berechnung des **Erstattungsbetrages auf Antrag** der nachgewiesene Vomhundertsatz zugrunde zu legen, § 62 Abs. 5 SchwbG. **563**

Mit dieser sogenannten **Härteklausel** berücksichtigt der Gesetzgeber, daß bei einzelnen Verkehrsunternehmen, insbesondere in Kur- und Erholungsgebieten, die Inanspruchnahme durch Schwerbehinderte weit über dem Landesdurchschnittswert liegen kann, so daß die Fahrgeldausfälle durch den Regelerstattungssatz nur unzureichend ausgeglichen würden. Mit der Schaffung der Klausel hat der Gesetzgeber auch den verfassungsrechtlichen Bedenken einiger Verwaltungsgerichte Rechnung getragen (vgl.: VG Münster, NJW 1983, S. 72; VG München, VRS 63, S. 314).

Daß ein verhältnismäßig hoher **Schwellenwert von 33 1/3 vom Hundert** überschritten werden muß, begegnet verfassungsrechtlichen Bedenken (BIDINGER, Personenbeförderungsrecht, J § 62 Erl. 12), die hier nicht näher behandelt werden sollen, da der Schwellenwert von der Rechtsprecung nicht in Frage gestellt wird.

Das „Wie" der **individuellen Nachweisführung** haben die Länder teilweise in Verwaltungsvorschriften geregelt (vgl. Dokumentationen bei: BIDINGER, Personenbeförderungsrecht, K 640 bis K 642; HEINZE, a.a.O., S. 45 f.). Hiernach reicht regelmäßig neben der stets statthaften uneingeschränkten Vollerhebung auch eine eingeschränkte Vollerhebung bzw. Stichprobenerhebung aus.

3.3.2 Berechnung der Erstattungsansprüche im Fernverkehr

564 Gemäß § 63 Abs. 1 SchwbG werden auch die **Fahrgeldausfälle** im Fernverkehr pauschal **nach einem Vomhundertsatz** der von den Unternehmen nachgewiesenen Fahrgeldeinnahmen im Fernverkehr erstattet.

In bezug auf die Fahrgeldeinnahmen gilt das unter der Nummer 3.3.1.1 Geschriebene entsprechend, wobei darauf hinzuweisen ist, daß im Fernverkehr der steuerliche Ermäßigungstatbestand des § 12 Abs. 2 Nr. 10 UStG nicht eingreift.

565 Der Vomhundertsatz für den Fernverkehr wird bundeseinheitlich für jeweils **zwei Jahre** vom Bundesminister für Arbeit und Sozialordnung bekanntgemacht, § 63 Abs. 2 Satz 1 SchwbG. Für die Festsetzung des Vomhundertsatzes gelten die gleichen Grundsätze wie im Nahverkehr. Allerdings geht § 63 Abs. 2 Satz 2 SchwbG davon aus, daß die Schwerbehinderten, die auf ständige Begleitung angewiesen sind, im allgemeinen weniger Fahrten unternehmen als die sonstige Bevölkerung; daher sieht § 63 Abs. 2 Satz 2 Nr. 1 SchwbG einen Abschlag in Höhe von 25 vom Hundert der Zahl dieser begünstigten Personen vor. Gegen diese grobe **Pauschalierung** werden **verfassungsrechtliche Bedenken** erhoben (BIDINGER, Personenbeförderungsrecht, J § 63 SchwbG Erl. 5). Ich halte sie für berechtigt, weil § 63 SchwbG keinen betriebsindividuellen Nachweis eines höheren Vomhundertsatzes ermöglicht.

3.4 Erstattungsverfahren

3.4.1 Antrag

566 Nur auf Antrag werden die **Erstattungsleistungen** für Fahrgeldausfälle aufgrund unentgeltlicher Beförderung Schwerbehinderter festgesetzt, § 64 Abs. 1 Satz 1 SchwbG. **Anspruchsberechtigter** ist nach § 59 Abs. 3 SchwbG der Unternehmer (vgl. hierzu unter Nr. 2.4). Bei Kooperationen darf auch eine Gemeinschaftseinrichtung die Anträge für ihre Mitglieder stellen, § 64 Abs. 1 Satz 2 SchwbG (vgl. Nr. 2.4).

Anders als bei den Ausgleichsleistungen nach § 45a PBefG (vgl. Nr. 2.7.1) besteht für diesen Antrag **kein bundeseinheitlicher Formularzwang**. Allerdings ist man in verschiedenen Ländern dazu übergegangen, das Verfahren durch Verwaltungsvorschriften und mit einem Antragsformular zu vereinheitlichen (BI-DINGER, Personenbeförderungsrecht, J § 64 SchwbG Erl. 3).

Der Antrag sollte folgenden **Mindestinhalt** haben, wobei in Zweifelsfällen eine **567** sinnentsprechende Orientierung an den **Verfahrensgrundsätzen** der Ausgleichsleistungen nach § 45a PBefG und § 6a AEG weiterhelfen kann: die Fahrgeldeinnahmen, ggf. gegliedert nach Nah- und Fernverkehr, länderüberschreitendem Nahverkehr, Nahverkehr innerhalb des Landes, ferner nach der Herkunft (Personen-/Sachbeförderung); außerdem eine Berechnung der zu erstattenden Fahrgeldausfälle sowie der **Vorauszahlungen** für das laufende Jahr.

Als Anlagen sind beizufügen (vgl. BIDINGER, Personenbeförderungsrecht, J § 64 SchwbG Erl. 3):

1. Ein Nachweis über den Linienverkehr mit Kraftfahrzeugen nach § 42 PBefG auf Linien, bei denen die Mehrzahl der Beförderungen eine Strecke von 50 km nicht übersteigt (Liniennummer, Ausgangs- und Endpunkte der Linie, Genehmigung erteilt am ... Az.: ..., Streckenlänge in km).
2. Ein Nachweis über den Linienverkehr mit Kraftfahrzeugen nach § 43 PBefG, soweit nach § 45 Abs. 4 PBefG von der Einhaltung der Vorschriften über die Beförderungsentgelte keine Befreiung erteilt worden ist (gleicher Aufbau wie Nachweis Nr. 1).
3. Ein Nachweis über den Linienverkehr gemäß § 61 Abs. 1 Nr. 3 bis 7 SchwbG (gleicher Aufbau wie Nachweis Nr. 1).
4. Eine Bescheinigung eines Wirtschaftsprüfers / Steuerberaters oder einer von der Erstattungsbehörde anerkannten Stelle oder Person über die Richtigkeit der Angaben, insbesondere der nachgewiesenen Fahrgeldeinnahmen.
5. Als Bestätigung der Angaben in den Nachweisen 1 bis 3: eine Bescheinigung der Genehmigungsbehörde, daß Fernverkehr vorliegt.

3.4.2 Frist

Die in § 64 Abs. 1 Satz 3 SchwbG bestimmte Frist „bis zum 31. Dezember" für **568** das Vorjahr ist zu beachten; zum Charakter der Frist und zu den Möglichkeiten eines **Wiedereinsetzungsantrags** gilt das unter der Nr. 2.7.4 Geschriebene entsprechend.

3.4.3 Antragsgegner

Für den Nahverkehr der Unternehmen, die sich überwiegend in der Hand des **569** Bundes oder eines mehrheitlich dem Bund gehörenden Unternehmens befinden, und für den Fernverkehr ist der Antrag an das **Bundesverwaltungsamt** zu richten, §§ 64 Abs. 1 Satz 3 i.V.m. 65 Abs. 1 Nr. 1 SchwbG. Hinsichtlich dieser Erstattungen wird das Gesetz in bundeseigener Verwaltung ausgeführt, § 64 Abs. 7 Satz 1 SchwbG.

Für den übrigen Nahverkehr ist der Antrag zu stellen bei der nach Landesrecht zuständigen **Erstattungsbehörde**, § 64 Abs. 1 Satz 3 i.V.m. Abs. 4 SchwbG. Insoweit wird das Gesetz also – der allgemeinen Regel des Art. 83 GG folgend – als eigene Angelegenheit des Landes ausgeführt.

3.4.4 Besonderheiten bei länderüberschreitendem Verkehr

570 Erstreckt sich der **Nahverkehr** auf das Gebiet mehrerer Länder, entscheiden die nach Landesrecht zuständigen **Landesbehörden** dieser Länder darüber, welcher Teil der Fahrgeldeinnahmen jeweils auf den Bereich ihres Landes entfällt, § 64 Abs. 5 SchwbG.

3.5 Vorauszahlungsanspruch

571 Die Unternehmen erhalten auf Antrag **Vorauszahlungen** für das laufende Kalenderjahr in Höhe von insgesamt 80 vom Hundert des zuletzt für ein Jahr festgesetzten Erstattungsbetrages; sie werden je zur Hälfte am 15. Juli und am 15. November gezahlt (§ 64 Abs. 2 Sätze 1 und 2 SchwbG). Zu den weiteren Einzelheiten gilt das unter Nr. 2.7.6 Ausgeführte entsprechend.

3.6 Kostentragung

572 Anders als bei den Ausgleichsleistungen im Ausbildungsverkehr nach den §§ 45a PBefG und 6a AEG, die ausschließlich von den Ländern getragen werden, beteiligt sich der Bund an den **Erstattungsleistungen** nach dem SchwbG. In § 65 SchwbG ist die **Abgrenzung** der finanziellen Verantwortungsbereiche zwischen Bund und Ländern vorgenommen worden. Nach Abs. 1 dieser Vorschrift trägt der **Bund** die Aufwendungen für die unentgeltliche Beförderung

1. **im Nahverkehr**, soweit Unternehmen, die sich überwiegend in der Hand des Bundes oder eines mehrheitlich dem Bund gehörenden Unternehmens befinden (auch in Verkehrsverbünden), erstattungsberechtigte Unternehmer sind,

2. **im übrigen Nahverkehr** für
   a) Schwerbehinderte im Sinne des § 59 Abs. 1, die wegen einer Minderung der Erwerbsfähigkeit um wenigstens 50 vom Hundert Anspruch auf Versorgung nach dem Bundesversorgungsgesetz oder nach anderen Bundesgesetzen in entsprechender Anwendung der Vorschriften des Bundesversorgungsgesetzes haben oder Entschädigung nach § 28 des Bundesentschädigungsgesetzes erhalten und
   b) ihre **Begleitperson** im Sinne des § 59 Abs. 2 Nr. 1,
   c) die mitgeführten Gegenstände im Sinne des § 59 Abs. 2 Nr. 2 sowie

3. **im Fernverkehr** für die Begleitperson und die mitgeführten Gegenstände im Sinne des § 59 Abs. 2.

Zum Nahverkehr der Unternehmen im Sinne des § 65 Abs. 1 Satz 1 Nr. 1 SchwbG gehören vor allem der Linienverkehr mit Kraftfahrzeugen der Bundesbusgesellschaften (ehemalige Busse der Bundesbahn und Bundespost), die S-Bahnen der DB AG, der Eisenbahnverkehr der DB AG, soweit er Bestandteil einer Tarif- oder Verkehrsgemeinschaft oder eines Verkehrsverbundes ist, die Züge des Nahverkehrs der DB AG und der Linien-, Fähr- und Übersetzverkehr mit Wasserfahrzeugen der in der Hand des Bundes befindlichen Unternehmen (vgl. § 61 Abs. 1 Nrn. 2 bis 5 und 7 SchwbG).

Die **Länder** tragen die Aufwendungen für die unentgeltliche Beförderung der übrigen Personengruppen und der mitgeführten Gegenstände im Nahverkehr.

Durch Art. 11 des „Entwurfs eines Ersten Gesetzes zur Änderung des Asylbewerberleistungsgesetzes und anderer Gesetze" sollte die o. g. **Erstattungspflicht** des Bundes, die jährlich etwa 230 Mio. DM ausmacht, auf die Länder verlagert werden (vgl. BT-Drs. 13/2746 vom 24. Oktober 1995 – Gesetzentwurf der Fraktionen der CDU/CSU und F. D. P. – und BR-Drs. 724/95 vom 3. November 1995 – Gesetzentwurf der Bundesregierung). Begründet wurde dieses Ansinnen mit der im Zuge der **Bahnstrukturreform** auf die Länder übergegangenen Aufgaben- und Finanzierungsverantwortung für den gesamten ÖPNV. Die Verkehrsministerkonferenz am 16. / 17. November 1995 in Erfurt hatte die beabsichtigte Änderung trotz vorgesehener Entlastungen der Länder durch die Novellierung anderer Fachgesetze in dem Artikelgesetzentwurf abgelehnt. Die Verkehrsminister waren zu Recht der Auffassung, daß der Gesetzentwurf der Bundesregierung für das Gesetz zur Neuordnung des Eisenbahnwesens keine entsprechende Änderung des SchwbG enthielt und somit auch nach Durchführung der Bahnstrukturreform die bisherigen Kostentragungsregeln fortgelten sollten. Es beständen keinesfalls Spielräume, um **Regionalisierungsmittel** des Bundes für weitere Zwecke – beispielsweise einen erhöhten Ausgleichsbedarf der Länder nach dem SchwbG – heranzuziehen. Weder sei ein entsprechender finanzieller Ausgleich an die Länder mit den Regionalisierungsmitteln bereits erfolgt, noch sei dieser Teil-aspekt Gegenstand der Einigung zwischen Bund und Ländern über die Regionalisierung gewesen. Nach der Versagung der Zustimmung zu dem Gesetzentwurf durch den Bundesrat wurde ein Verfahren vor dem Vermittlungsausschuß geführt, das ungefähr ein Jahr lang gedauert hat. Am 25. April 1997 wurde schließlich eine **Empfehlung des Vermittlungsausschusses** angenommen, die **keine Änderungen des SchwbG** vorsah (BR-Drs. 296/97 [Beschluß]). Damit blieb es bei der bisherigen Kostenverantwortung des Bundes.

573

4. Sonstige Finanzierungsquellen der eigenwirtschaftlichen Verkehrsleistungen

4.1 Abgrenzung zwischen eigenwirtschaftlichen und gemeinwirtschaftlichen Verkehrsleistungen nach dem PBefG

574 Das mit Wirkung ab 1. Januar 1996 novellierte PBefG unterscheidet zwischen eigenwirtschaftlichen und gemeinwirtschaftlichen Verkehrsleistungen. Nach dessen § 8 Abs. 4 Satz 1 sind Verkehrsleistungen im ÖPNV eigenwirtschaftlich zu erbringen. Eigenwirtschaftlich sind Verkehrsleistungen, deren Aufwand gedeckt wird durch Beförderungserlöse, Erträge aus gesetzlichen Ausgleichs- und Erstattungsregelungen im Tarif- und Fahrplanbereich, sowie sonstige Unternehmenserträge im handelsrechtlichen Sinne (§ 8 Abs. 4 Satz 2 PBefG). Soweit eine ausreichende Verkehrsbedienung nicht entsprechend Satz 1 möglich ist, ist die Verordnung (EWG) Nr. 1191/69 in der jeweils geltenden Fassung maßgebend (§ 8 Abs. 4 Satz 3 PBefG). Für den in dieser EG-Verordnung in Art. 2 Abs. 1 genannten Begriff **„Verpflichtungen des öffentlichen Dienstes"** verwendet der Bundesgesetzgeber in § 4 Regionalisierungsgesetz und in der Überschrift zu § 13a PBefG den synonymen Begriff „gemeinwirtschaftliche Verkehrsleistungen".

4.2 Europarechtliche Zulässigkeit der „sonstigen Unternehmenserträge im handelsrechtlichen Sinne"

575 Gegen den Begriff der „sonstigen Unternehmenserträge im handelsrechtlichen Sinne" werden Bedenken im Hinblick auf dessen Vereinbarkeit mit dem Europarecht vorgebracht. Nach dem Willen des Bundesgesetzgebers, der in der Begründung der PBefG-Novelle zum Ausdruck gekommen ist, umfaßt der Begriff der **Eigenwirtschaftlichkeit** „die herkömmlichen Einnahmeformen der Unternehmen" (vgl. BT-Drs. 12/6269, S. 143). Hierzu gehören seit langer Zeit neben den Beförderungserlösen und ihrer Surrogate (gesetzliche Ausgleichsleistungen im Ausbildungsverkehr und gesetzliche Erstattungsleistungen für die Freifahrt Schwerbehinderter) auch Ausgleichsleistungen für kooperationsbedingte Mindereinnahmen und Mehrbelastungen, die Vorteile aus dem kommunalwirtschaftlichen **Querverbund** zwischen Versorgung und ÖPNV sowie Erträge aus Verlustübernahme und aus verlustunabhängigen Zuschüssen – insbesondere im Verhältnis zwischen kommunalen Gebietskörperschaften und ihren Unternehmen.

576 **Ansatzpunkt der Kritik** ist die Tatsache, daß seit dem 1. Januar 1996 die EG-Verordnung 1191/69 n. F. für alle Unternehmen des ÖPNV unmittelbar gilt (zur Entwicklung bis zur unmittelbaren Geltung vgl. MUTHESIUS, Die gesetzlichen Regelungen für den regionalisierten Nahverkehr, a. a. O., S. 71 [S. 73 f.]). Soweit das Gemeinschaftsrecht reicht, geht es dem nationalen Recht grundsätzlich vor. Nach Ansicht der Kritiker würden das Gebot, die Ausgaben durch Betriebseinnahmen zu decken, und das Verbot des Transfers von oder zu anderen Unternehmensbereichen (Art. 1 Abs. 5 der EG-Verordnung 1191/69 n.F.) unterlaufen. Die Definition führe zu einer wettbewerbswidrigen Bevorteilung von **Querverbundunternehmen**, da diese ihre **Kostendeckungsfehlbeträge** im ÖPNV mit Gewinnen aus Monopolgeschäften ausglichen. § 8 Abs. 4 Satz 2 PBefG sei damit insoweit nichtig, als „sonstige Erträge im handelsrechtlichen Sinne" unter den Begriff der Eigenwirtschaftlichkeit subsumiert würden (vgl.: FROMM/FEY/ SELLMANN, § 8 Rz. 11f.; BIDINGER, NZV 1994, S. 209 [S. 213]).

Den **Bedenken** aufgrund des supranationalen Rechts **kann** bei näherer Betrachtung des sekundären (EG-Verordnung) und des primären (hier: Vertrag zur Gründung der Europäischen Gemeinschaft – EGV) Gemeinschaftsrechts **nicht gefolgt werden.**

4.2.1 *Übereinstimmung mit dem sekundären Gemeinschaftsrecht*

Selbst wenn man annähme, das nationale Recht enthalte in bezug auf den Vorteil   577
aus dem kommunalwirtschaftlichen **Querverbund** sowie im Hinblick auf die anderen genannten Leistungen und Zuschüsse der Sache nach eine „Umgehung" der **EG-Verordnung 1191/69 n.F.** – was schon aufgrund der Intention der EG-Verordnung, die sich darauf beschränkt, Verkehrsunternehmen von gemeinwirtschaftlichen Leistungen zu befreien oder diese auszugleichen, sehr zweifelhaft ist –, wäre eine solche **Nichtanwendung von der EG-Verordnung ausdrücklich zugelassen.** Denn die Verordnung 1191/69 n.F. gewährt den Mitgliedstaaten in Art. 1 Abs. 1 Unterabs. 2 die Befugnis, die Unternehmen, deren Tätigkeit ausschließlich auf den Betrieb von Stadt-, Vorort- und Regionalverkehrsdiensten beschränkt ist (vgl. die Legaldefinition in Art. 1 Abs. 2 EG-Verordnung 1191/69 n.F.), vom Anwendungsbereich dieser Verordnung auszunehmen. Wenn die Mitgliedstaaten also berechtigt sind, diese Unternehmen **ganz von der Anwendung der EG-Verordnung auszunehmen**, so müssen sie auch berechtigt sein, die Unternehmen nur **teilweise** vom Anwendungsbereich der EG-Verordnung auszunehmen (argumentum a maiori ad minus).

Von der **Ausnahmeermächtigung** des Art. 1 Abs. 1 Unterabs. 2 EG-Verordnung   578
1191/69 n.F. hat die Bundesrepublik Deutschland zunächst durch zwei Verordnungen des Bundesverkehrsministeriums vom 31. Juli 1992 (BGBl. I S. 1442 und S. 1443) für den Straßenpersonenverkehr und den Eisenbahnverkehr bis zum 31. Dezember 1994 ausdrücklich und vollständig Gebrauch gemacht, d.h. die EG-Verordnung 1191/69 n.F. galt insgesamt in der Bundesrepublik Deutschland nicht. Durch Änderungsverordnung des Bundesverkehrsministeriums vom 29. November 1994 (BGBl. I S. 3630) wurde die Nichtanwendung um ein weiteres Jahr verlängert bis zum 31. Dezember 1995. Die **Definition der Eigenwirtschaftlichkeit** des § 8 Abs. 4 Satz 2 wurde dann mit Wirkung ab 1. Januar 1996 mit der PBefG-Novelle eingeführt mit dem erklärten Ziel des Bundesgesetzgebers, die herkömmlichen Einnahmeformen der Unternehmen zu umfassen

(s. o.). Wenn also tatsächlich ein Teil dieser Definition mit dem Inhalt der EG-Verordnung kollidieren würde, so wäre diese Kollision aber nicht nur von dem Mitgliedstaat ausdrücklich gewollt, sondern aufgrund des Artikels 1 Abs. 1 Unterabs. 2 EG-Verordnung 1191/69 n. f. auch nach dem sekundären Gemeinschaftsrecht europarechtlich zulässig.

4.2.2 Übereinstimmung mit dem primären Gemeinschaftsrecht

579 Die Definition der Eigenwirtschaftlichkeit des PBefG und die Ausnahmeermächtigung des Art. 1 Abs. 1 Unterabs. 2 EG-Verordnung 1191/69 n. f. stimmen auch mit dem primären Gemeinschaftsrecht überein. **Art. 92 Abs. 1 EGV** normiert, daß, soweit im EGV nicht etwas anderes bestimmt ist, staatliche oder aus staatlichen Mitteln gewährte Beihilfen gleich welcher Art, die durch die Begünstigung bestimmter Unternehmen oder Produktionszweige den **Wettbewerb** verfälschen oder zu verfälschen drohen, mit dem Gemeinsamen Markt unvereinbar sind, soweit sie den Handel zwischen Mitgliedstaaten beeinträchtigen.

Nach Ansicht der Kommission können öffentliche Haushaltsmittel und auch „**Quersubventionen**", die dem Ausgleich von Defiziten eines Verkehrsunternehmens dienen, **Beihilfen** im Sinne des Art. 92 EGV sein, die geeignet sind, den Wettbewerb zu verfälschen (Antwort von Neil Kinnock im Namen der EU-KOMMISSION vom 11. Juli 1996 auf eine entsprechende Anfrage des MdEP Dr. Georg Jarzembowski zur Vereinbarkeit von § 8 Abs. 4 Satz 2 PBefG mit dem Gemeinschaftsrecht). Ob dies tatsächlich so ist, kann dahinstehen. Denn bei den Vorteilen des Querverbundes sowie den anderen Leistungen und Zuschüssen fehlt es jedenfalls an einer Beeinträchtigung des Handels zwischen den Mitgliedstaaten. Eine solche Handelsbeeinträchtigung ist gegeben, wenn die **Ein- oder Ausfuhr** von Waren bzw. Dienstleistungen durch die Beihilfe erleichtert oder erschwert wird; sie kann zwar auch vorliegen, wenn das begünstigte Unternehmen nur im Inland tätig ist, aber mit Produkten bzw. Dienstleistungen aus anderen Mitgliedstaaten konkurriert (vgl. V. WALLENBERG, in: Grabitz/Hilf, a.a.O., Art. 92 Rz. 28). Typisch für den Markt im straßengebundenen ÖPNV in der Gemeinschaft und der Bundesrepublik Deutschland ist indes, daß die **ÖPNV-Leistungen räumlich begrenzt im Inland** erbracht werden. Dies geschieht nicht zuletzt deshalb, weil innerhalb der Gemeinschaft eine **Kabotage im ÖPNV grundsätzlich untersagt** und damit rechtlich unmöglich ist. Demgemäß können sich Beihilfen an die in Art. 1 Abs. 1 Unterabs. 2 der EG-Verordnung 1191/69 n. f. genannten Unternehmen räumlich nur im Gebiet eines Mitgliedstaates auswirken. Sie sind somit nicht geeignet, den Handel zwischen den Mitgliedstaaten zu beeinträchtigen. Damit fallen sie auch nicht unter das Verbot des Art. 92 Abs. 1 EGV.

4.3 Ausgleichsleistungen für kooperationsbedingte Mindereinnahmen und Mehrbelastungen

Unstreitig ist heute, daß außer den **Beförderungserlösen** auch die Erträge aus den 580 gesetzlichen **Ausgleichsleistungen** im Ausbildungsverkehr (vgl. Nr. 2) und den Erstattungsregelungen für die Freifahrt Schwerbehinderter (vgl. Nr. 3) als „gesetzliche Ausgleichs- und Erstattungsregelungen im Fahrplan- und Tarifbereich" zur „**Eigenwirtschaftlichkeit**" i. S. d. PBefG beitragen; sie sind Surrogate für den Teil der Beförderungserlöse, der infolge von Sozialtarifen oder unentgeltlicher Beförderung nicht erwirtschaftet werden kann (ZUCK, DÖV 1994, S. 941 [S. 943]). Derselbe Gedanke führt auch zur **heute dem Grunde nach unbestrittenen Einbeziehung** der Ausgleichsleistungen von Gebietskörperschaften und/oder Verbundgesellschaften an Verkehrsunternehmen für **verbundbedingte Mindereinnahmen und Mehrbelastungen in die zur Eigenwirtschaftlichkeit führenden Unternehmenserträge** (vgl. MUTHESIUS, VDV-Nachrichten Personenverkehr 4/1997 vom 29. Juli 1997, P 115, S. 68ff.) – und zwar nicht nur bezogen auf diejenigen Länder, deren ÖPNV-Gesetze hierzu ausdrückliche Regelungen enthalten (vgl. z. B. Art. 20 Abs. 1 Nr. 2 i. V. m. 24 BayÖPNVG und § 11 Abs. 1 Nr. 2 NVG Rheinland-Pfalz), so daß sie in diesen Ländern unter den Begriff der „gesetzlichen Ausgleichsleistungen in Tarif- und Fahrplanbereich" subsumiert werden können, sondern auch über diese Länder hinaus (jedenfalls als „**sonstige Unternehmenserträge im handelsrechtlichen Sinne**"). Die europarechtliche Zulässigkeit dieser Ausgleichsleistungen wird vom Bund und den Ländern – abweichend zu den Ausführungen unter der Nr. 4.2 – wie folgt verortet: Die Integration der **Nahverkehrsbedienung** (§ 8 Abs. 3 Satz 1 PBefG) stelle eine Maßnahme zur Ordnung des Nahverkehrsmarktes dar, auf die die Regelungen der EG-Verordnung 1191/69 n. F. nicht anzuwenden seien. Dies stelle Art. 2 Abs. 5 Unterabs. 2 der EG-Verordnung 1191/69 n. F. für die Einführung von **Gemeinschaftstarifen** ausdrücklich fest. Danach werden u. a. Verpflichtungen, die auf dem Gebiet der allgemeinen Beförderungsentgelte und -bedingungen im Hinblick auf die Organisation des **Verkehrsmarktes** oder eines Teils des Verkehrsmarktes beschlossen werden, nicht als Verpflichtungen des öffentlichen Dienstes angesehen. Dies gelte analog für andere integrationsbedingte Maßnahmen (vgl. BUND-/LÄNDER-FACHAUSSCHUSS „STRASSENPERSONENVERKEHR", in: DER NAHVERKEHR 6/1997, S. 8 [S. 12]). Auch wenn dem Ergebnis dieser Betrachtung ohne Einschränkungen zu folgen ist, so überzeugt sie im Detail nicht vollständig, weil sie die Frage der Konformität solcher Ausgleichsleistungen mit dem primären Gemeinschaftsrecht nicht behandelt.

Vor allem dem Ausgleich von **Durchtarifierungs-** und **Harmonisierungsverlu-** 581 **sten** sowie der verbundbedingten Mehrbelastungen (z. B. Regiekosten) kommt eine Schlüsselfunktion bei der Gründung und Ausweitung von Verkehrsverbünden bei. Ohne diese Leistungen in dreistelliger Millionenhöhe bundesweit (vgl. Tab. 1 unter Nr. 1) wäre das Entstehen neuer bzw. das Wachsen vorhandener

Verbünde stark erschwert, vereinzelt wäre möglicherweise sogar der Bestand gefährdet. Die Regelungen in den **Verbundverträgen** sind im Detail unterschiedlich. Gemeinsam ist ihnen das Ziel der Sicherung des finanziellen Status quo der Verkehrsunternehmen. In der Regel wird eine Lastenteilung zwischen dem beteiligten Land bzw. – bei länderüberschreitenden Kooperationen – den beteiligten Ländern und den kommunalen Gebietskörperschaften vereinbart; vereinzelt gewähren Länder ihre finanziellen Hilfen auch nur befristet als sog. „**Anschubfinanzierung**".

4.4 Kommunalwirtschaftlicher Querverbund zwischen Versorgung und ÖPNV

4.4.1 Definition

582 Als **kommunalwirtschaftlicher Querverbund** wird die Zusammenfassung mehrerer Versorgungssparten – Strom, Fernwärme, Gas, Wasser, Abwasser – ggf. unter Einbeziehung des ÖPNV (auch ruhender Verkehr und Häfen), und u.U. der öffentlichen Bäder im Rahmen eines kommunalen Unternehmens bzw. Konzerns bezeichnet.

Zu unterscheiden sind zwei unterschiedliche Formen des kommunalwirtschaftlichen Querverbundes: die Zusammenfassung aller Betriebszweige in einem einzigen Unternehmen (1. Variante) und ihre Zusammenfassung in Gestalt mehrerer selbständiger Unternehmen unter einer Holding (2. Variante). Bei Variante 1 erfolgt die Zusammenfassung der Sparten in einem Eigenbetrieb oder in einer Kapitalgesellschaft, bei der 2. Variante in Form eines Unternehmensverbundes (Konzern) mehrerer rechtlich selbständiger Kapitalgesellschaften, in dem regelmäßig die Versorgungssparten in einem Unternehmen zusammengefaßt werden.

4.4.2 Rechtsgrundlagen

583 Die kommunalrechtlichen Vorschriften der Länder (Gemeindeordnungen, Kreisordnungen) begrenzen die Möglichkeiten der Städte und Kreise, sich wirtschaftlich zu betätigen. Eine **wirtschaftliche Betätigung** setzt nach diesen Vorschriften einen öffentlichen oder sogar einen „dringenden" öffentlichen Zweck voraus. Die Betätigung der kommunalen Gebietskörperschaften in der Versorgung und im Nahverkehr ist von jeher praktiziert worden. Insoweit bestehen keine rechtlichen Schwierigkeiten. Im **Eigenbetriebsrecht** der Länder wird z.T. die Zusammenfassung der Betriebssparten Strom, Gas, Wasser und Fernwärme in einem **Querverbundunternehmen** vorgeschrieben; diese Vorschriften enthalten darüber hinaus die Ermächtigung, in der Betriebssatzung die Einbeziehung der Verkehrsbetriebe vorzusehen. Diese Regelungen sind Ausfluß des in allen Gemeindeordnungen enthaltenen Gebotes der wirtschaftlichen Führung von kommunalen Unternehmen; die Gemeinde soll die **Synergieeffekte** und andere wirtschaftliche Vorteile nutzen, die sich aus der Zusammenfassung der unterschiedlichen Geschäftsfelder ergeben. Die konkrete Organisationsentscheidung wird vor Ort durch die Kommunen getroffen, deren Verbandskompetenz aufgrund des Artikels 28 Abs. 2 GG für die Angelegenheiten der örtlichen Gemeinschaft nicht nur das „Ob", sondern auch das „Wie" der Aufgabenerledigung umfaßt (vgl. BVerfG, DÖV 1989, S. 349).

4.4.3 Betriebs- und finanzwirtschaftliche Synergieeffekte

Der kommunalwirtschaftliche Querverbund ermöglicht technische Synergieef-   **584**
fekte, auf die im Rahmen der Darstellung finanzieller Gesichtspunkte nicht eingegangen werden kann. Die betriebs- und finanzwirtschaftlichen Synergieeffekte
reichen von einer einheitlichen Geschäftsführung über eine zentrale Unterneh-
mensplanung mit Controlling, über die gemeinsame Führung des Rechnungswe-
sens, die gemeinsame Datenverarbeitung und Unterhaltung des Fuhrparks, die
zentrale Arbeitsvorbereitung, die zentrale Führung von Werkstätten, die gemeinsame Lagerhaltung bis hin zur Aus- und Fortbildung aus einer Hand. Einheitliche Gestaltung und Durchführung der betrieblichen Aufgaben ermöglichen
– im Rahmen des rechtlich Zulässigen – die kontinuierliche Auslastung des Personals, da es dort eingesetzt werden kann, wo es gerade benötigt wird.

Die Zusammenführung der Finanzmassen der einzelnen **Geschäftsbereiche** hat   **585**
positive Auswirkungen auf die Finanzierung und die Liquidität des Unternehmens. Es entsteht eine größere finanzielle Manövriermasse im Querverbundunternehmen, weil zwischen den Sparten ein **Finanz- und Liquiditätsausgleich**
stattfindet. Damit wird oft vermieden, daß Fremdmittel aufgenommen werden
müssen, zumal durch eine vereinheitlichte Finanzpolitik eine gemeinsame Planung der Investitionen aller Sparten möglich wird. Im übrigen hat eine koordi-
nierte Finanzpolitik auch positive Auswirkungen auf die Eigenkapitalausstattung
des Unternehmens, das gegenüber verselbständigten Unternehmenseinheiten
weniger **Fremdkapital** benötigt.

4.4.4 Steuerliche Synergieeffekte

Bei der Zusammenfassung der verschiedenen Versorgungssparten unter Ein-   **586**
schluß des ÖPNV in einem einzigen Unternehmen, findet – wie bei Unternehmen mit privaten Gesellschaftern auch – eine **Verrechnung der Ergebnisse der
verschiedenen Sparten** statt. Etwaige **Überschüsse** aus der Energieversorgung
können zur Deckung etwaiger **Fehlbeträge** des ÖPNV-Geschäfts verwendet werden. Ein vergleichbarer Ausgleich findet statt, wenn der ÖPNV und die leitungs-
gebundene Versorgung in besonderen Gesellschaften geführt werden und auf
der Ebene einer Holdinggesellschaft ein Ausgleich von Gewinnen und Verlusten
der Tochtergesellschaften aufgrund von **Ergebnisabführungsverträgen** erfolgt.

Diese Zusammenfassungen sind seit Jahrzehnten **steuerrechtlich anerkannt**.
Vor Einführung der **Körperschaftssteuerpflicht** für die öffentlichen Unternehmen Mitte der dreißiger Jahre dieses Jahrhunderts haben die kommunalen Versorgungsunternehmen aus technischen und wirtschaftlichen Gründen mehrere

Versorgungssparten und vielfach auch den ÖPNV in einem Unternehmen zusammengefaßt. Mit dem Körperschaftsteuergesetz von 1934 wurden „Betriebe gewerblicher Art von Körperschaften des öffentlichen Rechts" unbeschränkt körperschaftsteuerpflichtig. § 4 Abs. 3 Körperschaftsteuergesetz regelt auch heute noch klarstellend, daß zu den Betrieben gewerblicher Art auch Betriebe gehören, die der Versorgung der Bevölkerung mit Gas, Wasser, Elektrizität oder Wärme, dem öffentlichen Verkehr oder dem Hafenbetrieb dienen. Steuerrechtlich ist wie im **Eigenbetriebsrecht** für die Anerkennung mehrerer Betriebe zu einem „**Betrieb gewerblicher Art**" zunächst äußerlich eine **einheitliche Organisationsstruktur** erforderlich. Die ständige Rechtsprechung der Finanzgerichte fordert darüber hinaus, daß es sich um **gleichartige Betriebe** handelt; dies ist bei Versorgungs- und Verkehrsbetrieben der Fall, weil die in diesen Betrieben ausgeübten Betätigungen dem gleichen Gedanken, nämlich der Versorgung der Bevölkerung, untergeordnet sind. (vgl. BFH, BStBl. II 1990, S. 243 [S. 244] = BB 1990, S. 617). Die Finanzverwaltung hat auch die Zusammenfassung von Betrieben gewerblicher Art in **Kapitalgesellschaften**, die mehrere Versorgungssparten und den ÖPNV betreiben, aus den gleichen Gründen seit jeher anerkannt. In Abschnitt 5 Abs. 11a der Körperschaftsteuer-Richtlinien 1995 wird festgestellt, daß ein Ausgleich von Gewinnen und Verlusten derartiger Betriebe nicht rechtsmißbräuchlich ist. Diese Grundsätze gelten entsprechend, wenn Gewinne oder Verluste, wie in der Privatwirtschaft allgemein üblich, über Ergebnisabführungsverträge von einer Holdinggesellschaft übernommen und mit Wirkung für die Handels- und Steuerbilanz bei dieser verrechnet werden.

Der Synergieeffekt im kommunalwirtschaftlichen Querverbund besteht in der Ersparnis von **Ertragsteuern** in Gestalt der Körperschaftsteuer und der Gewerbeertragsteuer. Zu beachten ist dabei, daß ein steuerlicher Verlust im ÖPNV-Bereich nur insoweit zu einer **Steuerersparnis** in anderen Unternehmenssparten führen kann, als dort steuerlich ein positives Einkommen vorhanden ist; aus diesem Grunde führt in der Praxis nur ein Teil des ÖPNV-Verlustes zu Steuerersparnissen.

Das **Gesamtvolumen des Steuervorteils** aus dem kommunalwirtschaftlichen Querverbund in der Bundesrepublik Deutschland liegt zur Zeit bei ca. 1,5 bis 2 Mrd. DM jährlich. Bei einigen Querverbundunternehmen bzw. Holdinggesellschaften beläuft sich der ertragsteuerliche Vorteil auf bis zu 50 vom Hundert der auszugleichenden **Verkehrsverluste** (RÄPPLE, a.a.O., S. 139f.). Ob das novellierte Energiewirtschaftsgesetz den Stadt- und Kreiswerken auch künftig ein quantitativ vergleichbares finanzielles Potential bieten wird, ist – wie oben erwähnt – zweifelhaft (vgl. METZ, a.a.O., S. 427 [S. 428f.]).

4.5 Erträge aus Verlustübernahme und verlustunabhängigen Zuschüssen

587 Vor allem bei den großen kommunalen Querverbundunternehmen reichen die Erträge aus den **Beförderungsentgelten** und deren Surrogaten in der Regel nicht aus, um die Aufwendungen für ein attraktives ÖPNV-Angebot vollständig zu finanzieren. Daher kommt den Erträgen aus **Verlustübernahme** (vgl § 277 Abs. 3 HGB) immer noch eine für den kommunalen ÖPNV herausragende Bedeutung zu; den VDV-Unternehmen insgesamt flossen 1996 Finanzmittel aus Verlustübernahme in Höhe von ca. 3 Mrd. DM zu (vgl. Tab. 1 unter Nr. 1). Hierzu gehören zum einen die den Gesellschaften gemäß § **302 Abs. 1 AktG** vergüteten Beträge. Nach dieser Vorschrift besteht bei Beherrschungs- und Gewinnabführungsverträgen die Verpflichtung, Jahresfehlbeträge auszugleichen. Zum anderen fallen hierunter die **freiwilligen** oder **auf anderen Verträgen als nach § 302 AktG beruhenden Verlustübernahmen**. Diese Verlustübernahmen erfolgen i.d.R. durch die das Verkehrsunternehmen als Gesellschafter tragenden kommunalen Gebietskörperschaften. Dazu kommt der Ausgleich verbleibender handelsrechtlicher **Jahresfehlbeträge** (vgl. Tab. 5 unter Nr. 1), die bei fehlenden Rücklagen vom Gesellschafter des Verkehrsunternehmens getragen werden.

Als weitere Erträge erhalten Verkehrsunternehmen aus strukturpolitischen, volkswirtschaftlichen oder allgemeinpolitischen Gründen unabhängig von Verlusten gewährte **Ertragszuschüsse**. Diese Ertragszuschüsse werden den Verkehrsunternehmen vor allem von solchen kommunalen Gebietskörperschaften gewährt, die selbst nicht Gesellschafter eines Verkehrsunternehmens sind, aber ein solches, das ihr Gebiet bedient, unterstützen möchten.

4.6 Betriebskostenzuschüsse in den jungen Bundesländern

In den jungen Bundesländern werden die **Betriebskosten** des ÖPNV weiterhin **588** auch durch Landeszuschüsse gefördert. Die Notwendigkeit hierzu beruht auf dem noch lange nicht beendeten Angleichungsprozeß zwischen den alten und den jungen Bundesländern: So konnten aus gesellschaftspolitischen Gründen die ursprünglich vorhandenen Niedrigsttarife noch nicht überall voll angepaßt werden. Auch die Finanzkraft der kommunalen Gebietskörperschaften und der Verkehrsunternehmen entspricht noch nicht den Verhältnissen im Altbundesgebiet. Auf der Grundlage der Länder-ÖPNV-Gesetze (vgl. § 11 Abs. 3 ÖPNVG Brandenburg vom 26. Oktober 1995 [GVBl. I S. 252], § 8 Abs. 6 ÖPNVG M-V vom 15. November 1995 [GVBl. S. 550], § 7 SächsÖPNVG vom 14. Dezember 1995 [GVBl. S. 412, ber. S. 449], § 15 ÖPNVG LSA vom 24. November 1995 [GVBl. S. 339], § 9 ThürÖPNV vom 8. Dezember 1995 [GVBl. S. 357]) regeln Richtlinien der Länder diese Förderung im Detail.

Zuwendungsempfänger sind heute die **Aufgabenträger** des straßengebundenen ÖPNV, also grundsätzlich die Landkreise und kreisfreien Städte. Diese geben sie an die Verkehrsunternehmen weiter. Während in Brandenburg und Thüringen die Fahrplankilometer der entscheidende Maßstab für die Berechnung der Betriebskostenzuschüsse sind, errechnet sich der Anspruch in Sachsen-Anhalt nach einem Schlüssel, der sich zu 85 vom Hundert aus der Einwohnerzahl und zu 15 vom Hundert aus der Fläche ergibt. In beiden Systemen treten Gewichtungen in bezug auf die eingesetzten Fahrzeuge hinzu.

589 In jüngster Zeit sind teilweise deutliche Reduzierungen der **Betriebskostenzuschüsse** vorgenommen worden. Dies ist leider nicht darauf zurückzuführen, daß die Notwendigkeit der Betriebskostenzuschüsse in gleichem Maße zurückgegangen ist, maßgebend war vielmehr die allgemeine Finanznot der Länder. Die Kürzungen erfolgten auch nicht nur in denjenigen Ländern, in denen diese Zuschüsse ohnehin nur nach Maßgabe des Landeshaushaltes gewährt wurden, sondern auch im Land Brandenburg, dessen ÖPNV-Gesetz zunächst ursprünglich 90 Mio. DM garantiert hatte.

5. Finanzierung gemeinwirtschaftlicher Betriebsleistungen

5.1 Maßgeblichkeit der EG-Verordnung 1191/69 n.F.

590 Die EG-Verordnung 1191/69 n.F. ist nach § 8 Abs. 4 Satz 3 PBefG maßgebend, soweit eine **ausreichende Verkehrsbedienung** nicht eigenwirtschaftlich erbracht werden kann. Dem Begriff der ausreichenden Verkehrsbedienung kommt somit insoweit (vgl. unter Nr. 4.1) eine den Anwendungsbereich der EG-Verordnung 1191/69 auf den straßengebundenen ÖPNV determinierende Funktion zu (vgl. BATZILL/ZUCK, a.a.O., S. 41). Er kommt über das PBefG hinaus in Art. 1 Abs. 4, Art. 3 Abs. 1 und 2 und Art. 14 Abs. 1 der EG-Verordnung 1191/69 n.F. sowie in den §§ 1 und 4 des Regionalisierungsgesetzes des Bundes vor. Ob er einheitlich auszulegen ist, ist umstritten.

591 BATZILL/ZUCK (a.a.O., S. 46ff.) sind der Auffassung, daß der Begriff in der EG-Verordnung 1191/69 n.F. nicht denselben Inhalt und dieselbe Funktion haben kann wie der gleichlautende Begriff im PBefG. Im PBefG diene die „ausreichende Verkehrsbedienung" der Abgrenzung von **eigenwirtschaftlichen** und **gemeinwirtschaftlichen Verkehrsleistungen** und sei daher nachfrageorientiert zu ermitteln. In der EG-Verordnung beschreibe die ausreichende Verkehrsbedienung dagegen die Ziele und Zwecke gemeinwirtschaftlicher Verkehrsleistungen und könne wegen der insoweit maßgeblichen Faktoren auch angebotsorientierte Elemente enthalten.

Die Gegenmeinung geht davon aus, daß der Begriff der ausreichenden Verkehrsbedienung in der EG-Verordnung und im PBefG deckungsgleich ist (BUND-/ LÄNDER-FACHAUSSCHUSS „STRASSENPERSONENVER-KEHR", a.a.O., S. 11f.): Im Einklang mit der Harmonisierungsentscheidung des Rates vom 13. Mai 1965, in der es heißt, daß die den Verkehrsunternehmen auferlegten Verpflichtungen, die unter den Begriff des öffentlichen Dienstes fallen, nur insoweit aufrechterhalten werden dürfen, als sie für die Sicherstellung ausreichender Verkehrsbedienung unerläßlich sind, ziele die EG-Verordnung mit ihren Regelungen zur Vereinbarung gemeinwirtschaftlicher Verkehrsleistungen in

Art. 1 i.V.m. Art. 14 darauf, staatliches Tätigwerden, das den Wettbewerb mit Hilfe von Beihilfen beeinflusse, in Art und Ausmaß auf das zur Sicherstellung einer ausreichenden Verkehrsbedienung Notwendige zu begrenzen. In dieser Begrenzung ermögliche die EG-Verordnung den Abschluß von Verträgen über gemeinwirtschaftliche Verkehrsleistungen, die die Berücksichtigung sozialer, umweltpolitischer und landesplanerischer Faktoren sicherstellen sollen. Entsprechendes gelte für die Auferlegung nach Art. 1 Abs. 5 i.V.m. Art. 3, weshalb vertraglich vereinbarte ebenso wie auferlegte Maßnahmen sich auf das beschränken müßten, „was zur Erreichung der vorgenannten Ziele notwendig ist".

Bezogen auf das PBefG und das Regionalisierungsgesetz des Bundes wird argumentiert, die Forderung nach der Eigenwirtschaftlichkeit der Nahverkehre mache deutlich, daß das PBefG diesen Verkehren den Vorrang einräume. Bei dem Postulat einer kostendeckenden Betriebsführung könne der Gesetzgeber nur davon ausgegangen sein, daß unter der **ausreichenden Verkehrsbedienung** lediglich **bedarfsgerechte ÖPNV-Leistungen** verstanden werden. Satz 1 des § 8 Abs. 4 PBefG würde ansonsten leerlaufen. Da im übrigen § 4 des Regionalisierungsgesetzes des Bundes für die ausreichende Verkehrsbedienung auf die EG-Verordnung verweise, sei unter dem Begriff der ausreichenden Verkehrsbedienung im nationalen und EG-Recht einheitlich nur die bedarfsgerechte ÖPNV-Versorgung zu verstehen. Der konkrete Umfang der tatsächlich notwendigen ÖPNV-Versorgung sei nicht abstrakt festzustellen. Auszugehen sei zunächst von den vorhandenen Verkehren und der Vermutung, daß diese eine ausreichende Verkehrsbedienung gewährten; im Einzelfall könne sowohl eine nicht bedarfsgerechte Konzeption als auch die Änderung des öffentlichen Verkehrsbedürfnisses für eine unzureichende Bedienung sprechen. Eine bedarfsgerechte Verkehrsbedienung könne sowohl angebots- als auch nachfrageorientierte Elemente enthalten. Die tägliche Erfahrung zeige, daß eine gewisse Nachfrage auch ein gewisses Angebot zur Folge habe und umgekehrt erst ein gewisses Angebot eine entsprechende Nachfrage hervorrufen könne; die Genehmigungsbehörde habe sich „ein eigenes Urteil" darüber zu bilden, ob im Einzelfall eine ausreichende Verkehrsbedienung gegeben sei.

Der Auffassung des Bund-Länder-Fachausschusses „Straßenpersonenverkehr" **592** ist im Ergebnis zuzustimmen. Denn es ist nichts dafür ersichtlich, daß der nationale Gesetzgeber im Begriff der ausreichenden Verkehrsbedienung andere inhaltliche Elemente gesehen hat als diejenigen, die sich aus der EG-Vorordnung ergeben.

Aus der Formulierung „Soweit eine ausreichende Verkehrsbedienung nicht (eigenwirtschaftlich) möglich ist, ist die Verordnung (EWG) (...) maßgebend" in § 8 Abs. 4 Satz 3 PBefG ergibt sich ein auf die Sicherstellung einer ausreichenden Verkehrsbedienung begrenzter Anwendungsbereich der EG-Verordnung. Damit sind über die ausreichende Verkehrsbedienung hinausgehende ÖPNV-Leistungen grundsätzlich nicht nach § 13a PBefG (Genehmigung bei gemeinwirtschaftlichen Verkehrsleistungen) zu genehmigen (a.a.O., S. 9).

5.2 Verpflichtungen des öffentlichen Dienstes

593 Gemäß Art. 2 Abs. 1 EG-Verordnung 1191/69 n.F. sind Verpflichtungen des öffentlichen Dienstes solche Verpflichtungen, die das Verkehrsunternehmen im eigenen wirtschaftlichen Interesse nicht oder nicht im gleichen Umfang und nicht unter den gleichen Bedingungen übernehmen würde. Verpflichtungen des öffentlichen Dienstes im Sinne dieser Vorschrift sind die **Betriebspflicht**, die **Beförderungspflicht** und die **Tarifpflicht** (Art. 2 Abs. 2 EG-Verordnung 1191/69 n.F.).

Betriebspflicht im Sinne dieser Verordnung ist die Verpflichtung der Verkehrsunternehmen, für die Strecken oder die Einrichtungen, deren Betrieb ihnen durch Konzession oder gleichwertige Genehmigung übertragen ist, alle Maßnahmen zu treffen, um eine Verkehrsbedienung sicherzustellen, welche festgesetzten Normen für die Kontinuität, die Regelmäßigkeit und die Kapazität entspricht. Eingeschlossen ist auch die Verpflichtung, zusätzliche Betriebseinrichtungen zu unterhalten, sowie die Verpflichtung, die Strecken, das Material – soweit es auf dem gesamten Streckennetz überzählig ist – und die Anlagen nach der Einstellung von Verkehrsdiensten in gutem Zustand zu erhalten (Art. 2 Abs. 3 EG-Verordnung 1191/69 n.F.).

Beförderungspflicht ist die Verpflichtung der Verkehrsunternehmen, alle Personen- oder Güterbeförderungen zu bestimmten Beförderungsentgelten und -bedingungen anzunehmen und auszuführen (Art. 2 Abs. 4 EG-Verordnung 1191/69 n.F.).

Tarifpflicht ist die Verpflichtung der Verkehrsunternehmen, zur Anwendung von behördlich festgesetzten oder genehmigten, mit dem kaufmännischen Interesse des Unternehmens nicht zu vereinbarenden Entgelten, die sich insbesondere bei bestimmten Gruppen von Reisenden, bestimmten Güterarten oder bestimmten Verkehrswegen aus der Auferlegung oder verweigerten Änderung von besonderen Tarifmaßnahmen ergeben (Art. 2 Abs. 5 EG-Verordnung 1191/69 n.F.).

5.3 Wichtige Instrumente der EG-Verordnung 1191/69 n.F.

594 Die EG-Verordnung 1191/69 n.F. sieht zwei unterschiedliche Instrumente vor, um gemeinwirtschaftliche Verkehrsleistungen zu initiieren: den **Vertrag** (Art. 1 Abs. 4) und die **Auferlegung** (Art. 1 Abs. 5). Die Aufhebung und die Aufrechterhaltung solcher Verkehrsleistungen (Art. 3 bis 6) werden hier nicht behandelt, da sie in der gegenwärtigen Praxis des kommunalen ÖPNV in Deutschland keine Rolle spielen (vgl. hierzu WACHINGER/WITTEMANN, a.a.O., S. 37f.)

5.3.1 Vertrag

Die **zuständigen Behörden** können Verträge über gemeinwirtschaftliche Ver- **595**
kehrsleistungen abschließen (vgl. Art. 1 Abs. 4 EG-Verordnung 1191/69 n.F.).
Nach der Legaldefinition des Art. 14 Abs. 1 EG-Verordnung 1191/69 n.F. ist ein
„**Vertrag über Verkehrsdienste** auf Grund von Verpflichtungen des öffentlichen
Dienstes" ein Vertrag, der zwischen den zuständigen Behörden eines Mitgliedstaates und einem Verkehrsunternehmen abgeschlossen wird, um der Allgemeinheit ausreichende Verkehrsdienste zu bieten. Des weiteren enthält Art. 14
Abs. 1 eine nicht abschließende Aufzählung möglicher **Vertragsgegenstände**. Zu
regeln sind nach Art. 14 Abs. 2 EG-Verordnung 1191/69 n.F.:

a) die Einzelheiten des Verkehrsdienstes, vor allem die Anforderungen an Kontinuität, Regelmäßigkeit, Leistungsfähigkeit und Qualität;
b) der Preis für die vertraglich vereinbarten Dienstleistungen, der die Tarif-
   einnahmen ergänzt oder die Einnahmen miteinschließt, sowie die Einzelheiten der finanziellen Beziehungen zwischen den beiden Parteien;
c) Vertragszusätze und Vertragsänderungen, um insbesondere unvorhergesehe-
   ne Veränderungen zu berücksichtigen;
d) die Geltungsdauer des Vertrages;
e) die Sanktionen bei Nichterfüllung des Vertrages.

5.3.2 Auferlegung

Die zuständigen Behörden haben im Stadt-, Vorort- und Regionalverkehr (vgl. **596**
die Legaldefinitionen in Art. 1 Abs. 2 EG-Verordnung 1191/69 n.F.) auch die
Möglichkeit, Verkehrsunternehmen Verpflichtungen des öffentlichen Dienstes
aufzuerlegen (Art. 1 Abs. 5 Unterabs. 1 EG-Verordnung 1191/69 n.F.).

5.3.3 Rechtliches Verhältnis der beiden Instrumente untereinander

Unter dem Gesichtspunkt der **Verhältnismäßigkeit** kommt für den Aufgabenträ- **597**
ger als vorrangig anzuwendendes Instrument die Vereinbarung in Betracht.
Denn eine vereinbarte Leistung stellt gegenüber der Auferlegung eine zur Ziel-
erreichung (Sicherstellung der ausreichenden Verkehrsbedienung) gleich geeignete, aber – weil freiwillig – das Verkehrsunternehmen weniger belastende Maßnahme dar. Eine **Auferlegung kommt im Ausnahmefall** in Betracht, wenn aus
tatsächlichen oder rechtlichen Gründen nur ein einziges Unternehmen als Er-
bringer der gemeinwirtschaftlichen Leistung in Frage kommt (vgl. hierzu Fallbei-
spiele bei BATZILL/ZUCK, a.a.O., S. 103ff., und unter Nr. 5.6).

5.4 Berechnung des Ausgleichs

5.4.1 Betriebs- und Beförderungspflicht

Nach Art. Art. 10 Abs. 1 Unterabs. 1 und Art. 6 EG-Verordnung 1191/69 ent- **598**
spricht die Höhe des Ausgleichs bei einer **Betriebs- oder Beförderungspflicht**

„dem Unterschied zwischen der Verringerung der Belastung und der Verringerung der Einnahmen des Unternehmens im Falle der völligen oder teilweisen
Aufhebung der Verpflichtung während des in Betracht kommenden Zeitraums."

599 Bezogen auf die Auferlegung einer – beispielhaft – anzunehmenden Taktver-
dichtung von 30 auf 20 Minuten müßte also die Differenz zwischen Mehraufwand und Mehrertrag wie folgt ausgeglichen werden:

I. **Mehraufwand** (Jahr):
Aufwand bei Aufrechterhaltung des 30-Minuten-Taktes: 600.000 DM
Aufwand bei Einführung des 20-Minuten-Taktes: 900.000 DM
Mehraufwand: 300.000 DM

II. **Mehrertrag** (Jahr)
Ertrag bei Aufrechterhaltung des 30-Minuten-Taktes: 650.000 DM
Ertrag bei Einführung des 20-Minuten-Taktes: 720.000 DM
Mehrertrag: 70.000 DM

III. Differenz zwischen Mehraufwand und Mehrertrag (Jahr): 230.000 DM

In dem Beispielsfall beträgt der **Ausgleichsanspruch** somit 230.000 DM für das
angenommene Jahr.

5.4.2 Tarifpflicht

600 Nach Art. 11 Abs. 1 EG-Verordnung 1191/69 entspricht die Höhe des Ausgleichs
im Falle einer **Tarifpflicht** dem Unterschied zwischen den beiden folgenden Größen:

a) Die erste Größe entspricht dem Unterschied zwischen dem Produkt aus der
Anzahl der erwarteten Beförderungseinheiten und
– entweder dem günstigsten Tarif, den die Verkehrsnutzer in Anspruch
nehmen könnten, wenn die Verpflichtung nicht bestanden hätte,
– oder mangels eines solchen Tarifs dem Entgelt, welches das Unternehmen
bei kaufmännischer Geschäftsführung und unter Berücksichtigung der
Kosten der Leistung sowie der Marktlage angewandt hätte,
und dem Produkt aus der Anzahl der tatsächlichen Beförderungseinheiten
und dem Pflichttarif während des in Betracht kommenden Zeitraums.

b) Die zweite Größe entspricht dem Unterschied zwischen den Kosten, die sich
entweder aus der Anwendung des günstigsten Tarifs oder des Entgelts ergeben hätten, welche das Unternehmen bei kaufmännischer Geschäftsführung
angewandt hätte, und den Kosten, die sich aus der Anwendung des Pflichtta-
rifs ergeben.

601 Auch hier soll die Berechnung anhand eines Beispiels erläutert werden: Der Aufgabenträger möchte auf einer stark von Senioren genutzten Linienverkehrsrela-
tion eine Ermäßigung für Fahrgäste ab Vollendung des 60. Lebensjahres um

25 % einführen. Dem Beispiel liegen folgende (als wahr zu unterstellende) Annahmen zugrunde: Der bisherige Fahrpreis für Erwachsene (**Normaltarif**) beträgt 4,00 DM. Zu diesem Tarif werden 360.000 Personen im Jahr befördert. Der auferlegte **Sozialtarif** beträgt 3,00 DM. Hiermit werden 180.000 Personen jährlich befördert, zum Normaltarif 252.000 Personen.

I. **Mehraufwand** – „zweite Größe" (Jahr):
Aufwand ohne Sozialtarif (360.000 Fahrgäste): 1.260.000 DM
Aufwand mit Sozialtarif (432.000 Fahrgäste): 1.440.000 DM
Mehraufwand: 180.000 DM

II. **Mehrertrag** – „erste Größe" (Jahr):
Ertrag ohne Sozialtarif (360.000 Fahrgäste): 1.440.000 DM
Ertrag mit Sozialtarif (252.000 Fahrgäste x 4,00 DM + 180.000 Fahrgäste x 3,00 DM): 1.548.000 DM
Mehrertrag: 108.000 DM

III. Differenz zwischen Mehraufwand und Mehrertrag: 72.000 DM

In diesem Beispielsfall beträgt der **Ausgleichsanspruch** somit jährlich 72.000 DM.

5.5. Ausgleichsberechtigte und -verpflichtete

Ausgleichsberechtigt sind die Verkehrsunternehmen, ausgleichspflichtig die zuständigen Behörden (vgl. Art. 1 Abs. 1 und 9 Abs. 3 Verordnung 1191/69 n.F. in Verbindung mit den **Nahverkehrsgesetzen** der Länder, die die zuständigen Behörden nach der EG-Verordnung 1191/69 n.F. festlegen). Dies sind nach den Nahverkehrsgesetzen der Länder für den straßengebundenen ÖPNV regelmäßig die Kreise und kreisfreien Städte (hierzu und zu den Ausnahmen in bezug auf bestimmte kreisangehörige Städte vgl. WELGE, NZV 1996, S. 385 [S. 385 ff.]). **602**

5.6 Einzelheiten zum Verfahren

Bevor es zur Vereinbarung bzw. Auflage einer Verkehrsleistung im straßengebundenen ÖPNV kommt, haben die zuständigen Behörden in der Bundesrepublik Deutschland zunächst zu prüfen, ob ein **Vergabeverfahren** durchzuführen ist. Denn aufgrund des § 13a Abs. 1 Satz 1 PBefG ist die Genehmigung bei einer gemeinwirtschaftlichen Verkehrsleistung zu erteilen, soweit diese nach der Maßgabe der EG-Verordnung 1191/69 n.F. erforderlich ist, und dabei diejenige Lösung gewählt worden ist, die die **geringsten Kosten für die Allgemeinheit** mit sich bringt. Diese „**geringsten Kosten**" bestimmen sich nach der Verordnung zur Anwendung von § 13a Abs. 1 Satz 3 des Personenbeförderungsgesetzes vom 15. Dezember 1995 (BGBl. I S. 1705). Diese Verordnung sieht in ihrem § 1 Abs. 1 als geringste Kosten für die Allgemeinheit die Kosten einer gemeinwirtschaftlichen Verkehrsleistung an, die zu der **niedrigsten Haushaltsbelastung** für **603** die zuständige Behörde führen. Bei der Vereinbarung einer gemeinwirtschaftlichen Verkehrsleistung sind die geringsten Kosten nach § 1 Abs. 2 dieser Verordnung in der Regel gegeben, wenn die Verkehrsleistung nach festgelegten Standards im **Wettbewerb** vergeben und ein **Vergabeverfahren** nach der VOL/A Abschnitt 1 vom 3. August 1993 (BAnz. Nr. 175a vom 17. September 1993) durchgeführt wurde. Das bedeutet, daß vor der Vereinbarung gemeinwirtschaftlicher Verkehrsleistungen, zu deren Umsetzung eine Genehmigung nach § 13a PBefG erforderlich ist, ein Vergabeverfahren nach der VOL/A durchzuführen ist.

604 Kein Regelfall im Sinne des § 1 Abs. 2 der Verordnung zur Anwendung von § 13a Abs. 1 Satz 3 des Personenbeförderungsgesetzes liegt vor, wenn besondere Gründe dazu führen, von der Durchführung eines **Vergabeverfahrens** abzusehen. Dies ist dann der Fall, wenn die zu vereinbarenden gemeinwirtschaftlichen Verkehrsleistungen von einem Dritten tatsächlich oder rechtlich nicht erbracht werden können oder in einen nach § 13 PBefG genehmigten Verkehr des vorhandenen Unternehmens (z.B. durch Fahrgastverlagerungen) mehr als nur unwesentlich eingreifen würden (vgl. BATZILL/ZUCK, a.a.O., S. 51).

605 Gemäß den per Erlaß des Bayerischen Staatsministeriums für Wirtschaft, Verkehr und Technologie vom 10. November 1997 herausgegebenen „Empfehlungen zur Vergabe von gemeinwirtschaftlichen Leistungen im Sinn von § 13a des Personenbeförderungsgesetzes im **Wettbewerb**" kann dies beispielsweise der Fall sein, wenn

– die weit überwiegende Zahl der Fahrten, die für die ausreichende Verkehrsbedienung einer Linie erforderlich sind, bereits von einem Verkehrsunternehmen eigenwirtschaftlich im Sinne von § 13 PBefG erbracht wird oder
– die gemeinwirtschaftliche Leistung Teil eines einheitlichen Verkehrsangebots ist (z.B. zur ausreichenden Verkehrsbedienung erforderliche gemeinwirtschaftliche Verlängerung einer vorhandenen, im übrigen eigenwirtschaftlichen Linie).

Denn in diesen Fällen könnte eine **Ausschreibung** des gemeinwirtschaftlichen Teils des Linienverkehrs zu dem unerwünschten Ergebnis führen, daß die Genehmigung für den Linienverkehr an verschiedene Verkehrsunternehmer erteilt werden müßte und die Einheitlichkeit von Tarif, Fahrplan etc. für den Fahrgast nicht mehr gewährleistet wäre. In diesem Fall kann der gemeinwirtschaftliche Teil des Linienverkehrs durch **freihändige Vergabe** (§ 3 Abs. 4 Nr. 4a VOL/A) oder mittels Auferlegung (§ 1 Abs. 3 der Verordnung zur Anwendung von § 13a Abs. 1 Satz 3 PBefG) bei demjenigen Verkehrsunternehmen in Auftrag gegeben werden, das bereits den eigenwirtschaftlichen Teil des Linienverkehrs durchführt. Hierdurch werden auch die erforderlichen und sinnvollen unternehmerischen Gestaltungsmöglichkeiten gewahrt.

Literaturverzeichnis

Batzill/Zuck	Personenbeförderungsrecht im Spannungsfeld von Bahnstrukturreform, PBefG-Novelle, ÖPNV-Recht der Länder und EG-Recht, Baden-Baden 1997
Bidinger	Änderungen des Personenbeförderungsrechts durch das Planvereinfachungsgesetz und das Eisenbahnneuordnungsgesetz. In: NZV 1994, S. 209 ff.
Bidinger	Personenbeförderungsrecht. Kommentar zum Personenbeförderungsgesetz nebst sonstigen einschlägigen Vorschriften; 1. und 2. Band, 2. Aufl., Berlin 1971, Loseblattsammlung, Stand: Oktober 1997
Bidinger/Haselau/ Krämer	Ausgleich gemeinwirtschaftlicher Leistungen im Ausbildungsverkehr, Teil 1, München 1977, Teil 2, München 1979
Bund-/Länder- Fachausschuß „Straßenpersonen- verkehr"	Genehmigungsverfahren für Linienverkehre des ÖPNV. In: Der Nahverkehr 6/1997, S. 8 ff.
Cramer	Schwerbehindertengesetz. Kommentar, 4. Aufl., München 1992
Fielitz/Meier/ Montigel/Müller	Personenbeförderungsgesetz. Kommentar; 1. und 2. Band, Neuwied, Loseblattsammlung; Stand: Dezember 1997
Fromm	Die Bedeutung der Verodnung (EWG) Nr. 1893/91 für den Ausgleich gemeinwirtschaftlicher Leistungen in Deutschland. In: TranspR 1992, S. 256 ff.
Fromm	Erläuterungen zum SchwbG. In: Das Deutsche Bundesrecht, VF 40
Fromm/Fey/Sellmann	Personenbeförderungsrecht, 2. Auflage, München 1995
Fromm/Wimmer	Zur Frage der Verfassungsmäßigkeit der Regelung des Ausgleichs gemeinwirtschaftlicher Leistungen im Ausbildungsverkehr. In: DVBl. 1980, S. 619 ff.
Grabitz/Hilf	Kommentar zur Europäischen Union; München, Loseblattausgabe, Stand: Oktober 1997
Grossmann/ Schimanski/ Dopatka	Gemeinschaftskommentar zum SchwbG; Neuwied 1992

Heinze	Der Ausgleich gemeinwirtschaftlicher Leistungen und Aspekte künftiger Regulierung des ÖPNV, Berlin 1993
Metz	Aktuelle Fragen der Regionalisierung. In: Der Städtetag 1997, S. 427 ff.
Muthesius	Interpretation des novellierten PBefG. In: VDV-Nachrichten Personenverkehr 4/1997 vom 29. Juli 1997, P 115, S. 68 ff.
Muthesius	Die gesetzlichen Regelungen für den regionalisierten Nahverkehr. In: Püttner (Hrsg.), Der regionalisierte Nahverkehr, Baden-Baden 1997, S. 71 ff.
Räpple	Probleme des regulierten ÖPNV aus Sicht eines kommunalen Verkehrsunternehmens auf dem Hintergrund gegebener Rahmenbedingungen. In: Püttner (Hrsg.), Der regionalisierte Nahverkehr, Baden-Baden 1997, S. 135 ff.
VÖV/Deutscher Städtetag	Fahrpreise im ÖPNV, Köln 1976
Wachinger/Wittemann	Regionalisierung des ÖPNV, Bielefeld 1996
Welge	Die Nahverkehrsgesetze der Länder. In: NZV 1996, S. 385 ff.
Zuck	Eigenwirtschaftliche und gemeinwirtschaftliche Verkehrsleistungen und geringste Kosten für die Allgemeinheit. In: DÖV 1994, S. 941 ff.

Kapitel 6: Regionalisierung und Weiterentwicklung des ÖPNV

Erster Abschnitt: Bahnstrukturreform und Umsetzung der Regionalisierung

Heribert Jäger

1. Situation vor der Bahnstrukturreform

606 Die Situation vor der Bahnstrukturreform war gekennzeichnet von steigenden Defiziten und erheblicher Fremdverschuldung bei der Deutschen Bundesbahn. Mit der Wiedervereinigung kamen die Sanierungsprobleme der Deutschen Reichsbahn hinzu, beide Bahnen mußten zusammengeführt werden. Gleichzeitig wiesen alle Prognosen auf steigende Verkehrsnachfrage hin, die Öffnung Mittel- und Osteuropas würde vor allem den Verkehr in Ost-West-Richtung erheblich steigen lassen. Die für den Straßenverkehr prognostizierten Zuwachsraten sollten durch Verlagerung auf die Schiene begrenzt werden. Dazu mußten die Deutschen Bahnen von einer **Bundesverwaltung** zu einem wettbewerbsfähigen Verkehrsunternehmen umgebaut werden.

Der **Schienenpersonennahverkehr** der Deutschen Bundesbahn und der Deutschen Reichsbahn wurden **nach Quantität und Qualität durch den Bundesminister für Verkehr festgelegt.** Aus unternehmerischem Interesse konnten die Bahnen diesen Verkehr schon seit Jahrzehnten nicht mehr betreiben. Die Zubringerleistungen des Schienenpersonennahverkehrs zum Fernverkehr wurden bei der Abgeltung der Kostenunterdeckung im Schienenpersonennahverkehr berücksichtigt. Die Abgeltung wurde in ihrer Dynamik so bemessen, daß mit steigender Kostendeckung durch Verkehrseinnahmen auch die Zuschüsse des Bundes eine höhere Gesamtkostendeckung brachten.

Aus der wirtschaftlichen Situation der Deutschen Bundesbahn und der letzten Entscheidung über Qualität und Quantität durch den Bundesminister für Verkehr ergaben sich **in der Praxis lähmende Prozesse für die Gestaltung des Schienenpersonennahverkehrs.** Als Beispiel sei auf die langwierigen und politisch schwierigen Diskussionen über Streckenstillegungen, auch „Verkehrsverlagerung auf den Bus" oder „Angebotsumstellungen" genannt, hingewiesen. Forderungen aus dem kommunalen Raum oder von seiten eines Landes standen ohne finanzielle Verpflichtungen gegen eine wegen der knappen Mittel zur Handlung gezwungene Bundesbahn, die für die notwendigen politischen Entscheidungen auf Bundesebene nur betriebswirtschaftliche Argumente vorbringen konnte. Wegen der oft leidenschaftlich geführten Diskussionen über Streckenstillegungen wurde Schienenpersonennahverkehr, vor allem in der Fläche dann immer öfter mit Stillegung gleichgesetzt – von Verkehrsgestaltung konnte nicht mehr die Rede sein.

607 Der **Ausbau des Schienenpersonennahverkehrs in den Ballungsgebieten zu leistungsfähigen S-Bahn-Systemen** und die Integration in Verkehrsverbünde brachte dagegen dort deutliche Verbesserungen. Allerdings wurde die S-Bahn so in der Öffentlichkeit als Verbesserung wahrgenommen, daß der übrige Schienenpersonennahverkehr um so mehr als Schmuddelkind erscheinen mußte – „die Bahn verbessert den Fernverkehr, außer bei der S-Bahn tut sich sonst im Nahverkehr nichts, da wird höchstens stillgelegt". Diese Polarisierung war nicht zuletzt Folge der Förderpolitik des Gemeindeverkehrsfinanzierungsgesetzes (GVFG), wonach die Verkehrsprobleme in den Großstädten mit Priorität anzugehen waren und dazu die S-Bahnen einen wesentlichen Beitrag leisten sollten.

Um diesen Stillstand für die Gestaltung des Schienenpersonennahverkehrs in der Region aufzubrechen, schlossen die Deutsche Bundesbahn und die Flächenländer in den 80er Jahren **Vereinbarungen zur Gestaltung des ÖPNV**. Auf vielen Strecken sollte das Angebot im Rahmen der finanziellen Möglichkeiten verbessert werden, bei einigen sollte über die Zukunft der Strecke erst nach vertiefenden Untersuchungen entschieden werden, bei wenigen wurden Angebotsumstellungen vereinbart. Wichtig für den weiteren Fortgang war die Bildung von Gemeinsamen Ausschüssen und Regionalen Arbeitskreisen, in denen die Deutsche Bundesbahn, die Länder und häufig auch die Kommunen die Weiterentwicklung des Schienenpersonennahverkehrs gemeinsam angingen. Damit verbunden waren auch erste finanzielle Engagements dieser Gebietskörperschaften z. B. bei Bahnhöfen, auch bei Fahrzeugen, bei Streckenübernahmen allerdings nur nach entsprechender Starthilfe durch den Bund.

Etwa zur gleichen Zeit entwickelte die Europäische Gemeinschaft ihre **Richtlinien zur Erhöhung der Wirtschaftskraft und Wettbewerbsfähigkeit der Eisenbahnen** weiter. Die geforderte Trennung der Verantwortung für Fahrweg und Transport, von unternehmerischer und politischer Verantwortung galt für das Eisenbahnwesen insgesamt. Insbesondere aber das bekräftigte Verbot einer Subvention der gemeinwirtschaftlichen Leistungen durch andere Gewinne bei der Eisenbahn sollte die Verantwortlichkeiten für den Schienenpersonennahverkehr klären. Für die Verkehrsgestaltung sollte eine Behörde verantwortlich sein, für die Ausgestaltung aber das Eisenbahnunternehmen. Umfang und Abgeltung sollten vorzugsweise auf vertraglicher Basis geregelt werden, das Auferlegen gemeinwirtschaftlicher Leistungen ist aber unter Verpflichtung für Abgeltung ebenfalls zulässig. Im Zusammenhang mit dieser Fortschreibung für die Eisenbahnen wurde dieses Prinzip auf den übrigen ÖPNV als ebenfalls anwendbar erklärt – allerdings waren Ausnahmen für Unternehmen mit reinem Stadt- oder Regionalverkehr zulässig. **608**

Auf dieser Ausgangslage bauten die Vorschläge der **Regierungskommission für die Bahnreform** auf, die in einem umfangreichen Gesetzeswerk mündete. Am 1. Januar 1994 wurden die Deutsche Bundesbahn und die Deutsche Reichsbahn zur Deutschen Bahn AG vereinigt, verbleibende Verwaltungsaufgaben für das Bundeseisenbahnvermögen wurden auf eine gleichnamige Behörde übertragen, die Eisenbahnaufsicht ging auf das Eisenbahnbundesamt über. Für den ÖPNV wesentlich war die für den 1. Januar 1996 festgelegte Regionalisierung der Finanzverantwortung für den Schienenpersonennahverkehr auf die Länder. **609**

2. Wichtige Aspekte der Bahnstrukturreform

610 Am 01. Januar 1994 nahm die **Deutsche Bahn AG** ihre Geschäfte auf. Das Gesetzgebungsverfahren war erfolgreich abgeschlossen. Die Grundlagen waren geschaffen. Für die innere Bahnreform waren die Weichen für eine am Geschäftsergebnis orientierte Organisation gestellt. Für die Umsetzung der Regionalisierung begann die Arbeit erst.

Die Deutsche Bahn AG ist **Eisenbahnverkehrsunternehmen und Eisenbahninfrastrukturunternehmen.** Als Eisenbahninfrastrukturunternehmen hat sie ihren Fahrweg auch anderen Eisenbahnverkehrsunternehmen zu gleichen Bedingungen wie den anderen Transportsparten der Deutsche Bahn AG (hier ist sie Eisenbahnverkehrsunternehmen) zur Verfügung zu stellen. Als wichtigste Neuerung wurde im Sommer 1994 ein **Trassenpreissystem** eingeführt, das vor allem eine Lenkungsfunktion zur Vermeidung von Engpässen haben sollte. Da die Preisbildung sich an Streckenkategorien orientierte, war der direkte Bezug zu den Streckenkosten aufgelöst. Für große Nachfrage wurde eine Mengenstaffel eingeräumt, für längerfristige Bestellungen eine Zeitstaffel. Im weiteren Verlauf wurde die Mengenstaffel zurückgenommen bei gleichzeitiger Senkung des Grundpreises. Für Mehrbestellungen im Schienenpersonennahverkehr wurde ein einheitlich reduzierter Trassenpreis von 5 DM/Zugkilometer berechnet. Vier Jahre nach Einführung des europaweit ersten Trassenpreissystems hat die [Deutsche Bahn AG das System grundlegend erneuert und den Kunden vorgestellt. Wichtigste Änderung ist eine zweistufige Preisbildung. Die neuen Trassenpreise setzen sich aus festen und variablen Komponenten zusammen. Ähnlich der BahnCard im Personenverkehr gibt es für die Infrastrukturnutzung eine Infra-Card.

Zielgruppe der InfraCard sind Eisenbahnverkehrsunternehmen mit regelmäßigem Verkehrsaufkommen. Sie hat einen Grundpreis für eine oder mehrere Strecken; die zusätzlichen Kosten für Zugfahrten sind dann entsprechend günstig. Alternativ können die Kunden aber auch den VarioPreis wählen. Dieses Angebot richtet sich an Kunden, die vergleichsweise wenig Trassen nachfragen.

Das Preisniveau orientiert sich an den Vollkosten für die Fahrwege. InfraCard und VarioPreis sind mit dem Abrechnungsmodus der Energieversorgungswirtschaft vergleichbar. Auch hier werden abnahmeunabhängige Grundpreise und mengenabhängige Preise erhoben.

Beim Erwerb der InfraCard müssen die ausgewählten Strecken ein zusammenhängendes Netz bilden; die Mindestgrößen betragen für den Personenfernverkehr 1000 Kilometer, für den Personennahverkehr 100 Kilometer und für den Güterverkehr 500 Kilometer.

Die Strecken sind entsprechend ihrer technischen Ausrüstung, Leistungsfähigkeit und Höchstgeschwindigkeit in unterschiedliche Kategorien (K 1 bis K 6) eingeteilt. Außerdem wird zwischen drei Belastungsklassen differenziert. Preisbestimmend sind auch die Kapazitätsauslastung der Strecke, die Flexibilität der Fahrplangestaltung sowie Zu- und Abschläge z.b. für Einführungsangebote (Abschlag) oder besonders aufwendige Fahrplankonstruktionen (Zuschlag). Außerdem kann ein Umweltbonus beispielsweise für den Einsatz besonders umweltfreundlicher Fahrzeuge gewährt werden.

Auch bei der Gültigkeitsdauer der InfraCard sind Preisdifferenzierungen möglich; die Preisstaffel reicht je nach Vertragsdauer (ein bis zehn Jahre) bis maximal zehn Prozent. Eisenbahnverkehrsunternehmen ohne InfraCard zahlen den VarioPreis. Dieser ist vom Volumen der eingekauften Zugkilometer abhängig.

Den Rahmen des neuen Trassenpreissystems bildet die Eisenbahninfrastruktur-Benutzungsverordnung. Sie trat im Dezember 1997 in Kraft und regelt u.a. Berechnungsgrundlagen, Bemessungskriterien, Entgeltnachlässe und gleichmäßige Anwendung.

Die **Transportsparten Nahverkehr, Fernverkehr und Güterverkehr** sind als Ge- **611** schäftsbereiche ausgebildet worden, deren Aufgabenfeld im weiteren Verlauf aus bisher übergreifenden Funktionsbereichen nach produktspezifischen Gesichtspunkten angereichert wurden. Das Handeln am Markt wurde damit flexibler. Speziell für den Schienenpersonennahverkehr wurden 21 Regionalbereiche gebildet, die wesentliche Verantwortung für das Geschäftsergebnis übernehmen sollten. Dabei wurde darauf geachtet, daß deren territorialer Zuschnitt mit dem der absehbaren Bestellorganisationen deckungsgleich war. Bis auf die Zusammenlegung der Regionalbereiche für Bremen und Niedersachsen und die Zuordnung des Raumes Leipzig zum Regionalbereich Sachsen blieb dieser Zuschnitt bis heute bestehen. Zur Verdeutlichung der Geschäftsverantwortung wurden die **S-Bahn Berlin, die S-Bahn Hamburg, RegionalBahn-/ZugBus-Gesellschaften in Schleswig-Holstein, Raum Alb-Bodensee, in Nordrhein-Westfalen** und die **Usedomer Bäderbahn** als je eigene GmbH gegründet.

Um die Deutsche Bahn AG auf eine **gesicherte wirtschaftliche Basis** zu stellen, **612** hat der Bund sämtliche aufgelaufenen Schulden übernommen, das Anlagevermögen wurde erheblich abgewertet. Damit wurde die Belastung mit Kapitalkosten drastisch verringert. Gleichzeitig hat der Bund die Verantwortung für den **Ausbau der Bundesschienenwege** im Rahmen der zur Verfügung stehenden Haushaltsmittel übernommen; ein fester Anteil davon ist für den Schienenpersonennahverkehr reserviert. Zudem sind bis 2002 noch Mittel für die Verbesserung der Schieneninfrastruktur (Beseitigung der Altlasten) in den Neuen Bundesländern vorgesehen.

Die bei der Deutschen Bahn AG beschäftigten **Mitarbeiter** sind seit Gründung zugewiesene Beamte (zum Teil mit der Möglichkeit zur Beurlaubung für Anstellungsverträge) und übernommene Angestellte und Arbeiter. In begrenztem Umfang wurden weitere Mitarbeiter eingestellt. Für die Mitarbeiter gilt **ein einheit-licher Tarifvertrag**, in dem nicht mehr nach Angestellten und Arbeitern unterschieden wird. Im außertarifarischen (vergleichbar den früheren Besoldungsämtern A 13 bis A 16) und übertariflichen Bereich wird neben dem Fixum eine am Jahresabschluß und persönlicher Leistung orientierte Zulage gezahlt. Für alle Mitarbeiter wurde ein umfangreiches **Schulungsprogramm** aufgelegt, um unternehmerisches Handeln und teamorientierte Zusammenarbeit zu fördern. Damit waren gute Voraussetzungen auch für die **innere Bahnreform** gegeben.

613   Ein wesentlicher Teil des Umsatzes der Deutschen Bahn AG wird im Schienenpersonennahverkehr erzielt. Hier war akuter verkehrspolitischer Handlungsbedarf, um für eine normale Geschäftstätigkeit die richtigen Eckpunkte zu setzen. Mit der Regionalisierung der Gestaltungs- und Finanzverantwortung für den Schienenpersonennahverkehr wurde dies geregelt. Durch das Gesetz zur Änderung des Grundgesetzes vom 20. Dezember 1993 wurde die Verantwortung für diesen Bereich vom Bund auf die Länder übertragen (Änderung von Artikel 87 Abs. 1 Satz 1 GG, Einfügung von Artikel 87 e GG). Auf Grund von Artikel 143 a Abs. 3 GG wurde diese Übertragung zum 1. Januar 1996 wirksam. Das Grundgesetz enthält in Artikel 106 a einen verfassungsrechtlich gesicherten Anspruch der Länder auf einen finanziellen Ausgleich, dessen Höhe sich nach dem Regionalisierungsgesetz bemißt.

3. Die Regionalisierung des ÖPNV

614   Nach dem **Gesetz zur Regionalisierung des öffentlichen Personennahverkehrs (Regionalisierungsgesetz)** ist die Sicherstellung einer ausreichenden Bedienung der Bevölkerung mit Verkehrsleistungen im **ÖPNV eine Aufgabe der Daseinsvorsorge**. Die Stellen, die diese Aufgabe wahrnehmen, werden von den Ländern festgelegt.

615   Im **Allgemeinen Eisenbahngesetz** wurde der Schienenpersonennahverkehr als „allgemein zugängliche Beförderung von Personen in Zügen, die überwiegend dazu bestimmt sind, die Verkehrsnachfrage im Stadt-, Vorort- oder Regionalverkehr zu befriedigen" definiert, für Zweifelsfälle mit durchschnittlichen Obergrenzen für Reiseweite (50 km) bzw. Reisezeit im Zug (eine Stunde). Analog wurde auch der übrige (straßengebundene) ÖPNV im **Personenbeförderungsgesetz** beschrieben; soweit der Linienverkehr durch Taxen oder Mietwagen ersetzt, ergänzt oder verdichtet wird, zählen auch diese zum ÖPNV. Im Regionalisierungsgesetz wurde diese Definition für den gesamten ÖPNV (straßengebunden und Schienenpersonennahverkehr) übernommen. Das Regionalisierungsgesetz überließ aber den Ländern die Ausgestaltung, wer die Aufgabenträgerschaft für den Schienenpersonennahverkehr und den straßengebundenen ÖPNV übernehmen sollte.

Im Personenbeförderungsgesetz wurde der **Nahverkehrsplan** als für die Konzes- **616** sionserteilung wichtiges Instrument eingeführt. „Die Genehmigungsbehörde hat im Zusammenwirken mit dem Aufgabenträger des öffentlichen Personennahverkehrs (Aufgabenträger) und mit den Verkehrsunternehmen im Interesse einer ausreichenden Bedienung der Bevölkerung mit Verkehrsleistungen im öffentlichen Personennahverkehr sowie einer wirtschaftlichen Verkehrsgestaltung für eine Integration der Nahverkehrsbedienung, insbesondere für Verkehrskooperationen, für die Abstimmung oder den Verbund der Beförderungsentgelte und für die Abstimmung der Fahrpläne zu sorgen. Sie hat dabei einen vom Aufgabenträger beschlossenen Nahverkehrsplan zu berücksichtigen, der vorhandene Verkehrsstrukturen beachtet, unter Mitwirkung der vorhandenen Unternehmer zustande gekommen ist und nicht zur Ungleichbehandlung von Unternehmen führt. Dieser Nahverkehrsplan bildet den Rahmen für die Entwicklung des öffentlichen Personennahverkehrs." Wie dieser aufzustellen war, sollten ebenfalls die Länder regeln.

Für den Schienenpersonennahverkehr gibt es keine vergleichbare bundesgesetz- **617** liche Regelung, da hierfür keine Linienkonzessionen erteilt werden; es genügt die Zulassung als Eisenbahnverkehrsunternehmen. Da **Schienenpersonennahverkehr** erfahrungsgemäß nicht kostendeckend betrieben werden kann, gilt er **als gemeinwirtschaftliche Leistung**, die über Vertrag zu bestellen ist oder auch vom Aufgabenträger auferlegt werden kann. Diese Leistungen können vorher ausgeschrieben werden. Nur für den Schienenpersonennahverkehr gilt im Eisenbahnverkehr noch die Pflicht zur Aufstellung und Genehmigung von Tarifen.

Im (straßengebundenen) öffentlichen Personennahverkehr dagegen geht das **618** Konzessionsrecht für einzelne Linien von der **Eigenwirtschaftlichkeit** der Verkehrserbringung aus. „Eigenwirtschaftlich sind Verkehrsleistungen, deren Aufwand gedeckt wird durch Beförderungserlöse, Erträge aus gesetzlichen Ausgleichs- und Erstattungsregelungen im Tarif- und Fahrplanbereich sowie sonstige Unternehmenserträge im handelsrechtlichen Sinne." Wenn Eigenwirtschaftlichkeit nicht mehr gegeben ist, so gelten ebenfalls die Bestimmungen der „Verordnung (EWG) Nr. 1191/69 des Rates vom 26. Juni 1969 über das Vorgehen der Mitgliedstaaten bei mit dem Begriff des öffentlichen Dienstes verbundenen Verpflichtungen auf dem Gebiet des Eisenbahn-, Straßen- und Binnenschiffsverkehrs (ABl. EG Nr. L 156 S. 1) in der jeweils geltenden Fassung maßgebend", d.h. gemeinwirtschaftliche Leistungen in diesem Verkehrsbereich sind auszuschreiben, um „die Lösung wählen zu können, die die geringsten Kosten für die Allgemeinheit mit sich bringt."

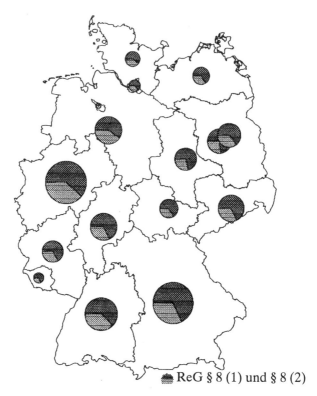

🔴 ReG § 8 (1) und § 8 (2)

Abb. 7: Verteilung der Mittel nach RegG auf die Länder (1997)

619 Lange Zeit strittig war die Höhe der vom Bund an die Länder zur Verfügung zu stellenden Mittel, damit diese für die Regionalisierung überhaupt die Verantwortung übernehmen konnten. Kalkulationsbasis im Gesetzgebungsverfahren war das Angebot der Deutschen Bundesbahn und der Deutschen Reichsbahn für die Sicherung des Status quo des Fahrplans 93/94 in Qualität und Quantität. Es baute auf der Kostenrechnung der Deutschen Bundesbahn für den Schienenpersonennahverkehr in Ballungsräumen und auf Strecken in der Region auf, berücksichtigte mögliche Produktivitätssteigerungen („AG-Effekt"), war für die Jahre 1994 bis 1997 dynamisiert entsprechend der unterstellten Preis- und Kostenentwicklung und enthielt einen Preisvorschlag für Leistungsveränderungen. Leistungsparameter war der Zugkilometer (Zahl der Züge * gefahrene Entfernung), der kalkulierte Preis war kostendeckend. Davon abgesetzt wurden die Fahrgeldeinnahmen, die für Fahrten im Schienenpersonennahverkehr ermittelt waren. Das jedem Land zur Sicherung des Status quo zustehende und dem leistenden Eisenbahnverkehrsunternehmen zu zahlende Leistungsentgelt wurde im Regionalisierungsgesetz § 8 (1) entsprechend für die Jahre 1996 und 1997 festgelegt. „Einmalig wird zum 31. Dezember 1997 geprüft, ob ein Betrag von 7,9 Milliarden Deutsche Mark ausreicht, um 1998 bis 2001 Verkehrsleistungen im Schienenpersonennahverkehr in gleichem Umfang vereinbaren zu können, wie sie nach dem Fahrplan 1993/1994 erbracht worden sind... Der Betrag... erhöht oder ermäßigt sich ab dem Jahre 1998 entsprechend dem Ergebnis der Prüfung." Die politische Entscheidung über das weitere Vorgehen steht noch aus (vgl. Rz. 327).

Über diesen Sockelbetrag hinaus stehen nach besonderem Schlüssel **weitere Mittel** (Regionalisierungsgesetz § 8 (2)) zur Verfügung; insgesamt für 1997 sind dies 12 Mrd. DM aus dem Mineralölsteueraufkommen des Bundes, das GVFG wurde gleichzeitig um 3 Mrd. DM je Jahr gekürzt. „Der Betrag von 12 Milliarden Deutsche Mark steigt ab 1998 jährlich entsprechend dem Wachstum der Steuern vom Umsatz; hierbei bleiben Änderungen der Steuersätze im Jahr ihres Wirksamwerdens unberücksichtigt. Im Jahr 2001 wird mit Wirkung ab dem Jahr 2002 auf Vorschlag des Bundes durch Gesetz, das der Zustimmung des Bundesrates bedarf, die Höhe der Steigerungsrate neu festgesetzt sowie neu bestimmt, aus welchen Steuereinnahmen der Bund den Ländern den Betrag ... leistet." Insbesondere die Verwendung dieser zusätzlichen Mittel war ebenfalls von den Ländern zu regeln. **620**

Bis zum 31. Dezember 1995 war das Bundesministerium für Verkehr auch Aufsichts- und Genehmigungsbehörde sowie zuständige Behörde im Sinne der Verordnung (EWG) Nr. 1191/69 des Rates für die Deutsche Bahn AG, soweit es sich um die Tarife im Schienenpersonennahverkehr und die Auflagen für die Schienenpersonennahverkehrsleistungen handelte. **621**

4. Die Umsetzung der Regionalisierung durch die Nahverkehrsgesetze der Länder

In Bayern und Hessen waren noch vor der Bahnreform Nahverkehrsgesetze erlassen worden; diese waren an die neue Situation anzupassen. In allen anderen Ländern mußten Nahverkehrsgesetze entwickelt und beschlossen werden. Bis Ende 1995 war dies geschafft, lediglich Hamburg hat auf ein Nahverkehrsgesetz verzichtet. Die Entwicklung der Gesetze, die Vorbereitung auf die spätere administrative Umsetzung vor allem der Nahverkehrspläne und die Verhandlungen über die Verkehrsverträge mit der Deutschen Bahn AG für die Zeit ab dem 01.01.97 liefen parallel. Entsprechend dem Gedanken, den öffentlichen Personennahverkehr nach den regionalen und örtlichen Besonderheiten zu gestalten, sind **alle Nahverkehrsgesetze unterschiedlich**, auch wenn sich gemeinsame Strukturelemente herausgebildet haben. **622**

Die **Aufgabenträgerschaft für den gesamten ÖPNV** wurde nur in Bremen auf Kreise und kreisfreie Städte (hier Bremen und Bremerhaven) übertragen, in Sachsen-Anhalt auf Nahverkehrsräume bzw. Zweckverbände. Sachsen-Anhalt **623** ist allerdings besonderer Aufgabenträger für den Schienenpersonennahverkehr. In allen anderen Ländern wurde die **Aufgabenträgerschaft für den (straßengebundenen) ÖPNV** auf die Kreise und kreisfreien Städte übertragen. Die Aufgabenträgerschaft für den Schienenpersonennahverkehr behalten die Länder Baden-Württemberg, Bayern, Brandenburg, Mecklenburg-Vorpommern, Saarland, Schleswig-Holstein und Thüringen. In Baden-Württemberg ist für den Raum Stuttgart, in Mecklenburg-Vorpommern für die S-Bahn Rostock eine Ausnahme vorgesehen, in anderen Ländern für einzelne Strecken auf besonderen Antrag. In Niedersachsen ist über die Ausnahme für die Räume Hannover und Braunschweig hinaus das Land zunächst nur befristet Aufgabenträger, in Sachsen werden Zweckverbände in fünf Nahverkehrsräumen die **Aufgabenträgerschaft für den Schienenpersonennahverkehr** übernehmen. In Hessen, Nordrhein-Westfalen und Rheinland-Pfalz sind Zweckverbände bzw. Verbünde Aufgabenträger für den Schienenpersonennahverkehr.

624   Teilweise ist bei der Wahrnehmung der Landesaufgaben im Schienenpersonennahverkehr die Einbeziehung von Gesellschaften in privatrechtlichen Organisationsformen vorgesehen (bislang in Baden-Württemberg, Bayern, Mecklenburg-Vorpommern, Niedersachsen, Sachsen, Sachsen-Anhalt, Schleswig-Holstein und Thüringen). Diese „GmbH-Lösungen" sind jedoch unterschiedlich ausgestaltet; so sollen sich die Gesellschaften in einigen Ländern auf unterstützende Funktionen beschränken und ihre Aufgaben nach Weisung des zuständigen Ministeriums erfüllen. Andere Länder räumen diesen **Nahverkehrsgesellschaften** in unterschiedlichem Umfang Gestaltungs- und Entscheidungskompetenzen ein bis hin zur Beleihung mit hoheitlichen Funktionen etwa bei der Bewilligung von Zuschüssen.

625   In allen Ländern (außer Hamburg) ist die **Aufstellung von Nahverkehrsplänen** geregelt, aber überall etwas anders. Auch wenn das Instrument des Nahverkehrsplans über das Personenbeförderungsgesetz als zu berücksichtigender Plan für die Genehmigung von beantragten Konzessionen eingeführt wurde, so soll in einigen Ländern dieser Plan auch für den Schienenpersonennahverkehr aufgestellt werden. Hier bindet er allerdings nur den Aufgabenträger selbst, bietet aber gleichzeitig für die Eisenbahnverkehrsunternehmen eine wichtige Orientierung für ihre langfristigen Planungen und ebenso für die Nahverkehrspläne für den (straßengebundenen) ÖPNV.

626   Insbesondere die Diskussion über die Wirkung beschlossener Nahverkehrspläne auf die Konzessionserteilung hat die **unterschiedlichen Ansätze** deutlich gemacht. Während sich z. B. Baden-Württemberg und Niedersachsen auf wenige grundsätzliche Aspekte beschränken, stellen andere – z. B. Nordrhein-Westfalen, Rheinland-Pfalz, Sachsen-Anhalt und Schleswig-Holstein – wesentlich detailliertere Anforderungen an den Inhalt der Nahverkehrspläne. Auch wenn derartige Planinhalte über den „Rahmen für die Entwicklung", wie im Personenbeförderungsgesetz festgelegt, hinausgehen, so kann gegen eine entsprechende Selbst-

bindung der Aufgabenträger kaum etwas eingewandt werden. In Baden-Württemberg wurde für die detaillierteren Planungen das Instrument des Nahverkehrsentwicklungsplans eingeführt, in Nordrhein-Westfalen für den 5-Jahres-Zeitraum ein Ausbauplan und für längerfristige Planungen ein ÖPNV-Bedarfsplan.

Die Nahverkehrspläne werden **von den Aufgabenträgern aufgestellt und be-** **627** **schlossen.** Eine aufsichtsbehördliche Genehmigung ist grundsätzlich nicht erforderlich, gleichwohl ist in Baden-Württemberg, Hessen und Niedersachsen eine Vorlage an das Land zur Information verlangt, Mecklenburg-Vorpommern, Sachsen-Anhalt und Schleswig-Holstein haben sich die Rechtsaufsicht vorbehalten, in Thüringen ist die Vorlage Voraussetzung für die Gewährung von Finanzhilfen zu den Betriebskosten und Investitionen. In Rheinland-Pfalz tritt ein Nahverkehrsplan nicht in Kraft, wenn die Mehrheit der kreisangehörigen Städte und Verbandsgemeinden im Aufgabenträgergebiet ihm innerhalb einer gesetzlichen Frist widerspricht. Im Saarland hat sich das für den Verkehr zuständige Ministerium die Zustimmung für neue Schienenstrecken vorbehalten.

In den Nahverkehrsgesetzen ist geregelt, wie die Beträge, die der Bund auf die **628** Länder überträgt, den Aufgabenträgern und für welche Zwecke zugewiesen werden. Die Beträge nach RegG § 8 (1) – Sockelbeträge für den Status quo des Schienenpersonennahverkehrs – werden überwiegend hierfür vorgesehen. Unterschiede gibt es vor allem bei den Mitteln nach RegG § 8 (2). Investitionszuschüsse, zum Teil in Anlehnung an die Bestimmungen des GVFG, für Anlagen und Fahrzeuge, zum Teil differenziert für Investitionen der Deutschen Bahn oder anderer Verkehrsunternehmen bestimmt, Betriebskostenzuschüsse für bestellte Mehrleistungen, zum Teil mit festen Schlüsseln nach Räumen und Verwendungszweck. Es ist anzunehmen, daß die praktischen Erfahrungen in der Anwendung (Verkehrsverträge und Nahverkehrspläne) und die Ergebnisse der Revision über die Mittelverteilung nach dem Regionalisierungsgesetz hier am ehesten zu Anpassungen führen werden.

5. Die Deutsche Bahn AG im Wettbewerb

Ein Ziel der Bahnreform war die Weiterentwicklung der Deutschen Bundesbahn **629** und der Deutschen Reichsbahn zu einem wettbewerbsfähigen Eisenbahnunternehmen. Dieses Ziel geht konform mit den entsprechenden Zielen der Europäischen Gemeinschaft. Der Fernverkehr und der Güterverkehr galten schon immer als unternehmerische Bereiche, die im Wettbewerb zu führen waren. Aber wie sollte das im Schienenpersonennahverkehr gelingen, einem gemeinwirtschaftlichen Verkehrsbereich zur Daseinsvorsorge?

Mit der Regionalisierung der Aufgaben- und Finanzverantwortung für den **630** Schienenpersonennahverkehr ist es Sache der Aufgabenträger, die verkehrspolitischen Ziele und den Rahmen für die langfristige Ausgestaltung des Schienenpersonennahverkehrs zu definieren (z. B. in Nahverkehrsplänen). Aufbauend auf den Stärken und Schwächen, Chancen und Risiken der Linien im vorhandenen Schienenpersonennahverkehr, den raumordnungspolitischen und verkehrspolitischen Zielsetzungen der Aufgabenträger und den erkennbaren Entwicklungen können sinnvolle Linienführungen entworfen und in Potentialuntersuchungen auf ihren verkehrlichen Wert überprüft werden. Die Festlegung von Verknüpfungspunkten zwischen dem Schienenpersonennahverkehr und dem straßengebundenen ÖPNV, Aussagen zu gewünschten Tarifkooperationen und möglichen Organisationsstrukturen bilden den Rahmen für die kommunalen Nahverkehrspläne. Damit sind die Interessen der einen Kundengruppe der Deutschen Bahn, der Besteller, umschrieben. Diesen bietet sich die Deutsche Bahn als Dienstleister für Planung an.

631 Die konkrete Angebotsplanung mit Fahrplan und Tarif ist Sache der Verkehrsunternehmen. Gerade im Schienenpersonennahverkehr ist anders als im Busverkehr die Fahrplanung ein komplexer Planungsprozeß. Der geringe Reibwert zwischen Rad und Schiene begrenzt die Anfahrbeschleunigung und die Bremsverzögerung (Bremswege von mehreren hundert Metern je nach Höchstgeschwindigkeit sind die Regel), die Höchstgeschwindigkeit im Schienenpersonennahverkehr von bis zu 140 km/h, in Ausnahmefällen sind sogar 160 km/h möglich, erfordern leistungsstarke Fahrzeuge. Die Fahrzeugdimensionierung, das Betriebsverfahren auf der Strecke und die Lage der Betriebsstellen bestimmen die möglichen Fahrplantrassen, und in der Folge werden damit auch die Ressourcen von Fahrzeugen und Personal gebunden. Wenn der Ressourceneinsatz minimiert werden soll, bedarf es also entsprechender Freiheitsgrade bei den Fahrplantrassen. Deren Vorgabe durch Besteller, beispielsweise im Rahmen von Ausschreibungen, könnte also kostenminimale Angebote verhindern. Wegen der geschilderten Zusammenhänge könnte damit sogar ein besonderes Abhängigkeitsverhältnis zwischen dem Besteller und dem Verkehrsunternehmen entstehen, das dem ursprünglichen Ziel der Bahnreform zu mehr Wettbewerb zuwiderläuft.

632 Die Angebote sind in ihrem Kern auf Fahrgastnutzen ausgerichtet. Für die Deutsche Bahn sind die Fahrgäste die andere Kundenzielgruppe, die aber auch für die Besteller von besonderer Bedeutung sind, da sie letztlich Bürger der Gebietskörperschaften mit Aufgabenträgerfunktion sind und über ihre Wählerentscheidungen, mehr aber wohl über Fahrgastgruppen, Öffentlichkeit in der Presse und Lobbyaktivitäten auf die politischen Entscheidungsträger Einfluß nehmen. Die Fahrpläne in den Morgenstunden, in der Abstimmung auf den Fernverkehr, die Platzkapazitäten bei stark schwankender Nachfrage über den Tag, wechselnde Fahrtwünsche an Samstagen und Sonntagen wirken nachfragesteigernd oder auch abschreckend. Marktforschung (Wichtigkeit und Zufriedenheit mit einzelnen Angebotskomponenten, Potentiale) und Marktbeobachtung (Fahrtgewohn-

heiten, Reaktion der Fahrgäste auf Angebote) liegen im unternehmerischen Interesse der Deutschen Bahn.

Als erfolgreiche Angebotsform haben sich **Integrale Taktfahrpläne** erwiesen. **633**
Feste Taktzeiten und Umsteigeknoten zwischen Schienenpersonennahverkehrslinien, zum Fernverkehr und zu sonstigen Regional- und Stadtverkehren machen den ÖPNV verfügbar als Alternative zur ausschließlichen Fahrt mit dem Auto. Dabei ist sich die Deutsche Bahn im Schienenpersonennahverkehr ihres Teilbeitrags in der **Wegekette** von „Tür zu Tür" bewußt. Park and Ride, Fahrradabstellmöglichkeiten am Bahnhof, Fahrradmitnahme im Zug bieten Verknüpfungsmöglichkeit von/zu individuellen Verkehrsmitteln. Die Gestaltung der Zuwege zum Bahnhof ist in der Regel Teil der städtebaulichen Integration der Bahnhöfe als Verkehrsstation in die Kommunen. Hier tragen Deutsche Bahn und Kommunen gemeinsame Verantwortung.

Gerade im regionalen Verkehr – außerhalb der Ballungskerne ist das der haupt- **634**
sächliche Markt – ist die systematische Abstimmung von Schienenpersonennahverkehr und Regionalbus für eine attraktive und wirtschaftliche **Angebotsgestaltung** von besonderer Bedeutung. Nicht in jedem Fall ist die Ausrichtung von Buslinien auf den Schienenverkehr vernünftig, vor allem wenn das unattraktive Umsteigen kurz vor dem Ziel erzwungen wird. In alternierenden Zeitlagen können Regionalbusse und Züge sich sogar zu einem attraktiven Gesamtangebot ergänzen. Bei ungünstiger Fahrplanabstimmung, vor allem bei gleichen Zeitlagen zwischen gleichen Verkehrsstationen, kann der Bus aber auch zu unerwünschter Konkurrenz zum Zug werden. Die damit der Bahn entzogenen Fahrgäste fehlen im Zug, ohne daß in irgendeiner Art und Weise Kosten gespart werden könnten, da die meisten Fahrgäste weiter fahren wollen als die Buskunden und deshalb der Zug auf jeden Fall fahren muß. Es gibt aber nach wie vor auch schlecht nachgefragte Zugleistungen, die durch Busfahrten ersetzt werden könnten. Damit wäre in der Regel auch eine Kostensenkung möglich. Integrierte Angebote von Bus und Bahn aus einer Hand nutzen den Fahrgästen und den Bestellern.

Die **Nachfrage im Schienenpersonennahverkehr** streut bei den Reiseweiten von **635**
5 bis 100 km, der Zweck sind meist Fahrten zur Arbeit oder Ausbildung, zu Besorgungen, Einkäufen, Ausflügen oder sonstigen Freizeitaktivitäten. Gemeinsam ist die tägliche Hin- und Rückfahrt – allerdings nicht immer mit dem gleichen Verkehrsmittel. Mitfahrten oder andere Fahrtketten kommen nicht selten vor. Je nach Lebensalter oder Lebenssituation ändern sich die Mobilitätsbedürfnisse und Fahrtprogramme. Auf diese unterschiedlichen Nachfragestrukturen hat sich die Deutsche Bahn mit ihren Angeboten eingestellt.

Fahrtzwecke, Fahrthäufigkeit und Gruppenbildung sind die wesentlichen Anfor- **636**
derungen an die **Tarifgestaltung**. Zeitkarten unterschiedlicher Dauer (Jahr, Monat, Woche), mit unterschiedlichen Zahlungsformen (Jahreskarte mit Vorkasse, im Abonnement), mit besonderer Ermäßigung für Schüler und Auszubildende,

Einzel- und Rückfahrkarte (braucht nur einmal gekauft zu werden), das Schöne Wochenendticket für die Pkw-Fahrtgruppe ohne festes Ziel und schließlich die verschiedenen Sonderangebote für und mit Veranstaltungen sind das Angebot der Deutschen Bahn für den Schienenpersonennahverkehr. In allen Verbünden gelten deren Tarife auch in den Zügen des Schienenpersonennahverkehrs. Von großem Wert für die „Tür zu Tür"-Angebote ist die Möglichkeit, von jedem Bahnhof zu jedem Bahnhof durchgehende Fahrscheine zu lösen, Nah- und Fernverkehrszüge mit dem gleichen Fahrschein zu benutzen. Die Anerkennung von Fernverkehrsfahrscheinen im Nahverkehr ist mit einer entsprechenden Einnahmenverrechnung verbunden.

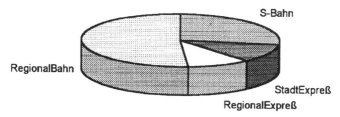

Abb. 8: Das Zugangebot der Deutschen Bahn in den einzelnen Produkten

637 Die unterschiedlichen Reiseweiten können bei begrenztem Zeitbudget, das die Fahrgäste für Nahverkehrsfahrten einzusetzen bereit sind, nur mit einem entsprechend unterschiedlichen **Zugangebot** bedient werden. Die **S-Bahn** mit häufigen Halten im Kernbereich, zum Teil im Tunnel, befördert mit relativ geringer Reisegeschwindigkeit viele Menschen auf relativ kurze Entfernung, die mittlere Reiseweite liegt bei 10... 15 km. Der **StadtExpreß (SE)** ergänzt die S-Bahn in Ballungsgebieten, sei es überlagert mit weniger Halten oder auch auf anderen Linien, wo die Nachfrage für einen dichten S-Bahn-Verkehr nicht ausreicht; die mittlere Reiseweite liegt bei 20... 25 km. Die weiträumigen Regionalverkehre (von Ballungszentrum in die Region oder in Verbindung von Mittel- und Oberzentren) bedient der **RegionalExpreß (RE)**; die mittlere Reiseweite liegt bei 45... 50 km, wegen der hohen Reisegeschwindigkeit von 70 km/h und mehr wird das Zeitlimit von einer Stunde (für die Anerkennung als Schienenpersonennahverkehr) im Mittel bei weitem nicht erreicht. Die RegionalBahn (RB) erschließt die kleineren Verkehrsstationen in der Region und verbindet diese mit den entsprechenden Zentren. Wegen der geringeren Zugbesetzung sind hierfür kleinere Triebwagen die wirtschaftlichste Betriebsform. Nicht zuletzt wegen der häufigen Halte und der niedrigeren Reisegeschwindigkeit liegt die mittlere Reiseweite bei 20...25 km.

638 Die Bildung langer Linien mit hoher **Reisegeschwindigkeit** erhöht die Nachfrage und die Produktivität auf der Kostenseite. Gerade bei „grenzüberschreitenden" Linien wird die Deutsche Bahn dieses Argument zum Nutzen der Fahrgäste und der Besteller immer wieder einbringen. Soweit in den Ländern eine Zuständig-

keitsübertragung auf die kommunale Ebene erfolgt ist, wurde dem durch die Einbindung der Kommunen in ausreichend große Zweckverbände Rechnung getragen.

Für Modernität und Attraktivität des Schienenpersonennahverkehrs sind die eingesetzten **Fahrzeuge** von augenscheinlicher Bedeutung. Modernes Design, Zweckmäßigkeit, Bequemlichkeit, Laufruhe und Klimatisierung sind die für den Fahrgast wichtigen konstruktiven Elemente. Flexible Zugbildung zur Veränderung des Platzangebots an die Nachfrage wirkt sich auf die Angebotsqualität und auch auf die Produktivität und die Umweltbelastung aus. Leere Züge kosten Geld und fressen unnötig wertvollen Treibstoff. Für solche Produktionsformen sind Triebwagen besonders geeignet. Deshalb wird die Deutsche Bahn in den nächsten Jahren zur Modernisierung ihrer Fahrzeugflotte erheblich in neue Triebwagen investieren. Insgesamt sind Investitionen in Höhe von 11 Mrd. DM für die Zeit von 1994 bis 2000 geplant. Dies reicht allerdings bei weitem nicht aus, um alle Wagenzüge durch Triebwagen ersetzen zu können; bei hoher Nachfrage sind Wagenzüge mit Steuerwagen auch kostengünstiger als Triebwagen. Deshalb werden auch neue Wagen gekauft, vor allem Doppelstockwagen, die verbleibenden Nahverkehrswagen sind im wesentlichen modernisiert worden.

Der Verkauf von **Fahrkarten** im Nahverkehr ist kostengünstig meist nur mit Automaten möglich. Die Zahlweise mit Bargeld ist für die Kunden unbequem und für die Betreiber der Automaten mit Kosten für Geldversorgung/-entsorgung verbunden. Zusätzlich belastet Vandalismus die Kosten und die Funktionsfähigkeit der Automaten. Die gemeinsame Aktivität von Deutsche Bahn, Telekom, Banken und dem Verband Deutscher Verkehrsunternehmen zur Einführung einer bargeldlosen Zahlung löst Kunden- und Unternehmensprobleme und unterstützt auch die Kooperation in Verkehrsverbünden. **639**

Für den Kauf von **Zeitkarten** gehen viele Kunden gerne zum Schalter, weil bei höheren Preisen das Zahlen mit Bargeld am Automaten auf Bedenken stößt. Bei Fahrten mit dem Fernverkehr in ein Verbundgebiet wird aber auch von vielen Kunden am Schalter der Verkauf vollständiger Fahrscheinunterlagen von der Quelle bis zum Ziel gewünscht. Für den Verkauf von Verbundzeitkarten und erst recht für den Verkauf von Einzelfahrkarten in Verbünden muß das Verkaufssystem der Deutschen Bahn ertüchtigt werden. Um die Kunden aber nicht generell mit relativ hohen Anstoßpreisen belasten zu müssen, gibt es in Verbünden die Möglichkeit, zusammen mit der Fernfahrkarte eine Tageskarte für Stadtgebiete um die großen Fernbahnhöfe zu verkaufen.

Der öffentliche Verkehr wird als Alternative zum Auto aber nur wahrgenommen, wenn es den Kunden möglich ist, sich im Vorfeld der Fahrt über das öffentliche Verkehrsangebot zu informieren. Die Deutsche Bahn hat in den 80er Jahren ein Auskunftssystem (EVA) über viele europäische Bahnen aufgebaut, das wöchentlich aktualisiert wird. Der Zugriff ist über das Verkaufssystem der Bahn, **640** das System START für die Reisebüros und für den privaten Nutzer zum Beispiel über T-online oder das Internet möglich. Diese Daten werden kurz vor Fahrplan-wechsel für die Deutsche Bahn vollständig, für andere europäische Bahnen in Auszügen für offline-Medien wie die Disketten für die Städteverbindungen oder die Kursbuch-CD-Rom verwendet. Nach ersten erfolgreichen Versuchen der In-tegration auch von Fahrplandaten von Stadt- und Regionalbuslinien in den off-line und online-Medien wird die Deutsche Bahn ihr Auskunftsystem EVA in Kombination mit anderen Auskunftssystemen so weiterentwickeln, daß auch die Stadt- und Regionalbuslinien bundesweit aktuell angeboten werden.

6. Verkehrsverträge zur Gestaltung des Schienenpersonennahverkehrs

641 Mit der Regionalisierung der **Aufgaben-** und **Finanzverantwortung** im Schienen-personennahverkehr zum 01.01.96 war es erforderlich, mit allen Aufgabenträ-gern Verkehrsverträge abzuschließen. Insgesamt waren in der ersten Runde 31 **Verkehrsverträge** auszuhandeln; hinzu kamen noch Sondervereinbarungen zu Projektfinanzierungen und Fahrzeugbezuschussung. Für eine umfassende Be-wertung ist es sicher noch zu früh. Gleichwohl lassen sich erste Erfahrungen dar-stellen.

Die wichtigste Feststellung ist, daß am 01.01.96 mit der Übernahme der Aufga-ben- und Finanzverantwortung durch die Länder für die Fahrgäste nicht nur der Status quo des Fahrplans 93/94 gesichert war, sondern in vielen Fällen auch die zwischenzeitlich eingeführten Verbesserungen.

642 Wie Abbildung 3 zeigt, wurden die nach RegG § 8 (2) zur Verfügung stehenden Mittel („x-Mittel") zwar unterschiedlich, aber nirgends voll für die Verkehrsver-träge mit der Deutschen Bahn ausgeschöpft. Dabei wurden für 1997 fast 9 % mehr Zugkilometer gegenüber dem Status quo vereinbart – in einigen Ländern keine Ausweitung, in anderen bis zu 25 %. Allerdings wurden aus diesen Mitteln auch Bestellungen bei anderen Eisenbahnunternehmen getätigt und teilweise zu-sätzliche Investitionskostenzuschüsse zur Beschaffung von neuen Fahrzeugen vereinbart. Insgesamt wurden die „x-Mittel" in 1997 aber „nur" zu 13 % für die Deutsche Bahn ausgeschöpft.

Bei der für alle Beteiligten neuen Materie war es selbstverständlich, daß alle Ver-tragspartner in der Sache Klarheit suchten. Damit verbunden war ein hartes Rin-gen um einzelne Vertragsbestimmungen, um die zu fahrenden Leistungen und um Qualitätsmaßstäbe. Nicht zuletzt wurde natürlich auch über die Erstattungs-beträge verhandelt, schließlich lag die Kalkulation der Deutschen Bundesbahn und der Deutschen Reichsbahn nur als Angebot vor.

Eine große Schwierigkeit bereitete die genaue Quantifizierung des **Leistungsan-** **643** **gebotes**. Unterschiedliche Entfernungsangaben je nachdem, ob Vermessungsdaten oder Tarif- oder Kursbuchangaben zugrundegelegt wurden, waren abzugleichen. Die Zahl der Verkehrstage schwankt von Jahr zu Jahr bedingt durch unterschiedliche Lage der Feiertage und wechselnde Fahrplanperioden, für einen mehrjährigen Vertrag kann es deshalb im Sinne einer Vergleichmäßigung sinnvoll sein, mit einem „Normjahr" zu rechnen. Die Fahrwege der Züge im Regionalverkehr sind bei weitem noch nicht so „linienscharf", wie dies bei Stadtverkehren gewohnt ist. Das tradierte **Zugangebot** ist insofern eine Altlast. Integrale Taktfahrpläne sorgen für mehr Transparenz, der Ist-Zustand als Vergleichsmaßstab mußte gleichwohl erst einmal ermittelt werden. Diese Erfahrungen und die Arbeiten für die **Revision** führten bei der Deutschen Bahn zu dem Aufbau einer Datenbank für das Linienmanagement.

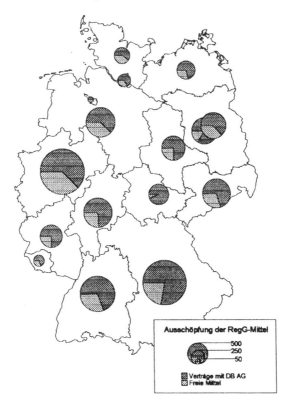

Abb. 9: Ausschöpfung der RegG-Mittel durch die Verkehrsverträge mit der DB AG (1997)

644 Die Verhandlungen zu den **Verkehrsverträgen** zeigten, daß die Vereinbarung qualitativer Maßstäbe schon jetzt, aber erst recht in der Zukunft eine große Rolle spielen werden. Die Beschreibung von Reinigungsintervallen, die Vorhaltung von Verkaufsstellen, die Besetzung der Züge mit **Kundenbetreuern**, das Messen der Pünktlichkeit – all dies wurde Vertragsbestandteil. Erfahrungen mit zwischenzeitlich erfolgten Ausschreibungen zeigen, daß die qualitativen Anforderungen steigen. Ähnliche Erfahrungen gibt es aus dem Ausland. Es ist Aufgabe der ebenfalls vereinbarten Arbeitsgruppen von Bestellern und Deutscher Bahn sein, die quantitative und qualitative Erfüllung der Verkehrsverträge zu begleiten und Erfahrungen zu sammeln für die nächste Vertragsrunde. Qualität wird ein strategischer Erfolgsfaktor im **Wettbewerb** werden. Nur so werden sich auch die verkehrspolitischen Ziele einer Verlagerung von Verkehr auf die Schiene erfüllen lassen.

645 Das Angebot der Deutschen Bundesbahn und der Deutschen Reichsbahn, das den Verhandlungen über die **Verkehrsverträge** zugrunde lag, war eine Mischkalkulation für die Zugkilometer unter Abzug der Verkehrserlöse. Spezifische Kalkulationen zeigen allerdings große Unterschiede zwischen lokbespannten Wagenzügen und Triebwagen, zwischen langsamen und schnellen Produkten, zwischen kurzen und langen Linien. Ein regelmäßiges Angebot über den ganzen Tag ist kostengünstiger als wenige Verstärkerzüge in der Hauptverkehrszeit. Die Betrachtung einzelner kostengünstiger Linien – insbesondere im Wettbewerb einer **Ausschreibung** – bleibt unvollständig und gibt falsche Entscheidungsinformationen, wenn der Blick auf die übrigen Linien unterbleibt. Eine Kosten- und Erlöszuscheidung zu einzelnen Linien ist aber auch nur mit definierten Prämissen möglich. Wenn dann die Zuscheidung der notwendigen **Regionalisierungsmittel** auf die Aufgabenträger, z. B. einen Zweckverband, allerdings nach anderen Kriterien erfolgt, z. B. nach einem durchschnittlichen **Zugkilometersatz**, entstehen leicht Schieflagen. In diesen Fällen kann eine Abrechnung nach einem Mischkalkulationssatz die bessere Lösung sein.

646 Die Zurechnung der **Verkehrseinnahmen** zu einem Verkehrsunternehmen ist nicht nur für die Kalkulation von Bedeutung. Die Entwicklung der Verkehrseinnahmen ist ein wichtiger Maßstab für ein Verkehrsunternehmen, um beurteilen zu können, ob die Angebote am Markt bei den Fahrgästen ankommen. Qualitätsmaßstäbe in Verkehrsverträgen vereinbaren und über deren Einhaltung zu streiten ist das eine, schlechte Qualität aber wird von den Fahrgästen am schnellsten bemerkt und gnadenlos durch Fernbleiben bestraft, das Verkehrsunternehmen merkt dies am ehesten in der Kasse. Aus diesem Grund hat die Deutsche Bahn in den meisten Verkehrsverträgen das Erlösrisiko übernommen, Mehrerträge verbleiben ihr, Mindererträge gehen zu ihren Lasten. Dort wo Alleineinnahmensicherung vereinbart wurde oder die Einnahmen nach Betriebsleistungen verrechnet werden, vergibt man die Chance geldwerter Signale zur Weiterentwicklung von Angeboten aus unternehmerischem Interesse.

So gibt es durchaus Überlegungen, verstärkt Verkehrsleistungen (z. B. Fahrgastzahlen oder Personenkilometer) für die **Einnahmenaufteilung** heranzuziehen. Wegen über die Reiseweiten degressiver Preisbildung wird ein über Fahrgastzahlen und Personenkilometer gemischt gebildeter Aufteilungsschlüssel sinnvoll sein. Letztlich werden hier aber Kompromisse ausgehandelt, um den je unterschiedlichen Unternehmenssituationen gerecht werden zu können.

Die erheblichen Investitionen der Deutschen Bahn in ihren **Fahrzeugpark** für   **647**
den Nahverkehr machen jährlich rund 10 % des Umsatzes (Fahrgeldeinnahmen und Leistungsentgelt) aus. Deshalb muß zur Finanzierung eine Regelung gefunden werden, die entweder über höheres Leistungsentgelt und langfristige Bestellung eine Fremdfinanzierung erlaubt oder es werden besondere Investitionszuschüsse vereinbart. Damit gibt es aber keine Möglichkeit, Rücklagen zu bilden. Nach Ablauf der Lebensdauer werden erneute Investitionszuschüsse erforderlich.

Mit der Zahlung von **Investitionszuschüssen** übernehmen die Aufgabenträger   **648**
einerseits einen Teil des Auslastungsrisikos über die Lebensdauer, überlassen aber andererseits die langfristige Sicherung des Öffentlichen Personennahverkehrs künftigen Generationen. Zudem ist die Zahlung von Investitionszuschüssen von der Haushaltspolitik der Aufgabenträger abhängig. Bei knapper Kasse besteht die Gefahr unstetiger Dotierung, weder für das mit den Ressourcen planende Verkehrsunternehmen noch für die liefernde Industrie ist dies von Interesse. Im Gegenteil, die Risiken in der Auslastung von Anlagen und Steigerung der Produktivität führen in der Tendenz zu Mehrbelastungen, schnelle kostengünstige Innovationen werden eher behindert.

Die Bedeutung integrierter **Angebotsplanung** für eine geschlossene Wegekette   **649**
auch im Regionalverkehr wurde bereits bei der Angebotspolitik erörtert. Im Stadtverkehr ist dies unstreitig, wenn die Buslinien auf die Schienenbahnen ausgerichtet werden. Auch im Regionalverkehr wird dies als richtig erkannt. Allerdings wird immer wieder kontrovers diskutiert, ob dies der Deutschen Bahn auch erlaubt sein dürfe. Daß ruinöser **Wettbewerb** dem verkehrspolitischen Ziel integrierter Mobilität zuwiderläuft, ist unstrittig. Daß bei der Abstimmung von Linienführung und Fahrplan im Detail viele Einzelpunkte zu lösen sind, wird auch anerkannt. Die Sorge, daß die Deutsche Bahn hier ein Monopol aufbaue, steckt vielfach hinter der Argumentation. Deshalb stellt sich die Frage, ob die Wettbewerbssituation richtig gewertet wird.

Die Förderung des Öffentlichen Personennahverkehrs hat die Alternative zum   **650**
motorisierten Individualverkehr zum Ziel. Seine **Marktanteile**, auch **Modal-Split** genannt, liegen in der Region deutlich unter 20 %, oft unter 10 %. Die Wettbewerbssituation besteht also vor allem zwischen öffentlichem und individuellem Verkehr. Busse, Bahnen, Auto und Fahrrad haben je eigene Leistungsvorteile, die nur in der Kombination eine integrierte Mobilität ermöglichen. Der volks-

wirtschaftliche Nutzen muß optimiert werden, dies ist verkehrspolitisches Ziel. Wenn dieses Ziel auf die Minimierung von Zuschüssen an Verkehrsunternehmen reduziert wird, wird der Öffentliche Verkehr in der Tendenz „kaputt gespart".

Die Gestaltungsleistung von **Aufgabenträgern** und Verkehrsunternehmen muß deshalb in den nächsten Jahre in sorgfältiger Trennung von politischer und verkehrsunternehmerischer Verantwortung auf eben diese **integrierte Mobilität** gerichtet sein. Die Neigung von Planungsinstitutionen der Aufgabenträger, im Mißtrauen auf die Fähigkeiten der Verkehrsunternehmen deren Aufgaben zu übernehmen, verwischt die Verantwortlichkeiten und schafft nur schwer beherrschbare Abhängigkeiten. Der **Finanzbedarf** für einen schnellen Ausbau des öffentlichen Personennahverkehrs ist immens, der Gedanke, hierfür privates Kapital einzusetzen, wird diskutiert. **Betreibergesellschaften** von Verkehrsunternehmen, Herstellern, Planungsinstituten und Banken könnten bei langfristiger Beauftragung im unternehmerischen Interesse auf produktive Lösungen ausgerichtet sein. Die Komplexität der Materie erfordert und ermöglicht iterative und interaktive Planungsverfahren. Ob dagegen die **Ausschreibung** verkehrspolitisch definierter Angebotsrahmen für einzelne Linien zu dauerhaft besseren Ergebnissen führt, darf zumindest bezweifelt werden.

Kapitel 6: Regionalisierung und Weiterentwicklung des ÖPNV

Zweiter Abschnitt: Ausschreibung und Qualitätssicherung im SPNV

Jürgen Hambuch

1. Einleitung

651 Das Weißbuch der EU „Eine Strategie zur Reaktivierung der Eisenbahn in der Gemeinschaft" vom Juli 1997 stellt fest: „Im Inlandpersonenverkehr ist die Verbesserung der Verkehrsleistungen ebenso wichtig wie in anderen Marktsegmenten. Ein großer Teil der Öffentlichkeit ist mit den angebotenen Leistungen nicht zufrieden. **Pünktlichkeit** und **Zuverlässigkeit** werden oft als unzureichend empfunden und das Komfortniveau gilt als niedrig. Der Bürger betrachtet den Eisenbahnverkehr, wie auch den öffentlichen Verkehr im Ganzen eher als ein notwendiges Übel. Diese Unzufriedenheit ist ein Grund dafür, daß selbst in verkehrsüberlasteten Städten das Auto benutzt wird. Das relativ geringe Leistungsangebot der Eisenbahnunternehmen ist einer der Gründe für diese Unzufriedenheit, die Verkehrspolitik der öffentlichen Hand ein anderer.

Die Staaten sind häufig nicht in der Lage, klare Prioritäten zu setzen und überlassen die Bereitstellung dieser Verkehrsleistungen den schon lange etablierten Monopolen, die häufig keine klaren Zielvorstellungen haben und den Marktkräften fast keine Anreize bieten".

Die Einführung neuer Marktkräfte kann nur durch **Wettbewerb** erfolgen.

Hierzu hat die Bundesrepublik Deutschland als nationale Vorleistung für die EU als bisher einziges Land neben Großbritannien, das nationale Eisenbahnnetz auch in Bezug auf den Personenverkehr für Dritte geöffnet.

Dies geschah, und das ist vielfach nicht bekannt, obwohl die **Richtlinie 91/440** zunächst nur für den Güterverkehr verbindlich ist.

Das hat in den letzten Jahren dazu geführt, daß die Aufgabenträger für den SPNV immer mehr von der Möglichkeit Gebrauch machen, SPNV-Leistungen auszuschreiben.

SPNV-Aufgabenträger, das sind in den meisten Fällen die Bundesländer, welche sich ihrer Management-Gesellschaften wie etwa Landes-Service-Gesellschaften (LVS in Schleswig-Holstein, LNVG in Niedersachsen oder NASA in Sachsen-Anhalt) oder Landeseisenbahngesellschaften, wie der BEG in Bayern bedienen.

652 In NRW hat der Gesetzgeber wegen der besonderen polyzentrischen Struktur mit überdurchschnittlich vielen starken und selbstbewußten Gebietskörperschaften die Gründung von insgesamt **9 Zweckverbänden** für den SPNV vorgeschrieben.

Der VRR ist mit rd. 50 % der in NRW bestellten SPNV-Leistung der größte Zweckverband (siehe Abb. 1). Von den rd. 17 Mio. Einwohnern in NRW leben alleine 10 Mio. in den 16 kreisfreien Städten und 5 Kreisen die den Zweckverband VRR bilden.

Kooperationsraum	Zweckverband	Zugkilometer	
		absolut	%
1	Rhein-Ruhr	35.795.316	44,2
2	Rhein-Sieg	13.237.872	16,3
3	Aachen	3.160.871	3,9
4	Ruhr-Lippe	8.400.180	10,4
5	Münsterland	7.163.073	8,8
6	Ostwestfalen-Lippe	5.230.636	6,5
7	Paderborn-Höxter	3.120.296	3,9
8	Westfalen Süd	2.303.806	2,8
9	Niederrhein	2.669.877	3,3
Summe		81.081.927	100

Abb. 1: Verkehrsangebot im SPNV je Zweckverband ab Mai 1998 (incl. ITF)
Quelle: MWMTV NRW und eigene Berechnung, VRR GmbH

2. Erste Erfahrungen mit Ausschreibungen im Schienenpersonennahverkehr (SPNV)

2.1 Leistungssteigerung bei den NE-Bahnen

Nach neusten Erkenntnissen des Verbandes Deutscher Verkehrsunternehmen 653 (VDV) haben sich die Leistungen der „Nicht-bundeseigenen Eisenbahnen" (**NE-Bahnen**) im SPNV seit dem Fahrplanjahr 1993/94 von 15 Mio. Zug-km pro Jahr um 19 Mio. Zug-km pro Jahr auf 34 Mio. Zug-km pro Jahr im Fahrplanjahr 1998/99 mehr als verdoppelt (Abb. 2).

Diese Zahlen wirken für sich betrachtet zunächst beeindruckend. Vergleicht man sie jedoch mit den Kennzahlen der DB AG, ist das Bild eher ernüchternd. Die Bahn AG leistete im Basisjahr 1993/94 rd. 483 Mio. Zug-km und konnte diesen Wert noch um 47 Mio. Zug-km pro Jahr auf rd. 530 Mio. Zug-km im Fahrplanjahr 1998/99 steigern [1].

Die Mehrleistungen resultieren im wesentlichen aus zusätzlichen Bestellungen der Aufgabenträger im Zusammenhang mit der Einführung eines **Integralen Taktfahrplanes** (ITF). Allein in NRW führt die vom Land finanzierte ITF-Einführung ab Fahrplanjahr 1998/1999 zu einer zusätzlichen Bestellung von 6,8 Mio. Zug-km pro Jahr bei der Bahn AG.

Betrachtet man nun die Gesamtleistung im SPNV im Fahrplanjahr 1998/99 so 654 wird deutlich, daß die Bahn AG nicht die geringste Befürchtung haben muß, daß ihre Monopolstellung gefährdet ist.

Unternehmen	Strecke	Streckenlänge in km	Zug-km pro Jahr
Albtal-Verkehrsgesellschaft (AVG)	Haardtbahn etc.	67	2.800.000
Bodensee-Oberschwaben-Bahn	Friedrichshafen-Ravensburg	42	210.000
Breisgau-S-Bahn	Freiburg-Breisgau	23	189.008
Burgenlandbahn (auch DB)	Naumburg/Sachsen-Anhalt	183	1.735.500
Deutsche Eisenbahn gesellschaft (DEG)	Oberlandbahn/Bayern	120	1.525.000
	Kaarst-Mettmann	34	2.050.000
Dortmund Märkische Eisenbahngesellschaft	Dortmund – Lüdenscheid	57	639.000
Döllnitzbahn	Oschatz-Kemmlitz	18	11.000
Dürener Kreisbahn	Heimbach-Düren	56	200.000
	Düren-Linnich		
Elbe-Weser (EVB)	Elbe-Weser-Dreieck (4Strecken)	160	825.000
Erfurter Industriebahn	Erfurt-Langensalza-Leinefeld	84	804.281
FKE/Hessische Landesbahn	Frankfurt Hoechst-Frankfurt Hbf	10	10.000
	Grävenwiesbach-Friedrichsdorf (Taunusbahn)	29	755.000
Harzer Schmalspurbahn	Nordhausen-Illfeld	11	73.534
Hessische Landesbahn	Frankfurt Hoechst – Bad Soden (L13)	7	111.000
	Kahl-Schöllkrippen (Kahlgrundbahn)	30	49.000
	Wabern-Bad Wildungen	17	189.000
	Friedberg – Friedrichsdorf	16	z. Zt. keine Info
Hohenzollerische Landesbahn (HZL)	Sigmaringen-Tutt-lingen (Donau-talbahn)	42	55.000
	Tübingen-Aulendorf (Zollernbahn)	132	800.000

Abb. 2: Zusätzliche Leistungen der NE-Bahnen seit der Regionalisierung bis zum Fahrplanwechsel 1998/99 (VDV-Nachr. Nr. P 8/1997) (2)

Unternehmen	Strecke	Streckenlänge in km	Zug-km pro Jahr
Kassel-Naumburger EB (KNE)	Bebra-Bad Hersfeld	14	z.Zt. keine Infos
Klützer Ostsee-Eisenbahn	Klütz-Grevesmühlen	15	20.600
Mecklenburgische Bäderbahn	Bad Doberan-Kühlungsborn	15	77.000
Mittelhurgaubahn	Radolfzell-Stockach	17	280.000
Ostmecklenburgische Eisenbahn u. DB AG	Schwerin-Ueckemünde	240	1.800.000
Regentalbahn	Zwickau-Bad Brambach	97	1.166.358
	Adorf-Falkenstein	35	1.299.539
Rügensche Kleinbahn	Putbus-Göhren	24	131.400
Sächsisch-Oberlausitzer (SOEG)	Zittau-Oybin/-Bertsdorf-Jonsdorf	16	100.000
Stadtbahn Saar	Saarbrücken-Saargemünd	18	477.355
Südwestdeutsche Verkehrs-AG (SWEG)	Offenburg-Bad Griesbach	37	300.000
	Offenburg-Kehl	10	
	Offenburg-Hausach (Schwarzwaldbahn)	33	
Westerwaldbahn	Betzdorf-Daaden	10	125.120
Württembergische Eisenbahn-Gesellschaft	Strohgäubahn	22	10.000
(WEG)	Schönbuchbahn	17	324.000
	Wieslauftalbahn	11	138.300
Summe		1.769	19.281.395
Stand: Fahrplan 1998/99			

Abb. 2: Zusätzliche Leistungen der NE-Bahnen seit der Regionalisierung bis zum Fahrplanwechsel 1998/99 (VDV-Nachr. Nr. P 8/1997) (2) *(Forts.)*

Von den rd. 565 Mio. Zug-km pro Jahr haben die NE-Bahnen gerade mal einen Anteil von 6 % bzw. 35 Mio. Zug-km/Jahr.

Die Lage ist auch noch nicht beunruhigend, wenn sich derzeit bundesweit noch rd. 15 Mio. Zug-km pro Jahr in der Ausschreibung befinden, denn die Bahn AG hat bei den ersten Ausschreibungen bereits viele wertvolle Erfahrungen sammeln können und geht mittlerweile wesentlich offensiver in die Verfahren als am Anfang [1].

Ein großer Erfolg war bereits der Zuschlag bei der Ausschreibung im Verkehrsverbund Rhein-Sieg im Jahre 1997.

Der VDV prognostizierte Ende vergangenen Jahres einen zukünftigen Marktanteil von 10 bis 15 % an der Gesamt-Zug-km-Leistung als höchstmögliche Grenze für die NE-Bahnen. Selbst davon sind jedoch die NE-Bahnen z. Zt. noch weit entfernt.

2.2 Auschreibung und Wettbewerb

655 Der Zweckverband **Verkehrsverbund Rhein-Ruhr** hat sich bereits 1994, also noch vor Inkrafttreten des Regionalisierungsgesetzes NW, intensiv mit dem Thema **Wettbewerb** beschäftigt. Im Rahmen eines Gemeinschaftsgutachtens „Erweiterung des **Anbieterkreises** für die Erstellung von Leistungen im SPNV" wurden schrittweise Antworten auf die zentralen Fragen im Zusammenhang mit dem Thema Wettbewerb erarbeitet.

Konkret sollte eine beispielhafte Untersuchung mit den nachfolgenden 5 Zielen an zwei unterschiedlichen Schienenstrecken im Raum Dortmund entstehen. Anhand dieser Beispiele sollte die Übertragbarkeit auf den Verbundraum des VRR geprüft werden. Zu den Zielen im einzelnen:

1.) Anbietermarkt

656 In einer ersten Anfrage im Sommer 1995 meldeten sich 17 Anbieter aus dem In- und Ausland, die Interesse an einer evtl. **Ausschreibung** bekundeten. Es entstanden zahlreiche Kontakte zu Eisenbahnverkehrsunternehmen, kommunalen Verkehrsunternehmen, z. T. zu Investmentbanken, die als Vermittler fungieren wollten.

2.) Bedienungskonzepte

657 Um möglichst schnell konkrete Erfahrungen mit einem Ausschreibungsverfahren zu sammeln fiel die Entscheidung, eine Ausschreibung durchzuführen und die Leistung auch tatsächlich zum frühstmöglichen Zeitpunkt zu vergeben. Dieser Zeitpunkt ist der Fahrplanwechsel Mai 1998, wenn der derzeitige Vertrag mit der DB AG ausläuft.

Um dies zu ermöglichen wurde nur das Status Quo-Angebot zweier Linien, der S-Bahn-Linie S4 Dortmund-Unna sowie der RegionalBahn-Linie RB52 Dortmund – Lüdenscheid ausgeschrieben. Dies mußte gemeinsam mit dem benachbarten Zweckverband Ruhr-Lippe (ZRL) geschehen, da beide Linien auch dessen Zweckverbandsgebiet befahren.

Um das komplexe Vorhaben erfolgsorientiert zu führen, wurden sämtliche Beteiligten, insbesondere die betroffenen Gebietskörperschaften, das Land NRW aber auch die DB AG und das **Eisenbahnbundesamt** in das Projekt eingebunden.

3.) Wirtschaftlichkeit und Sicherung der Finanzierung

Ziel war vor allem, SPNV-Leistungen preiswerter einzukaufen. Dazu sollte das   **658**
Qualitätsniveau mindestens gehalten werden. Um einen Einblick in die Kalkulation der Anbieter zu bekommen, wurde ein differenziertes Kalkulationsschema vorgegeben, so daß einzelne Preisblöcke z. B. **Trassenpreise** und **Stationsgebühren**, sowie Aufwendungen für Sicherheit und Service differenziert nachvollziehbar dargestellt werden mußten.

4.) Organisation einer Betreibergesellschaft

Aus diesen Erfahrungen heraus wurde insbesondere die Frage der **Fahrzeugfi-**   **659**
nanzierung zum zentralen Thema. SPNV-Fahrzeuge werden in der Regel in einem Zeitraum von 15 bis 20 Jahren abgeschrieben. Der erste Vertrag mit einem SPNV-Betreiber sollte jedoch eine Dauer von 5 Jahren nicht überschreiten. Folglich kamen nur Anbieter in Frage, die das volle Risiko der Fahrzeugfinanzierung übernehmen wollten.

5.) Vorbereitung und Durchführung des Ausschreibungsverfahrens

Das formelle Ausschreibungsverfahren wurde mit **Bekanntmachung** im EU-   **660**
Amtsblatt eröffnet. Die eingegangenen Angebote wurden von einer Expertenkommission der beiden Zweckverbände ausgewertet und für die Verhandlungsrunde aufbereitet. Die Aufgabenträger hatten sich im Vorfeld für das Verhandlungsverfahren entschieden, um bei der Vergabe möglichst flexibel agieren zu können.

Bewerber waren bei der S4 die (DB AG) und bei der RegionalBahn-Linie die DB AG, die Karsdorfer Eisenbahngesellschaft und die Arbeitsgemeinschaft Dortmunder Stadtwerke/ Märkische Verkehrsgesellschaft (DSW/MVG).

Die Ausschreibung für die Linie S4 wurde aufgehoben, da nur ein Anbieter ein Angebot abgegeben hatte und im Rahmen dieses Angebotes eine Vergabe nach dem Gebot der Wirtschaftlichkeit nicht möglich war. Im Dezember 1996 wurde beschlossen, den Auftrag zur Durchführung des Betriebes auf der Linie RB52/ KBS 434 (Dortmund-Lüdenscheid) der Arbeitsgemeinschaft DSW/ MVG zu erteilen.

Nach Zuschlag gründete die Arbeitsgemeinschaft DSW/MVG ein neues Eisenbahnverkehrsunternehmen, die Dortmund-Märkische Eisenbahngesellschaft (DME). Zur Zeit wird ein Verkehrsvertrag, der die konkrete Ausgestaltung regeln soll, mit der DME ausgehandelt.

Die Erkenntnisse dieser Ausschreibung lassen unter Berücksichtigung der bekannten Erfahrungen anderer Aufgabenträger folgende Schlußfolgerung zu:

a.) Im Rahmen von Ausschreibungen sind alle Anbieter incl. DB AG gezwungen, differenzierte **Preiskalkulationstabellen** auszufüllen. Damit wird das Prinzip „**Ein Preis für alles**" durchbrochen. Es entsteht mehr Transparenz. Die Aufgabenträger können „ihr Angebot" maßgeschneidert auswählen.

b.) Es haben solche Anbieter die größten Chancen, die einen räumlichen Bezug zur Strecke haben, weil sie vorhandene Infrastrukturen (**Werkstätten/Betriebshallen**) nutzen können. Teilweise ist ein Trend hin zu Kooperationen mit kommunalen Anbietern, die Ortskenntnisse und Raumbezug haben zu erkennen.

c.) **Trassenpreise und Stationsgebühren** werden von allen Anbietern behandelt wie „Mehrwertsteuer", sie werden 1 zu 1 an den Aufgabenträger durchgereicht.

Das System der Trassenpreise ließ zunächst vermuten, daß die Bahn AG sich selbst innerhalb des Konzerns hohe Rabatte gewährt. Hierzu schreibt der wissenschaftliche Beirat beim Bundesverkehrsminister in seiner Stellungnahme zur Bahnstrukturreform von November 1997:

"Die in der Entwurfsfassung vom 05. 12. 1996 vorliegende Eisenbahninfrastruktur-Benutzungsverordnung bietet im Grundansatz eine sinnvolle und notwendige Verfahrensregelung, die Verpflichtung eines diskriminierungsfreien Netzzugangs nach § 14 AEG n. F. sowie die entsprechende EG-Richtlinie 95/19 umzusetzen. Durch die im Vergleich zur Richtlinie 91/440 und den in anderen EU-Staaten praktizierten Regelungen wesenlich weitergehende Netzöffnung für Dritte gewinnt allerdings das Diskriminierungsproblem an Relevanz...

... Das im August 1994 erstmals vorgestellte und 1995/96 modifizierte erste Trassenpreissystem der DB AG basiert zunächst auf einer netzbezogenen Durchschittskostenrechnung mit der Bezugsgröße Zugkilometer.

Differenzierungen werden nach Personen- und Güterverkehr und weiter nach Zuggattungen, Trassenmerkmalen (-qualitäten), Planungsansprüchen etc. vorgenommen. Kosten- und damit wettbewerbspolitisch nicht vertretbare und nur den Transportsparten der DB AG zugute kommende hohe Mengenrabatte der ersten Fassung des Trassenpreissystems wurden inzwischen aufgrund intensiver Kritik und wettbewerbsrechtlicher Diskriminierungsproblematik beseitigt und zusätzlich für sog. Mehrverkehre im SPNV besonders niedrige Zugkilometersätze (5,00 DM) eingeführt." [2]

d.) Für kurze **Vertragslaufzeiten** muß die Fahrzeugfrage gelöst werden. In diesem Zusammenhang hat sich bundesweit eine Diskussion um die Bildung von Fahrzeugpools entfacht. Es werden verschiedene Modelle diskutiert. Die Palette reicht vom Komplettanbieter incl. Werkstatt (Modell Bayern) bis hin zum Kauf von Fahrzeugen die den Eisenbahnverkehrsunternehmen zum Betrieb und zur Wartung überlassen werden (Modell Niedersachsen).

e.) Von Seiten der Kunden und der Politik wird mit **Betreiberwechsel** der Druck auf den Ausbau der Infrastruktur, insbesondere der Personenbahnhöfe erhöht. In der Öffentlichkeit ist in der Regel nicht bekannt, daß nur die Leistung ausgeschrieben wird, Netz und **Personenbahnhöfe** in der Regel im Besitz der DB AG bleiben. Doch gerade der Geschäftsbereich Personenbahnhöfe hat in letzter Zeit deutlich erkannt, daß er investieren muß. Er tut dies im großen Umfang auch in NRW, z.B. in Dortmund, Essen, Gelsenkirchen und Oberhausen etc. .

f.) Es muß ein Anreizsystem für die Anbieter entwickelt werden, um ein Interesse an höheren **Fahrgastzahlen** zu entwickeln. Auch wenn es in der ersten Ausschreibung des VRR nicht gelungen ist, so muß doch künftig der Betreiber zumindest am Einnahmerisiko beteiligt werden.

g.) Das Beispiel Dortmund hat vielerorts kommunale Unternehmen und Nichtbundeseigene Eisenbahnen ermutigt, von sich aus Angebote an Aufgabenträger heranzutragen. Damit ist eine Aufbruchstimmung im Sinne der EU-Forderung nach Einführung **neuer Marktkräfte** erfolgt.

Eine wesentliche Voraussetzung für mehr Wettbewerb ist die Festlegung von Qualitätstandards, um Angebote überhaupt vergleichbar zu machen.

3. Regionalisierung setzt neue Rahmenbedingungen für die Qualitätsverantwortung

Die gestiegenen **Qualitätserwartungen** in allen Lebensbereichen haben sich selbstverständlich auch auf die Dienstleistung und die Produkte des ÖPNV ausgeweitet. **661**

Auch wenn für den öffentlichen Personennahverkehr nicht die Bedingungen typischer Käufermärkte gelten, ist die Zahl der Menschen, die bei ihrer Mobilität zwischen mehreren Alternativen wählen können und von dieser **Wahlfreiheit** nach Bedarf Gebrauch machen, einfach zu groß, als daß sich die **Nahverkehrsanbieter** leisten könnten, die Qualitätsanforderungen ihrer Kunden zu ignorieren.

Neben diesem Aspekt der Kundenanforderungen an die Qualität gewinnt der Qualitätsgedanke jedoch noch weiter an Gewicht, da sich die Rahmenbedingungen durch die Regionalisierung im ÖPNV zum 01.01.1996 geändert haben.

Wenn die zukünftig vorgesehene Aufgaben- und Verantwortungsteilung in **Besteller** (Aufgabenträger) und **Ersteller** (Verkehrsunternehmen) einigermaßen funktionieren soll, ist es erforderlich, daß die Qualität der Dienstleistung, so wie in der Industrie, bis ins Detail genauestens überlegt und beschrieben wird. Der Ersteller ist dann gehalten, den partnerschaftlich vereinbarten Standard in stets gleichbleibender Qualität – und damit für den Fahrgast kalkulierbar – abzuliefern. Mit der Verantwortung der Aufgabenträger für den SPNV werden diese auch für die Qualität mitverantwortlich gemacht. **662**

Wo die Unterschiede bei der **Qualitätsverantwortung** zwischen Lieferanten und Aufgabenträgern liegt, zeigt Abb. 3.

Aufgabenträger (Einkäufer für den Fahrgast)	Lieferant/Produzent
• Kundengerechte Standards erstellen und vertraglich vereinbaren • Auditieren des Qualitätssicherungs-Systems beim Lieferanten (Systemaudit) • Durchführung von Stichproben (Produktaudit)	• Leistungserstellung in vereinbarter Qualität (Standards) zu marktgerechten Preisen • Aufbau eines Qualitäts-Sicherungs-Systems • Ablieferung gesicherter Qualität

Abb. 3: Unterschiedliche Qualitätsverantwortung nach Regionalisierung

Die Verantwortung der Aufgabenträger liegt eindeutig in der Aufgabe, das SPNV-Angebot für den Fahrgast einzukaufen und zwar so, daß die Kundenbedürfnisse befriedigt werden. Es sind also **kundengerechte Standards** zu erstellen.

663 Der Aufgabenträger muß daran interessiert sein, daß seine Qualitätsvereinbarung auch eingehalten wird, d.h. er auditiert das vorhandene oder ein im Aufbau befindliches **Qualitätssicherungssystem** des Lieferanten (Systemaudit). Notwendig sind ggf. auch Stichproben im Betrieb und draußen vor Ort, um festzustellen, ob das Produkt richtig geliefert wird (Produktaudits).

Auf der anderen Seite ist der Lieferant eindeutig verantwortlich für eine möglichst unternehmerisch und betriebswirtschaftlich effiziente Leistungserstellung in vereinbarter Qualität, d.h. er muß die Standards einhalten und die Dienstleistung zu marktgerechten Preisen produzieren, um wettbewerbsfähig zu sein.

Der Produzent ist ferner dafür verantwortlich, seine produzierte Qualität zu sichern, d.h. gleichbleibende und somit für den Kunden kalkulierbare Qualität auf Dauer anzubieten. Hierzu bedient er sich der entsprechenden Qualitätsnormen oder hat eigene Qualitätssicherungsverfahren entwickelt.

4. Produktstandards und Qualitätsmerkmale

664 Es ist erforderlich, für die verschiedenen Komponenten des SPNV-Angebotes die Merkmale und die dazugehörigen Standards zu erstellen. Der VRR hat z.B. folgende Einteilung vorgenommen (Abb. 4):

665 Innerhalb der einzelnen Komponenten sind wiederum Unterteilungen erforderlich, z.B. Leistungsangebot (**Pünktlichkeit**), Fahrzeuge (**Sauberkeit** innen und außen), **Service** (Qualifikation des Personals), Kommunikation (Infor-mation in den Zügen, an Bahnsteigen, in Fahrplanheften) usw.

Leistungsangebot	Fahrzeuge
Infrastruktur (Haltepunkte, Strecke)	Service und Sicherheit
Vertrieb	Kommunikation

Abb. 4: Festlegen von Merkmalen und den dazugehörigen Standards für den vom Lieferanten zu erbringenden Leistungsumfang unterteilt nach Komponenten

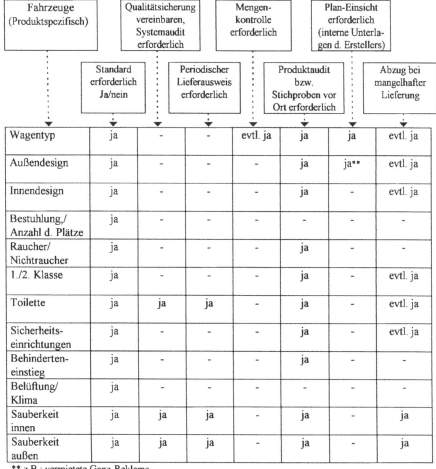

Fahrzeuge (Produktspezifisch)	Standard erforderlich Ja/nein	Qualitätsicherung vereinbaren, Systemaudit erforderlich	Periodischer Lieferausweis erforderlich	Mengen-kontrolle erforderlich	Produktaudit bzw. Stichproben vor Ort erforderlich	Plan-Einsicht erforderlich (interne Unterlagen d. Erstellers)	Abzug bei mangelhafter Lieferung
Wagentyp	ja	-	-	evtl. ja	ja	ja	evtl. ja
Außendesign	ja	-	-	-	ja	ja**	evtl. ja
Innendesign	ja	-	-	-	ja	-	evtl. ja
Bestuhlung,/ Anzahl d. Plätze	ja	-	-	-	-	-	-
Raucher/ Nichtraucher	ja	-	-	-	ja	-	-
1./2. Klasse	ja	-	-	-	ja	-	evtl. ja
Toilette	ja	ja	ja	-	ja	-	evtl. ja
Sicherheits-einrichtungen	ja	-	-	-	ja	-	evtl. ja
Behinderten-einstieg	ja	-	-	-	ja	-	-
Belüftung/ Klima	ja	-	-	-	-	-	-
Sauberkeit innen	ja	ja	ja	-	ja	-	ja
Sauberkeit außen	ja	ja	ja	-	ja	-	ja

** z.B.: vermietete Ganz-Reklame

Abb. 5: Klassifizierung SPNV-Merkmale und Qualitäts-Standards

407

666 Am Beispiel der Komponente Fahrzeuge (Abb. 5) soll gezeigt werden, für welche Merkmale **Qualitätsstandards** zu formulieren sind. Ferner wird deutlich, daß es notwendig ist, bei den Merkmalen nochmal bestimmte Anforderungen und Klassifizierungen einzuführen, z. B. ob ein Qualitäts-Merkmal eine besondere Qualitätssicherung notwendig macht, ob hier ein **Systemaudit**, ein periodischer Liefernachweis, oder ob eine Mengenkontrolle erforderlich ist, ob Stichproben vor Ort gemacht werden müssen, ob eine Plan-Einsicht mit dem Lieferanten vereinbart und durchgeführt werden muß und ob bei Nichterfüllung der Leistung bzw. bei mangelhafter Leistung ein Preisabzug vereinbart werden muß.

667 Die **Kriterien, die bei der Standarderstellung** eine Rolle spielen, werden in Abb. 6 dargestellt. Als eine Grundlage für den Standard ist eine vorhandene oder neue Marktforschung heranzuziehen, die auf dieses Merkmal bezogene Kundenanforderungen auch möglichst eindeutig ermittelt. Manchmal reicht aber auch Erfahrung und „gesunder Menschenverstand". Die Verantwortung hier richtig anzusetzen, ist sehr hoch. Wenn hier falsche oder zu hohe Anforderungen in Standards einfließen, wird am Ende der Standard möglicherweise unnötig teuer.

Kundenanforderung (Mafo)
Wirtschaftlichkeit
Managemententscheidung

Abb. 6: Kriterien bei der Standarderstellung

Ein weiteres Kriterium für die Standarderstellung ist die Frage, wie wirtschaftlich ein Produkt werden muß. Welche Kosten dürfen möglichst bei diesem Merkmal nicht überschritten werden bzw. wie hoch ist die Ertragsrelevanz dieses Merkmales.

Wichtiges Element für die Standarderstellung ist auch eine mutige Managemententscheidung, in welchen Feldern und mit welchen Merkmalen das Leistungsangebot bzw. das Produkt besonders ausgeprägt sein soll und wo Marktanteile erhöht werden sollen. Ein Beispiel ist hier die Frage, wieviel subjektive **Sicherheit** wir unseren Fahrgästen bieten wollen. Soll z. B. Sicherheitspersonal vermehrt eingesetzt werden oder soll die **personelle Präsenz** durch unterstützende Service-Kräfte geboten werden?

668 Die öffentliche Diskussion macht gerade diese Frage zu einem Kristallisationspunkt im ÖPNV. Dies hat die Landesregierung in NRW frühzeitig erkannt und die Initiative in zwei Stoßrichtungen ergriffen.

Zum einen fördert der Innenminister des Landes mit der Forcierung sogenannter „Ordnungspartnerschaften" die Überwindung von Zuständigkeitsdenken verschiedener Institutionen an Knotenpunkten des ÖPNV (Bundesgrenzschutz, Bahnschutz, private Wachdienste, Polizei, Zugbegleiter etc.).

Im Rahmen dieser Aktivitäten wird auch das Projekt „KOSINA" (Kooperation Sicherheit und Service im Nahverkehr) des VRR weiterverfolgt. Ziel dieses Projektes ist die Einrichtung einer Datenbank, die Vorfälle im Umfeld des ÖPNV erfaßt, um u. a. die Polizei bei der Lagebilderstellung zu unterstützen.

Zum anderen hat das Wirtschafts- und Verkehrsministerium das Förderprogramm Sicherheit und Service im ÖPNV aufgelegt, womit sowohl technische Hilfsmittel (Notrufe, Kameras) und Haltestelleneinrichtungen als auch der Einsatz von Sicherheits- und Servicekräften in den öffentlichen Verkehrsmitteln gefördert werden. Antragsteller sind kommunale Verkehrsunternehmen und Eisenbahnverkehrsunternehmen. Damit sollen insgesamt 800 bis 1000 neue Arbeitsplätze in NRW geschaffen werden.

Gleichzeitig mit der Erarbeitung eines Standards ist erforderlich, daß man mit **669** dem zukünftigen oder potentiellen Anbieter eines Produktes oder eines Produktsegmentes die Standards der einzelnen Merkmale partnerschaftlich verhandelt, d. h. schon bei der Erstellung von Anfang an den Partner einbezieht und die „Leistungsfähigkeit der Branche" sowie den Preis beachtet! Die dann erstellten Standards machen die Angebote und Leistungen erstmal vergleichbar. Also, Wettbewerb setzt das Vorhandensein von Standards voraus (**ohne Standards ist eine Ausschreibung nicht möglich**). Standards machen die Lieferung messbar und überprüfbar, d. h. wenn Mängel auftreten sind diese einklagbar, Standards sind also auch Grundlage für Abzüge.

Der Standard, der vom Aufgabenträger zu erstellen ist, d. h. aus Kundensicht er- **670** forderlich ist, unterscheidet sich von dem des Produzenten. Die Beschreibung des Standards durch Aufgabenträger muß die Kundenanforderung widerspiegeln, z. B. „fleckenfrei" bei Sitzen in Fahrzeugen. Die Standardbeschreibung, die ein Ersteller betriebsintern machen muß, würde für die gleiche Kundenanforderung lauten: 3 x täglich mit Besen trocken reinigen; falls Flecken vorhanden, mit Putzmittel „A" entfernen. Abb. 7 zeigt, wieviele Facetten allein der **Standard „Sauberkeit"** hat.

- **Fußboden, Seiten- und Stirnwände, Decke:**
  - sauber
  - fleckenfrei
  - frei von klebrigen Rückständen
  - frei von Schmierereien
- **Sitze**
  - sauber
  - fleckenfrei
  - frei von klebrigen Rückständen
  - frei von Schmierereien
  - trocken
  - frei von abfärbenden Mitteln
- **Scheiben:**
  - sauber, gleichmäßig durchsichtig
- **Toiletten**
  - hygienisch einwandfreier Zustand und Eindruck
- **Aschenbecher, Müllbehälter:**
  - nicht überfüllt
  - frei von übelriechenden Rückständen
- **grobe Verunreinigungen während des Betriebes**
  - anstößige, ekelerregende Verunreinigungen (z. B. Erbrochenes) sowie Verunreinigungen, die das Betreten des Wagens oder die Benutzung der Sitze beeinträchtigen (z. B. auslaufende Getränke), sind innerhalb von 2 Stunden zu entfernen
  - Grobmüll (z. B. Zeitungen, leere Flaschen und Dosen) ist innerhalb von 4 Stunden zu entfernen

Abb. 7: Beispiel für einen vorläufigen VRR-Sauberkeitsstandard für Fahrzeuge im SPNV

5. Lieferverträge und Qualitätssicherung

671 Geschäftsgrundlage der Beziehung zwischen Aufgabenträger und Lieferant sind **Lieferverträge,** im SPNV in der Regel **Verkehrsverträge** genannt. Aufbau und Inhalt solcher Verträge zeigt Abb. 8.

Neben der Liefermenge und der Standards für die Produkte ist eine **Bonus/Malus**-Regelung für Abweichungen von den vereinbarten Standards zu empfehlen.

Die Verantwortung für Qualitätssicherung – wie bereits vorher erwähnt – ist Sache des Lieferanten. Die betriebliche Vorsorge, daß am Ende des Planungs- und Produktionsprozesses die vereinbarte Qualität „beim Fahrgast" abgeliefert wird, stellt einen eigenen Kostenfaktor dar. Dies sind sogenannte **Qualitätskosten,** die in der Regel im Angebotspreis enthalten sind.

672 Inzwischen gibt es einige ÖPNV-Anbieter, die sich haben **zertifizieren** lassen. Der VRR hat z. B. mit fünf anderen Verkehrsverbünden und Zweckverbänden an die Adresse der Deutschen Bahn in Frankfurt/Main, GB Nahverkehr empfoh-

len, daß sich die Bahn AG baldmöglichst ein internes **Qualitätssicherungssystem** nach internationaler **Qualitätsrichtlinie** aufbaut und sich zertifizieren läßt.

Nach Abschluß eines Liefervertrages geht der partnerschaftliche Geschäftsverkehr weiter und ist mit Leben zu füllen.

Hierzu gehören die Durchführung von Soll-Ist-Vergleichen, d.h. die Prüfung der **673** gelieferten Menge, die Erstellung **periodischer Liefernachweise,** die Durchführung von Systemaudits, um sicherzugehen, daß das beim Produzenten vorhandene Sicherungssystem auch funktioniert, um also hier Vertrauen in die Kontinuität der Lieferzusage zu erhalten. Ferner sind vom Besteller sog. **Produktaudits** als Stichprobenprüfung möglichst am Produkt vor Ort durchzuführen sowie ggf. Einsichten in die Pläne des Produzenten vorzunehmen soweit dies besonders vereinbart wurde. Beispiel für eine Planeinsicht wäre z.B. die Einsicht in die Pläne des Reinigungs- und Sauberkeitsmanagements der Werkstätten, falls über längere Zeit Abweichungen bei entsprechenden Stichproben festgestellt worden sind.

Standard für Produkt-Qualität	Liefermengen je Produkt
Preisvereinbarung, Mengenvereinbarung, Soll-/Ist-Vergleich, Vereinbarung der Standards einschl. Abzüge bei Qualitätsmängeln, Qualitätssicherungsvereinbarungen, Liefernachweise/Stichproben usw.	
Gelieferte Menge in Produkt-Qualität	
Malus-Regelung:	Abzüge bei Teil- oder Nichteinhaltung der Liefermenge:
	Abzüge bei Lieferung minderer Qualität (Abweichung vom Standard)
evtl. Bonus-Regelung:	Anreiz-System z.B. bei „Mehr"-Erträgen oder „Mehr"-Fahrgäste/Bf

Abb. 8: Inhalte eines Liefervertrages

Im Grunde brauchte der Aufgabenträger, wie ein Einkäufer für sonstige Dienst- **674** leistungen und Produkte, ein Verzeichnis aller in Frage kommenden Lieferanten, die für SPNV-Leistungen zur Verfügung stehen. Diese Lieferantenliste müßte Hinweise geben auf Lieferfähigkeit, Leistungsfähigkeit und im Grunde auch eine Aussage machen, über ein vorhandenes, genormtes Qualitätssicherungssystem bzw. über andere Arten der Qualitätssicherung.

Es müßte eine Angabe über Preise, gegliedert in Dienstleistungsteile mit entsprechenden Qualitätsaussagen und Lieferbedingungen geliefert werden .

Ein anzustrebendes Ziel für die Zukunft ist es, solche Arten von Lieferantenverzeichnissen, möglicherweise in Partnerschaft mit anderen Aufgabenträgern aufzustellen und dann gemeinsam mit guten Konditionen am Markt SPNV einzukaufen.

Derzeit ist jedoch die Branche aufgrund der Monopolstellung der Bahn AG von diesem Ziel noch weit entfernt. Es ist jedoch zu beobachten, daß sich auch die Aufgabenträger formieren. Mittlerweile gibt es regelmäßig bundesweite Treffen der Aufgabenträger um z. b. Verhandlungsstrategien im Umgang mit der DB AG insbesondere beim Abschluß von Verkehrsverträgen abzustimmen. Auch das Thema Qualität wird inzwischen bundesweit koordiniert.

6. Ausblick

675 Das Ergebnis der Ausschreibung des VRR hat bundesweit Beachtung gefunden. Aller Orten prüfen nun kommunale Verkehrsunternehmen und Nichtbundeseigene Eisenbahnen, ob sie nicht einzelne SPNV-Linien oder gar Teilnetze anbieten.

Auch ausländische Anbieter drängen auf den deutschen Markt. So hält der französische Mischkonzern CGEA seit Anfang des Jahres 1997 60 % der Deutschen Eisenbahngesellschaft (DEG), einer der größten deutschen Nichtbundeseigenen Eisenbahngesellschaften. Die DEG führt z. B. ab 1999 auch den Betrieb auf der S-Bahn-Linie S28 Kaarst-Düsseldorf-Mettmann (RegioBahn) durch. In 5 oder 10 Jahren kann die SPNV-Landschaft völlig anders aussehen als heute. Es ist damit zu rechnen, daß dieDB AG in den nächsten Jahren bundesweit Marktanteile im Nahverkehr verlieren wird. Ganz entschieden kommt es darauf an, mit welcher Strategie die Aufgabenträger an ihre hohe Verantwortung herangehen.

Es kann nicht Ziel sein, die gesamte Branche in einen ruinösen Wettbewerb, begleitet von Lohndumping a'la Großbritannien zu forcieren. Hier sind zwar teilweise wirtschaftliche Erfolge zu verzeichnen, verkehrspolitisch hat jedoch der ÖPNV einen herben Rückschlag erlitten. Die Fahrgastzahlen sind zum Teil erheblich zurückgegangen.

Insgesamt ist derzeit ein Trend zum gemäßigten Wettbewerb zu verzeichnen. Es müssen mit Augenmaß sinnvolle Teilnetze gebildet werden, die sowohl aus Kundensicht als auch aus betriebswirtschaftlicher Sicht einen Sinn machen. Diese Teilnetze müssen garantieren, daß nicht aus kurzsichtigem Einsparungswahn gewachsene Strukturen zerschlagen werden, und für die Zukunft irreparable Schäden entstehen.

Es wäre wünschenswert, wenn auch der Geschäftsbereich Nahverkehr der DB AG so wie es im vergangenen Jahr der Geschäftsbereich Netz getan hat, Bereiche definieren würde, die von anderen Anbietern alleine oder gar in Kooperation mit der Bahn AG besser im Sinne des Kunden und der Verantwortlichen für die Finanzierung, angeboten werden können. Der vorausschauenden, flexiblen, offenen und kooperativen Planung dürfte die Zukunft gehören.

Literaturverzeichnis

[1]   VDV-Nachr. -Nr. 8/1997

[2]   Internationales Verkehrswesen (49) 12/97

[3]   ISOTOPE – Improved Structure and Organisation for urban Transport Operations of Passengers in Europe, UITP Euroteam, Amsterdam, Nov. 1997

Anhang

Grundsatzentscheidungen zur GVFG-Förderung

Abbruchkosten

676 Beschlüsse des FAK vom 28. 04. 1982 und 17. 11. 1994:

Abbruchkosten sind Baukosten. Fallen sie vor Erteilung des Bewilligungsbescheides an, so sind sie grundsätzlich nicht zuwendungsfähig. Bei erheblicher zeitlicher Differenz zwischen Abbruch und Baubeginn gibt es jedoch die Möglichkeit, die entstehenden Kosten in die Zuwendungsfähigkeit mit einzubeziehen, wenn

a) der Verkäufer des Grundstücks sich bereit erklärt, den Abbruch noch auf seine Rechnung vornehmen zu lassen. Die Kosten des Abbruchs werden dann Bestandteil der zuwendungsfähigen Grunderwerbskosten.

b) der Abbruch als vorzeitiger Baubeginn für förderungsunbedenklich erklärt wird. Dies sollte aber nur dann geschehen, wenn die Kosten des Abbruchs tatsächlich erheblich sind.

c) der Abbruch als Vorsorge- bzw. Vorfinanzierungsmaßnahme im Zusammenhang mit einem Vorhaben der städtebaulichen Erneuerung oder der Neuordnung der Erschließung anerkannt wurde. Maßgeblich für die Definition des Vorhabenbeginnes sind die Vorschriften der jeweiligen Landeshaushaltsordnung.

Begründung: Abbruchkosten fallen in der Regel nach Abschluß des Grunderwerbs an. Sie können deshalb den Gestehungskosten nicht mehr zugerechnet werden.

Ablösung von Betriebs- und Erhaltungskosten nach § 15 Abs. 4 EKrG

677 Erörterung im FAK am 03. 03. 1977:

Die Mitglieder des FAK waren der Ansicht, daß die Erhaltungs- und Betriebskosten nach § 15 Abs. 4 EKrG nicht zu den Baukosten und damit auch nicht zu den zuwendungsfähigen Kosten gerechnet werden können. Die Ablösung dieser Erhaltungs- und Betriebskosten durch eine einmalige Zahlung ändert den Charakter dieser Kosten als Unterhaltungsaufwand nicht; auch in diesem Falle ist daher die Einbeziehung in die nach GVFG zuwendungsfähigen Kosten nicht möglich.

Ablösung von Erhaltungskosten bei Kreuzungsmaßnahmen

678 FAK-Beschluß vom 27. 05. 1986

– Vorteilsausgleich, Erhaltungs- und Betriebskosten sind getrennt von den Baukosten zu betrachten,

– Ablösungsbeträge nach EKrG sind nicht zuwendungsfähig,

– Vorteile in der Erhaltung und Betriebsführung sind bei der Ermittlung der zuwendungsfähigen Kosten nicht zu berücksichtigen, unabhängig davon, ob sie dem Träger selbst entstehen oder von einem Dritten zu erstatten sind.

Abnahmekosten 679

Erörterung im UFAK am 10/1976 und FAK am 17. 11. 1994:

Kosten für bauaufsichtliche Abnahmen sind nicht förderungsfähig, weil sie unter Verwaltungskosten zu rechnen sind (vergl. Verwaltungskosten).

Ausgleichsflächen

FAK-Beschluß vom 17. 11. 1994 **680**

Voraussetzung für die Förderung einschl. Grunderwerb ist der Nachweis der Notwendigkeit und des Umfanges der Maßnahmen durch planungsrechtliche Festlegungen im Zusammenhang mit der Schaffung des Baurechts. Sofern die Ausgleichsmaßnahmen auch ohne Grunderwerb durch Nutzungsvereinbarungen sichergestellt werden können (rentierliche, verbleibende wirtschaftliche Nutzung der Ausgleichsflächen, z. B. Wald), ist die kostengünstigere Lösung zu wählen.

Automaten

FAK-Beschluß vom 18. 12. 1976: **681**

Kosten für die Wiederherstellung bereits in Betrieb genommener zerstörter Automaten sind nicht zuwendungsfähig, da es sich bei der Wiederherstellung bereits um Unterhaltung handelt.

Bagatellgrenze

Erörterung im FAK am 17. 11. 1994: **682**

Mit der Novellierung des Gemeindeverkehrsfinanzierungsgesetzes wurde die Bagatellgrenze von 200.000 DM zum 01. 01. 1992 aufgehoben. Es liegt nunmehr im Ermessen der Länder zu entscheiden, ob die Förderung von der Überschreitung einer Bagatellgrenze abhängig gemacht werden soll oder nicht. Vorhaben nach § 2 Abs. 1 Nr. 2 GVFG, die in Verdichtungsräumen oder den zugehörigen Randgebieten liegen, werden allerdings nur dann in das Bundesprogramm für den ÖPNV aufgenommen, wenn die zuwendungsfähigen Kosten den Betrag von 100 Mio. DM überschreiten.

Baulastträger, Aufstufung

FAK-Beschluß vom 17. 11. 1994: **683**

Wird eine Straße mit dem Ziel gebaut, daß die Baulast nach der Fertigstellung auf den Bund bzw. auf das Land übergehen soll, ist eine Förderung aus Mitteln des GVFG ausgeschlossen. Vorhaben, die in den Bedarfsplänen des Bundes bzw. eines Landes ausgewiesen sind, sind nicht förderungsfähig (vergl. Aufstufung).

Erörterung im FAK am 27. 05. 1986:

Mit Mitteln des GVFG geförderte Straßen dürfen nicht sofort nach ihrer Fertigstellung aufgestuft werden, weil das GVFG die Förderung von Maßnahmen in der Baulast der Gemeinden zum Zweck hat und deshalb die gebaute oder ausgebaute Straße für einen gewissen, im Einzelfall zu bestimmenden Zeitraum, in der Baulast der Gemeinde verbleiben muß (vergl. Baulastträger).

Bepflanzung

684 FAK-Beschluß vom 17. 11. 1994:

Die erstmalige Bepflanzung und Begrünung innerhalb der öffentlichen Verkehrsflächen ist Bestandteil der Verkehrsanlage und damit grundsätzlich förderungsfähig.

Behindertengerechte Baumaßnahmen

685 *a) Aufzüge in Stadtbahnanlagen*

AK Verkehrsanlagen vom 30.01/31. 10. 1985:

Zur angemessenen Berücksichtigung der Belange Behinderter können die Kosten für Aufzugsanlagen oder Rampen in Schnellbahnstationen auch neben Fahrtreppen zuwendungsfähig sein, soweit das Verkehrsaufkommen dies rechtfertigt. Dies gilt auch für die Nachrüstung von Schnellbahnstationen.

b) Behindertengerechte S-Bahnstationen

FAK-Beschluß vom 23. 11. 1988:

Nach intensiver Diskussion sprach sich der FAK gegen die Stimme des BMF für eine GVFG-Förderung der Nachrüstung mit behindertengerechten Einrichtungen von Bahnhöfen und Haltestellen der S-Bahnen der DB aus, sofern die gesetzlichen Voraussetzungen erfüllt sind.

c) Einbau von Blindenleitstreifen

FAK-Beschluß: 16. /17. 11. 1992:

Das nachträgliche Versehen von Haltestellen des öffentlichen Verkehrs mit Blindenleitstreifen ist förderfähig. Die Förderfähigkeit erstreckt sich auch auf Leitstreifen im engeren Einzugsbereich von Haltestellen, besonders von Zugängen zu unterirdischen Verkehrsanlagen.

Beleuchtungsanlagen

686 Erörterung im FAK am 27. 05. 1986:

Der FAK war überwiegend der Meinung, daß die Regelung der Förderung von Beleuchtungsanlagen an Straßen in den Baukostenrichtlinien beizubehalten sei.

Bestandspläne/Bauwerksbücher

FAK-Beschluß: 16. /17. 11. 1992: **687**

Nach den vom Finanzierungskreis erarbeiteten Richtlinien zum GVFG ist das Herstellen der Bestandspläne und Bauwerksbücher den Verwaltungskosten zugeordnet worden (s. o.). Aufgrund der Ausgabenzuordnung (Mai 1986) nach § 6 Abs. 3 des Gesetzes über die vermögensrechtlichen Verhältnisse der Bundesautobahnen und sonstigen Bundesstraßen des Fernverkehrs (BStrVermG) sind die Kosten für

– Bestandsvermessungen sowie erstmalige Erstellung von Bestandszeichnungen bei Bestandsaufnahmen von Straßen und Kunstbauten (bei Bauabschluß),
– Aufstellung der Bauwerksbücher,
– Aufstellung der Bestandspläne (bei Anfertigung der Bestandsunterlagen für Ingenieurbauwerke)

vom Bund als Baukosten zu tragen. In Anlehnung an das BStrVermG sollten die Richtlinien zum GVFG entsprechend geändert werden.

Das Herstellen der Bestandspläne und Bauwerksbücher ist bei den Verwaltungskostenrichtlinien zum GVFG unter Punkt 1.4 (Bauüberwachung und Baulenkung) zu streichen und bei den Baukostenrichtlinien zum GVFG unter Punkt 1 einzufügen.

Betriebserschwerniskosten

Erörterung im UFAK am 19. 02. 1976: **688**

Betriebserschwerniskosten des Baulastträgers selbst sind in keinem Fall zuwendungsfähig, daher auch keine Berücksichtigung eines Wertausgleichs; Betriebserschwerniskosten eines Dritten sind zuwendungsfähig.

Betriebsleitsysteme (rechnergesteuert)

FAK-Beschluß vom 27. 05. 1975 und FAK-Beschluß vom 17. 11. 1994: **689**

Die Erstausstattung mit einem Fahrzeuggerät als Bestandteil des rechnergesteuerten Betriebsleitsystems wird in die Förderung einbezogen. (vergl. Merkblatt zur Förderung rechnergesteuerter Beschleunigungs- und Betriebsleitsysteme RBBL)

Bundesprogramm

Finanzierungsfragen „Bundesprogramm" (20 %) und „Länderprogramm" **690** (80 %), Abgrenzung, Fördersätze bei Überschneidung

AK „Verkehrsanlagen": 17. 03. 1992, FAK-Beschluß: 16. /17. 11. 1992:

1.   Die Förderung sämtlicher GVFG-Vorhaben ist – unabhängig von den jeweiligen zuwendungsfähigen Kosten – im Landesprogramm denkbar. Das

Bundesprogramm hat – beschränkt auf bestimmte Vorhabengruppen – ergänzenden Charakter.

2. Grundlage für die jährliche Mittelzuweisung des Bundes an die Länder sind – im Rahmen der gesetzlich geregelten Mittelverteilung – die für das jeweilige Land im Bundes- und Landesprogramm ausgewiesenen Beträge.

3. Programmzuordnung

3.1 Schienenvorhaben in Verdichtungsräumen einschließlich Randgebiete über 100 Mio. DM zuwendungsfähige Kosten können wahlweise entweder in das Bundesprogramm oder das jeweilige Landesprogramm aufgenommen werden.

3.2 Vorhaben, die in das Bundesprogramm aufgenommen wurden, können zur beschleunigten Durchführung ergänzend aus dem Landesprogramm (Zuschußsatz 60 %) gefördert werden; dabei handelt es sich dann um eine endgültige Finanzierung, keine Vorfinanzierung.

3.3 In Einzelfällen können Vorhaben, die in das Bundesprogramm aufgenommen sind und mit bis zu 60 % gefördert werden, zur Entlastung der kommunalen/Landeshaushalte aus dem jeweiligen Landesprogramm ergänzend mit bis zu 75 % gefördert werden.

Dingliche Sicherung von Zuwendungen bei Vorhaben privater Träger

691 Erörterung im FAK am 20. 01. 1981:

Bau bzw. Ausbau von Omnibusbetriebshöfen werden nach § 2 Abs. 1 Nr. 3 GVFG gefördert. Zur Sicherstellung der zwecksprechenden Verwendung der Zuwendung und zur Sicherung eines evtl. Wertausgleichs wird vielfach bei privaten Zuwendungsempfängern die Eintragung einer beschränkten persönlichen Dienstbarkeit und einer Grundschuld zur Voraussetzung der Gewährung der Zuwendung gemacht.

Eine Veräußerung, Vermietung, Verpachtung oder Zweckentfremdung innerhalb eines Zeitraums von 20 Jahren seit Fertigstellung bedarf der Zustimmung der Bewilligungsbehörde; diese entscheidet ggf. auch über einen Wertausgleich.

Die Zuwendungsempfänger gehen davon aus, daß die eingetragenen dinglichen Rechte nach Ablauf von 20 Jahren generell zur Löschung bewilligt werden müssen. Andererseits sollen die geförderten Verkehrsinvestitionen grundsätzlich für einen längeren Zeitraum als 20 Jahre dem öffentlichen Personennahverkehr dienen. Eine Ausrichtung der Dauer der Zweckbindung an der voraussichtlichen Nutzungsdauer der Anlage erschiene von daher durchaus sachgerecht. Das Finanzministerium Baden-Württemberg hat mitgeteilt, daß aus seiner Sicht bei einer Orientierung am steuerlichen Abschreibungszeitraum eine Bindungsfrist von 30 Jahren für Omnibusbetriebshöfe richtig erscheine. Nach eingehender Erörterung der Frage sprachen sich die Vertreter der Bundesländer Hamburg, Hessen,

Rheinland-Pfalz, Schleswig-Holstein und Saarland für eine 20jährige und die Vertreter von Baden-Württemberg, Bayern und Nordrhein-Westfalen für eine 30jährige Bindungsfrist aus.

Eisenbahnkreuzungsgesetz – Förderung nach § 17 EKrG –

FAK-Beschluß: 16. /17. 11. 1992: **692**

Da kein Rechtsanspruch auf GVFG-Förderung besteht, kann die EKrG-Finanzierung vom BMV nicht mit Hinweis auf GVFG-Fördermöglichkeit abgelehnt werden.

Entschädigungen für Unterfahrungen (FAK-Beschluß v. 5. 6. 1997)

Die Wertminderung eines Grundstückes durch eine Dienstbarkeit für eine Tun- **693** nelunterfahrung kann als Teil der zuwendungsfähigen Gestehungskosten anerkannt werden, wenn zum Zeitpunkt der Antragstellung bereits Mindererlöse aus einer feststehenden Wiederveräußerung des Grundstückes konkret nachgewiesen werden.

Erbbaurechte – Erbpacht Finanzierung –

FAK-Beschluß vom 18. 02. 1976: **694**

Als „Gestehungskosten" wird das 10-fache des vertraglich festgelegten jährlichen Erbbauzinses anerkannt.

Begründung:

Der Lösungsvorschlag geht davon aus, daß eine vertraglich festgelegte Fortschreibung des Erbbauzinses, z.B. in Anlehnung an den Lebenshaltungsindex, nicht berücksichtigt wird und Zuschüsse nur für Vorhaben gewährt werden, für die ein Erbbaurechtsvertrag auf mindestens 20 Jahre abgeschlossen wurde.

Wird das 10-fache des Erbbauzinses im Jahr vor der ersten Erbschuld ausgezahlt und verzinslich festgelegt, so können bei einer Verzinsung von

- 10 %: unendlich Jahre
- 9 %: 27 Jahre
- 8 %: 21 Jahre
- 7 % 18 Jahre

die anfallenden Erbbauzinsen bestritten werden.

Ersatzparkraum

FAK-Beschluß vom 18. 02. 1976 mit Änderung durch FAK-Beschluß vom **695** 17. 11. 1994:

Kosten für die Schaffung von Ersatzparkraum bei Inanspruchnahme von Parkplätzen für ein Vorhaben sind grundsätzlich nicht zuwendungsfähig. Anders ist es nur dann, wenn eine Ersatzbeschaffungspflicht gegenüber Dritten besteht.

Begründung:

Die Frage, ob Kosten, die dem Vorhabenträger selbst durch Ersatzbeschaffung für eigene, durch ein förderungsfähiges Vorhaben verdrängte Anlagen entstehen, zuwendungsfähig sein können, ist mehrfach während der Beratungen der Richtlinien „Grunderwerb" und „Baukosten" erörtert worden. Die Entscheidung dieser Frage ist ganz allgemein dahingehend getroffen worden, daß solche Kosten nur dann zuwendungsfähig sein können, wenn eine Ersatzbeschaffungspflicht gegenüber Dritten besteht. Die Frage kann für Ersatzparkraum nicht anders entschieden werden.

Ersatzwohnraumbeschaffung

696 Erörterung im UFAK am 19. 02. 1976:

Werden im Zuge von Verkehrsmaßnahmen Wohnhäuser beseitigt, so erhalten die Eigentümer Entschädigung. Nach dem GVFG ist eine Beschaffung von Ersatzwohnraum nicht vorgesehen.

Erschließungskosten bei Grunderwerb

697 FAK-Beschluß vom 10. 10. 1978:

Auch Erschließungskosten, die nach Grunderwerb und vor Bewilligungsbescheid anfallen, sind zuwendungsfähig.

Fahrgastzähleinrichtungen – stationär –

698 FAK-Beschluß vom 27. 05. 1986

Zählgeräte, die Grundlage für die Einnahmeaufteilung im Verbund sind, sind nicht zuwendungsfähig und unterscheiden sich von den Zählgeräten, die Bestandteil des rechnergesteuerten Betriebsleitsystems sind.

Fahradwege

699 Erörterung im FAK am 28. 04. 1982 und FAK-Beschluß vom 17. 11. 1994:

Nach GVFG und Bundesfernstraßengesetz (§ 5a FStrG) ist eine Förderung von Fahrradwegen möglich, wenn ein Zusammenhang mit einer nach GVFG oder FStrG förderungsfähigen Straße gegeben ist. Eine darüber hinausgehende Förderung würde eine Änderung der entsprechenden Gesetze bedingen.

Die nachträgliche Anlage separater Radwege und die bauliche Neuaufteilung des Straßenraumes zur Anlage von Radverkehrsflächen an förderungsfähigen Straßen sind förderungsfähige Ausbaumaßnahmen.

Förderobergrenzen (Empfehlungen des UFAK „Verkehrsanlagen des ÖPNV" v. 25. 10. 1993)

700 P + R-Anlagen

Die Fördergrenze für P+R-Anlagen von bisher 15.000 DM wird auf nunmehr 18.000 DM zuwendungsfähige Kosten (brutto, d.h. einschl. Grunderwerb) pro Stellplatz erhöht.

B+R-Anlagen

Die Förderobergrenze für B+R-Anlagen wird auf 1.500 DM zuwendungsfähige Kosten je Standplatz festgelegt. Grunderwerbskosten sind darin nicht einschlossen. Sie sind gesondert zu ermitteln.

Zentrale Omnibusbahnhöfe

In Ausfüllung der in § 3 GVFG genannten Fördervoraussetzungen sind beim Bau oder Ausbau von zentralen Omnibusbahnhöfen als Förderobergrenze 250.000 DM pro Stellplatz als zuwendungsfähig zugrundezulegen. Darin sind die Kosten Grunderwerb, Zufahrt und Witterungsschutz enthalten.

Förderpauschale für Fahrzeugausrüstung (UFAK Verkehrsanlagen des ÖPNV v. 25. 10. 1993)

Zur Erfüllung der Basisfunktionen wird die Fahrzeugausrüstung (ohne Verkabelung) ohne Einzelnachweis der hierzu erforderlichen Anlagenteile mit einer Pauschale pro Fahrzeug gefördert. Diese beträgt bei Einrichtungsfahrzeugen 15.000 DM und bei Zweirichtungsfahrzeugen 30.000 DM (vgl. Merkblatt zur Förderung von rechnergesteuerten Beschleunigungs- und Betriebsleitsystemen (RBL). **701**

Förderungsvoraussetzungen (Dauer)

Erörterung im UFAK am 30.04. und 29. 10. 1975: **702**

Grundsätzlich müssen die Förderungsvoraussetzungen etwa noch 5 Jahre nach Inbetriebnahme vorliegen. Die Entscheidung über eine Rückforderung ist im Einzelfall zu treffen.

Begründung:
Bei dieser Frage ist eine Ermessensentscheidung zu treffen. Dabei ist zu berücksichtigen, daß eine vernünftige Entscheidung zwischen den beiden Komponenten

1) ‚Förderungsvoraussetzungen brauchen nur bis zum Abschluß des Vorhabens vorzuliegen' und

2) ‚Förderungsvoraussetzungen müssen für alle Zeiten vorliegen'

zu treffen ist. Fünf Jahre erscheint als angemessener Zeitraum. Besonderheiten im Einzelfall können eine andere Entscheidung erforderlich machen (vgl. Zweckbindungsfrist).

Fremdnutzung von Betriebshöfen (FAK-Beschluß v. 5. 6. 1997)

703   Es besteht Übereinstimmung, daß eine Nutzung von GVFG-geförderten Betriebshöfen durch Nicht-ÖPNV-Bereiche, solange sie von untergeordneter Bedeutung bzw. vorübergend ist, förderunschädlich ist und keine Rückforderungsansprüche auslöst.

Folgekosten bei Verlegen von Versorgungsleitungen:

704   Entschädigungen im Zuge von GVFG-Maßnahmen, die aufgrund von förderungsfähigen Straßenbaumaßnahmen notwendig werden, können nur an selbständige Betriebe gewährt werden, für die keine Folgekostenpflicht besteht. Hierbei sind Konzessionsverträge der beteiligten Betriebe vom jeweiligen Zuwendungsgeber einer besonderen Prüfung zu unterziehen.

Funkanlagen – ortsfest –

705   Erörterung im UFAK am 20. 04. 1975, Beschluß des FAK am 18. 02. 1976:

Funkanlagen bei Betriebshöfen und Werkstätten können analog den Baukosten-RL zuwendungsfähig sein.

Gemeinkostenzuschläge

706   FAK-Beschluß: 28. 04. 1982:

Lohnkostenzuschläge für Eigenleistungen bei Vorhaben nach dem GVFG sollen auch weiterhin nach den Regelungen, die für Kreuzungsvorhaben nach dem Eisenbahnkreuzungsgesetz (EKrG) gelten, gehandhabt werden; die entsprechenden Lohnsätze (einschl. der Lohnkostenanteile für Urlaub, Vermögensbildung, etc.) werden jährlich fortgeschrieben. Die Änderung der Lohnkostenzuschläge wird im Rahmen der Vorschriften des EKrG behandelt.

Gepäckschließfächer

707   Erörterung im UFAK am 30. 04. 1975, FAK-Beschluß: 18. 02. 1976:

Bezuschussung nicht möglich, weil Amortisation durch Entgelt (Entscheidung des Landes im Einzelfall)

Grundbuch (Rangstelle)/Dingliche Sicherung

708   Erörterung im UFAK am 26. 11. 1974 und 29. 10. 1975, ohne Empfehlung

Der Vorhabenträger eines neuen Betriebshofes oder einer zentralen Werkstatt muß in der Regel die erste Rangstelle im Grundbuch für die Finanzierung seines eigenen Anteils einräumen, so daß diese Rangstelle nicht für die Sicherung eines evtl. Rückforderungsanpruchs nach IV. Nr. 2 (Betriebshöfe-RL) zur Verfügung steht. Die erste Rangstelle für diesen Anspruch ist von Landesseite bisher gefordert worden, z. B. in Baden-Württemberg.

Lösung:
Benötigt der Vorhabenträger die erste Rangstelle im Grundbuch zur Sicherung seiner Eigenfinanzierung, so kann ohne weiteres die Sicherung für den Rückforderungsanspruch nach IV. der „Betriebshöfe-Richtlinien" an die folgende Rangstelle treten.

Begründung:
Der Rückforderungsanspruch ist auch an der folgenden Rangstelle noch ausreichend gesichert.

Grunderneuerung

FAK-Beschluß vom 17. 11. 1994: **709**

Grunderneuerung ist -in Abgrenzung zur Wartung und Reparatur – die wesentliche Verbesserung des Gebrauchswerts ortsfester Verkehrsanlagen durch größere Instandsetzungen, Erneuerung oder Austausch einzelner oder mehrerer Komponenten

Grunderneuerungen sind nur in den neuen Bundesländern befristet förderfähig (§ 2 Abs. 3 GVFG). Die Wiederherstellung einer vorhandenen Verkehrsanlage nach deren Abnutzung dient der Erhaltung des ursprünglichen Verkehrswertes und ist Grunderneuerung.

Erfolgt eine Verbesserung des Verkehrswertes durch eine Neuaufteilung bzw. Verbreiterung der Verkehrsflächen oder eine Erhöhung der Belastbarkeit bzw. Tragfähigkeit von Verkehrsflächen (einschl. Brücken), liegt ein förderungsfähiger Ausbau vor.

Grunderwerb bei Betriebshöfen und zentralen Werkstätten in privater Hand

Erörterung im FAK am 03. 03. 1977 und 17. 11. 1994: **710**

Problem:
Wie ist bei der Festsetzung der zuwendungsfähigen Kosten zu verfahren, wenn das für die neue Anlage benötigte Grundstück von einem Familienangehörigen des Unternehmers oder von einem Mitgesellschafter eines als Gesellschaft geführten Unternehmens erworben wird? Ein gleichgelagertes Problem besteht, wenn bei einem durch Aufgabe der alten Anlage freiwerdenden Grundstück derartige Eigentumsverhältnisse bestehen: Kann bzw. muß der Wert des freiwerdenden Grundstücks von den zuwendungsfähigen Kosten abgesetzt werden?

Die Frage, ob bei der Beurteilung von einer formalrechtlichen – der Grunderwerb ist als eigenständiger Rechtsvorgang zwischen zwei selbständigen Personen anzusehen – oder „wirtschaftlichen" Betrachtungsweise auszugehen ist, trat schon in den Anfangszeiten der Gemeindeverkehrswegeförderung auf, und zwar bei kommunalen Verkehrsunternehmen, die rechtlich selbständig – z.B. als GmbH oder AG – geführt werden, aber ganz oder überwiegend in der Hand der Gemeinde sind. Damals war vom Bundesminister für Verkehr der formalrechtliche Standpunkt vertreten und der Grunderwerb des selbständigen Unternehmens von der Gemeinde als zuwendungsfähig anerkannt worden. Der Grunderwerb wurde nur dann als nicht zuwendungsfähig angesehen, wenn das Verkehrsunternehmen als unselbständiges, gemeindeeigenes Unternehmen betrieben wurde. Die formalrechtliche Betrachtungsweise wurde nicht zuletzt deshalb als richtig angesehen, weil als Ausgleich hierzu die Folgekostenpflicht herangezogen werden konnte: Selbständige Unternehmen waren in der Regel folgekostenpflichtig, unselbständige nicht.

Überwiegend waren die Mitglieder des FAK der Ansicht, daß diese bei kommunalen Unternehmen angewandte Handhabung nicht ohne weiteres auch auf private Unternehmen übertragen werden kann. Bei diesen ist die Gefahr einer Bereicherung (Förderquote von überwiegend mehr als 80 %!) weniger auszuschließen als bei öffentlichen Unternehmen.

Man war daher mit Mehrheit -ohne Widerspruch- der Ansicht, daß bei Festsetzung der zuwendungsfähigen Kosten ein Grunderwerb innerhalb der Familie nicht zu berücksichtigen ist. Entsprechend ist im Fall eines freiwerdenden Grundstückes der Wert des Grundstückes von den zuwendungsfähigen Kosten abzusetzen. Dies ist ohne direkte Abweichung von der formalrechtlichen Betrachtungsweise möglich, in dem von dem Gesetz eingeräumten Spielraum für die Höhe der Förderung – „bis zu 75 %" – Gebrauch gemacht wird.

FAK-Beschluß vom 10. 10. 1978:

Anlaß, die Frage im FAK zu behandeln, ist die Sorge vor mißbräuchlicher Ausnutzung, insbesondere bei der Förderung von Betriebshöfen und zentralen Werkstätten nach dem GVFG. Es geht darum, daß im Unternehmensverband zwischen Mutter- und Tochtergesellschaften Grundstücke veräußert und erworben werden können, um auf diese Weise auch für den Grundstückserwerb in den Genuß von Zuwendungen nach dem GVFG zu gelangen.

Die Grunderwerbskosten im Zuge solcher „In-sich-Geschäfte" sind im privaten Bereich nicht zuwendungsfähig (siehe FAK-Beschluß vom 03. 03. 1977). Bei den öffentlichen Betrieben wurde bisher der Grunderwerb zwischen Kommune und Eigengesellschaft als zuwendungsfähig, der Grunderwerb zwischen Eigengesellschaften (Töchter) jedoch nicht als zuwendungsfähig behandelt. Verschiedene Mitglieder äußerten Bedenken politischer und rechtlicher Art gegen die bisher praktizierte unterschiedliche Behandlung der Zuwendungsfähigkeit bei Grunderwerbsvorgängen im öffentlichen und privaten Bereich.

Es wurde beschlossen, daß wie bisher verfahren werden soll. Jedoch sollen auch die Kosten für Grunderwerb zwischen Tochterbetrieben im öffentlichen Bereich zuwendungsfähig im Sinne des GVFG sein. Im privaten Bereich ist nach wirtschaftlichen Gesichtspunkten zu entscheiden. Die Zusatzfrage, ob auch die Kosten für den Erwerb von als Straßenland genutzten Grundstücken nach dem

01. 01. 1961 zuwendungsfähig sind, wird vom FAK bejaht. Die Grundstückspreise können dabei jedoch nur sehr niedrig angesetzt werden.

Grundstück – freiwerdend (Erörterung im UFAK am 22. 01. 1975 und 30. 04. 1975)

Der Wert eines freiwerdenden Grundstücks ist bei der Festsetzung der zuwen- **711** dungsfähigen Kosten (Z. B. bei Verlegung von Betriebshöfen) zu berücksichtigen, gleich ob es verkauft wird oder nicht. Diese Regelung wurde getroffen unter dem Gesichtspunkt, daß die zur Verfügung stehenden Mittel sparsam verteilt werden, um möglichst viele Vorhaben fördern zu können.

Güterverkehrszentren (FAK-Beschluß vom 18. 11. 1994)

Güterverkehrszentren (GVZ) sind Transportgewerbegebiete mit Infrastruktur- **712** einrichtungen für den kombinierten Ladungsverkehr (KLV) an geeigneten Systemschnittstellen. Ziel ist die Reduzierung von vermeidbarem Straßengüterverkehr insbesondere durch Verlagerung auf die Schiene und auf das Binnenschiff sowie durch Citylogistik.

Ein Güterverkehrszentrum ist auch dann gegeben, wenn mehrere räumlich getrennte Teilflächen durch betriebliche Vernetzung so miteinander verbunden werden, daß sie wie eine zusammenhängende Fläche bewirtschaftet werden können (dezentrale Lösung).

Von Güterverkehrszentren zu unterscheiden sind die Güterverteilzentren, die auf logistische Dienstleistungen und die Kooperation von Speditionen ausgerichtet sind, sowie Transportgewerbegebiete, die keine Möglichkeiten für den angestrebten Systemwechsel aufweisen (ohne KLV-Terminal).

Förderungsfähig nach dem GVFG sind nur öffentliche Verkehrsflächen für Bereiche, die in Bebauungsplänen als Güterverkehrszentren ausgewiesen sind und entsprechend genutzt werden. Eine Flächennutzung durch artfremde Betriebe reduziert die Höhe der Zuwendung.

In Anbetracht der geringen Zahl der Güterverkehrszentren und der unterschiedlichen Standortvoraussetzungen sind Einzelfallentscheidungen unvermeidlich.

Haltestelleneinrichtungen/Bahnsteige

Die Beschaffung von Niederflurbussen macht eine Anpassung des Niveaus der **713** Bussteige erforderlich. Der AK sprach sich für die Förderfähigkeit im Rahmen des kommunalen Straßenbaus aus.

FAK-Beschluß vom 16. /17. 11. 1992:

a) Teilaufhöhung von Bahnsteigen und Haltestellen
   Die Teilaufhöhung von Bahnsteigen und Haltestellen hat sich als machbar erwiesen und gewinnt im S-Bahn-Bereich um so mehr an Bedeutung, je mehr

der Güterverkehr der Eisenbahnen an Bedeutung verliert. Sie ist förderfähig im Sinne des GVFG.

b) Standard von Haltestelleneinrichtungen und Förderfähigkeit nach dem GVFG

Es wird grundsätzlich anerkannt, daß das gemeinsame Ziel „Reduzierung des MIV" insbesondere mit einem attraktiven ÖPNV erreichbar ist. Die Novellierung des GVFG 1992 trug diesem Anliegen durch entsprechende Ausweitung des Förderkataloges Rechnung. Die Erstellung entsprechender Anlagen kann jedoch nicht allein von GVFG-Zuwendungen abhängig gemacht werden, ebensowenig wie die Ausführung des Vorhabens vom GVFG bestimmt werden kann. Das GVFG ist keine Bauvorschrift. Allgemeingültige Qualitätsvorgaben in der vorgeschlagenen Präzision schränken den Entscheidungsspielraum der Länder zu sehr ein.

FAK-Beschluß vom 17. 11. 1994:

Mit der Einführung des Fördergegenstandes 'Haltestelleneinrichtungen' im Jahre 1992 ist bei der Verwendung von Niederflurbussen die Anpassung des Niveaus der Bussteige unabhängig davon förderungsfähig, ob die jeweilige Straße nach § 2 Abs. 1 Nr. 1 Buchstabe a-g förderungsfähig ist oder nicht.

Hebeböcke

714 (fest mit dem Boden verbundene Einrichtungen)

Erörterung im UFAK: 30. 04. 1975:

nach der RL Betriebshöfe förderungsfähig.

Jahresmengenrabatte

715 FAK-Beschluß: 27. 05. 1986:

Kosten sind nur insoweit zuwendungsfähig, als sie bei Bau oder Ausbau tatsächlich anfallen. Jahresmengenrabatte vermindern die notwendigen Kosten und sind daher abzusetzen. Die Rückforderung von Fördermitteln ist Sache des betreffenden Landes.

Kontaminierungen (Zuwendungsfähigkeit der Kosten)

716 FAK-Beschluß vom 16. /17. 11. 1992:

1. Grundsatz: Den Baugrund stellt der Auftraggeber (=Projektträger), die Kostentragungspflicht liegt bei ihm.

Der Auftraggeber – Projektträger – zeichnet gegenüber dem Auftragnehmer verantwortlich für den Grund und Boden, auf/in dem gebaut wird. Er trägt das Risiko beim Auffinden von Kontaminierungen. Insofern ist er verpflichtet, die Zuwendungsgeber über die möglichen Risiken umfassend zu informieren. Hier ist auf § 44a BHO zu verweisen. Es liegt also in seiner Verantwortung,

- sich bereits beim Erwerb von Grund und Boden bzw. bei Sicherung von Grunddienstbarkeiten ein Bild von der Situation zu machen,
- im Rahmen der Baugrunduntersuchungen im Planungs-/Vorbereitungs-stadium die Situation bzgl. kontaminierender Stoffe zu erfassen und zu bewerten,
- Planungsalternativen aufzuzeigen, die Eingriffe in kontaminierte Bereiche vermeiden bzw. minimieren,
- erforderliche Sanierungsmaßnahmen zu planen und die zugehörigen Kosten zu ermitteln,- soweit sie zur Lösung der verkehrlichen Aufgabe erforderlich sind (Berücksichtigung im Finanzierungsantrag)

2. Grundsatz: Grundsätzlich besteht Regreßanspruch gegenüber dem Grundeigentümer bzw. dem Verursacher der Kontaminierung

Der Projektträger hat zu prüfen, inwieweit nach § 4 Abs. 3 Nr. 1 GVFG ein Anspruch in der Kostentragungspflicht gegenüber Dritten besteht. Im Einzelfall ist zu prüfen, inwieweit auf Grund früherer rechtlicher Gegebenheiten die Sanierungspflicht unbillig oder nicht zumutbar ist.

3. Grundsatz: Es ist zu unterscheiden zwischen Kontaminierung mit und ohne gesetzlich normierte Pflichten zum Einschreiten.

Bei Kontaminierung mit Einschreitungspflicht (Gefahr für die Umwelt, insbesondere das Grundwasser) ist eine Sicherung oder Sanierung auch ohne die Baumaßnahme grundsätzlich erforderlich. Bei Kontaminierung ohne Einschreitungspflicht geht keine unmittelbare Gefahr für die Umwelt aus, es sind keine direkten Sicherungs- oder Sanierungsmaßnahmen erforderlich. Kosten entstehen erst durch die „Zustandsstörung")

4. Grundsatz: Kosten bei Kontaminierung mit Einschreitungspflicht sind grundsätzlich nicht zuwendungsfähig

Sofern die Sicherung/Sanierung des Bodens auch ohne Zustandsstörung durch die Baumaßnahme zwingend erforderlich ist, ist die Zuwendungsfähigkeit der insoweit entstehenden Kosten nicht gegeben.

5. Grundsatz: Kosten bei Kontaminierung ohne Einschreitungspflicht sind zuwendungsfähig, soweit Regreßansprüche nicht realisiert werden können.

Die Sanierung und Sicherung des Bodens wird erst als Folge der Baumaßnahme notwendig. Von daher können die Kosten – soweit Regreßansprüche nachweislich nicht realisiert werden können – grundsätzlich den Baukosten zugerechnet und als zuwendungsfähig anerkannt werden.

Wiederverwertung teerhaltiger Ausbauasphalte

FAK-Beschluß vom 17. 11. 1994:

Der Wiedereinbau zerkleinerter (Kornbereich 0 – 33 mm) teerhaltiger Ausbaumasse ist nach Ummantelung mit Spezialbitumen oder hydraulischem Bindemittel als Fundations- oder Tragschicht grundsätzlich möglich und förderungsfähig. Die Förderung umfaßt die Mehrkosten für Transport und Aufbereitung. Ausbau und Einbau regeln sich durch die ohnehin vorhandenen Erd- und Dekkenbaupositionen. Soweit das aufbereitete Material nicht in der geförderten Baumaßnahme wiederverwendet werden kann, muß es von der Förderung ausgenommen werden. Zu den förderungsfähigen Kosten gehören während der Baudurchführung auch die entstehenden Kosten für Baustoffprüfungen und Laboruntersuchungen.

Kostenstand (FAK-Beschluß vom 25. 11. 1983)

717   Für Vorhaben nach dem GVFG ist der Kostenstand zum Zeitpunkt der Antragstellung zugrunde zu legen.

Künstlerische Maßnahmen (FAK-Beschluß vom 27. 05. 1986)

718   Nach den Baukostenrichtlinien sind beim Straßen-/Stadtbahnbau Kosten für die künstlerische Ausgestaltung nicht zuwendungsfähig nach GVFG.

Lärmschutzmaßnahmen (FAK-Beschluß vom 25. 11. 1983)

719   Die Mitglieder sprechen sich grundsätzlich für die entsprechende Anwendung der „Richtlinien für den Verkehrslärmschutz an Bundesfernstraßen in der Baulast des Bundes" (Allgemeines Rundschreiben Straßenbau 8/1983 des BMV) für Lärmschutzvorsorge bei GVFG-Maßnahmen aus. Sofern ein Land aus zwingenden Gründen abweichend verfährt, muß dessen Regelung akzeptiert werden.

Lärmvorsorge/Lärmsanierung (FAK-Beschluß vom 16. /17. 11. 1992)

720   Maßnahmen der Lärmvorsorge sind im Zuge von Neubau- und Ausbaumaßnahmen an verkehrswichtigen kommunalen Straßen nach den Erfordernissen der 16. Verordnung zur Durchführung des Bundesimmissionsschutzgesetzes (Verkehrslärmschutzverordnung – 16. BimSchV) grundsätzlich förderungsfähig.

Eine nachträgliche Lärmsanierung an bestehenden kommunalen Straßen ist keine Neubau- oder Ausbaumaßnahme nach GVFG und damit nicht zuwendungsfähig. Eine verpflichtende bundesgesetzliche Rechtsgrundlage zur Lärmsanierung besteht nicht. Zuständig für notwendige Lärmschutzmaßnahmen ist der Baulastträger des jeweiligen Verkehrsweges.

Leasing-Finanzierung (Erörterung im FAK am 10. 10. 1978 und FAK-Beschluß 28. 04. 1982)

721   Es sind keine finanziellen Vorteile gegenüber der direkten Finanzierung erkennbar.

GVFG-Mittel dienen als Investitionshilfen der direkten Finanzierung eines Vorhabens. Leasingkosten sind als Betriebsmittel anzusehen und können nicht aus dem GVFG finanziert werden (Beschaffungsförderung).

Eine Leasing-Finanzierung (als Betriebsmittelfinanzierung) aus GVFG-Mitteln wurde abgelehnt.

Lehrwerkstätten

FAK-Beschluß: 12. 02. 1976:   **722**

Lehrwerkstätten sind nach dem ausdrücklichen Wortlaut der „Betriebsföfe-Richtlinien" nicht förderungsfähig. Eine Änderung der Richtlinien würde der Zweckbindung der Mineralölsteuermittel widersprechen.

FAK-Beschluß: 28. 04. 1982:

Verwaltungskosten bei Versorgungsleistungen:

FAK-Beschluß: 25. 11. 1983:

Die Mehrheit der Mitglieder ist der Auffassung, Verwaltungskosten anderer städtischer Referate sind nicht förderungsfähig. BMV erinnert daran, daß frühere Erörterungen ergeben haben, daß sich Vor- und Nachteile einer rechtlich selbständigen oder einer nicht selbständigen Organisation der leitungsverlegenden Stelle im Ergebnis ausgleichen.

Mängelbeseitigung

FAK-Beschluß: 18. 02. 1976:   **723**

Mängelbeseitigung gehört noch zum Bau oder Ausbau, da der Bau oder Ausbau nicht als abgeschlossen angesehen werden kann, solange noch Mängel in der Ausführung bestehen. Durch Mängelbeseitigung zusätzlich entstehende Kosten, weil die bauausführende Firma in Konkurs gegangen ist oder aus anderen Gründen nicht zur Gewährleistung herangezogen werden kann, sind zuwendungsfähig.

Markierungen (FAK-Beschluß v. 5. 6. 1997)

Das nachträgliche Anbringen oder die Änderung einer bloßen Fahrbahnmarkie-   **724**
rung auf bestehenden Straßen für sich allein ist nicht als Ausbaumaßnahme anzusehen und deshalb nach § 2 Abs. 1 Nr. 1 GVFG nicht förderfähig.

Mehrwertsteuer

Sofern in den Kostenermittlungen Mehrwertsteuer enthalten ist, ist das Rund-   **725**
schreiben des Bundesministers für Finanzen vom 03. 12. 1969- H 1305 − 77/68 (MinBl. Fin 1969 S. 22) zu beachten.

Mittelrückflüsse

FAK-Beschluß: 23. 11. 1988, modifiziert durch Beschluß vom 17. 11. 1994:   **726**

Die Länder entscheiden in eigener Verantwortung über die Rückforderung von Zuwendungen aus Bundesfinanzhilfen und über die Verzinsung.

Zurückgezahlte Zuwendungen sind aufgrund der Zweckbindung der GVFG-Förderung wieder zuzuführen.

Danach verbleiben zurückgezahlte Mittel des kommunalen Straßenbaus sowie der ÖPNV-Landesprogramme bei dem jeweiligen Land, ÖPNV-Mittel des Bundesprogrammes werden beim Bundesprogramm vereinnahmt, wobei dem betreffenden Land ein Vorgriffsrecht eingeräumt wird.

Zinsen für zurückgezahlte GVFG-Mittel sind nach Auffassung des Bundes an den Bundeshaushalt (Kap. 1218 Tit. 119 99) abzuführen. Hierzu bestehen jedoch unterschiedliche Auffassungen. Diese Frage soll vom Bundesminister für Finanzen mit den Länderfinanzministern geklärt werden (Vereinbarung mit den Ländern erforderlich).

Omnibusbetriebshöfe, Betriebsdienstfahrzeuge (AK Verkehrsanlagen: 25. 09. 1984)

727 Die Förderung soll nur auf die im ÖPNV eingesetzten Fahrzeuge beschränkt werden. Im Zähler des Quotienten zur Ermittlung des ÖPNV-Nutzungsgrades sind nur Fahrzeuge einzusetzen, die ausschließlich von der Kfz-Steuer befreit sind. Im Nenner sollen dagegen alle Fahrzeuge angesetzt werden.

Park+Ride-Anlagen

728 Seit dem 01. 01. 1992 gehören Park+Ride-Anlagen zu den Umsteigeanlagen zur Verringerung des motorisierten Individualverkehrs (vgl. Umsteigeanlagen)

Parkleitsysteme (FAK-Beschluß: 16. /17. 11. 1992)

729 Parkleitsysteme gehören zu den Verkehrsleit- und Informationssystemen (GVFG-Formulierung „Verkehrsleitsysteme"). Parkleitsysteme können dann gefördert werden, wenn sie in besonderer Weise zur Verringerung des motorisierten Individualverkehrs, zu einem besseren Verkehrsfluß und zu mehr Sicherheit beitragen. Deswegen reicht eine bloße statische wegweisende Beschilderung im verkehrlichen Problembereich nicht aus. Parkleitsysteme sollen entsprechend den konkreten Verkehrssituationen und Belegungen der Parkkapazitäten gesteuert werden können. Sie sollten von Parkraum-Management-Maßnahmen (z.B. Parkraumbewirtschaftung) begleitet werden. Kombinationen von Parkleitsystemen mit Informationssystemen für den ÖPNV (Anschlußangebote) sind zweckmäßig.

Parkleitsystemen und P+R-Anlagen in Trägerschaft öffentlicher und privater Gesellschaften

730 FAK-Beschluß: 16. /17. 11. 1992:

Die Bedingung, daß eine Förderung nur möglich ist, wenn sich das Vorhaben in der Baulast von Gemeinden, Landkreisen oder kommunalen Zusammenschlüssen, die an Stelle von Gemeinden oder Landkreisen Träger der Baulast sind, soll in erster Linie sicherstellen, daß der Vorhabenträger (Baulastträger) nicht identisch mit dem Zuwendungsgeber sein darf. In Bezug auf die Förderung von Straßen bedarf es deswegen dieser Klarstellung.

In Anlehnung an die Förderpraxis im Bereich des ÖPNV können für Parkleitsysteme und P+R-Anlagen auch andere als vorstehend genannte Gebietskörperschaften Zuwendungsempfänger sein, wie z.b. öffentliche und private Gesellschaften, wenn sie öffentliche Aufgaben zur Verbesserung der Verkehrsverhältnisse der Gemeinden im Sinne des GVFG durchführen.

Grundvoraussetzung ist, daß die Vorhabenträgerin nicht in der Lage ist, die Investitionen allein zu finanzieren (Subsidiarität). Wirtschaftliche Erträge aus den geförderten Vorhaben sollen bei der Bemessung der Zuwendungen berücksichtigt werden, hinsichtlich der zweckentsprechenden Verwendung der Mittel und der Nutzung der geförderten Anlagen bzw. bei evtl. Rückzahlungen müssen die gleichen Sicherheiten gegeben sein wie bei einem Baulastträger „Gemeinde" etc.

Parkstreifen

FAK-Beschluß vom 25. 11. 1983, modifiziert durch Beschluß vom 17. 11. 1994: **731**

Parkstreifen und Gehwege sind förderfähig, soweit sie Bestandteil einer verkehrswichtigen innerörtlichen Straße sind.

Planungskosten (FAK-Beschluß v. 5. 6. 1997)

Über den Vorschlag einer FAK-Arbeitsgruppe, pauschal bis zu 3 % der zuwen- **732**
dungsfähigen Baukosten als förderungsfähige Planungskosten bei GVFG-Vorhaben anzuerkennen, konnte keine Einigung erzielt werden, da ein Einzelnachweis im Hinblick auf die gestiegenen Kosten bevorzugt wurde.

Einstimmig wird foldender Beschluß gefaßt:

Planungskosten, soweit es sich um Verwaltungskosten handelt (vgl. Verwaltungskosten), sind nicht zuwendungsfähig. Da aber erfahrungsgemäß ein Teil der Planungskosten nicht als Verwaltungsaufwand anzusehen, sondern als Teil der Ausführung den Baukosten zuzurechnen ist, werden die Leistungsphasen 5,6 und 9 der HOAI (Ausführung, Objektbetreuung, Dokumentation) als den zuwendungsfähigen Kosten zurechenbar angesehen (Voraussetzung: Leistungserbringung durch Dritte).

Radwege (FAK-Beschluß v. 5. 6. 1997)

Ein reiner Radweg (oder auch Fußweg) kann nie als verkehrswichtige Straße im **733**
Sinne des GVFG qualifiziert werden. Die Anlage von Radwegen kann nur dann mit GVFG-Mitteln gefördert werden, wenn ein enger Zusammenhang mit einer förderfähigen Straße besteht, d.h. wenn von den Radwegen Teilfunktionen dieser Straße übernommen werden. In diesem Falle müssen sie auch nicht unmittelbar neben dieser Straße verlaufen.

Reservebauteile (FAK-Beschluß: 16. /17. 11. 1992)

734 Ersatzteile sind nicht förderfähig. Bauteile, die im Rahmen der Betriebsgenehmigung zur Pflichtausstattung gehören, gelten nicht als Ersatzteile und sind förderfähig.

Restflächen (Erörterung im UFAK am 19. 02. 1976)

735 a) Werden beim Grunderwerb kleine, nicht nutzbare Restflächen mitkauft, so sind die Kosten hierfür zuwendungsfähig.

     b) Kosten für Parkflächen – außer Standstreifen/Längsparkstreifen – sind nicht zuwendungsfähig. Muß ein teils auf der Verkehrsfläche, teils auf der Parkfläche stehendes Gebäude abgerissen werden, so sind die Kosten anteilmäßig den Grundstückskosten zuzuschreiben; sinngemäß ist Nr. 18 Ortsdurchfahrt-Richtlinien anzuwenden.

Rückforderung von Bundesfinanzhilfen (FAK-Beschluß: 18. 02. 1976)

736 Der Bund kann Bundesfinanzhilfen, die als Landeszuwendungen an einen Vorhabenträger weitergeleitet worden sind, nicht vom Land mit der Begründung zurückfordern, die Mittel seien vom Vorhabenträger nicht zweckentsprechend verwendet worden. Die Rückforderung vom Zuwendungsempfänger obliegt dem Land. Die zurückgegebenen Mittel fließen in den Landeshaushalt und stehen für die weitere Durchführung des Förderprogrammes wieder zur Verfügung.

Begründung:

Die Länder verwalten die GVFG-Mittel in eigener Zuständigkeit. Daraus folgt, daß sie auch die Frage einer Rückforderung bei nicht gesetzesentsprechender Verwendung der Mittel durch den Vorhabenträger eigenverantwortlich zu entscheiden haben.

Dabei sind 2 Entscheidungen zu treffen:

1) Liegt überhaupt eine fehlerhafte Verwendung vor?
2) Sollen die Mittel vom Zuwendungsempfänger zurückgefordert werden?

Die Befugnis zur Hingabe von Finanzhilfen an die Länder begründet keine Verwaltungsbefugnis des Bundes hinsichtlich der im GVFG benannten kommunalen Verkehrswege und -anlagen. Die diesbezüglichen Verwaltungsaufgaben liegen vielmehr ausschließlich bei den Ländern. Diese – noch weniger Gemeinden oder Gemeindeverbände – haften auch nicht dem Bund auf Ersatz eines dem Bund aus fehlerhaftem Verwaltungshandeln entstehenden Vermögensschaden. Das dürfte schon deshalb gelten, weil im GVFG-Bereich ein solcher Vermögensschaden aus fehlerhaftem Verwaltungshandeln der Länder beim Bund nicht entstehen kann. Denn abgesehen vom Ausnahmefall der Förderung nach § 11 GVFG (Vorhaben der Deutschen Bahn AG) darf der Bund die für Zwecke des GVFG gebundenen Mittel für eigene Aufgaben nicht verwenden. Fehlerhaftes Verwaltungshandeln eines Landes oder einer Gemeinde schadet daher nicht dem Bund, sondern anderen Ländern (oder Gemeinden).

Im Falle des GVFG verwalten die Länder weder Haushaltsmittel des Bundes (die Finanzhilfen gehen in die Landeshaushalte ein) noch nehmen sie Vermögensinteressen des Bundes wahr.

Die Beantwortung der Frage zu 1) wird in der Regel eine Ermessensentscheidung darüber sein, ob das Vorhaben geeignet ist, die gesetzlichen Voraussetzungen zu erfüllen. Bei späterem Wegfall ursprünglich vorgelegener Voraussetzungen liegt die Ermessensentscheidung darin, ob der Zeitraum, in dem die Voraussetzungen vorgelegen haben, als ausreichend anerkannt werden kann.

Wird eine fehlerhafte Verwendung der Mittel angenommen, so ist die Frage zu 2) nach dem jeweiligen geltenden Landeshaushaltsrecht zu entscheiden.

Ebenfalls eigenverantwortlich entscheiden die Länder über eine Verzinsung. Das bedeutet, daß der Bund bei fehlerhafter Verwendung von GVFG-Mitteln die Zuwendungen weder vom Vorhabenträger selbst zurückfordern, noch die Rückforderung durch das Land erzwingen kann. Bei vom Land abweichender Beurteilung der zweckentsprechenden Verwendung durch den Vorhabenträger kann der Bund dem Land zwar seine abweichende Beurteilung mitteilen, aber nicht verlangen, daß das Land sich anschließt.

Rückforderungen bei nachträglichen Änderungen des ÖPNV-Anteils bei Omnibusbetriebshöfen (Beschluß des AK Verkehrsanlagen vom 18. 03. 1986)

Ein Sinken des Anteils der im ÖPNV eingesetzten Busse um mindestens 15 %-Punkte soll nicht in jedem Falle die Rückforderung von Zuwendungen auslösen dürfen. Das ist insbesondere dann notwendig, wenn eine die wirtschaftliche Stabilität eines Unternehmens fördernde Zunahme des Gelegenheitsverkehrs ohne absoluten Rückgang der im ÖPNV zurückgelegten Wagenkilometer die prozentuale Reduzierung des ÖPNV-Anteils auslöst.

737

Der Arbeitskreis hält es für erforderlich, im Rahmen der Omnibusbetriebshofförderung weiterhin zu prüfen, ob der Anteil der im ÖPNV eingesetzten Fahrzeuge nach der Förderung um mindestens 15 %-Punkte gesunken ist. Jedes Land hat aufgrund der haushaltsrechtlichen Vorschriften im Einzelfall nach pflichtgemäßem Ermessen zu prüfen, ob und in welchem Umfang gewährte Zuwendungen zurückzufordern sind.

Zur Vermeidung einer besonderen Härte sind Billigkeitsgesichtspunkte insbesondere dann zu berücksichtigen, wenn der Anteil der im ÖPNV eingesetzten Fahrzeuge um 15 %-Punkte oder mehr gesunken ist, obwohl der Bestand an solchen Fahrzeugen objektiv nicht verringert wurde.

738 **Sanierung von Brückenbauwerken** (vgl. Grunderneuerung)

Schlußabrechnung

739 Erörterung im UFAK: 30. 04. 1975, 29. 10. 1975 und 19. 02. 1976:

Viele Vorhaben können – oft über Jahre – nicht abgerechnet werden, weil einzelne Kosten nicht endgültig festgestellt werden können. Die unerledigten Vorhaben belasten jedoch die Verwaltungen über Gebühr. Eine Reduzierung ist dringend erforderlich.

Verzögert sich die Schlußabrechnung eines Vorhabens aus Gründen, die der Zuwendungsempfänger nicht zu vertreten hat (z.B. schwebende Prozesse, anstehende Schlußvermessung, fehlende Rechnungen Dritter), so kann die Bewilligungsbehörde im Benehmen mit dem Zuwendungsempfänger die zuwendungsfähigen Kosten endgültig festsetzen. Es handelt sich hier um zuwendungsfähige, in ihrer Höhe aber noch nicht feststellbare Kosten. Ein Vorhaben kann in diesem Fall als abgeschlossen angesehen werden, wenn es einen eigenen Verkehrswert darstellt oder dem Verkehr übergeben ist.

Die Verwaltungsvorschriften zur Bundeshaushaltsordnung (§ 44 BHO) und den Landeshaushaltsordnungen sind zu beachten.

Beschluß des FAK vom 17. 11. 1994:

Möglich ist es auch, Teilverwendungsnachweise zu erstellen, bei denen die Zuwendungen zu den feststellbaren Kosten bestimmter Gewerke oder Bauabschnitte (Kostengruppen) endgültig festgesetzt und abgerechnet werden. Dies kommt vor allem dann in Betracht, wenn ein Benehmen mit dem Zuwendungsempfänger für die Festsetzung der Schlußrechnung wegen ungeklärter Kosten nicht herstellbar ist, da die Bewilligungsbehörde aus Sicherheitsgründen bei ungeklärten Kosten Risiken für den Landeshaushalt durch eine Abschätzung zur sicheren Seite, d.h. auf unterem Niveau vermeiden muß.

Software (FAK-Beschluß v. 5. 6. 1997)

740 Der FAK hält daran fest, daß Software mit GVFG-Mitteln grundsätzlich nicht förderbar ist (Ausnahme zum Gerät zugehörige Software). Bei der Prüfung von Förderanlagen ist eine Aufschlüsselung der einzelnen Kosten vorzunehmen, damit die Kosten für Software abgesetzt werden können (Verwaltungskosten). Bei einer solchen Praxis sind Wettbewerbsverzerrungen ausgeschlossen.

Spurbus (AK Verkehrsanlagen am 15. 11. 1988)

741 1. Grundsätzliche Förderungsfähigkeit
Eine Förderung von Spurbusstrecken im Rahmen des GVFG ist grundsätzlich möglich.

2. Zuordnung zu den GVFG-Förderbereichen ÖPNV bzw. kommunaler Straßenbau

Die nachfolgend beschriebenen Betriebsformen sind den jeweils genannten För-derbereichen zuzuordnen:

2.1 Individualverkehr und Spurbus benutzen gemeinsam den Straßenraum. Der Spurbus kann dabei auch – in kritischen Bereichen – teilweise geson-dert in einer Busspur geführt werden. Der Spurbus besitzt keine Oberlei-tung. Finanzierung aus Mitteln des kommunalen Straßenbaus.

2.2 Verkehrsabwicklung wie unter 2.1 jedoch mit Oberleitung. Finanzierung aus Mitteln des kommunalen Straßenbaus. Die Fahrleitung und die Stromversorgung sind als „verlagerter Teil" eines Betriebshofes dem ÖPNV zuzurechnen.

2.3 Der diesel- oder elektrisch betriebene Bus wird im Spurkanal entweder im Straßenraum oder autonom, d.h. losgelöst von einer Straße – evtl. in ei-nem Tunnel – geführt. Finanzierung aus Mitteln des ÖPNV.

Zwischen den Förderbereichen ÖPNV und kommunaler Straßenbau ist – neben dem unter 2.2 beschriebenen Sachverhalt – auch dann eine Kostenteilung vorzu-nehmen, wenn in einem Linienzug verschiedene – unterschiedlichen Förderbe-reichen zuzuordnende – Betriebsformen vorhanden sind.

3. Fördervoraussetzungen/Förderumfang

Es sind die in § 3 GVFG genannten Fördervoraussetzungen maßgebend. Insbe-sondere muß der Nachweis der Sparsamkeit und Wirtschaftlichkeit auf den ge-samten Kosten der Verkehrsanlage basieren. Bei zuwendungsfähigen Kosten von mindestens 50 Mio. DM ist – unabhängig von der Zuordnung zu den Förder-bereichen – eine standardisierte Bewertung durchzuführen. Eine Förderung soll nur dann erfolgen, wenn der Bewertungsfaktor 1 erreicht wird. Im Einzelfall kann im Zusammenhang mit der Stillegung einer Schienenstrecke die Förderung einer Spurbusstrecke infrage kommen. Dabei hat das betreffende Land die Vor-aussetzungen des GVFG zu prüfen. Mit GVFG-Infrastrukturmitteln kann im üb-rigen nur der Bau oder Ausbau der Spurbusstrecke, nicht jedoch der Abbau der Schienenstrecke gefördert werden. Kosten der Busse und deren spezieller Aus-stattung für den Spurbusbetrieb können nicht den Kosten für die Streckeninfra-struktur zugerechnet werden.

FAK-Beschluß vom 17. 11. 1994:

Nach der Novellierung des GVFG im Jahre 1992 sind die unter Punkt 2. gemach-ten Aussagen zur Kostenteilung zwischen IV und ÖV nicht mehr bindend, son-dern als Hinweise zur Zuordnung zu den Förderbereichen anzusehen.

Steuerungsanlagen des Straßenverkehrs (FAK-Beschluß vom 25. 11. 1983)

Die Mitglieder sprechen sich bei einer Stimmenthaltung (BMF) für folgende Re-gelung aus: **742**

Steuerungsanlagen des Straßenverkehrs können insbesondere bei Präferenzierung des ÖPNV zur Verbesserung der Verkehrsverhältnisse beitragen und im Einzelfall aufwendige Straßenbaumaßnahmen ersetzen

Nach den Baukosten-Richtlinien zum GVFG gehören zum Bau oder Ausbau der Straße „Lichtzeichenanlagen einschließlich der dazugehörigen Steuerungsanlagen". Unter bestimmten Voraussetzungen kann im Einzelfall bei einer Straße nach § 2 Abs. 1 Ziffer 1 GVFG die Installierung einer Steuerungsanlage als eine Ausbaumaßnahme angesehen werden, auch wenn an der Straße selbst baulich nichts verändert wird. Diese Beurteilung ist aus Gründen der Wirtschaftlichkeit dann gerechtfertigt, wenn durch die Maßnahme aufwendigere Straßenbaumaßnahmen ersetzt werden.

Das Bundesministerium der Finanzen (BMF) äußerte grundsätzliche Bedenken gegen jede Ausweitung des GVFG-Förderkataloges, sei es durch gesetzliche Regelung oder durch großzügigere Auslegung.

Überbrückungsdarlehen (FAK-Beschluß vom 25. 11. 1983)

743 Entschädigungsleistungen sind zuwendungsfähig. Entsprechend sind Darlehensbeschaffungskosten (Zinsen und Disagio) zur Abwendung von Entschädigungsleistungen zuwendungsfähig, soweit sie wirtschaftlicher als eine Entschädigungsleistung einzuschätzen sind.

Umbau (Erörterung im FAK am 27. 05. 1986 und 17. 11. 1994)

744 Maßnahmen, die einen Rückbau von Straßen zum Gegenstand haben und die Eigenschaft der Straße als verkehrswichtige Straße verändern, können nicht nach GVFG gefördert werden.

Maßnahmen zur Verkehrsberuhigung sind generell nicht förderfähig. Wenn eine Straße ihren Charakter als Hauptverkehrsstraße behält, ist jedoch ein aus Gründen der Sicherheit oder der Anpassung an geänderte Verkehrsverhältnisse durchzuführender Umbau – nicht Rückbau – förderfähig.

Dabei gibt es Schwierigkeiten der Abgrenzung von verkehrlichen und städtebaulichen Maßnahmen. Es gibt verstärkt gesellschaftspolitische Forderungen, hier tätig zu werden.

Der Umbau kann auch als Unterbegriff des Ausbaus zu verstehen sein. Ein Rückbau ist jedenfalls nicht förderfähig.

Eine Lösung ist über den Begriff „ortsgerechter Ausbau" zu finden.

Das BMF ist jedoch gegen eine großzügige Auslegung des GVFG, weil von der ursprünglichen Zielsetzung des GVFG stark abgerückt wird. Es muß sich bei den förderfähigen Maßnahmen immer um einen verkehrsgerechten Ausbau handeln. Auch Maßnahmen des Fußgänger- oder Radfahrverkehrs sind nach GVFG förderfähig. Für Rückbaumaßnahmen aus städtebaulichen Gründen steht das Städtebauförderungsgesetz zur Verfügung.

Umsteigeanlagen (FAK-Beschluß: 16. /17. 11. 1992)

1.) Zuwendungsfähigkeit von Park- und Umsteigeplätzen an Autobahnan- **745**
schlußstellen

Mit Finanzmitteln des GVFG können die Länder seit 1. Januar 1992 „Umsteigeparkplätze zur Verringerung des motorisierten Individualverkehrs" fördern, soweit sie nicht in der Baulast des Bundes oder des Landes liegen und die Voraussetzungen des § 3 GVFG erfüllen. Damit sind „Pendlerparkplätze" und „Mitfahrerparkplätze" mit GVFG-Mitteln grundsätzlich förderungsfähig.

Bau und Unterhaltung von sogenannten Mitfahrerparkplätzen an Bundesfernstraßen gehören nicht zur Straßenbaulast des Bundes. Der Bund hat lediglich im Bereich von Autobahnanschlußstellen zur Unterstützung von Fahrgemeinschaften in Einzelfällen, in denen im Bereich von BAB-Anschlußstellen dem Bund Restflächen gehören, diese für das Abstellen der Pkw von Teilnehmern von Fahrgemeinschaften zur Verfügung gestellt.

2.) Nachweis des Verwendungszwecks

2.1 Die Finanzierung der zur Förderung anstehenden Park+Ride-Anlagen ist mit Erteilung des Bewilligungsbescheides zunächst als gesichert anzusehen, auch wenn darin Vorbehalte hinsichtlich der abschließenden Zuwendungsstärke enthalten sind (z.b. „Die Zuwendungen werden unter dem Vorbehalt des Nachweises gewährt, daß die Anlage in vollem Umfang, mindestens aber zu 80 % Park+Ride-Zwecken dient"). Korrekturen am Vermögenshaushalt der Kommunen müssen auch dann möglich sein, wenn z.B. bei anderen geförderten Vorhaben Rückzahlungen wegen nicht-zweckentsprechender Verwendung von Zuwendungen erforderlich werden.

2.2 Wenn die mehrjährigen Erfahrungen mit geförderten Park+Ride-Anlagen zeigen, daß nur in einem „äußerst geringen Prozentsatz der Nachweis des Verwendungszweckes vom Vorhabenträger nicht erbracht werden konnte" und wenn außerdem Planungsverfahren und Akzeptanzuntersuchungen die Verwendung der Anlage für Park+Ride-Nutzer bereits im Vorfeld zunehmend absichern, werden eventuelle Rückzahlungen nahezu vermeidbar sein, so daß in finanztechnischer Hinsicht der Vorbehalt wirkungslos ist.

2.3 Weil andererseits jedoch der sachdienliche Zwang des sogenannten „Park+Ride-Ver-merks" im Bewilligungsbescheid unbestritten ist, sollte diese Praxis beibehalten werden.

Umzugskosten bei Erwerb von Häusern (FAK-Beschluß vom 28. 04. 1982)

Gemäß den Baukosten-Richtlinien zum GVFG gilt, wenn im Zuge von Ver- **746**
kehrsmaßnahmen Wohnhäuser beseitigt werden müssen, erhalten die Eigentümer Entschädigungen.

Sozialpläne von Gemeinden schaffen keine zwingenden Rechtsvorschriften, nach denen weitere Zuwendungen nach dem GVFG geleistet werden können.

Unterhaltungskosten- Ablösung (Erörterung im UFAK am 03. 11. 1974 und 30. 04. 1975)

747 a) Förderungsfähig ist nach dem GVFG nur der Bau oder Ausbau, nicht dagegen Unterhaltung bzw. Erhaltung. Die im Zusammenhang mit Unterhaltung oder Erhaltung entstehenden Kosten sind daher bei der Festsetzung der zuwendungsfähigen Kosten nicht zu berücksichtigen. Dieser Grundsatz erfährt keine Änderung dadurch, daß Unterhaltungskosten abgelöst werden, bzw. daß sich abzulösende Unterhaltungskosten durch vorzeitige Erneuerung eines Bauwerks im Zuge der Durchführung eines geförderten Vorhabens verringern.

b) Verringert sich der Ablösungsbetrag für Unterhaltungskosten, die ein Vorhabenträger, etwa gegenüber der DB, zu tragen hat, durch vorzeitige Erneuerung eines Bauwerks, so ist der freiwerdende Betrag von den zuwendungsfähigen Kosten abzusetzen (s. Nr. 2.11 VV-GVFG sowie Nr. 1 Abs. 4 der Richtlinien zu § 5a FStrG). Die Ablösung der Erhaltungs- und Betriebslast nach § 15 Abs. 4 EKrG dient der Verwaltungsvereinfachung und wird daher im Regelfall angewendet. Bei der Gewährung von Bundes- und Landeszuwendungen gilt das Subsidiaritätsprinzip (s. § 23 BHO). Vor Inanspruchnahme von Zuwendungen hat der Antragsteller seine sonstigen Einnahmen, wie Beiträge Dritter, einzusetzen.

UFAK, 19. 02. 1976:

Die Kosten für Unterhaltung, bzw. den Erhaltungsaufwand, werden bei der Festsetzung der zuwendungsfähigen Kosten grundsätzlich nicht berücksichtigt.

Verkehrsberuhigung (FAK, 28. 04. 1982)

748 Verkehrsberuhigungsmaßnahmen sind im derzeitigen Förderkatakog des GVFG nicht enthalten. Die bestehende Rechtslage läßt eine gezielte Förderung nicht zu. Verkehrsberuhigung ist erreichbar durch ein Bündel von Maßnahmen (wie z. B. Ortsumgehung).

FAK, 25. 11. 1983:

Maßnahmen zur Verkehrsberuhigung, die mit der Zweckbindung des GVFG nicht vereinbar sind, sind nicht förderungsfähig. Einverständnis besteht darüber, daß grundsätzlich auch Maßnahmen zur Verbesserung des Fußgänger- und Radfahrerverkehrs durch das GVFG gefördert werden können, jedoch der gesetzliche Rahmen zu beachten ist (z. B. Trennung der Verkehrsarten an Hauptverkehrsstraßen).

FAK-Beschluß vom 16. /17. 11. 1992:

Für die Förderfähigkeit von Verkehrsberuhigungsmaßnahmen gelten die bisherigen Beschlüsse des FAK nach wie vor (vgl. Umbau)

Erörterung im FAK am 17. 11. 1994:

Eine punktuelle Geschwindigkeitsbegrenzung (Tempo 30) schließt die Förderung als verkehrswichtige Straße nicht aus.

Verkehrswichtige innerörtliche Straßen (FAK-Beschluß vom 16. /17. 11. 1992)

Der Fördertatbestand „Bau und Ausbau verkehrswichtiger innerörtlicher Stra- **749** ßen mit Ausnahme von Anlieger- und Erschließungsstraßen" trägt der Erkenntnis Rechnung, daß nicht nur Hauptverkehrsstraßen (lokal besonders verkehrswichtige Straße innerhalb der Ortslage für überwiegend örtlich durchgehenden starken Verkehr mit Knotenpunkten in einer Ebene und Zufahrten zu anliegenden Grundstücken, die in der Regel gegenüber einmündenden und kreuzenden Straßen bevorrechtigt ist) im strengen Sinn für die Verkehrsverhältnisse in den Gemeinden von Bedeutung sein können, sondern auch andere Straßen mit maßgebender Verbindungsfunktion und überwiegender Nutzung durch fließenden Verkehr, wie z.B. Sammelstraßen (anbaufreie oder anbaufähige Gemeindestraße, die hauptsächlich den Verkehr zwischen Anliegerstraßen und Verkehrs- oder Hauptverkehrsstraßen vermittelt). Bei den von einer Förderung ausgenommenen Straßen ist weniger die Verbindungsfunktion als die Erschließungs- und Aufenthalts- und Freiraumfunktion maßgebend.

Anliegerstraßen sind Gemeinde- oder Privatstraßen, die hauptsächlich für den Zugang oder die Zufahrt zu den an ihnen gelegenen und dem Wohnen oder der wirtschaftlichen Betätigung dienenden Grundstücke bestimmt sind.

Erschließungsstraßen sind öffentliche Straßen (Wege, Plätze), die entweder zum Anbau bestimmt sind oder als anbaufreie Straße innerhalb eines Baugebietes die Nutzung dieses Gebietes ermöglichen.

Von einer Zuordnung von Straßen nach präzise quantifizierten Verkehrsbelastungen sollte zugunsten der Berücksichtigung kleinerer Gemeinden bei der Förderung abgesehen werden. Außerdem sollte das Ermessen nicht unangemessen eingeschränkt werden.

Verpflichtungsermächtigungen bei mehrjährigen Vorhaben (UFAK am 10. 04. 1975)

Die Gesamtfinanzierung des Vorhabens muß vor Bewilligung gesichert sein. Pe- **750** titum an die Länderfinanzminister: Verpflichtungsermächtigungen an Baulastträger.

Die Finanzierung des Vorhabens gilt als gesichert durch

- die Aufnahme ins ÖPNV-Programm (politische Zusage: keine Bau- und Systemruinen);
- die Zweckbindung der Mineralölsteuermittel

Versicherungen (UFAK am 30. 04. 1975 und 29. 10. 1975)

751 Haftpflicht- und Bauwesenversicherung auch des Auftraggebers sind nach dem Wortlaut der „Baukosten-Richtlinien" zuwendungsfähig.

Verwaltungskosten (AK „Verkehrsanlagen vom 18. 03. 1986)

Ingenieurleistungen

752 Bei der Verlegung, Veränderung oder Erneuerung von Anlagen im Zuge einer nach GVFG geförderten Maßnahme sind die dabei anfallenden Aufwendungen für Ingenieurleistungen unter enteignungsrechtlichen Gesichtspunkten dann zuwendungsfähig, wenn

– die Kosten der Verlegung, Veränderung oder Erneuerung der Anlagen selbst zuwendungsfähig sind,
– es sich um Anlagen rechtlich selbständiger Dritter handelt – auch einer rechtlich selbständigen Gesellschaft einer Gemeinde –,
– eine Folgepflicht für den Dritten nicht besteht und
– es sich bei den Anlagen nicht um Verkehrswege oder Verkehrsanlagen handelt.

Verwaltungskosten Dritter, die nicht Vorhabenträger sind

753 Erörterung im FAK am 10. 10. 1978:

Nach den bisherigen Erörterungen des Themas ist folgende Unterscheidung zu treffen:

a) Der Baulastträger beauftragt einen Dritten, Planungsarbeiten für ihn durchzuführen, die an sich seine Sache wären. Die hierfür anfallenden Verwaltungskosten sind nach allgemeiner Auffassung nicht zuwendungsfähig.

b) Der Baulastträger wird von einem Dritten mit Verwaltungsaufgaben für Planungsarbeiten belastet, für die der Baulastträger nicht zuständig ist und die er nicht durchführen kann oder darf (Beispiel: Verlegen von Fernsprechleitungen durch die Deutsche Bundespost).
Die Zuwendungsfähigkeit solcher Verwaltungskosten ist umstritten. Die Vertreter des Bundes, Niedersachsens, Nordrhein-Westfalens, Rheinland Pfalz und des Saarlandes halten auch die Verwaltungskosten unter b) nicht für zuwendungsfähig. Anderer Ansicht sind Baden-Württemberg, Hamburg, Schleswig-Holstein und die kommunalen Spitzenverbände. Der Vertreter Bayerns schlägt vor, wie bisher, aber mit der Maßgabe zu verfahren, daß solche Kosten für vom Baulastträger selbst nicht durchführbare und nicht in seiner Kompetenz liegende Planungen nicht Verwaltungskosten im Sinne des GVFG, sondern zuwendungsfähige im Entschädigungsbereich liegende Kosten für fremde Leistungen sind. Von Bundesseite werden beide Auslegungen des GVFG zwar rechtlich für möglich gehal-

ten, jedoch empfohlen, im Interesse der Kontinuität, der Praktibilität und der finanziellen Folgen bei der bisherigen strengen Abgrenzung zu bleiben.

Die Auffassung des FAK wird schließlich auf Vorschlag des Vorsitzenden übereinstimmend wie folgt zusammengefaßt:

Ein Teil der Mitglieder neigt der Auffassung zu, daß bei extensiver Gesetzesauslegung unter Umständen die Planungskosten der Deutschen Bundespost zuwendungsfähig sein können. Die Mehrheit der Mitglieder ist jedoch der Meinung, daß eine solche Auslegung die bisherige Handhabung des Gesetzes durchbreche mit Folgen, die im Augenblick noch nicht abzusehen seien. Sie ist daher der Auffassung, daß die bisherige Praxis, alle Planungskosten den Verwaltungskosten zuzurechnen, aufrechterhalten werden sollte.

Verwaltungskosten (Beauftragung Dritter)

FAK-Beschluß vom 18. 11. 1994

Nach § 4 Abs. 3 Nr. 2 GVFG sind Verwaltungskosten nicht zuwendungsfähig. Zu den Verwaltungskosten gehören die Kosten für Planung, Entwurfsbearbeitung und Bauaufsicht. Diese sind mithin auch dann nicht zuwendungsfähig, wenn sie durch Beauftragung eines Dritten entstehen.

Vorsorgemaßnahmen

UFAK am 20. 09. 1974, 30. 04. 1975: **754**

Bereits vor Baubeginn eines GVFG-Vorhabens abgeschlossene Vorsorgemaßnahmen können nicht als Vorhabenmasse bezuschußt werden. Vorsorgemaßnahmen mit Eigenfinanzierung bedürfen der Genehmigung der Bewilligungsbehörde vor Baubeginn.

Vorzeitiger Baubeginn

FAK-Beschluß vom 28. 09. 1982, modifiziert durch FAK-Beschluß vom **755** 18. 11. 1994:

Der FAK ist der Auffassung, daß die nach Landesrecht mögliche Unbedenklichkeitserklärung zum vorzeitigen Baubeginn für ein GVFG-Vorhaben auf Ausnahmefälle zu beschränken ist und unter folgenden Vorbehalten steht:

1. Die Unbedenklichkeitserklärung eines Landes bewirkt, daß eine Förderung vorzeitig erbrachter Vorhabenleistungen nicht nach § 14 Abs. 2 Satz 1 GVFG ausgeschlossen wird; sie präjudiziert aber weder rechtlich noch tatsächlich Entscheidungen darüber, ob und ggf. wann in welcher Höhe das Vorhaben aus Bundesfinanzhilfen nach dem GVFG gefördert wird.
2. Das Finanzierungsrisiko für das Vorhaben trägt allein der Baulastträger.
3. Bei Entscheidungen nach §§ 5 und 6 GVFG oder bei etwaigen Änderungen der gesetzlichen Förderungsbestimmungen bleibt der vorzeitige Baubeginn unberücksichtigt.

Aus den Vorbehalten 1–3 folgt:

Solange der BMV bei Vorhaben des Bundesprogrammes nicht endgültig über die Förderung eines Vorhabens nach dem GVFG entschieden hat (Aufnahme nach Kategorie a in das ÖPNV-Förderprogramm) ist kein Raum für Formulierungen, die eine spätere Förderung aus Bundesfinanzhilfen unterstellen (z. B. Begriffe wie Vorfinanzierung, Ablösung, Tilgung, Rückzahlung).

Wertausgleich bei Umleitungen

756 FAK-Beschluß vom 28. 04. 1982:

Muß im Zuge eines Baus oder Ausbaus einer nach GVFG zuwendungsfähigen Maßnahme eine Umgehungsstraße ausgebaut werden, so ist für die für den Umleitungsverkehr größer zu dimensionierende Straße nach Wegfall dieses Umleitungsverkehrs ein Wertausgleich dann nicht anzurechnen, wenn die Straßendecke nur im notwendigen Umfang verstärkt wurde und der Ausbau der Straße selbst nach GVFG zuwendungsfähig wäre oder die Straße in der Erhaltungslast des Vorhabenträgers ist (vgl. Umleitung).

Wertausgleichsrichtlinien

757 Erörterung im FAK am 28. 03. 1982, modifiziert durch FAK-Beschluß vom 18. 11. 1994:

Die Wertausgleichsrichtlinien wurden nach eingehender Beratung im FAK am 31. 10. 1979 einschließlich der differenzierten Regelung über die Verwaltungskosten Dritter verabschiedet und sind von den Ländern mit Ausnahme von Rheinland-Pfalz eingeführt.

Das Allgemeine Rundschreiben der Abteilung Straßenbau des Bundesverkehrsministeriums über Versorgungsleitungen sollte nach Meinung der Mitglieder des FAK analog bei GVFG-Maßnahmen gehandhabt werden.

FAK, 25. 11. 1983:

Die Mitglieder sind einstimmig der Auffassung, daß für den Bereich des GVFG die Wertausgleichsrichtlinien GVFG anzuwenden sind.

Zweckbindungsfrist

758 FAK-Beschluß vom: 27. 05. 1986:

Es wurde festgestellt, daß – außer bei der Förderung von Betriebshöfen – nur in Nordrhein-Westfalen eine allgemeine Zweckbindungsfrist von 25 Jahren festgelegt ist. Die Rückzahlung von Zuwendungen ist eine Ermessensentscheidung des jeweiligen Landes. Eine generelle Zweckbindungsfrist ist im übrigen nicht zweckmäßig. Es sind insbesondere ökonomische Gesichtspunkte des Einzelfalles zu berücksichtigen (vgl. Dauer der Förderungsvoraussetzungen)

Stichwortverzeichnis

(Die Zahlen bezeichnen die Randziffern)

Autorenverzeichnis
(Band I und II)

BROHL-SOWA,URSULA, Ass. jur., Ministerialrätin, Referatsleiterin, Innenministerium des Landes Nordrhein-Westfalen, Haroldstr. 5, 40213 Düsseldorf, Tel.: 0211/8712310

ENDRIGKEIT, KLAUS, Dipl.-Ing., Ministerialrat, Ministerium für Wirtschaft und Mittelstand, Technologie und Verkehr des Landes NRW, Haroldstr. 4, 40213 Düsseldorf, Tel.: 0211/8374517

FIEDLER, JOACHIM, Prof. Dr.-Ing., Bergische Universität, Gesamthochschule Wuppertal, Pauluskirchstr. 7, 42285 Wuppertal, Tel.: 0202/4393091

FISCHER-SCHLEMM, NORBERT, Prof. Dipl.-Ing., Fachhochschule Gießen, Wiesenstr. 14, 35390 Gießen, Tel.: 0641/309650

GERBRAND, HORST-HEINRICH, Ass. jur., Referent, Nordrhein-Westfälischer Städte- und Gemeindebund, Kaiserswerther Str. 199/201, 40474 Düsseldorf, Tel.: 0211/4587234

HAMBUCH, JÜRGEN, Dipl.-Ing., Prokurist und Abteilungsleiter, Verkehrsverbund Rhein-Ruhr, Bochumer Str. 4, 45879 Gelsenkirchen, Tel.: 0209/1584150

HASBERG, PETER, Dipl.-Ing., Projektleiter, Amt für Straßen- und Verkehrstechnik, Hollweghstr. 22–26, 51103 Köln, Tel.: 0221/2217152

JÜNGER, RAIMUND, Dipl.-Ing., Bereichsleiter Planung und Entwurf, Kölner Verkehrsbetriebe AG, Scheidtweilerstr. 38, 50933 Köln, Tel.: 0221/5473650

JÄGER, HERIBERT, Dipl.-Ing., Ministerialrat, Deutsche Bahn AG, RGV, Stephensonstr. 1, 60326 Frankfurt, Tel.: 0699/7336090

KAUFMANN, HARTMUT, Dipl.-Kaufmann, Ministerialrat, Referatsleiter, Ministerium für Wirtschaft und Mittelstand, Technologie und Verkehr, Haroldstr. 4, 40213 Düsseldorf, Tel.: 0211/8374542

KOLKS, WILHELM, Dipl.-Ing., Leitender Ministerialrat, Gruppenleiter, Ministerium für Wirtschaft und Mittelstand, Technologie und Verkehr, Haroldstr. 4, 40213 Düsseldorf, Tel.: 0211/8374391

KURTH, NORBERT, Dipl.-Ing., Leit. Städt. Baudirektor, Amt für Straßen- und Verkehrstechnik, Hollweghstr. 22–26 51103 Köln, Tel.: 0221/2217178

METZ, REINER, Rechtsanwalt, Fachbereichsleiter, Verband Deutscher Verkehrsunternehmen (VDV), Kamekestr. 37–39, 50672 Köln, Tel.: 0221/57979154

NEUMANN, EGBERT, Dipl.-Ing., Referatsleiter, Ministerium für Stadtentwicklung, Wohnen und Verkehr, Henning-von-Tresckow Str. 2–8, 14411 Potsdam, Tel.: 0331/8668256

OBERLINGER, KURT, Ass. jur., Ministerialrat, Referatsleiter, Ministerium für Wirtschaft und Mittelstand, Technologie und Verkehr, Haroldstr. 4, 40213 Düsseldorf, Tel.: 0211/8374201

SALEIN, ERNST, Dipl.-Ing., Ministerialrat, Referatsleiter, Ministerium für Stadtentwicklung, Kultur und Sport, Breite Str. 31, 40213 Düsseldorf, Tel.: 0211/86184547

SORICH, HARTMUT, Dipl.-Ing., stellvertret. Projektleiter, Amt für Straßen- und Verkehrstechnik, Hollweghstr. 22–26, 51103 Köln, Tel.: 0221/2217173

THIESIES, MICHAEL, Dipl.-Ing., Planungsingenieur, Verkehrsgemeinschaft Bremen/Niedersachsen, Senator-Bölken-Str. 3, 28259 Bremen, Tel.: 0421/168191

THOMAS, ROLAND, Ass. jur., Referent, Nordrhein-Westfäl. Städte- und Gemeindebund, Kaiserswerther Str. 199/201 40474 Düsseldorf, Tel.: 0211/4587233

WINDHAGER, ULRICH, Dipl.-Ing., Landesbaudirektor, Landschaftsverband Westfalen-Lippe, Freiherr von Stein Platz 1, 48133 Münster, Tel.: 0251/5914317

VOGT, SIEGFRIED, Ministerialrat, Referatsleiter, Bundesministerium für Verkehr, Robert-Schumann-Platz 1, 53175 Bonn, Tel.: 0228/3002520

Verkehrswesen in der kommunalen Praxis

Band I: Planung – Bau – Betrieb

Herausgegeben von Dipl.-Ing. WILHELM KOLKS, Leitender Ministerialrat im Ministerium für Wirtschaft, Mittelstand, Technologie und Verkehr des Landes Nordrhein-Westfalen, und Prof. Dr.-Ing. JOACHIM FIEDLER, Bergische Universität, Gesamthochschule Wuppertal

1997, 398 Seiten, 15,5 x 23,5 cm, fester Einband, DM 148,–/öS 1.080,–/ sfr 131,–, ISBN 3 503 03972 4

Organisation und Gestaltung des Verkehrs auf kommunaler Ebene werden immer komplexer. Kommunen und Verkehrsbetriebe sind nicht nur Betroffene staatlicher Verkehrspolitik, sondern unmittelbar an der örtlichen Gestaltung der Verkehrsverhältnisse beteiligt.

Mit der Regionalisierung des Schienenpersonennahverkehrs zum 1. 1. 1996 gelten neue Rahmenbedingungen für die Gestaltung des öffentlichen Nahverkehrs. Damit verbunden sind erweiterte Spielräume für ein koordiniertes Zusammenwirken der Verkehrssysteme und Verkehrsträger.

Die Autoren verdeutlichen die vielfältigen Handlungs- und Gestaltungsmöglichkeiten im Bereich des öffentlichen Verkehrs, des Fußgängerverkehrs, des Radverkehrs und des motorisierten Individualverkehrs. Neben baulichen Vorhaben werden organisatorische und verkehrslenkende Maßnahmen ebenso angesprochen wie Vorhaben zur Steigerung der ökologischen und ökonomischen Effizienz der Verkehrssysteme durch Arbeitsteilung und Vernetzung.

Die integrierte Einbindung der Belange der Stadtplanung, des Umwelt- und Naturschutzes sowie die ganzheitliche Betrachtung der Verkehrsarten ermöglichen ortsgerechte Lösungen, die gleichermaßen der verträglichen Sicherstellung der Mobilität und der Verbesserung der Standortqualität dienen.

Dieses Buch ist den Verantwortlichen der Bau- und Verkehrsverwaltungen in den Kommunen, in Verkehrsbetrieben, in Planungsbüros, Dozenten und Studenten an den Hochschulen Ratgeber und Arbeitshilfe für eine sachgerechte Diskussion und verträgliche Gestaltung der kommunalen Verkehrssysteme. Die Herausgeber und die Autoren der einzelnen Beiträge legen deshalb Wert auf eine verständliche, praxisgerechte, ideologiefreie Darstellung.

Unser aktuelles Verlagsprogramm im Internet:
www.erich-schmidt-verlag.de   e-mail: ESV@esvmedien.de

ERICH SCHMIDT VERLAG
Berlin Bielefeld München

Die Haftung der Kommunen für die Verletzung der Verkehrssicherungspflicht

Leitfaden mit Musteranweisungen zur Organisation der Haftungsvermeidung

Von CARSTEN ROTERMUND, Referent bei der Versicherungskammer Bayern

1998, XII, 116 Seiten, 16,5 x 24,3 cm, broschiert, DM 36,–/ öS 263,–/sfr 33,–, ISBN 3 503 04375 6

Diese Veröffentlichung gibt einen umfassenden Überblick über die zivilrechtliche Haftung der Kommunen für die Folgen der Verletzung der Verkehrssicherungspflicht.

Behandelt werden Probleme aus nahezu allen Bereichen der kommunalen Verkehrssicherung, von Schäden durch überstehende Kanaldeckel bis hin zu Parkettböden in öffentlichen Gebäuden. Einen Schwerpunkt stellt die Erläuterung der Straßenverkehrssicherheit, insbesondere der Räum- und Streupflicht dar.

Das Buch richtet sich vornehmlich an alle diejenigen (auch Nichtjuristen), die in der Praxis mit der Geltendmachung von Schadenersatzforderungen gegen die Gemeinden oder mit deren Abwehr befaßt sind. Der Leitfaden trägt dazu bei, die Schädigung Dritter und daraus resultierender Forderungen durch kommunale Tätigkeiten zu vermeiden.

Der Autor legt in dieser Publikation die Erfahrungen aus seiner Tätigkeit als Schadensreferent einer kommunalen Haftpflichtversicherung und die Auswertung von über 140 teils bisher nicht veröffentlichten Urteilen zugrunde.

Unser aktuelles Verlagsprogramm im Internet:
www.erich-schmidt-verlag.de   e-mail: ESV@esvmedien.de

ESV

ERICH SCHMIDT VERLAG
Berlin Bielefeld München